Saint-René Taillandier · Heinrich IV.

Madeleine Marie Louise
Saint-René Taillandier

Heinrich IV.
Der Hugenotte auf Frankreichs Thron

Diederichs

Die Originalausgabe erschien in zwei Bänden unter dem Titel *Henri IV avant la messe. L'école d'un roi* und *Le cœur du roi. Henri IV après la messe* bei Grasset, Paris

Die Deutsche Bibliothek – CIP-Einheitsaufnahme
Saint-René Taillandier, Madeleine Marie Louise:
Heinrich IV.: der Hugenotte auf Frankreichs Thron / Madeleine Marie Louise Saint-René Taillandier. [Aus dem Franz. von Hermann Rinn]. – Ungekürzte Lizenzausg. – München: Diederichs, 1995
  Orig.-Ausg. gesondert u.d.T.: Saint-René Taillandier, Madeleine Marie Louise: Henri quatre avant la messe und: Saint-René Taillandier, Madeleine Marie Louise: Le cœur du roi
  ISBN 3-424-01240-8

Ungekürzte Lizenzausgabe für den Eugen Diederichs Verlag, München 1995
© der deutschsprachigen Ausgabe Callwey Verlag, München 1937
Aus dem Französischen von Hermann Rinn
Umschlaggestaltung: Zembsch' Werkstatt, München
Produktion: Tillmann Roeder, München
Druck und Bindung: Ebner Ulm
Papier: fast holzfrei, chlorfrei, säurefrei Werkdruck, Schleipen
Printed in Germany

ISBN 3-424-01240-8

Vor der Messe

I

FRANKREICH UND NAVARRA

Im Mai 1558 besuchte ein fünfjähriges Kind an der Hand seiner Eltern zum erstenmal den König von Frankreich, seinen Onkel und Paten, und die Königin Katharina von Medici. Das Kind trug den bescheidenen Namen eines Grafen von Viane. Es wird einmal Heinrich IV. heißen.

Der Knabe ist ganze fünf Jahre alt, spielt keine Rolle in der großen Welt, und schon befindet er sich in einer äußerst verwickelten Situation. Seine Mutter, Jeanne d'Albret, ist souveräne Königin von Navarra, der Vater demnach, Anton von Bourbon, ebenfalls dort König. Aber dieser Vater ist gleichzeitig in Frankreich Erster Prinz von Geblüt. Das bedeutet einen Anspruch auf den französischen Thron für den Fall eines Erlöschens der Valois. In den Augen der Mutter, die eifersüchtig über ihre Souveränitätsrechte im Béarn wacht, gehört das Kind dem Béarn, wo es nach ihr regieren soll. In den Augen des Vaters und Heinrichs II. gehört der Sohn des Ersten Prinzen von Geblüt dem König von Frankreich und Frankreich selbst.

Die Eltern sind getrennt: der Vater lebt zumeist in Frankreich, wie es seinem französischen Titel und seinen Neigungen entspricht. Dort hat er seine Besitzungen, Ämter und Würden. Außerdem hat der König ihn zum Gouverneur von Guyenne gemacht. Er leistet tapfer und ritterlich dem König von Frankreich Kriegsgefolgschaft, der prunkliebende Hof, die Feste und Ballette ziehen ihn an. Er hält sich Mätressen und läßt sich durch seine aus politischen Gründen geschlossene Ehe wenig anfechten. Als man ihn vor acht Jahren mit der zukünftigen Königin von Navarra verheiratete, wollte man im voraus das kleine Königreich dem großen verbinden. Anton von Bourbon widersetzte sich nicht, er war entschlossen, sein Schicksal auf Frankreich zu stellen.

Jeanne d'Albret dagegen wünscht im Béarn die souveräne Herrschaft auszuüben, die ihr von Henri d'Albret, dem Vater, überkommen war, und ebendort ihren Sohn, den künftigen König von Navarra, großzuziehen. Schon ist das Kind Gegenstand von Auseinandersetzungen. König Heinrich II. und Katharina von Medici bringen ihm Interesse und Neugier entgegen. Legenden spinnen sich um den kleinen Grafen von Viane. Nicht eine Wölfin habe ihn gesäugt wie Romulus, aber eine Ziege des Béarn in einer Bauernhütte. So gefällt es der Mutter: dem kleinen bäuerlichen Königreich wünscht sie einen bäuerlichen König zu geben. Am Hof zu Paris trägt er zierlich den Samtumhang, den federgeschmückten Hut, und legt mit tapferer Miene die Hand an den kleinen Degen. Aber im heimatlichen Land spielt er, wie man sich erzählt, in Holzpantinen oder barfüßig mit den Bauernkindern, ernährt sich wie sie von Rüben und Käse und träumt von Bärenjagden in den Bergen. Sein Französisch sei schlecht, und man fragt sich, warum die Mutter, Jeanne d'Albret, den Sohn des Ersten Prinzen von Geblüt fern vom Hof in fremder Sitte groß werden läßt.

Es muß so sein, sagt sie; ihr Sohn wird nach ihr König von Navarra werden. In seinem Land soll er aufwachsen, seine Untertanen kennenlernen, mit ihnen und auf ihre Weise leben. Und es gibt auch Edelleute im Béarn. Heinrich von Navarra wird nicht sechsunddreißig Sprachen sprechen wie seine Vettern und Basen, die Söhne und Töchter Heinrichs II., aber er versteht schon sehr wohl zu sagen, was er will. Alle Welt liebt ihn im Béarn, und seine Erzieher — denn man hat ihm welche gegeben — finden, daß er ein intelligenter kleiner Bursche sei. Man könnte ihn am französischen Hof verderben. Was gibt es dort nicht alles: Italiener, Bankiers, Astrologen, Helden, berühmte Heerführer, Mätressen, Kardinäle. Es ist leider allzu wahr, daß man dort alle Sprachen spricht, selbst wenn man nichts zu sagen hat.

Das ist schon eine alte Geschichte. Auch Jeanne d'Albret hat ihre Jugendjahre in Frankreich verbracht. Alles, was ihre Mutter, Margarete von Angoulême, hatte und besaß: Königreich, Gatte und Tochter, war von vornherein Frankreich und Franz I. geweiht, dem angebeteten und gefürchteten Bruder und Souverän. Aber nach ihrem Tod verlangte der Witwer Henri d'Albret in der Einsamkeit des Béarn heftig nach der Tochter. Was hatte die Erbin des kleinen Königreichs am französischen Hofe verloren? Aber was hatte, warf man ihm vor, im Béarn Frankreichs Erster Prinz von Geblüt zu suchen? So dachte Henri d'Albret an eine zweite Ehe. Er war nicht zu alt, einen Sohn zu haben, und damit würden nach dem Gesetz die Rechte der von Frankreich allzusehr in Anspruch genommenen Prinzessin an einen Bruder übergehen.

So kam es, daß Heinrich Graf von Viane in Pau geboren wurde. Die Aussicht auf eine Wiederverheiratung des Vaters hatte Jeanne veranlaßt, einen Monat vor der Niederkunft schleunigst die Heimreise anzutreten, deren größeren Teil sie zu Pferd anstatt im Wagen zurücklegte. Es ist reizvoll, sich diese Geburt mit all ihren pittoresken Familienbräuchen auszumalen. Seit der Zeit der Margarete von Angoulême hatte Henri d'Albret wenig glückliche Tage gesehen. Jetzt endlich kam die Tochter zu ihm. Unter seinem Dach sollte, so hoffte er, ein Kind des Béarn geboren werden, ein Enkelsohn, ein künftiger König von Navarra. Und so wollte man — darin sind Vater und Tochter einig — diese Geburt ganz nach altem Landesbrauch vor sich gehen lassen. „Wenn die Wehen beginnen", hatte Henri d'Albret zur Tochter gesagt, „wirst Du in unsrer Sprache den Bittgesang an die baskische Maria, die Heilige Jungfrau vom Brückenkopf, anstimmen." Zum Dank für das Kind, das die Tochter ihm schenken sollte, versprach der Großvater, sich nicht wieder zu verheiraten. Dieses feierliche Versprechen schloß er in eine kleine goldene Dose ein, die Jeanne immer bei sich tragen konnte. Des Kindes Vater, Anton von Bourbon, mochte am Hof in Paris weiterhin den großen Vasallen spielen, seine Mätressen haben, an den Ballfesten teilnehmen und auf sein Glück bedacht sein. Aber im Béarn wollten Henri d'Albret und seine Tochter einen béarnesischen Prinzen und König großziehen.

In der Nacht des 13. Dezember 1553 sang Jeanne in ihrem geschnitzten Himmelbett das alte fromme heimatliche Lied:

Nouste daune deu cap deu poun
Adjudat me a d'aqueste hore ...
Unsere liebe Frau vom Brückenkopf
Steh mir bei in dieser Stunde ...

Vom Kammerdiener Collin geweckt, erschien ihr Vater im Schlafrock und nahm das Kind auf. Ein Sohn! Er rieb ihm die Lippen mit einer Knoblauchzehe und ließ ihn aus seinem goldenen Becher den Duft von ein paar Tropfen Wein des Jurançon einatmen. Bei dem Geruch des Weines verzog das Kind die kleinen Lippen und der glückliche Großvater, völlig außer sich, hob das Kind in seinen Armen hoch und rief zur Verblüffung der Herren des Hofes: „Er wird ein Löwe werden!"

Warum gerade ein Löwe? Das Wappen des Hirtenlandes Navarra zeigt zwei Kühe mit vollen Eutern. Als vor fünfundzwanzig Jahren Jeanne d'Albret geboren wurde, hatten die Spanier gespottet: Navarra hat eine Kuh zur Welt gebracht. Jetzt gab Henri d'Albret die Antwort: die Kuh hatte einen Löwen geboren, und der Löwe wird sein Navarra zu schützen wissen vor diesen Spaniern, die schon das halbe Land geraubt hatten und nach dem Rest gierten. Gemeinsam mit seiner Tochter wollte Henri d'Albret das Kind erziehen — im Béarn und für Béarn. Er hielt es fest und er würde es zu halten wissen. Zur Zeit der Margarete von Angoulême war in Pau schon viel zu viel die Rede gewesen von Frankreich und vom Dienst in Frankreich. Zu diesem Kind sollte nur von seinem eigenen Land gesprochen werden, diesem schönen Land, in dem die Könige einfach sind wie die Bauern, und die Bauern stolz wie die Könige. Der kleine Löwe sollte sein Land verteidigen gegen Spanien wie gegen den französischen Hof und dessen schlangenfreundliche Zugriffe. Das Kind sollte Sprache, Sitten, Geheimnisse und Mysterien seiner Heimat kennenlernen. In ein paar Jahren würde es mit dem Großvater den goldenen Becher schwingen, die tausend Jahre alten Strophen der Eskaldunias singen wie die alten und jungen Hirten des Landes.

Aber das waren Traumgebilde. Zwei Jahre später war der Großvater tot. Heinrich IV. sollte eines Tages in den Memoiren seines Erziehers die Geschichte von der Knoblauchzehe und dem Wein von Jurançon nachlesen. Inzwischen erhob der französische Hof Ansprüche auf sein Mündel. Der Sohn des Ersten Prinzen von Geblüt war in den Augen des Königs von Frankreich sein Untertan. Niemals konnte ein Prinz von Geblüt „Ausländer" sein. Wenn je die Lebensdauer einer Dynastie gesichert schien, so war es die der

Valois. Heinrich II. hatte vier Söhne, von denen der älteste bald sechzehn wurde. Aber Gesetz bleibt Gesetz, auch das Grundgesetz des Königreichs. Jeanne d'Albret mag nach dem Tod ihres Vaters die Regierung im Béarn übernehmen. Aber sie muß genau so gut wie ihr Gatte begreifen, daß ihr Sohn kraft seiner Geburt Anrecht auf die Krone besitzt; daß er wie sein Vater französischer Prinz ist und somit die Ämter, Würden, Möglichkeiten und Pflichten hat, die seinem Titel und den Kronrechten entsprechen.
Heinrich II. hat seine Absichten mit dem jungen Grafen von Viane, über den schon allerlei Gerüchte in Umlauf sind: man erzählt sich am Hof, daß die Mutter im Béarn ihn nicht nur einer Bäuerin zur Wartung anvertraut, daß sie ihm auch hugenottische Lehrer für den ersten Unterricht gegeben habe. Es ist Zeit, seine Erziehung in die Hand zu nehmen, ihm seine Bestimmung deutlich zu machen. Palma Cayet überliefert, daß der König beim ersten Besuch des Kindes die Hand auf den kleinen Kopf legte und zärtlich fragte: „Willst Du mein Sohn sein?" Das Kind des Béarn, das die Frage sehr wohl verstand, antwortete — aus Schlauheit oder Kindlichkeit? — mit einem Blick auf den Vater in der heimischen Mundart: „Aber dies ist doch mein Vater." Der ganze Hof, auch der sonst stets ernste König, brach in Lachen aus. So fragte der König, dem die schlichte Antwort gefiel, weiter: „Also willst Du dann mein Schwiegersohn sein?" Das Kind, immer noch den Blick auf den Vater gerichtet, bejahte die Frage in dem trockenen und bestimmten Ton, der für ihn charakteristisch bleiben sollte.
Nicht als ob man seine Zustimmung brauchte. Zwischen den Vätern war es längst ausgemacht, daß der Sohn Antons von Bourbon einmal, in nicht zu ferner Zeit, die jüngste Tochter Heinrichs II. heiraten würde. Margarete war sechs Monate älter als Heinrich. Ihre älteste Schwester war dem Herzog von Lothringen bestimmt, eine andere Philipp II., König von Spanien, der glücklicherweise Witwer war, und die Schwester des Königs dem Herzog von Savoyen. Den Kriegen folgten die Verträge, günstige Verbindungen, alle im Interesse Frankreichs, und am Horizont der Zukunft zeigten sich Aussichten für eine glückliche Abrundung des Reiches.
Kunstvoll knüpft man die Verbindungen am französischen Hof. Mit

jeder Generation, mit jeder Eheschließung, fügt sich ein neuer Faden in das Gewebe und läßt die Zeichnung deutlicher hervortreten. Durch Anna von Bretagne, die einen französischen König und dann seinen Nachfolger geheiratet hatte, war vor dreißig Jahren Armorica, das Land zwischen den Mündungen der Seine und Loire, eine Provinz Frankreichs geworden, und in manchen der hinter jahrhundertealten Alleen versteckten Schlössern der Bretagne hat man sich murrend noch nicht damit abgefunden. Das Gleiche könnte eines Tages mit Navarra geschehen. Die Verbindung zwischen Heinrich und Margarete wird die dritte Eheschließung zwischen Frankreich und Navarra. Die Frucht, sorgsam behütet, wird einmal reifen. Jeanne d'Albret betrachtet diese Entwicklung ohne Behagen. Wenn ihr Gatte in mißvergnügten Stunden davon spricht, den Hof zu verlassen, um im Béarn das Regiment auszuüben, verweist es ihm Heinrich II. streng: „Vetter, wachen Sie über Ihren Platz in Frankreich!" Der Hof gleicht einem Land, in dem man ausharren muß, um eine Dauerstellung zu behaupten. Wenn der Erste Prinz von Geblüt den Hof verläßt, würde er nur einer anderen stolzen und anspruchsvollen Familie, den Guisen, das Feld überlassen. Der Dauphin Franz hat ihre Nichte, Maria Stuart, geheiratet, und die Guisen erhöhen unablässig ihre Stellung am Hof, im Land, in der Kirche. Franz von Guise hat Calais den Engländern wieder entrissen und ist der Held des Tages. Der Kardinal von Lothringen, sein Bruder, verfügt über einen beispiellosen Einfluß. Beide erklären sich als Verteidiger des Königreichs, seines materiellen und seelischen Bestandes. Diese lothringischen Fürsten haben ihr Geschlecht neuerdings nach Frankreich verpflanzt, schlagen Wurzeln in Frankreichs Erde und erheben ihr Haupt zur Sonne. Anton von Bourbon verblaßt neben ihnen, er muß wachsam bleiben, wenn er seinen Rang im Reich behaupten will; gern würde er den Sohn neben sich haben, da die Söhne des Franz von Guise so hoffnungsvoll heranwachsen. Auch der junge Heinrich, der Tochter des Königs anverlobt, berechtigt zu Erwartungen und soll mit seinen Vettern, dem Dauphin und den Prinzen von Frankreich, zusammen groß werden.

Aber Jeanne widersetzt sich als Königin und Mutter. Der Sohn gehört ihr, und sie wünscht ihn nicht dem treulosen Gatten zu überlassen, im Dunstkreis eines ausschweifenden Hofes und unter der Aufsicht einer Frau, die sie verabscheut, der Königin — Katharina von Medici. Eines schönen Tages würde Katharina mit ihrer schmeichlerisch lächelnden Geschicklichkeit den Sohn an sich reißen, wie man es schon mit dem Vater gemacht hat, wie man es mit dem Béarn machen möchte. Jeder Köhler ist Herr in seinem Haus, eine Königin muß es erst recht sein.

In den Augen von Jeanne d'Albret, der Nichte Franz' I., bedeutete Katharina ehedem wenig genug; man nannte sie die Krämerstochter, als sie im Alter von zwölf Jahren an den Hof kam, um Franz' I. zweiten Sohn zu heiraten, und fand das dicke kleine Mädchen mit dem gelblichen Teint recht lächerlich. Kein Mensch hätte gedacht, daß sie Königin würde; der älteste Sohn des Königs lebte ja noch. Als dann durch Zufall ihr Gatte Dauphin wurde, blieb sie zu ihrer Verzweiflung zehn Jahre kinderlos. Trotz ihres Geldsacks galt sie wenig. Sie mußte mitansehen, wie ihr Gatte Diane de Poitiers zu seiner Geliebten machte und mit dieser Beziehung in aller Öffentlichkeit prahlte. Sie machte damals keine Szenen und macht sie auch heute kaum. Und wenn die verschlungenen Initialen des Königs und seiner Geliebten die Plafonds der Festsäle des Louvre schmückten, so bestand Katharinas Rache darin, daß schließlich sie dem König zehn Kinder gebar. Diane mag die Rolle der Egeria des Königs spielen, Katharina überläßt ihr den Überschuß ehelicher Liebe und versorgt selbst Jahr um Jahr ganz Europa mit Königen und Königinnen. Drei Kinder sind ihr gestorben, die sieben anderen hat sie aufgezogen oder erzieht sie noch mit einer eifersüchtigen Liebe und fiebernden Furcht. Aus ihren Florentiner Kinderjahren hat sie die grausigen Erinnerungen an Gift und Meuchelmorde bewahrt. Sie erzählt gern, wie man sie in Florenz einmal hoch oben auf einem Turm gefesselt hat, um nach Wunsch als Zielscheibe oder Geisel zu dienen. Als Kind hat sie noch Machiavelli und die Borgias gesehen. Im Krater eines Vulkans ist sie aufgewachsen, im Dunst von Lava und Schwefel. Es wäre lächerlich, Geradheit und Offenheit von ihr zu erwarten. Ihre Kinder sah sie, solange sie klein waren, nur von Gefahren bedroht. Sie bewachte sie im eigenen Schlafzimmer mit ihren Hunden zusammen, kochte ihnen mit eigener Hand den Brei, die „Brotsuppe",

wie sie in ihren Briefen schreibt, und niemand außer ihr selbst durfte den Kindern die sorgfältig und geheim verwahrten Arzneimittel verabreichen. Ruggieri mußte ihr das Schicksal der Kinder in den Sternen lesen. Manchmal versprach sie ihnen Königreiche und manchmal die Rute, und beim Austeilen von Püffen oder Zärtlichkeiten verwechselte sie oft die Kinder mit den Hunden. Bis zum letzten Atemzug wird sie die Kinder beherrschen und über die regieren, die Frankreich regieren. Der älteste Sohn, der Dauphin und Gatte Maria Stuarts, war schwach, zart und kränklich. Dann kam der Heißsporn Karl. Den dritten hatte man Alexander getauft, aber sein klassischer Name klang französischen Ohren fremd. Er war zierlich, zärtlich und hübsch, die Mutter nannte ihn, den zukünftigen Heinrich III., „ihren kleinen Medici". Dem letzten gab man wieder einen großartigen Namenspatron und nannte ihn Herkules. Er wurde nur ein nichtsnutziger Knirps, der nach dem Tod des ältesten Bruders den Namen Franz annahm. Die drei Töchter sind Claude, Herzogin von Lothringen, Elisabeth, die künftige Königin von Spanien, und Margarete, die für Heinrich von Navarra bestimmt ist. Katharina kann mit ihrer zahlreichen königlichen Brut herrschen und triumphieren: es wird der Krone nie an einem Valois fehlen. Bei aller mütterlichen Leidenschaft vermag sie auch sanft und zärtlich zu sein. Sie schreckt vor keiner List, keiner Falschheit, keiner Lüge zurück. Jeden Gegensatz hält sie für überbrückbar, jede Feindschaft für versöhnbar. Man kann einander verachten und umbringen, und nachher lachen und sich wieder vertragen.
Jeanne fühlt nur heftigste Abneigung gegen Katharina und fürchtet sie, wie die Taube die Schlange fürchtet. Sie nennt sie nur „Frau Schlange". Jeanne hat nicht die Sanftmut der Tauben, aber ihre Witterung. Katharina findet die geradlinige Jeanne ein bißchen einfältig: eine Provinzprinzessin mit einem Jungen, der noch nach Knoblauch und Käse riecht. Sie spielen die liebenden Verwandten, die beiden Frauen, Heinrich II. legt Wert darauf. Aber je weniger sie am Hofe zusammen sind, um so erleichterter wird Jeanne aufatmen. Sobald es anging, kehrte die Mutter — vereinsamt aber frei — mit dem Sohn ins Béarn zurück. In ihrem Königreich war sie souverän und dort fand sie die Menschen, in denen sie ihre wahren Freunde sah.

II

IM PROTESTANTISCHEN LAGER

Wer sind diese wahren Freunde? Im Louvre stand man den politischen und psychologischen Problemen gegenüber, im Béarn kam noch ein drittes Element hinzu: das religiöse. Es wird zum alles verzehrenden Feuer. Jeanne war in Frankreich unter der Vormundschaft ihres Onkels katholisch erzogen worden. Der Gatte, Anton von Bourbon, ist gleichfalls katholisch, und ihren Sohn hat der Onkel, der Kardinal von Bourbon, in der Schloßkapelle zu Pau getauft. Die Reise an den Pariser Hof hat immerhin eine Frucht gezeitigt: Jeanne schenkt, nach Pau zurückgekehrt, einer Tochter das Leben und gibt ihr als letztes Zugeständnis den Namen der Königin Katharina. Und wieder kommt der Kardinal von Bourbon nach Pau und tauft seine Nichte. Wie erklärt sich also das Gerücht, daß Jeanne vertraulichen Umgang mit den Hugenotten hat und daß sie in Théodore de Bèze ihr Orakel sieht? Was treibt überhaupt dieser Schüler Calvins im Béarn?

Wir müssen nach den vielen Personen, von denen schon die Rede war, noch den Schatten einer Toten heraufbeschwören: die Großmutter Heinrichs IV. In diesen Zeiten, in denen die Winde aus allen vier Himmelsrichtungen den fremdartigen Samen der Renaissance über die Erde wehen und zum Keimen bringen, umgibt dieses Kind eine Unzahl verschiedenartigster Geister. Henri d'Albret, ein guter Sohn des Béarn, hielt am alten Geist fest, aber Margarete von Angoulême hatte den Zug zum Modernen. Sie war als Vierunddreißigjährige nicht nach Navarra gekommen, um hier die Wolle der heimischen Ziegen zu spinnen und brav im Kreis ihrer Damen auf die heimkehrenden Jäger zu warten. Die Schwester Franz' I. war eine Fürstin von höchst verfeinerter Kultur, begabt für Dichtkunst und Musik, sie fühlte sich am Schreibtisch und mit der Laute wohler als am Spinnrad.

Wenn sie sich beim Bruder zum Hofdienst aufhielt — „Meine Schwester ist mir eine gute Hilfe", pflegte Franz I. zu sagen — war es ihr größtes Vergnügen, Gefangenen zur Flucht zu verhelfen,

welche die Sorbonne wegen religiöser Überzeugungen hatte einkerkern lassen. So erzählt uns Brantôme. Und sobald Margarete nach Navarra kam — immer noch im Dienst des abgöttisch geliebten Bruders —, nahm sie auch hier mit größter Freude Verfolgte bei sich auf. „Mein Königreich ist klein", sagte sie, „aber ich will es zu einem Asyl der Gerechtigkeit machen." Für sie war es unerträglich, daß die gelehrten Herrn der Sorbonne weise und fromme Menschen von untadeligem Lebenswandel nur deshalb verurteilen, ja verbrennen ließen, weil sie Reformen der Kirche und der Sitten anstrebten, weil sie Korruption und Mißbräuche aufdeckten. Gewiß wollte sie verhindern, daß diese Reformer sich von der Kirche trennten, aber sie wollte sie anhören und mit ihnen disputieren. Scheiterhaufen, meinte Margarete, bewiesen nur die Glaubensstärke und Heiligkeit von Märtyrern. Das Schloß zu Pau war zu den Zeiten Margaretens erfüllt von Musik und Dichtkunst. Rabelais widmete ihr das dritte Buch des „Pantagruel" und forderte sie auf, herabzusteigen von ihrem „göttlichen Sitze" und sich aufzuheitern bei seinen Schwänken. Die kleine Hofhaltung in Pau galt als Parnaß. Und die Königin bewies ihren Sinn für Schwänke, indem sie ihren Hofdamen die Erzählungen des Heptameron in die Feder diktierte. Aber in den innersten Gemächern fand sich noch ein anderer Kreis zusammen. Margarete nahm Calvin in Pau gastlich auf. Calvin war damals ein junger kränklicher und reizbarer Mensch, aber von tiefen Überzeugungen und hohen Zielen erfüllt. Auch Etienne Dolet und Pierre Berquin fanden sich ein.
Wir dürfen annehmen, daß der angebetete und gefürchtete Bruder nichts dagegen hatte, wenn Margarete den Verfolgten eine Zufluchtsstätte bot. Gern hätte er die Rettung Pierre Berquins gesehen. Calvin hatte dem König von Frankreich sein Buch „Religionis christianae Institutio" gewidmet. Und bei der Gründung des Collège de France hatte Franz I. der Wunsch geleitet, daß hier neue Wege im freien Meinungsaustausch gesucht werden sollten. Durch diese stillschweigende Billigung fühlte sich Margarete bei ihrem Studium der neuen Ideen bestärkt. Sie selbst war nicht gut zu sprechen auf die Sorbonne: ihre anonym veröffentlichte mystische Dichtung im Umfang von 1700 Versen „Spiegel der sündigen Seele" war dort

scharf verurteilt worden. Sie hatte ihr Meßbuch ins Französische übersetzen lassen und den Text an alle ihre Hofdamen verteilt. Clément Marot, ihr Kammerherr, hatte für sie die Psalmen übertragen. „Wenn man zu Gott betet", hatte die Königin von Navarra gemeint, „muß man auch wissen, was man ihm sagt." Im Kreise der neuen Freunde in Pau nahm sie sich manche Freiheiten und versuchte Neuerungen. Es mißfiel ihr, in Navarra die Kirchengesänge in näselndem Latein nach der gregorianischen Weise anhören zu müssen. Das Volk verstand nichts davon, langweilte sich, gähnte und machte ein dummes Gesicht. Sie ließ die Motetten und Hymnen in der alten Sprache und nach den alten Weisen des Landes singen. Sie ging weiter und schickte auf den Rat Calvins junge Leute aus guten Familien nicht auf die Sorbonne, sondern nach Genf, damit sie dort an der neuen Hochschule den „Unterricht im Christentum" an der Quelle studieren sollten. Diese jungen Menschen kehrten erfüllt von Glaubenseifer heim und sprachen nur noch von Reformen. Sie hatten den neuen Wein geschmeckt, der jung und frisch vom Weinberg kam, den gleichen, von dem die Apostel getrunken. Sie nannten sich noch nicht Hugenotten, sondern Reformer, und durchwehte nicht die ganze Kirche ein reformierender Geist?

Bischöfe und Kardinäle selbst verlangten, forderten, verkündeten eine Reform und versammelten sich auf dem Konzil von Trient. Sie wollten der christlichen Kirche ihre Reinheit und ihr ursprüngliches Gesetz wiedergeben. Die jungen Leute kamen aus Genf sittlich geläutert zurück, sprachen in Dörfern, Scheunen, unter freiem Himmel, und predigten zuerst nur gegen den Heiligenkult, gegen das Beten vor Statuen und Bildern, gegen die primitive Leichtgläubigkeit, die von den Heiligen Sonne und Regen oder Heilung für die kranke Kuh erwartet. Sie wandten sich gegen jede Form von Abgötterei und lehrten die einfachen und von Mystizismus freien Gesetze der Bibel. Hirten und Ackersleute aus den Tälern und Bergen machten sich mit dem alten Israel vertraut: der alte Abraham mit seinen Viehherden wurde ihnen wie ein Vater, und zum Mißvergnügen der Mönche begann man, den Neugeborenen biblische Namen zu geben wie Ruben oder Jakob, Rahel oder Lea.

Diese ersten Versuche beunruhigten die Königin von Navarra. Wie weit würde sie selbst gehen, wie weit trieb es ihre Freunde? Aus Neugier ließ sie in ihrer Hauskapelle das Abendmahl nach dem Genfer Ritus feiern. Fast hätte ihr Gatte Henri d'Albret sie dabei überrascht. Beim Geräusch seiner Schritte versteckte man rasch Brot und Wein, und die Hofdamen holten die Rosenkränze hervor. Von Zweifeln geplagt, nahm Margarete längeren Aufenthalt in Klöstern, legte Nonnenkleidung an, sang in ihrem Äbtissinnenchorstuhl beim Gottesdienst mit und versuchte so, ihre Unschlüssigkeit zu entwirren. Auf ihren Porträts sehen wir unter der großen leinenen Haube ein merkwürdiges Gesicht mit großen ausdrucksvollen Zügen, weitgeöffnete helle Augen, breitgeschwungene sensible Lippen, die sich ironisch schürzen oder in innerer Unruhe zusammenpressen könnten. War sie in erster Linie Königin oder Äbtissin? Vor allem war sie Frau. Sie sagte, sie wolle im Glauben nicht wankend werden, aber tatsächlich wankte sie. Alles hätte sie darum gegeben, einmal auf dieser Welt den Laut einer Seele wirklich zu vernehmen. Stundenlang sah man sie — nach einem Bericht Brantômes — über das Sterbebett einer ihrer Hofdamen gebeugt. Es war nicht üblich, daß eine Königin einer Hofdame Beistand beim Todeskampf leistete. Aber die Königin von Navarra hoffte, einmal „das Abscheiden der Seele vom Körper" wahrzunehmen, ein Rauschen zu spüren, irgendein Zeichen, den Flügelschlag des entschwebenden Geistes. Die Schwäne, meinte sie, ließen in der Todesstunde ihren Jubelgesang ertönen. Aber sie habe nichts gesehen, nichts gehört außer einem nichtssagenden Seufzer. Wäre sie nicht fest im Glauben gewesen, so hätte sie nicht gewußt, was sie denken sollte „vom Abscheiden der Seele, aber sie wollte an das glauben, was Gott und die Kirche befahlen, ohne in ihrer Neugier weiter zu gehen". Diese Gedanken vertraute sie der Mutter Brantômes an, und der Sohn berichtet, daß die Großmutter Heinrichs IV. eines vorzeitigen Todes starb, weil sie sich eine Erkältung zuzog, als sie von einer Terrasse aus eine Kometenbahn beobachtete. Sie wollte an ihr das Sterbedatum des Papstes Paul III. ablesen, dem sie vielleicht einen baldigen Tod wünschte.

Dem geistlichen Ratgeber, der ihr beistand, versicherte sie, daß sie als gute Katholikin sterbe. Sie schied ungern aus dieser Welt. Es widerstrebte der lebenskräftigen Frau, so lange unter der Erde zu bleiben, nicht das Ende der Dinge zu erleben, nicht den Ausgang des Konzils von Trient, wo sich reformatorische Stimmen im Schoß der katholischen Kirche selbst erhoben. Was sie für ihre Freunde getan, das hatte sie nach ihren eigenen Worten aus Gefälligkeit getan, auch aus Neigung zu ihren gelehrten und rechtschaffenen Bemühungen und um ihres reinen Lebenswandels willen. Dieses echte Kind der Renaissance gab sein Leben für das eigene Heil und für die Erneuerung ihrer Kirche.

Auf dem Totenbett sah man sie, den Rosenkranz in den Händen, angetan mit der Nonnenkutte. Aber in ihren Truhen lagen die Manuskripte der gewagten Erzählungen ihres „Heptameron". Die Schwester der Nonnen war dieselbe, die das Wort prägte: „Ungeliebt fühlen wir Frauen uns ohne Leben." Mutatis mutandis wird Heinrich IV. dasselbe von sich noch nachdrücklicher sagen.

Margarete war es versagt geblieben, das Entschweben einer Seele mit leiblichen Augen zu sehen. Aber durch die eigene Seele waren alle Zuckungen einer Epoche gegangen, sakrale und profane. „Sie wollen zu viel wissen, Madame", hatte ihr Gatte Henri d'Albret zu ihr gesagt. Die Schwester Franz' I., die Großmutter Heinrichs IV. war die spiegelnde Wasserfläche ihres halben Jahrhunderts gewesen, gefurcht von jedem Windhauch, aufgewühlt von Gewittern, auf der sich die großen Schatten zeichneten, die am Ufer die gigantischen Spuren ihrer Schritte ließen: Leonardo da Vinci, den sie in Amboise gut gekannt und oft gehört hatte, Calvin, der Gast und Freund von Pau und Nérac.

Ronsard wünschte nicht, daß man der königlichen Schutzherrin ein fürstliches Denkmal errichte:

> Mieux que ces monuments superbes
> Je plaisent les douces herbes
> Les fontaines et les fleurs.
> Viel besser als die Denkmalriesen
> Gefallen Dir die sanften Wiesen,
> Die Brunnen und die Blumen.

Aber unter den Gräsern und Blumen keimte die Saat, deren Wachstum wir beobachten werden.

Jeanne d'Albret wußte wohl darum, als sie den Sohn nach Béarn heimführte. Für ihre Mutter hatte die Reformbewegung die Bedeutung eines evangelischen Hirtengedichts, wie man später 1789 zuerst eine soziale Morgenröte erblicken wollte. Aber im Laufe der Jahre hatten die Reformer ihre Glaubenssätze entwickelt und dargelegt, was sie ausmerzen und zerstören wollten. Die Spaltung hatte sich in offenem Kampf vollzogen. Die Bächlein der neuen Lehre vereinigten sich, durchquerten ungehindert die einsamen Walddörfer in den großen Tannenforsten und Schneebergen. Es behagte den Holzhauern nicht mehr, nach dem Geheiß der Klöster zu fasten, zu feiern oder zu arbeiten. Die jungen Schüler von Genf waren zu Sendboten einer geistlichen Metropole geworden. Die Hausierer brachten zwischen Kleiderkram und Spitzen in Genf gedruckte Flugschriften mit, in denen die alten Riten und die heiligen Stätten, wo das Volk einen Zahn des Heiligen Joseph verehrte oder einen Nagel vom Heiligen Geist, verhöhnt wurden. Schluß mit den Wallfahrten nach Betharam, zur heiligen Jungfrau von Garaison, Bourisp oder Poneylau! Das war Götzendienst, der den Neuen Kindern Israels verboten war. Schluß mit den Trinkgelagen der Männer, den Dorftanzereien am Abend nach den Prozessionen! Das Tanzen um die Maibäume galt als heidnisches Überbleibsel. Calvin in Genf verbot es. Die Reformbewegung traf im Béarn auf keinen heftigen Widerstand, unmerklich machte sie Fortschritte. Die Hirten hüteten die Herden, die Holzhauer schwangen in den Wäldern die Axt, ihre Buben, Abel oder Melchisedek, sammelten an ihrer Seite Tannenzapfen für das abendliche Feuer, alle fühlten sich fern jeder „Häresie", von der man nichts ahnte. Heinrich II. machte seinen Verwandten, dem König und der Königin von Navarra, oft Vorwürfe, daß sie in ihrem kleinen Königreich die Häresie duldeten. Anton von Bourbon ging mit Leib und Seele in Frankreich auf, und Jeanne stellte sich diesen Klagen gegenüber taub. Was bei ihrer Mutter gütiges Mitgefühl und geistige Neugier gewesen war, wandelte sich in ihr zur Opposition. Sie wollte sich nichts dreinreden lassen, am wenigsten vom König von Frankreich. Margarete von Angoulême hatte Calvin bei sich aufgenommen, Jeanne verband sich mit Théodore de Bèze. Er wurde der Königin in ihrer Einsamkeit zum Führer und Vertrauten in allen Unannehmlichkeiten und Enttäuschungen, der Freund, dem man seine Wunden und Schmerzen anvertraut. Man möge sich in acht nehmen! Wenn der Hof von Frankreich sie allzusehr belästigt, wenn er nach dem Vater auch noch auf den Sohn und das Königreich die Hand legen möchte, so könnte es leicht geschehen, daß Jeanne sich völlig freimacht und mit ihren beiden Kindern zur hugenottischen Lehre übertritt. Dann wäre der Trennungsstrich gezogen.

Es wäre ein Akt der Emanzipation, der als Herausforderung wirken würde, aber Jeanne stünde nicht mehr allein, auch nicht innerhalb ihrer Familie. Schon sind die bourbonischen Brüder untereinander gespalten. Anton von Bourbon und sein Bruder, der Kardinal, sind Katholiken. Der junge Ludwig, Prinz von Condé, hat sich und sein Haus den Hugenotten verbunden, alle Hugenotten Frankreichs blicken auf ihn. Bèze gibt Jeanne die moralische, ihr Schwager Condé die politische Stütze. Und hinter dem Prinzen von Condé steht der Admiral Coligny mit seiner ganzen Familie. Niemand kann bestreiten, daß der Admiral einer der ersten Diener des Königs von Frankreich ist, eine große Gestalt, ein vorbildlicher Christ, der leibhaftige Reformierte. Nach seinem furchtbaren Unglück bei Saint-Quentin hat er in den Verließen eines spanischen Gefängnisses nachgedacht, die heiligen Schriften studiert, seine Sünden bereut und den Entschluß gefaßt, sich zu läutern. Er hat erst das Beispiel von Heldentum und Mut gegeben, nun gibt er das Beispiel höchster sittlicher Haltung. Er ist zur Reformbewegung übergetreten und mit ihm seine beiden Brüder. Bei diesem großen Heerführer würde Jeanne im Notfall bewaffnete Hilfe finden. Auch der Admiral ist unzufrieden mit dem französischen Hof. Man hat ihn als Hugenotten auf die Seite geschoben, und er sieht den Aufstieg der Guisen. Als katholische Fürstin ist Jeanne, wie sie täglich feststellen kann, so gut wie bedeutungslos. Als hugenottische Königin, selbst des kleinen Navarra, wäre sie das Haupt einer großen Partei, die nur auf den Augenblick wartet, sich zu erheben. Ihr Königreich würde zum Hort der Gerechtigkeit werden, zum Herd des Widerstandes gegen gewalttätige Übergriffe. In ihren eigenen Augen war Jeanne nicht „evangelisch", sondern schlicht bibeltreu. Im Alten Testament fand sie für sich als Königin wohlanwendbare Beispiele: Könige und Helden, Ermahnungen zu Kraft und Widerstand, klare Weisungen, Zeichen der Auserwähltheit. Bèze wachte und arbeitete; die Frucht reifte, er brauchte sie nur zu pflücken. Er legte die Hand auf das Haupt des kleinen Heinrich, wie es König Heinrich II. getan hatte: „Das ist ein Kind, das viel verspricht, es ist gesund, kräftig und von aufrechter Art." Heinrich war sieben Jahre alt, seine Schwester Katharina zwei. Für den Knaben war es an der Zeit, für die Schwester nicht zu früh. Die Kinder sollten zugleich mit der Mutter den wahren Glauben annehmen. Wenn der französische Hof diesen Glaubenswechsel als skandalösen Abfall ansehen sollte, konnte Jeanne sich auf ihre heiligen Rechte berufen: ihr Recht als Souveränin und Mutter, das Recht ihres Gewissens und die Reinheit ihrer Absichten. Mochte man ihr Böses antun, sie würde niemandem ein Leid zufügen.

Noch zögerte sie oder wartete ab, der Schritt war ernst. Ein völlig unerwartetes Ereignis brach ihre Ketten. Im Laufe der Festlichkeiten anläßlich der Doppelhochzeit der Tochter und Schwester Heinrichs II. wurde in Anwesenheit des ganzen Hofes ein Lanzenbrechen zwischen dem König und dem Grafen von Montgomery veranstaltet. Plötzlich sah man den König stürzen, die Hand an der Stirn. Das Helmvisier war heruntergeglitten, die Lanze Montgomerys war ihm ins Auge gedrungen. Zwei Tage später wurden die Gerüste schwarz ausgeschlagen, die für die Festlichkeiten errichtet waren; den König trug man in die Gruft von Saint-Denis.

Welcher Wechsel der Dinge! Ein kränklicher, zarter, furchtsamer junger Mensch kommt an die Spitze des Staates. An seiner Seite die liebenswürdige und geistig lebendige Maria Stuart, von der nichts Böses zu befürchten ist. Aber hinter diesem jungen Paar erblickt Jeanne Katharina, die sich plötzlich von der Rolle der Glucke zur Würde der Königinmutter erhebt. Der Aufstieg der Guisen geht weiter. Jetzt sind sie die Oheime der regierenden Königin und somit selbst in der Regierung. Sie haben alle Trümpfe in der Hand: persönlichen Wert, Einfluß und Ansehen, den Glanz der geleisteten Dienste. Anton von Bourbon, der Erste Prinz von Geblüt, erkennt, wie blaß er neben ihnen erscheint.

Wenige Monate nach dem Tode Heinrichs II. nimmt Jeanne Abschied von der katholischen Kirche und damit vom französischen

Hof. Daraus folgt für die Königin eine unmittelbare Umstellung ihrer freundschaftlichen Verbindungen, ihrer Beziehungen, ihrer Stützpunkte. Es liegt nicht an Jeanne, wenn Anton von Bourbon abseits bleibt. Sie will sich freimachen angesichts der neuen Lage, sich und ihre Kinder den Umschlingungen des französischen Hofes entziehen. Ihr Eintritt in die Religionsgemeinschaft der Hugenotten gleicht einem Entspringen. Mag man in Paris, Rom oder Madrid unzufrieden und empört sein über den Schritt, eins gewinnt sie mit Sicherheit: die Befreiung von jeglicher Bevormundung. Frankreich wird sie trotz allem immer vor räuberischen Absichten des Papstes oder Eroberungszügen der Spanier schützen.

Sie selbst gibt das genaue Datum an. In ihren Memoiren schreibt sie: „Wie jedermann weiß, gefiel es Gott in seiner Gnade, mich im Jahre 1560 aus dem Irrtum des Götzendienstes zu befreien, dem ich verfallen war, und mich in die wahre Kirche aufzunehmen."

In die Hand von Bèze schwur sie den alten Glauben feierlich ab und gelobte der neuen Lehre die Treue. Sie war ganz aufrichtig. In ihrer geraden und unbeugsamen Seele gab es keine Widersprüche. Mit Inbrunst legte sie die Hand auf die Bibel. Beide Kinder begleiteten sie. Sie nahm die Hand des Sohnes und legte sie gleichfalls auf die Heilige Schrift, und dann die der kleinen unschuldigen Katharina.

Im biblischen Sinne schloß sie mit Gott einen Bund: sie wollte ihm rechtschaffen und treu dienen, und Er sollte sie schützen und ihr beistehen. Jeanne war dreißig Jahre alt. Eifrig besuchte sie den Gottesdienst, wo man sie in der Kraft ihrer Jugend und vollen Reife sah: das Gesicht fast schön zu nennen, mit reinen Zügen, blauen klaren Augen, kein Lächeln auf dem zusammengepreßten Mund, die Haare glatt gestrafft unter der engen weißen Haube, das schwarze perlengestickte Kleid fein und schlicht. So stellt sie ihr Porträt dar. Sie war frei von der Koketterie der Zeit, aber sie hatte Stil. Jedenfalls war die Nichte Franz' I., Gattin des Ersten Prinzen von Geblüt von Frankreich, Mutter zweier Kinder, die sie mitbrachte, ein sehr wertvoller Zuwachs für die neue Kirche. Sie setzte Calvin in Genf von ihrem Übertritt in Kenntnis, der sich darüber sehr zufrieden zeigte, und bewies den Eifer der Neubekehrten. Sie brachte ihr ganzes Herz und ihren ganzen Groll mit. Zäh in Freundschaft und Feindschaft, würde Jeanne nie erlahmen und auch zu leiden wissen für die gute Sache. Sie räumte gleich gründlich auf und ließ in ihrer Kapelle zu Pau alle Spuren des Götzendienstes entfernen, Bilder und Statuen. Laut Gebot der Königin durften die Heiligenbilder an Gassenecken und Kreuzwegen nicht mehr mit Blumen geschmückt werden. Und auch zur heiligen Jungfrau vom Brückenkopf drangen nicht mehr die Stoßgebete der Wöchnerinnen. Ein Staatsgesetz bestimmte die Religion der Königin zur Staatsreligion im Béarn. Mönche und Nonnen verließen die Klöster und verstreuten sich über die Straßen nach Frankreich und Spanien. Auf Tragbahren schleppten sie Altarschmuck und Reliquien mit sich. In ihren Klöstern wollte Jeanne Schulen einrichten, wo die Kinder des Béarn in der wahren Lehre unterrichtet werden sollten. Die Glocken, die so lange Zeit Feiertage und Taufen, Hochzeit und Tod geläutet hatten, kündeten nicht mehr den Tagesanbruch noch den Sonnenuntergang. In den Tälern des Béarn war die Religion ihrer verweslichen Eingeweide beraubt und glich in ihrer Reinheit einem einbalsamierten Leichnam.

Und Jeannes Sohn wuchs heran: Zankapfel zwischen zwei Müttern, zwei Königinnen, zwei Königreichen, zwei Religionen.

III

STREIT

So ist also Heinrich Hugenott geworden. Der Sohn des Ersten Prinzen von Geblüt gehört Frankreich, aber der Sohn der Jeanne d'Albret gehört Genf. Bèze wählt seine Lehrer aus: an erster Stelle Herrn de la Gaucherie, an zweiter Palma Cayet. Der junge Prinz soll nach neuen Methoden erzogen werden. Man wünscht ihn kräftig und ausdauernd, abgehärtet gegen Hitze, Kälte und Ermüdungen. Er ist kein sonderlich fleißiger Schüler. Lateinisch bringt man ihm dadurch bei, daß man es in seiner Gegenwart wie eine Umgangssprache spricht. Er soll die schönen Lebensregeln der Alten kennenlernen, sie als Motto über seine Aufsätze schreiben. Mit besonderer Liebe hört er die Erzählungen kriegerischer Heldentaten und ist begeistert von dem Wahlspruch: *aut vincere aut mori*. Palma Cayet malt für ihn in seiner schönen Schrift „Ausgewählte Sittensprüche" und verweilt lang bei dem Satz: „Man muß den Aufruhr aus der Stadt verjagen." Bèze wünscht, daß der Knabe das Land, das er einmal regieren soll, kennen und lieben lernt, daß er die Landessprache spricht, mit den jungen Edelleuten des Béarn, Knaben und Mädchen, spielt, aber ohne zu große Vertraulichkeit mit den Mädchen. Heinrich wird später einmal oberster Gerichtsherr sein. So soll er jetzt schon von den Ungerechtigkeiten erfahren, die den Hugenotten in Frankreich das Leben verbittern, und er soll auch wissen, daß er jetzt einem von Gott auserwählten Volk angehört. Die Apostel waren nur arme Fischer. Die Schüler von Calvin und Bèze mußten schon auf das Alte Testament zurückgreifen, wenn sie in der Bibel Beispiel und Hinweis für alle Lebenslagen finden wollten. Der Knabe soll ein König von Juda werden ohne Fehl und Tadel. Man darf Hoffnungen auf ihn setzen. Er ist ein geweckter Junge, anhänglich und lustig. Es gefällt ihm zwar besser, mit den alten Edelleuten auf die Jagd zu gehen als den Lehrern ins Schulzimmer zu folgen, aber er nimmt auf, was man ihm sagt.

Wie hat sich, in Gedanken und Worten, der Vater, Anton von Bourbon, zum Übertritt gestellt? Um das zu erfahren, müßte man der Seele eines Fürsten auf den Grund sehen — eine schwierige Aufgabe. Hier wechseln wir aus dem bäuerlichen Navarra hinüber in die Labyrinthe der Politik. Vergleichen wir die Daten, so findet sich, daß im gleichen Jahr, in dem Jeanne mit ihrem Sohn und ihrem Land sich den Hugenotten anschließt, die Verschwörung von Amboise stattfindet. Der Regierungsantritt Franz' II. bedeutet zugleich den Regierungsantritt der Guisen, der Oheime Maria Stuarts. Franz von Guise gilt als der größte Feldherr seiner Zeit. Sein Bruder, Kardinal von Lothringen, Inhaber von siebzehn Bistümern, betrachtet sich als Wächter und Schirmherr der katholischen Kirche. Alle beide und mit ihnen ihre Brüder und Verwandten genießen das Vertrauen des Königs, der jungen Königin und der Königinmutter: sie sind es, die regieren. Alle Unzufriedenen sind und werden ihre Gegner sein. Anton von Bourbon aber ist unzufrieden mit dem Hof. Ihm als Erstem Prinzen von Geblüt und seinen Brüdern käme die Vormundschaft über den König zu. Was bezweckten die Verschwörer von Amboise? Die Entführung des Königs. Seine Mutter, die sich in Paris nicht sicher fühlte, hütet ihn im Schloß von Amboise. Von dort aus kann man die Schiffahrt auf der Loire, jede Bewegung in den Wäldern überwachen. Die Verschworenen wurden verraten, überrascht, gehetzt wie wilde Tiere, ergriffen und nach Amboise gebracht. Der Gegenschlag war furchtbar. Man hält es für möglich, daß Anton von Bourbon auf seiten der Verschwörer stand; am Hof ist man niemandes sicher. Nur eines scheint gewiß: daß der Prinz von Condé das heimliche Oberhaupt und die unsichtbare Seele der Verschwörung war. Er hat es nachdrücklich abgestritten, aber niemand schenkte ihm Glauben. Er ist Hugenott, und die Mehrzahl der Verschwörer sind Hugenotten neben ein paar bretonischen Hitzköpfen. Die Guisen wollten wissen, auf wessen Wort, auf wessen Befehl, auf was für Hoffnungen hin sie, die Großen unter den Großen, um ein Haar in Amboise wie Ratten in die Falle geraten wären. Die abgeschlagenen Köpfe auf den Gittern, die in der Loire treibenden Kadaver verraten nichts. War die aufsehenerregende Bekehrung Jeannes eine Vorbereitung gewesen, um ein Asyl für alle Unzufriedenen im Königreich zu schaffen, einen Sammelplatz für die Opposition? Man wollte es von Anton von Bourbon erfahren. Er beschwor seine Treue. Der Prinz von Condé hingegen, sein Bruder, der stärker kompromittiert war, wurde auf seinem Schloß festgenommen, nach Amboise gebracht, verhört und gefangengesetzt. Er sollte die Verschwörung mit seinem Kopf bezahlen. Schon glaubten ihn die Guisen zu halten, da stirbt plötzlich Franz II., sei es an den Folgen der Aufregung, sei es an einem Ohrenleiden. Sanft und klagend fragt er nur noch, warum man ihm übel wolle. Die Ereignisse überstürzen sich. Franz II. war erst siebzehn Jahre alt. Der neue König, Karl, ist ein zehnjähriges Kind. Die Königinmutter wird Regentin, sie will die Thronbesteigung des unmündigen Sohnes nicht mit der Hinrichtung eines Prinzen von Geblüt einleiten. Das hieße das Feuer nähren und die Rache herausfordern. Condé ging unversehrt aus dem gefährlichen Abenteuer hervor, aber von nun an sahen die Guisen in jedem Hugenotten einen Verschwörer von Amboise, zumindest einen Rebellen, die Hugenotten in jedem Guisen oder Anhänger der Guisen einen

Henker. Anton von Bourbon blieb unzufrieden, war er auch mit heiler Haut davongekommen. Er schwankte ungewiß zwischen den Parteien, unablässig auf seinen Vorteil bedacht. Und nun begannen die Bürgerkriege, in denen sich religiöse Überzeugung, persönlicher Ehrgeiz und politischer Aufruhr unentwirrbar verknäueln.

Beschränken wir aber unsere Betrachtung zunächst auf das, was der kleine Prinz von Navarra bei seinem zweiten Besuch am Hof im Alter von acht Jahren zu begreifen imstande ist. Man mußte ihn dem Vater bringen, der nach ihm verlangte. Jeanne begleitet ihn ungern und mit Hintergedanken: sie hofft den Gatten wiederzugewinnen, ihn seinen Mätressen und dem Hof abspenstig zu machen. Anton von Bourbon ist ein schwankender Charakter: am Ende wird er doch noch Hugenott. Es hat ihm nicht gepaßt, sich von Franz von Guise abkanzeln zu lassen. Ihm wäre es zugekommen, an Katharinas Seite, zumindest für die Dauer der Minderjährigkeit des Königs, Reichsstatthalter zu sein. An diesem Punkt kann man den Hebel ansetzen. Jeanne ist als hugenottische Fürstin nicht mehr Gast des Louvre. Sie hat ihr eigenes Gefolge. Die Herren ihres Hofstaates, ihre Hofdamen, sind alle Hugenotten. Sie wünscht den Gottesdienst nach dem neuen Ritus abzuhalten und ihre Glaubensbrüder in Paris dazu einzuladen. Der reformierte Gottesdienst ist in Paris im allgemeinen verboten und wird nur an sehr wenigen genau bestimmten Stellen geduldet. Doch bei der Königin von Navarra kann man ungestraft die heilsamen Wahrheiten über den Götzendienst anhören. Hier sieht man Anton von Bourbon an der Seite seiner Gattin, seines Sohnes. Er will wissen, sagt er, was die reformierten Prediger zu lehren haben. Man sieht ihn aber auch im Louvre an der Seite der Königinmutter und des Königs bei der Messe. Manchmal äußert er ganz nebenbei, er wolle den Hof verlassen, an dem er doch nichts zu tun habe, um im Béarn zu regieren oder fern von den Guisen sein Gouvernement in Guyenne auszuüben. Sofort nimmt ihn der Kardinal von Lothringen beiseite und ermahnt ihn im Namen der Religion. Der Erste Prinz von Geblüt kann und darf in den unruhigen Zeiten der Minderjährigkeit den jungen König und den französischen Hof nicht im Stich lassen. Das wäre ein Akt der Rebellion. Wie will er denn im Béarn regieren, an der Seite einer häretischen Gattin, in einem Reich, wo auf Befehl der Königin die Messe abgeschafft ist und aus dem man Mönche und Nonnen mit Schimpf und Schande vertrieben hat? All das ist schon schlimm genug. Der Abfall des Prinzen von Bourbon würde den Skandal noch vergrößern. Er ist im Dienste des Königs unentbehrlich. Und nicht genug damit: wenn der Fürst es recht bedenkt, ist auch sein Sohn dem Dienst der Krone verpflichtet. Der junge Heinrich ist als Sohn der Kirche getauft worden, er trägt ihr unauslöschliches Zeichen; er ist Patenkind des verstorbenen Heinrich II. Die Willkürakte der Mutter vermögen das heilige Zeichen nicht auszulöschen. Man sollte das Kind der Mutter lieber fortnehmen und es am Hofe beim Vater behalten. Der junge Heinrich ist freundlich, liebenswürdig, noch ist es Zeit ihn zurückzugewinnen, ihm beizubringen, daß der Dienst Gottes untrennbar ist vom Dienst der Krone. Mag die Königin von Navarra dem Beispiel Heinrichs VIII. von England folgen, sich im Béarn zum Oberhaupt ihrer Kirche machen, Gesetze erlassen und aufheben. Aber es geht nicht an, daß sie dort den Sohn des Ersten Prinzen von Geblüt im Geiste der Feindschaft und Ablehnung alles dessen erzieht, was Frankreich heilig ist.

Es fehlt nicht an Argumenten, an Drohungen, selbst an Tränen, denn auch die Mütter, Jeanne und Katharina, beteiligen sich am Kampf. Die Königinmutter kann eine überzeugende Beredsamkeit entfalten. Sie will das Kind, und als Mutter des Königreiches plädiert sie gegen die natürliche Mutter. Jeanne könne sich den verwandtschaftlichen Pflichten nicht entziehen. Hat sie denn ihre Mutter vergessen, Margarete von Angoulême, die tausendmal bereit war, ihr Leben im Dienst des Königs hinzugeben? Sie ist die Base Heinrichs II., die nahe Freundin der Prinzessin Claude von Frankreich, sie ist durch alle Bande der Freundschaft und des Blutes der Dynastie und der Krone verbunden. Ihr Abfall muß wenigstens auf ihre eigene Person beschränkt bleiben, das muß sie begreifen. Bèze hat seine Hand auf das kleine Haupt gelegt, aber vor ihm hat Heinrich II. das Kind unter seine königliche Vormundschaft genommen. Jetzt erhebt Katharina auf den kleinen Hugenotten Anspruch im Namen des Staates, den er stützen soll; der große Kardinal von Lothringen tut das gleiche im Namen der Kirche, in deren Mutterschoß Heinrich geboren ist und in den er heimkehren soll. Daß bei diesem Streit um das Kind Tränen vergossen werden, sagt Jeanne uns selbst in ihren Memoiren: „Ach, wieviel Krokodilstränen hat der Kardinal vergossen, und wievieler füchsischer Kniffe haben sich er und sein Bruder bedient! Er hat den Weichherzigen, den Bejammernswerten, den Nachgiebigen so überzeugend gespielt, daß der Prophet David, hätte er je mit solchen Heuchlern zu tun gehabt, sie vor aller Welt gebrandmarkt hätte."

Die Füchse — das ist jetzt Jeannes Lieblingswort: die Fuchsschlauheiten des Kardinals, Katharinas füchsische Schliche. Ihre Biographen erzählen uns, daß sich in Jeannes Zimmern ein Wandteppich mit der Darstellung des Meßopfers befand, auf dem ein Priester mit erhobenem Kelch zu sehen war. Sie ließ den Kopf des Priesters heraustrennen und stickte mit geduldiger Hand selbst einen Fuchskopf an seine Stelle; das Tier zeigte grinsend die Zähne, drehte den Kopf den Gläubigen zu und ein Spruchband mit den höhnischen Segensworten *dominus vobiscum* hing ihm aus dem Rachen. Das zielte auf den Kardinal. Noch heute kann man eine Folge von vier Wandteppichen der Zeit in einem französischen Schloß sehen: die Großen des Hofes sind darauf als Affen dargestellt, einige demütig kriecherisch, andere lassen sich hochmütig die Füße küssen, einer trägt den Kardinalshut schief über dem Ohr und springt einer Dienstmagd nach, andere wieder, die Waage in der Hand, halten mit ernsthaftesten Mienen Gericht. Das geht gegen den Hof. Diese Tapisserien sollen im Besitz der Familie Rosny gewesen sein. Jeanne hat sie gewiß mit freudiger Genugtuung betrachtet und mag sie ihren Besitzern geneidet haben.

Das Kind, um das es hier geht, wird vom Béarn nach Paris, von Paris nach dem Béarn gebracht, wohnt mit der Mutter dem reformierten Gottesdienst bei, mit dem Vater der Messe, und muß sich wohl fragen, was es eigentlich ist und wem es gehört. In Paris wird bei strenger Strafe verboten, was im Béarn Gesetz ist; im Béarn bedrohen die gleichen Strafen das in Frankreich Befohlene. Die einen glauben, Anton habe den Sohn veranlaßt, die ihm von der Mutter aufgezwungene Religion abzuschwören; die andern behaupten, Anton sei heimlich selbst Hugenott geworden und behalte sich vor, es zu gegebener Zeit öffentlich zu bekennen. In Paris trägt Heinrich mit Anmut seinen Umhang, den Samthut und den kleinen Degen, er lernt tanzen, tausend Vergnügungen sind ihm erlaubt; im Béarn wird er zwar nicht gerade in Tierfelle gesteckt, aber doch in „rauhe Gewebe aus Ziegenhaar". In Paris ist es verboten, die Bibel in französischer Sprache zu lesen; im Béarn ist es die Lieblingsbeschäftigung. In Paris nennt man die sittenstrengen Hugenotten des Béarn gefährliche Häretiker und Vaterlandsfeinde, im Béarn gibt man durch Bibelzitate zu verstehen, daß der Hof das Reich der Gottlosen sei. In diesem Widerstreit lernt der Knabe nur das gegenseitige Mißtrauen, den gegenseitigen Haß kennen und verstehen. Und noch mit vierzig Jahren wird er sagen, daß er Religionsstreitigkeiten erlebt habe und Glaubenskriege, aber keine wahre Religion. Ihm selbst wird man im Namen der Religion Krieg erklären, und schon heute könnte er mit der ihm eigenen gewollten Naivität sagen: „Ihr tätet besser, mich zu belehren, statt mich zu zerstören."

1561 war er acht Jahre alt. Eine neue Katastrophe sollte auf seine Kindheit entscheidend wirken. Anton von Bourbon schlug sich tapfer und königstreu vor Rouen, das von den Hugenotten belagert wurde. Er stürzte tödlich getroffen, sah aber noch die Einnahme der Stadt und wollte sich sogar von den Schweizer Soldaten in die eroberte Stadt tragen lassen. Von Schmerzen überwältigt, verlangte er nach Hause, nach Saint-Maur-des-Fossés. Die gute Luft der Ile de France würde ihm, so meinte er, helfen. Bei Andelys auf dem Schiff fühlte er den Tod nahen. Bischöfe, Jesuiten, hugenottische Geistliche, eilten herbei und machten sich seine Seele streitig. Jetzt endlich würde der Prinz Farbe bekennen, als Katholik sterben oder sich als Hugenott erklären. „Kümmert euch nicht um das, was ich bin", sagte er, und es ist wohl möglich, daß er es in der Verworrenheit der damaligen Zeit selbst nicht wußte. Katharina eilte persönlich an sein Lager. „Mein Vetter", sagte sie, „sollten Sie nichts zu erklären haben?" Er empfing die Sakramente aus der Hand des Bischofs von Mans in Gegenwart seines Neffen, des Prinzen de la Roche-sur-Yon. Das wollte etwas besagen. Aber sein Arzt, Raphael de la Mezière, ein eifriger Hugenott, versichert, daß er gesagt habe: „Ich sterbe im Glauben an die Augsburger Konfession." Sein italienischer Kammerdiener dagegen erklärt, sein Herr habe sich im Bett aufgerichtet und

ihn am Bart zu sich herangezogen, um ihm ins Ohr zu flüstern: „Du sollst treu meinem Sohne dienen, und mein Sohn treu dem König." So überließ der Prinz die Menschen ihren Streitigkeiten, drehte sich zur Seite und übergab seine Seele Gott. Die Herzogin von Châtellerault, seine Geliebte, hielt die Totenwache.
Nach dem Tode seines Vaters war Heinrich von Navarra Erster Prinz von Geblüt. Bei seiner Jugend konnte er nützlich oder gefährlich werden; nützlich, wenn er „treu dem König diente", gefährlich, wenn der kleine Hugenott unter der Leitung der Mutter in Navarra zum Führer der hugenottischen Partei heranwuchs.
Man überließ der Herzogin von Châtellerault die Totenwache in der Barke auf der Seine. Katharina und die Guisen übernahmen unverzüglich die Wache bei dem Lebenden, dem verwaisten Kinde. Die Knoblauchzehe, der Wein von Jurançon mochten das Kind zum Navarresen gestempelt haben und der Wille der Mutter zum Hugenotten. Ein winziger Tropfen des Öls, das schon seinen Ahnherrn, den Heiligen Ludwig, geweiht hatte, fiel jetzt auf seine Stirn nach gutem monarchischem und französischem Brauche. Und dieses Signum hatte das Primat.

IV

DER HOF GEWINNT

Die Frage nach dem Schicksal des Kindes wurde jetzt brennender. Daß sein Vater als Katholik gestorben war, wenn auch lau im Glauben, steht wohl außer Zweifel, denn noch zehn Jahre später finden wir in Jeannes Memoiren, rückblickend auf den Hof und die Guisen, den Ausruf: „Es ist unglaublich, daß der Prinz sich durch ihre Betörungen hat fangen lassen."
Nach den ersten Tränen und Beileidsbezeugungen legte Katharina sogleich mit großer Selbstverständlichkeit, aber auch nicht ohne mütterliche Wärme ihre Hand auf den Knaben; diesmal würde ihn die Mutter ihr nicht streitig machen. „Mein Sohn soll treu dem König dienen", hatte der Vater gesagt. Das hieß mit anderen Worten: das

Leben des Königs teilen, ihm folgen, ihm dienen, die gleiche Luft mit ihm atmen. Fürstendienst ist kein Begriff, den man sich aus der Entfernung aneignen kann, man muß ihn sich einverleiben, daß er ins Blut übergeht und sich mit jedem Herzschlag erneuert. Heinrich würde in Navarra bei seiner hugenottischen Mutter, unter der Vormundschaft seines Onkels Condé und des Herrn von Bèze — was für Erzieher für diesen Prinzen! — nur hugenottische Luft atmend aufwachsen. Das wäre Verrat am Vater, der im Dienste des Königs und der Religion gefallen ist.

Er ist Hugenott, macht die Mutter geltend, er kann unmöglich am Hof mit dem König und seinen Vettern erzogen werden. Nach dem Tod des Vaters gehört der Sohn mehr denn je der Mutter allein. In Navarra wird ihn der wahre Dienst Gottes gelehrt, und wer Gott auf die rechte Weise dient, dient damit auch dem König. Und schließlich ist Heinrich jetzt Prinz von Navarra — das ist sein neuer Titel. Er soll in seinem Königreich, in seiner Muttersprache, in den heimatlichen Bräuchen und Sitten groß werden, die so verschieden sind von denen des französischen Hofes. Heute regiert noch Jeanne im Béarn, aber man macht ihr das Leben zu schwer, sie wird nicht alt werden. Nach ihr soll der Sohn herrschen, und der Dienst am eigenen Land ist auch kein abstrakter Begriff, man muß ihn sich einverleiben, bis er ins Blut übergeht und sich mit jedem Herzschlag erneuert. Darf man die verwitwete Mutter des Sohnes berauben, ihrer einzigen Hoffnung, ihres einzigen Trostes?

Jeannes Gründe sind schwerwiegend, aber unter Katharinas Tränen und Versprechungen schmelzen sie dahin. Man darf eine Mutter nicht zur Verzweiflung bringen: da der Knabe nun einmal Hugenott ist und Jeannes Widerstand gegen die Kirche so heftig, braucht er nicht die Messe zu hören. Er wird den König und seine Vettern nur bis zur Kapelle begleiten, denn das gehört zu seinem Dienst. Er wird hugenottische Lehrer haben, und am Sonntag können ihm diese in seinem Zimmer bei wohlverschlossener Tür Predigt halten. Gewissensfreiheit ist eine Sache für sich, ungehinderte Ausübung des Gottesdienstes eine andere. Man hat den neuen Kult an gewissen Stellen in Frankreich gestattet, aber im Louvre kann nicht öffentlich zweierlei Gottesdienst abgehalten werden. Und schließlich, als letztes Argument: Anton von Bourbon war Gouverneur von Guyenne, er hatte in Frankreich große Besitztümer, bedeutende Ämter inne, die der König alle widerrufen kann. Bleibt Heinrich im Dienste des Königs und wächst er am Hofe heran, so verbleiben ihm auch die Ämter, Herzogtümer und Einkünfte seines Vaters. Aber dieses französische Erbe würde zu einer Quelle von Zwistigkeiten, wenn der Erste Prinz von Geblüt statt im Rahmen der orthodoxen Monarchie unter der mittelbaren Leitung Calvins und der unmittelbaren Leitung des Herrn von Bèze heranwüchse.

Zu den Tränen und Umarmungen gesellte sich also die Drohung. Katharina, der Kardinal von Lothringen, Franz von Guise setzen teils nacheinander, teils gleichzeitig der Mutter zu. Sie befindet sich auf einem schmalen Grat und kann weder vor noch zurück. Wenn das französische Bündnis versagt, geht ihr ganzes kleines Königtum in Spanien auf. Sie wehrt sich, wohnt nicht im Louvre, schützt ihre Trauer vor und lebt mit ihren protestantischen Predigern abgeschlossen für sich. David, einer der strengsten, droht in einer Predigt Gottes Zorn an über das götzendienerische Frankreich; dieser Zorn Gottes hatte sich schon im Tode König Heinrichs II. angekündigt, und wieder, als der junge König Franz starb, er würde nun diese kraftlose Rasse weiter verfolgen. Schon habe man den jüngsten Valois, der ursprünglich den prahlerisch heidnischen Namen Herkules trug, nach dem verstorbenen Bruder Franz umgetauft, aber auch dieser Name ist von böser Vorbedeutung. Auf solche Weise machten sich die Sittenrichter zu Unglückspropheten. Man erwartete für das umstrittene Kind ein salomonisches Urteil.

Die leibliche Mutter durfte ihn nicht behalten. Jeanne in all ihrer Glaubensstärke blieb die schwächere, Katharina trotz ihrer abergläubischen Schwächen die stärkere. Daß man ihre Kinder mit dem Fluch böser Vorbedeutungen belastete, machte sie zur gereizten Löwin. Sie wollte nicht dulden, daß in der Ferne, im Gegensatz zu ihr und ihren Kindern, ein Prinz heranwuchs, der im Dunstkreis magischer Beschwörungen und politischer Komplotte eine Rolle spielen könnte. Wenn Jeanne in der Bibel Beispiel und Hinweis suchte, so fand Katharina sie in der jüngsten Vergangenheit. Anton von Bourbon war königstreu gestorben, Friede seinem Andenken, — aber nicht immer war er verläßlich gewesen. Er war der Neffe des Konnetabel von Bourbon, der eine dunkle Seite in der Geschichte der Bourbonen hinterlassen hatte; sein Bruder, der Prinz von Condé, war das Haupt der Verschwörung von Amboise gewesen, und heute galt Jeanne als die Freundin und Verbündete nicht nur der Mißvergnügten, sondern auch der offenen Feinde. In solchem Zwiespalt mußte Katharina, die Mutter des Staates, an Stelle der leiblichen Mutter die Erziehung eines Prinzen übernehmen, der nur um des Reiches willen Anspruch auf Titel und Ämter eines Prinzen von Geblüt besaß.

Katharina war bereit, als Pflegemutter tausend Mühen auf sich zu nehmen. Von zehn Kindern hatte sie sieben großgezogen; der junge Heinrich würde ihr fünfter Sohn sein. Getreu dem Wunsch Heinrichs II. hatte sie ihm ihre Tochter Margarete als Gemahlin zugedacht. Man mußte alles in der Schwebe lassen, zuschauen und abwarten. Katharina war aufrichtig, sie wollte dieses Kind und nahm es vorbehaltlos in den Schoß der französischen Königsfamilie auf, um es darin zu behalten und nach ihren Wünschen heranzubilden, und dies um so mehr, je mehr seine Mutter sich von Frankreich lossagte. Sie war stark in ihrer Eigenschaft als Königin, und viele erlauchte Hände legten sich mit der ihren auf Heinrichs junges Haupt. In schwarze Witwenschleier gehüllt, sprach sie mit beredten Worten nur davon, ihre mütterliche Sorge auf ein weiteres Kind auszudehnen. Der Kardinal von Lothringen nahm nach ihr das gleiche Thema auf und beschwor Jeanne, ihren erst kürzlich erfolgten Abfall rückgängig zu machen, bevor es zu spät sei; Bèze habe sie irregeführt. Aus der Gegenüberstellung des Alten und Neuen Testaments versuchte er ihr den Sinn der Bibel zu deuten. „Ich folge dem Beispiel des Königs Josias", gab Jeanne zur Antwort. „Dieser klägliche Kardinal wird meinem gesunden Verstand nichts anderes einzuprägen vermögen als das, was Gott in seiner Gnade mir eingeprägt hat. Diese Gnade", so schreibt sie weiter, „umfängt mein kleines Königreich sicherer als der Ozean das große England umfängt."

Trotzdem gab sie nach. Diese starkmütige Frau gesteht in ihren Memoiren, daß sie beim Abschied von dem Sohn weinte. Er mußte ihr schwören, nie zur Messe zu gehen, und sie hinterließ ihm zwei

hugenottische Erzieher und die Schriften von Bèze und Calvin, die, wie sie sagt, „sich das Wort Gottes zur Richtschnur genommen haben". Mit ihrer kleinen Tochter Katharina kehrte sie dann in ihr Land zurück, und erst in vier Jahren werden wir sie wiedersehen.
Heinrich von Navarra befindet sich am Hof in einer eigenartigen Lage: er und seine beiden Lehrer sind die einzigen Hugenotten. Er besucht nach dem Wunsch seiner Mutter das Collège de Navarre zu Paris; ein Kind muß unter seinesgleichen aufwachsen. Auch die andern jungen Prinzen besuchen Collegien und zeigen sich in Begleitung ihrer Edelleute unter den Studenten. Am Hof hält man auf umfassendes Studium und verfeinerte Kultur. Heinrich von Navarra ist nur von seinem schwarz gekleideten Hofmeister begleitet. Man betrachtet ihn neugierig, und er gefällt. Er treibt keinen Aufwand, aber er hat Haltung und Stolz, und man zeigt auf ihn als den kleinen Hugenottenprinzen.
Heinrich lernt unter der Aufsicht von Herrn de la Gaucherie, der auch am Sonntag in seinem Zimmer Predigt hält. Zwar gibt es in Charenton ein Bethaus, in dem der öffentliche Sonntagsgottesdienst gestattet ist, aber ein Prinz von Geblüt darf sich dort nicht blicken lassen, um nicht als Haupt der gegnerischen Partei zu gelten. So beschränkt sich die religiöse Unterweisung auf das Notwendigste. Im übrigen wird der Prinz auf die großen Vorbilder der Antike hingewiesen und auf die großen sittlichen Grundsätze. Palma Cayet berichtet, daß er als zweiter Hofmeister mit seiner schönsten Schrift selbst in griechischer Sprache für seinen Schüler „ausgewählte Sittensprüche" abgeschrieben habe, die dann von de la Gaucherie kommentiert wurden. Des Knaben Lieblingsspruch war: *aut vincere aut mori*. Er schrieb ihn als Motto in seine Schulhefte und trug ihn bei einem Fest als Devise. Dieser Wahlspruch beunruhigte Katharina. Palma Cayet erzählt uns, daß sie vergeblich versuchte, aus dem Knaben herauszubringen, was er darunter verstand, „aber er wollte es nie erklären". Schon damals zeigte er sich verschlossen, und die Königinmutter verbot, ihm dergleichen Sentenzen beizubringen, die ihn nur starrköpfig machen würden. Man halte dem gefährlichen Kind Fanatismus und Heroenkult möglichst fern! Gottlob ist Heinrich von leichter Gemütsart und heiter, wenn auch ziemlich spöttisch; manch-

mal erlaubt er sich unziemliche Scherze, die den Hugenotten verraten. So stiftet er eines Tages seine Vettern an, den Aufzug des Kardinals von Lothringen nachzuäffen. Die jungen Prinzen entwenden aus der Kapelle die roten Chorknabengewänder und veranstalten in dieser Verkleidung einen burlesken Umzug. Mit ernster Miene, die Bischofsmütze aus Goldpapier auf dem Kopf, erteilt der kleine Hugenott den Segen und befiehlt den Pagen, niederzuknien und ihm die Füße zu küssen. Heinrich und Franz, die beiden jüngeren Brüder des Königs, tragen ihm Kreuz und Banner voran und leiern dabei nach gregorianischen Weisen profane Lieder, deren Worte sie mit lateinischen Endungen versehen. Hier verrät sich der echte Sohn der Jeanne d'Albret.

Es gab Schelte und Prügel, aber auch Gelächter. Prügel waren nichts Seltenes im Leben eines Prinzen. Das Kind neigte zu Streichen, aber sie hatten keinen giftigen Stachel. Katharina selbst nannte ihn das liebenswürdigste Kind der Welt. Seine Mutter schickte ihm Erbauungsbücher, und Frau von Tignonville, die Erzieherin seiner Schwester, legte ihm ans Herz, mit Hilfe dieser Schriften die jungen Prinzen mit der wahren Lehre vertraut zu machen. Die Erbauungsbücher waren zweifellos Streitschriften, denn Heinrich schreibt an seine Mutter: „Danken Sie der guten Tignonville für ihre Sendung, von der ich aber hier kaum Gebrauch machen darf, um die Römlinge nicht mit solch schwerem Geschütz vor den Kopf zu stoßen." Der Hof ist nicht der geeignete Platz für die Geschichte von Saul und David, das schwere Geschütz der guten Tignonville würde hier als Eselskinnbacken verlacht werden. „Ich sende Ihnen das Buch von Ferrand zurück", schreibt Heinrich weiter und nennt selbst die Titel der Bücher, die er haben möchte. „Bitte fügen Sie etwas Geld bei, da von dem, was Sie mir zurückgelassen, kaum noch etwas übrig ist."

Hier spricht ein ungewöhnlich gewecktes Kind, das auf der Hut ist; sein Leben ist nicht einfach. Jeanne gibt nach ihrer Rückkehr ins Béarn brieflich ihren Beschwerden und ihrer Empörung Ausdruck. Ihr Sohn ist dem Titel nach Gouverneur von Guyenne, aber wegen seiner Jugend ersetzt ihn ein Generalstatthalter auf dem Posten. Es ist der den Hugenotten verhaßte Montluc, der im Namen Heinrichs regiert. Jeanne nennt ihn einen Mörder und Henker. Bei jedem

Streit, beim geringsten Zwischenfall greift er ein, nimmt gegen die Hugenotten Partei und läßt sie an die Bäume hängen wie Vogelscheuchen. Der Hof setzt Jeannes Klagen sein aufreizendes Schweigen entgegen und läßt den Dingen ihren Lauf; die Königin von Navarra nennt das: „den Feuerofen des Zornes schüren". Sie selbst trägt mit der Bibel in der Hand als Bilderstürmerin das ihre dazu bei. Daraufhin schickte ihr Katharina Freunde und Gesandte, die sie überreden sollten, sich nicht mit aller Gewalt vom französischen Staat zu lösen. Die Heiligtümer wie Wespennester zu zerstören und auszubrennen, heiße die Dinge zu weit treiben. „In meinem Lande bin ich Königin", antwortet Jeanne. „Durch Ihr Königreich, Madame, hüpft man auf einem Bein", erwidert eines Tages der Gesandte. „Dann hüpfen Sie auch gefälligst auf einem Bein wieder hinaus", antwortet die Königin gereizt.

Der Feuerofen brennt und seine Flammen prasseln bei jedem zufälligen Anlaß auf. Am ersten März 1562 hat der Herzog Franz von Guise mit einem Gefolge von sechshundert Mann in Vassy haltgemacht, um die Messe zu hören. Kein Mensch denkt an Böses, als am gleichen Ort die Hugenotten sich in einer Scheune zu ihrem Gottesdienst versammeln. Die Leute des Guisen verhöhnen die Ketzer, es kommt zu einer Schlägerei, und ehe man sichs versieht, haben die Bewaffneten mit der Niedermetzelung begonnen und die Scheune in Brand gesteckt. Von allen Seiten umstellt, versuchen die Hugenotten über die Dächer den Flammen zu entkommen und gehen elend zugrunde. Franz von Guise läßt den Dingen ihren Lauf. Man behauptet sogar, daß er seelenruhig dem Massaker zugesehen und sich dabei den Bart gestrichen habe.

Aber der Mord schreit nach Rache, der Bürgerkrieg bricht aus. Die Hugenotten nehmen Orléans, Franz von Guise belagert sie. Orléans wird vom Admiral Coligny, dem Heiligen der Reformierten, verteidigt. Er hat nur eine Handvoll Leute, und die Stadt ist voll Katholiken, so daß Franz von Guise hofft, ihn als leichte Beute gefangen nach Paris zu bringen. Da trifft den Herzog beim Durchreiten eines Hohlwegs ein Schuß aus dem Hinterhalt und verletzt ihn an der Schulter.

Die Herzogin, sein Sohn, der König und die Königinmutter eilen an sein Sterbelager. Der große Guise lebte noch drei Tage. Man kannte den Schützen, Poltrot de Méré, einen Mann aus dem Kleinadel des Poitou. Er war so dunkelhäutig, daß man ihn für einen Spanier hätte halten können, weshalb er auch den Spitznamen Spagnoletto trug. Aus dem katholischen Lager war er in das hugenottische hinübergewechselt, was beim Adel des Poitou häufig vorkam. Er rühmte sich sogar seiner Tat. Aber wer war der geistige Urheber des Verrats, wer schürte seit den Hinrichtungen von Amboise und dem Gemetzel von Vassy Rache und Haß gegen den Guisen? Der Verwundete selbst hatte den Anstifter des Verbrechens bezeichnet: für Franz war es ohne Zweifel der Admiral Coligny und dessen ältester Sohn gewesen. Der dreizehnjährige Heinrich von Guise schwor am Sterbebett des Vaters Rache. Wir werden sehen, wie er nach neun Jahren Wort hält. Die Hugenotten hatten nachträglich gut reden, daß Franz von Guise sie belagerte, daß man im Kriegszustande war und daß im Kriege Blut fließt — der Mord des Herzogs blieb ein verabscheuungswürdiges Verbrechen und schrie nach Vergeltung. Attentat folgt auf Attentat, Racheakt auf Racheakt; so bildet sich die Kette der Bürgerkriege, und der Feuerofen wird geschürt. Das katholische Lager hallt wider von Verwünschungen und Flüchen, das protestantische von Dankgebeten und Triumphgesängen.

Mit welchen Gefühlen mag man in diesen Wirren am französischen Hof im Louvre auf den heranwachsenden Heinrich blicken? Er verkehrt mit Hugenotten, seinen Lehrern, er korrespondiert mit seiner Mutter, ja, vielleicht empfängt und gibt er heimliche Nachrichten. Trotzdem muß man ihn da behalten, damit er, groß geworden, kein Unheil anrichtet. Schon prophezeit man, daß er einmal König von Frankreich sein wird. Katharina vertieft sich in das Studium der Horoskope. Auf Grund von Tag und Stunde der Geburt kann man das Schicksal in den Sternen lesen. Was die Königinmutter entziffert, ist nicht immer klar und läßt sich auf mancherlei Weise deuten; sie bleibt unruhig. Ihr oft so heller Verstand wird von Hirngespinsten umnebelt, und sie sieht auch die Vergangenheit im trüben Licht der Wirren des Tages. Ihrer Vertrauten, der Frau des Konnetabel von Montmorency, schüttet sie ihr Herz aus, und wir überraschen sie bei den seltsamsten Gedankengängen. Sie weiß nicht mehr, so schreibt sie, ob ihr Gemahl Heinrich II. beim Turnier von Tournelle wirklich nur einem unglücklichen Zufall zum Opfer gefallen ist. Montgomery, der den unheilvollen Lanzenstich ins Auge des Königs führte, war nach England geflohen und dort Hugenott geworden. Ist der Unglücksfall nicht doch ein Verbrechen gewesen? Und ist nicht vielleicht Franz II., der schon bei der Thronbesteigung so schwach und kränklich war und einem Ohrenleiden erlag, an langsam wirkenden Giften zugrunde gegangen? Und König Karl? Geht bei ihm alles mit rechten Dingen zu? Er war von Natur kräftig, fröhlich und von sanfter Gemütsart. Jetzt leidet er an plötzlichen Schwächeanfällen und unberechenbaren Zornausbrüchen, die sich auch gegen die ihm Nächsten und Liebsten richten, gegen Mutter und Brüder. Er flucht dann so lästerlich, als wäre er vom Teufel besessen. Ruht auf ihm ein böser Zauber? Heinrich, der dritte Sohn, gewinnt alle Herzen, ist zärtlich zu seiner Mutter, seinen Freunden, selbst zu Tieren — sein Lieblingshündchen trägt er stets in einem kleinen Korb mit sich. Er ist das Hätschelkind der Königin, ein echter kleiner Medici. Aber er ist überaus zart und anfällig, ein Hauch könnte ihn fortblasen. Und schließlich Herkules, der jetzt Franz heißt: ein schwieriges unberechenbares Kind, eifersüchtig auf die älteren, ein Schnüffler und Wortverdreher, der das Zeug zum Intriganten hat. Nur Heinrich von Navarra nimmt im Schoß der königlichen Familie zu an Kräften und Verstand. Da er den Geboten der Mutter und der Königin gehorcht und deshalb weder zur Messe noch zum protestantischen Gottesdienst geht, scheint er allem unbeteiligt zuzuschauen. Hundertmal hat er die Geschichte von der fluchwürdigen Ermordung des Guisen mitanhören müssen. Wer weiß, ob sie ihm nicht im geheimen Freude macht? Man spricht vor ihm von der geplanten Rache an seinem Onkel, dem Admiral Coligny. Wer weiß, ob er nicht im stillen ein bewundernder Anhänger dieses abscheulichen Mörders ist, den seine Mutter als einen Helden und Heiligen ansieht? Während alle Welt weint, jammert und flucht, scheint er nichts anderes im Kopfe zu haben als seine Vögel und Windspiele, für die er sich Hündinnen wünscht. Bei alle dem ist er so heiter und liebenswürdig, daß man ihn liebhaben muß. Die Haare wachsen ihm üppig wie Simson und ringeln sich um sein Haupt, als sollte er eines Tages die Krone tragen; ein ausländischer Gesandter hat sogar gefragt, ob er nicht Kaiser würde.

Am aufschlußreichsten über die Stimmung am Hof während dieser Unruhen, die doch nur Vorboten von Schlimmerem waren, sind wieder die vertraulichen Brieferg üsse Katharinas an Frau von Montmorency anläßlich der Ermordung des Herzogs von Guise. Wir geben hier ein kleines Beispiel ihrer schwer entzifferbaren Rechtschreibung: „S'etheun méchan qui l'y a donné un cou de pistolai par daryère et il an net mort an sine jours. L'amiral a donné à ce malheureus, comme vous contera Serisole, présent porteur, sant ayceu pour fayre set méchan coup et qu'il n'y volet pas venir mès que Bèze et un aultre prédicant l'ont prêché et l'y ont assuré que s'il le fayset il yret en Paradis et ledict amiral en a dépêché soysante pour tuer ledict M. de Guise, le duc de Montpensier, Sansac. Si piègne et (plaignez) moy et je ferai bien fayre guarder mes enfants et prendre garde à ma personne car y me aysayt infiniment. Voilà, Madame, comme l'amiral, cet ‚home de byen' et qui dist qu'il ne fest rien que pour la religion y nous veult dépêcher. Y me teuret à la fin tous mes enfants et nous destituré de tous les jan de byen ... Je suis ici au camp. Mais mes enfants sont à Blois. Montmorency est à Orléans, Brissac est impotent et set pendant il faut que je comende et fase le capytaine. Je vous layse à panser comme je suis à mon ayse." („Ein Bösewicht hat ihn von rückwärts mit der Pistole angeschossen, und er ist daran in fünf Tagen gestorben. Der Admiral hat diesem Schurken, wie Ihnen Serisole, der Überbringer dieses, berichten wird, hundert Taler für die Missetat versprochen, aber er wollte es noch nicht tun, da haben Bèze und ein anderer Prediger ihm zugeredet und ihm das Paradies versprochen, wenn er es tut und der genannte Admiral hat sechzig ausgeschickt, um den Herrn von Guise, den Herzog von Montpensier und Sansac zu töten. Beklagen Sie mich, ich werde alles tun, um meine Kinder und meine eigene Person zu schützen, denn sie hassen mich grenzenlos. So sehen Sie, Madame, wie der Admiral, dieser ‚Ehrenmann', der sagt, daß er alles nur für die Religion tut, uns alle los werden will. Am Ende bringt er mir alle meine Kinder um, und bringt mich um meine besten Gefolgsleute ... Ich bin hier im Lager, aber meine Kinder sind in Blois. Montmorency ist in

Orléans, Brissac ist unfähig, und so muß ich kommandieren und Feldhauptmann sein. Ich überlasse es Ihnen, sich meine mißliche Lage auszumalen.") Man vermeint Katharinas italienische Aussprache des Französischen und ihr ängstliches Herzklopfen zu hören. Wenn dieser „Bösewicht" alle ihre Kinder und schließlich sie selbst aus dem Wege räumt, wird dann nicht Heinrich von Navarra König, und fällt dann nicht die Vormundschaft über das Reich an Coligny in Frankreich und Calvin in Genf?

„Niemand", fährt sie fort, „hat soviel Sorgen und Ärger wie ich, es ist zum Sterben."

Und was sagt der „Bösewicht" zu dem allem? Er gibt mit klaren und bestimmten Worten Rechenschaft. Später werden wir ihn auf dem Kampfplatz sehen, heute vernehmen wir nur von ferne die kühne Aufrichtigkeit seiner Sprache. Er schreibt unmittelbar an Katharina, daß er seit Vassy den Herzog von Guise für einen Feind des Königs und des Reiches betrachte. Sein Tod bereite ihm keinen Kummer, aber er habe auch niemand beauftragt, ihn zu töten. „Glauben Sie aber nicht, Madame", fährt er fort, „daß ich damit ein Bedauern über den Tod des Herzogs aussprechen will. Ich halte es vielmehr für das beste, was diesem Königreich, der Kirche Gottes und im besonderen mir und meiner Familie zustoßen konnte."

Das ist eine Herausforderung, ja fast ein Geständnis. Der Admiral hat „niemanden beauftragt" — das ist wörtlich gemeint —, aber er hat von dem Plan gewußt. Er führte Krieg, und im Krieg wird geschossen. Von Hinterhalt und Verrat kann nicht die Rede sein, der Admiral hat auch keinen Befehl gegeben, er hat sich sicher geweigert, diese Tat anzuordnen. Die Aussage Poltrot de Mérés scheint uns durchaus glaubwürdig: „Den Worten nach redete man mir ab, dem Sinne nach machte man mir Mut."

So wuchs Heinrich von Navarra in einer Atmosphäre von Erbitterung und Schrecken heran, völlig auf sich gestellt, und es ist kein Wunder, wenn man ihn trotz der ausgelassenen Heiterkeit seines Wesens „sehr verschlossen" findet.

V

DIE GROSSE REISE

Im Januar 1564 beschlossen die Königinmutter und ihre Räte, mit dem jungen König und allen Prinzen des königlichen Hauses eine große Reise durch ganz Frankreich zu unternehmen. Man hatte Kriege geführt, man hatte, zuletzt in Amboise, Frieden geschlossen. Diese Reise sollte dem Volke das Bild des allgemeinen Friedens vor Augen führen und die Liebe zum Königshaus wieder erwecken. Alle Untertanen des Reiches vom kleinsten bis zum größten sollten eines Tages sagen können: ich habe den König gesehen und mit ihm seine Mutter und seine Brüder.
Am 15. März brach man auf. Eine ganze Karawane setzte sich in Bewegung. Man will sich den Provinzen zeigen, ähnlich wie der Sultan von Marokko seinen Stämmen, wenn er eine Befriedungs- oder Strafexpedition unternimmt. Schon spricht man überall von dem Unternehmen als der „großen Reise". Ein reichhaltiges Programm ist vorgesehen: prunkvolle Hoffestlichkeiten, Volksbelustigungen, liebevolle Begegnungen mit Verwandten und Angehörigen. In Nancy soll Katharina ihre Tochter Claude, die Herzogin von Lothringen, treffen, in Lyon ihre Schwägerin, die Herzogin von Savoyen, und schließlich in Bayonne ihre Tochter Elisabeth, die Königin von Spanien. Überall wird man Almosen verteilen, Beschwerden entgegennehmen, Recht sprechen und bei der persönlichen Begegnung die Bande der Freundschaft und der Bündnisse enger knüpfen. Der König ist volljährig und soll seine Völker und Verwandten kennenlernen. Im Louvre ist man für den Verkehr mit fremden Herrschern auf indiskrete Gesandte angewiesen, denen man nicht alles anvertrauen kann und die nach Gutdünken berichten. So kann es kommen, daß der König von Spanien seiner Schwiegermutter Vorhaltungen macht, sie dulde zwei Religionen in ihrem Reich; in Bayonne wird sie die Gründe auseinandersetzen und klarlegen, daß man Frankreich nicht wie Spanien regieren kann. Der Kanzler Michel de l'Hôpital wird seine aufgeklärte Rechtsauffassung zu Gehör bringen.

Der Aufbruch ist glanzvoll. Katharina reist in einer Sänfte, ihre drei Söhne sind zu Pferde. Tausend berittene Edelleute bilden den Vortrab, dann folgt die Leibwache mit Pfeifen und Trommeln, die Schotten in ihren Tartanröckchen spielen Dudelsack. Alle fremden Gesandten begleiten den Zug, desgleichen der Kanzler und die Geheimen Räte. Achtzig Ehrendamen werden mitgenommen, die Feste zu zieren; eine Menge Kutschen, Karren, Lastesel und Maultiere trägt das Gepäck. Den Schluß bilden die fliegenden Händler mit ihren Warenballen; sie sollen feilbieten, was Geschmack und Kunstfertigkeit der Pariser hervorbringen. Ganz Paris ist unterwegs mit seinem Glanz, seinem Luxus, seinen Bequemlichkeiten. Es fehlen weder Musiker noch Dichter, auch Ronsard ist darunter, der für Gelegenheitsgedichte so gut zu gebrauchen ist. Es fehlen auch nicht die Schneider und Kleiderkünstler, um den Damen der Provinz ein wenig modischen Geschmack beizubringen.

In Blau und Silber gekleidet, den Hut mit einer wallenden weißen Feder geschmückt, läßt König Karl sein Pferd neben der Sänfte der Mutter einhertänzeln. Man hat ihm versprochen, daß er jagen und das Hifthorn blasen könne, und deshalb genießt er den Aufbruch. Er kann bezaubernd sein, wenn er will, nur darf man den unberechenbaren Fürsten nicht reizen, Katharina weiß ihn zu behandeln. Man will den Untertanen ihren jungen König zeigen, der gekommen ist, um von seinen Völkern Liebe und Verehrung zu heischen und ihnen als Gegengabe Gerechtigkeit zu bringen.

Und Heinrich von Navarra? Er hat sich bei dieser Gelegenheit stolz und empfindlich gezeigt. Katharinas Wunsch war gewesen, daß er im Zug dem König und seinen Brüdern als Vetter und Prinz von Geblüt folgen sollte. Aber Heinrich bestand darauf, inmitten seines eigenen Gefolges als Prinz vom Béarn und zukünftiger König von Navarra aufzutreten. Katharina gab nach, und dieses Entgegenkommen hatte auch seine Vorteile. Es ist Friede, und nichts bringt in den Augen der Hugenotten diesen Frieden besser zum Ausdruck als ein Prinz von Navarra, der mit eigenem Gefolge dem Hof das Ehrengeleit gibt. Auch mit Jeanne d'Albret ist ein Zusammentreffen auf dieser Reise vorgesehen, und die hugenottische Königin von Navarra wird den ihr zukommenden Platz an der Seite ihres Sohnes finden.

Heinrich nimmt an allen Festen teil, und es gibt deren übergenug: Ringelstechen und Bälle finden statt, bäuerliche Dorfbelustigungen, die manchmal ins Burleske ausarten und bei denen die Fröhlichkeit über den Strang schlägt. In Montereau kommt die Bürgerwehr mit den Stadträten dem Zug entgegen, feierliche Ansprachen werden gehalten, aber am Abend tollt die Jugend der Stadt, als Indianer verkleidet und entkleidet, auf Eseln und Böcken durch die Straßen, um dem König und den Prinzen ein erheiterndes Schauspiel zu geben. Der König, seine Mutter und die Prinzen stehen am Fenster und wirken im zuckenden Licht der Fackeln wie Geistererscheinungen. Junge Leute beiderlei Geschlechts singen Jubelchöre, deren Verse Ronsard gedichtet hat. Junge Satyre mit vergoldeten Hörnern reiten Esel, die als Einhörner maskiert sind, und kredenzen den Wein. Das Glück des Volkes zeigt sich im Überschwang. Aber in der Kirche hat man Gelegenheit, die Frömmigkeit des Königs zu bestaunen, und der Bischof verherrlicht die Tugenden des königlichen Hauses. Heinrich hat pflichtgemäß seine Verwandten bis zur Kirchenpforte begleitet und sich dann mit seinem Gefolge entfernt.
In Nancy folgen rührende Familienfeiern. Amyot, der ehemalige Erzieher des Königs, tauft dort den ersten Enkel Katharinas, das Kind der Herzogin Claude. Die Königinmutter hält selbst das Neugeborene über die Taufe, und wieder hat Ronsard die Chorstrophen gedichtet, deren Oberstimmen hell wie Vogelgezwitscher klingen.
Die Hugenotten um Heinrich von Navarra murren über diese heidnischen Feste. Aber hat nicht auch unser Herr in Kanaan am Hochzeitsmahl teilgenommen und Wasser in Wein verwandelt, damit Heiterkeit und Gesang aufblühe, meint Katharina; „auch bei uns gingen die religiösen Feiern in Volksfeste über". Für seine Tauflieder hat Ronsard zweitausend Livres erhalten, denn sie waren hübsch, klingend und heiter wie Glockenspiel.
In Bar-le-Duc sind die Guisen zu Hause. Sie entfalten ihre ganze Pracht. Das ist der große Tag des Kardinals von Lothringen und seiner Neffen. In Mâcon endlich stößt Jeanne d'Albret zum Zuge. Die Königin von Navarra will dem Hof auf dem ganzen Wege südwärts bis ins Béarn das Geleit geben. Sie tut es ungern, aber ihre bedrohte Lage zwingt sie zu diesem Akt der Höflichkeit. Der Papst

hat sie nach Rom vor die Inquisition geladen und verlangt Rechenschaft über die Katholikenverfolgungen in ihrem Königreich, ja er bedroht sie mit Konfiskation ihres Staates zugunsten Spaniens. Er hat ein Mahnschreiben an sie gerichtet und es gleichzeitig zur Kenntnis aller katholischen Höfe gebracht. Jeanne bedarf des Schutzes der französischen Regierung, und es liegt auch nicht im Interesse der Valois, daß Spanien im Béarn sich festsetzt. Katharina hat bei diesem Anlaß geschickt Stellung genommen, schriftlich und mündlich, sie hat sogar erklärt, für den französischen Hof sei das päpstliche Sendschreiben nicht vorhanden. Nach französischer Rechtsauffassung hat der Papst keine Verfügungsgewalt über zeitliche Güter, und auf dieser Grundlage wird man sich schon verständigen. Nur kommt Jeanne in Begleitung von zwölf hugenottischen Geistlichen, die in der Stadt Predigten halten, und bringt eine Fülle von Beschwerden über Montluc vor. Für ein Nichts, eine entwendete Heiligenfigur, ein umgestürztes Kreuz, läßt Montluc die Hugenotten hängen oder steckt ein Dorf in Brand. Er ist ein Bluthund, die Königin von Navarra will mit ihm nichts zu tun haben. Selbst in Navarra hetzt er die Katholiken gegen ihre Königin auf. Ist das der in Amboise beschworene Friede? Jeanne hat viel auf dem Herzen, und was sie bei dem Hof, den Prinzen, ja selbst dem eigenen Sohn sieht, stimmt sie nicht milder. Es wimmelt von Tänzern und Possenreißern, und man spricht nur von Reimen und Sonetten. Ihr Sohn ist in Dingen der Religion ahnungslos, besucht keinen Gottesdienst, man hindert ihn an jeder religiösen Unterweisung. Ihren zwölf Geistlichen wurde in Mâcon das Predigen untersagt, um, wie Katharina meint, Streitigkeiten und Aufruhr zu vermeiden. Aber warum, antwortet Jeanne, duldet man den aufrührerischen Geist?

Die Unterredungen zwischen den beiden Königinnen sind nicht einfach. Katharina hat eine Manier, der ernsthaftesten Besprechung eine Wendung ins Lächerliche zu geben und Beschwerden wegzublasen, als wären sie Rauch; sie wechselt plötzlich das Thema und macht Jeanne Komplimente über ihre schöne und stilvolle Kleidung und die doppelreihige Perlenkette, ein Geschenk Franz' I. an seinen Liebling Margarete von Angoulême — eine geschickte Anspielung auf die engen Familienbande. War nicht Jeanne selbst einmal der

„Liebling der französischen Könige" gewesen? Und wo steht man heute? Im gegnerischen Lager! Das Volk ist töricht, sagt Katharina, man darf es nicht vor den Kopf stoßen. Die protestantischen Predigten sind in Mâcon nur in Rücksicht auf die gereizte Stimmung der Stadt verboten worden. Sagt man nicht, das Gefolge der Königin habe sich von seinen Fenstern aus über eine vorbeiziehende Prozession lustig gemacht? Man flüstert im Volk, daß die hugenottischen Dienstleute der Königin nachts heimlich in die Höfe schleichen und die Brunnen vergiften. Darf man solchem Mißtrauen Vorschub leisten? Jeanne beklagt sich über den mangelnden Religionsunterricht ihres Sohnes. Aber ist er nicht ein besonders liebenswürdiges, wohlerzogenes Kind? Er hat ein fürstliches Auftreten, erfüllt seine Pflichten und macht sich allgemein beliebt. Ist das nicht die Hauptsache für einen Prinzen? Wenn er in Religionsdingen nicht recht Bescheid weiß, so bleiben ihm auch der damit verbundene Haß und Unfriede fremd. Ist es nötig, daß er in der Bibel Beispiele der Empörung, drohende Prophezeiungen und dergleichen sucht und findet und den Feuerofen des Zornes mit schüren hilft?

Wenn Jeanne das Leben des Hofes nicht ertragen kann und sich von ihren zwölf Geistlichen nicht trennen will, sind Zusammenstöße nicht zu vermeiden, und es ist besser, man geht auseinander. Man legt ihr nahe, die Gelegenheit der einmal unternommenen Reise zu benutzen, um das Herzogtum von Vendôme, ihre Besitzungen in der Pikardie und ihr Eigentum im Anjou, La Flèche, zu besichtigen. Jeanne läßt sich überreden, aber sie möchte den Sohn mitnehmen. Er könnte mit ihr sein Erbe aufsuchen. Schon wieder berührt man einen wunden Punkt. Heinrich von Navarras Platz ist an der Seite des Königs und der Prinzen, mehr noch, eine Reise von Mutter und Sohn nach dem Norden Frankreichs, während der Hof zu gleicher Zeit südwärts zieht, muß in diesem Augenblick den Eindruck eines Gegensatzes erwecken. Wenn Jeanne nachgibt und ihren Sohn dem Hof überläßt, so ist das ein öffentliches Zeugnis für das gute Einvernehmen zwischen den beiden Höfen und den beiden Müttern, und es wird auch fremden Augen deutlich, daß Navarra unter dem Schutz der Valois steht. Katharina ist Meisterin im Überreden, Entwaffnen und im Entfalten unwiderlegbarer Gründe. Auf Tränen antwortet sie mit tröstenden Umarmungen: es ist nicht ihre Schuld, wenn die Staatsraison vorgehen muß. Sie ist unzurechnungsfähig in ihren abergläubischen Momenten, aber sie hat ihre lichten Augenblicke und dann ist sie klar, klug und nicht böse. Oft trifft sie den Nagel auf den Kopf. Mit der Wahrheit hantiert sie ebenso geschickt wie mit der Lüge und immer wird sie ihren Willen durchzusetzen wissen, während die arme unbeugsame Jeanne stets gegen ihren eigenen Willen zu handeln gezwungen wird.

Wir können der Reise nicht auf ihrem ganzen Wege folgen. Wichtig ist für uns nur, daß und wie sie nach dem enthusiastischen Auftakt in Unruhe und Auflösung endet. Das Schauspiel war blendend, aber mit dem Hofe wechselte es täglich seinen Standort. Die königliche Karawane wollte verpflegt sein, nach ihrem Abzug waren die Läden leer, das Brot knapp und teuer, und das Volk mißvergnügt. Das Erwachen nach einem Fest ist immer trübselig, denn jetzt hieß es zahlen, fasten und aufräumen. Die Übelwollenden flüsterten, daß der Hof das Volk aushungert.

In Mâcon hatte man Jeannes Klagen anhören müssen, die zur Partei der Unzufriedenen gehört. In Avignon beschwerte sich der Legat, daß der König von Frankreich in seinem Lande Hugenotten dulde. Ja, wenn er die Entschlußkraft, den Glaubenseifer des spanischen Königs hätte! Katharina glitt über die Klagen hinweg, man reiste ab, nicht ohne Unbehagen, denn der Papst behielt dem König von Spanien seine Gunst vor und begriff nicht, daß man in Frankreich verschiedenen Geistesrichtungen Rechnung tragen und Duldung zeigen mußte. Aber die Reise brachte auch heitere Abwechslung. Vom milden Licht des Herbstes übergoldet, erglänzt die Provence; Oliven und Zypressen erinnern Katharina an ihre Heimat Florenz. Das Volk ist heiter und schön, seine Tänze sind hinreißend; dem König gefällt es, die berühmten Stätten zu besichtigen. Vom 7. bis 11. November nimmt man Aufenthalt im Schlosse des Königs René zu Tarascon. Der König muß das Wunderwerk des Pont du Gard sehen, am Ausgang der Schlucht bei Herrn von Crussols auf dem Schlosse Saint Privat speisen. An manchen Tagen zaubert die durchsichtige Luft der Provence alle Unheilgedanken fort. Aber nichts will man versäumen, und Katharina gibt ihrer Schwäche nach, sie wird in Salon Nostradamus besuchen, den berühmten Propheten, der in den Sternen wie in einem Buche zu lesen versteht. Zweifellos hat der junge Heinrich von Navarra auf den Astrologen Eindruck gemacht, der sich durch den Hofmeister zum Prinzen führen ließ, während dieser sich ankleidete. Als er König geworden war, kam er gern auf diese Geschichte zu sprechen. Heinrich war ganz nackt, als Nostradamus eintrat, der ihn sehr ernst betrachtete, während ein junger Kammerherr dem Prinzen das Hemd reichte. Des Nostradamus Blick war so düster und eindringlich, daß Heinrich eher an die Ankündigung einer Tracht Prügel als an die Prophezeiung eines bedeutenden Schicksals aus dem Munde des weisen Sterndeuters glaubte. Als Nostradamus den Raum verließ, erklärte er dem Hofmeister: „Dieser wird das Erbe antreten, und wenn wir durch Gottes Gnade es noch erleben, werden wir einen König von Frankreich und Navarra haben."

Ob erfunden oder nicht, man wiederholte diese Geschichte gern im Kreise Heinrichs IV. und schmückte sie aus: am gleichen Tage sei der Schnee vier Fuß hoch gelegen, und Heinrich habe mit seinen Vettern im Schloßhof von Tarascon eine Festung aus Schnee gebaut, die in immer neuen Angriffen gestürmt wurde.

Viel erlebte man auf dieser Reise: kindliche Spiele, Ammenmärchen, aufflammende Liebe und plötzliche Abneigung des Volks, Überfluß und Elend, politische Besprechungen von großer Tragweite. Im Mai war der Hof in Navarra angelangt und Jeanne d'Albret in der Pikardie. Heinrich residierte im Schlosse von Pau als regierender Fürst, sah seine Wiege aus Schildpatt wieder, nahm die Huldigungen seines Adels entgegen und sprach wieder den heimatlichen Dialekt. Es dauerte nicht lange. Die Abwesenheit Jeannes, der Anblick der zerstörten Kirchen sprachen zu deutlich von Unstimmigkeit. Auf Katharina wartete beim nächsten Reiseziel eine große Freude. In Bayonne sollte sie ihre Tochter Elisabeth wiedersehen, die Königin von Spanien, die in langen und mühseligen Tagereisen aus Madrid herbeieilte, um Mutter und Brüder zu umarmen. Die natürlichen Gefühle der Verbundenheit kamen bei dieser Begegnung zu ihrem Recht, und in gewohnter Weise folgten einander ländliche Rundtänze, Hofbälle, üppige Bankette mit mythologischem Festschmuck, aber auch ernste politische Gespräche.

Im Gefolge der jungen Königin von Spanien befand sich der Herzog von Alba, mit dem Herzog von Alba würde man sich unterhalten. Was hatte der Henker der flandrischen Hugenotten bei der zärtlichen Begegnung zwischen Mutter und Tochter zu suchen? Seine Gegenwart wirkte verstimmend. Es war wohl kaum der Zweck seiner Reise, Zuschauer zu sein bei Tänzen und Reigen und den Spielen der Nymphen zuzusehen, die in Lauben aus Blattwerk die beiden Königinnen mit Rosen überschütteten.

Über die Begegnung von Bayonne ist viel Tinte geflossen. Man hat behauptet, daß man damals den Plan für die Bartholomäusnacht schmiedete, wie er sieben Jahre später ausgeführt wurde, und es heißt auch, daß Heinrich von Navarra, der während der Unterredung Katharinas mit dem großen Spanier im gleichen Zimmer spielte, die Ohren gespitzt und, aufgeweckt wie er war, wohl verstanden habe, daß der Spanier im Namen seines Königs Katharina beschwor, die Hugenotten auszurotten, und ihr das Mittel riet. Wenn man sich der hugenottischen Führer in Frankreich zu entledigen wisse, gebe es bald keine rebellischen Parteien mehr. Der Herzog von Alba soll gesagt haben: „Ein fetter Lachs ist mehr wert als hunderttausend Frösche."

Hat Heinrich von Navarra wirklich, während er in einem Winkel spielte, diesen Ausspruch aufgefangen, und ist tatsächlich der Name Coligny gefallen? Solchen Anekdoten gegenüber ist immer Vorsicht am Platze. Aber wenn man den Herzog von Alba kennt, darf man wohl glauben, daß er unbedenklich seine Forderungen darlegte und die Richtlinien der Ausführung gab. Sicher hat er ausgesprochen, daß sein König an seinen Landesgrenzen keine Hugenottennester dulde. Greife der König von Frankreich nicht ein, so könne es der König von Spanien im eigenen Interesse tun: Guyenne und Béarn wären als spanische Provinzen nicht zu verachten.

Die Königin von Spanien trat mit dem Herzog von Alba die Rückreise nach Madrid an, das Gefühl der Verstimmung blieb. Die große Reise ging weiter durch Guyenne hinauf nach der Bretagne. Zweiunddreißig Jahre nach der Vereinigung mit Frankreich war es hier immer noch unruhig, die Unabhängigkeitsbestrebungen, von England unterstützt und genährt, nahmen naturgemäß religiöse Formen an.

Aus dem nahtlosen Rocke Christi schneidet sich jeder sein Teil. Heimlich trugen Sendboten des protestantischen Glaubens die Fackel des wahren Lichtes aus England nach der Bretagne und gaben zu verstehen, daß das kleine Britannien sehr wohl eine Schwester des großen werden könne. Die fremden Sendboten hielten sich verborgen, gaben Losungsworte aus, geheime Versammlungen fanden auf den Inseln, auf der einsamen Heide statt, aber wenn die Kommissare des Statthalters an den Orten eintreffen, wo man Singen gehört und verdächtige Feuer gesehen hatte, entdeckten sie nur niedergetretene Heide und verwischte Spuren im Sand. In den Hütten fand man auf der Suche nach verbotenen Büchern und Flugschriften nichts anderes als einfältige Weiber, welche die Suppen rührten und die Säuglinge windelten, und auf Befragen erzählten, daß ihre Männer die Nacht über auf Fischfang waren. Kein Buch, keine Flugschrift — die Bretonen verstanden sich nicht aufs Lesen; an den Wänden harmlose Fischernetze, an den Dachbalken Zwiebelkränze, viel Elend und eine Bevölkerung, von deren Sprache man kein Wort begriff.

König Karl bekommt bei diesen Nachrichten einen seiner Tobsuchtsanfälle. So weit ist es gekommen, daß der König von Spanien in Guyenne und die Königin von England in der Bretagne einmarschieren wollen. Man beschimpft die Statthalter: „Sehen und hören diese Schwachköpfe denn gar nichts?" Der Kardinal von Châtillon, ein Bruder des Admirals von Coligny, hat sich in die Bretagne begeben. Wen hat er dort getroffen, was ist besprochen worden? Er hat die Stirn, sich als Hugenott und verheirateter Mann immer noch Kardinal zu nennen, und beansprucht sogar für seine Frau den Titel „Frau Kardinal". Seine Würde, erklärt er, sei ihm von Gott verliehen, niemand könne sie ihm nehmen. Auf diese Weise gibt er den Bretonen zu verstehen, daß man gleichzeitig Hugenott und Kardinal sein kann. Es ist ein herausforderndes Spiel, das hier gespielt wird. François, der dritte Bruder Coligny, fährt zwischen der bretonischen und englischen Küste hin und her. In einem leeren Boot hat man Flugschriften gefunden, aus denen hervorgeht, daß die Königin Elisabeth daran denkt, Aquitanien zum Aufstand zu bewegen, um dort die alten Rechte der Eleonore wieder geltend zu machen. Man hat Verbrecher von vier Pferden zerreißen lassen, aber jetzt ist es

Die große Reise

Frankreich, das von zwei Pferden in Stücke gerissen wird, dem Engländer und dem Spanier. Der König hat allen Anlaß, zu toben und zu fluchen, während die Königinmutter unsicher schwankend rechts und links Stütze und Halt sucht und sich bemüht, durch Intrigen zu ersetzen, was ihr an Macht fehlt. Auch Heinrich von Navarra hat mit seinen dreizehn Jahren Stoff genug zum Nachdenken.

Die große Reise ging nach zweijähriger Dauer zu Ende. Man war in die Touraine, in die heimatlichen Loireschlösser Blois, Chaumont, Chenonceaux und Chambord zurückgekehrt. Hier, inmitten eines Volkes, das seine Fürsten von Kindheit an hatte aufwachsen sehen und ihnen in treuer Liebe anhing, wich die Bedrückung. Noch heute finden wir hier, nah und gegenwärtig, Katharina und ihre Kinder, ihre Porträts und ihre Möbel. In Chaumont betrachten wir Katharinas Zimmer und daneben den Raum, den Ruggieri bewohnte, der Deuter ihrer Träume und der Sterne. Chambord, um dessen hundert kleine Glockentürme die Waldgeister rauschen, bleibt das Märchenschloß der Valois. Während ihrer kurzen, allzu flüchtigen Kinderjahre haben die Prinzen in dem berühmten doppelten Treppenhaus gespielt, in dem zwei Festzüge gleichzeitig emporsteigen können, ohne sich je zu begegnen. Katharina fand in Blois ihre Geheimschränke wieder, in denen sie, wie es heißt, ihre „Gifte" aufbewahrte, die vermutlich nichts anderes waren als Zaubertränke, Spezereien, Gegenmittel und Zauberbücher. Auch in Katharinas Seele bewegten sich wie in zwiefacher Stufenfolge, ohne je aufeinander zu stoßen, die Elemente der Finsternis und des Lichtes. Nach der beglückenden Rast an der Loire sollte es noch weiter gehen nach Vichy, Clermont und Riom. Als der Weg über Meaux zurückführte, kam es zu einem Zwischenfall: man glaubte, daß der König durch eine Hugenottengruppe entführt werden sollte. Die große Reise hatte das krankhafte gegenseitige Mißtrauen wieder aufgerührt.

Karl IX. hatte in der Bretagne mit seinen Flüchen auch Drohungen ausgestoßen, und seit der Begegnung von Bayonne lastete der düstere Schatten des Herzogs von Alba auf dem reisenden Hof. Im Vorgefühl eines unmittelbar bevorstehenden Massakers wollten die Hugenotten, so sagte man, „den jungen König aus den Händen seiner bösen Ratgeber befreien" und das mißglückte Unternehmen von Amboise wiederholen.

Von einer Reitertruppe dicht umringt, sprengte Karl IX. mit verhängten Zügeln nach Paris. Wieder kam es zu einem Wutausbruch: „Solche Aufregungen sollen sich nicht wiederholen. Bis in die Häuser und Betten will ich ihre Urheber verfolgen und ohne Gnade Gericht halten über Große und Kleine." Sechs Jahre vorher kündigt sich die Bartholomäusnacht an.

Am 15. Juni 1566 fand sich der Hof wieder heil und gesund in Paris. Heinrich von Navarra war immer dabei gewesen, er hatte viel gesehen und viel gelernt. Die Anekdotenerzähler beschäftigten sich nun nicht mehr mit ihm, und es werden uns aus dieser Zeit keine wahren oder falschen oder nachträglich zurechtgestutzten Geschichten über ihn zugetragen. Er machte seine Lehrzeit durch, und sie war hart. Katharina fühlte sich seit ihrer Rückkehr in den Louvre nicht sicher; sie spürte, was eine Gärung im Volke bedeuten kann. Der Louvre war zwischen Häusern, Gäßchen und Fluß recht eingeengt. Der König brauchte Luft und Ausgänge ins Freie. Man wollte die Ziegeleien neben dem Louvre ankaufen und dort ein Residenzschloß bauen. Auch für Katharina war es eine harte Lehre.

VI

MUTTER UND SOHN

Die große Reise hatte manche Lehre erteilt, aber es waren beunruhigende Lehren gewesen. Man hatte üble Dinge gesehen, die unter den Augen des Hofes noch schlimmer zu werden schienen. Es war unmöglich, die einen zu befriedigen, ohne die anderen zu reizen oder zu beunruhigen. Schon war es zu spüren, wie unter dem Druck der Furcht die Gewalttat sich vorbereitete.

In Paris begegneten sich Katharina und Jeanne d'Albret wieder im Louvre. Vor der Rückkehr in ihr Land wollte die Mutter den Sohn nochmals sehen; die beiden Königinnen können sich noch einmal umarmen und dann herzlich gern voneinander Abschied nehmen.

Heinrich von Navarra wurde vierzehn Jahre und erreichte somit das Alter der Volljährigkeit der Könige. Seine Erziehung kam zum Abschluß. Was sollte nun mit ihm geschehen? Würde er weiterhin als Prinz unter Überwachung leben? Er spielt Ball, richtet Falken ab und entspricht nicht den mütterlichen Erwartungen. Einzigartig ist seine Stellung an den europäischen Höfen. Wird er bei einem Wiederausbruch des Bürgerkriegs mit den Prinzen von Frankreich seine Glaubensbrüder bekämpfen oder sich auf die Seite der Hugenotten gegen den König stellen, dem er dienstpflichtig ist? Wird er sein Leben lang nur Falken abrichten und unbeteiligt den Wechselfällen zuschauen, die der Monarchie, der er angehört, zustoßen? Die Beschwörungen seiner Mutter in den Wind schlagen? Das mag er sich selbst fragen. In dieser Zeit läßt er kaum je seine Stimme vernehmen, und unter allen Aussprüchen, mit denen er Mitwelt und Nachwelt so verschwenderisch bedacht hat, findet sich kaum einer, der sich auf seine Jugend bezieht. Diese Periode seines Lebens wünschte er auszulöschen. Indessen schrieb und sprach seine Mutter. Sie hat jetzt einen Plan ersonnen: man muß den Sohn mit leiser Hand lenken, keinen Argwohn erwecken, Haltung bewahren, den Parisern das Bild einer aufgeklärten Königin geben, nicht das einer „Schwachsinnigen", die an den Rockschößen des Herrn von Bèze hängt. Man wird schon sehen, ob nicht am Ende die „Schwachsinnige" stärker ist als diese Königinmutter, die sich für eine Allerweltsmutter hält. Jeanne nennt sie nur noch „Frau Schlange".

Am Hof liebte man die Künste, man genoß sie mit Kennerschaft, man schützte und förderte sie, man verwöhnte die Dichter, man ließ alte Manuskripte drucken. Jede große Dame verstand sich auf Medaillen. Kleine Bronzen, von Hirten in den Grotten der Römischen Campagna gefunden, wurden wie Heiligenreliquien gesucht und geschätzt. Noch lebte das Andenken an Primaticcio, Cellini und vor allem an den Aufenthalt des großen Leonardo in Amboise. Jeanne wollte nicht vergessen lassen, daß sie die Nichte Franz' I. war, den man noch „König der Königreiche" nannte, und die Tochter der Margarete von Angoulême. Sie wollte in Paris nicht als die Königin aus dem Dorfe gelten. Mit ihrem Sohn besuchte sie die neue Druckerei Jodelets, beugte sich über die schönen Drucktypen, aber nicht alle Titel auf den Velinpapieren fanden ihren Beifall. Sie konnte einen Seufzer nicht unterdrücken: wann endlich würde sie in Pau die Schriften von Bèze drucken lassen können? Sie hinterließ Jodelet zur Erinnerung an diesen Besuch einen Vierzeiler, der mehr Stolz als Begabung verrät:

> *Vorzüglich Kunst, heut bis zu späten Jahren*
> *Zeige den Kindern meiner Rasse an,*
> *Daß ich gefolgt der Gottesfürcht'gen Bahn,*
> *Daß sie, mir folgend, gleiche Wege fahren.*

Jodelet ließ unverzüglich unter den Augen der Königin den Vierzeiler drucken und überreichte ihn Heinrich. Jeanne selbst war nicht sehr befriedigt von ihren Versen und brachte das in einem zweiten Vierzeiler zum Ausdruck:

> *Grobes Papier und allzu zähe Jinte,*
> *Die Feder schwer und allzu schwer die Hand,*
> *Der Stil dem Ohr zu schmeicheln nicht gewandt,*
> *Ein schwaches Argument und plump die Rede.*

In Paris übernahm sie das Patronat der hugenottischen Künstler: du Bartas, Palissy und Jean Goujon kamen in ihr Palais, um ihr ihre Arbeiten vorzulegen. Man bewunderte ihre königliche Erscheinung, das schmale Gesicht umrahmt von der weißen Haube, das schwarze Kleid nur auf der Brust durch weiße, perlenbestickte Seide aufgehellt. Sie besuchte auch die Spitäler, trat zu den Kranken, legte mit den Almosen einige schöne Psalmverse in ihre Hände. Sie liebte es, wenn bei ihrem Fortgehen die Unglücklichen sich auf ihren armseligen Lagerstätten aufrichteten und ihr mit neugierigen und dankbaren Blicken folgten. Das rührte ihr weibliches Herz. Ach, müßte man doch nicht immer hassen!

Es waren Augenblicke des Waffenstillstandes; sie konnten nicht dauern. Ein Entschluß mußte gefaßt werden, und die alte Idee, die alte Versuchung überkamen aufs neue die Mutter: den Sohn ins Béarn mitzunehmen, ihn zu entführen, wenn es sein mußte. Zunächst wollte sie es in Güte bei Frau Schlange versuchen, sich aufs Bitten verlegen. Die Unterredung zwischen den Müttern war schwierig,

beide waren fest entschlossen: die eine zu nehmen, die andere zu behalten. Jeanne war geschickt vorgegangen. Noch in Mâcon hatte Katharina ihr geraten, ihre und ihres Sohnes Besitzungen zu besichtigen. Sie habe noch nicht alles gesehen. Heinrich sei im richtigen Alter, sich in den Herrschaftsgebieten seines Vaters zu zeigen, die Bekanntschaft der Familien zu machen, die Anton von Bourbon gedient haben und jetzt ihm selbst Gefolgschaft leisten sollen. Hat nicht Katharina selbst ihrem Sohn alle Provinzen ihres Königreichs zeigen wollen und sollte Jeanne nicht das gleiche tun dürfen? Eine Weigerung würde den Bruch bedeuten, und niemand wollte diesen Bruch. Man müßte der Mutter Zugeständnisse machen, sonst erschiene der Sohn als Gefangener. Und doch war seine Übergabe gefährlich, auch für kurze Zeit. Er geriete in rein hugenottische Umgebung. Am Hofe gelte er nur wenig; neben seiner Mutter werde er sich plötzlich erhöht fühlen, Flügel würden ihm wachsen, vielleicht auch Krallen. Bei diesen Besprechungen war die Mutter im Vorteil. Ihre Gründe waren stark, und sie konnte ihre Befürchtungen frei aussprechen. Katharina mußte die ihren verschleiern. Jeanne hatte das Spiel gewonnen, die beiden Königinnen trennten sich mit schwesterlicher Umarmung. In einigen Wochen sollte Jeanne selbst ihren Sohn zurückbringen.
Kaum wahrscheinlich, daß sie ihn wiederbringt, sicher, daß sie mit Freuden aufbricht. Wenn der junge Heinrich mit der Entfernung vom Hofe ein gutes Stück wächst, so gewinnt auch Jeanne an der Seite ihres Sohnes. Jetzt ist sie nicht mehr die verlassene Mutter, machtlos, auf dem Armsünderstühlchen, von Frankreich gerügt, von Rom der weltlichen Macht Spaniens preisgegeben. Jetzt begleitet sie ihr Sohn, und alle Welt kann sich überzeugen, daß er kein Kind mehr ist. Er ist kein großer Redner, aber im kleinen Kreis zeigt er Feuer, Verstand, und sein unbekümmertes Lachen setzt sich auch über eine allgemeine Mißstimmung tapfer hinweg: er wird seine Mutter zu verteidigen wissen. Schön ist er nicht, etwas klein, die Nase zu lang, die Hautfarbe dunkel, aber er ist liebenswürdig, temperamentvoll und er zeigt mitunter eine verblüffende Schlagfertigkeit. Jeanne hält an ihrem Plane fest. Man hat ihr den Sohn leihweise überlassen; sie wäre wahrhaftig eine Schwachsinnige, wenn sie ihn nicht behielte. Wir dürfen annehmen, daß sie Heinrich zu über-

reden weiß, denn er ist kein Kind, das sich wie eine Katze im Korb davontragen läßt. Die Gelegenheit ist günstig, ja einzig. Aber erst muß sie La Flèche erreichen, wo sie sich auf eigenem Grund und Boden befindet. Sie erbittet die Erlaubnis dazu von Frau Schlange, die nicht mehr in der Lage ist, sie zu verweigern.

La Flèche! Paris, der Louvre sind jetzt weit. Hier erst deckte Jeanne ihr Spiel auf und schrieb einen überaus höflichen Absagebrief. Sie behielte ihren Sohn und sagte die Vormundschaft auf. Sie wollte das Kind in ihrer schwierigen Lage um sich haben. Es konnte auch an ihrer Seite Gott dienen und damit dem König. An dieser Auffassung wird sie immer festhalten, wie auch der König selbst, seine schlimmen Räte und Frau Schlange darüber denken mögen.

Einige Wochen später trafen Mutter und Sohn in Pau ein. Was den Hof anging, waren sie ruhig. König Karl mochte einen seiner Wutausbrüche haben, die Königinmutter die Hände ringen und über Betrug und Undankbarkeit zetern — das war noch kein Grund für die Valois, zum eigenen Schaden das kleine Königreich an Spanien auszuliefern.

Wenn Jeanne auf ihre schwierige Lage hinwies, um den Sohn zu behalten, sprach sie die Wahrheit. Als sie jetzt nach achtzehn Monaten in ihr Königreich zurückkehrte, fand sie überall Abtrünnige vor. Auf den Plätzen, von denen sie die Heiligtümer hatte entfernen lassen, versammelte sich die Menge, Wallfahrten fanden wieder statt, Prozessionen durchzogen die Dörfer. Die Bergbewohner wollten wieder ihre sonntäglichen Feste, ihre Trinkgelage nach den kirchlichen Feiern, den Tanz um den Maibaum — die Vergnügungen von Eseln und Narren, wie Jeanne es nannte. In Guyenne ließ inzwischen Herr von Montluc die Hugenotten aufhängen, wo er nur konnte. Jeanne forderte nun für ihren Sohn die Regierungsgewalt. „Er hat das regierungsfähige Alter", erklärte sie, „er würde sich allzu benachteiligt fühlen, wenn er als Begleiter seiner Mutter auf den Besichtigungsreisen nur den Titel führte, ohne das Amt auszuüben. Wenn König Karl mit vierzehn Jahren Frankreich regiert, wird Heinrich von Navarra mit fast fünfzehn Jahren in seinem Erbland wohl auch herrschen können." Katharina antwortete, der König sei mit vierzehn Jahren König gemäß dem königlichen Grundgesetz;

wenn er die Volljährigkeit erreicht habe, könne niemand an seine Stelle treten. Heinrich von Navarra sei zwar dem Titel nach Gouverneur, aber es hinge nur vom König ab, ob er es bliebe. Er habe das einzige Amt: des Königs Gefährte zu sein bei dessen „ehrbarem Zeitvertreib". Er habe sich dem Hof und seinen Pflichten entzogen. Man wolle ihn zwar den Armen seiner Mutter nicht wieder entreißen, aber die Befriedung und das Legen von Garnisonen sei Sache des Herrn von Montluc.

Man weiß, was der Ausdruck Garnison legen bedeutet: eine Horde von Leuten, die man einquartieren und füttern muß, die kommandieren, und, wenn man nicht gehorcht, plündern und vergewaltigen. Die kleinen Städte fürchteten die Besatzungen wie das Feuer, so wie sie hundert Jahre später die Dragonaden fürchten werden. Heinrich von Navarra blieb damals nur zwei Jahre im Béarn, doch welche Lehrzeit! Wieviel Arglist, wieviel gute Gründe auch bei den Böswilligkeiten auf beiden Seiten! Nicht nur legt Montluc seine Besatzungen an die Grenzen des Béarn, auch der König „sieht sich gezwungen", Garnisonen nach Vendôme, einem Lehen der Bourbonen, wie nach Ham, Lafère, Lectoure, den Lehen Jeannes, zu legen. Überall, wohin der hugenottische Geist der Königin gedrungen ist, gärt es.

Da Heinrich in Guyenne nicht regieren darf, soll er wenigstens im Béarn Statthalter seiner Mutter sein. Er soll seinen Adel kennenlernen, Duelle unter den Edelleuten verhindern, Inspektionsreisen machen, Unregelmäßigkeiten nachgehen, Verbindungen mit dem Louvre aufrecht erhalten, Beziehungen aufnehmen zum Prinzen von Condé, seinem Onkel, und zum Admiral Coligny. Diese beiden sind seine natürlichen Stützen, sie werden seine Lehrmeister sein, bis er selbst Führer ist. Für Heinrich bedeutet das die Umkehrung alles dessen, was er bisher gesehen, was man bisher versucht hat, ihm beizubringen. Er findet Geschmack an Staatsgeschäften, verlangt Einblick in alle Briefe, lacht über den „ehrbaren Zeitvertreib" des Königs Karl und vernachlässigt dabei nicht seinen eigenen. Er spielt das baskische Ballspiel wie kein zweiter, jagt den Bären, wird Sieger im Ringelstechen und ein ausgezeichneter Tänzer. Man erfährt bei den Valois wenigstens soviel, daß er mit dem jungen Rosny Freundschaft geschlossen hat. Er läßt den zukünftigen Heinrich IV. vorausahnen, und wir machen uns das Vergnügen, in seinen Sternen zu lesen, ehe er selbst um sein Schicksal weiß. Er ist Gast bei der Hochzeit der Corisande von Audouins, die den Herzog von Gramont heiratet. Die Freundschaft zwischen den Familien ist alten Datums. Frau von Audouins hat Heinrich in der Schildkrötenschale über das Taufbecken gehalten. Die Tochter ist ein Jahr jünger als Heinrich, geistvoll, eine lichte, blonde Schönheit. Wir werden sie wiedersehen. Für Heinrich ist und bleibt sie Corisande.

Doch wir wollen den Vorhang fallen lassen und nicht weiter in der Zukunft lesen. Es genügt, die Gegenwart zu entziffern. Es kommen Tage, da Heinrichs heiteres Lachen in den hohen Sälen widerhallt, und es gibt andere. Jeanne ist im Béarn nicht beliebt. Bei den Valois spielt sie die Rolle der verfolgten Unschuld, zu Hause ist sie eine harte Verfolgerin. Sie hat den Sohn neben sich bitter nötig. Er weiß sich beliebt zu machen, drückt die Augen zu bei wiederaufgerichteten Maibäumen und heimlichen Messen in den Waldlichtungen. Eifernder Fanatismus ist ihm fremd, aber wenn der Louvre droht, ist er immer bereit, sich schützend neben die Mutter zu stellen und im Kampf und Widerstand seine jugendliche Kraft zu üben. Noch liegt ein Jahr der Atempause vor ihm, doch schon ziehen Gewitter über den Schneebergen des Béarn auf, um schließlich zum Ausbruch zu kommen: der Stamm, dem Jeanne als Königin vorsteht, befindet sich am Vorabend seiner großen Prüfungen.

Im Schloß von Pau treffen als verkleidete Händler Boten aus Frankreich ein, die in ihren Stoffballen heimliche Briefe von Condé und Coligny bringen. Gerüchte gehen um: eine Abteilung Spanier im Solde der Valois sei beauftragt, Heinrich bei einem Jagdausflug zu entführen und mit Gewalt an den Hof zurückzubringen. Der Prinz von Condé habe Anlaß zu glauben, daß der Hof ihn auf seinem Schloß Noyers festnehmen und gefangensetzen wolle. Der Admiral Coligny soll in Toulay ergriffen und das Todesurteil an ihm vollstreckt werden, das seit der Ermordung des Herzogs von Guise auf ihm lastet; sein Bruder, der „Kardinal" von Châtillon, soll in der Bretagne festgenommen werden. Dies werde das Signal sein zu einer Niedermetzelung aller Hugenotten. Schon lange werde davon gesprochen, nun stehe die Ausführung dicht bevor. Man muß sich eilen, sich vereinigen, sich verteidigen, denn in einem Monat (August 1568) ist alles geschehen und die Führer der Hugenotten baumeln am Galgen. Man muß dem Angriff zuvorkommen, sich in La Rochelle, der großen befestigten Hugenottenstadt, zusammenfinden. Dort kann auf dem Seeweg Unterstützung aus England eintreffen. Herr von Andelot ist dort bereits tätig. Da man über keine Armee verfügt, nur Freiwillige, muß man in Deutschland Reiterei anwerben, wenigstens sechstausend Mann, ihnen Sold, Verpflegung und Unterkunft versprechen, denn diese Leute schlagen sich nicht um der Sache willen, und von der Königin Elisabeth sind nur Waffen, Lebensmittel und Geld zu erwarten, — ihre Untertanen lassen sich nicht mieten. Jeanne zeigt in diesem August eine eisern verschlossene Stirne, ein kalter Schatten streift die smaragden leuchtenden Wiesen und Hänge. Katharina schreibt immer noch schlangenfreundliche Briefe. Man muß ihr das Spiel mit einer schroffen Antwort aus der Hand schlagen. „Hier spielt man Ball mit Ihrem guten Ruf", schreibt ihr Jeanne. Auch am französischen Hof beginnen Gerüchte umzulaufen. Eine Abteilung Hugenotten habe eine kleine Stadt genommen, sich dort festgesetzt und ein Waffenlager eingerichtet. „Ein paar Weiber hätten sie mit Besen vertreiben können", rief die Königinmutter aus. Da die Weiber und ihre Besen versagten, schickt man Soldaten zur Wiedereroberung und Besatzung. „Bösewichter", schreibt Jeanne, „wollen den Sohn den Armen seiner Mutter entreißen." Welche Mutter würde da nicht zur Löwin? Wenn Jeanne zu den Waffen greift, wird es — daran hält sie immer fest — im Dienste Gottes und des Königs geschehen. „Niemand, der diesen so gütigen, so menschlichen Fürsten kennt, kann glauben, daß so grausame Absichten von ihm stammen könnten." Er wird von seinen bösen Ratgebern verleitet, den Guisen, die unaufhörlich Rache für den Vater fordern; der Kardinal von Lothringen hofft für seinen Ausrottungseifer mit der Papstwürde belohnt zu werden. Deshalb schreibt Jeanne: „Da die Reformierten ringsum die Katholiken in Waffen sehen und kein anderes Wort aus ihrem Munde hören, als daß es in einem Monat keine Hugenotten mehr in Frankreich geben werde, bewaffnen auch sie sich, um ihr Leben zu verteidigen." Ein Gerücht breitet sich aus, der Hof lasse Spanier aus Flandern kommen, um Franzosen niederzumetzeln. Das wiederum berechtigt die Reformierten, ihrerseits fremde Truppen zu Hilfe zu rufen. So lebt und wächst der Krieg in den Seelen, ehe er noch begonnen hat: nirgends Behutsamkeit und Einsicht; weil man Angst hat, möchte man vorbeugen, und was 'man auf beiden Seiten Vorsicht nennt, wird zur Herausforderung.

VII

AUSZUG

Am 25. August 1568 verließ der Prinz von Condé seine Residenz in Noyers samt allen Herren seines „Gefolges", mit anderen Worten, seiner Partei. Sie führten Frauen und Kinder mit sich, um einer Wiederholung des bethlehemitischen Kindermordes vorzubeugen. Dem Zuge folgte zahlreiche Dienerschaft mit Troß und Gepäck. Der Aufbruch eines Stammes nach dem neuen Jerusalem: La Rochelle. Von Pau haben sich Jeanne und ihr Sohn aufgemacht, um sich mit Condé zu vereinigen. Es ist ein Abschied für acht Jahre vom Béarn, für Jeanne ein Abschied für immer. Noch spricht man nicht von einem zweiten Religionskrieg, noch hält man den Schein des Friedens aufrecht. Die Königin von Navarra unternimmt mit ihrem Sohn lediglich, wie sie sagt, eine Reise zur Inspektion ihrer Häuser und Besitzungen in Guyenne.

Jeanne hat uns in ihren Memoiren eine Schilderung dieses Unternehmens hinterlassen. Für sie und ihren Sohn ist die Reise gefährlich, denn Montluc glaubt nicht an die Harmlosigkeit ihres Vorhabens. Diesmal möchte man wirklich Heinrichs habhaft werden und den entschlüpften Vogel in Katharinas Käfig zurückbringen. Wenn das Reich von soviel Unruhen heimgesucht wird, gehört der Erste Prinz von Geblüt, ob er will oder nicht, an seinen Platz neben den König, seinen Souverän. Für Heinrich wird die Besichtigungsreise im Louvre enden.

Aber es ist viel einfacher, eine Stadt zu erobern als einen Vogel zu fangen. Heinrich erscheint es als gefährliches, aber reizvolles Spiel, dem Netz auszuweichen, das der Generalstatthalter immer wieder nach ihm auswirft, gerade denjenigen Flußübergang zu wählen, an dem man ihn nicht erwartet, heimlich in ein hugenottisches Kastell zu schlüpfen und dort ruhig zu schlafen, während Streifen das Land nach ihm absuchen und die Wege sperren. Tagtäglich riskiert er „geschnappt" zu werden, ja den Tod, wenn er sich mit seinen zweihundert Edelleuten zur Wehr setzt; seine männlich kühne Mutter mahnt ihn nicht zur Vorsicht. Briefe, die trotz der Sperre ihr Ziel erreichen, enthalten günstige Nachrichten. Gott schützt sein Volk. Katholische Banden haben versucht, Condé den Übergang über die Loire zu verlegen, aber wie vor Moses wichen die Wasser zurück und ließen den hugenottischen Zug passieren. Alle kamen hinüber: die Frauen trugen ihre Kinder auf den Schultern, Wagen, Maultiere und Gepäck folgten. Kaum hatten alle das Ufer erreicht, stieg das Wasser wieder an. Es ist ein neuer Auszug der Kinder Israel aus Ägypten, und Jeanne schreibt: „Seit dem Durchzug durch das Rote Meer hat man nichts Erstaunlicheres gesehen." Damit nicht genug: auch Coligny stößt auf Schleichwegen zu ihnen. Von Osten her sind die deutschen Reiter im Anmarsch, sie werden sich ihren Weg schon zu bahnen wissen. Der Tag in dem kleinen Lager beginnt mit gemeinsamem Gebet und dem Absingen von Psalmen. Jeanne hat in Nérac mit tiefer Frömmigkeit das Abendmahl gefeiert: „Alles Blut meiner Kirche ist auf mich herabgetropft." Unterwegs trifft sie mit Ratgebern zusammen, die mäßigenden Einfluß nehmen wollen; sie gehören zu dem Kreise derer, die man schon jetzt „die Politiker" zu nennen beginnt und die vermittelnd zwischen den beiden Lagern stehen. De la Mothe Fénelon hält immer noch die Aufrechterhaltung des Friedens für möglich. Beide Teile haben Anlaß zu schweren Klagen, aber die Königinmutter weiß geschickt zu vermitteln, noch ließe sich alles gütlich regeln. Jeanne jedoch will von Klugheit und Mäßigung nichts wissen. Zu ihr spricht aus fernen Jahrhunderten die Stimme des Psalmisten: „Sein Gewissen töten", schreibt sie, „heißt Gott fliehen, und diese Flucht ist unmöglich. Wohin soll ich fliehen vor Deinem Angesicht? Gen Himmel, zur Erde, zu den Abgründen? Du bist überall, und die Nacht Deiner Vorsicht kann Dich nicht verstecken." In den Augen der Leute ist sie eine von Fanatikern verblendete Mutter, die den

Knaben mit verbundenen Augen hinter sich herziehe. „Es berührt mich nicht, daß sie mich verächtlich ein schwachsinniges Weib nennen. Mag mein Sohn darüber entscheiden, der mir so nahe steht, daß Böswillige mir immer nachsagen werden, ich ließe mich durch meine Liebe zu ihm zu diesem Unternehmen hinreißen." Alle Welt soll wissen, daß Heinrich weder so jung noch so dumm ist, um nicht selbst zu wissen, was er tut. Aus freien Stücken nimmt er mit seiner Mutter an der Verteidigung seiner Familie teil. Was die Lauen angeht, die Feuer und Wasser zugleich im Munde haben, „so kann man nur über ihre Verblendung staunen". Die Mahnungen zur Vorsicht und Mäßigung nennt Jeanne spöttisch „Brillen für Greise auf jugendlichen Augen". Sie sind nur eingeflößt durch die zum Himmel stinkenden Lügengeschichten des Kardinals von Lothringen. „Mögen die Herren von Guise ihren Schwindel anderweitig feilbieten, sie werden die Stimme der Wahrheit nicht ersticken."
Und was sagt Heinrich? Zum erstenmal vernehmen wir sein sarkastisches Lachen, seinen spöttischen Witz. Als ihn der um die Friedensvermittlung bemühte de la Mothe Fénelon fragt, warum er, der im Dienst des Königs aufgewachsen sei, an den Unruhen teilnehme, antwortet er scherzhaft und mit Achselzucken: „Um die Trauerkleidung zu sparen." Da man alle Prinzen seines Hauses umbringen will, so mögen sie gemeinsam untergehen, und keiner braucht um den anderen Trauer zu tragen. „Aus diesem Grund bin ich zu meinem Onkel unterwegs, um mit ihm zu leben und zu sterben." Stolz berichtet die Mutter den Ausspruch ihres Sohnes: „Er ist nicht auf den Kopf gefallen, obwohl man glauben könnte, daß er zu jung und dumm sei zu wissen, um was es gehe."
Es geht weiter. De la Mothe heftet sich dem kleinen Heerzug an die Fersen, mahnt, schreibt, berichtet Katharina die Äußerungen Jeannes und Jeanne die Äußerungen Katharinas. Fassungslos sieht er mit an, wie der ganze Adel des Périgord sich erhebt und Jeanne nachfolgt, „um sich mit Gut und Blut für die Sache einzusetzen". „Sie versammeln sich und ziehen uns nach wie Ameisenscharen", bemerkt Jeanne. Auch Condés Karawane rückt vor. Als de la Mothe von einer Armee spricht, antwortet die Königin von Navarra entrüstet: „Wie kann man diesen Zug von Frauen und Kindern, den mein Schwager

anführt, eine Armee nennen? Das unschuldige Geschrei kleiner Kinder ist sein einziges Trompetensignal." Auch der Admiral von Coligny will zum Zuge stoßen; es ist sein gutes Recht, sich in La Rochelle in Sicherheit zu bringen, wenn man sein Leben bedroht. Die deutschen Reiter bahnen sich plündernd ihren Weg; es fehlt ihnen an Geld und Lebensmitteln, und sie finden auch nichts in den unwirtlichen Waldgegenden, die sie durchqueren müssen, um den Heerhaufen des Königs zu entgehen. Es ist Krieg, das läßt sich nicht mehr verschleiern. De la Mothe muß sich eingestehen, daß seine Vermittlungsaktion gescheitert ist. Er muß es in Paris melden und von dort auf Befehl des Königs sofort nach London weiter reisen, um die Königin Elisabeth davon abzuhalten, den Rebellen Hilfe zu leisten. Jeanne verfügte nicht über den launigen Sarkasmus ihres Sohnes, ihr Witz hatte die Schärfe der Herausforderung und des Triumphs. De la Mothe ließ ihr mitteilen, daß man ihr den Feldhauptmann d'Escars mit viertausend Mann entgegenschicke, um ihr den Weiterzug zu verwehren. „Herr de la Mothe meint wohl die viertausend Ferkel, die man im Poitou Edelleute nennt, weil sie in Seide gekleidet sind. Sie flohen wie ein gemeiner Haufe." Der Kardinal von Lothringen hat Jeanne Vorhaltungen gemacht, die sich auf die Evangelien stützen. „Er ist nicht nur ein Bösewicht, sondern auch ein Dummkopf. Er verwechselt den zwölften Vers im dritten Kapitel Johannes mit dem sechzehnten Vers. Er braucht nur seine Brille aufzusetzen, um seine Schande selbst zu lesen." Jeanne hat sich mit ihren Geistlichen weidlich lustig gemacht über die Zuschrift des Kardinals. Zu ihrem Gefolge gehörte jetzt der junge Agrippa d'Aubigné, ein Edelmann aus dem Poitou, Sohn einer hugenottischen Familie und selbst Hugenott mit Leib und Seele. Er besaß einen beißenden Witz und machte sich wie kein anderer mit schärfstem Spott lustig über den katholischen Aberglauben. Er wußte genau, an welchen Orten das Volk „einen Zahn des Heilands, ein Haar der Mutter Gottes, einen Nagel des Heiligen Geistes" verehrt. D'Aubigné möchte sich an Heinrich von Navarra anschließen, ihn beraten, mit seinem Feuereifer anstecken. Der Herzog von Béthune führte Heinrich von Navarra seinen Sohn, den jungen Rosny, zu, der brennend wünschte, dem Prinzen zu dienen und sich ihm ganz zu weihen. Knieend leistet der junge Edelmann den Treueid. Um Heinrich von Navarra schließt sich der erste Ring von Parteigenossen und Getreuen. D'Aubigné ist sein Parteigänger, Rosny der Getreue. Alle Nachrichten lauten günstig: in Archiac erfährt man, daß Condé wie durch ein Wunder allen Verfolgern entschlüpfte und Schwester und Neffen entgegenzieht. Da man die Städte umgehen muß, findet die bedeutungsschwere Begegnung auf freiem Felde statt: feierlich übergibt ihm die Mutter den Sohn, „damit er sein Handwerk im christlichen Heer erlerne". Bei der Trennung zeigte die Mutter keine Schwäche, es kamen ihr keine Tränen. „Das Glück", sagte sie, „lachte aus unsern Augen, überstrahlte unser Antlitz und ward Herr über alle Schwierigkeiten, die das Alter, die Bande des Blutes und die ruhige Vernunft ihm entgegenstellten." Heinrich konnte auch jetzt das Spotten nicht lassen. Er verdient wahrhaftig den Beinamen Spötter: er spottet in heiteren Stunden und auch im Ernst, wenn ihn der Zorn übermannt. Er habe ein vorzügliches Mittel, meinte er, um den sich entzündenden Brand zu löschen: „Ein Eimer Wasser genügt. Man muß ihn nur dem Kardinal zu saufen geben, bis er platzt." Wenn er auch nicht mit dem Glaubenseifer des Neubekehrten für „die Sache" eintrat, so machte er doch als Sohn und Neffe, als junges Haupt der Partei, den Streit zu dem seinen. Über Montluc konnte er sich lustig machen, er war ihm durch die Maschen geschlüpft, aber er bewunderte ihn und später wird er sagen: „Die Memoiren Montlucs sind die Bibel des Soldaten."

VIII

NIEDERLAGE

Aber mit Spötteleien gewinnt man keine Schlachten, es genügt auch nicht, seine Anhänger zu entflammen und ein paar Edelleute zum Schutz bedrohter Prinzessinnen auf die Beine zu bringen. Soldaten sind vonnöten, ein Heer. Die Begeisterung für die gute Sache unter dem Adel des Poitou ist groß, aber der Prinz von Condé muß feststellen, daß man nur ungern das eigene Heim verläßt. Jeder

findet sich bereit, sein Schloß, sein Besitztum zu verteidigen, Kirchen niederzureißen, Heiligenbilder zu zertrümmern, Glocken dem Schmelzofen zu überliefern, aber Soldat werden, im Feldlager kampieren, Frau, Kinder, Hab und Gut zurücklassen, ist eine andere Sache. Deshalb erwartet man ungeduldig die deutschen Reiter, die in den Wäldern Burgunds von den königlichen Truppen aufgehalten werden und nur langsam vorwärtskommen. Sind sie endlich eingetroffen, so wird man sie bezahlen müssen, wie es mit den deutschen Fürsten vereinbart ist: für den Mann im Tag einen Taler. Colignys Bruder, Odet de Châtillon, hält sich in London auf, und während Elisabeth von der einen Seite angegangen wird, den Aufständischen keine Hilfe zu leisten, stellt Châtillon ihr vor, daß sie für ihre Glaubensbrüder in Frankreich wenigstens die Kosten der deutschen Söldner tragen müßte. Um das englische Bündnis zu erhalten, ist Katharina sogar so weit gegangen, Elisabeth die Hand des Königs Karl anzubieten. Damit wäre die Glut, die von den alten Streitigkeiten her noch schwelt, endlich gelöscht, und es wäre nicht mehr die Rede von einer Wiedereroberung von Calais, einer Annektierung der Bretagne und einem englischen Einfall in Aquitanien. Als kluge Politikerin leiht Elisabeth beiden Parteien ihr Ohr und lehnt das Heiratsangebot nicht rundweg ab; es gehört zu ihren Grundsätzen, nie eine Verhandlung abzubrechen, sondern überall Fäden zu knüpfen und weiterzuspinnen. Andrerseits darf die hugenottische Päpstin ihre Sache nicht ganz im Stiche lassen, das würde dem englischen Volk mißfallen: so schickt sie hunderttausend Engeltaler, sechs Kanonen zu „Verteidigungszwecken", die dazugehörige Munition und einige Kaperschiffe, die vor La Rochelle auf spanische Fahrzeuge Jagd machen können. Das ist kaum eine Hilfeleistung zu nennen, eher ein Handelsgeschäft, denn Elisabeth verlangt als Gegenleistung die bei ihren Untertanen so beliebten Bordeauxweine, Wolle und schließlich, um die anglikanischen Herzen zu erfreuen, Metall von eingeschmolzenen Kirchenglocken.
Endlich beginnen die deutschen Reiter in kleinen Trupps einzutreffen, aufgelöst, erschöpft von der Fahrt und halb verhungert. Das also sind die vielgerühmten Söldner — man muß sie gut empfangen und den zuerst gekommenen ein Festmahl mit viel Schnaps und achtzig

Litern Gewürzwein vorsetzen. Sie treten anspruchsvoll auf und erklären durch ihre Dolmetscher, daß sie sich erst dann für „die Sache" schlagen werden, wenn auf Heller und Pfennig bezahlt sei, was man ihnen für die Anmarschzeit bereits schulde. So und soviel Hammel verlangen sie, Rinder und Brot, Milch und Käse, die ihnen die Bauern ins Lager bringen sollen. Auch mit Schuhwerk muß man sie versehen. Sie zeigen ihre wunden Füße her, fluchen und lästern in ihrer Landessprache, und als man sie nicht versteht, klopfen sie auf ihre leeren Beutel, damit man sie mit Geld und Lebensmitteln fülle. Auf den ersten Anblick, zumal in der Trunkenheit nach dem Festmahl, wirken sie abschreckend, aber am nächsten Morgen ist der Eindruck besser. Schön singen sie im Chor die Psalmen in ihrer Landessprache, und am Sonntag sieht man sie unter der Führung ihrer Hauptleute ordentlich aufgereiht in den Straßen La Rochelles auf dem Weg zum Gottesdienst. Sie sehen gutmütig aus, lachen den Kindern zu, und der Anblick dieser kräftigen, großen, disziplinierten Soldaten, die von weither zur Hilfe herbeigeeilt sind, erweckt Vertrauen. Der hugenottische Prediger heißt sie von der Kanzel aus willkommen und legt seiner Predigt die Psalmverse zugrunde: „Wo der Herr nicht bei uns wäre, wenn die Menschen sich wider uns setzen. — Unsere Seele ist entronnen wie ein Vogel dem Stricke eines Voglers."

Dieser Text macht den Prediger beredt, und er hat guten Grund dazu. Denn die Seele der Hugenotten ist in Wahrheit entronnen, sie befindet sich jetzt in der hohen und heiligen Stadt La Rochelle. Auch der Admiral Coligny hat sich eingefunden. Hier sehen wir ihn: ernst, mit finsterer und entschlossener Miene, der Adel der Seele blickt aus seinem Gesicht, ein mystischer Glaube aus seinem ruhigen Auge. Ein wahrer Gläubiger. Nach dem Unglückstag von St. Quentin hat er in einem spanischen Verlies gelesen, Einkehr gehalten, gebetet, sich der Idee der Reform zugewandt und eine gereinigte Religion erträumt. Als er dort seine Notizen an den Rand der Bücher schrieb, hat er wohl kaum bedacht, daß er nach Frankreich zurückkehren werde, um hier Haupt des Bürgerkriegs zu werden. Heinrich II. hatte ihn geliebt, und der jetzige junge König Karl IX. nannte ihn „mein Vater". Seine Ratschläge galten als Orakel. Aber als er aus Spanien

als Hugenott wiederkehrte, hatte sich das Schicksal gegen ihn gekehrt: der Hof stand ihm feindselig gegenüber, und nach Heinrichs II. Tode ging alle Gunst und Macht an die Guisen über. Coligny hielt und hält es für eine gerechte Sache, seinen hugenottischen Brüdern bei der Verteidigung beizustehen, und er wiederholt immer wieder, daß er diesen Krieg nur im Dienst von Recht und Gerechtigkeit zu einem guten Ende führen wolle. So groß ist der Ruf seiner Frömmigkeit und seines Heldentums, daß eine bezaubernde Frau, Jacqueline de Montbel, nachdem sie ihn ein einziges Mal gesehen und gehört, keinen heißeren Wunsch kennt, als „Dienerin dieses Helden zu werden". Coligny heiratete sie, als er Witwer geworden. Bèze sagte von ihr: „Gott hat sie mit seltenen Gaben ausgestattet." Coligny blieb auch nach der Ehe der hugenottischen Sache leidenschaftlich ergeben, nur mischte sich ein Zug von Trauer in seine Entschlossenheit, und Jeanne d'Albret fand ihn nicht so zuversichtlich, wie sie es wünschte.
Mit Stolz zeigte man den deutschen Reitern diesen in ganz Europa berühmten Feldherrn. Er hatte in der Kirche seinen Platz zwischen der Königin von Navarra und dem Prinzen Condé. Der Prediger deutete auf ihn: Gott sei sichtbar mit ihm, denn wie hätte er sonst so vielen Vogelstellern entrinnen können. Nachdem er so die Begeisterung angefacht hatte, kündigte der Prediger eine Kollekte an für den Sold der deutschen Reiter. Die Stunde der Opfer ist gekommen, jeder muß verzichten und spenden. Von oben wird das Beispiel gegeben: die Königin von Navarra hat ihren Schmuck nach England geschickt und dort bei den Kaufleuten der City verpfändet, die hugenottischen Herren der Nachbarschaft bringen Tafelgeschirr und Kleinodien, die Damen entäußern sich sogar ihrer Ringe. Das gesamte kostbare Gut wandert nach London. Jetzt liegt es am Volke, sein Scherflein beizutragen, denn man schuldet den Reitern schon hunderttausend Taler. „Wir müssen verhindern", schreibt die Königin von Navarra, „daß man uns vom Erdboden vertilgt. Wenn wir unterliegen, wird man alle Hugenotten umbringen wie Ungeziefer." Das königliche Heer, aus Spaniern und Schweizern zusammengesetzt, ist unter der Führung eines Bruders des Königs in Eilmärschen unterwegs, um die Kinder Gottes auszurotten. Aber gegen diesen Siebzehnjährigen kann man die Kriegskunst, den Ruhm, die Tugend, ja

Heiligkeit eines Coligny in die Wagschale werfen. Alle Hoffnung richtet sich auf ihn und seinen wachsenden Einfluß, denn das eigentliche Oberhaupt, der Prinz von Condé, zeigt sich weniger heiligmäßig als man gedacht hatte. Dieser kleine, geschmeidige und kräftige Mann hatte zwar energische Gesichtszüge, aber keinen starken Willen, er zeigte sich wankelmütig und ließ sich sogar von Frauen den Kopf verdrehen. Sollte er seinem Bruder Anton gleichen? Jeanne befürchtet es und ermahnt ihren Sohn, sich den Admiral zum Lehrer und Vorbild zu nehmen und die Frauen zu meiden. Was an Kriegsmacht fehlt, können Weisheit und Tugend ersetzen.

Angesichts der unzulänglichen Hilfsmittel verwundert es nicht, wenn das hugenottische Heer erst bei Jarnac und dann bei Moncontour geschlagen wurde. Es war eigentlich nur dem Namen nach ein Heer. Der Gegner, die königliche Armee, setzt sich einheitlicher zusammen und verfolgt ein klarer umrissenes Kriegsziel: sie soll einen Aufstand niederwerfen gegen den rechtmäßigen königlichen Herrn. Auch wird sie besser bezahlt, denn der König erhebt zu diesem Zweck regelmäßige Steuern. Sie besitzt mehr Bewegungsfreiheit und muß sich nicht den Weg durch unwirtliche Wälder bahnen, in denen die Truppen auseinandergesprengt werden. Im Namen des Königs kann sie Rekruten ausheben, und sobald sie die beleidigte Religion ins Treffen führt, erhebt sich das katholische Volk, um Hilfe zu leisten. Sollte ihr einmal die Kraft schwinden, so ist der König von Spanien bereit, aus Flandern so viel Truppen zu schicken wie sie braucht, unter der einzigen Bedingung, daß er sie nicht zu bezahlen hat oder daß er sich eines Tages selbst bezahlt machen darf. Auch der Papst verspricht Zuzug aus Italien. Dagegen sind die Engeltaler, die sechs Kanonen, die englischen Schiffe der Königin Elisabeth nur Tropfen auf einen heißen Stein. Die Niederlage kann man voraussehen, und wir können auf die Beschreibung der einzelnen militärischen Vorgänge verzichten. Als der Prinz von Condé mit seinem Zug von Frauen und Kindern die Loire überschritt, hatte er allen Anlaß, *In exitu Israel de Egypto* anzustimmen, aber Wunder wiederholen sich nicht jeden Tag. Am Unglückstag von Jarnac wurde der Prinz von Condé verwundet. Als seine Leute ihn forttragen wollten, trat unter dichter Bedeckung der Hauptmann der Garde, Montesquiou, mit erhobener Pistole dazwischen. Der unglückliche Condé sah den Tod vor Augen, warf die Arme empor und rief: „Es ist zu Ende." Die Kugel Montesquious zerschmetterte ihm den Schädel, sein Leichnam wurde beschimpft, an den Schwanz einer Eselin gebunden, Hohn und Spott preisgegeben und schließlich im gleichen Schloß, im gleichen Zimmer, in dem er noch die Nacht vorher zugebracht hatte, wie eine Jagdtrophäe zur Schau gestellt; man zwang die in der Schlacht gefangenen Hugenotten, an seinem Leichnam, der auf einem Tische lag, vorbeizuziehen.

Nach dem Tode des Onkels wurde Heinrich von Navarra rechtmäßiger Befehlshaber der hugenottischen Armee. Der Tod des Prinzen bildet einen Markstein im Leben Heinrichs, und dies um so mehr, als die grauenhafte Behandlung des Besiegten die Feindschaft in Haß und Rachsucht verwandelte. Wieder erleben wir an diesem Einzelfall die ganze Geschichte der Bürgerkriege: man haßt, weil man gehaßt wird, tötet, weil der andere getötet hat, und die Selbstvergiftung schreitet fort. Von der Verschwörung von Amboise bis zum Massaker von Vassy, vom Massaker von Vassy bis zur Ermordung des Franz von Guise, von diesem Mord bis zur schimpflichen Behandlung des toten Condé folgen einander Schlag und Gegenschlag in immer beschleunigterem Rhythmus, so wie in einem von Giftstoffen erfüllten Körper das Fieber sich zum Delirium steigert.

Jeannes Vertrauen in den Schutz des Höchsten wurde vor der Wirklichkeit zu Schanden, aber der Glaube überwand die Niederlage. Das Heer der „wahren Christen" war nicht rein, nicht heiligmäßig genug gewesen, es bedurfte des scharfen Sporns, um sich zur sittlichen Höhe zu erheben. Schluß mit den Trinkgelagen und anderen Unregelmäßigkeiten im Lager! Hochaufgerichtet in ihrem Trauergewand stellte Jeanne der hugenottischen Armee ihren Sohn und seinen jungen Vetter, das Kind des Toten, vor; beide waren jung und unerfahren und würden sich dem Meister der Kriegskunst, Coligny, willig fügen. Heinrich von Navarra schwor, guten Glaubens, vor den versammelten Truppen, wenn auch nicht von leidenschaftlichem Eifer erfüllt, der hugenottischen Sache den Treueid. Sein junger Vetter leistete nach ihm den Schwur. In der würdigen Erscheinung Colignys an der Seite der Prinzen lag die Bestätigung, daß er in Zukunft ihr

Mentor sein würde. Im Gegensatz zu der Bestürzung der französischen Hugenotten ließ der Tod ihres Heerführers die deutschen Truppen gleichgültig. Das Familienunglück der Condés rührte sie weiter nicht; eine Schlacht war verloren, nun gut, man wird die nächste gewinnen. Krieg ist Krieg, für die Reiter ist Sold und Nahrung die Hauptsache. Zu Ehren der beiden Prinzen wurden im Lager zahlreiche Salven abgefeuert, der Wein floß in Strömen, und dann zog sich das Heer in seine Zelte zurück.
Heinrich kehrte mit seiner Mutter aus dem Lager nach La Rochelle zurück, empfing den Magistrat und nahm dessen Ansprachen entgegen. „Ich verstehe nicht so gut zu reden wie ihr", antwortete er, „aber ich versichere euch, ich werde besser handeln als sprechen."

IX

BÖSES OMEN

Heinrich von Navarra hatte zwar gut gesprochen, aber zu handeln war er kaum in der Lage. Nur dem Namen nach war er Heerführer, der wirkliche Feldherr war Coligny, wie Heinrich selbst mit Liebe und Ehrfurcht betonte. Ja, man nannte im Heer die beiden Prinzen nur die Pagen des Admirals. Sie durften Truppenschau halten, von weitem kleinen Gefechten zusehen und wenn man, was gelegentlich vorkam, eine kleine Stadt erobert hatte, so nahmen sie in würdiger Haltung die Schlüssel entgegen, die man ihnen auf samtenem Kissen darreichte. In Wirklichkeit waren sie nicht Pagen, sondern Schüler des Admirals; wenn sie auch manchmal auf die Kandare beißen wollten, so war doch sein Wille entscheidend. Um sich bei den deutschen Reitern Respekt zu verschaffen, fehlte ihnen das kriegerische Ansehen, und überdies mußte nach der Ansicht des Admirals ihr Leben sorgsam behütet werden. Es war schon viel, ja zu viel, daß man Condé verloren hatte. Die beiden jungen Prinzen aus königlichem Geblüt waren für das protestantische Heer unschätzbar. Wie konnte man sich ohne sie vor dem Auslande und der eigenen Nation sehen lassen — mit einer Armee, die vorwiegend aus

Deutschen bestand und deren Reihen je nach den persönlichen Streitigkeiten von ebensoviel Mißvergnügten wie überzeugten Reformierten ergänzt oder verlassen wurden.
Auch während des Krieges darf man den Frieden nicht aus den Augen verlieren und alle Vorteile, die er zu bieten hat. Karl IX. ist zwanzig Jahre alt, Heinrich von Navarra siebzehn, sein Vetter Condé nur ein Jahr älter. Der glückliche Sieger von Jarnac, der Herzog von Anjou, Bruder des Königs, ist gleichen Alters. Wenn es einmal zu einer Verständigung, zu einem, wenn auch hinkenden Frieden kommt — und dahin muß es kommen —, wird der König leichter mit seinen jungen Vettern verhandeln können als mit seinem Untertan, dem vierundfünfzigjährigen Admiral. Der Frieden mit Coligny geht nur über den Galgen. Nein, die beiden Prinzen dürfen nicht getötet werden. Wenn sie im Krieg auch kaum zu gebrauchen sind, für den Frieden sind sie um so notwendiger. Beide haben eine feurige Natur; Heinrich vor allem kann sich nicht enthalten, Ratschläge zu erteilen, Kritik an den Gefechtshandlungen zu üben, und zu erklären, wie er die Schlachten schlagen und mit den deutschen Reitern sprechen würde. Aber er kennt seine Pflicht und ordnet sich der Befehlsgewalt des Admirals unter. Jeden Morgen verläßt er sein Zelt, um Coligny aufzusuchen, stets findet er ihn über der Arbeit oder im Gebet, ringend um Sieg und Frieden. Aber Sieg und Frieden sind weit und rücken mit jedem Tag in weitere Ferne. Mit dem ihm eigenen gelassenen Ernst zeigt der Admiral seinem Schüler Anschlagszettel, die — man weiß nicht wie — in der Armee verbreitet werden, Flugschriften, teils französisch, teils deutsch abgefaßt, die sich in den Händen der Soldaten finden. Der Admiral erfährt daraus, welche Behandlung er in Paris zu gewärtigen hat und was ihm bevorsteht, wenn man ihn „fängt". Schon jetzt ist er wegen offenen Aufruhrs *in contumaciam* vom Parlement zum Tod durch Erdrosseln auf dem Grèveplatz verurteilt worden, sein Leichnam soll vierundzwanzig Stunden am Hochgericht von Montfaucon ausgestellt und den Geiern zum Fraße preisgegeben werden. Damit dieser Rechtsspruch nicht nur auf dem Papiere stehe, hat man in Paris eine Probevorstellung gegeben. Eine Puppe in Gestalt des Admirals ist am Grèveplatz gehenkt, auf die Schleife gebunden und durch die Straßen geschleppt

worden. Das Abbild war von großer Ähnlichkeit und wurde von Ausrufern begleitet, die unter Trommelwirbeln an jeder Straßenecke eine Belohnung von fünfzigtausend Goldtalern demjenigen zusicherten, der den Admiral in seinem Lager umbringen würde. Es war ein Verbrechen, den Herzog von Guise im Hohlweg aus dem Hinterhalt niederzuschießen, doch einen Rebellen zu töten, sei eine ruhmreiche Tat. Wer sie ausführt, dem wird Generalpardon zugesichert, gleichviel welche Verbrechen er begangen hat; Gott verzeiht ihm und auch der König. Jetzt ist für Heinrich von Navarra der Augenblick gekommen, sich seines Wahlspruches *aut vincere aut mori* zu entsinnen. Die Unterredungen mit dem Admiral werden ihre Früchte tragen. Die im Louvre begonnene Erziehung wird im hugenottischen Lager fortgesetzt und ist auch jetzt noch nicht abgeschlossen. Coligny ist religiös, aber ohne Fanatismus, ja, er gibt die Hoffnung nicht auf, daß man bei günstigem Ausgang des Krieges von einer gefestigten Position aus die Parteien einander näherbringen und sich endlich mit Frankreich werde beschäftigen können. Aber dazu gehört, daß man siegt und am Leben bleibt, und der Sieg ist ausgeblieben und auf dem Leben steht ein Preis.

Es besteht geringe Aussicht, das Leben des Admirals täglich und stündlich vor einem Attentat zu bewahren. Dagegen stehen die Geldgier, die fünfzigtausend Taler, der Haß, die Einfältigkeit eines jeden, der sich mit dieser Tat ein Verdienst zu erwerben glaubt. Aus diesem Grund hatte Poltrot, der Spagnoletto, im Hohlweg auf den Guisen geschossen. Trotzdem bewahrt der Admiral seine Ruhe, seine Milde, sein Vertrauen in die Möglichkeit, daß man doch eines Tages Frieden macht und daß er es ist, der ihn schließt. Er rechnet nicht mit den Rachegeistern; er hat die gerechte Sache verteidigt, das ist seine Überzeugung, sein Glaube, sein Stolz. Mögen die Rachegöttinnen ihre Fackeln schwingen, Feuer und Rauch anfachen, ja selbst töten: an dem Tage, an dem es Gott gefällt, werden sie in Staub und Asche zusammensinken. Auch der Tod eines Führers ändert nichts an der Gerechtigkeit einer Sache. Das ist die Lehre, der Heinrich von Navarra in der Schule des Admirals im Lagerzelt lauscht, während er zusieht, wie der Geächtete kaltblütig die Flugzettel liest, zerknittert und unter den Tisch wirft.

Aber wenn drei Jahre später Coligny, nur zwei Schritte vom Louvre entfernt, von Dolchstichen durchbohrt, noch lebend aus dem Fenster geworfen wird, wenn Heinrich von Guise ihn mit der Laterne anleuchtet, bevor er ihm ins Gesicht tritt, wenn der Pöbel seinen Leichnam begafft, der an einem Bein am Galgen von Montfaucon baumelt, dann werden wir uns nicht mehr zu fragen haben, an welchem Tage und zu welcher Stunde der Befehl zu diesem Mord erteilt worden ist. Er ist im Schatten des Hasses gereift, und die Flugzettel sagten ihn voraus.

X

DER NEUE KURS

Drei Jahre vergingen: Krieg wechselte mit Waffenstillständen ab, und nichts war entschieden. Heinrich von Navarra brannte darauf, mitzukämpfen und mitzubefehlen, aber er durfte nur als Zuschauer von einer Anhöhe aus, auf die ihn und den Vetter die Vorsicht des Admirals verbannte, die zweite Niederlage bei Moncontour mitansehen. Im Lager des jungen Herzogs von Anjou herrschte wilder Siegestaumel, im Lager des Admirals Bedrücktheit über die Niederlage und außerdem Geldknappheit; man sieht sich genötigt, erneut die Königin von England anzurufen. Elisabeth schickt noch ein paar Kanonen, Munition und einige Schiffe, spinnt aber gleichzeitig die abwegigen Heiratsverhandlungen mit Karl IX. weiter. Es kann nie schaden, zwei Eisen im Feuer zu haben, als hugenottische Päpstin den unglücklichen Glaubensbrüdern Almosen zu spenden und Heiratsanträgen Gehör zu schenken, sich keinem zu geben, aber auch keinem zu versagen. *Wait and see:* die englische Politik ist kalt und klug.
Man war also im „christlichen" Lager gezwungen, den schlecht ernährten und gekleideten Soldaten die eroberten oder wiedereroberten Städte zur Plünderung freizugeben. Nach dem Kampf pflegten die Reiter ihren Durst mit Strömen guten Weins aus den Kellern zu stillen, und dann kam es zu Räubereien und Ausschreitungen. Coligny wußte es und sprach es aus: grauenhaft sei dieser Krieg, den

man im Namen Gottes führe; mit Psalmgesang beginne man den Tag und beschließe ihn mit Trunkenheit und Metzelei.

Auf der einen Seite fühlte sich der Admiral durch die Niederlagen und Ausschreitungen der Reiter entmutigt, aber trotz zweier Siege sah es bei der königlichen Armee und bei Hofe nicht viel besser aus. Auch die „Königlichen" unterhielten ihre Söldner: Schweizer, Spanier, Deutsche aus den katholischen Landesteilen. Coligny berief sich darauf, als er seine „Rebellion" verteidigte. Auch der Hof zahlte fremde Truppen, um Franzosen zu vernichten. Wenn beiden Parteien der Atem ausging, schloß man einen Waffenstillstand, der sofort wieder gebrochen wurde. Der Krieg rieb Frankreich auf, verwüstete das Land und weckte die Begehrlichkeit des Auslandes. Auf diesen Punkt begann Coligny nachdrücklich hinzuweisen. Wenn ein Schiff in Gefahr ist, berechnen die Strandräuber ihren Anteil am Strandgut. Der Admiral sprach jetzt öfter ein für die damalige Zeit neues Wort aus, das Wort: Vaterland. Das Vaterland brauche den Frieden, und auch am Hof gelangte man zu diesem Wunsch. Das Volk stöhnte über die Steuerlast, die Geistlichkeit fing an zu murren, wenn der König zur Deckung der Kriegskosten die Kirchenschätze einforderte. Man ging um den Frieden herum wie die Katze um den heißen Brei. Sendboten waren unaufhörlich unterwegs und unterbreiteten vermittelnde Vorschläge. Der Hof bot die Gewissensfreiheit, die er längst zugestanden hatte, schränkte aber die Freiheit des Kults aufs äußerste ein. Auf diesem Feld kommt immer nur ein Eintagsfriede zustande. Dennoch muß man die Verständigung anstreben und finden, wenn schon nicht auf dem geistlichen Gebiet, so doch auf dem weltlichen. Der König möge den Hugenotten nur vier befestigte Plätze zusprechen: La Rochelle, Montauban, Cognac und La Charité. Für den Fall neuer Unruhen können die Hugenotten auf diese Stützpunkte für ihre Sicherheit nicht verzichten. Der König möge ferner mit dem Frieden eine allgemeine Amnestie gewähren, verbunden mit der Wiedereinsetzung aller bisherigen „Rebellen" in ihre Ämter und Güter; er möge Jeanne d'Albret ihr beschlagnahmtes Königreich wiedergeben und Heinrich von Navarra die Gouverneurstellen, die sein Vater inne gehabt hat; er möge ihm sein Erbe sicherstellen, denn Heinrich besitzt nun nichts mehr. So aufs neue dem

Vaterland wiedergewonnen, würden die Hugenotten ihre deutschen Reiter entlassen unter der Voraussetzung, daß der Hof seinerseits die Deutschen, Schweizer und Spanier heimschicke.
Während dieser Vorverhandlungen kommt Coligny die Erleuchtung: ein solcher Friede kann nie mehr als ein Waffenstillstand sein, er werde denn durch ein gemeinsames Unternehmen besiegelt. Die Franzosen, und zwar ausschließlich Franzosen, in erster Linie die Anführer, sollten sich zusammenfinden, um den König von Spanien in Flandern zu bekriegen: Philipp II. mischt sich in unsere inneren Zwiste; durchschaut denn kein Mensch, daß er nur Frankreich zu schwächen gedenkt und seine Hand nach unsern nördlichen Provinzen ausstreckt? Nach der Meinung des Admirals führte eine solche Unternehmung zum nationalen Abschluß all dieser sogenannten „Religionskriege", die sich zu Kriegen der Gottlosigkeit ausgewachsen haben. Und gleichzeitig brächte sie die wiedergewonnene nationale Einheit, den Wiederaufstieg Frankreichs. Der Admiral findet sich bereit, allen Galgen zum Trotz, nur dem Wort des Königs vertrauend, wenn auch nicht nach dem verhetzten Paris, so doch nach Blois zu kommen und sein Leben, seine Person, seinen Degen, die Mithilfe all der Seinen, Familienangehöriger wie Parteianhänger, für ein solches Unternehmen zur Verfügung zu stellen. „Der auswärtige Krieg ist bei dem Zustand allgemeiner Überreiztheit, in dem sich das Land noch befindet, das einzige Mittel, um dem Krieg im Innern ein Ende zu machen."
Man merke sich diesen Ausspruch des Admirals, denn das ist ein Vorschlag, der den Hof beunruhigt und vor den Kopf stößt. Wenn man keinen auswärtigen Krieg führen will, bleibt also der Rebell Rebell und setzt den Bürgerkrieg fort. Zwar bietet Coligny sein Schwert an, aber es ist zweischneidig. Er bietet seine Person, doch nur unter der Voraussetzung der Amnestie, also der Wiederherstellung all seiner Ämter und Ehren. Er bietet seine Familie und alle seine Anhänger. Sollen die Guisen in Zukunft den Châtillons den Vortritt lassen? Der Admiral will den neuen Krieg anführen, Vergeltung üben für die Niederlage von Saint-Quentin und die spanische Gefangenschaft. Gott mag wissen, wie hoch er erst hinaus will, wenn ihm das gelingt. Schon lockt es den König, er möchte nach Blois, den

großen Feldherrn empfangen und anhören. Will er seine Ratgeber wechseln, sich dem Einfluß der Mutter, des Kardinals von Lothringen, entziehen? Katharina, mit ihrer Verschlagenheit, ihrer witternden Eifersucht, widersetzt sich dem Projekt, ohne ihr Spiel ganz aufzudecken. Der König will nach Blois, er wird den Admiral empfangen und vom neu gekelterten Wein kosten. Gut, er mag gehen, aber mit ihm geht der ganze Hof einschließlich aller Gesandten; man kann nicht den spanischen Gesandten mitnehmen ohne die anderen. Der Spanier ahnt, was sich anspinnt, er will dabei sein und im Namen seines königlichen Herrn sein Wort in die Wagschale werfen.
Coligny also kam nach Blois. Man sah ihm mit Spannung und Neugier entgegen. Den König zogen seine neuen Ideen an, seine Kühnheit, sein Widerwille gegen die Bürgerkriege. Ein Feldherr, der die starken und schwachen Seiten aller europäischen Heere kannte, plädierte mit Feuer für einen flandrischen Feldzug. Er glaubte nicht mehr daran, daß aus den Religionskriegen das Heil der Religion oder auch nur die gesetzliche Regelung der Frage hervorgehen können. Der König würde sich dabei verbrauchen, während ein siegreicher kurzer Feldzug seiner jungen Herrschaft, seinen zwanzig Jahren zu Ruhm und Ehre gereicht. Über die Ermordung des Herzogs von Guise gab der Admiral mit stolzer Ehrlichkeit Rechenschaft. Er hatte von dem Plan gewußt, das Gerücht davon war in Orléans verbreitet; man befand sich im Krieg, und es war nicht seine Sache, über das Leben seines Gegners zu wachen. Was wollte man ihm vorwerfen, wenn er dagegen dem jungen König die Flugzettel zeigte, in denen man seine eigenen Soldaten aufwiegelte, ihn in seinem Lager wie einen Hund totzuschlagen. „Mein Vater, all das ist vergessen", antwortete der König. „Der Frieden im Innern muß wiederhergestellt werden", sagte Coligny. „Mein Vater, wir werden ihn herstellen." „Der Krieg nach außen ist notwendig", sagte der Admiral. „Mein Vater, wir werden ihn unternehmen."
Mit der ihm eigenen Heftigkeit hat sich Karl dieser neuen Freundschaft in die Arme geworfen, aber seine Heftigkeit ist nur die Sprunghaftigkeit der Schwäche. Wenn er das Jagdhorn bläst, schwellen seine Halsadern an und dehnen sich wie zum Reißen gespannte Stricke; aber es kommt vor, daß er hernach wie ohnmächtig umsinkt. Jetzt

erklärt er, er wolle mit dem Admiral unter vier Augen zusammen sein. Es reizt ihn, sich der ewigen mütterlichen Bevormundung zu entziehen, große Entscheidungen selbst zu treffen und einen Feldzug vorzubereiten, der ihm Ruhm bringen wird. Es kommt Leben in ihn, er faßt Entschlüsse, er gibt Befehle. Geht er auf die Jagd, so führt der Admiral im Conseil den Vorsitz. Die Ämter, die Coligny unter Heinrich II. innegehabt hat und in die er jetzt wieder eingesetzt ist, berechtigen ihn dazu, und so will es der König.

Was uns die Memoiren der Zeit berichten, ist durchaus glaubwürdig. Katharina sah voll Eifersucht, daß der gleiche Mann, dem man den Galgen von Montfaucon zugedacht hatte, wachsenden Einfluß auf ihren Sohn gewann. Der Herzog von Anjou, der junge Sieger von Jarnac und Moncontour, mußte zähneknirschend zusehen, wie der von ihm Besiegte den Sieg davontrug. Die Guisen bemerkten mit Abscheu, daß der König der Verführung eines Mannes unterlag, der für sie immer der Mörder ihres Vaters blieb. Und hinter der Eifersucht, dem gekränkten Ehrgeiz, hinter Groll und Rachsucht stand noch alles, was Spanien verbunden war durch Rasse, materielle Interessen oder geistlichen Gehorsam. Da war der spanische Gesandte, dem es ein Dorn im Auge sein mußte, daß der so sorgfältig geschürte Bürgerkrieg sich plötzlich in einen nationalen Krieg gegen seinen Herrn verkehrte. Der König glaubte, ihm seine geheimen Pläne zu verbergen, aber der Spanier hatte überall seine Spürhunde, die alles wußten und durch ihre Kammerdiener die Zofen ausspionierten. Man flüsterte sich die Geheimnisse von Blois auf den Treppenstufen zu. Katharina beklagte sich, daß sie erst durch den Spanier erfahre, was der Sohn ihr von den heimlichen Zwiegesprächen vorenthielt. Coligny sagte: „Man kann kein Ei umdrehen, ohne daß es dem Herzog von Alba in Flandern berichtet wird." Der König schloß sich mit Coligny ein, die Königinmutter empfing heimlich den spanischen Gesandten und hörte seine Vorwürfe an. Wie, der König von Frankreich will sich überreden lassen, den Flamen in ihrem Aufstand gegen den König von Spanien, seinen Schwager, beizustehen? Der Admiral ist ein verderbter, abscheulicher Mensch, schreibt Philipp II., und es würde dem Mute des Königs nur zur Ehre gereichen, wenn er ihm jetzt, wo er ihn in Händen hat, den Kopf abschlagen ließe.

„Mein Vater", sagte König Karl, „nur eines ist wichtig: die Königin, meine Mutter, darf nichts von unseren Plänen erfahren, sie würde alles verderben." „Wie Sie für richtig finden", antwortete Coligny, „aber ich halte Ihre Königliche Mutter für eine so treue Dienerin des Staates, daß sie uns nichts verderben wird, auch wenn sie etwas wüßte." „Da irren Sie", meinte der König, „Sie kennen meine Mutter schlecht, sie ist die schlimmste Intrigantin auf Erden."
Wenn der Admiral Vertrauen und Mut faßte, flüsterten ihm seine Parteianhänger zu, vorsichtig und mißtrauisch zu bleiben. Er war in Blois, aber er möge sich hüten, nach Paris zu gehen und dort der Voreingenommenheit des Volkes die Stirn zu bieten. „Ein tollwütiger Hund ist nicht so rasch geheilt." Der Admiral wollte davon nichts wissen. Man kann nicht fortgesetzt in der Furcht leben: „Besser tapfer zugrunde gehen als in Angst und Schrecken hundert Jahre alt werden." Und er fügte in Erinnerung an sein „Abbild" hinzu: „Es wäre mir lieber, auf der Schleife durch die Gassen gezerrt zu werden als weiterzuleben wie bisher." Aber das Zutrauen überwog und die Hoffnung nahm manchmal sogar heftige und hochfahrende Formen an. „Wer den Krieg gegen Spanien verhindert", äußerte er im Conseil, „ist kein Franzose und trägt das rote spanische Kreuz unter der Haut." Michel de l'Hôpital, der Kanzler des Reiches, ein gerader, aufrechter Mann trat ihm mit ernsten Bedenken entgegen: „Weg mit all den Teufelsnamen: Parteien, Faktionen, Lutheraner, Hugenotten, Papisten — behalten wir nur den Namen Christen!" „Das Schwert vermag wenig gegen den Geist." Der Kanzler sah mit Trauer eine Welt vor sich, für die er sich den Wahlspruch erkor: „Wenn die Welt zusammenbricht, so bleibt aufrecht in den Trümmern das standhafte Herz."
An dem vom Sturm der Leidenschaften hin und hergerissenen, schwankenden Hof der Frauen und Knaben waren Michel de l'Hôpital und Coligny die einzigen Männer, die sich nach der großen Entzweiung zwar kühl, aber ebenbürtig gegenübertraten, Coligny als glückloser Feldherr des Bürgerkrieges vielleicht ein wenig befangen vor dem standhaften Älteren. Aber in ihren sich messenden Blicken lag eine Hoffnung: „Gemeinsam werden wir alles zum Guten wenden."

XI

EIN TOD ZUR RECHTEN ZEIT

Kriege enden mit einer Heirat wie Romane: das ist die Krönung eines Friedensvertrags und in den Augen des Volkes sein eigentliches Siegel und lächelndes Symbol. Die Hugenotten erhielten ihre Amnestie, ihre vier Städte, und Jeanne d'Albret gelangte wieder in den Besitz ihres Königreiches. Die Hochzeit Heinrichs von Navarra mit Margarete von Valois sollte das Siegel sein. Es war der alte Plan, den schon Heinrich II. in Amiens faßte, doch hatte er damals bessere Aussichten als jetzt, wo die Versprochenen verschiedenen Glaubens waren. Aber gerade die Verbindung des hugenottischen Prinzen und Sohnes der Jeanne d'Albret mit einer Valois erschien als sicherstes Unterpfand der Versöhnung und gab ganz Europa das Beispiel der ersten Mischehe zwischen christlichen Fürsten. Elisabeth von England hatte die Heiratsverhandlungen mit dem französischen Hofe inzwischen ganz aufgegeben, und der französische König hatte soeben die Tochter des Kaisers geheiratet. Zum erstenmal erlebte man innerhalb einer königlichen Familie die Verbindung eines Hugenotten mit einer Katholikin —, was für ein Beispiel von Toleranz und Gerechtigkeit vor dem Ausland!

Die Königinmutter war mit dieser Verbindung durchaus einverstanden, sie hatte sie gemäß ihrer Auffassung vom Staatswohl schon lange herbeigewünscht. Heinrich von Navarra sollte am Hofe sich aufhalten, das war nach wie vor ihre fixe Idee, an der sie bis zu ihrem Tod mit merkwürdiger Beharrlichkeit festhielt. Diese Ehe trug auch zur Wiedervereinigung von Frankreich und Navarra bei und befestigte die schon bestehenden Familienbande. In den Kindern aus dieser Verbindung würde sich das Blut der Bourbonen und Valois mischen. Vom religiösen wie vom politischen Standpunkt aus stand ihr nichts entgegen. Nur eine Schwierigkeit erhob sich: die Zustimmung Jeannes. Diese Verbindung erschien ihr als Verrat an ihrer Religion, ihren Gefühlen und ihrer Gesinnung. „Sie hat sich sehr bitten lassen", schrieb Katharina, und wir glauben es gern. Mit dem ihr eigenen wirklichkeitsfremden Starrsinn verlangte Jeanne, daß

Margarete Hugenottin werde. Trotzdem kam sie nach Blois, um wegen ihres Königreiches und dieser Heirat zu verhandeln. Heinrich von Navarra sollte erst den Schauplatz betreten, wenn alle Wege geebnet waren. Von Blois aus gab Jeanne ihrem Sohn rückhaltlose Berichte. Sie hatte bei Katharina weder eine herzliche Aufnahme noch ein ehrliches Entgegenkommen gefunden, und am Hofe weder Moral noch Religion. Nirgends entdeckte sie den wahren Gottesglauben, auf dem ihre eigene Seele felsenfest ruhte. Jeder ging seinem Vorteil oder seinem Vergnügen nach. Als Mutter, die gekommen ist, um an der Verheiratung ihres Sohnes mitzuwirken, wollte sie in gründlichen Aussprachen die Bedingungen der außergewöhnlichen Verbindung erörtern, aber man wich ihr aus, und sie beschwerte sich darüber: „Die Königinmutter geht mir aus dem Wege."

Jeanne hätte wenigstens eine vertrauliche Aussprache mit der zukünftigen Schwiegertochter Margarete gewünscht. Aber auch das junge Mädchen wich ihr aus und erschien stets in Begleitung einer Ehrendame, „die nicht daran denkt, sich zurückzuziehen". Da Jeanne viel auf dem Herzen hat und man einer direkten Aussprache aus dem Wege ging, schickte man ihr Mittelsmänner aus dem Kreise der Lauen, „Dolmetscher", wie sie es nannte, die ihr beibringen sollten, daß Heinrich an seinem Hochzeitstage der Messe beiwohnen müsse. Er schulde dies Zugeständnis der Staatsreligion und seinem Onkel, dem Kardinal von Bourbon, der die Verbindung segnen sollte. Aber in Jeannes Augen wäre das eine Baalshochzeit gewesen. „Hundert Ratgeber machen mir den Kopf dumm mit ihren Ratschlägen", schrieb sie, „aber nicht zwei sind derselben Meinung. Meine Geduld wird härter geprüft als die der Griseldis."

Und doch mußte sie in diese Ehe willigen. Auch Heinrich von Navarra war dafür gewonnen. Für ihn war es die gegebene Lösung, und er mochte über seine Heirat wie über seine Religion achselzuckend denken: „Mir kann es gleich sein." Vielleicht war die Verbindung widersinnig, aber sie diente dem Staatswohl; Navarra konnte ohne das Bündnis mit Frankreich nicht leben, an dieser Tatsache ließ sich nichts ändern. Margarete bekam dreihunderttausend Taler Mitgift, ferner mehrere Städte in der Gascogne und im Languedoc. Heinrich von Navarra würde sein Gouvernement Guyenne und das ganze Erbe seines Vaters besitzen und Schwager des Königs von Frankreich werden. Er hatte nur die Wahl zwischen dieser Heirat und einer abenteuerlichen Zukunft. Die Verbindung mit dem königlichen Hause, das Bündnis, die Mitgift, die Gouvernements, das alles war voneinander untrennbar und erhöhte einzigartig seine Stellung als Erster Prinz von Geblüt. *Vogue la galée* — auf gut Glück — das Wort stammt aus dieser Zeit, und wir finden es bei Montaigne. Solange ein Friede nicht geschlossen, eine Heirat nicht vollzogen ist, kann immer noch etwas dazwischen kommen. Heinrich von Navarra sollte erst am Vorabend der Hochzeit hervortreten. Seine Mutter schrieb ihm: „Ich schicke Dir Blumensträuße, um Dich herauszuputzen, und Knöpfe für Deine Kappe, denn Du stehst zum Verkauf." Ihre Kritik am Hofleben wurde immer heftiger: „Die Frauen", klagt die bedauernswerte Puritanerin, „sind schamlos und herausfordernd, man redet nur von Putz, Liebschaften und ähnlichen Nichtigkeiten." Die Braut ist schön, das kann niemand abstreiten, sie hat einen blütenweißen Teint und eine fürstliche Haltung, aber sie schminkt sich zu stark, ihre Haartracht ist allzu künstlich, und unter einer zur Schau getragenen Höflichkeit versteckt sich verdächtiges Gekicher. Prinzessin Margarete glich einer schönen, aber schon wurmstichigen Frucht, und Jeanne nahm sich vor, das junge Paar gleich nach der Hochzeit in ihr heimatliches Béarn mitzunehmen. Sie sprach diesen kindlichen Traum nur schüchtern aus, denn sie wußte wohl, daß der Wunsch Katharinas ihr entgegenstand, die Jungvermählten am Hofe zu behalten und ihr wieder den Sohn zu entziehen. Bitterkeit erfüllte ihr mütterliches Herz, trotzdem mußte man gute Miene zum bösen Spiel machen. Der Hof brach nach Paris auf, die beiden Mütter wollten gemeinsam die Vorbereitungen zur Hochzeit überwachen.

In den ersten Maitagen 1572, eine Woche später als der König, zog Admiral Coligny in Begleitung von fünfzig Edelleuten in der Hauptstadt ein. Die Pariser mögen verblüfft zugeschaut haben, wie derselbe Mann, dessen Abbild am Galgen von Montfaucon gehangen hatte, mit seiner Begleitung durch die Stadt zog. Er wurde ehrenvoll empfangen, hatte Zutritt zum Louvre und arbeitete jetzt mit König Karl wie einst mit König Heinrich II. Auch die Königin von Navarra traf in Paris ein und stieg nach ihrer Gewohnheit nicht im Louvre

ab, sondern in Gesellschaft ihrer Geistlichen bei einem Glaubensgenossen. Jeanne hatte die Genugtuung, daß Heinrich von Navarra am Hochzeitstage der Messe nicht beiwohnen würde. Der Kardinal von Bourbon sollte die Verbindung der beiden Gatten an der Schwelle von Notre-Dame einsegnen und nach vollzogener Trauung würde sich Heinrich mit seiner Mutter und seinem hugenottischen Gefolge zurückziehn. Auf diese Zusicherung hin widmete sich Jeanne zwar ohne Freude, aber mit Gewissenhaftigkeit ganz ihren Pflichten. Der Hof wünschte eine prunkvolle Hochzeit, die dem Volke das Bild des neuen Friedens glanzvoll vor Augen führen sollte. Jetzt kam eine gute Zeit für die Stickerinnen, die Goldschmiede und die Festzeichner, welche Entwürfe für ein Wasserfest auf der Seine und für große Balletts vorlegten. Jeanne setzte ihren Stolz darein, großzügig zu erscheinen; sie hatte ihren Schmuck in England auslösen können und wollte jetzt mit der Schwiegertochter teilen. Margarete hatte den Kennerblick der Valois, sie entdeckte den leisesten Fehler an einem Stein, kritisierte den Schliff, fand die Fassungen altmodisch und stellte die Geduld der Griseldis auf eine harte Probe. Ihr ganzes Tafelgeschirr wünschte sie aus vergoldetem Silber, ihre Sänften mit Samt ausgeschlagen und bestickt mit hundert hochtrabenden und seltsamen Wahlsprüchen, alle Gewänder mit goldenen Borten und Tressen verziert, sie verlangte signierte Möbel der berühmtesten Kunstschreiner, antike Bronzen und Kameen, für ihre Bibliothek galante und schlüpfrige Liebesgeschichten. Dabei zeigte sie nicht das geringste Verlangen, Heinrich von Navarra zu sehen.
Noch eine letzte Schwierigkeit tauchte auf: es bedurfte für die Heirat zwischen Vetter und Cousine eines päpstlichen Dispenses, und dieser Dispens traf nicht ein. Der französische Hof tritt nicht gern beim Papst als Bittsteller auf, und es wäre geschickt, wenn Heinrich von Navarra selbst beim Oberhaupt der Kirche für Margarete die Erlaubnis erbäte. Er erklärt sich bereit. Der Heilige Vater darf ihn als einen der Seinigen ansehen, denn — so schreibt Heinrich — „ich trage das unauslöschliche Merkmal der Kirche, in deren Glauben ich getauft worden bin. Man darf mir meinen jetzigen Glauben nicht anrechnen, über den mir im Kindesalter kein Urteil und keine Wahl zustand." Er ist Hugenott nach dem Willen seiner Mutter und zeigt für den

ihm aufgedrungenen Glauben keinen besonderen Eifer, aber er verleugnet ihn auch nicht und es entschlüpft ihm kein Wort des Bedauerns noch ein Versprechen. Der Brief ist geschickt und setzt den Papst in Verlegenheit, so daß die Antwort ausbleibt.
Eines Abends im Juni, unmittelbar vor der Ankunft Heinrichs von Navarra, kam Jeanne sehr erschöpft, wie sie sagte, von ihren Einkäufen bei den Goldschmieden nach Hause. Sie legte sich zu Bett, man ließ die Ärzte rufen und stellte eine Brustfellentzündung fest, die rasch sich verschlimmerte. Die Geistlichen umstanden das Krankenlager der armen Königin, und Jeanne d'Albret starb, ohne ihren Sohn wiedergesehen zu haben.
Margarete verfügte sich ins Hôtel Gaillard, um zum letzten Mal ihre Schwiegermutter zu sehen. Über diesen Besuch berichtet sie selbst. Sie kam in Begleitung des Kardinals von Bourbon, der Prinzessin Condé und ihrer Damen. Das Schauspiel schien ihr geradezu erheiternd: fünf oder sechs Schritte vom Lager entfernt bleibt Margarete mit ihrer Begleitung stehen. Die Königin von Navarra liegt auf ihrem einfachen Bett, schwarzgekleidete Geistliche rings herum, nirgends eine Kerze, ein Kreuz, ein Weihwasserbecken, kurz „die kümmerliche Zurüstung der Hugenotten". Ein Vorfall vor allem erheitert Margarete: „Frau von Nevers, welche die Königin mehr als alle anderen Menschen auf dieser Welt gehaßt hatte, löst sich von unserer kleinen Gruppe los, nähert sich mit einigen tiefen Verbeugungen dem Bett, ergreift ihre Hand und küßt sie, dann zieht sie sich nach einer erneuten respektvollen Reverenz zu uns zurück. Und wir, die wir ihren Haß kannten...." Hier endet Margarete den Bericht mit vier Punkten; es wäre unschicklich, dem Leser das Echo ihres unterdrückten Gelächters preiszugeben, es genügt, daß sie es erraten läßt. Und nur zu deutlich spüren auch wir den Zynismus der Weltdame.
Sofort verbreitete sich das Gerücht, Jeanne sei vergiftet worden. Der Tod dieser unbequemen Frau zu einem so gelegenen Zeitpunkt konnte nicht natürlich erfolgt sein. Man nannte sogar den Namen des Giftmischers: René, den Parfumeur der Königinmutter. Dieser Italiener war erfahren in den „Florentiner Geheimkünsten". Um die astrologischen und alchimistischen Geheimnisse, denen Katharina

zugetan war, lag ein verdächtiger Dunstkreis. Uns kommt es nicht zu, diesen Gerüchten Glauben zu schenken, wir horchen nur auf den Zeitgeist und sein Echo im Geschwätz der Straße. Nicht anders hielten es die Memoirenschreiber, wenn sie abends beim Kerzenschein die Tagesgespräche aufzeichneten, deren Laut bis in unsere Zeit dringt. Heute noch zeigt man in Blois den sinnreich konstruierten Geheimschrank, in dem „Katharina ihre Gifte bewahrte", — wahrscheinlich waren es nur Tränke, Salben und Mittel gegen Gifte. Der Hof war über die Mordgerüchte höchst aufgebracht, und um die Brustfellentzündung nachzuweisen, wurde die Tote auf Befehl des Königs in Anwesenheit von acht Ärzten, darunter drei hugenottischen, seziert. Die Krankheit war nicht abzustreiten. Aber hatte man auch den Kopf untersucht?, fragten mißtrauische Stimmen weiter, und hatte man nicht vielleicht die Brustfellentzündung als Vorwand genommen, um eine Blume, ein Taschentuch, eine Räucherkerze zu vergiften, und konnte man nicht vielleicht Spuren dieses Giftes im Kopf entdecken?

Ein düsteres Vorspiel der Hochzeit! Die Hugenotten in der Umgebung Colignys murrten: war es klug, war es auch nur vorsichtig, sich in so großer Zahl in die Netze des Hofes zu begeben? Der Admiral blieb vertrauensvoll. Seine Machtstellung war der sicherste Schutz der Hugenotten, die Vergiftung der Königin von Navarra ein Ammenmärchen. Er war ganz erfüllt von dem flandrischen Unternehmen, das er ganz allein mit dem König ausarbeitete. Man mußte jetzt Soldaten anwerben in Deutschland, sogar die Reiter wieder heranziehn, die unter dem Admiral schon gedient hatten und sich auf dem Weg nach der Heimat befanden. Die Gunst, deren sich Coligny erfreute, mußte alles Mißtrauen und Murren beschwichtigen; wer sich durch Gerüchte ängstigen ließ, möge in die Vororte ziehn, die wahren Friedensfreunde blieben in Paris in der Nähe des Königs. Die Katholiken galt es an den Gedanken zu gewöhnen, daß Hugenotten mit ihnen gemeinsam dem Vaterland dienten. Und wenn den Admiral am Vorabend der Verwirklichung seiner Pläne auf den Mienen seiner alten Gegner ein vielsagendes Lächeln oder finstere Ablehnung überraschte, wollte er nichts gesehen haben, vielleicht sah er auch wirklich nichts. Verließ er nach langer Zwiesprache den König und bot er mit seiner kalten Überlegenheit den feindlichen Guisen

die Stirn, so überlegte er sich trotz seiner Vertrautheit mit der Bibel nicht, mit welchen Gefühlen Aman den Aufstieg des Mardochäus mitansah.
Zwei Wochen nach dem Tode der Mutter traf Heinrich endlich zur Hochzeitsfeier in Paris ein. In Trauerkleidung hielt er mit achthundert Edelleuten seinen Einzug, und man flüsterte, daß dieser schwarze Zug Aufklärung über den Tod der Königin zu fordern schien. Der Hof bereitete dem Bräutigam einen königlichen Empfang, und Katharina drückte ihren Zögling mütterlich ans Herz, den ihr eine eifersüchtige Mutter streitig gemacht hatte und der nach vier Jahren endlich als König von Navarra heimkehrte, um morgen in aller Form Katharinas Sohn und Gatte einer Tochter des Hauses Frankreich zu werden. Braut und Bräutigam waren beide achtzehn Jahre alt. Heinrich zeigte die liebenswürdigste und ritterlichste Höflichkeit; die Beerdigung war vorbei, und jetzt war nicht mehr der Augenblick von Trauer zu sprechen. Die Hochzeit sollte mit königlicher Pracht gefeiert werden. Man dachte nicht daran, die Festvorbereitungen abzusagen und auf Turniere, Bälle und Volksbelustigungen zu verzichten. Der Ringwechsel der Gatten sollte gleichzeitig ein Ringwechsel zwischen den Parteien sein, so wenigstens lautete der Inhalt der Oden, Sonette und Gesänge, welche die Nymphen beim Wasserfest auf der Seine singen würden. Von rauschenden Lustbarkeiten begleitet, wollte man dem Volk das große Schauspiel der Versöhnung geben.
Was jedoch die Dichter der Oden nicht sahen, was man am Hofe nicht wahrhaben wollte: in den Gäßchen, in den Läden und Schenken brachen zwischen Hugenotten und Parisern Streit und Schlägereien aus, Drohungen, Spottverse und Herausforderungen wurden laut.

> *Nos capitaines caporaux*
> *Ont des corselets tout nouveaux*
> *Dorés et beaux*
> *Et des couteaux*
> *Aussi longs comme une boulge,*
> *Pour égorger hugenots.*

Vater Rosny prophezeite seinem Sohn: die Hochzeit des Königs von Navarra wird eine Bluthochzeit werden.

XII

DIE BLUTHOCHZEIT

An ihrem Hochzeitstage war die junge Königin von Navarra so strahlend schön, daß Brantôme, wie er behauptet, bei ihrem Anblick fast die Besinnung verlor. Margarete beschreibt sich selbst „im königlichen Hermelinumhang, überstrahlt von den Juwelen der Krone, um die Schultern den weiten blauen Mantel mit der vier Ellen langen Schleppe, die drei Prinzessinnen trugen". Sie hat die Nacht mit ihrer Mutter im bischöflichen Palais neben Notre-Dame verbracht. Für die Zuschauer waren Schaugerüste errichtet, nach dem alten Brauch bei den Hochzeiten der Töchter Frankreichs, damit das Volk seine Götter bestaunen kann. König Karl, ihr Bruder, führte sie, und im nachfolgenden Zuge vereinigten sich die Gestirne des Hofes zu einem glänzenden Sternbild: die Königinmutter, die beiden Brüder des Königs, der Kardinal von Lothringen, dessen Brüder und Neffen, die Würdenträger des Hofes. Heinrich von Navarra trat seiner zukünftigen Gemahlin entgegen in einem Gewand aus goldgewirktem Stoff, die weiße Feder am Hut. Seine beiden Vettern, die Brüder Condé und Conti, begleiten ihn. Coligny, der ihnen auf dem Fuß folgte, schien in seiner ernsten Gelassenheit wie ein Schutzgeist, der seine Flügel über die jungen Prinzen breitet — zumindest stand er bei der Friedenshochzeit Pate. Die Edelleute des Königs von Navarra folgten. Die mit Jeanne getroffenen Vereinbarungen wurden eingehalten: der Kardinal von Bourbon hatte von einer hohen Tribüne aus im Angesicht aller Fürsten und des Volkes die Verbindung seines Neffen mit der Tochter Frankreichs gesegnet. Dann stieg das junge Paar einige Stufen hinab und betrat einen erhöhten, mit Purpursamt überzogenen Steg im Mittelschiff der Kathedrale. Im Lichte dieses Augusttages, überstrahlt von den mystischen Farben der Glasfenster wirkte das Bild wie eine himmlische Prozession. Der Geschichtsschreiber de Thou beobachtete bei der Zeremonie den Admiral, der seinen Blick auf die bei Jarnac und Moncontour eroberten Fahnen heftete, die zerfetzt über dem Chor hingen. Coligny, berichtet de Thou, habe im Anblick dieser traurigen Erinnerungen an seine

Niederlagen zu seinem Waffengefährten Damville gesagt: „Man wird sie bald herunterholen und andere an ihre Stelle hängen, die unseren Augen angenehmer sind!" Er war mit seinen Gedanken unentwegt beim flandrischen Feldzug. Im Chor angelangt, führte Heinrich seine Gattin zu dem für sie bereitgestellten Sessel und verließ darauf die Kirche nach der Seite des bischöflichen Palais'. Während der Bischof die Messe zelebrierte, ging Heinrich auf dem Platz vor Notre-Dame auf und ab, plauderte mit seinen Freunden und konnte selbst an diesem Tage das Spotten nicht lassen. Der ganze Ablauf war vorher genau festgelegt und es gab keinerlei Überraschungen. Mit aller Kraft läuteten die Glocken zur Feier der Hochzeit.

Am Abend des Hochzeitstages war großer Ball, am Abend darauf Ball und Maskenfest beim Herzog von Anjou, dann folgte ein Turnier im Hôtel Bourbon. König Karl war vom Wirbel der Festlichkeiten so hingerissen, daß er an nichts anderes zu denken schien und für Coligny in diesen Tagen kaum zu sprechen war. Er galt als wankelmütig, sollte er den großen Plan schon vergessen haben? Hatte die Königinmutter den Sohn wieder in die Hand bekommen? Am Hof war alles möglich. In dieser Stimmung schrieb Coligny an seine junge Frau: „Wenn es nach meinem Herzen ginge, wäre ich lieber bei Ihnen als an diesem Hof." „Mein Vater", sagte der König, „lassen Sie mich nur vier, fünf Tage austoben. Dann verspreche ich Ihnen bei meinem königlichen Wort, daß ich Sie und alle Ihre Glaubensbrüder zufriedenstellen werde."

Vier bis fünf Tage — wenn man den Admiral beseitigen will, ist jetzt der Augenblick gekommen. Vor der Hochzeit war es zu früh, zuerst mußte man sich Heinrichs von Navarra versichern. Und in vier Tagen ist der Admiral, von seinen Offizieren umgeben, nach Flandern unterwegs. Die Zeitspanne ist ausreichend, man braucht keine vier Tage, um jemanden umzubringen. Schon ist der Mörder zur Stelle und hält sich ganz nah beim Louvre in einem Hause versteckt, das zum Kloster Saint-Germain-l'Auxerrois gehört. Es ist Nicolas de Louviers, Herr von Maurevert. Das ist das große Geheimnis, das die Königinmutter in ihrem listenreichen Kopf im Schatten ihrer Haube verbirgt. Der König war nicht ins Vertrauen gezogen. Vollständig im Banne des Admirals, würde er alles verraten. Eingeweiht waren nur der Herzog von Anjou, der es später einmal in Polen während einer schlaflosen Nacht ausplaudern wird, und der junge Heinrich von Guise. Dieser hatte vor nunmehr zehn Jahren Rache für seines Vaters Tod geschworen, jetzt war er zweiundzwanzig Jahre alt, und Stunde und Alter verlangten die Einlösung seines Schwurs.

Maureverts Schuß darf um keinen Preis sein Ziel verfehlen. Der Admiral ist meist in zahlreicher Begleitung; wenn man den Falschen erwischt, wäre er gewarnt, und der Zweck in sein Gegenteil verkehrt. Nur auf offener Straße kann man den Admiral töten, aber er hat einen raschen Gang und wendet sich im Gespräch lebhaft nach allen Seiten. Trotzdem muß er in Brust oder Rücken getroffen werden, denn wird er nur verletzt und kommt wieder auf, so wird Liebe und Ergebenheit des Königs für ihn nur wachsen. Abschießen muß man ihn wie einen Vogel im Flug. Dann läßt sich immer noch behaupten, es sei ein unbekannter Anhänger der Guisen gewesen, der auf eigene Faust den Mord am Herzog gerächt habe, und alle Welt wird es glauben. Nur keine Zweifel und Gewissensbisse! Entledigt man sich denn nicht eines Mannes, der zur Befriedigung seines „ungeheuerlichen Ehrgeizes" in vier Tagen den Krieg gegen Spanien zu entfachen gedenkt? Maurevert verbirgt sich hinter einem zum Trocknen aufgehängten Wäschestück an einem Fenster. Der Admiral ist ständig unterwegs, man muß den Augenblick so schnell wie möglich wahrnehmen, denn seine Parteianhänger sind unruhig und drängen ihn, die Stadt zu verlassen. Schon hatte der Kapitän Blosset um Beurlaubung gebeten und auf die Frage des Admirals nach seinen Gründen geantwortet: „Weil man uns hier nichts Gutes will, Herr Admiral."

Am 22. August begab sich Coligny in Begleitung von fünfzehn Personen vom Louvre nach Hause. Er verlangsamte seinen Schritt, las einen Brief, blieb eine Sekunde stehen und machte sich an seinem Schuh zu schaffen. Das war der erwartete Moment. Ein Wäschestück fliegt auf, der Schuß geht los, aber er verfehlt sein Ziel.

Der Admiral war nur am Arm getroffen. Der Griff nach dem Schuh hatte die Brust geschützt. Maurevert schleuderte die Büchse zu Boden,

stürzte durch einen Hof und warf sich auf ein Pferd, das gesattelt bereitstand. Sofort wurde das Haus untersucht, man fand die Büchse und auf ihr das Kennzeichen der Leibwache des Herzogs von Anjou. Die Erregung des Königs kannte keine Grenzen. Heinrich von Navarra protestierte gegen den Verrat. Die Hugenotten versammelten sich und drohten laut: die Versöhnung, die Feste waren also nur eine vom Hof gestellte Falle, und sie waren auf den Leim gegangen. „Wir sind hier nicht sicher", erklärte Heinrich von Navarra und wollte mit den Seinen Paris verlassen. „Mein Bruder"; antwortete ihm der König, „ich werde den Admiral blutig rächen", und zu Condé und Conti sagte er: „Meine Vettern, verlaßt mich nicht!"
Katharina packte die Furcht. Wie sie vorausgesehen hatte, war der Fehlschuß zum Unglück und zur Gefahr geworden.
Der König erklärte, er wolle sich selbst in die Wohnung des Admirals, „seines Vaters", begeben, ihn seines Beistands versichern, seine Entrüstung aussprechen und strenge Ahndung zusichern. Katharina wünschte den Sohn zu begleiten, sie befürchtete, daß dem König inmitten der aufgeregten Hugenotten etwas zustoßen könnte, und verlangte auch die Begleitung des Herzogs von Anjou. So machte die königliche Familie ihren Beileidsbesuch. Als sie eintraten, war Ambroise Paré gerade dabei, dem Admiral einen Finger zu amputieren und die Wunde zu verbinden. Um sein Bett und in den anstoßenden Räumen drängten sich zweihundert Hugenotten. Beim Eintritt des Königs und seiner Mutter grüßte alles und wich zurück. Als Coligny des Königs ansichtig wurde, gab er ihm durch Zeichen zu verstehen, er möge sich über ihn beugen, um außer Hörweite der Königin-Mutter mit ihm einige leise Worte zu wechseln. Man beobachtete darauf, wie der König heftige Worte ausstieß, während der Admiral nur kurz antwortete, aber „mit dem Ausdruck höchster Erregung". Katharina trat hinzu: man dürfe den Verwundeten nicht ermüden, die Unterhaltung habe lange genug gedauert. Als sie sich entfernten, wichen Colignys Getreue zurück, als wollten sie in den Wänden verschwinden. „Nie habe ich beim Verlassen eines Hauses so erleichtert aufgeatmet", äußerte sich Katharina. Sie hatte heftige Angst ausgestanden, die möglichen Folgen des verfehlten Schusses berechnet und sich entschlossen, das einmal Begonnene zu vollenden.

Erparen wir uns eine Schilderung der Bartholomäusnacht! Ihre Greuel sind in alle Geschichtsbücher eingegangen. Was aber mag sich im Innern ihrer Urheber abgespielt haben, was mag die Italienerin und ihre Vertrauten unter den Peitschenhieben von Eifersucht und Angst vom Verbrechen des Mordanschlags bis zur Panik vor seinen Folgen und zur wohlüberlegten Schrecknis der Metzelei getrieben haben?
Die um ihr Oberhaupt versammelten Hugenotten zeigten sich aufs heftigste aufgebracht. Die Königinmutter fühlte sich am Bett des Admirals „bedroht"; unter den Fenstern des Louvre ertönten Racherufe der Hugenotten. Die letzten Hochzeitsfestlichkeiten waren aufgehoben worden: Heinrich von Navarra und seine Vettern gaben ihrer Empörung offen Ausdruck und hielten sich mit ihrem Gefolge abseits. Aber wenn die Hugenotten ihren Admiral rächen wollen, so wird ihnen der Hof zuvorkommen, und schon gibt man ihrer Erregung und Wut den Namen „Verschwörung". Schritt um Schritt weitergetrieben, werden die Königin und ihre Vertrauten bis ans Ende gehen. Wer war der Ratgeber, wer hat das entscheidende Wort gesprochen? Man weiß es nicht. Aber unwillkürlich denkt man an Albas Wort vom Lachs und den Fröschen. Alle hugenottischen Führer befanden sich in Paris, alle Ehrgeizigen und Aufsässigen. Mit einem Schlag, in einer einzigen Nacht konnte man alle vertilgen, und das Grausige dieser Tat würde die hunderttausend Frösche in den Tiefen ihrer Sümpfe schon verstummen lassen. Die Hugenotten konspirieren, das ist die erste Behauptung, und die zweite: sie wollen zum Schwert greifen. Der Admiral hat für seinen flandrischen Feldzug die deutschen Reiter zurückgerufen, diese Barbaren sind im Anmarsch auf Paris und werden die Pariser niedermetzeln — das ist die dritte Behauptung. Der von Hugenotten umgebene, nur leicht verletzte Admiral ist von seinem Bett aus sehr wohl in der Lage, Befehle zu erteilen. Mit diesen Argumenten kann man arbeiten, denn jeder Pariser muß sich bedroht fühlen. Heinrich von Navarra hat sich mit seinen Vettern in die Wohnung des Admirals begeben, um dem Verletzten seine Aufwartung zu machen. Das geht zu weit. Der Schwiegersohn Katharinas und Schwager des Königs hat jetzt im Louvre zu bleiben und das Schloß nicht mehr zu verlassen. Der König hat ihm wiederholt versprochen, das Attentat streng zu ahn-

den. Was für einen Grund hat der König von Navarra, sich unter die aufrührerischen Hugenotten zu mischen? Angesichts der drohenden Gefahr sind alle Ausgänge des Louvre versperrt, man kann nur durch eine Geheimpforte hinein oder hinaus.

Obwohl der König guten Willens ist, dienen doch auch die von ihm ausgehenden Befehle der Vorbereitung des Massakers. Hugenotten und Katholiken dürfen nicht zusammenkommen, befiehlt er, es könnten sonst Unruhen entstehen. Der Admiral wird gut bewacht, seine Freunde sind um ihn, achtzig Hugenotten hüten den Hofraum und das Tor. Wenn man es diesmal wirklich auf seinen Tod abgesehen hat, muß man Gewalt anwenden und alles niederschlagen, was ihn umgibt und verteidigt. Der Friede ist verletzt, man befindet sich im Kriegszustand. Die Gelegenheit zu einer blutigen Auseinandersetzung ist vorhanden, denn beim ersten Waffenlärm werden alle Pariser glauben, die Deutschen seien über sie hereingebrochen, und dann wird man die Bürger im richtigen Moment rasch bewaffnen. Viertausend Hugenotten halten sich in Paris auf, alle voll Rachsucht: an einem einzigen Tage kann man die ganze Partei ausrotten. Noch vor drei Tagen herrschte tiefer Friede, und man feierte die Hochzeit mit allen Festen, Umarmungen und mythologischem Zauber. Aber heute abend ist Krieg, und man muß rechtzeitig auf Rettung bedacht sein. Diesen Krieg haben nur die Hugenotten auf dem Gewissen, denn der unselige Büchsenschuß eines Unbekannten auf ihren Abgott, den Admiral, hat genügt, um den Kampf zu entfesseln.

Alles dies wird im engsten Kreis im Gemach der Königinmutter besprochen. Heinrich von Guise ist bereit, mit der Ermordung des Admirals den Auftakt zu geben: mit seinen Leuten will er sich zum Hause des Verwundeten begeben und das verschlossene und bewachte Tor aufsprengen. Daß es dabei Geschrei und Tumult geben wird, kann nur nützen, denn der Lärm bringt das ganze Quartier auf die Beine. Im übrigen sind die Hugenotten nur schwach bewaffnet. Der Prévôt des Marchands, der Vorsteher der Kaufmannschaft von Paris, wird gerufen. Wieviel Mann kann er binnen einem Monat unter die Waffen rufen? Zweihunderttausend. Und in einem Tag? Zwanzigtausend. Es ist gut, er kann gehen, er wird seine Befehle erhalten.

Aber zuerst muß man den König umstimmen, der immer noch schwört, wissen zu wollen, wer auf den Admiral geschossen und wer den Schuß veranlaßt hat, und der darauf beharrt, Gerechtigkeit walten zu lassen. Er hat Heinrich von Guise den Zutritt zu seiner Person untersagt, verlangt, daß eine starke Wache das Haus des Admirals schützt, und verbietet jede Zusammenrottung.

Nur die Mutter kann ihm in diesem Zustand beikommen und auf ihn einwirken; sie allein weiß, wie er sich in seinen leidenschaftlichen Ausbrüchen erschöpft. Mit sanften Worten beginnt sie ihm zuzureden, und aus den auf uns gekommenen Fetzen ihres Gesprächs vermögen wir uns recht gut den Rest der Unterhaltung zusammenzureimen. Ja, es ist ein Unglück, daß man dem Admiral den Finger amputieren mußte, aber das Unglück ist nicht seine Verletzung, sondern die Tatsache, daß er am Leben geblieben ist. Er wird genesen, der König selbst hat gesehen, in welch erregtem Zustand er sich befand. Die Hugenotten sprechen von nichts als von Rache. Bedenkt der König auch, daß der Admiral zur Befriedigung seines „ungeheuerlichen Ehrgeizes" zwischen Frankreich und Spanien einen Krieg entfesseln will, in dem Tausende von Franzosen zugrundegehen müssen? Der König braucht nicht weit nach den Urhebern des Schusses zu suchen, seine Mutter selbst mit ihren Beratern hat diesen Versuch gewagt, um den Sohn aus der Verzauberung des Admirals zu befreien, ihm die Augen zu öffnen und zum Verzicht auf einen Krieg gegen den König von Spanien, seinen Schwager, zu bewegen. Der erste Versuch schlug fehl, aber wenn man die Dinge zu Ende führt, wird der zweite gelingen. Die in den Vorstädten einquartierten Hugenotten sind bereits den deutschen Truppen entgegengeeilt, die der Admiral für seinen Feldzug zurückberufen hat: sie werden sich über Paris hermachen und die Pariser niedermetzeln. Der König weiß wohl, daß sie barbarische Plünderer und Trunkenbolde sind und in der Schule des Admirals gelernt haben, frühmorgens die Psalmen zu singen und abends zu rauben und zu morden. Sie werden die Kirchen in Brand stecken, die Frauen vergewaltigen, ja, sie können in den Louvre eindringen, da die im Schloß einquartierten Hugenotten aus dem Gefolge des Königs von Navarra mit ihnen unter einer Decke stecken. In so verzweifelter Lage heißt es dem Feind zuvorkommen:

eine Nacht genügt, um alles zu Ende zu bringen, sich vom Admiral, den hugenottischen Führern und der Verschwörung zu befreien, die am hellen Tage ihr Haupt erhebt. Will der König für einen Finger des Admirals ganz Paris umbringen lassen? Karls IX. Widerstand war heftig und kurz. Noch schwor er, den Admiral zu rächen, aber bald wurden seine Schwüre schwächer und erschöpften sich, wie das Geschluchze eines Kindes stoßweise nachläßt. Katharina kannte ihren Sohn; sie führte ihm die schaurigsten Bilder vor Augen, ließ ihn deren ganzes Gewicht fühlen, bis er aufschrie wie unter einem Alpdruck. Er hatte den verwundeten Admiral gesehen und stand noch unter diesem Eindruck, aber nun sollte er auch versuchen, sich die Folgen vorzustellen: hier, in diesem Schloß, würde man ihn selbst, seine Mutter und seine Brüder hinschlachten. So überhitzte sie seine Einbildungskraft, bis er wieder einem seiner Tobsuchtsanfälle erlag und man ihm sein Einverständnis abringen konnte. Denn der König muß seine Einwilligung geben, und trotz seiner Schwäche, seiner Armseligkeit hält er in seinen kraftlosen, vor Furcht oder Zorn bebenden Händen den Schlüssel zur Macht. Heinrich von Guise ist kein Meuchelmörder, und wenn er den Vater rächen will, so wird er diese Heldentat doch nur auf Befehl und im Dienste des Königs vollbringen. Der königliche Befehl ist auch nötig, um die Sturmglocken in Bewegung zu setzen, welche die aufgedeckte Verschwörung einläuten sollen und das Zeichen zur Bewaffnung der Bürger von Paris geben. Katharina ist nicht allein: im Nebenzimmer warten die Marschälle Tavannes und Retz, der Herzog von Anjou und Heinrich von Guise, alle bereit, ihr Leben für die Rettung von König und Stadt in die Schanze zu schlagen. Der König soll sie empfangen, sie werden ihm mitteilen, wie sie die Lage beurteilen und welche Maßnahmen sie vorschlagen. Es ist gar nicht so schwierig. Mit dem Prévôt des Marchands hat man bereits gesprochen. Seine Bezirksvorsteher halten beim ersten Signal für jedes Haus einen Bewaffneten und für jede Wohnung eine Fackel bereit. Unordnung ist nicht zu befürchten, alles wird sich abspielen wie am hellichten Tag. In wenigen Stunden sind die Führer gefallen, der Hof kann aufatmen und Frankreich mit ihm. Schließlich: wenn unseligerweise der König sich aus Zaghaftigkeit weigern sollte, würden die Pariser ohne ihn handeln und den Herzog von Guise (heute schon!) zum obersten Anführer ernennen, um ihre Sache selbst zu führen. Und dann hätte der König sich selbst entthront.

Tavannes und Retz treten ein, mit ihnen der Herzog von Anjou. Es ist, wie wenn man den König trunken machte: mit jeder Sekunde scheint ihm die Gefahr, die ihm selbst droht, aber auch der einzige Rettungsweg furchtbarer. Man erzählt, sein Widerstand habe ein und eine halbe Stunde gedauert. Das ist nicht lange, aber sehr viel länger als der Versuchungsakt in Macbeth, und hier ist nicht Schauspiel, sondern Wirklichkeit. In ein und einer halben Stunde macht ein Mensch alle Wandlungen durch von Zorn, Schrecken, Hoffnung und Wut. Der letzte Gifttropfen, den man ihm ins Ohr träufelt, ist dieser: im Louvre selbst hat man gehört, wie Pardaillan, ein Edelmann des Königs von Navarra, von der Verletzung des Admirals sprechend, ausrief: „Dieser Arm wird vierzigtausend Arme kosten!" Pardaillan und alle im Louvre anwesenden Hugenotten müssen fallen! Empört es den König nicht: Blut in seinem eigenen Hause? Aber gleich fügt man beschwichtigend hinzu, daß man „des Königs Güte zuliebe" Heinrich von Navarra, dessen Vetter Condé und auch den kleinen Conti, der noch so jung ist, schonen will. Nein, niemand verlangt von Karl, das Blut der eigenen Familie zu vergießen, für diese Prinzen wird sich ein Ausweg finden. Alles ist vorbedacht, des Königs Güte sowohl wie die Unschuld der Frauen. Ganz Paris näht zu dieser Stunde weiße Armbinden, wie es heißt für eine große Pilgerfahrt. Alle Katholiken werden sie tragen, dazu ein weißes Kreuz am Hut, damit es keine Verwechslungen gibt und nur die Schuldigen bestraft werden.

Es ist erreicht; der König hat sein Ja gesprochen, er hat sogar „aufgeatmet". Es soll ganze Arbeit gemacht werden, kein Hugenotte darf übrigbleiben und ihm das Verbrechen vorhalten können. Wir glauben ihn wieder zu erblicken, wie er allzu heftig sein Jagdhorn bläst, um dann einer Ohnmacht nahe zurückzusinken. Er darf sich in sein Zimmer einschließen und der Tat fernbleiben.

„An jenem Abend fand ich meine Schwester sehr bedrückt", schreibt Margarete in ihren Memoiren. „Wir saßen nebeneinander auf einer Truhe, als meine Mutter mich mit scharfen Worten zu Bett schickte."

Diese Schwester war die Herzogin Claude von Lothringen, die sich zur Hochzeit eingefunden hatte. Margarete sah ihre Mutter und Schwester miteinander unterhandeln. „Wie kann man Margarete zu ihrem Mann schlafen schicken!" sagte Claude. „Meine Mutter", erzählt uns Margarete, „antwortete, daß mir nichts Böses zustoßen würde und ich, wie dem auch immer sei, hinübergehen müsse, um keinen Verdacht zu erwecken. Meine Mutter befahl mir nochmals heftig, schlafen zu gehen. Meine Schwester brach darauf in Tränen aus und gab mir den Gutenachtkuß, ohne zu wagen mich weiter aufzuklären, und ich ging verwirrt und angsterfüllt fort, ohne zu verstehen, was zu befürchten war."
Was denkt, spricht und tut Heinrich von Navarra in dieser Nacht? Noch glaubt er an die Versprechungen des Königs. Auch er hat den Admiral besucht, ist in den Louvre zurückgekehrt und hält jetzt in seinem Zimmer mit seinen Freunden Rat. Margarete erzählt uns, daß sie bei dem Gatten vierzig bis fünfzig hugenottische Edelleute versammelt fand. Sie sprachen die ganze Nacht von nichts anderem als von dem Attentat auf den Admiral und beschlossen, von König Karl zu fordern, daß er den Herrn von Guise zur Rechenschaft ziehe — wenn nicht, würden sie selbst Gericht halten. „In den ersten Morgenstunden", fährt sie fort, „sagte mein Gatte, daß es nicht mehr lohne, schlafen zu gehen, daß er bis zum Erwachen des Königs Ball spielen wolle, um dann auf die Erfüllung des Versprechens zu dringen. Er verließ mein Zimmer mit seinen Edelleuten, und da ich dachte, daß die von meiner Schwester angedeutete Gefahr vorbei sei, sagte ich meiner Amme, sie möge die Tür verschließen, damit ich in Ruhe schlafen könne."
Heinrich kam nicht zum Ballspielen an diesem Morgen. Kaum hatte er mit seinen Edelleuten sein Zimmer verlassen, als ihm die Leibwache des Königs entgegentrat. Der König schlief nicht. Im Morgengrauen dieses Augusttages setzten sich beim Läuten der Sturmglocken die Dolche in den Gängen des Louvre in Bewegung: als erste wurden Téligny, der Schwiegersohn des Admirals, und Pardaillan niedergestochen. Der König erwartete Heinrich an der Schwelle seines Zimmers, zog ihn herein und schloß sich mit ihm ein.
Was folgte, ist nur allzu bekannt. Noch heute vermeinen wir, wenn

wir nachts am Louvre vorbeigehn, den Kampf, das Blutvergießen, die Mordtaten zu sehen und zu hören, und noch nach vier Jahrhunderten schlägt bei dieser Erinnerung das katholische Gewissen. Was uns stets unbegreiflich bleiben wird, ist die Tatsache, daß Heinrich von Navarra bei seinem Schwager als Hugenotte eintrat und ihn als Katholik wieder verließ. Nachdem vor zwei Monaten seine Mutter eines verdächtigen Todes gestorben war, nachdem man zwei Schritte von ihm entfernt seine Freunde hingeschlachtet hatte, stellte der Sohn Jeanne d'Albrets sich von einem Augenblick zum anderen auf die andere Seite. Sollte auch er „Angst um sein Leben" gehabt haben? Tausendmal wird er sein Leben aufs Spiel setzen, leichten Herzens, mit einem Spottwort auf den Lippen. Hoffte er, seine Freunde, seine nächsten Angehörigen auf diese Weise zu retten? So weichherzig war er nicht, er hatte nicht viel mehr Gefühl als seine gelben Jagdfalken. Ist es Berechnung gewesen? Das würde ihm eher ähnlich sehen. Aber welche Berechnung? Nach allem, was er mitangesehen hatte, konnte er wenig Achtung vor der Religion aufbringen. Dachte er schon damals, kaum eingefangen, an die Möglichkeiten der Flucht? Im Krieg gehört die Finte zu den Spielregeln. Sein Tod würde seiner Partei weder nützen noch sie stärken, im Gegenteil die Niederlage nur noch vollständiger machen, ja sie besiegeln. Sagte man ihm, daß mit dem Tod einiger Hugenotten nur eine Verschwörung bestraft werden sollte? Viel Zeit zum Überlegen hatte er nicht: ein Widerruf, ein Kreuzeszeichen, und Leben, Zukunft, Vergeltung lagen vor ihm. Traf er den jungen König in voller Verzweiflung über den ihm abgerungenen Befehl und wollte man sich zusammentun, um bessere Zeiten heraufzuführen? Solche Vermutungen sind müßig, nur darf nicht vergessen werden, daß sich Heinrich von Navarra eines Tages auf die „erzwungene Bekehrung" berufen wird wie seinerzeit Franz I. nach seiner Gefangenschaft auf den erzwungenen Schwur. In Zwangslagen ist das erlaubt, das ist so selbstverständlich, daß niemand diese Bekehrung ernst nimmt. Nur eines hat sie für sich: man kann ihm das Leben lassen. Er ist König von Navarra, und selbst in den damaligen Zeiten bringt man einen König nicht im Palast eines anderen Königs um, ohne bei allen gekrönten Häuptern Anstoß zu erregen. Alle Könige sind verbrüdert.

Die Königin von England und hugenottische Päpstin könnte den Vorwand benützen zu einem Angriff auf Calais, und die protestantischen Fürsten zu einem Angriff ihrer deutschen Reiter. Nein, man will Heinrich von Navarra nicht töten, nur muß er der Formel zustimmen, daß er, der im katholischen Glauben geboren wurde, seine erste Verleugnung widerruft. Mehr verlangt man nicht. Daß er sich zu diesem entwürdigenden Widerruf hergegeben hat, müssen wir wohl glauben, aber wir können uns auch vorstellen, daß ein so verschlagener und verschlossener Fürst darin nur eine Kriegslist sah; in seiner Seele war kein Raum für Glaubenswahrheiten, er hatte seinen Glauben und auch seine Gutgläubigkeit verloren, und seine Bekehrung ist nur Hohn und Spott.

XIII

DER GEFANGENE FALKE

Die Tragödien auf dem Theater enden mit dem Fallen des Vorhangs; nach dem fünften Akt stehen die toten Helden wieder auf, verbeugen sich vor dem Publikum, und die Zuschauer gehen nach Hause und legen sich, wie Margarete, in Ruhe schlafen. Aber nach der Tragödie der Bartholomäusnacht fragen wir uns, mit welchen Gefühlen man sich am nächsten Morgen im Louvre vor die Augen trat. Margarete war aus dem Schlaf aufgeschreckt worden, sie hatte, wie sie uns erzählt, eine edle Rolle gespielt. Man klopfte heftig an ihre Tür. „Ich glaubte, es sei mein Gatte, und befahl meiner Amme, zu öffnen. Ein Offizier Heinrichs von Navarra stürzte mit dem Rufe ‚Navarra, Navarra!' mit erhobenen Armen auf das Bett zu, hinter ihm vier Bogenschützen, die ihn durchbohren wollten." Margarete hatte Herrn von Léran das Leben gerettet und war im Nachtgewand zu Mutter und Bruder geeilt, um kniefällig Gnade für die Herren von Miossens und Armagnac zu erflehen. Für Herrn von la Rochefoucauld kam sie zu spät, sie sah im Vorbeilaufen seinen Leichnam in der Galerie liegen. Heinrich von Navarra war mit achtzig Edelleuten im Louvre gewesen, fast alle sind umgekommen. Er erfährt jetzt auch, wie man dem Admiral mitgespielt hat: den Einbruch in sein Quartier, die Mörder im Schlafzimmer des Verwundeten, der in seinem Bett von zwanzig Dolchstichen durchbohrt und dessen armer Leib dann in den Hof hinuntergeworfen wurde, wo Heinrich von Guise ihm mit der Laterne ins Gesicht leuchtete und mit den Worten „Das ist er!" einen Fußtritt gab; dann wurde der Leichnam auf die Schleife gebunden, durch die Gassen gezerrt und am Galgen von Montfaucon an einem Bein aufgehängt. Die Sturmglocken von Paris verstummen, aber ihr Echo wird von den Sturmglocken der Provinz aufgenommen und weitergetragen. Wozu hätte man die Hugenotten in Paris vertilgt, wenn man sie nicht auch anderswo tötet? Die Gefängnisse der Provinz sind voll von hugenottischen Kriegsgefangenen. Zwei Jahrhunderte vor der Schreckenszeit spricht man von einer „Verschwörung in den Gefängnissen". Die Hugenotten konspirieren, man muß ihnen zuvorkommen und sie bestrafen. Die Formel ist gefunden, und Karl IX. erklärt und rechtfertigt sich mit ihr vor dem Obersten Gerichtshof, dem Parlement, es sei „das Strafgericht, das er in seinem Königreich abhalten mußte".

Aber nun muß man die große Neuigkeit den ausländischen Höfen mitteilen und überall die richtige Form finden. Die Königinmutter verbringt den 26. August an ihrem Schreibtisch. Dem König von Spanien schreibt sie triumphierend: „Mein Herr Sohn, ich zweifle nicht daran, daß Sie mit den gleichen Gefühlen wie wir selbst das Glück empfinden, das Gott uns geschenkt hat, indem er meinem Sohne die Mittel zeigte, sich der gegen Gott und den König aufrührerischen Untertanen zu entledigen, und ihn und uns gnädig vor ihren grausamen Händen bewahrte."

Ganz anders lautet das Schreiben an die Königin von England; hier fehlt jeder triumphierende Unterton, man muß im Gegenteil die Dinge bemänteln und entschuldigen. „Diese unglückselige Nacht" sei nur ein Zwischenfall in dem alten Streit zwischen den Guisen und den Châtillons. Die Königin möge sich im übrigen nicht über den Tod des Admirals erregen, sie verliere in ihm keinen Freund, keinen Verbündeten. Er habe noch in der letzten Zeit dem König, den er wie ein Kind am Gängelbande führte, täglich geschrieben und ihn ebenso vor der Königin von England wie vor dem König von Spanien gewarnt, denn, so behauptete er, sie träume nur davon, Calais wiederzunehmen. Von diesem Tod allein spricht Katharina, das Übrige war eine belanglose Folgeerscheinung, er „bedeutet weiter nichts als das Ende eines sehr schlauen und gefährlichen Kopfes, der nur Böses anstiftete, wie man das wohl aus seiner unheilvollen Verschwörung gegen den König und Unsere eigene Person ersehen konnte, die wir ihn stets mit Ehren und Wohltaten überhäuft haben".

Auch der Papst muß benachrichtigt werden. Ihm gegenüber kann man laut ein Lob- und Danklied anstimmen. Weit entfernt, nur einem einzigen Bösewicht das Ende gebracht zu haben, sei die Bartholomäusnacht vielmehr eine große Schlacht gewesen, ein zweiter Sieg von Lepanto über die Ungläubigen. Dankgottesdienste dürfe der Papst feiern. Alle „guten Untertanen" hätten die größte Tapferkeit bewiesen, die Prinzen sich mit Ruhm bedeckt. In Rom werden diese Neuigkeiten mit Freudenfeuern begrüßt.

Man denke nicht, daß diese Meisterwerke der Doppelzüngigkeit von Sekretären abgefaßt sind! Katharina ist an ihrer Orthographie so sicher zu erkennen wie an ihrer dicken Nase. Sie und niemand anderen erblicken wir am Schreibtisch: eine gesetzte, würdige Frau von einundfünfzig Jahren, das Matronengesicht von der Haube streng umrahmt, in einfacher, bis an den Hals zugeknöpfter Witwentracht; so wacht sie mütterlich über das Wohl ihrer Kinder, wehrt Gefahren ab und knüpft Heiratsverbindungen. Schön war sie nie gewesen, und jetzt war ihr Teint gelb und ihre vorstehenden Augen ohne Glanz. Diese Florentinerin hatte es vermocht, die Sitten ihrer Heimatstadt auf eine große Monarchie zu übertragen, sie wußte die Regungen des Hasses, der Rachsucht, der Schwäche genau zu berechnen und einen Brand dort anzulegen, wo sich Brennstoff genug aufgespeichert fand.

Wenn man in der Geschichte in die dunklen Labyrinthe der Lüge und Falschheit gerät, hört sie auf, unsere Anteilnahme zu erwecken, und entzieht sich sowohl der Logik wie der Vorstellungskraft; wir nehmen dann nur mehr unberechenbare Sprunghaftigkeiten wahr. Fast könnte man meinen, daß die Valois im unheimlichen Vorgefühl ihres nahen Endes die Welt um jeden Preis mit ihren Namen und Taten erfüllen wollten. Kronen wurden ergriffen und wieder abgelegt, je nach Lust und Laune, paßte die eine nicht, so langte man nach einer andern. Vernünftiger Berechnung nach hätte die Bartholomäusnacht die Königin von England gegen den französischen Hof aufbringen müssen. Es geschah nicht. Zweifellos lassen sich die Engländer überhaupt auf ihrer Insel durch Vorgänge auf dem Festland nicht so leicht erregen, denn gerade in diesen Tagen nahm Elisabeth die Heiratsverhandlungen wieder auf, und da Karl IX. mittlerweile unwiderruflich mit der Tochter des Kaisers verheiratet war, brachte man den Herzog von Alençon, Katharinas jüngsten Sohn, in Vorschlag. Der Altersunterschied war noch beträchtlicher, und so kurz nach der Bartholomäusnacht drängt sich unwillkürlich die Vorstellung auf, daß sich diese beiden Gatten im Hochzeitsbett gegenseitig umbringen könnten.

In England aber kümmerte man sich nur um die anglikanische Religion, die alle Untertanen mit dem König oder mit der Königin ihrer Insel verband. Katholischen Priestern war das Betreten des Landes bei Todesstrafe verboten. Todesstrafe stand auch auf jedem Bekehrungsversuch. Die Katholiken besaßen ihre Märtyrer in England, aber davon sprach man nicht gern. Am Tag seiner Hochzeit mit der englischen Königin würden dem Herzog von Alençon Calais, Le Havre und Dieppe als Apanage zugesprochen. Damit wären Elisabeth drei Hauptstützpunkte in Frankreich übereignet und sie hätte mit dem Gatten Erbansprüche auf die französische Krone. Dieser wahnwitzige Heiratsplan konnte einen zweiten Hundertjährigen Krieg entfesseln. Dennoch betrieb man ihn. Der Gesandte Walsingham unterhandelte für die Königin von England, de la Mothe-Fénelon für den französischen Hof. Mit dem Anwärter auf die Hand Elisabeths war nicht viel Staat zu machen, er war klein, kränklich und trug einen riesenhaften Auswuchs auf der Nase, der ihm den Beinamen „Der Mann mit den zwei Nasen" eingetragen hatte. Noch dazu war sein Gesicht mit Pockennarben übersät und voll Pflastern. Nur ein Bart konnte zu seiner Verschönerung beitragen, aber noch war es nicht so weit. Die Aussicht, eines Tages in England einen Titel zu führen, über den man sich zwar noch nicht geeinigt hatte, der aber an das Wort König anklingen sollte, schmeichelte ihm gewaltig. Schon jetzt könnte man eine Begegnung herbeiführen und eines Tages auf

dem Meer oder einer Insel, zum Beispiel Jersey, beim anmutig wiegenden Geräusch des Wellenschlags zusammentreffen.
Gleichzeitig suchte Katharina nach einem Thron für ihren Liebling, den Herzog von Anjou. Für ihn kam das polnische Wahlkönigtum in Frage. Der Thron ist frei, und der Bischof von Valence, Jean de Montluc, wird nach Warschau geschickt, um diese Wahl in die Wege zu leiten. Sollten die Polen etwa an den Vorgängen der Bartholomäusnacht Anstoß nehmen, so wird ihnen der Bischof erklären, es sei ein unberechenbarer Zwischenfall, ein plötzlich ausbrechender Tumult gewesen, bei dem das Volk sich in einer unzähmbaren Aufwallung gegen die Protestanten erhob, sehr gegen Wunsch und Willen des Königs, der sich darüber empört habe, denn er sei von Natur sanftmütig und zur Milde geneigt, ganz wie sein Bruder, der Thronkandidat. Bei den streng katholischen Polen muß man die große Frömmigkeit des Prinzen herauskehren — „er hört täglich mehrere Messen, läßt den Rosenkranz nicht aus der Hand", seine arme Mutter sei über das Übermaß seiner Bußübungen und Fasten so bekümmert, daß ihr sogar einmal der Wunsch entschlüpfte, sie wolle lieber ihren Sohn als Hugenotten sehen als dulden, daß er seiner Gesundheit so schade. Der Bischof von Valence wird alle ausländischen Gesandten aufsuchen und mit jedem seine Sprache sprechen, spielende Beherrschung der Sprachen gehört zum diplomatischen Rüstzeug des Gesandten. In erster Linie wird er dem Gesandten der Pforte um den Bart gehen, denn bestimmt ziehen die Türken einen französischen Prinzen dem Sohn des Kaisers vor. Gemeinsam werden sie die Wähler bearbeiten und Versprechungen machen, die man nicht zu halten braucht.
So wird vieles gesponnen und angezettelt; die Heirat mit der Königin von England rückt bald näher, bald weicht sie zurück wie das Spiel der Wellen am Strand. Aber in Polen stellt sich der Erfolg ein. Die Polen haben ihre Wahlversammlung unter freiem Himmel abgehalten, hunderttausend Pferde und sechsunddreißig Zeltlager wurden gezählt. Fast einstimmig fiel die Wahl auf den Herzog von Anjou, allen Quertreibereien des Kaisers zum Trotz. Die Freude der Polen sei unermeßlich, schrieb der Bischof von Valence. Während Montluc die Dankrede hielt, jubilierte über seinem Zelt eine Lerche, der Vogel

Frankreichs, und verkündete den Polen das Glück, das sie von dem französischen Prinzen zu erwarten hatten. So stülpte Katharina ganz Europa wie ihren Handschuh um oder glaubte wenigstens es zu tun. Nirgends Treue, Zuverlässigkeit, Aufrichtigkeit, die Vögel allein jubilieren!

Einem schönen Walde gleicht dieser Hof, rauschend von Musik, und Prinzen, Edelleute, Damen, italienische Bankiers, Parfümeure und Astrologen bilden die Tierwelt, die auf Vorteil, Glück oder Vergnügen ausgeht. Wer seinen Platz behaupten will, muß sich verstellen und den Augenblick erhaschen, wenn das Glück den kleinen Finger bietet, ja, Verstellung wird hier zum Lebensorgan. Jeder ist schwach und kann auf nichts als seine Geschicklichkeit bauen. Was treibt Heinrich von Navarra in diesem Wald? Auch er wartet ab und verstellt sich. Sein Platz im Louvre ist gering. Er hat konvertiert, aber sein Übertritt wird nicht ernstgenommen. Katharina rief ihre Tochter zu sich und schlug ihr vor, in Rom ihre Ehe mit einem Hugenotten lösen zu lassen. „Meine Mutter", schrieb Margarete, „fragte mich, ob der König von Navarra mir bewiesen hat, daß er ein Mann sei." Diese Frage ließ die keusche Neuvermählte erröten, sie antwortete mit einem Zitat. Die Frage der Mutter sei ihr unverständlich, es ginge ihr „wie jener römischen Dame, die man fragte, ob ihr Gatte stinke, und die darauf nur antworten konnte, daß sie keinen anderen Mann gekannt habe und daß ihr deshalb die Vergleichsmöglichkeit fehlte". „Da mich nun einmal meine Mutter mit ihm verheiratet hat, will ich mit ihm verheiratet bleiben."

Heinrich von Navarra ist kein sehr glänzender Gatte, dafür auch nicht anspruchsvoll und weder eifersüchtig noch unbequem. Auch er hegt seine heimlichen Pläne, aber er verbirgt sie so vollkommen, daß es indiskret wäre, sie aufzudecken.

Heinrich bleibt am Hof — was beobachtet er, was bereitet sich vor? Der Herzog von Anjou ist nach seinem Wunsch zum König von Polen gewählt worden. Ist er zufrieden? Wird er abreisen und von seinem Königreich Besitz ergreifen? Die Polen drängen ihn und sind sogar gekommen, ihn abzuholen. Ganz Paris war von ihnen und ihrem glänzenden Gefolge eingenommen, sogar ihre Pferde und ihre Dienerschaft waren mit asiatischem Prunk herausgeputzt. Der Empfang und Unterhalt dieser Herren ist kostspielig. Noch zögert der neue König, an ihrer Spitze nach Warschau aufzubrechen. Ein neuer Ausblick tut sich auf für den Erwählten, den die Lerche jubelnd ankündigte. Schwächeanfälle und schwere Melancholien machen König Karl zu schaffen, deren Ursache er nicht zu nennen vermag. Seit er die Sturmglocken der Bartholomäusnacht läuten ließ, ist er wirklich der Ohnmacht, vielleicht dem Tod nahe. Seine Amme erzählt, daß er nachts aus dem Bett springt, Gespenster sieht, wilde Schreie ausstößt und Stöhnen zu vernehmen glaubt, das aus der Seine zu ihm heraufdringt. Die Amme trocknet ihm das schweißüberströmte Gesicht, ja man raunt, daß er Blut schwitze, und die Ärzte schütteln ratlos die Köpfe.

Stirbt er, so ist der neue König von Polen König von Frankreich. Diese Krone läßt er nicht gern aus den Augen. Der arme kranke König drängt den Bruder zur Abreise, denn für ihn ist der Aufschub ein böses Omen — als erwarte der im Schloß sich verzögernde Bruder nur die Stunde seines Ablebens; diese Vorstellung steigerte noch die Schweißausbrüche und Angstzustände des Kranken. Auch Katharina drängt zum Aufbruch; sie wird für den Fall von Karls Tod ihre Vorkehrungen zu treffen wissen, ja, sie trifft sie schon jetzt. Der König von Polen wird seinerseits alles in Warschau vorbereiten und im gegebenen Augenblick auf schnellen Pferden herbeieilen. Inzwischen beruhigt man den Kranken, und die Polen brechen mit ihrem Monarchen auf. Der ganze Hof gibt das Geleite bis zur lothringischen Grenze. Auch Heinrich von Navarra nimmt teil am prunkvollen Zug; er ist überall dabei und bedeutet doch wenig. Welche Vereinsamung! Der Prinz hat keine Familie mehr, die bedeutendsten seiner hugenottischen Freunde und alle seine Vertrauten sind umgekommen, und was an Hugenotten noch lebt, sieht in ihm den Abtrünnigen. In den Augen des Hofes ist er trotz der nahen Verwandtschaft verdächtig im höchsten Grade: jedermann weiß, daß er bei der ersten Gelegenheit versuchen wird, zu entwischen. Wohin mag er sich wenden, welches Unheil anrichten? Man weiß es nicht und bewacht ihn, der sich nicht verrät, obwohl man überzeugt ist, daß er heimliche Pläne spinnt.

Man hat damit nicht ganz unrecht. Der König von Polen ist endlich abgereist, aber bei König Karl tritt keine Besserung ein. Man kann mit einer Lücke rechnen, zumindest mit einem Zustand der Ungewißheit. Wird nach dem Tode König Karls sein Bruder, der König von Polen, heimkehren und auf die Krone Frankreichs Anspruch erheben? Man könnte ihm zuvorkommen. Seine polnischen Untertanen haben ihn mit überschwänglicher Begeisterung empfangen, werden sie nicht ihr Glück auch weiterhin genießen wollen? In diesem Fall käme als Thronerbe der Herzog von Alençon in Betracht, und der arbeitet darauf hin. In so unruhigen Zeiten finden sich immer Mißvergnügte im Reich, und mit den Mißvergnügten läßt sich eine neue Partei ins Leben rufen; ein jüngerer Sohn der königlichen Familie scheint von der Natur ausersehen als Parteihaupt der Unzufriedenen, und unter diesen Unzufriedenen finden sich hervorragende Männer, Katholiken wie Hugenotten. Sie wollen sich zusammentun, um ein System gegenseitiger Duldung und den Zusammenschluß aller Franzosen herbeizuführen. Alençon beruft sich immer wieder darauf, er habe nichts von der Bartholomäusnacht gewußt, er verurteile sie, Frankreich sei zur Strafe für diesen Frevel gespalten; er, ein aufgeklärter Fürst, werde die zwei blutenden Hälften wieder zu einem Ganzen vereinigen. Heinrich von Navarra ist ohne Zweifel sein Vertrauter und heimlicher Verbündeter, der die Hugenotten für dieses Projekt gewinnen soll, während Franz von Alençon die Katholiken auf seine Seite zu ziehen sucht. Unterhändler werden ausgeschickt, um Anhänger zu werben. Da auf niemanden Verlaß ist, wird das Geheimnis ruchbar. Man flüstert, daß die beiden Prinzen, Heinrich von Navarra und Franz von Alençon, zu fliehen gedenken, einen Aufstand entfesseln und den Herzog von Alençon zum König von Frankreich ausrufen wollen, sobald Karl gestorben sei, denn sein Ableben steht bevor, er schwitzt Blut aus allen Poren.

In der Tat, die Prinzen möchten entfliehen, aber sie werden streng überwacht, und überdies traut keiner dem andern. Nur zusammen wollen sie aufbrechen, damit nicht der Zurückbleibende alles verrät oder gesteht. Margarete hat sich erboten, beide Prinzen verkleidet in ihrer Kutsche aus dem Louvre zu bringen, aber dem steht eine Schwierigkeit entgegen: die junge Königin von Navarra darf bei ihren Ausfahrten aus dem Louvre außer ihren Damen nur einen

Edelmann zur Begleitung mitnehmen, nicht zwei. Die Torwache wird einen Blick in den Wagen werfen und keinen Anstoß daran nehmen, wenn der Edelmann sich in einen weiten Mantel hüllt und den Hut tief in die Stirn drückt, aber die Erlaubnis gilt nur für einen, und die beiden Prinzen wollen und können sich nicht trennen. Die Flucht des einen würde sofort die Gefangennahme und das Geständnis des andern nach sich ziehen. Man hält also aus, tanzt und amüsiert sich mit Ball- oder Liebesspiel, und mittlerweile werden die Unterhändler La Môle und der Italiener Coconas in La Rochelle verhaftet, verhört, auf die Folter gebracht, nach Paris geführt und enthauptet. La Môle hat in der Angst um sein Leben Katharina ein umfassendes Geständnis abgelegt und Margarete desgleichen.

Für Heinrich von Navarra war damit alle Freundschaft, alle Sicherheit dahin; er war auf frischer Tat des Fluchtversuchs und der Verschwörung ertappt worden. Katharina persönlich fuhr ihn in ihrer Kutsche nach Vincennes. Jetzt war der Falke wirklich gefangen. Tag für Tag erschienen Kommissare des Königs, fragten ihn aus, versuchten ihn „zum Sprechen zu bringen" und forschten nach den Namen der Mitverschworenen. Heinrich zog sich so gut es ging aus der Affäre, fand Ausflüchte und geschickte Entschuldigungen. Er behauptete, daß er lediglich der strengen Überwachung des Hofes entfliehen und seine Freiheit wiedergewinnen wollte, und setzte in seinem Schreiben auseinander, daß er im Louvre wie ein Gefangener gehalten worden sei, daß nachts unter dem Vorwand der Sorge um seine Person Wachen in sein Zimmer eindrangen, die Schränke durchwühlten und sogar unter seinem Bett suchten, ob er nicht Stricke zu einem Fluchtversuch verberge. Warnungen seien ihm zugekommen, daß man ein Kind aus seiner Ehe mit Margarete in der Wiege ersticken lassen würde. Seine Freunde seien ihm getötet worden; ist es nicht verständlich, daß er die wenigen Getreuen, die ihm verblieben, wiedersehen wollte? Am Hof bedeute er nichts, habe weder Sitz noch Stimme und müsse täglich zusehen, wie der Einfluß seiner Feinde, der Guisen, wächst, während sein eigener schwindet. Die Prinzen müßten zu den Staatsgeschäften zugezogen werden, sie hätten das Recht anzunehmen, daß alles, was ohne sie geschieht, gegen sie geschieht. Was Alençon angeht, so habe er nur die Absicht gehabt, seinem Bruder einen Dienst zu erweisen, indem er die Beschwerden des Reiches kennenlernen und klarzulegen wünschte. Da man ihn weder brauche, noch ihm traue, verlangt Heinrich von Navarra, daß man ihn ins Béarn zurückkehren lasse, „in mein Land, in dem mir in meiner Abwesenheit niemand Gehorsam leistet".

Bis zum Tode Karls IX. bleiben beide Prinzen in Vincennes hinter Schloß und Riegel, die letzten Tage des unglücklichen Königs sind voll von Unruhe und Ungewißheit. Wer wird ihm als König nachfolgen? Der nächste Erbberechtigte der Krone ist der König von Polen. Aber wird er, kaum gewählt, sein neues Reich so rasch im Stich lassen können? Der Alchimist Tourtet versucht in den Dämpfen seiner Schmelztiegel die Zukunft zu lesen, Cosme Ruggieri hält in diesen Pfingsttagen den Blick auf das nächtliche Firmament gerichtet. Man studiert die Horoskope. Der Niedergang der Valois erinnert an den Niedergang des Römischen Reiches. Die Renaissance hatte in schwachen Geistern starke Leidenschaften angefacht, und mit den Göttern, Faunen und Satyrn aus den Grotten der Campagna hatte antikes Heidentum seinen Einzug gehalten. Wie zur Zeit der letzten Cäsaren lebt man im Dunstkreis von Palastintrigen, Traumdeuterei, Prophezeiungen, Hinterlist und Angeberei.

Welchen Vorteil konnte Heinrich von Navarra aus einer Verschwörung ziehen? Wir sehen deren zwei: wenn der König von Polen in Polen blieb, rückte er selbst um eine Stufe dem Throne Frankreichs näher. Würde hingegen der Herzog von Alençon nach dem Tode Karls König, so waren nach ihm Heinrich von Navarra und dessen Sohn, vorausgesetzt daß ihm einer geboren würde, der nächste Thronerbe, denn die geplante Verbindung mit der Königin von England versprach keine Nachkommenschaft. Diese Verhandlungen schleppten sich hin, Elisabeth war vierzig Jahre alt und konnte sich nicht entschließen. Man drängte sie, man ließ den jungen Bewerber für sie porträtieren, und Herr de la Mothe-Fénelon wird der Überbringer des Bildes sein und mündlich die Vorzüge des Prinzen rühmen: die Pockennarben sind verschwunden, er hat jetzt eine blütenzarte Haut. Der englische Gesandte wird selbst das Porträt in das Behältnis verpacken und eine Bestätigung beifügen, daß das Bild dem Original entspricht.

Glaubt man ernsthaft an diese Heirat? Sie eröffnet immerhin dem Prinzen Hoffnungen, hilft die Zeit vertreiben und beschäftigt seinen Ehrgeiz. Wenn der jüngere Sohn einer königlichen Familie konspiriert, kann man ihn nur zufriedenstellen oder bestrafen. Die Strafe haben La Môle und Coconas erlitten, jetzt heißt es Franz von Alençon zufriedenstellen. Heinrich von Navarra kann nicht viel Schaden anrichten, wenn man ihn gut überwacht. Er hat keine Partei hinter sich, denn das Ansehen als treugebliebener Führer genießt jetzt bei den Hugenotten sein Vetter, der Prinz von Condé, der mit deutschen Fürsten über Bündnisse und Truppenaushebungen verhandelt. Heinrich hat weder bei den Hugenotten noch bei den Katholiken noch am Hof Sitz und Stimme, und der Präsident L'Estoile schreibt aus dieser Zeit: „Am Vorabend des Festes spielte der König von Navarra mit dem Herzog von Guise Ball, und es schmerzte viele unter den rechtdenkenden Zuschauern sehr mitansehen zu müssen, wie man den kleinen gefangenen König geringschätzig behandelte und bei jeder Gelegenheit mit beißenden Spottworten überschüttete, als wäre er ein kleiner Page oder Lakai."

Aber die Ereignisse überstürzen sich, und auch wir werden Zuschauer bei den Spielen der Fürsten bleiben.

XIV

SPIEL UND GEGENSPIEL

Für Karl IX. war die letzte Stunde gekommen, er schwitzte Blut, seine alte Amme wachte bei ihm. Zu unserem Erstaunen erfahren wir, daß sie Hugenottin war — der König ist also mit hugenottischer Milch gesäugt worden —, auch sein Arzt, Ambroise Paré, war Hugenott. Der Hof ist voll seltsamer Widersprüche, über die wir uns unsere Gedanken machen können. Die treue Amme sitzt mit ihrem Strickzeug auf einer Truhe, wischt dem König den Schweiß ab und versucht, ihm seine Angstvorstellungen auszureden, denn alle Tobsuchtsanfälle des Königs enden in angstvollem Gestöhn, immer wieder glaubt er Gespenster zu sehen und Schreie zu hören. „O liebe

Amme, wieviel Blut und Mord! Welch bösen Ratgebern bin ich in die Hände gefallen! O mein Gott, vergib und sei mir barmherzig, ich bitte dich!" „Sire", antwortet die Amme, „das Blut der Erschlagenen komme auf jene, die Sie verführt und schlecht beraten haben ... Sire, es ist nicht Ihre Schuld, und da es gegen Ihren Willen geschah und Sie es so bitter bereuen, wird Gott es Ihnen nicht anrechnen."
„Danach schickte er sie nach einem Tuch, denn das seine war ganz naß und getränkt von Tränen; und nachdem Seine Majestät ihr die Hand gedrückt hatte, gab er ihr ein Zeichen, daß er jetzt ruhen wolle, und ließ die Vorhänge seines Bettes zuziehen." Am Abend fühlte er sich schlechter und ließ den König von Navarra rufen. Heinrich mußte ein düsteres Gewölbe passieren und seinen Weg durch ein Spalier von Hellebardieren und Scharfschützen nehmen. Er hat oft an diesen Gang zurückgedacht und es ausgesprochen, daß ihn angesichts der bewaffneten Soldaten eisige Schauer der Todesfurcht überfielen und er schon den blanken Stahl im Leibe zu spüren glaubte. Fast wäre er zurückgewichen, aber er überwand sich und schritt hindurch, betrat das Zimmer des Königs und „bewegte sich knieend" bis ans Bett. „Mein Bruder", sagte der König zu ihm, „Sie verlieren einen guten Bruder und einen treuen Freund. Hätte ich glauben wollen, was man mir von Ihnen berichtete, Sie wären nicht mehr am Leben. Ihnen allein empfehle ich meine Frau und meine Tochter. Hüten Sie sich vor N... und Gott schütze Sie!" Die Königinmutter unterbrach ihn: „Mein Sohn, wie können Sie das sagen!" „Madame", antwortete der König, „ich muß es aussprechen, weil es die Wahrheit ist. Mein Bruder, lieben Sie mich und stehen Sie meiner Frau und meiner Tochter bei!" Der König von Navarra blieb bei seinem Schwager, bis der Todeskampf einsetzte, dann erst zog er sich zurück. Es war am Pfingstabend, den 31. Mai 1574.
Der vorstehende Bericht erscheint glaubwürdig. Heinrich IV. kannte ihn und auch die Überlieferung der Amme. Für uns ist er aufschlußreich: Heinrich von Navarra war nicht nur überwacht, er fühlte sich auch, und mit Recht, bedroht. Im Gewölbgang zwischen den Hellebardieren hatte ihn der Todesschauer erfaßt. „Hüten Sie sich vor N...!" sagte der König. Welcher Name war gefallen und hatte Katharina zum Widerspruch veranlaßt? Sicher der Name eines ihrer

Kinder, denn nur der mütterliche Instinkt konnte sie so auffahren lassen. Aber Heinrich von Navarra war gewarnt und wird sein Leben von einem Tag zum andern hinüberzuretten suchen und jedem mißtrauen.

Drei Monate später treffen wir ihn in Lyon, wie er inmitten von Lustbarkeiten ein nahezu freies Leben führt. Der neue König war bei Nacht heimlich aus Polen entwichen, auf großen Umwegen aus Furcht vor Hinterhalten in Deutschland herbeigeeilt und hielt nun Einzug in sein Königreich. Auf seinen Befehl hin ließ man die Zügel locker, denn da im Angesicht des Volkes eine Thronbesteigung gefeiert wurde, ging es nicht an, gefangene Prinzen zur Schau zu stellen oder verborgen zu halten. Die beiden schuldigen oder verdächtigen Prinzen sind bei allen Lustbarkeiten zugegen, nur wissen sie ganz genau, daß Befehl ergangen ist, bei einem Fluchtversuch auf sie zu schießen. Abgesehen davon hat man den aufrichtigen Wunsch, mit ihnen Frieden zu schließen, wenn sie nur Vernunft annehmen wollen, und dazu sind oder scheinen sie bereit. Am 1. November 1574 schwören Heinrich III., der Herzog von Alençon und der König von Navarra nach gemeinsamer Kommunion bei ihrer ewigen Seligkeit einander Treue und Beistand. Der Hof gleicht dem Vogel Phönix: jeder neue König steigt aus der Asche des verstorbenen strahlend hervor und beginnt in wolkenloser Himmelsbläue sein Regiment. Damit aber auch die letzten Wolken verschwinden, muß der neue König heiraten und Frankreich im nächsten Jahr ein Dauphin geboren werden. Genug der Todesfälle und der Thronfolge von Bruder auf Bruder. Die Braut ist bereits gewählt. Auf dem Weg nach Warschau war Heinrich III. in Nancy Louise de Vaudemont begegnet, die ihm einen unvergeßlichen Eindruck gemacht hat. Diese lothringische Prinzessin, ein blondes, zartes Mädchen von sanfter und überaus frommer Gemütsart, wird Katharina ohne Szenen und Widerstände eine ergebene Schwiegertochter sein, und wenn die Krone Frankreichs etwas schwer auf ihr Haupt drückt, wird Katharina sie zu stützen wissen. Die Guisen, ihre Onkel und Vettern, werden durch diese Heirat zufriedengestellt, und die junge Generation wird an der Seite der jungen Königin die gleiche Machtstellung einnehmen, wie sie die ältere neben Maria Stuart inne gehabt hatte. Kein fremdes Element stört die Eintracht; Frankreich, Navarra, Lothringen: die nächsten Verwandten und Verbündeten sind unter sich. So folgen in Lyon den Festen der Thronbesteigung gleich die Hochzeitsfeierlichkeiten, und man zieht in Paris als König und Königin ein mit dem Ausblick auf einen Dauphin und eine friedliche Zukunft.

In diesem Zeitpunkt mag Heinrich von Navarra seine Zukunft nicht sehr vielversprechend erschienen sein. Er versteckte sein Spiel so geschickt, daß uns nur seine späteren Handlungen Aufschluß geben über seine damaligen Gedanken und Pläne. Von allen Prinzen am Hof verfügt er über die heiterste Laune. Die Valois leiden alle an einer inneren Unruhe, einem Hang zur Schwermut, als ahnten sie schon das Ende ihrer Rasse. Heinrich III. ist der rätselhafteste seines Geschlechts, Wollüstling und frommer Asket, ausschweifend in seiner Prunkliebe wie in seinen Bußübungen. Zuweilen voll Majestät und voll Würde, als ob der Geist des Königtums in ihn einkehrte, verfiel er wieder in knabenhafte Spielereien, in lärmende, kindische Ausgelassenheit. Dann folgten wieder Zeiten der Zurückgezogenheit in der Stille der Klöster, ein Bedürfnis nach Weltabgeschiedenheit und Alleinsein. Seinen Günstlingen gegenüber ist er die Schwäche selbst. Er besteht aus lauter Widersprüchen, nur seine Schwäche tritt ans Tageslicht und wird schamlos ausgenützt. Wir werden es noch erleben, daß er sich, immer zu spät, zu seiner Stunde ermannt und furchtlos zum Schlag ausholt. In den Anfängen seiner Regierungszeit war sein einziger Wunsch, den Frieden wiederherzustellen und zu erhalten, seine leidenschaftliche Hoffnung ein Sohn und Erbe. Er wollte Duldung üben und begriff, daß man eine Religion nicht wie Unkraut ausjäten kann, daß er mit Hugenotten und Katholiken zu einem *modus vivendi* kommen mußte. Er wollte in seinem Reich die Gegensätze friedlich ausgleichen, und an dieser Aufgabe, der er sich nicht gewachsen zeigt, wird er zugrunde gehen.

Schnell war das Urteil über den neuen König gefällt: solange er nicht seinen eigenen Willen zeigt, werden alle auf ihre Rechnung kommen. Alle arbeiten darauf hin, auch Heinrich von Navarra. In ihm gibt es keine Widersprüche, alle Elemente seiner Seele entsprechen einander und fügen sich zu einer ausgewogenen Einheit, die ihm Geschmeidigkeit, Energie und Kraft des Schweigens und Verschweigens

verleiht. Man läßt ihn nicht aus den Augen, er aber scheint wie in der Kinderzeit nur seinem Vergnügen nachzugehn. Er spielt den Verliebten, um dem Hof Sand in die Augen zu streuen, ein dreiundzwanzigjähriger Prinz, der verliebt ist, hat keine Fluchtgedanken. Heinrich ist verheiratet, weil Margarete einer Trennung nicht zugestimmt hat, aber beide Gatten nehmen die Bande der Ehe leicht und geben sich Freiheit. Als verheiratete Frau und Königin hat Margarete das mütterliche Joch abgeschüttelt und innerhalb des großen Hofes hat sie ihren kleinen Hof, ihre Privatgemächer, ihre abendlichen Empfänge, ihre Dichter, ihre Musik, ihre Liebhaber und, was die Ehe angeht, ihre Freiheit. Nur diese Heirat gestattet ihr, in Frankreich zu bleiben; seit ihrer Kindheit lebt sie am Hof ihrer drei Brüder, die nacheinander Könige werden, im Mittelpunkt der Ereignisse, in einer Atmosphäre voll Überraschungen und Spannungen, diese Luft ist ihr Lebenselement. Sie wird alle ihre Brüder überleben, und es scheint, als sei nur in ihr die Lebenskraft eines verlöschenden Geschlechts erhalten geblieben. Der Gatte gilt ihr wenig, alles die Brüder, an deren Leben sie bald als Gegenspieler, bald als Verbündete teilnimmt, je nachdem sich ihr die Gelegenheit bietet, eine Rolle zu spielen. Wenn man am Hof keine zuverlässige Freundschaft kennt, so trägt man sich auch nichts lange nach. Man schlägt sich, man verträgt sich, wie beim wechselnden Spiel des Windes die Wolken sich ballen und auflösen; heute umarmt man sich brüderlich und weiß dabei wohl, daß morgen schon der Bruderkrieg ausbrechen kann.
"Der Hof ist das Merkwürdigste, was Sie, mein lieber Generalstatthalter, in meinen Ländern Béarn und Nieder-Navarra je gesehen", schrieb Heinrich damals an Herrn von Miossens. "Wir stehen fast immer im Begriff, uns gegenseitig an die Gurgel zu fahren, tragen Dolche, Panzerhemden und manchmal sogar den kleinen Küraß unter dem Umhang. Der König ist so bedroht wie ich; er liebt mich mehr als je. Die Herren von Guise und Mayenne gehen mir nicht von der Seite. Nie war ich so stark. An diesem Hof voll Freunden weiß ich mich vor allen zu schützen. Ich warte auf die Stunde, um meine kleine Schlacht zu schlagen, denn man will mir ans Leben, und ich käme ihnen gern zuvor."
Die Scharfsichtigen am Hofe wissen ganz genau, daß er verschlage-

ner, versteckter und schlauer ist als irgendein anderer. Seine Heiterkeit ist nicht etwa gezwungen, ganz im Gegenteil, er genießt es, die Menschen an der Nase herumzuführen. Mit den Jungen tobt er ausgelassen, nimmt teil an ihren Ausschweifungen, ihren Tollkühnheiten, ihren herausfordernden Reden, die ziemlich unverblümt Drohungen und Unverschämtheiten enthalten. Einer der ausländischen Gesandten, die alles beobachten und ihren Höfen berichten, teilt sogar mit, daß er Grausamkeiten mit Vergnügen zusieht. Die Melancholiker und Ernsthaften weichen ihm aus, denn für sie hat er immer ein paar Schnabelhiebe bereit, wenigstens wenn sie jung sind, den Alten weiß Heinrich mit Lobsprüchen und bescheidenen Fragen um den Bart zu gehen. Eines wird ihm immer nützen: Rachsucht ist seinem Wesen fremd. Sein junges Leben lebt er natürlich, wie ein Baum, der alle widrigen Einflüsse gegen sein Wachstum zu überwinden sucht, der sich mit den Wurzeln fest im Erdreich verankert und die Zweige der Sonne entgegenstreckt. Nie wird er sich einen Vorteil entgehen lassen, aber auch nie zu schaden versuchen oder Rache üben. Im Spiel weiß er schweigend zu verlieren und lachend zu gewinnen. Die Königinmutter umschmeichelt er mit liebenswürdiger Heiterkeit, heute ist er in ihrer Hand, aber vielleicht schlägt er ihr schon morgen ein Schnippchen. Die Unruhe verläßt sie nicht, sie fragt, wo er sich aufhält, was er treibt, in seinem Schreiben aus Vincennes beklagt sich Heinrich, daß man in die Decke seines Zimmers Löcher gebohrt habe, um ihn ständig auszuspionieren, und beschwert sich über Vorrichtungen, die den Klang seiner Stimme in die benachbarten Räume tragen. Er fühlt sich belauert und lauert selbst auf seine Stunde, seinen Augenblick. Wenn er sagt, daß er ins Vogelhaus gehen will, um seinen Falken abzurichten, fragt sich die unruhige Katharina, ob er nicht selbst der Falke sei.

Dem Spiel Katharinas und der Prinzen haben wir zugesehen, aber noch ist nichts über die Rolle Heinrichs von Guise gesagt worden, die man begreifen muß, um das Spiel zu verstehen, das diese ganze Geschichtsperiode erfüllt und dessen Einsatz Frankreich ist. Heinrich III. hatte beim Regierungsantritt versprochen, daß er in seinem Königreich keine andere Religion dulden werde als die katholische. Er sah sich zu dieser Zusage gezwungen, aber er hielt sie nicht; so groß seine persönliche Frömmigkeit sein mochte, den Krieg mit den Hugenotten nahm er nicht wieder auf. Ihm kam es vor allem darauf an, die Einigkeit unter seinen Untertanen wiederherzustellen. Er verjagte weder die Hugenotten aus seinem Reich, noch legte er Beschlag auf ihre Güter; ihm genügte es, für ihre Bekehrung zu beten und sie zu den höchsten Ämtern nicht zuzulassen. Zum Glaubenseiferer, der er nicht war und nicht sein konnte, wird ein anderer, Heinrich von Guise, derselbe, der dem toten Coligny den Fußtritt gab. Der Guise braucht auf die Notwendigkeiten der Staatspolitik, auf die Meinung der Untertanen und ausländischen Herrscher keine Rücksicht zu nehmen und kann sein, was der König nicht ist: Vorkämpfer des katholischen Glaubens und Haupt einer Partei. Er stützt sich auf die niedrige Geistlichkeit, die aus dem Volke hervorgeht und Ohr und Herz des Volkes besitzt. Von Prinzen und Königen ist viel die Rede gewesen, aber noch haben wir die Volksstimme, ihren blinden Begeisterungswahn und ihre grollende Wut nicht vernommen. In Heinrich von Guise ist die Idee einer Liga zur Verteidigung der Religion entstanden. Jeder kann sich als Mitglied eintragen, vom Größten bis zum Geringsten. Die ersten Listen werden in Péronne in der Pikardie aufgelegt. Anhänger der Liga ist jeder, der dem Haupt der Liga Gehorsam zuschwört und mit allen Mitteln die Verbreitung der hugenottischen Irrlehre bekämpfen will. Es ist eine Heilige Liga, und nur Bösewichter haben sie zu fürchten. Wenn der König seine Pflicht nicht kennt, wird sie ihm die Liga beibringen, deren einziges Ziel es ist, dem König bei der Erfüllung seiner Versprechen beizustehen. Mag die hohe Geistlichkeit sich auf Diskussionen, Vergleiche, Haarspaltereien einlassen, an ihrer Stelle springen die Scharen der Mönche, welche die Klöster bevölkern, in die Bresche: sie sind alle Mitglieder der Liga, hören die Beichte, predigen, durchziehen das Land, haben überall Zutritt und fordern das niedere Volk auf, Anteil am Weltgeschehen zu nehmen. Der Bäcker, der Handwerker, der Kaufmann, selbst der Bauer kann sich bei der Liga eintragen und erhöht sich so in seinen eigenen Augen. Durch die Listen tritt man mit den Bewohnern der Städte, der anderen Dörfer und Provinzen in Beziehung, es gibt Zehnerschaften und Hundertschaften, für eifrige Werber auch einige Taler Verdienst. Manchmal erscheint das Oberhaupt selbst,

Heinrich von Guise, und nimmt persönlich die Beitrittserklärungen entgegen. Als Lothringer, der erst kürzlich in Frankreich Wurzel faßte, verfügt er nicht, wie die französischen Fürsten, über eine so bedeutende Ausstattung, um den König zu spielen. So nimmt er im Reiche an sich, was dem König verloren geht: die Seelen und Leidenschaften, und er wird sie in Brand stecken wie einen Strohhaufen. Seine schöne Erscheinung, sein kriegerisches Auftreten, seine Jugend erobern ihm die Herzen. Und weiß nicht jedermann in und außerhalb Frankreichs, daß die Lothringer seit zwei Generationen die Stützen von Thron und Altar sind? Sonntags nach der Messe und Predigt läuft in den Dörfern das Volk zusammen, ein Anhänger der Liga besteigt ein umgestürztes Faß, ruft zum Beitritt in die Liga auf und liest die eindrucksvolle Schwurformel vor. Vor dem Faß sitzt ein Schreiber, man braucht nur seinen Namen zu nennen, ihn eintragen zu lassen und ein Kreuz darunter zu setzen, und schon zählt man als Mitglied. Wenn einer mit dem Beispiel vorangegangen ist, wollen alle anderen folgen, die Frauen setzen ihre Kreuze neben die ihrer Männer. Wer sich ausschließt, auf den wird mit Fingern gezeigt, er wird als lau im Glauben angesehn, vielleicht sogar als verkappter Hugenott, seine Ernte, sein Geschäft geraten in Gefahr. „Gegen die Verbreitung der Irrlehre mit allen Mitteln kämpfen" lautet die unklare Formel, die nicht sogleich ihren geheimen Inhalt verrät. Die Sanftmütigen werden sich auf Gebete beschränken, die Gewalttätigen zu Gewalttaten schreiten, und der bewaffnete Aufstand wird sich nicht nur gegen die Hugenotten richten, sondern, wenn der Befehl ergeht, auch gegen den König, wenn es dieser an Glaubenseifer fehlen läßt.

Jetzt kennen wir alle Spiele. Der König mag so fromm scheinen wie er will — er besitzt keinen kämpferischen Geist und will die Bürgerkriege nicht wieder heraufbeschwören, die nach seiner Meinung zu nichts führen und nur eine Kette von Racheakten sind. Ihm liegt auch viel an der guten Nachbarschaft mit England. Der Herzog von Alençon schlägt sich zu den Mißvergnügten; selbst unzufrieden, ist er zum Anführer bestimmt. Heinrich von Navarra wartet ab und lauert auf die Möglichkeit des Entweichens; er möchte nicht, daß Alençon ihm zuvorkommt und seinen Platz bei den Hugenotten einnimmt. Der Guise sucht sich Einfluß durch die Liga zu verschaffen, die der

König besänftigen und einschlafen lassen möchte. Der König kann und will ihre Forderungen nicht erfüllen, kann sie aber auch nicht verbieten, ohne selbst verdächtig zu werden oder gar als verkappter Hugenott zu gelten. Zwischen diesen Fürsten, deren ältester der sechsundzwanzigjährige König ist, versucht die Königinmutter, künstlich freundschaftliche Beziehungen aufrechtzuerhalten, und zwingt sie zum Aufenthalt im Louvre in der Nähe des Königs, im Wirbel der Vergnügungen, Bälle und galanten Liebesabenteuer. Solange sie alle hier versammelt sind, tanzen, Sonette machen und sich mit ihren Favoriten und Favoritinnen beschäftigen, können sie am wenigsten Schaden stiften.

XV

FLUG DES FALKEN

Am 15. September 1575 herrschte im Louvre große Aufregung: man suchte im ganzen Schloß nach dem Herzog von Alençon, der nicht zur Tafel bei der Königin, seiner Mutter und seinem Bruder erschienen war. Man forschte bei den Damen nach, die er mit seinen Besuchen zu beehren pflegte, aber er war bei keiner gewesen. Auch Heinrich von Navarra hat nichts über den Verbleib des Schwagers gehört, er kommt soeben schweißbedeckt vom Ballspiel und will sich ins Bad begeben. Margarete spielt Laute und weiß von nichts. Die Wachen leuchten mit Fackeln in alle Winkel — vielleicht liegt der Verschwundene ermordet hinter irgendeiner Tür.
Endlich gibt es Neues: der Bruder des Königs sei in einer Kutsche verborgen nach Meudon geflohen, wo ihn Guitry mit fünfzig Reitern erwartete. Von dort führte seine Spur nach Saint-Léger, wo er dinierte, und jetzt hält er sich in Dreux auf, das zu seiner Ausstattung gehört. Zahlreiche Edelleute, Katholiken wie Protestanten, und Kriegsvolk stoßen zu ihm. Der Herzog erläßt ein Manifest, in dem er dem König und dem Parlement die Gründe auseinandersetzt, die ihn auf die Seite der Mißvergnügten getrieben haben. Ihn leitet nur die Sorge um das allgemeine Wohl, um die Gerechtigkeit und um

die eigene Person. Man behandle ihn schlecht im Schloß seines Bruders, seine Günstlinge würden zurückgesetzt, und er verfüge über keine regelmäßigen Einkünfte, sondern müsse erbetteln, was man ihm zu geben gewillt sei. Die Königinmutter und der König haben das Manifest gelesen und finden sich „überaus beunruhigt". Ganz Paris ist in Aufregung, und es heißt, daß man am Himmel im Abendrot einen hellen Feuerschein und Rauchschwaden wahrgenommen habe: das bedeute Lanzen und bewaffnete Kriegsscharen. Eine unheilvolle Prophezeiung!

Heinrich von Navarra behält seine Ruhe. Er weiß, wie er sagt, was solche Erklärungen wert sind. Als er noch mit dem Admiral und den Hugenotten zusammen war, habe er sie oft genug abgeben müssen. Es werde nicht lange dauern, bis der Herzog einsieht, wozu er von diesen Leuten mißbraucht wird. Erst werde er ihr Herr sein und dann ihr Knecht: „Ich kann davon ein Lied singen." Man rechnet ihm diese vernünftigen Worte hoch an. Wenn der Herzog von Alençon Unruhe stiftet, so kann man wenigstens mit Heinrich von Navarra zufrieden sein.

Will man den Herzog von Alençon zur Rückkehr bewegen — und zurückkehren muß er, sonst richtet er nur Unheil an —, so muß man seine Wünsche zur Kenntnis nehmen und erfüllen. Nur gegen den Machtlosen empfiehlt sich Strenge. Alençon ist zum Prinzen von Condé gestoßen, schon hört man den Waffenlärm der von den beiden Fürsten in Deutschland angeworbenen Reiter. Der Herzog teilt mit, daß er bald über hunderttausend Mann verfügen wird. Also verhandeln, und so schnell wie möglich! Der Prinz möge seiner Mutter einen Treffpunkt in Vorschlag bringen, und sie wird nicht säumen, zu ihm zu eilen. Unfrieden zwischen ihren Kindern sei ihr unerträglich. Katharina ist in ihrer Kutsche aufgebrochen und hat den verlorenen Sohn weinend ans Herz gedrückt. Was verlangt er? Das Herzogtum Alençon, das Gouvernement mehrerer Provinzen, Pfründen für ihn und seine Günstlinge? Alles soll er haben, nur muß er zurückkehren. Der König ist heftig erzürnt, aber die Mutter wird ihn beschwichtigen, und man wird dem Herzog von Alençon Angoulême, Saumur, Niort und La Charité übertragen. Wünscht er mehr, so möge er es sagen. Alles ist besser, als daß ein Bruder des Königs die rebellischen Hugenotten und die verräterischen „Politiker" unterstützt und einen Staat im Staate errichtet. Ein Bruder und Sohn darf sich nicht gegen den Bruder, gegen die Mutter erheben. Mit Versprechungen überschüttet, verhandelt Alençon zwar bereitwillig, läßt aber die Mutter abreisen und kehrt nicht zurück.

Die Lage Heinrichs von Navarra hat sich durch diese Ereignisse nicht verbessert. Wenn er am Hof auch an Beliebtheit gewonnen hat, tanzt, jagt, Falken zieht, so hat sich inzwischen Alençon, den Heinrich einen „Querkopf" nennt, an die Spitze aller Freiheitsbewegungen in Frankreich gestellt. Heinrich muß sich dranhalten, sonst bleibt er sein Leben lang ein Schattenkönig ohne Reich, ohne Anhänger, ohne Geld, ohne Anteil an der Herrschaft.

War er mit dem Herzog von Alençon im Einverständnis, und sollte dieser zunächst nur die Partei zur Tätigkeit aufrufen? Dann ist jetzt Zeit, zu ihm zu stoßen. Oder ist er gefoppt worden, und der Querkopf Alençon usurpiert seinen eigenen Platz? Auch in diesem Fall muß er zu ihm stoßen. Die Zeit vergeht. Ruhe, Geduld, gute Laune, Verstellung sind vor allem vonnöten. Mit seiner Liebenswürdigkeit, seinen Witzworten, seiner Heiterkeit hat Heinrich alle Welt für sich eingenommen und in Sicherheit gewiegt. „Selbst die wütendsten Schlächter der Bartholomäusnacht schwören nur noch bei Heinrich von Navarra." Endlich ein umgänglicher, treuergebener Prinz, der begriffen hat, daß sein Platz neben dem König ist, wie zu den Zeiten seiner Kindheit. Navarra läßt sich sehr gut auch ohne ihn regieren, dafür sorgt schon der König, der keine Übergriffe dulden wird; das gleiche gilt für Guyenne, wo nach wie vor Herr von Montluc für Ordnung sorgt. Einem so musterhaften Prinzen gegenüber läßt die Überwachung allmählich nach, man gestattet ihm, sein Jagdgebiet bis nach Compiègne auszudehnen, und läßt ihn auch in den Wäldern von Fontainebleau jagen soviel er will. Nichts macht ihm so viel Vergnügen wie die Hirschhatz oder ein Picknick mit Damen im Schatten des Waldes; er spricht von nichts anderem, überwacht persönlich alle Vorbereitungen und trägt die erlegten Fasanen über die Schulter gehängt selbst nach Hause. Wenn er sich bei der Rückkehr von seinen Jagdausflügen verspätet, so regt man sich kaum mehr auf, und ist es doch einmal der Fall, macht er sich über die

Besorgnisse lustig, ißt und trinkt mit herzhaftem Appetit und erfüllt den Saal mit seinem dröhnenden Gelächter. Eines Tages allerdings, als die Stunde schon weit vorgerückt ist, wird Katharina unruhig, und der König beginnt ängstliche Blicke nach der Tür zu werfen. Gericht um Gericht wird in silbernen Schüsseln serviert und unberührt wieder abgetragen. Plötzlich Lärm, Stimmengewirr und eilige Schritte: der König von Navarra ist da und macht lachend den Besorgnissen ein Ende. Er ist doch kein Kind, das einer Amme bedarf. Und darf man ihn für den Zustand der winterlichen Straßen, für Wind und Wetter verantwortlich machen? Eine ganze Menge Rehe und Rebhühner bringt er als Jagdbeute mit und wird selbst darüber wachen, daß sie nach dem Geschmack des Königs zubereitet werden. Befriedigt sieht man ihn am gleichen Abend mit seinem raschen Schritt an der Seite des Herzogs von Guise die Galerie auf- und abschreiten. Gott weiß, welche Gefühle sie für einander hegen, aber jetzt halten sie sich eng umschlungen, und Heinrich von Navarra erzählt ihm endlose Jagdgeschichten.

So verlief die Generalprobe für die große Komödie, die Heinrich sorgfältig einstudiert hatte. Am 5. Februar 1576 wiederholte sich das Spiel. Katharina versuchte den Sohn zu beruhigen. Es sei nicht das erste Mal, daß sich der König von Navarra verspätet, er sei diesmal bis nach Senlis jagen gegangen. Man ißt schweigend, in gespannter Erwartung, fährt immer wieder auf und vermeint seine lachende Stimme, seinen festen Schritt zu vernehmen, man versucht sich mit der Erinnerung an den gestrigen Abend zu beruhigen, als Heinrich von Navarra seiner Geliebten und deren Damen leidenschaftlich den Hof machte — ein Liebhaber hat keine Fluchtgedanken. Aber die Stunden vergehen, das Warten schlägt in Angst um und schließlich in Wut. Margarete wird vor das Familientribunal gerufen. Wo ist ihr Mann?

Sie haben die Nacht im gleichen Zimmer verbracht, und der Prinz ist in den frühen Morgenstunden aufgebrochen. Sie muß etwas von der Sache wissen, es ist nicht möglich, daß eine Frau bei einem solchen Vorhaben nicht Vorbereitungen wahrnimmt, Besprechungen hört und selbst ins Vertrauen gezogen wird. Margarete schwört, daß sie ahnungslos und am meisten selbst überrascht sei, sie versichert es auch in ihren Memoiren. Kann man ihr auch nicht immer Glauben schenken, so sagt sie diesmal vermutlich die Wahrheit. Der Prinz ist durchaus imstande, am frühen Morgen davonzugehen und seine Gattin ahnungslos weiterschlafen zu lassen. Margarete hat zu Zeiten von La Môle und Coconas einmal der Mutter das Geheimnis einer Verschwörung aufgedeckt, nicht aus Böswilligkeit, sondern „um Schlimmes zu verhüten", wie sie damals versicherte. Sie diesmal ins Vertrauen ziehen, hätte sie ängstlich gemacht und vielleicht wieder zum Geständnis verleitet. Heinrich konnte das sicher nicht wünschen. Völlig in Unwissenheit gehalten, würde sie ihre Unschuld aufrichtig beteuern und wäre nicht imstande, einen Mitverschworenen zu verraten oder den Zufluchtsort ihres Gatten anzugeben. Es war auch für sie die günstigste Lage: der Zorn von Mutter und Bruder würde sich angesichts ihres aufrichtigen und tränenreichen Leugnens, ihrer offensichtlichen Unfähigkeit, Licht in das Geheimnis der Flucht zu bringen, beschwichtigen, und sie selbst bliebe als verlassene Gattin nur zu beklagen.

Die Empörung war grenzenlos, und man zeterte endlich über die Falschheit und Durchtriebenheit Heinrichs von Navarra. Katharina hatte schon während seiner Kinderzeit das richtige Wort gesprochen: sie habe eine Schlange an ihrem Busen genährt. Was wird er anrichten, wohin sich wenden? Gewiß wird er zum Herzog von Alençon stoßen, gewiß sind die beiden Flüchtlinge im Einverständnis und werden einander die Hilfe ihrer Parteien anbieten, der eine die der unzufriedenen „Politiker", der andere die der noch unzufriedeneren Hugenotten. Auch Heinrich von Navarra wird jetzt Städte, Gouvernements, Pfründen und Einnahmen fordern und seine starke Position ausnutzen, während der König zwischen den beiden Prinzen und der zur Macht anwachsenden Liga zur Ohnmacht verdammt ist. Erst nach einigen Tagen erfährt man, daß Heinrich die Oise überschritten hat, und es heißt, daß er bis zu diesem Augenblick kein Wort gesprochen und nur schweigend sein Pferd gespornt habe. Am gegenüberliegenden Ufer erwarteten ihn ein paar Hugenotten. Er erwiderte ihre Huldigung mit den Worten: „Gelobt sei Gott, der mich befreit hat! Man hat in Paris meine Mutter, den Admiral, alle meine treuesten Diener zu Tode gebracht, und wenn Gott mich nicht beschützt hätte, wäre es mir ebenso ergangen. Ich werde nie mehr dahin zurückkehren, es sei denn man schleppe mich mit Gewalt." Und mit seinem unvermeidlichen spöttischen Lachen fügte er hinzu: „Nur auf zwei Dinge kann ich nicht verzichten: auf meine Frau und die Messe." Heinrich ist dreiundzwanzig Jahre alt, seine Befreiung ist endgültig. Erst achtzehn Jahre später wird er nach Paris zurückkehren, nicht mit Gewalt, sondern als König von Frankreich und Navarra.

XVI

DER QUERKOPF

Wir wissen jetzt, wo Heinrich von Navarra sich aufhält. Er ist zu seinem Schwager Alençon gestoßen, mit dem er im Einvernehmen stand. Sofort wirft er die Maske ab, bekennt sich als Hugenott, zeigt sich beim öffentlichen Gottesdienst, hält ein hugenottisches Kind über die Taufe und erläßt nun seinerseits ein Manifest. Nicht allein Hugenott nennt er sich, sondern Führer der Hugenotten, die im Namen der Gerechtigkeit Gewissensfreiheit fordern; wenn er in der Bartholomäusnacht seinen Glauben gewechselt habe, so geschah es nur unter Druck und Zwang. Er beklagt sich, daß man ihn nie gründlich in Religionsdingen unterrichtet habe, weder in katholischen noch in protestantischen, daß er nie etwas darin gefunden, was ihn „wirklich in tiefster Seele überzeugte", und so besitze er auch keine festgefaßte Meinung hinsichtlich der Überlegenheit einer Religion über die andere. Er kennt nur Kriege, Plünderungen, ein gräßliches Massaker und den Kampf um Eroberung oder Wiedergewinn von Städten, die ihren Herrn auch nur unter Zwang und Druck wechseln. Die Verständigung in Religionsfragen überläßt er den Theologen, ihn kümmert nur die Verteidigung der Freiheit.
Sein Einzug in La Rochelle glich einem Einzug in Mekka, schreibt die Königinmutter, es sei nutzlos, ihm nachzulaufen und ihn mit Gewalt zurückholen zu wollen; er würde sich zu verteidigen wissen, er habe kriegerischen Anhang. Im übrigen verlangt Heinrich für sich weiter nichts als sein Gouvernement Guyenne. Dort will er sein Amt

im Dienste des Königs und des Friedens ausüben; man wird schon sehen, ob er es nicht fertig bringt, Katholiken und Hugenotten unter einer gerechten Herrschaft zu friedlichem Zusammenleben zu bringen. Mit ihm geht es wie mit Alençon: es bleibt nichts übrig, als ihn zufriedenzustellen. Unter der Führung des Prinzen von Condé erscheinen die deutschen Reiter wieder in Frankreich, man hat sie in Nevers, in der Limagne und Auvergne gesehen. Sie plündern und verwüsten das Land, und die Soldaten des Königs, denen man den Sold schuldig blieb, vergessen ihre Disziplin und plündern ebenfalls. Will der König neue Steuern auflegen, so murrt das Volk und auch die Geistlichkeit, der man zur Deckung der Kriegskosten die alten Kirchenschätze zum Einschmelzen abverlangt. Eines Tages, als man sich zur Tafel setzt, sagt der König: „Ich bin so voll Abscheu über die Berichte, die mir zukommen und so voll Mitleid für das leidende und bedrückte Volk, daß ich entschlossen bin, diesen Dingen ein Ende zu machen und für Frieden um jeden Preis zu sorgen, und sollte es mich mein halbes Königreich kosten." Er beklagt sein armes Volk, aber er bemitleidet auch sich selbst: er kann den Krieg nicht durchhalten und muß überall nachgeben, wenn er Frieden haben will. Der Herzog von Alençon kehrt zurück, aufgebläht von seinen neuen Apanagen: die Herzogtümer von Berry, Anjou, Touraine und Maine gehören jetzt ihm. Der König von Navarra bekam für seine Hugenotten feste Plätze, Freiheiten und Sicherheiten verbrieft und für sich selbst sein Gouvernement Guyenne. Dieser „Friede mit Alençon" muß glaubhaft gemacht und nach dem Herkommen gefeiert werden. In Notre-Dame wird ein Tedeum gesungen, und der König begibt sich mit seinem Zug zur Kathedrale, gefolgt von den Parlamentsmitgliedern und den Schöffen seiner Stadt Paris. Die Geistlichkeit macht sich durch ihr Fehlen bemerkbar. „Auch das Volk wollte von diesem Frieden nichts wissen." Selbst das am Abend dieses vierzehnten Mai veranstaltete Feuerwerk fand keinen Anklang, und als die Herolde unter den Klängen von zehn Fanfaren im Schloßhof den Frieden verkündeten, „herrschte unter den Anwesenden und Zuschauern nur wenig Freude und Begeisterung". Die Liga ist schon zu stark. Der König kann weder Krieg noch Frieden machen. Er kann an sein Volk

appellieren, die Generalstände in Blois einberufen und dort die allgemeine Lage, die Notwendigkeit einer friedlichen Übereinkunft darlegen, er kann versuchen, die Abgeordneten Mann für Mann zu überzeugen und zu gewinnen, und sich bei den öffentlichen Sitzungen im vollen Glanz seiner königlichen Würde zeigen — er steht doch nur im Schatten Heinrichs von Guise, der seinerseits die Abgeordneten gewinnt und überzeugt, nichts von friedlicher Übereinkunft wissen will und einen Weg beschreitet, auf dem ihm der König nicht zu folgen vermag. Heinrich III. kann es nur mit einer List versuchen, sich selbst zum Haupte der Liga erklären, um sie in die Hand zu bekommen und in geordnete und gemäßigte Bahnen zu lenken. Dieser Rat kommt von seiner Mutter, und der König befolgt ihn, er setzt seinen Namen über den des Herzogs von Guise. Aber nicht ihm gehört jetzt die Liga, sondern er gehört ihr, und der Schwur, den er zu leisten hat, richtet sich gegen seine eigene Person. Wenn er durch die Übernahme der höchsten Stellung in der Bewegung seine Autorität durchzusetzen vermeinte, so hatte er sich geirrt: ebensogut kann man den Winden befehlen. Die Weisheit der Staatskunst könnte ihm jetzt schon die Lehre zurufen: „Wehe dem, der den Grund der Volksseele aufrührt."
Nach dem Friedensschluß mit Alençon, nach der Ständeversammlung von Blois, folgen wir Heinrich von Navarra in sein Gouvernement Guyenne. Er hat beim Friedensschluß nicht viel verlangt, aber dies Wenige hat und behält er. Jetzt ist der Augenblick gekommen, „seine kleine Schlacht zu wagen" und den Versuch einer Regierung nach seinem Herzen zu unternehmen. Er residiert in Nérac. Der alte Montluc, mit dem es zu Ende geht, urteilt über ihn auf eine Weise, die uns aufhorchen läßt: „Er verspricht, eines Tages ein großer Führer zu werden, Adel wie Volk wird er leicht für sich einnehmen und die übrige Welt in Furcht zu halten wissen." Als Haupt der Hugenotten zwingt er sie vor allem zur strengen Einhaltung des Friedens, duldet aber ebensowenig, daß man ihre Rechte verletzt oder sie belästigt. Für ihn ist es ein neues Leben: endlich darf er regieren. Er schickt seinen Getreuen Fervacques nach Paris und bittet, daß man ihm seine Schwester Katharina schicken möge; als gute Hugenottin, die sie geblieben, fühlt sie sich am Hofe der Valois jetzt

sehr vereinsamt. Sie ist achtzehn Jahr alt, und Heinrich wünscht, sie zu verheiraten und den Grundstein einer zu ihm gehörigen Familie zu legen. Die gefügige Katharina ist eine treue Schülerin des Herrn von Bèze geblieben und steht immer noch in brieflicher Verbindung mit ihm. Sie hat den wahren hugenottischen Geist und wird ihn für sie beide haben müssen. Das ist noch nicht alles. Als Heinrich den Staub des Pariser Hofes von seinen Füßen schüttelte, hatte er ironisch gesagt, daß er auf seine Frau ebenso ungern verzichte wie auf die Messe, aber vor der Wirklichkeit halten seine Späße nicht stand. Für die Hugenotten braucht er seine fügsame Schwester, die zwar ein wenig hinkte und nicht gerade schön war, dafür aber tugendhaft und treu. Für die Katholiken dagegen bedarf er der Gattin, und erst ihre Anwesenheit läßt ihn nicht mehr als Flüchtling und Anführer der Rebellen erscheinen, sondern bestätigt ihn in seinem Rang als Erster Prinz von Geblüt, Schwager des Königs und Schwiegersohn Katharinas. Auf diese Weise kann man dann den Beweis erbringen, daß zwischen Hugenotten und Katholiken ein gutes, ja vergnügliches Zusammenleben im besten Einverständnis möglich ist. Zwischen beiden Parteien steht eine blutbefleckte Mauer, die man nach und nach, Stein für Stein wird abtragen müssen, und wenn diese Aufgabe Zeit, Vorsicht, Geschicklichkeit und Beharrlichkeit voraussetzt, wird er zu warten wissen, seine Gegner und selbst seine Feinde einfangen und sogar den alten Montluc ködern. Der König von Navarra wird in Guyenne neue Wege weisen.

Die Schwester Katharina war zum Bruder heimgekehrt, aber das Kommen der Gattin Margarete machte Schwierigkeiten. Der König hatte sich zum Haupt der Liga erklärt, und die Liga war auf die Vernichtung der Hugenotten eingeschworen. Konnte Heinrich III. seine Schwester als Königin an einen hugenottischen Hof schicken? Margarete hätte nichts dagegen, als Königin von Navarra ein angenehmes Leben zu führen, aber der Bruder darf es ihr nicht gestatten, er hat sich sogar erzürnt: daß Heinrich von Navarra seine Schwester bei sich haben wolle, sei recht und schön, aber auch er, der König, wolle seine Schwester bei sich behalten so lange er könne. Es wird ihm nicht lange gelingen. Man hat sich in den Kopf gesetzt, Prinzen und Prinzessinnen am Hofe festzuhalten, aber der Ehrgeiz, eine eigene Rolle zu spielen, liegt ihnen von Geburt an im Blut, und sie können sich nicht damit abfinden, daß der königliche Bruder alles bedeuten soll, während sie nur als Trabanten einen eifersüchtigen Gott umkreisen. Und indem man sich mit allen Mitteln bemüht, sie festzuhalten, sinnen und spinnen sie nichts als Fluchtgedanken.

Lassen wir Heinrich von Navarra bei seinen Hugenotten und bei seinen schwierigen ersten Aufgaben, und betrachten wir indessen ein sonderbares Beispiel prinzlichen Unabhängigkeitsdranges am Hofe von Frankreich! Der Herzog von Alençon ist in den Louvre zurückgekehrt, hat ihn aber rasch wieder verlassen. Ein neuer Plan ist in diesem Querkopf aufgetaucht. Seine Herzogtümer, seine Einkünfte haben ihm eine größere Bewegungsfreiheit, aber auch ein gesteigertes Machtgefühl verliehen. Nach seinem Frieden dürstet er nun nach neuen Taten, er will den Heerführer spielen, Städte erobern, sich ein Reich unterwerfen. Da es keinen Bürgerkrieg gibt, in dem er glänzen könnte, nimmt er den Plan Colignys wieder auf. Also will er nach Flandern gehen und dort den Widerstand der Flamen gegen die spanische Herrschaft nähren und unterstützen. Da ihm sein Bruder keine Truppen zur Verfügung stellt, wird er sie in seinen eigenen Herzogtümern ausheben, im Ausland anwerben und auch an Ort und Stelle bereitfinden, wenn er in seiner Rolle als Befreier auftritt. Alençon hat die Absicht, sich in den Niederlanden eine eigene Herrschaft aufzurichten und Herzog, Großherzog oder gar König von Flandern zu werden und sich damit vor den Augen der Königin von England zu erhöhen, die er immer noch zu heiraten träumt. Er überläßt die Liga seinem Bruder und übernimmt die Rolle, die er sich selbst auf den Leib geschrieben hat: ein aufgeklärter Fürst, der nur die Gerechtigkeit vertritt und den Bedrückten beisteht.

Sein Bruder ist nicht einverstanden, kann aber auch keine ernsten Maßnahmen gegen ihn ergreifen, denn Franz von Alençon verfügt jetzt über seine Städte, seine Machtmittel, und es fehlt nie an Edelleuten, die keinen anderen Beruf, keine andere Lebensberechtigung kennen, als zum kriegerischen Gefolge eines Fürsten zu gehören. Zwei Jahre nach seinem Regierungsantritt ist der König im Begriff ausgeschaltet zu werden; er läßt dem Unternehmen seinen Lauf und behält sich vor, es mit einiger Geschicklichkeit doch zum Scheitern zu bringen, denn er möchte nicht noch einmal die Feindseligkeit Spaniens heraufbeschwören.

So sieht es am Hofe aus, der für alle ein immer unerträglicherer Aufenthalt wird. Bei der Intrige des Herzogs von Alençon hat auch Margarete ihre Chance gefunden; wenn sie schon nicht in Guyenne die Königin von Navarra spielen darf, so eilt sie jetzt ihrem Bruder nach Flandern voraus. Alles ist besser, als verheiratet aber ohne Mann, als ewige Strohwitwe im Kämmerlein Laute zu spielen. Auch sie fühlt sich getrieben, mit ihrer Schönheit, ihrem Geist, ihrer Begabung, ihrer erlauchten Herkunft zu glänzen und ins Getriebe der Welt einzugreifen, vor allem aber dürstet sie nach Luftveränderung. Aus Gesundheitsgründen muß sie in die Bäder von Spa; gegen eine so harmlose Reise können Mutter und Bruder nichts einwenden, und für die Schwester des Königs von Frankreich versteht es sich von selbst, daß ihr Auftreten im Ausland sich glanzvoll gestalten muß. In ihrer mit Samt ausgeschlagenen Sänfte, eskortiert von ihren Damen und Edelleuten, erscheint Margarete endlich nicht mehr als die stets gescholtene und zurückgesetzte Prinzessin, eine halbe Gefangene, sondern als die Schwester des Königs, der königlicher Empfang gebührt.

Was für ein neues, zauberhaftes Vergnügen! Der Erzbischof von Cambrai kommt ihr eine halbe Meile weit entgegen, gibt ihr rauschende Feste. Sie lobt dafür die Schönheiten der Städte, der Kirchen, der Brunnen, der kunstvollen Uhren, die mit dem Glockenschlag zwölf einen Figurenreigen mit Musikbegleitung in Bewegung setzen. Nach der dumpfen Luft des Hofes genießt sie die offenherzige und schlichte Gastfreundschaft der Flamen, erfreut sich am Anblick der kleinen, blitzsauberen Häuser, an den blondköpfigen Kindern, die sich wie Orgelpfeifen hinter ihren etwas plumpen, aber ebenso kindlich begeisterten Eltern aufgestellt haben und mit großen Augen die königliche Gottheit bestaunen, die ihnen so leutselig entgegenkommt.

Margarete steckte mit dem Herzog von Alençon unter einer Decke. Die Bäder von Spa waren nur ein geschickt gewählter Vorwand, damit man ihr die Reiseerlaubnis nicht verweigern konnte. Ihre eigentliche Absicht ging darauf, die Flamen zu bezaubern, ihre Herzen zu erobern und dem Herzog von Alençon zu gewinnen. Sie verstand es sehr geschickt, ihren braven Gastgebern die Schwere des spanischen

Jochs und der Inquisition fühlbar zu machen. Dem Gouverneur von Valenciennes gab sie zu verstehen, was sie dem Erzbischof von Cambrai nicht zu sagen wagte: er brauche nur zu wollen, nur die Stadttore offen zu halten, der Herzog von Alençon sei nicht weit, er werde mit stattlichem Gefolge als Befreier seinen Einzug halten, gleich beliebt bei den Katholiken, da er selbst katholisch sei, wie bei den Hugenotten, die er in Frankreich beschütze und denen er in seinem Friedensvertrag zahllose Vorteile zugeschanzt habe.

Die bezaubernd höfliche und einschmeichelnde Margarete ist ein liebenswürdiger Vorbote des von ihr angekündigten Glücks. Als Frau von Lélan, die Gattin des Gouverneurs, über das Kleid der französischen Prinzessin in Verzückung gerät, findet sie am anderen Tag auf ihrem Bett genau das gleiche ausgebreitet mit allem Zubehör an Fächern, Handschuhen und Parfums. Und mit wie liebenswürdiger Herablassung führt sie den Flamen ihre schöne Tragsänfte vor, die mit spanischem Purpursamt ausgeschlagen und mit Gold und Seide bestickt ist, übersetzt ihnen die vierzig italienischen und spanischen Wahlsprüche, die sich alle auf Wesen und Wirkung der Sonne beziehen, denn die aufgeklärten Prinzen haben nicht erst das Zeitalter Ludwigs XIV. abgewartet, um sich der Sonne zu vergleichen! Schon meinen die flämischen Damen, das wahre Lebensglück unter ihren milden Strahlen zu verspüren. Herr von Lélan ist gewonnen und nun bleibt nur noch übrig, Don Juan de Austria in Sicherheit zu wiegen, der im Namen seines Bruders, des Königs von Spanien, Flandern regiert. Vor ihm spielt Margarete mit vollendeter Schauspielkunst die Leidende, die nach Spa reist, um die Kur gegen ein Hautleiden zu gebrauchen, und spricht mit dem Gesandten, den ihr Don Juan zur Begrüßung entgegenschickt, als gute Verwandte von ihrem Schwager, dem König von Spanien, und erkundigt sich nach ihren lieben Nichten. Lassen wir aber Margarete und ihre diplomatische Mission, es genügt, an diesem Beispiel aufzuzeigen, wie sehr alle Prinzen dieses königlichen Hauses einander entgegenarbeiten. Heinrich III. vermochte nicht, das Unternehmen zu verhindern, und ließ für eine Weile dem unbequemen Bruder freie Hand; aber während Franz von Alençon in seinen Herzogtümern Steuern und Soldaten einzog und den kriegslustigen Edelleuten einen leichten Sieg versprach, in dem sie sich gefahrlos austoben könnten, warnte Heinrich III. Don Juan de Austria. Es sei nicht seine Schuld, daß sein Bruder sich als Unruhestifter aufführe, daß seine Schwester, der er nur die Erlaubnis zu einer Badereise gegeben, Intrigen spinne. Der König von Frankreich trage sich in keiner Weise mit der Absicht, seinem Bruder, dem König von Spanien, Schwierigkeiten zu bereiten. Infolgedessen konnte Don Juan die schönsten Feste für Margarete veranstalten und sie auf einer Insel unter den Klängen von Oboen, Hörnern und Geigen willkommen heißen. Für Margarete war es ein einzigartiger, unvergeßlich schöner Tag, an dem sie der Held von Lepanto mit königlichen Ehren empfing. Aber nach den Feierlichkeiten zog sich der Heros zurück, und das Erwachen war schmerzlich. Man verwehrte ihr die Weiterreise, die angsterfüllten Gouverneure schienen wie umgewandelt, und sie mußte auf schnellstem Wege die Flucht ergreifen, sogar zu Pferde steigen und die schöne Sänfte im Stich lassen. Als Margarete Namur passierte, läuteten die Sturmglocken und schweres Geschütz rollte über das Straßenpflaster. Es blieb ihr nichts, als in wilder Eile, rechts und links goldene Ketten und Ringe verteilend, die Grenze zu erreichen und bei der Wiederbegegnung mit Alençon einzusehen, daß man mit verzuckerten Redensarten und einer Robe im Wert von zwölfhundert Talern Flandern nicht in die Tasche steckte.

Bei den Kindern Katharinas enden alle Eskapaden mit der Rückkehr in den Louvre. Um jeden Preis will die Mutter ihre Kinder aussöhnen und sie besteht darauf, daß man sich in ihrer Gegenwart liebend umarmt. Wenn sie die geschwisterliche Eintracht nicht herzustellen vermag, droht sie mit ihrer Rückkehr nach Florenz. Die Prinzen sollen am Hof und an der Seite des Königs leben, der bei seinen tausend Schwierigkeiten und Gefahren Stütze und Sicherheit in der eigenen Familie braucht. Auch in diesem Punkt hat man nicht auf das Beispiel Ludwigs XIV. gewartet, um die Großen mit goldenen Fäden an den Hof zu fesseln. Die Geschichte improvisiert selten, alles bereitet sich von langer Hand vor. So kehrt man nach jedem Fluchtversuch und Ausbruch in den Louvre zur Königinmutter zurück, unterwirft sich und denkt bereits wieder an die nächste Flucht.

Zu den quälenden Sorgen des Königs gesellt sich eine neue Beunruhigung, die allmählich zur fixen Idee wird. Er ist drei Jahre verheiratet und immer noch kinderlos. Selbst als Säugling würde ein Dauphin den Valois die Hoffnung auf Dauer wiedergeben und den Intrigen der Großen ein Ende machen. Noch verzweifelt man nicht, denn die Ehegatten sind jung, und man weiß sich noch wohl zu erinnern, in welcher Angst und Sorge die Königinmutter selbst zehn Jahre lang ihr Erstgeborenes herbeisehnte. Die junge Königin Louise greift zu allen Hilfsmitteln Himmels und der Erde: sie gebraucht Badekuren, unternimmt mit dem König Wallfahrten, bringt reiche Opfergaben dar und schmückt mit eigener Hand die Marienaltäre. Das Fieber der Erwartung läßt sie nicht los, aber die Zeit vergeht ohne jedes Anzeichen der Schwangerschaft. Karl IX. hat einen Sohn hinterlassen, aber es ist ein Bastard, er hat auch eine Tochter, aber nach dem Gesetz ist sie von der Thronfolge ausgeschlossen und im übrigen sterbenskrank. Sollte ein Fluch auf diesem Hause lasten? Heinrich III. wird hin und hergerissen zwischen glühenden Andachtsübungen und leichtfertigen Vergnügungen, blinder Leidenschaft für seine Günstlinge, zwischen Kasteiung und Parfums, zwischen zierlich gefälteter Halskrause und Mönchsgewand. Er steht ganz allein. Als Nachfolger zweier Schwächlinge fand er das königliche Ansehen sehr gemindert vor. Er fühlte den düsteren, lauernden, abwartenden Blick Philipps II. und die kalten Augen Englands auf sich gerichtet. Im eigenen Reich gebrauchen Heinrich von Guise und dessen Familie die Liga als Werkzeug gegen den König und haben ihn in einer Falle gefangen, aus der er sich nur tödlich verletzt und dem Untergang geweiht freimachen kann. Sein Bruder spielt mit den „Unzufriedenen", mit den „Politikern" gegen ihn, auch Heinrich von Navarra hat ihm die Stirn geboten und ihn hintergangen, und noch weiß niemand, was er mit seinen Hugenotten spielen wird. Je mehr der König nachgibt, desto mehr entreißt man ihm. Bei der Betrachtung seiner Lage verlieren wir uns in einem hoffnungslosen Labyrinth, und ihm selbst geht es nicht anders. Nur eine Kinderhand, ein Dauphin, vermag ihn aus diesem Labyrinth und ans Tageslicht zu führen, das ist seine Überzeugung. Die Liebe des Volkes wendet sich von einer erlöschenden Rasse ab und späht nach demjenigen aus, auf den sie ihre armseligen Hoffnungen setzen kann.

Am Tage der Flucht Heinrichs von Navarra glaubte man in den Wolken Drachen, Pferde und Krieger wahrzunehmen. Jetzt beginnen die Valois angsterfüllt über ihrem Palast ein weit furchterregenderes Gespenst zu erblicken: das Erlöschen ihres Hauses.

XVII

DER GOUVERNEUR

Es ist schon über ein Jahr, daß Heinrich mehr durch List als Gewalt sich seine Stellung im Staate, sein Amt als Gouverneur von Guyenne errungen hat. Er richtet sich ein und bringt sich zur Geltung. Als er auf sein Entkommen sann, war er unaufrichtig und undurchsichtig gewesen, jetzt ist er frei und spielt ein offenes Spiel. Er bekennt sich kühn zu der Aufgabe, die er sich gestellt hat. Trotz seiner vierundzwanzig Jahre weiß er genau, was er will, und ist entschlossen das Experiment zu wagen. Gern würde er mit seinem Landsmann Montaigne sprechen: „Mit den Guelfen bin ich Ghibelline, und mit den Ghibellinen Guelfe." Montaigne erwähnt mitunter ohne Namensnennung einen großen Fürsten und bedeutenden Heerführer von sehr verschlossenem Charakter, mit dem er in persönlichen Beziehungen gestanden habe. Unwillkürlich drängt sich der Gedanke auf, daß er Heinrich von Navarra gut gekannt habe, und daß sich in den Handlungen des einen die Gedankengänge des anderen widerspiegeln. Montaigne war zwanzig Jahre älter; was wir in seinen Schriften an Berichten und Urteilen über die Religionskriege finden, hat er sicher hundertmal vor dem jungen Gouverneur ausgesprochen: nichts ist dem Wesen der Religion mehr zuwider als Religionskriege, die Religion ist weder ihre Ursache noch ihr Ziel. Sie dienen nur dem Ehrgeiz und der Habgier, schwächen die Nation und erwecken die Begehrlichkeit des Auslands. Die Heiligen haben damit nichts gemein.

Der König von Navarra sprach oft aus, er wisse es selbst nicht genau, ob er Hugenott oder Katholik sei, sicher nur, daß er weder Jude noch Mohammedaner sei. Und stets wiederholte er, daß man ihn nicht genügend in Religionsdingen unterwiesen habe; noch mit vierzig Jahren wird er fragen, was eigentlich die Unterschiede seien, welche die beiden Kirchen trennen. Theologische Streitfragen können nicht durch das Schießgewehr entschieden werden. Er ist überzeugt, daß das Volk noch unwissender ist als er selbst, und während er immer wieder die Einberufung eines großen Konzils erwartet und fordert, vor dem die Zwistigkeiten zwischen den beiden Kirchen zur Aussprache und Versöhnung gebracht werden sollen, sieht er es in seinem eigenen Regierungsbereich als seine Mission, ja, als eine Art Ehrensache an, nicht einer Religion zur Macht zu verhelfen, sondern der Gerechtigkeit und Eintracht im Zusammenleben zweier Parteien.

Der Gouverneur — so lautet jetzt sein Titel, obwohl man ihn auch König von Navarra nennt — erläßt Befehle, hält streng auf Ordnung, ermahnt die Fanatiker beider Parteien und bedroht sie mit Strafen, falls sie den Frieden brechen. Krieg bedeutet Gewalt, Friede verlangt Behutsamkeit. Ein Nichts kann ihn gefährden, ein Funke, ein Windstoß genügen, um den Brand wieder anzufachen. Der König von Navarra möchte alles wissen, überall gegenwärtig sein. Er ist nicht der Mann, sich nur mit Parteigängern zu umgeben und in Nérac ein abgekapseltes Hofleben zu führen inmitten einer Clique von Günstlingen. Beim katholischen oder hugenottischen Schloßherrn will er ebenso willkommen sein wie beim Bauern, beim Handwerker und vor allem auch bei der schönen Müllerin. Der politische Instinkt ist ihm zur zweiten Natur geworden, und zum erstenmal hat er Gelegenheit, ihn zu betätigen. Wird dem Adel ein Kind geboren, gleichviel ob Katholik oder Hugenott, so schickt der König seine Glückwünsche und seine Ermahnung. Möge das Neugeborene ein guter Franzose werden, lautet die Botschaft des Gouverneurs. Oft erscheint er selbst zur Familienfeier und trägt zur Heiterkeit des Festes bei. Unterwegs hält er Einkehr in den Schenken und tut einen Schluck aus dem Weinkrug. Bei Dorffestlichkeiten fällt es ihm ein, sich selbst einzuladen, den Tanz anzuführen und, obwohl er Hugenott ist, die Kirche zu betreten. Schon heißt es „unser Gouverneur" und bald „unser Heinrich". Vor „unserem Heinrich" hört der Pfarrer auf, die Verwünschungen des Himmels auf die Hugenotten herabzurufen, und die protestantischen Prediger unterlassen es auf einen

Wink des Gouverneurs, den Katholiken mit dem Zorn Gottes zu drohen. Jede Rundreise gestaltet sich als Fest und Erkundungsfahrt zugleich. Er hält nicht Gerichtstag unter der Eiche wie der Heilige Ludwig, aber er will klar sehen und seine Stimme vernehmen lassen. Einem Streitfall auf den Grund zu gehen, ist nicht immer leicht, oft wird schon ein Achselzucken als Beleidigung empfunden, es kommt zu einer Schlägerei, und ehe man es sich versieht, bleiben ein paar Tote auf dem Platz. Großes Geschrei auf beiden Seiten, der Friede sei gebrochen, man müsse zu den Waffen eilen. Wenn es schon schwer ist, zu durchschauen, ob ein Streit die Religion oder ein gestohlenes Huhn zur Ursache hat, so ist es gewiß nicht leicht, sich zwischen dem Generalstatthalter des Königs, Villars, und den Hugenotten zu behaupten. Villars findet, der Gouverneur nehme Partei für seine Glaubensbrüder, diese wieder beschweren sich, daß sie beim Haupt ihrer Partei nicht genügend Unterstützung fänden. Da ist der Prinz von Condé doch ein anderer Mann, ein wirklicher Führer. Ebenso jung wie Heinrich, dient er treu und mit ganzer Seele der hugenottischen Sache und ist mit den deutschen Höfen, welche die Reiter stellen, befreundet und verbündet. Wenn der König von Navarra die Sache der Hugenotten so lau nimmt, hätte er gleich im Louvre bleiben können bei Tanz und Spiel.

Sein Lebenswandel fordert die Moralisten heraus. Abgesehen von seinem Gerechtigkeitssinn läßt er sittlich manches zu wünschen übrig: er frönt der Jagdleidenschaft und ist ein Schürzenjäger. Der Gouverneur sitzt zwischen zwei Stühlen, wird von allen Seiten mißbilligt und besitzt nur wenig wahre Freunde. Seiner Familie ist er entflohen, er ist verheiratet ohne Gattin, Witwer ohne Freiheit. Für lange Zeit, man kann fast sagen für immer, wird es für sein Gefühlsleben nur Liebe und Liebschaften geben, und im Augenblick sind ihm die flüchtigsten Abenteuer die liebsten: er bindet sich an keine und geht nur dem Vergnügen nach. Im Louvre galt Madame de Sauve als seine Mätresse, in Guyenne ist es die, die ihm in den Weg läuft und die ihm gefällt. Um einer schönen Schloßherrin willen macht er sich nachts bei Gewittersturm ganz allein auf den Weg und muß eine Stunde lang anpochen, bis man ihn bei dem Getöse des Donners hört. Bei einem Ballfest in Auch löschen er und seine ausgelassenen

Kumpane alle Lichter aus und treiben die schlimmsten Tollheiten. Am nächsten Sonntag wettert der Pfarrer von der Kanzel: junge Herren, die er nicht nennen wolle, hätten sich bei einem Ball wie Satyre aufgeführt.

Duplessis-Mornay, ein wahrhaft frommer und aufrechter Mann, der Heinrichs Ideen und Anschauungen teilt, steht ihm zur Seite. Er stellt seine meisterhafte Feder, seinen weisen, gemäßigten Geist und sein feuriges Herz in den Dienst des Gouverneurs, er ist sein erster Ratgeber und würde gerne seine Vervollkommnung fördern, wäre nur Heinrich ernster Arbeit ebenso geneigt wie dem Vergnügen. „Ach", schreibt Duplessis-Mornay, „wenn der Fürst nur um acht Uhr früh aufstehen, mit seinem Geistlichen die Morgenandacht verrichten und sich dann mit seinen Mitarbeitern in das Arbeitszimmer begeben wollte, käme man in Muße zur Erledigung aller wichtigen Angelegenheiten. Bis zur Abendtafel könnte der König von Navarra dann tun und treiben, was ihm an Vergnügen oder Leibesübung gefällt, bis auf eine Stunde, die er noch den Geschäften widmen müßte. Während der Abendtafel könnte man noch einige erbauliche Gespräche führen, ohne daß es geradezu eine Predigt sein müßte. Dann mag der König sich bis neun Uhr nach seinem Belieben unterhalten, um zu dieser Stunde das Schlafgemach aufzusuchen, wo ihn sein Geistlicher zum Nachtgebet erwartet."

Jeden Tag um acht Uhr aufstehen und um neun Uhr schlafengehen, zweimal täglich erbauliche Vorträge, wenn auch nicht gerade eine Predigt, so doch etwas sehr Ähnliches anhören — dieses Schuljungenprogramm klingt „unserem Heinrich" nicht sehr verlockend. Er läßt sich in Nérac von seinen Geistlichen ebenso wenig einsperren wie im Louvre von den Valois. Lieber sucht er ein zweites Mal das Weite. Duplessis-Mornay ist ein vorzüglicher Redner, stilisiert mit großem Geschick die Briefe des Königs von Navarra, wünscht gleich ihm von ganzem Herzen den Frieden zu erhalten und ist nicht wie d'Aubigné ein zänkischer Hitzkopf. In den politischen Ansichten ist er mit seinem Herrn in einem solchen Grade einig, daß man Lehrer und Schüler nicht unterscheiden kann. Aber wenn es ans Moralpredigen geht, stellt Heinrich sich taub, läßt das Mahnschreiben Duplessis-Mornays mit liebenswürdiger Miene in der Tasche verschwinden, schwingt sich auf sein Pferd und sagt, mit eigenen Augen bekomme man sehr viel mehr zu sehen, als wenn man am grünen Tisch über den Akten sitze. Er rettet sich vor der Nörgelei in die frische Luft und findet im Morgenwind, auf dem Lande, in Wiesen und Gewässern die tägliche Aufmunterung, die man aus endlosen Diskussionen nicht zu gewinnen vermag. Unterwegs fragt er die Bauern aus, will wissen, was Hans und Grete vom Gouverneur halten, und hört ihre Klagen über den Regen, den Hagel, das kranke Vieh und die schlechten Zeiten an. Dabei bekommt er manchmal auch ein gutes Wort über sich selbst zu hören. Man weiß, daß er ständig so gut wie ohne Begleitung unterwegs ist, man möchte ihn einmal mit eigenen Augen gesehen haben, aber wer erkennt ihn schon mit Sicherheit in dem Ritter im grauen Wams, der staubbedeckt vorüberjagt? Man weiß nie, war er's oder war er's nicht? Ihm macht dieses Spiel Spaß, und als ihn eines Tages ein Bauersmann nach einer längeren Unterhaltung, während er sich auf seine Sense stützt, fragt: „Woran erkennt man denn den König von Navarra?" antwortet Heinrich: „Er sieht aus wie alle anderen, aber wenn er unter seinen Edelleuten ist, behält nur er seinen Hut auf dem Kopf. Komm, ich will ihn dir zeigen." Er läßt den Mann mit aufsitzen, und als in Nérac die Edelleute barhaupt den Ritter umringen, der seinen schäbigen Hut auf dem Kopf behält, geht dem Bauern ein Licht auf. Die Geschichte nimmt ihren Weg durchs Dorf, vom Vater zum Sohn und geht mit tausend anderen in die Legende Heinrichs IV. ein.

Gern trinkt er seinen eigenen Wein, er ist dabei, wenn man in seiner Mühle in Barbaste das Korn drischt. Seine scherzhaften Botschaften unterzeichnet er mit dem neuen Titel: der Müller von Barbaste. Von der Mutter hat er in Albret Grund und Boden, Häuser und Wälder geerbt, die er jetzt in sehr verwahrlostem, teils zerfallenem, teils verwüstetem Zustand vorfindet. Sogleich läßt er die Felder wieder bestellen, die Gebäude herrichten und die Wälder aufforsten. Er weiß, was ihn sein Wein und sein Holz kostet und was sie einbringen müssen, und fordert den ihm gebührenden Anteil. Als Gouverneur hat Heinrich 70 000 in Tours geprägte Livres Einkünfte, seinen übrigen Geldbedarf deckt er aus eigenen Gütern. Schon jetzt besorgt sein Freund Rosny die Vermögensverwaltung und wacht über Soll und Haben. Wird das Geld knapp, so veräußert Rosny ein Waldstück aus seinem eigenen Besitz. Der König von Navarra hat als Leibwache 40 Bewaffnete und 70 Bogenschützen. Zu einem kriegerischen Unternehmen würde er eigene Soldaten benötigen, die bezahlt werden müssen. Man muß also schon jetzt sich Anhänger schaffen und rechtzeitig die Drachensaat aussäen.

Was mag er damals von seiner Zukunft gedacht haben? Es ist das Privileg der Geschichtsschreibung, von der Warte der Zeit den Weg der Menschen zu verfolgen, die ahnungslos einem ihnen unbekannten Schicksal entgegengehen. Im Kampf um die Macht wird ein hohes Spiel gespielt, Heinrich von Navarra aber nimmt nicht teil daran und will es auch nicht. Der König von Spanien macht ihm heimlich Anträge und will ihn zu einem seltsamen Bündnis verleiten. Aber auf solche Abwege begibt Heinrich sich nicht und setzt sogar als guter Freund den Louvre in Kenntnis. Er hat sich ein begrenztes Tätigkeitsfeld gesteckt. Selten daß er sein Béarn betritt; dort herrscht der strenge hugenottische Geist, den Jeanne d'Albret eingeführt hat und den er weder offen unterstützen noch bekämpfen möchte. Ihm genügt sein Experiment in Guyenne. Wohin wird es ihn führen? Wird er in alle Ewigkeit den Märchenprinzen und fahrenden Ritter spielen, der in Bauernhütten auftaucht, die Mädchen bezaubert, außer Drachenzähnen auch kleine Bastarde sät, Knoblauch kaut, Wein aus dem Kruge schlürft und dazu im unverfälschten Landesdialekt ein heimatliches Lied vor sich hinsingt?

Er spielt die Rolle des Prinzen von Arkadien und läßt doch keinen Vorteil aus den Augen, nimmt Beziehungen auf zu seinen Nachbarn, den Gouverneuren des Languedoc und der Dauphiné und schließt mit ihnen Freundschaftspakte. Schritt für Schritt erweitert er seine Macht und bleibt dabei stets auf dem Boden der Wirklichkeit. Seinen Rang als König und Erster Prinz von Geblüt weiß er geschickt in die Wagschale zu werfen und durch sein gewinnendes Wesen Ansehen und Geltung zu erhöhen. Nur eines fehlt ihm: eine Frau, die Gattin.

Für den als Flüchtling Angekommenen ist es der Augenblick, seine Machtstellung auszubauen und Hof zu halten, aber auch sich in den Besitz von Margaretes Mitgift zu setzen: der dreihunderttausend Taler, der Städte im Languedoc, der Herrschaft über Cahors, der

Grafschaft Agen. Und schließlich sind auch Heinrichs Zukunftspläne und Berechnungen vorzüglich von dem gleichen Gedanken erfüllt, der die Valois in ständiger Angst und Erwartung hält: der Unfruchtbarkeit der Königin, der ungesicherten Thronfolge. Der Herzog von Alençon hat immer noch nicht die Königin von England geheiratet, die nun bald fünfundvierzig Jahre alt ist. Trotzdem führt er die Verhandlungen fort, die man weder zum Abschluß noch zum Bruch kommen lassen will. Wie ein sonderbares Traumbild schwebt diese Verbindung ewig in den Wolken. Mittlerweile bleibt der Prinz unverheiratet, und selbst wenn diese merkwürdige Ehe zustandekäme, kann man kaum mit einer Nachkommenschaft rechnen. Für den Augenblick also zeigt sich kein Thronerbe am dunklen Horizont der Valois. Nichts würde die schiefe Situation, in der sich der Erste Prinz von Geblüt noch befindet, glänzender retten als die Geburt eines Sohnes der Tochter Frankreichs und Schwester Heinrichs III. Margarete ihrerseits brennt darauf, als Königin von Navarra nach Guyenne zu gehen mit der Aussicht, eines Tages als Königin von Frankreich oder Mutter eines Königs von Frankreich zurückzukehren. Heinrich von Navarra ist jetzt in erster Linie Heinrich von Bourbon. Er rückt der Krone näher, und wenn seine Chance auch noch in ungewisser Ferne liegt, möchte sie Margarete von Valois doch nicht versäumen.

Das Glücksrad Heinrichs dreht sich unausgesetzt und zeigt ihm stets neue Aspekte. Nur er selbst bleibt unverändert: er ist in mehr als einem Land zu Hause, er hat mancherlei Luft geatmet, gesunde wie vergiftete, er ist gefeit gegen äußere Einflüsse, wundert sich über nichts und schätzt nur sorgfältig die Kräfte ab, vor allem die Schwächen seiner Umgebung, die kleinen Intrigen und die weittragenden Berechnungen. Seine Mutter hatte gewollt, daß er gegen alle Unbilden der Witterung, gegen Hitze und Kälte, Wind, Regengüsse und Sonnenglut abgehärtet werden sollte. Ihr Wunsch ist mehr als erhört worden, denn außer dem Körper ist auch die Seele Heinrichs von alles überwindender Lebenskraft erfüllt, weiß sich den wechselnden Lebenslagen wie den wechselnden Menschen anzupassen und strahlt Heiterkeit, Energie und Wandlungskraft aus. Als König von Navarra und Gouverneur von Guyenne hält er sich selbst die Mahnung vor, die Heinrich II. seinem Vater Anton von Bourbon erteilt hatte: „Mein Neffe, hüten Sie Ihren Rang in Frankreich!" Für ihn, der eines Tages in Frankreich nicht nur dienen, sondern auch herrschen soll, gilt das Wort doppelt. Jetzt wird ihm die Gattin als Gegengewicht für seine Stellung unentbehrlich, sowohl für den Augenblick wie für die ungewisse Zukunft.

Man wird sie ihm nicht verweigern können, denn er ist stark geworden, und der König irrt nach wie vor durch sein auswegloses Labyrinth. Der Monarch hält und überwacht den gefährlichen Bruder im Louvre, aber immer wieder brechen Streitigkeiten aus, und Margarete steht zum jüngeren, den sie bedauert und, wie sie sagt, mehr als alles auf der Welt liebt. Der König hat seine Günstlinge, infolgedessen beansprucht Alençon das gleiche Recht für sich. Zwei Cliquen treten sich eifersüchtig gegenüber, bedrohen einander und ziehen schließlich die Dolche. Alençons Liebling, der tapferste und herausforderndste seiner Favoriten, ist im Louvre selbst von zahlreichen Messerstichen durchbohrt gefallen. Es kommt zwischen den Brüdern zu den heftigsten Szenen, niemand entrinnt dem verhängnisvollen Kreislauf, in dem sich die gleichen Situationen immer wiederholen. Ein zweites Mal entwich der Herzog von Alençon aus dem Louvre. Er hatte die Flucht wie ein Gefangener aus seinem Kerker mittels einer Strickleiter bewerkstelligt, an der er sich aus Margaretes Fenster gleiten ließ. Um ein Haar hätte er sich dabei den Hals gebrochen, und Margarete fast den Louvre in Brand gesteckt, als sie die Stricke in ihrem Kamin verbrannte. Alençon gewann das Weite. Der dicke Prior von St. Germain-des-Prés kam zitternd und atemlos mit der Neuigkeit in den Palast gerannt: der Herzog habe in nächtlicher Stunde mit einem kleinen Gefolge an der Abtei angeklopft, dem Prior befohlen, sich bis zum Morgen nicht aus seiner Zelle zu wagen, und dann eine Bresche in die Gartenmauer brechen lassen. Draußen im Gebüsch hätten ihn Berittene erwartet. Er hat einen Zettel hinterlassen, den der Prior überbringt: der Herzog von Alençon, der sich im Louvre wie ein Gefangener fühlt, habe sich mit seinen Freunden vereinigt und werde sein Verhalten nach der Behandlung regeln, die man seiner Schwester Margarete angedeihen lasse.

Die Drohung ist unklar, aber ernst. Wieder eilt Katharina ihrem querköpfigen Sohne nach und breitet die mütterlichen Arme zur Versöhnung aus. Mit Margarete verfährt man härter. Alle Unschuldsbeteuerungen, erzählt sie, halfen ihr nichts, ihre Mitwirkung war klar erwiesen, man wußte sogar, daß die Stricke in ihrem Lautenkasten ins Schloß geschmuggelt worden waren. Die Wachen hatten in der Nacht der Flucht Feuergarben aus ihrem Schornstein aufsteigen sehen, im Kamin fanden sich verdächtige Aschenreste. So unzufrieden man mit den jüngeren Geschwistern ist, man muß ihnen entgegenkommen. Mit Zorn und Wut macht man keine Politik. Eine Bestrafung ist ausgeschlossen, man sperrt die Söhne und Töchter des königlichen Hauses nicht ein, ohne eine Revolte heraufzubeschwören. Und während die unermüdliche Mutter weint, versöhnt, vermittelt, kommt man zur Einsicht, daß man nachgeben muß. Von seiner Schwermut gepeinigt, sucht der König Zerstreuung bei seinen Mignons, und das ist ein kostbarer Luxus. Er kann es sich nicht leisten, sich die eigene Familie zu Feinden zu machen, denn schon machen ihm die Guisen genug zu schaffen. Das Volk murrt über die Steuern, die Studenten singen Spottlieder, auf dem Jahrmarkt von St. Germain waren sie zu sehen, wie sie als Mignons herausgeputzt ihren Unfug trieben. Sie hatten sich riesige Halskrausen aus Papier umgeheftet, spazierten mit wiegenden Hüften auf und ab und machten dazu schlechte Witze.

Nein, der König kann den Unzufriedenen nicht entgegentreten. Er bewegt sich in einem *circulus vitiosus*, dem er nicht entrinnt: die Schwierigkeiten steigern seine Schwermutsanfälle und treiben ihn in die Arme seiner Favoriten, während die Favoriten wieder seine Schwierigkeiten und damit seine Schwermut vermehren. Margarete will zu ihrem Gatten nach Guyenne — mag sie gehen. Der König von Navarra fordert seine Gattin — mag er sie haben. Und um der Nachgiebigkeit vor den Augen des Volkes ein Mäntelchen umzuhängen, wird Margarete sofort wieder die Lieblingstochter Katharinas, die innig geliebte Schwester des Königs, die ungeduldig ersehnte Gattin. Sie darf nach Herzenslust eine kostbare Ausstattung vorbereiten, deren Toilettenpracht die Damen der Provinz blenden soll. Sie wird ihren Hof, ihre Beamten, ihren Siegelbewahrer, Herrn von Pibrac, haben. Heinrich von Navarra läßt für sie die Gartenanlagen verschönern: es war wie der Beginn neuer Flitterwochen. Der Gatte wird liebenswürdig und untreu sein, die Gattin untreu und liebenswürdig, aber doch eine Gattin, denn es war Zeit, an männliche Nachkommenschaft zu denken.

Die schöne, mit Wahlsprüchen bestickte Sänfte entsteigt der Versenkung, auch Katharinas Reisewagen wird hervorgeholt. Die Königinmutter wird die Tochter begleiten und ihrem Haus- und Ehestand zuführen. Lieber wäre es ihr freilich, wenn Heinrich von Navarra gekommen wäre, die Gattin abzuholen, aber er bleibt bei seinem Wort: „Nur wenn man mich mit Gewalt hinschleppt, kehre ich in den Louvre zurück." Indessen ordnet er mit allen erdenklichen Aufmerksamkeiten galantester Ritterlichkeit prunkvolle Empfänge für die beiden Königinnen an. Die Reise hat auch ihre politische Bedeutung: wenn die Mutter des Königs nach Guyenne kommt, wird sie die Gelegenheit zu Verhandlungen wahrnehmen: die Hugenotten haben Beschwerden vorzubringen und wählen ihre Abgeordneten, Besprechungen sollen stattfinden und die Mutter des Königs wird als Friedensengel auftreten. Der Kanzler des Reiches, Theologen, Rechtsgelehrte und Schreiber begleiten sie. Es soll endlich festgelegt werden, was in den vielen Zweifelsfällen als erlaubt oder geduldet gelten soll, und man hofft, die ständig auftauchenden Meinungsverschiedenheiten beizulegen zwischen dem König von Navarra und dem Generalstatthalter des Königs, ein Amt, das jetzt der Herzog von Biron verwaltet.

Welch prunkvoller Zug der Königinnen! Die Wiedervereinigung der Gatten kann dem Auge des Volkes nicht entgehen, und wieder begibt sich das Königtum selbst auf die Reise. Katharina und ihre Tochter haben jede ihr Gefolge von Hofbeamten, Damen, Edelleuten und Musikanten. Der Gatte macht seine Sache gut, schickt ihnen in allen Städten seines Gouvernements Abgesandte zur Begrüßung entgegen und versorgt ihre Tafel mit Wildbret, das er selbst erlegt. Boten auf Boten überbringen freudig-zärtliche Briefe und Geschenke. Nur Heinrich selbst läßt sich bei den täglichen Festen nicht blicken.

Läßt er es auch an galanten Aufmerksamkeiten nicht fehlen, so zeigt er sich doch schwierig und mißtrauisch. Zehnmal schon wurde das

Zusammentreffen an einen anderen Ort verlegt. Bordeaux lehnt er ab, weil ihm die Stadt bei seiner Ankunft in Guyenne den Empfang als einem vor dem König flüchtigen Prinzen verweigert hatte. Eine Person aus dem Gefolge der Königinnen hat ihn einmal beleidigt, er wünscht sie nicht wiederzusehen. Eine Stadt ist ihm zu katholisch, eine andere zu hugenottisch und würde die Königinnen nicht herzlich genug empfangen. So sucht man sich und kommt nicht zusammen. Endlich will Heinrich nur an der Spitze eines stattlichen Gefolges, das gut ausgestattet und beritten sein soll, auftreten; das braucht seine Zeit. Man hat gesagt, seine Nase sei größer als sein Königreich, jetzt will er den Königinnen und dem Volk zeigen, daß er aus dem Holz geschnitzt ist, aus dem man Könige macht. Er hat auch nicht vergessen, daß seine erste Hochzeit mit Margarete die Bluthochzeit war; nun will er vermeiden, daß man ihn beim zweiten Mal mit Liebesumarmungen empfängt, um ihm einen Dolch in die Brust zu stoßen. Für die erste Begegnung bestimmt er also ein einsam gelegenes Schloß bei Casteras in der Nähe von La Réole und verlangt im voraus zu wissen, wer anwesend sei. Er weigert sich, mit Biron zusammenzutreffen, und da er hier der Herr ist, muß man sich nach ihm richten und alle Regungen der Unzufriedenheit unterdrücken.
Die Königinnen gehen auch ganz in den Festen, Ansprachen und Bällen auf. Katharina verkündet den zu ihrer Begrüßung herbeigeeilten Abgesandten, daß sie nach den fragwürdigen Edikten den endgültigen Frieden und ihre geliebte Tochter als Unterpfand dieses Friedens bringe. Margarete, ganz in Gold und Silber gekleidet und strahlend wie die Sonne, durchschreitet die ihr zu Ehren errichteten Triumphbogen. In Toulouse fühlt sie sich unpäßlich; sie nimmt die Huldigung der Parlamentsmitglieder im Bett entgegen und entzückt alle durch den himmlischen Gesang der Chorknaben, die ihr zu Häupten aufgestellt, fromme Lieder singen. Katharina spielt die blind verliebte Mutter und rühmt die Schönheit, die Eleganz, die Beredsamkeit ihrer Tochter, denn die hochgebildete Margarete antwortet selbst in wohlgesetzten Worten auf die ihr gewidmeten Ansprachen. In Casteras endlich begegnet man sich unter zärtlichen Gefühlsergüssen und in schönster Harmonie. Nur der unverbesserliche Spötter Heinrich erzählt, seine Schwiegermutter habe bei der Umarmung

sein seidenes Wams abgetastet, um zu fühlen, ob er darunter ein Panzerhemd trage.

In Auch ereignet sich ein kleiner Zwischenfall. Beim Ball tritt ein Edelmann zum König von Navarra und flüstert ihm etwas ins Ohr. Eine Abteilung Katholiken hat auf La Réole soeben einen Handstreich verübt, und es scheint, daß der alte Gouverneur, noch ganz bezaubert von den Königinnen, sich nicht widersetzt hat. Heinrich verläßt sofort den Ball, ruft seine Leute zusammen und nimmt das nahegelegene Fleurance, wie man einen Apfel pflückt. Das ist ein unter Fürsten übliches Spiel, und Katharina nimmt es lachend auf: „Wie Du mir, so ich Dir, aber ich habe den fetteren Bissen erwischt."

In Nérac wird man sich dann den Staatsgeschäften widmen und die Konferenzen mit den hugenottischen Abgeordneten einberufen. Nicht alle Hugenotten zeigen sich unzugänglich, auch hat die Liebenswürdigkeit und Schönheit der Königin von Navarra einigen jungen Herren den Kopf verdreht. Mit ihr halten höfische Feste und Spiele ihren Einzug in Nérac. Die leichtfertige Jugend mag sich verführen lassen, Duplessis-Mornays schöner Prophetenkopf sieht dem Ball mißgelaunt zu, und seine Verstimmung wird noch größer, als er die italienische Schauspieltruppe, die Gelosi, auftreten sieht. Die Königin von Navarra lacht zu laut über ihre Hanswurstereien, ihre Damen entfalten eine herausfordernde Koketterie, und der bis dahin so vernünftige und gesetzte Rosny hat sich in ein Ehrenfräulein der Königin verliebt, während Heinrich mit einer anderen zärtliche Blicke wechselt. Jeden Abend findet ein Ball statt, die Damen der Umgebung drängen sich zu den Festen und lassen sich zu übertriebenen Ausgaben hinreißen. D'Aubigné sagt murrend vom kleinen Hof von Nérac: „Die Laster beginnen sich zu regen so wie an heißen Tagen die Schlangen hervorkriechen und sich räkeln."

Katharina übt ihren scharfen italienischen Witz an den Moralisten. Die hugenottischen Abgesandten beginnen zu den Konferenzen einzutreffen. Mein Gott, was sind sie komisch mit ihren schwarzen Anzügen, ihren flachen Hüten und ihrer langsamen, feierlichen Redeweise! Katharina schreibt an Heinrich III., dem sie genau Bericht erstattet: „Eben kommen die Abgeordneten an; sie sehen alle wie Prädikanten aus oder wie jene Vögel, die ich hier nicht nennen darf, aber Sie verstehen mich schon so wie ich auch Sie verstehe." Auch wir verstehen diese Anspielung, Katharina denkt an die Nachteulen. Die Königinmutter muß eine Ansprache halten und übt sich vorher in Gegenwart ihrer Damen in der biblischen Sprechweise, gespickt mit Zitaten, Sprüchen und geistlichen Redensarten. Ihr Sohn wird mit Salomo, dem vom Herrn Gesalbten verglichen, und die Abgeordneten sind die „Räte Gamaliels". Solchermaßen vorbereitet, tritt Katharina bei der Eröffnung der Konferenz majestätisch und eindrucksvoll auf. Der honigsüße Pibrac spricht die einleitenden Worte. Die Mutter des Königs, weither gekommen, um die Klagen und Beschwerden ihrer Untertanen anzuhören, erscheint als Friedensengel, dem man ehrfurchtsvoll lauschen soll, wie wenn die Mutter Gottes den Erdenbewohnern eine Botschaft schickte. Nach diesen Worten erhebt sich Katharina von ihrem Thronsessel, breitet mit beschwörender Geste die Arme aus und beginnt: „Meine Freunde, geben wir dem lebendigen Gotte die Ehre und entwinden wir die eiserne Zuchtrute Seinen Händen! Wie schön sind die Füße dessen, der uns den Frieden bringt!" So wenigstens beschreibt d'Aubigné die erste Sitzung, bei der Katharina ihm nur als „lächerliche Atreustochter" erschien. Sein possenhafter Bericht und der Brief Katharinas lassen uns über die gegenseitigen Gefühle nicht im Zweifel. Die Abgeordneten, erzählt d'Aubigné weiter, hörten zu, ohne mit der Wimper zu zucken, und verschanzten sich mit eherner Stirn hinter ihr Mißtrauen. Als Herr von Pibrac zum zweiten Male die weißen Schwingen des Friedensengels über die Versammlung rauschen ließ, fragte Katharina: „Was haben Sie ihm zu erwidern, meine Herren?" „Ich, Madame", antwortete der Gouverneur von Figeac, „bin der Meinung, daß dieser Herr seine Rede gut eingeübt hat, aber ich sehe noch keinen Anlaß, seine Redeübungen mit gleicher Münze zu bezahlen."

Die Abgeordneten waren keine Freunde der Rhetorik und brachten ihre Forderungen lieber schriftlich vor. Sie übergaben Heinrich von Navarra eine ganze Liste und verlangten neunundfünfzig Städte zu ihrer Sicherheit, in die sie ihre Kriegsleute verteilen wollten. Hier lassen wir Katharina das Wort: der König von Navarra, etwas verlegen über die ihm zugedachte Vermittlung, drückte ihr das Papier in die Hand und machte sich aus dem Staub, um zu Tisch zu gehen.

„Dann kam er in das Vorzimmer, in dem wir uns befanden, zurück und in Gegenwart meiner Tochter machte ich ihm nachdrücklich sein Unrecht klar und die Unvernunft des Papiers, das er mir überreicht hatte. Aber weder von ihm noch von seinen Glaubensgenossen bekommt man eine andere Antwort, als daß sie auf ihre Sicherheit bedacht sein müßten und, wenn sie die nicht hätten, stets in Furcht und Angst lebten."

Neunundfünfzig Städte in zwei Provinzen! Heinrich von Navarra fand es nicht ungünstig, daß sich seine Anhänger so anspruchsvoll gaben. Man wird ihm dankbar sein, wenn er einiges von ihren Forderungen abzuhandeln weiß und bei den Abgeordneten zur Vernunft redet. Sie haben zu wählen zwischen dem Möglichen und dem Unmöglichen. Aus neunundfünfzig Städten werden vierzehn, „sorgfältig ausgesuchte", und diese soll er haben. Der König von Frankreich erfüllt die Forderung, kommt aber durch den Mund seiner Mutter auf seinen alten, immer erneuten Wunsch zurück: nach dem Ende der Verhandlungen möge Heinrich von Navarra seine unbequemen schwarzen Vögel sich selbst überlassen, in den Louvre zurückkehren und der Welt damit zeigen, daß es nur einen Hof in Frankreich gibt. Katharina, die mit den Hugenotten in der Sprache der Bibel redet, weiß im Privatleben die Sprache der Königinmutter, der Mutter der Könige zu führen, und dann spricht sie ehrlich. Der König steht ganz allein, sein Bruder ist geflohen, der Herzog von Guise hetzt die Liga gegen ihn, die Ligisten nennen sich schon Guisarden. Es ist höchste Zeit, die königliche Familie durch engsten Zusammenhalt zu stärken. Wenn jeder Prinz sein eigenes Spiel spielt, schwächt man die Monarchie. Und nicht genug damit: ist Heinrich von Navarra in diesen unruhigen Zeiten vor einem Attentat sicher? Im Louvre wäre er gut beschützt. Er hat noch keine ehelichen Kinder, und wenn er ums Leben kommt, erlischt auch seine Linie wie die der Valois, die immer noch ohne Erben sind. Argumente gibt es im Überfluß; Katharina spricht als Königin und Mutter, die alle ihre Kinder um sich versammeln möchte.

Heinrich antwortet mit einer förmlichen Absage, und es wird nicht seine letzte bleiben. Auch er hat seine guten Gründe. Der König hat sein Versprechen gegeben, aber nur er als Gouverneur in Guyenne kann für dessen Erfüllung sorgen, Frieden gebieten, Gerechtigkeit üben, das Feuer löschen, das gewiß hier und dort wieder aufflackern wird. Katharina breitet mütterlich die Arme aus, Heinrich läßt sich als ihr Sohn ans Herz drücken, man trennt sich in zärtlicher Eintracht, aber der König von Navarra wird seine Gattin behalten und nicht zurückkehren.

XVIII

DIE LOCKE

Nach acht Monaten war es an der Zeit aufzubrechen. Katharina mußte nach Paris zurück und wollte sich noch jenen Volksteilen zeigen, die sie auf der Hinreise nicht gesehen hatten. Ihr Rückweg sollte über die Gascogne, die Grafschaft Foix, die Provence bis Savoyen und von dort nordwärts gehen. Auf diese Weise hoffte sie zu erfahren, was man allerorts sinnt und spinnt, und ein Kielwasser der Begeisterung, ja der Liebe hinter sich zu lassen. Wer bliebe ungerührt, wenn die Mutter des Königs in den Dorfkirchen inmitten des Volks zur Messe erscheint, leutselig den jungen Mädchen zulächelt, die ihr Rosenblätter auf den Weg streuen, und immer und überall zum Frieden mahnt. Keine Mühsal schreckte sie ab. Auf dem Weg nach Castelnaudary mußte sie oft ihren Wagen verlassen und in den Sattel steigen, da man auf den gewundenen Bergpfaden nicht vorankam. Heinrich von Navarra und Margarete begleiteten die Mutter als gehorsame Kinder und wiedervereinigte Gatten. Welch ein Beispiel der Familieneintracht! Als der Augenblick der Trennung gekommen war, vergossen Mutter und Tochter Tränen. Und tatsächlich gab es Momente, in denen alle Beteiligten es aufrichtig meinten. Die Eintracht blieb ein Traum, aber man wünschte ihm Dauer und Wirklichkeit. Katharina mußte ohne Heinrich in den Louvre zurück, dafür überschüttete er sie mit Aufmerksamkeiten, auch unerwarteter Art. In Castelnaudary hatte man zärtlichen Abschied genommen, aber noch nicht endgültig. Kurz vor Carcassonne wird der Königinmutter eine Überraschung gemeldet. Heinrich von Navarra hat sich mit seinem Gefolge in frühester Morgenstunde aufgemacht und sechs lange Meilen zurückgelegt, um die Mutter nochmals zu umarmen, zu fragen, ob sie gut bedient und geleitet sei, und ihr die letzten Grüße und Botschaften Margaretes zu bringen. Gestern trennte man sich als Fürsten, heute nimmt er Abschied als liebender Sohn. Katharina konnte am Abend dem König berichten: „Ich müßte mich ungeheuer täuschen, wenn der König von Navarra es nicht ehrlich meinte; niemals hat er sich so gut und offen betragen, so freimütig und herzlich gesprochen." Er begleitete Katharina auf ihrem Weg zur Messe, zog sich dann mit ihr in ein Zimmer zurück, kniete vor ihr nieder und reichte ihr eine Schere. Seit seiner Flucht hatte Heinrich von Navarra die hugenottische Haartracht angenommen und zwei Locken wachsen lassen, die beiderseits über die Ohren fielen. Schon in La Réole hatte er eine dieser Locken geopfert und jetzt bat er Katharina, mit eigener Hand die zweite abzuschneiden. „Es ist ein großer Haarschopf über dem linken Ohr und ich glaube, daß es ein hugenottisches Geheimzeichen bedeutete, das jetzt seinen Sinn verloren hat, weil er mir den Frieden bot..." Der König von Navarra wandte sich darauf mit den Worten an sein Gefolge: „Jetzt müßt auch ihr alle sie abschneiden." Tanz und Heiterkeit folgten, und ein so gut begonnener Tag wurde noch dadurch gekrönt, daß Heinrich von Navarra seiner Mutter bis Carcassonne drei französische Meilen weit das Geleit gab, ihrem Einzug beiwohnte und Zeuge war, wie ihr die Schlüssel der Stadt überreicht wurden. Katharina hatte Lebensart und verstand es Aufmerksamkeiten zu erwidern. „Als wir an eine kleine Stadt namens Montréal kamen, die rein katholisch ist, befahl ich den Abgesandten, die Schlüssel meinem Sohn zu überreichen, was sie auch mit bestem Anstand taten." Heinrich nahm die Schlüssel entgegen und reichte sie sofort mit gebeugtem Knie an seine Mutter weiter. Nach dieser in aller Öffentlichkeit vollzogenen Geste gegenseitiger Huldigung mußte man sich endlich trennen.

War Katharina zufrieden? Nicht ganz, denn sie brachte an Stelle Heinrichs von Navarra nur seine Locke nach Hause. Aber die Mailuft im Süden übte ihren unbezwinglichen Zauber auf ihre Lebensgeister, der Willkomm der Menge, der Gesang der jungen Mädchen, das Licht über den Pinien, der frische Wind, der das blaue Meer tanzen läßt, verjagten die alten Sorgen. Zwanzig Jahre schon war Katharina Königinmutter, die Zeiten sind schwer, aber man hält durch, und die Wirren scheinen sich zu beruhigen. Auf welchen Aufstieg konnte sie zurückblicken! Als Frau des Dauphin am Hofe Franz' I. geringschätzig behandelt, dick und unschön mit ihrem gelben Teint, durch ihre lange Unfruchtbarkeit Gegenstand der Besorgnis und Verachtung! Wie hatte sie sich unter die Mätressen ihres Mannes beugen müssen! Diane de Poitiers hatte sie nur „die Krämerstochter" genannt. Aber dann — welche königliche Machtfülle! Mutter von drei französischen Königen, Schwiegermutter des Königs von Spanien, des Königs von Navarra und vielleicht morgen schon der Königin von England! Jetzt konnte sie sich wirklich als die Mutter der Könige betrachten.

Neben diesen angenehmen Träumereien, denen sie sich in ihrer Karrosse beim gleichmäßigen Klappern der Pferdehufe hingeben mochte, hörte sie auch Dinge, die ihr mißfielen. Zwar begrüßte sie Glockengeläut auf allen Wegen Frankreichs, es mangelte nicht an schönen Worten und huldigenden Ansprachen, aber die Kammerzofen und das Hofgesinde trugen ihr Gerüchte zu. Im Regierungsbereich Heinrichs von Navarra herrschte der Friede, doch seit man sein Land verlassen hatte, spürte man die von der Liga genährte Unzufriedenheit. Es wurde geredet, die Königinmutter sei in eigener Person gekommen, um den Hugenotten Städte zum Geschenk zu machen und monatelang mit Tanz und Festlichkeiten unter ihnen zu verbringen. Sollte Heinrich von Navarra zuerst nicht an den Hof zurückgebracht werden? Statt dessen spielt er weiter in Guyenne und auch noch in der Gascogne den König, und die leibliche Schwester des Königs speist und tanzt allabendlich mit den Hugenotten. Entspricht das dem Geiste der Heiligen Liga? Die Mönche geraten in Erregung und ziehen mit verhetzender Predigt von Ort zu Ort. Die Zahl der Jesuiten vermehrt sich, sie haben die Bildung und Führung der Jugend an sich gerissen, gründen Kollegien, die einen hervorragenden Ruf genießen, bekennen sich zu modernen Erziehungsmethoden, räumen der französischen Sprache im Unterricht einen großen Raum ein und gewinnen damit die Familien. Auf diesem Wege kommen sie mit der Gesellschaft, namentlich in der Provinz, in Berührung, verschaffen sich

Einfluß, und Katharina hört zu ihrem Mißvergnügen, daß sie mit den spanischen Jesuiten in enger Fühlung stehen, die jungen Leute fanatisieren und die Eltern ihrer Zöglinge dazu bewegen, der Liga beizutreten. Vertrauen setzt man nur mehr auf die Guisen, auf Herzog Heinrich, seinen Bruder Mayenne, der sich *Seigneur de la foi* nennen läßt.

Nein, für die alte Mutter sind es keine heiteren Tage, aber sie wird sich überall zuversichtlich geben und nach wie vor verkünden, daß ihre mütterliche Weisheit unter den Franzosen den Frieden gefestigt hat, den der König wünscht. Von Heinrich von Navarra kommen inzwischen befriedigende Nachrichten: die Ehegatten haben sich gut zusammengelebt, und Margarete will in Pau an Heinrichs Seite feierlichen Einzug als Königin von Navarra halten.

XIX

ARKADIEN

Überlassen wir Katharina ihren sorgenvollen Gedanken und kehren wir zu Heinrich zurück, der zwischen seinen Klippen manövriert! Die Gatten haben ihren Einzug in Pau gehalten. Für die Königin von Navarra wird das vor zwölf Jahren von Jeanne d'Albret erlassene strenge Gesetz durchbrochen: man richtet im Schloß von Pau einen Raum von vier bis fünf Schritt Länge als Kapelle ein, in dem ein zu Margaretes Gefolge gehörender Priester in aller Stille die Messe zelebrieren darf. Die Königin hat in ihrem Gepäck den geweihten Altarstein mitgebracht, denn im Béarn ist keiner mehr zu finden. Diese Begünstigung bleibt freilich streng auf die Königin und die Damen ihres Gefolges beschränkt.

Aber Margarete ist Königin und nimmt sich das Recht, einigen treuen Anhängern des alten Kults die Teilnahme an der Messe zu gestatten. Heimlich kommen sie hereingeschlichen und vernehmen endlich wieder die vertrauten Gebete. Glocken sind verboten, eine Holzklapper kündigt die Wandlung an und fordert die Gläubigen auf, den Blick zu Boden zu senken. Das erinnert an einen Gottesdienst in den Katakomben und an jene einzige in England gestattete Messe für Margaretes Schwägerin, die gefangene Maria Stuart in Fotheringhay. Trotz dieser trübseligen Vergleiche herrscht Freude bei dieser stillen Feier. Die letzten Katholiken des Béarn hoffen, daß sich diese Sonntage unter dem Schutz der Königin wiederholen.

Aber der Hoffnungsfunke erlischt sofort. Margaretes heimliche Gäste werden beim Verlassen des Gottesdienstes festgenommen und eingekerkert. Das harte Gesetz Jeanne d'Albrets duldet keine Ausnahmen, und selbst Heinrich von Navarra vermag nichts dagegen. Margarete weint voll Erbitterung. Die Königin von Navarra darf ihren Untertanen nicht einmal diese Freude machen, darf ihnen ihre kleine Kapelle nicht öffnen, geschweige denn die Gefängnistüren. Sie will auf der Stelle abreisen. Kaum geöffnet, wird das Gepäck schon wieder auf die Maulesel geladen. Margarete will ihren Hof nach Guyenne verlegen. Auf dem Lande erblickt sie überall zerstörte Gotteshäuser, in hugenottische Schulen umgewandelte Klöster. Die Luft des Béarn behagt ihr nicht; hier bliebe sie stets eine nur ungern und mißmutig Geduldete. Heinrich hat nichts dagegen. Nicht als ob er sein Béarn nicht liebte: er sah seine Jugendgespielen wieder, seine alte Amme brachte ihm vom heimischen Käse, er jagte den Bär in den Wäldern und unternahm noch einen Abstecher nach Corroaz. Aber nach einigen Tagen hat auch er genug von diesem Land, über das der Geist Calvins herrscht, auch ihm bekommt die Luft nicht, und so sehen wir ihn am Ende dieses Sommers mit Margarete in Nérac Hof halten.

Hier beginnt nun ein duldsames, liebenswürdiges und mehr als liebenswürdiges Leben. Zum erstenmal sieht man an einem, wenn auch kleinen Hof Hugenotten und Katholiken einträchtig und sogar freudig zusammenleben. Margarete hat alle schönen Möbel, Wandteppiche und silbernes Tafelgerät aus Pau nach Nérac bringen lassen und auf den Speichern von Pau die Lauten der Margarete von Angoulême aufgestöbert. Sie singt die Liebeslieder Ronsards und studiert mit den jungen Mädchen der Stadt Chöre ein, die man dann abends in den Gärten am Flußufer zur Aufführung bringt, begleitet vom Rauschen der Brunnen und dem Gesang der Vögel. Die Natur nimmt mit der Fülle ihrer Gaben teil an diesem Friedensidyll. Die Königin von

Navarra läßt Quellen als Brunnen fassen und stellt in Blattwerknischen antike Statuen auf. Am Ufer der Bayse legt sie eine dreitausend Schritt lange Allee an, in der die samtene Schwärze der Zypressen mit dem rosigweißen Glanz des Oleanders wechselt. Rasenplätze zum Ballspiel, Uferpavillons zum Fischfang, ein Tanzplatz im Grünen, nichts fehlt. Margarete hält sich ihre Zwerge, ihre Mohrenpagen, ihre exotischen Vögel, ihre Menagerie. Keine Evastochter, sondern Eva selbst, eine Eva, die täglich ungestraft vom Apfel kostet und auf bestem Fuß mit der Schlange steht! Einmal in ihrem verpfuschten Leben ist sie Königin und spricht von ihrem Glück. „Wir reden von nichts anderem als von Liebe, Vergnügen und dem dazu gehörigen Zeitvertreib."

Am Sonntag begibt sich Margarete vor aller Augen zur Kapelle, wo sie mit ihren Damen und Herren die Messe hört; Herr von Pibrac, und wer sonst immer will, kann daran teilnehmen. Zur gleichen Stunde geht Heinrich mit Duplessis-Mornay und d'Aubigné zur Predigt mit allen, die den protestantischen Gottesdienst hören wollen, und wenn sich die beiden Züge kreuzen, begrüßt man sich auf die artigste Weise. Neben Margaretes strahlender Schönheit spielt auch Heinrich nicht mehr den Müller von Barbaste, die Bauern würden ihn kaum mehr für einen gewöhnlichen Ritter halten. Ausgabenbücher, die erhalten sind, führen seidene Wämser, farbige Beinkleider, Riechwasser und dergleichen in großer Zahl auf. Von Margarete erfahren wir, daß das glückliche Paar „das gleiche Zimmer, nur mit getrennten Betten, bewohnt". Man hofft auf die Geburt eines Prinzen und da jedes Anzeichen ausbleibt, verläßt Margarete ihren arkadischen Hof, um eine Badekur in Bagnères zu gebrauchen, in der Hoffnung, ihren Mann „durch die Geburt eines Kindes glücklich zu machen".

Im übrigen halten die Gatten ihren Pakt gegenseitiger Freiheit. Die ehelichen Pflichten sind für die Zukunft von Bedeutung, die eheliche Treue ist es nicht. Unzählig sind die Geliebten, die man in Geschichtsbüchern, Memoiren und Anekdoten Heinrich von Navarra nachsagt. Zu diesem Zeitpunkt wählt er sie unter den Ehrendamen Margaretes. Man nennt eine Rebours, eine Dayelle, eine andere wird einfach *La Fosseuse* genannt — ein schüchternes, sanftes, gutherziges Geschöpf, das Heinrich seiner großen Jugend wegen „meine Tochter" heißt.

„Meine Freundin", sagt er eines Morgens zu Margarete, „stehen Sie meiner Tochter bei, sie liegt in den Wehen." Er möchte diese Wehen gern geheimhalten, und da „seine Freundin" eine gute Freundin ist, leiht sie ihm ihren Beistand. Ein Kind wird im Schloß geboren und in aller Heimlichkeit fortgebracht. Die Freundin sorgt für alles, ohne viel zu schelten. Vor ihrem kleinen Hof verbirgt sie das Geheimnis, aber in ihren Memoiren erzählt sie es groß und breit und schildert die Szene in allen Einzelheiten, auch das in kläglichem Ton vorgebrachte Geständnis des Gatten. Was sie jedoch verschweigt, sind die Gefühle, mit denen die Tochter der Valois der Geburt des kleinen Bastards beigewohnt hat, während sie selbst inmitten ihres Glücks unfruchtbar blieb.

XX

SCHWÄCHEN UND WIDERSPRÜCHE

Der Wunsch nach dem Kind verfolgte die Valois, er wurde zur Besessenheit, zum Fieber. Heinrich von Navarra hatte in Paris im Louvre seine Informationsquellen. Zwei jüngere Brüder Rosnys taten Dienst beim König von Frankreich, und unter dem Vorwand, sie zu besuchen, forschte der künftige Herzog von Sully aus, was am Hofe vorging, was man plante und flüsterte. Ängstlich und aufmerksam verfolgte man den Gesundheitszustand der Königin: wird sie ein Kind, einen Sohn zur Welt bringen? Abends im Kreise seiner Vertrauten pflegte Heinrich von Navarra, auf dem Tische sitzend und die Beine baumeln lassend, die Neuigkeiten des Hofes zu berichten.

Der König und die Königin von Frankreich haben gerade einen Bittgang nach Chartres unternommen, um die Mutter Gottes von Cléry um einen Dauphin anzuflehen. Beide haben den Weg zu Fuß zurückgelegt, sind neun Tage in Chartres geblieben und haben am letzten Tag nach dem Anhören der Messe für die Kathedrale eine Marienstatue aus massivem Silber gestiftet. Dann sind sie wieder zu Fuß nach Paris zurückgekehrt, und am Abend der Heimkehr hat der König seine Amme gerufen, um sich die Blasen an den Füßen auf-

stechen zu lassen. In der Kathedrale von Paris fand unter Vorantragung der nationalen Reliquien, des Schreins der heiligen Genoveva und des Hauptes des heiligen Ludwig, eine Prozession statt, an der der König, die Königin, der ganze Hof, die Parlementsmitglieder in ihren roten Roben und alle Korporationen der Stadt teilnahmen. Dieser Gebetsturm sollte die göttliche Mutter gnädig stimmen. Der Wunsch nach dem Kinde war der ergreifende Hilfeschrei dieser armen Regierungszeit, die Stimme des Rufenden in der Wüste. Die Königin begab sich in die Bäder von Bourbon. Auch diese Erwartung war nur eine verzweifelte Hoffnung. Das königliche Paar stand im Brennpunkt aller neugierigen Blicke, die Klatschgeschichten, das Lügengeschwätz, die Bosheiten der Gegner, die Seufzer der wenigen Freunde, die glühenden Wünsche Katharinas bildeten um sie einen feurigen Kreis, in dem es nicht an Schlangen fehlte, die zischend ihr Haupt erhoben. Der König bemerkte und fürchtete sie. Dieser Mann, von dem es immer heißt, er habe nichts anderes im Kopf gehabt als Ballfeste mit seinen Mignons, prüfte unaufhörlich sein Schicksal und sah nur Abgrund und Untergang. Noch eine andere Anekdote ist uns überkommen: wie Nebukadnezar hatte der König einen schrecklichen Traum; es träumte ihm, daß wilde Tiere, Tiger, Löwen und Leoparden ihn verschlingen. Der Schweiß der Todesangst brach ihm aus, er zog sich zu Andachtsübungen in das Kloster der Minimen zurück, aber er fand dort keinen Frieden. Er gab Befehl, die Löwen, Bären und Stiere seiner Menagerie, die er zu Kampfspielen mit seinen Doggen hielt, unverzüglich zu töten. Rosny, der eine Audienz erbeten hatte, fand ihn, einen Korb mit kleinen Hündchen an einem blauen Band um den Hals gehängt, so stumm und regungslos dastehend, daß er eine leblose Puppe vor sich zu haben glaubte. Der Schrecken blickte aus allen Gesichtern, es hieß, daß die Pest ausgebrochen und zehntausend Menschen an ihr gestorben, daß alle Pariser von einer Erkältung befallen worden seien, die man Keuchhusten nannte.
Um Heinrich III. in all seinen Widersprüchen zu durchschauen, müßte man über die Divinationsgabe eines Magiers verfügen. Die Gewalttaten, der ständig umschlagende Wind der Zeit, die unberechenbaren Verrätereien, die man noch dazu vorauszusehen und abzuwehren hatte, zerstörten Einheit und Folgerichtigkeit in seiner Natur. Kaum

vermeint man ihn zu halten, so entgleitet er wieder unserem Zugriff und spaltet sich in unvereinbare Widersprüche. Eben hatte er in Vincennes neben dem Schloß, in das er sich zurückzuziehen liebte, eine neue Bußbrüderschaft gegründet, die Hieronymiten: sie sollten seine Brüder sein, wie die Ritter vom Heiligen Geist seine Ritter waren. Ein billiges Wortspiel machte aus den „Brüdern von Vincennes" die „Büßer der vie saine". Zu ihnen zog sich der König aus der Welt zurück, ähnlich wie Philipp II. in seinen Escorial. Hier kleidete er sich in ihre graue Kutte und trug am Gürtel den großen Rosenkranz, an dem Totenköpfe zwischen den Gesetzchen aufgereiht waren. Für die Kapelle der Brüderschaft stiftete er kostbare Geschenke und ließ mit dem Kunstsinn der Valois nach eigenen Angaben goldene Vasen, Kandelaber und Prunkgeräte nach antiken Mustern anfertigen. Die Renaissance tritt wieder in ihre Rechte und trägt ihre Schmuckformen auch auf den Altar. In Vincennes wird ein Wildpark angelegt, den der König mit graziösen Hirschen bevölkert, auf die nicht gejagt werden darf. Für ein paar Tage in das mönchische Dasein entfliehen und „mit seinen Brüdern" im Chor singen, ist die einzige Zuflucht, die ihm erlaubt ist. Vielleicht hofft er auch, durch den Eifer seiner persönlichen Frömmigkeit einen Ausgleich für die religiöse Duldung zu schaffen, die ihm die Liga so erbittert vorwirft.

Immer wieder zerstört er mit eigenen Händen sein Werk und verfällt ins andere Extrem. Kaum aus der klösterlichen Zurückgezogenheit heimgekehrt, zeigt er sich in übertriebenem Putz, parfümiert und mit Seidenbändern und Federbüschen geschmückt, umgeben von seinen Mignons d'O, d'Arques und La Valette. Die wildesten Gerüchte gehen über das tolle Treiben der königlichen Bande um. Unter dem Vorwand des Karnevals maskieren sie sich als Priester, Kaufleute oder Advokaten und brechen in geschlossene Ballgesellschaften ein. Der König treibt es am schlimmsten, springt, wie man behauptet, über Stühle und Bänke, wirft die Pulte der Musikanten um und zieht dann mit seinen Begleitern nachts auf die Jahrmärkte, rempelt die Leute an und schlägt sie mit seiner Pritsche, „vorzüglich diejenigen, die ebenso maskiert sind wie er und die Seinen".

Bei L'Estoile lesen wir, daß ein Pfarrer namens Rose an dieser Art von Karnevalstreiben Anstoß genommen und von der Kanzel dem

König die Leviten gelesen habe. Der König befahl ihn sofort zu sich, kanzelte ihn seinerseits ab, verabschiedete ihn aber gnädig mit einem Geschenk von vierhundert Talern, um den Ungehaltenen zu beschwichtigen. Der Karneval mochte noch hingehen, denn der Papst duldet auch in Rom ein ebenso ausgelassenes Treiben. Aber als es dem König einfiel, neue Steuern einzuführen und die Erträgnisse an seine Mignons zu verschwenden, murrte das Volk, und der Geist der Aufsässigkeit regte sich. Schmähschriften in Reim und Prosa, in französischer und lateinischer Sprache liefen in den Gassen und Läden um. Taub gegen alle Einsprüche ging der Monarch so weit, die Einkünfte der Stadtverwaltung zu beschlagnahmen. Zu welchem Zweck? Nur weil er den Liebling unter seinen Mignons mit der Schwester der Königin unter königlichem Prunk verheiraten wollte. Er hatte seine Ritter, seine Bußbrüder, jetzt wollte er auch einen Herzbruder, eine Schwester, eine Familie haben. Bei der Hochzeitszeremonie bemerkte man mit Empörung, daß der junge Ehegatte die gleichen Kleider trug wie der König, besetzt mit Edelsteinen und Gold, daß man in Frankreich seit Menschengedenken nichts Ähnliches an Verschwendung gesehen hatte. Und das war mit den Spargroschen des Volkes bezahlt. Auf Befehl und auf Kosten des Königs, also wieder auf Kosten des Volks, wurden siebzehn große Feste bei den ersten Fürsten des Reiches und den Verwandten der Neuvermählten veranstaltet. Für jedes Fest ein neues Festgewand, nach jeder Abendtafel Maskerade! Nachmittags fanden Zweikämpfe zu Fuß und zu Pferd, Turniere, ein ganz und gar heidnisches Wasserfest auf der Seine statt, die Männer tanzten, die Frauen tanzten. Die Kosten überstiegen noch die zwölfhunderttausend Taler, die der König dem Volke abgenommen hatte. Zugunsten der Neuvermählten erhob der König die Grafschaft Joyeuse zum Herzogtum. Der zwanzigjährige neugebackene Herzog erhielt seinen Platz unmittelbar nach den Prinzen von Geblüt und den Vorrang vor den alten Pairs des Reiches. Der König hatte sich das Volk entfremdet, jetzt entfremdete er sich dem Adel. Als hätte er sich noch nicht genug geschadet, begann das gleiche Spiel noch einmal für den Bruder des neuen Herzogs, La Valette, den er zum Herzog von Epernon machte und mit der zweiten Schwester der Königin vermählte.

Das Gerücht dieser sagenhaften Feste verbreitete sich und erregte Bestürzung. Die Schweizer, für ihre dem König von Frankreich zur Verfügung gestellten Truppen noch nicht bezahlt, schickten Gesandte, sechshunderttausend Taler rückständigen Sold einzufordern. Der König empfing sie überaus huldvoll, aber für ihre Ansprüche war kein Geld da. Er ließ jedem Gesandten eine goldene Kette und dreihundert Taler überreichen, entzückte sie im Gespräch durch sein königliches Gehaben, zeigte ihnen seinen Wildpark in Vincennes, seine Münzen- und Bildersammlung, aber sie mußten mit leeren Händen abziehen, und der Zauber verblaßte. „Sobald ich alle meine Kinder gut verheiratet habe, werde ich vernünftig sein", sagte der König. Es ist als ob sich der leidenschaftlich gehegte und stets enttäuschte Wunsch nach Kindern auf einen Ersatzgegenstand wirft. Noch einmal nimmt er aus den Truhen François Vignys hunderttausend Taler und gibt sie „seinen Kindern" für die Kosten einer Reise nach Lothringen, wo sie ihre Schwiegereltern besuchen wollen. Der König hat jetzt, wie er sagt, eine Familie, junge Brüder, die ihm alles verdanken, Schwestern an den Schwestern der Königin. Aber im Volk wird zum erstenmal das Wort „Tyrann" geflüstert, das man bald von den Dächern schreien wird. Und wenn der Herzog von Guise in den Straßen von Paris zu sehen ist, sagt man angesichts seiner stolzen, kriegerischen Erscheinung, seines wahrhaft fürstlichen Auftretens leise: „Das ist unser Führer."

XXI

POLITIK

Es nimmt uns nicht wunder, daß Heinrich von Navarra in Nérac auf Grund solcher Nachrichten nicht mehr viel Rücksicht auf den König nimmt. Er weiß aus allem seinen Vorteil zu ziehen und zu seinem Recht zu kommen. Ehrgeizige Wahngebilde, Schwermutsanfälle, ungewisses Schwanken, verblasene Zukunftsideen, das überläßt er anderen. Je mehr der Stamm der Monarchie dahinsiecht, um so näher rückt er dem Platz an der Sonne. Es gibt Unstimmigkeiten mit dem Marquis von Biron; man hört nicht auf seine Beschwerden, also muß er sich selbst zu seinem Recht verhelfen. Heinrich ist entschlossen, wenn der Friede gestört wird, mit Krieg zu antworten. Der König hat seine Mignons überreich ausgestattet, aber die dreihunderttausend Taler Mitgift, die er Margarete versprochen hat, sind nie ausbezahlt worden, die Stadt Cahors, die zu ihrer Apanage gehört, wurde nicht übergeben. Eine günstige Gelegenheit bietet sich: die Katholiken haben Figeac genommen, also nimmt Heinrich Cahors. Im Lärm und Getöse eines fürchterlichen Gewitters überrumpelt er um Mitternacht mit seinen Truppen die schlafende Stadt; die Einwohner fahren verstört in dem Tohuwabohu von Blitzen, Donnerschlägen, Schüssen und Sturmgeläut aus den Betten. Heinrich hatte mit Axthieben die Stadttore einschlagen lassen, und seine Leute waren wie die Katzen auf allen Vieren durch die engen Breschen unter einem Hagel von Dachziegeln, Steinen und Scheiten geschlüpft, welche die schlaftrunkenen Einwohner aus den Häusern auf die Angreifer herabschleuderten. „Von Kopf bis Fuß voll Blut und Pulver" führte der König von Navarra den Angriff und riß seine Leute mit, eroberte die Zitadelle und kämpfte noch fünf Tage um den endgültigen Besitz der Stadt. Er schonte sich nicht mehr als ein einfacher Feldhauptmann, aß und trank wie es der Zufall bot, schlief oft stehend im ärgsten Getöse und war immer strahlender Laune. Auf seiner Rüstung fanden sich Einschläge von Pistolen- und Büchsenschüssen, und als man ihn zur Vorsicht ermahnte, gab er zur Antwort: „Dort oben wird entschieden, was mit mir bei jeder Gelegenheit zu geschehen hat. Eher wird meine Seele meinen Leib verlassen, als daß ich diese Stadt verlasse, bevor ich sie erobert und für unsere Sache gesichert habe."

„Dort oben" — lassen wir diesen Blick nach seinem erst dumpf geahnten Stern nicht unbeachtet! Heinrich kennt keinen Kirchenglauben, aber er spricht oft von seinem Glauben an Gott, vertraut auf sein Schicksal und scheint eine Verheißung zu ahnen, obschon sein Leben in der Gegenwart wenig mehr verspricht als ewige Kämpfe und mühsam geflickten Frieden, der gleich wieder reißt. Er weiß genau, daß die Umarmungen und Verständigungen zwischen Fürsten noch lange nicht Frieden für die Völker bedeuten. Heinrich pocht auf das, was ihm rechtens zusteht, aber kein anderer Fürst seiner Zeit hat so wenig persönliche Habgier, so wenig Ehrgeiz gezeigt wie er. Er fordert weder Königreiche noch Renten. Der König von Spanien träumt von Weltherrschaft, der Papst von einer einigen christlichen Theokratie, die Königin von England gelüstet es nach französischen Hafenstädten, nach dem alten Armorica, das sich auf Aquitanien ausdehnen läßt, der Herzog von Alençon giert nach England und der Oberherrlichkeit über Flandern. Heinrich von Guise erstrebt königliche Machtvollkommenheit über die Volksseele und gewinnt sie. Es ist, als ob Heinrich von Navarra in seiner bedeutungslosen Gegenwart vorausahne, daß ihm das Schicksal „dort oben" eine unermeßliche Zukunft bereitet und daß er sein Leben ungefährdet in die Schanze schlagen darf. Er führt gegen den Marschall von Biron einen Kleinkrieg, ohne je in die großen Intrigen verwickelt zu werden. Nach der Einnahme von Cahors verfolgt ihn Biron wie Montluc Jeanne d'Albret verfolgt hat. Das Spiel ist ihm vertraut, er entwischt, der Vogel ist flügge geworden. Biron bleibt ihm auf den Fersen bis vor Nérac und beschießt die Stadt, in die Heinrich schweiß- und pulverbeschmiert zurückkehrt, so daß Margarete uns in ihren Memoiren anvertraut: „Ich mußte die Leintücher wechseln lassen, obwohl wir kaum eine Viertelstunde im Bett verbracht hatten." Auf den Einspruch des Louvre antwortet er: der König sei in Verlegenheit gewesen, seinem hugenottischen Schwager die Stadt Cahors zu übergeben; so habe er dem König einen bedeutenden Dienst erwiesen, indem er der Gerechtigkeit zum Siege verholfen und selbst ein Versprechen eingelöst habe, das der König nicht zu halten imstande war.

In den Memoiren de Thous finden wir einen Ausspruch der damaligen Zeit, aus dem hervorgeht, daß man das wahre Wesen dieser Kriege erkannt und durchschaut hatte. De Thou beabsichtigte, ihre Geschichte zu schreiben, und besprach sich des öfteren mit seinem geistvollen Nachbarn Michel de Montaigne. Dieser Philosoph und Landedelmann hatte sich in einem Turm seines Schlosses eine Bibliothek eingerichtet, und dorthin zogen sich die beiden Männer zurück, um gemeinsam das Unglück ihrer Zeit zu erörtern. Montaigne näherte sich den Fünfzigern, hatte alle Verkettungen der Bürgerkriege mitangesehen und äußerte sich zu de Thou: „Es ist klar ersichtlich, daß alle diese Religionskriege nichts anderes sind als Unternehmungen zur Zerstückelung Frankreichs." Das ist das Kennwort der ganzen Epoche, und wenn Heinrich von Valois es traurig in Gedanken trägt, so hat Heinrich von Navarra es bereits allen seinen Handlungen zugrunde gelegt und findet darin auch die Rechtfertigung seiner religiösen Indifferenz: Frankreich, das eines Tages sein Frankreich werden kann, darf nicht zerstückelt werden. Er nimmt an keiner der großen Intrigen gegen Frankreich teil und möchte trotzdem seine Unternehmungen zu einem guten Ende führen, obwohl er wenig Soldaten und noch weniger Geld hat. Gern möchte er, wie vor zwölf Jahren Jeanne d'Albret und Coligny, die Hilfe der schwesterlichen Königin Elisabeth in Anspruch nehmen, und auch seine Hugenotten drängen ihn dazu. Wir begegnen hier wieder dem gehobenen Stil, der biblischen Ausdrucksweise Duplessis-Mornays. Ihn schickt man als Abgesandten zu Elisabeth, auf welche die Augen der verfolgten Kirche Frankreichs ständig gerichtet sind. Sie wird den gerechten Klagen ihr Ohr leihen und mit Beweisen ihrer Güte und Gnade nicht kargen. Duplessis macht sich auf den Weg und wird mündlich vortragen, was in einer Epistel nicht Raum hat. Die Königin darf ihm Glauben schenken, denn durch Duplessis-Mornay spricht Heinrich von Navarra selbst zu seiner vielliebten Schwester.

Bei solchen Gesandtschaften gilt unsere Aufmerksamkeit nicht nur den Berichten; noch sorgfältiger suchen wir zu erraten, was ungesagt blieb.

Die Ereignisse verraten genug. Einen Monat vor Duplessis-Mornay war Herr von Castelnau nach England abgereist, um das große Staatsgeschäft, die Heirat des Herzogs von Alençon mit der Königin Elisabeth, zum Abschluß zu bringen. Diese Fabel wurde allmählich zum Gespött. Spielte die Königin gegenüber ihrem Freier die Rolle einer zweiten Penelope? Oder schwankte sie wirklich, war ihrem Spiel etwas Ernst beigemischt? In diesem Fall hatte Duplessis-Mornay den Geheimauftrag, die Angelegenheit zu hintertreiben. Eine solche Eheschließung hätte einen Schlag für die Hugenotten bedeutet, ein religiöses Ärgernis, eine politische Beunruhigung. Schon schien es zum Bruch reichlich spät: der Herzog von Alençon hatte soeben drei Monate in England verbracht, um die englischen Sitten, die Gesellschaft, die Mächtigen und vor allem die Königin selbst kennenzulernen. Er war als Freier, fast als Bräutigam aufgenommen worden, und es blieb nach der Ansicht Castelnaus nur noch übrig, den Hochzeitstag festzusetzen. Der Prinz fühlt sich am Londoner Hof wie zu Hause, spielte und wettete wie ein echter Engländer. Die Königin nennt ihn ihren kleinen Italiener, ja ihren niedlichen Froschprinzen. Der venezianische Gesandte berichtet an die Signorie allen Ernstes, daß die große Königin dem Prinzen täglich seine Schokolade ans Bett bringe und daß er sich ihr in fleischfarbenem Trikot gezeigt habe, um zu beweisen, daß er nicht verwachsen sei. London schließt bereits Wetten ab auf das Ereignis, und die Minister der Königin beschäftigen sich mit der Abfassung des Ehevertrags. Aber nach der Ankunft Duplessis-Mornays schlägt der Wind um, und wir können uns leicht denken, was Heinrichs Abgesandter vorzubringen hat. Sein Leben lang hat sich der Herzog von Alençon mit seiner Familie überworfen, versöhnt und wieder überworfen. Intrigen, Überraschungen, Theatercoups, romantische Flucht auf der Strickleiter, Gastspiele als Herzog von Brabant in Flandern, das macht sein Lebenselement aus. Dabei kompromittiert er seine Freunde, bringt sie ins Verderben und läßt sie im Stich. Eine Ehe zwischen der Königin von England und dem Herzog von Alençon verstößt gegen den gesunden Menschenverstand und gegen die anglikanischen Grundgesetze, die von der Königin bisher mit solcher Strenge befolgt und durchgeführt wurden. Soll in einem Land, das die Katholiken verfolgt, verabscheut und als Staatsfeinde behandelt, eine Kapelle mit dem Gepränge des verhaßten Kults für den Gatten der Königin eingerichtet werden? Man glaube nur nicht, daß Calais wie ein Spitzentüchlein zum Heiratsgut geworfen wird, da kennt man den französischen Hof und die Franzosen schlecht. Oder zielt man vielleicht angesichts der Kinderlosigkeit des Königs von Frankreich auf eine mögliche Vereinigung beider Königreiche? Der Hundertjährige Krieg sollte mit dieser Chimäre endgültig aufgeräumt haben.

Wenn es Duplessis-Mornays Auftrag war, die Heirat zum Scheitern zu bringen, so hat er ihn erfüllt. Nach so langen Jahren ernstgemeinter oder verschleppender Unterhandlungen, während derer die große Königin Philipp II. von Spanien, Karl IX., Heinrich III. und schließlich den Querkopf Alençon heiraten sollte, melden die bestürzten

Unterhändler dem französischen Hof, daß sie ihrem Freier zwar drei Schiffe und dreihunderttausend Taler bewilligt habe, um noch einmal sein Glück in Flandern zu versuchen, aber ihre jungfräuliche Hand jeder Heirat endgültig verweigere. Sie will bei ihrer „splendid isolation" — schon damals — beharren, nur nach jeweiligem Gutdünken sich in Streitfälle oder Kriege mischen und sich keiner Allianz unterwerfen. In Schottland läßt sie den Sohn ihrer Gefangenen Maria Stuart sorgfältig im anglikanischen Glauben erziehen, denn dieses Kind ist nach dem Gesetz der Geburt ihr Nachfolger, und unter seiner Regierung werden England und Schottland ein geeinigtes Königreich bilden.

An dieser Lösung, an ihrem endgültigen Nein, hat Heinrich von Navarra alles Interesse. Ihm ist es überaus wichtig, daß Frankreich, das vielleicht eines Tages sein Erbe sein wird, nicht vom Sturm abgetrieben wird; die Zeiten sind so unruhig, die Zusammenhänge so dunkel, daß wir uns fragen müssen, ob er nicht vielleicht im geheimen Einvernehmen mit Heinrich III. die Verhandlungen zum Scheitern brachte. Seine vielliebe Schwester hatte ihm für die „armen Kirchen Frankreichs" herzlich wenig zukommen lassen, aber sie hat ihre Hand dem Herzog von Alençon nicht gegeben noch ihren Fuß nach Frankreich gesetzt. Sie bleibt frei und selbstherrlich: ihre Schiffe, ihre Subsidien, ihre freundschaftlichen Neigungen wird sie nach Gutdünken verteilen, ganz wie es ihr paßt, und einzig zum Vorteil Englands das Gewicht ihrer Macht in die Waagschale der Kriege und Konflikte werfen. Sie hat eine englische Religion geschaffen, jetzt schafft sie eine englische Politik, in den Augen ihres Volkes wird sie die große Königin sein.

Gewisse Verhandlungen werden nur geführt, um zu keinem Ergebnis zu kommen und Zeit verstreichen zu lassen. Die Heiratsverhandlungen zwischen der hugenottischen Päpstin und dem katholischen Prinzen erstreckten sich über zehn Jahre und dienten weder dem Vorteil Frankreichs noch dem Heinrichs von Navarra. Heinrich wirkte an ihrem Scheitern mit, und der Ausgang erfüllte ihn mit Gefühlen der Dankbarkeit und Liebe. Mag ihm die Königin auch so gut wie nichts geholfen haben — er nennt Elisabeth nie anders als „meine vielliebe Schwester".

XXII

GROSSE LIEBE

Um 1582 tritt Heinrich von Navarra in eine neue Phase seines Lebens ein. Von seinem kleinen Guyenne aus unternimmt er einen Ausfall in das Gebiet der großen Politik. Vielleicht ist das sein Geheimnis, kein Geheimnis aber bleibt, daß für ihn die Zeit der großen Liebesleidenschaften angebrochen ist. Sie beschäftigen uns aus verschiedenen Gründen; zunächst, weil er viele eigenhändige und vertrauliche Briefe schreibt. Duplessis-Mornay führt nach wie vor mit Temperament und Klugheit die große politische Korrespondenz. In den Briefen an Corisande aber vernehmen wir den lebendigen Herzschlag Heinrichs IV., der nun nicht mehr aufhören wird, Liebesbriefe zu schreiben, solange er lebt. Bisher war er verschlossen, jetzt gibt er sich rückhaltlos: der ewige Spötter wird zum demütigen Liebhaber. Als er die kleine Fosseuse liebte, war sie für ihn „meine Tochter", vor der Königin seines Herzens aber nennt er sich ihren kleinen Soldaten, ihren Kriegsknecht, ihren Musketier. Er legt sich ihr als Gefangener, ja als Sklave zu Füßen und bettelt zärtlich und demütig: „Lieben Sie Ihr Bübchen!"
Diese Herzenskönigin ist Diane d'Audouins, Herzogin von Gramont. Sie führt auch den Namen Corisande, und unter diesem Namen ist sie in die Geschichte eingegangen. Für Heinrich war sie wie ein Kind seiner Heimat; ihre Mutter, Gräfin Audouins, hatte den kleinen Prinzen von Béarn über die Taufe gehalten, Corisande war in Pau mit den Kindern Jeanne d'Albrets aufgewachsen, hatte teilgenommen an den Spielen in Corroaz und war unter den jungen Mädchen, die beim Ringelstechen die Preise verteilten. Gleichzeitig mit Jeanne d'Albret führte auch Corisandes Mutter ihre Kinder zum erstenmal in den protestantischen Gottesdienst. Aber als Corisande den Herzog von Gramont heiratete, kehrte sie in den Schoß der katholischen Kirche zurück. Sie war mit allem vertraut: Religionswechsel und seinen Ursachen, Zwistigkeiten und Kriegen, und sie kannte alle Persönlichkeiten, die in Guyenne eine Rolle spielten; nichts setzte sie in Erstaunen, alle Vordergründe und Hintergründe der Politik hatte sie

durchschaut. Jetzt war sie neunundzwanzig Jahre alt, Witwe, und hatte einen Sohn. Mit dem ganzen Gewicht ihrer Persönlichkeit tritt sie in das Leben Heinrichs von Navarra ein, eine Frau von erlesener Kultur, eine Dame von Welt, welche die Künste liebt und fördert und Kostbarkeiten sammelt. Und Corisande ist eine kühne Natur, der verwegene Kriegsknecht schüchtert sie keineswegs ein, sie liebt sein sprühendes, feuriges Temperament, ja sie hat sogar einen Hang zum Übertriebenen, selbst Grotesken. Auch sie gehört zu jenen Frauen des 16. Jahrhunderts, die sich in einer geregelten Umwelt zu Tode langweilen. Man liebt und sucht die Gegensätze: nach den harmonischen Jubelchören das grelle Lachen des Zwergs, nach den Schmeichelreden der Ehrenfräulein die Frechheiten des Hofnarren, neben der Dame mit dem Lilienteint die Kapriolen eines Negerknaben. Dem sanften Gurren der Tauben gesellt sich das schrille Gekeife der Papageien. Diese großen Damen hätten ein ewiges Liebesgesäusel nur abgeschmackt und langweilig gefunden.

Was war unterdessen aus Margarete von Valois geworden? Wie vorauszusehen, hat sie mit der Zeit ihren Provinzhof und die faden Reime Pibracs unleidig gefunden und für immer längere Zeitspannen Aufenthalt im Louvre genommen, von dem sie nicht loskommt und wohin ihr der Gatte nicht folgen will. Nicht in den Louvre zurückkehren, es sei denn, man schleppe ihn mit Gewalt, an diesem Schwur hält Heinrich getreu fest. Im Louvre atmet Margarete eine ungesunde Luft und erliegt obskuren Einflüssen. Sie erklärt, daß sie nach Guyenne und zu den Hugenotten nicht passe und daß der dort herrschende Ton ihre religiösen Gefühle verletze. Heinrich von Guise prahlt damit, daß er sie für die Liga gewonnen habe. Durch ihren Beitritt folge sie nur pflichtgemäß dem Beispiel ihres Bruders, des Königs. Margaretes lange Aufenthalte im Louvre bedeuten zwar noch keine endgültige Trennung der Gatten, kündigen sie aber an. Das heiß ersehnte Kind hat sich weder in Nérac noch im Louvre eingestellt, wo man immer noch betet und hofft. Die Kindernot der Valois eröffnet all denen mannigfaltige Aussichten für die Zukunft, die nach dem Ausspruch Montaignes Frankreich zu zerstückeln trachten. So ist das Leben am Hof trotz seiner Freuden überschattet, und die Königinmutter sieht düster. Man treibt wie auf einem Schiff, das sich zwar noch über Wasser hält, aber nicht mehr manövrierfähig ist. Die Strandräuber lauern bereits und wissen wohl, daß es für dieses Fahrzeug keinen Hafen mehr gibt. Aus Instinkt, aus Vertrauen, vielleicht sogar aus Freundschaft wünscht der König, Heinrich von Navarra wieder in seine Nähe zu ziehen, als wollte er an dessen unerschöpflicher Lebenskraft mitzehren. Aber Heinrich bleibt bei seiner Weigerung jetzt wie später. Er hat sich für den Augenblick wenigstens von den Valois freigemacht, verschanzt sich in seinem Guyenne mit Corisande und wäre für die Geschichte beinah in Vergessenheit geraten. Corisande ist eine anspruchsvolle und hingebende Geliebte, die der Treue ihres Bübchens nicht immer traut. Er kommt und geht nach Belieben, und oft weiß sie nicht, in welches Abenteuer er sich stürzen und wen er belagern will — eine Dame oder eine Stadt. Er aber legt ihr alle seine Eroberungen zu Füßen, Feste, Jagden, Minnesänger-Wettstreite, alles wird zur Huldigung für sie. Als Königin herrscht Corisande, und wenn sie nicht immer an die vollkommene Treue ihres Bübchens glaubt, so glaubt sie doch an seinen Stern und hilft seinem Glücke nach. Um seine Börse aufzufüllen, verkauft sie von ihren Wäldern, denn das Bübchen muß groß werden. An den ausländischen Höfen wird er schlecht gemacht, er gilt als abenteuerlustig, lässig in Glaubenssachen, nur geschickt zum Kleinkrieg. Es heißt, daß er sich freiwillig mit Guyenne zufrieden gibt und dort mit seiner Gerechtigkeitsmarotte den König Salomo spielt. Abwechselnd Fürst und Bauer, immer in Geldnöten, bettelt er in England um Kanonen und kann seine Soldaten nur dann bezahlen, wenn Rosny oder Corisande ihm aus dem Verkauf ihrer Wälder Geld zur Verfügung stellen.

Mit dem Auftreten Corisandes erweitert sich die Bühne. Mag es Zufall sein oder nicht — das Glück zeigt sich oft in einer Verkettung günstiger Umstände. Von Guyenne aus bemüht man sich, den ausländischen Höfen die Augen über Heinrich von Navarra, den gegenwärtigen wie den künftigen, zu öffnen. Duplessis-Mornay hält zwar Heinrich unter vier Augen Strafpredigten, aber am Londoner Hof entwirft er von ihm das folgende Bild: „An der Person des Königs von Navarra fällt jedem eine Körperkraft, eine geistige Beweglichkeit, ein Ausmaß an Mut auf, die kaum ihresgleichen haben. Er ist aus dem Holz, aus dem man die großen Fürsten macht. Er hat viele

Widerwärtigkeiten und Schicksalsschläge zu überwinden gehabt und ist schon mit jungen Jahren in viele gefährliche Unternehmungen in Krieg und Frieden verwickelt worden. Solche Prüfungen vervollkommnen und festigen die von Geburt zum Herrscher angelegten Naturen. Seit einigen Jahren hat er die Gewohnheit angenommen, rechtschaffene Männer beider Parteien zum Rat heranzuziehen, und seither beginnt er die Augen aller guten Franzosen auf sich zu lenken. Gegen diesen Fürsten vermag niemand Klage zu erheben, und keiner kann ihm Grausamkeit, Verrat oder Bedrückung irgendwelcher Art vorwerfen. Man hält sich an ihn angesichts des üblen Zustands, in dem sich die Franzosen unter der Regierung des Königs befinden und den sie auch in Zukunft von dem Herrn Herzog von Alençon zu erwarten haben, wie die bisher von ihm gegebenen Proben beweisen."

Diese Sprache läßt aufhorchen. Hier wird das Bild eines Thronprätendenten gezeichnet. „Man hält sich an ihn", und zwar nur die rechtschaffenen Leute. Die Franzosen befinden sich übel unter der Regierung ihres Königs und erwarten auch nichts Besseres von Alençon. Mit leichten, aber treffenden Strichen wird eine zwar nicht wahrscheinliche, aber auch nicht unmögliche Zukunft angedeutet. Alle diese Fürsten sind jung und niemand vermag vorauszusehen, wann und wen der Tod unter ihnen wählen wird. Der älteste, Heinrich III., ist noch nicht fünfunddreißig Jahre alt, und das gefährdetste Leben führt Heinrich von Navarra. Außer den paar Rechtschaffenen, die zu ihm halten, gibt es Unzählige, die sein Verderben geschworen haben. Nicht mit Unrecht konnte Heinrich III. auf diesen Umstand hinweisen, als er ihn mit fieberhafter Dringlichkeit zu sich rief. Der König beneidet Heinrich von Navarra um die Rolle, die er zu übernehmen beginnt, und möchte am liebsten selbst die rechtschaffenen Leute beider Parteien zu Rate ziehen und sich aus der tödlichen Umarmung der Liga lösen. Wenn Heinrich von Navarra an den Hof zurückkehrte, würde er dem König seinen ganzen Anhang zuführen. Die von ihm im Zaum gehaltenen Provinzen Guyenne, Gascogne, sogar die Dauphiné, würden enger mit der Krone verbunden. Solange er jedoch ein Spiel für sich spielt, steht er im Gegensatz zur königlichen Autorität, und den zweiten Gegensatz bildet Heinrich von

Guise mit seiner Liga. Der König wirbt unmittelbar und durch Dritte um Heinrich von Navarra. Margarete rühmt ihrem Gatten die höfischen Vergnügungen, die er im Louvre zu erwarten hat, Katharina ist bereit, ihm mit offenen Armen entgegenzueilen. Kann er nicht wenigstens auf eine Zeitlang zu einem verwandtschaftlichen Besuch kommen, sich aussprechen und dem König Vertrauen und Freundschaft bezeugen, nach denen er so innig verlangt? Will er ihn denn ganz in seiner Vereinsamung, seiner Ohnmacht, seinen düsteren Schwermutsanfällen versinken lassen? Angesichts der hartnäckigen Absagen verspinnt sich der König immer mehr in wortlose Grübeleien. Mit abwesender Miene sieht man ihn im Kreise seiner Mignons beim Bilboquet-Spiel in den Gärten zwischen Louvre und Tuilerien, die die Königinmutter eben hat anlegen lassen. Oft scheint es, als ginge des Königs ganzes Denken nur dahin, die Kugel mit der Spitze seines Elfenbeinstocks aufzufangen. Diese Konzentrationsübung, sagt er, sei die beste Ablenkung für Menschen, die mit schweren Sorgen belastet sind. Er spricht immer weniger und befiehlt auch seiner Umgebung Schweigen. Ein seltsamer Hof und seltsame Höflinge! Die Bilboquet-Spieler in den Tuileriengärten wären etwas für Shakespeare gewesen, und diese Szene paßte gut zum jungen Prinzen von Dänemark. Auch für Heinrich III. ist „Sein oder Nichtsein" die Frage, über die er nachgrübelt. Bei seiner Konzentrationsübung mag auch er einen Monolog halten und die einzig richtige, wunderwirkende Wendung suchen und versuchen, die ihn sein Königreich auf der Spitze seines Szepters auffangen und halten läßt. Aber das ist schwerer als Bilboquet-Spielen.

XXIII

DER KÖNIG RUFT

Am 1. Februar 1584 traf der Herzog von Alençon in einer Postkutsche in Paris ein. Seine von Grausamkeiten und Verrätereien befleckten flandrischen Unternehmungen hatten mit schimpflicher Auflösung geendet. Die Mutter Katharina unternahm es noch einmal, die Brüder auszusöhnen. Sie holte selbst den Aufsässigen heim und logierte ihn unter ihrem Schutz im Magdalenenstift ein, wo sie eine Wohnung hatte. Dort sollten sich die beiden Brüder in ihrer Gegenwart umarmen, bevor sie sich den neugierigen Blicken des Hofes im Louvre zeigten. L'Estoile, der alle Tagesgerüchte sammelte, berichtet, daß die Versöhnung unter Tränen stattfand, und wir glauben es ihm gern. Die Mutter legte die Arme um die Söhne und zwang sie zum dreimaligen Bruderkuß. Alençon war von seinen unseligen Abenteuern völlig verändert zurückgekehrt, die Mutter fand ihn abgezehrt, die Hautfarbe gelb, sein Lachen schrill und mißtönend. Es war in den ersten Karnevalstagen, und die Prinzen feierten die Versöhnung gemeinsam mit ihren Mignons und Günstlingen bei Festen, Musik, üppigen Gelagen und nächtlichem Maskentreiben samt Fröschen, die unter den Tritten der Passanten knallten. Wieder herrschte die gewohnte, schon fast zur Pflicht gewordene Ausgelassenheit des Karnevals. Am Aschermittwoch trennten sich dann die Brüder in freundschaftlichem Einvernehmen. Das Zusammenleben hatte sich für sie selbst und ihr Gefolge als gefährlich und unmöglich erwiesen, der Herzog begab sich auf seinen Besitz Château-Thierry. Jeder regiere bei sich, lautet die neue Devise. Auch der König verbrachte die Fastenzeit zu Hause bei „seinen Brüdern" im Kloster zu Vincennes.

Einige Wochen später, im Mai 1584, schickte Heinrich III. den Herzog von Epernon in geheimer Mission zum König von Navarra. Offiziell befand sich Epernon auf einer Badereise, in Wirklichkeit hatte er einen inhaltsschweren Auftrag zu übermitteln. Der Herzog von Alençon lag in Château-Thierry im Sterben, ein Blutsturz folgte dem andern, Katharina, seine Mutter, hatte ihn schon unter Mitnahme der kostbarsten Möbel und Schmuckstücke verlassen.

Es ist ein Kennzeichen der Schwäche jener Zeit, daß die gleichen Probleme, die gleichen Forderungen immer wieder auf den gleichen Widerstand stoßen und daß man immer wieder von vorne beginnt. Wieder ruft Heinrich III. den Schwager an seine Seite. Der Tod des jüngeren Bruders läßt Unruhe im Reiche befürchten und stellt erneut die Kardinalfrage, die Frage der Thronfolge. Wenn man an Heinrich III. Zeichen von Geistesverwirrung wahrzunehmen glaubte, so zeigt er sich jetzt bei vollem Verstande, drückt sich klar und deutlich

Der König ruft 165

aus und sagt sogar alles Kommende richtig voraus. Der König ist entschlossen, nach dem Tod seines Bruders sofort Heinrich von Navarra als Tronfolger zu erklären. Aber er beschwört seinen Schwager, sich von der hugenottischen Religion loszusagen und zum Glauben seiner Väter, der Könige Frankreichs zurückzukehren. Wenn der König von Navarra hartnäckig an seiner gegenwärtigen Stellung als hugenottisches Parteihaupt festhält, so wird sich der Geist der Nation leidenschaftlich gegen ihn auflehnen, und die Gefahr eines neuen Krieges wäre heraufbeschworen. Gleichzeitig fördert er damit das Ansehen und ehrgeizige Streben Heinrichs von Guise. Die Liga wird sich unter der Führung ihres Abgotts erheben und sich schon im voraus von einem hugenottischen König lossagen. Heinrich III. schwankt nicht, er steht rückhaltlos zu seinem Schwager, und nicht er stellt ihm diese Bedingungen, sondern die zwingende Not. Aber nun möge auch der König von Navarra nicht zaudern und nach Paris kommen: an der Seite des Königs, seines Bruders und ober ten Herrn, soll man ihn bei der Messe sehen. Kraftvoll werden dann beide Fürsten der Zukunft entgegengehen und die Luftschlösser des Hauptes der Liga, Heinrichs von Guise, an einem Tage in Nichts zerfließen lassen.

Der Herzog von Epernon und der König von Navarra halten Zusammenkünfte in Paumiers, Encausse und Pau. Sie gehen gemeinsam auf die Jagd, um den freundschaftlichen Charakter der Gesandtschaft zu betonen. Auch Besprechungen unter vier Augen hatten hinter verschlossenen Türen stattgefunden, und der König von Navarra war danach allein und in ernstem Nachdenken die Gänge auf und abgeschritten. Der Herzog von Epernon wurde dringlich. Wenn Heinrich sich weigert, verliert er in den Augen der Nation seinen Rechtsanspruch auf die Krone: Gott stellt ihm ein Ziel vor Augen, er hat nicht das Recht es zurückzuweisen. Der König von Navarra hat immer gesagt, daß er zwar seiner Partei treu anhänge, aber keine festgefaßte Meinung hinsichtlich der Überlegenheit einer Religion über die andere habe. Der geheime Abgesandte des Louvre weist darauf hin, daß hier eine günstige Voraussetzung gegeben sei, um seinen Widerstand aufzugeben. Heinrich ist als Katholik geboren, die Kirche hat ihn mit ihrem unauslöschlichen Merkmal gezeichnet, und er kehrt nur zum Glauben seiner Väter zurück, der auch lange Zeit der Glaube seiner Mutter gewesen. Tut er es nicht, so wird ein neuer endloser Krieg unvermeidlich, und wäre es ihm nicht lieber, täglich fünfhundert Messen zu hören, als einen Bürgerkrieg zu entzünden? Die Besprechungen dauerten lange, und der König von Navarra schien sehr ernst. Am 10. Juni starb der Herzog von Alençon. Heinrich mußte sich zu einer Antwort entschließen. Er ließ seinem Schwager danken und stellte sich selbst und seine ganze Partei zu einem Bündnis zur Verfügung, aber nicht für alle Königreiche der Welt würde er seinen Glauben wechseln. Ein vereinzelter, zu seinem persönlichen Vorteil erfolgter, mit einer Krone bezahlter Übertritt setze den endlosen Wirren kein Ende. Was er immer noch erhoffe, sei eine umfassende, wahrhaft religiöse Versöhnung beider Parteien, ein Konzil, auf dem allen Glaubensverschiedenheiten auf den Grund gegangen werden und eine verjüngte Lehre entstehen soll, die für beide Teile annehmbar sei. Sollte er sich je zu einem Übertritt entschließen, so müßten sich seine Gefolgsleute mit ihm bekehren wie zur Zeit Chlodwigs. In der Bartholomäusnacht habe man ihm den Dolch vorgehalten, heute die Krone. Er habe genug an der ersten Erfahrung, sie habe ihm nur das Mißtrauen der einen und die Entfremdung der anderen Partei eingetragen. Heinrich besprach sich auch mit de Thou, und dieser Historiker erzählt uns, daß er sich dabei bis zu Tränen erregte. Er werde seine Rechtsansprüche verfechten, und wenn sein Schwager, den er aufrichtig bedaure, ihm nicht helfen könne, werde er sie allein zu verteidigen wissen.

Nach drei Wochen Unterhandlung und zweifellos sorgenvoller Überlegung lehnte Heinrich ab. Das darf uns nicht wundernehmen. Heinricht III. hat klar vorausgesehen, aber Heinrich von Navarra denkt und urteilt richtig. Auch eine Bekehrung um der Krone willen bleibt eine erzwungene Bekehrung, Heinrich weiß nur zu gut, wohin das führt. Seine ganze Partei würde von ihm abfallen, und ohne sie ist seine Hilfe für den König nichts wert. Er gilt als völlig ungläubig. Der venezianische Gesandte berichtet damals, daß er sich über seine hugenottischen Geistlichen sogar bei der öffentlichen Predigt lustig mache: „Eines Tages während der Predigt eines dieser Ketzer aß der König Kirschen und schoß ihm die Kerne ins Gesicht, so daß er fast ein Auge verloren hätte." Wahr oder nicht, diese Geschichte läßt uns ahnen, wie wenig Vertrauen eine erzwungene Bekehrung erweckt hätte.

Dem König wie sich selber zuliebe muß Heinrich von Navarra auf seiner starken Sonderstellung beharren. Seine Vertrauensleute berichten ihm, daß die Königinmutter ihre Kinder im Arm und Frankreich zu ihren Füßen hält. Er hat keine Lust, sich von ihr in die Tasche stecken zu lassen. Bei ihr fände er sich in jeder Weise behindert. Aber auch eine Weigerung ist nicht ungefährlich. Kein Zweifel, daß er damit der Liga in die Hände spielt und Heinrich von Guise das Feld überläßt. Aus allen Berichten, die ihm zukommen, kann er entnehmen, daß die Gegenbewegung bereits einsetzt.

Für die Liga ist die Stunde der Massenerhebung gekommen. In den Kirchen werden die Eide erneuert. In wenigen Tagen schwellen die Beitrittslisten so ungeheuer an, daß man in den Städten Lastesel benötigt, um sie zu befördern. Es gibt Hundertschaften und Zehnerschaften. Für hundert Beitrittserklärungen wird eine Prämie in gutem spanischen oder französischen Gelde gezahlt. Die Franziskaner verlassen ihre Klöster und halten Missionspredigten, Kreuze werden als Wahrzeichen errichtet, und im Himmel herrscht Freude über jeden frommen Katholiken, der sich vom Ketzerfürsten, dem Béarner, wie sie ihn nennen, heute schon lossagt. Gleichzeitig wird ein neuer Stammbaum Heinrichs von Guise in Umlauf gebracht, in dem nachgewiesen wird, daß sein Geschlecht, das Haus Lothringen, von Karl dem Großen abstammt. Die Geschlechterfolge ist einwandfrei festgestellt. Die Capetinger haben die Krone usurpiert, während im Guisen als echtem Sohn der alten Zeit der karolingische Stamm neu aufblüht. In dem vorauszusehenden Erlöschen des Hauses Valois ist der Wille des Himmels zu erkennen. Der Letzte seines Geschlechts, Heinrich III., verdient kein Vertrauen, er hat eine Reihe von Friedensverträgen und Edikten unterzeichnet, die es der Ketzerei möglich machten, zu gedeihen und sich zu verbreiten. „Unser Führer", Heinrich von Guise, aber ist nie vom geraden Weg abgewichen; seine ganze Erscheinung, sein majestätisches Antlitz, sein feuriger Blick, das helle, gelockte Haar, der blonde Bart stempeln ihn zum König. Die Narbe in seinem Gesicht erinnert an heldische Taten. Seine Familie hat sich mit Ruhm bedeckt und steht ihm ergeben und geschlossen zur Seite, der Segen seines erlauchten Vaters schwebt über ihm, von seinen sechs Kindern ist das älteste zwölf Jahre alt und folgt den Spuren des Vaters.

Der König, die Großen, die Günstlinge haben lange genug geredet und von sich, ihren Vergnügungen, ihren Zwistigkeiten, ihren ehrgeizigen Bestrebungen reden gemacht. Dem Volk sind sie teuer zu stehen gekommen, jetzt ist es Zeit, das Volk reden zu lassen, ihm einzuflüstern, was es zu sagen hat, und sich nachher seiner Worte zu bedienen. Die verschiedenartigsten Stimmen predigen die gleiche Lektion. Nach den Franziskanern spricht der Arzt, der Feldscher. Selbst der Bäcker hat seine Meinung über den karolingischen Stammbaum, in seinem Laden ebenso wie im benachbarten Bauernhof liegen die Listen der Liga auf. Es leuchtet dem Volk ein, daß es am Ende selbst Herr sein soll, daß es sich seinen König wählen, die unerträglichen Steuern abschütteln kann und zugleich von der Liga ein paar Dublonen in den Sparstrumpf gesteckt bekommt. Woher stammt dieses Geld? Die Liga hat ihre Kasse, wir werden noch sehen, wie sie gespeist wird und anschwillt, und wie man eines Tages die Geldquellen aufdeckt. Jetzt sind es erst kleine Zuflüsse, die von verschiedenen Seiten zusammenströmen. Der Papst schickt seinen Beitrag, die Klöster geben Korn, Gutserzeugnisse, Kirchenschätze. Für sie ist es ein Kampf ums Leben. Es fehlt nicht an abschreckenden Präzedenzfällen. In England hat es genügt, daß Elisabeth Hugenottin war, um allen Untertanen die katholische Religion zu verbieten und die Klöster zu vernichten. Jedem Priester, der sich in Verkleidung auf die Insel wagt, droht der Tod. In Deutschland hat man die Kirchengüter eingezogen, und im eigenen Königreich Heinrichs von Navarra ist der katholische Glaube ausgerottet worden wie Unkraut. Es ist begreiflich, daß alles, was dem Altar dient, sich gegen die Möglichkeit einer Thronbesteigung des Béarners erhebt.

Da der König außerstande ist, der gewaltigen Massenbewegung der Liga entgegenzutreten, muß er sich ihr notgedrungen anschließen. Er gleicht einem Menschen, der sich gegen eine Mauer getrieben sieht und der weiß, daß er nicht mehr entrinnen kann. Er hat sich an Heinrich von Navarra gewendet und alle Gründe des Rechts, der Freundschaft, der Politik geltend gemacht; er war aufrichtig in seinem Bemühen, aber er ist nicht mehr Herr der Lage. Um Heinrich von Navarra den Weg zum Thron zu versperren, hat der Papst ihn soeben feierlich exkommuniziert und als rückfälligen Ketzer erklärt. Die Exkommunikation macht ihn für alle Gläubigen zu einem Gegenstand des Abscheus, und indem man ihn als rückfälligen Ketzer bezeichnet, sagt man im voraus, daß es für ihn auch im Falle der Reue keine Absolution gibt. Damit ruft man zum Krieg gegen ihn auf, zu dem es auch wirklich kommt. Man kann fast sagen, daß er diesen Krieg selbst auf sein Haupt herabbeschworen habe, aber er bleibt vorsichtig und ruhig, rührt sich nicht in seinem Guyenne und bekümmert sich nur um seine Privatangelegenheiten. Die Flamen haben ihm Gesandte mit der Aufforderung geschickt, jetzt nach dem Tode Alençons als ihr Protektor in ihr Land zu kommen. Heinrich antwortet ihnen wie ein vielbeschäftigter Mann, der den Kopf voll von eigenen Sorgen hat: die Flamen wissen, daß sie auf seine Freundschaft zählen können, aber in diesen bewegten Zeiten seien sein Kopf und seine Mittel zu sehr von den eigenen Angelegenheiten in Anspruch genommen. „Es kann nicht lange dauern, daß sich unsere eigenen Angelegenheiten und die des Reichs aufklären werden, und dann, meine Herren, werden Sie sehen, daß Ihre Sorgen meine Sorgen sind."

Er ist auf der Hut, er wird überwacht. Von jetzt an weiß er, daß ihm täglich der Tod droht. Oft spricht er von seinen „Mördern". Wenn ein Bote mit dem König von Navarra sprechen will, geschieht es in einem engen Gang, die Hände werden ihm auf den Rücken gelegt und zwei Leibwachen stehen zwischen ihm und dem König. Er befürchtet sogar, man könnte sich seiner Frau bedienen, um ihn zu vergiften. Margarete ist ja der Liga beigetreten. Das sei ihr Recht als Prinzessin des königlichen Hauses, behauptet sie. Sie rechnet schon damit, daß ihr Gemahl in den Kriegen oder „auf andere Weise" ums Leben kommen und daß sie dann als treue Anhängerin der Liga eine vorteilhaftere Ehe eingehen könnte. Wenn ihre Familie gegen den Béarner Krieg führt, steht sie auf der Seite ihres Hauses. Auch sie hat ihre guten Gründe. Kann sie als treue Katholikin mit einem Exkommunizierten Tisch und Bett teilen? Bricht er ihr nicht die Treue in aller Öffentlichkeit? Seine offizielle Geliebte, Corisande, könnte ihr nach dem Leben trachten. Diese ganze Zeit wirkt wie ein Höllenspuk. Weittragende geheime Pläne, die ans Licht kommen werden, unter dem Dunkel, das sie noch verhüllt, enttäuschter oder neu angefachter Ehrgeiz, Liebeseifersucht, häuslicher Zwist, groteske Abenteuer, die in Lachen und Gesang enden — alles kann man hier beobachten. Und da wir nun einmal den Faden in der Hand halten, verfolgen wir die Tragikomödie weiter, die Margarete von Valois in der Geschichte gespielt hat.

XXIV

SEITENSPRUNG

Der Gemahlin Heinrichs von Navarra gehört Agen, ein katholischer Mittelpunkt, als eigenes Erbgut. Niemand kann es wundernehmen, wenn sie sich dorthin zurückzieht, denn im Louvre fühlt sie sich unter der Aufsicht des Königs beengt, und mit ihrem exkommunizierten Gatten kann sie nicht leben. Nichts natürlicher, als daß die unglückliche und friedfertige Prinzessin bei ihren Untertanen ein Asyl sucht und dort zu regieren wünscht. Sie führt ihren kleinen Hofstaat und ihr Gefolge mit sich. Die Ratsherren bereiten ihr einen respektvollen Empfang, stellen ihr zwei Kompanien Bewaffneter zur Verfügung und überreichen der Schwester des Königs von Frankreich ritterlich und wie es sich gebührt die Schlüssel der Stadt und auch der Zitadelle. Bald jedoch haben sie Anlaß zur Sorge: die Aufführung der schönen Prinzessin ist nicht ganz durchsichtig. Sie befiehlt nicht im Namen des Königs, sondern regiert im eigenen Namen.. Tag für Tag strömen ihr Fußvolk und bewaffnete Reiter zu. Sollte sie beabsichtigen, die Stadt zugunsten der Liga unter ihre eigene Oberhoheit zu bringen? Der König war, wie man aus Paris hört, über den Gehorsamseid aufgebracht, den man seiner Schwester geleistet hatte; die Notabeln haben sich nur ihm gegenüber eidlich zu verpflichten. Briefe sind aufgefangen worden: Margarete korrespondiert mit den Guisen und verlangt durch sie vom König von Spanien eine

Monatsrente von fünfzigtausend Talern, um gegen ihren Gemahl Krieg zu führen. Sollte Agen sie im Stich lassen, denkt sie in Lothringen Zuflucht zu suchen. Ja sie träumt davon, unter Umgehung des salischen Erbfolgerechts an Stelle ihres Bruders über Frankreich zu herrschen. Katharina schreibt damals: „Zu allen diesen Sorgen bereiten mir die Briefe, die von meiner Tochter vermelden, soviel Kummer, daß ich daran zu sterben vermeine; kein Tag vergeht ohne eine neue Aufregung, die mich so schmerzt, daß ich noch nie eine ähnliche Pein erlitt" (25. April 1585). Und am 15. Juni: „Ich sehe an den täglichen Kümmernissen, die sie mir bereitet, daß Gott mir dieses Geschöpf zur Strafe für meine Sünden bestimmt hat, und mein Schmerz über sie ist so groß, daß ich vergeblich nach einem Trost suche."

Als edelmütige Prinzessin hatte Margarete in Agen mit der Austeilung von Almosen und dem Besuch der Klöster begonnen, dann aber ging sie zu Steuereintreibungen über. Die fünfzigtausend Taler, die ihr der Guise vom König von Spanien verschaffen sollte, waren ausgeblieben — so hielt sie sich am Volk schadlos. Margarete erhob Steuern ohne Rücksicht auf Abgaben, die man bereits an den König zahlte. Heinrich III. verlangte Rechenschaft über das Verhalten der Schwester und schickte den Marschall Matignon, der sie mit Kanonenschüssen aus Agen vertrieb; die Bewohner ihrer guten Stadt hielten die gefährliche Herrin nicht zurück. Drei Monate nach dem vielversprechenden Auftakt war Margarete zu Pferd in wilder Flucht begriffen, gefolgt von ihren letzten Getreuen und begleitet vom unbarmherzigen Spottgelächter der Pamphletisten, die diesen Seitensprung verherrlicht und der Geschichte aufbewahrt haben. Es gelang ihr, das Schloß Usson in der Auvergne zu erreichen, aber in welchem Zustand! Um ein Haar wäre sie in Pertuis bei Issoire beim Übersetzen mit der Fähre ertrunken. Wo sie Parteigänger zu finden glaubte, bot man ihr ranzigen Speck, trockene Bohnen und Nüsse, und nur Katharinas Vermittlung und den Tränen, welche die Mutter immer noch über die Zerwürfnisse ihrer Kinder vergoß, hatte sie es zu verdanken, daß der Marquis Canillac sie in Usson als kapitulierende Gefangene aufnahm. Aber die Anweisungen Heinrichs III. gegen die Anhängerin der Liga waren hart: „Man möge meine Schwester in strengem Gewahrsam halten und unverzüglich alle ihre Güter und Einkünfte einziehen. Was ihre Frauen angeht, so soll der Marquis Canillac sie auf der Stelle fortjagen und ihr einstweilen einige ehrbare Fräuleins und Kammerfrauen zur Seite geben, bis meine gute Mutter ihr die passenden Personen ausgesucht hat. Der als ihr Liebhaber verdächtige Stallmeister d'Aubiac soll in Gegenwart der Nichtswürdigen im Schloßhof gehenkt werden. Schicken Sie mir alle ihre Ringe, denn sie könnte sie veräußern und sich Komplicen kaufen." „Je weiter ich den Dingen auf den Grund komme", sagte der König einige Tage später, „um so mehr empfinde und erkenne ich die ganze Schande, die diese Nichtswürdige über uns gebracht hat."

Im Herbst 1585 hatte Margarete als Gefangene ihres Bruders das als uneinnehmbar geltende Schloß Usson mit seinen vier bollwerkversehenen Wällen betreten, deren jeder mit acht Türmen bewehrt war. D'Aubiac wurde vor ihren Augen gehenkt, und der Chronist berichtet, daß der Stallmeister im Augenblick seines Hinscheidens, statt auf sein Seelenheil zu denken, einen kleinen Muff aus blauem Samt an die Lippen führte, den ihm seine Herrin geschenkt hatte.

Lassen wir Margarete in Usson! Es bleibt uns Zeit genug, sie dort wieder aufzusuchen, denn sie wird auf diesem Schloß zwanzig Jahre verbringen. Sie ist die Dame des heiteren Lebensgenusses und führt Circes Zauberstab. Kein Monat vergeht, bis sich ihr Gefängniswärter in sie verliebt. Das Gepäck rollt an, die Lauten werden hervorgeholt. Die Marquise von Canillac, eine Frau von Lebensart, weiß, was man einer gefangenen Prinzessin an Huldigung und Aufheiterung schuldet. Musiker treffen ein, um die Königin zu zerstreuen. Die höfischen Spiele leben wieder auf und umweben die Festung mit dem Zauber eines Märchenschlosses. Heinrich von Navarra beobachtet aus der Ferne dieses Abenteuer und spart nicht mit Spott über die „hochselige Königin von Navarra", wie er sie von nun an nennt. Als Margarete ihn um einen Freibrief für eine Weinsendung ersucht, die sie aus Nérac kommen lassen möchte, macht er sich mit Corisande weidlich über sie lustig: „Ein Mann ist im Auftrag der hohen Schloßherrin bei mir erschienen, um Zollfreiheit für fünfhundert Fässer Wein zu verlangen. Um ihres eigenen Besten willen habe ich es verweigert. Es ist übertrieben, sich so als Säuferin preiszugeben ..."

Man heiratet, geht auseinander, kommt wieder zusammen, bekriegt sich, und am Schluß endet alles in Gelächter. Die Zeit vergeht, und noch ist das letzte Wort zwischen den Ehegatten nicht gesprochen. Zwanzig Jahre später taucht am französischen Hofe eine wohlbeleibte, wohlgelaunte, mit Bändern geputzte, gutmütige und verständige Dame auf, die dem König eine ergebene Schwester und Freundin ist, nur sein Wohlergehen bedenkt, sich oft in ihr Landhaus und ihre Gärten bei Issy zurückzieht, und die jungen Leute am Hof, die noch die Scheidungssatire und andere Spottschriften der Zeit gelesen haben, hören zu ihrem Erstaunen, daß diese gesetzte, wohltätige, pflichteifrige Prinzessin, Schwester dreier Könige, aufmerksame Schwägerin der Maria Medici und gute Erbtante niemand anderer ist als die „hochselige Königin von Navarra", Margarete von Valois.

XXV

ZWIEGESPRÄCH

Jetzt, da Heinrich ganz in seiner Liebe zu Corisande aufgeht, vernehmen wir die wahre Stimme seines Herzens. Sein ständiger Spott ist eine Art instinktiver Schutzwehr geworden. Immer ist er mit dem Lachen bei der Hand, aber wenn er sein Inneres aufdeckt, verrät er einen fast mystischen Glauben an seine Zukunft. Hundertmal ist ihm erzählt worden, daß die Astrologen ihm die Krone Frankreichs weissagen, und jedesmal antwortet er: „Laßt die falschen Propheten nur reden"; aber es kann ihm nicht entgehen, daß diese Zukunft sich selbst ankündigt. Unaufhörlich begleitet ihn die Vorahnung von Dolch und Gift und läßt ihn nicht los, aber keiner entgeht täglich so großen Gefahren, der nicht für eine große Zukunft aufgespart ist. „Wenn Gott der Herr bleiben wird und ich Seinen Willen ausführe", schreibt er an Corisande, und weiter: „Beten Sie recht dringlich zu Gott für mich, denn wenn ich davonkomme, kann nur Er es sein, der mich bis an mein Grab beschützt, dem ich vielleicht näher bin als ich selbst ahne!" „Alle Qualen, die der menschliche Geist erdulden kann, werden ständig an mir erprobt, alle ohne Ausnahme und zu gleicher Zeit." Wir glauben ihm dieses Wort. „Schenken Sie mir Ihr Mitleid, meine Seele, mein Alles, lieben Sie mich! Ihre Zuneigung ist meinem Geiste Stütze beim Ansturm aller Kümmernisse, entziehen Sie mir nicht diesen Halt! Lebe wohl, meine Seele, ich küsse Dir vieltausendmal die Füße!" Dieser neue Ton rührt uns. Heinrich hat in seinem Leben nie ein anderes Gefühl erfahren als Frauenliebe, und so wird es bleiben. Die Liebe wird ihn irreführen, verraten, sie wird wie ein Phönix immer wieder der Asche entsteigen. Die vieltausend Küsse wechseln den Empfänger, bis zu seinem Tode wächst ihre Zahl. Der verschlagenste, schlaueste aller Fürsten wird in der Liebe zum Kind und eines Tages zum kindischen Alten.

Im Augenblick haben sich alle Kräfte der Zeit gegen ihn verbündet. Nur Heinrich III. betrachtet ihn im Innersten seines Herzens als den künftigen Träger der Krone. „Allem Anschein nach", sagt der arme König, „wird aus meinem Geschlecht kein Erbe hervorgehen." Angesichts dieser Erkenntnis und dieses unlösbaren Problems verfällt er in eine Art Dämmerzustand. Vor einigen Monaten glich er einem an die Wand gedrückten Manne, jetzt hat er sich ganz in die Wand zurückgezogen. Er hält sich nur noch im Kreise seiner Hieronymiten-Brüder auf und läßt die Totenköpfe seines Rosenkranzes durch die Finger gleiten. Es heißt, daß er für sein Königreich bete und vom Gedanken an die Erbfolge besessen sei. Mit Fasten und Geißelungen möchte er Frankreichs Ruhe erkaufen, da er dem Land nicht die Hoffnung auf seinen Sohn hinterlassen kann. Dann kehrt er in den Louvre zurück und läßt die Kugel auf seinen Bilboquet-Stab springen. „Dieses Spiel", sagt er immer wieder, „ist die beste Medizin für einen sorgenbeladenen Mann." Mit seinen Zwergen schließt er sich in Räumen, die mit Vogelvolièren vollgestopft sind, ein und beschäftigt sich mit Schlosserarbeiten. Wenn man mit Heinrichs Liebesleidenschaften Nachsicht übt, darf man auch sein Mitgefühl diesem Vierunddreißigjährigen nicht versagen, der nur an seinen Tod denkt und an die Unruhen, die ihm folgen werden. Er wird nichts unversucht lassen, um Heinrich von Navarra in sein Erbe einzusetzen. Allerdings sind seine Marotten lächerlich, sie bilden den täglichen Morgenklatsch, und der Pariser macht sich weidlich darüber lustig. Die

komischsten Geschichten werden über ihn verbreitet. Eine boshafte Frau soll durch ein heimlich gebohrtes Loch ein Sprachrohr in sein Schlafzimmer eingeführt und ihm, während er schlief, zugeraunt haben, daß er zur Hölle verdammt sei, wenn er fortfahre, die Ketzer zu begünstigen. Der arme Fürst sei schweißgebadet erwacht, habe sein Hemd wechseln müssen und sogleich seine Hausgeistlichen kommen lassen, um drei Messen für ihn zu lesen. Diese Neuigkeiten werden dann von den Gesandten an ihre Höfe berichtet.
So viel wissen wir genau: wenn Heinrich von Navarra unerschütterlich an seiner geraden Linie festhält, verfolgt Heinrich III. nicht minder hartnäckig seine Absicht. Nur eine Lösung gibt es, nur einen Ausweg aus dem Labyrinth, in dem er sich quält, und ihm gebührt das Verdienst, diesen Ausweg erkannt zu haben: Heinrich von Navarra muß ihm als König von Frankreich nachfolgen und katholisch werden. Die Geschichte, die den unglückseligen Fürsten mit Hohn und Spott überhäuft, hat ihm am Ende recht gegeben.
Wohlgemerkt, es handelt sich dabei nur um das monarchische Prinzip. Heinrich III. ist vierunddreißig Jahre alt, Heinrich von Navarra nur ein Jahr jünger, und bei seinem abenteuerreichen Leben einem vorzeitigen Tode sehr viel mehr ausgesetzt. Heinrich III. ist kinderlos, aber auch Heinrich von Navarra hat keine Leibeserben von seiner Frau, ja kann sie, da er von ihr getrennt lebt, nicht einmal erwarten. Trotzdem beharrt der König hellsichtig auf seinem Standpunkt: das monarchische Prinzip muß erhalten bleiben, Menschen und Tatsachen haben sich ihm zu fügen. Und wenn man alles wieder von vorne anfangen, die Füße in die alten Fußtapfen setzen muß, gut, so wird man es tun. Man kann alles noch einmal versuchen, auch Zugeständnisse machen, wenn der hartnäckig auf seiner Weigerung beharrende Heinrich von Navarra einen ehrgeizigen Wunsch verhehlt. Der König vertraut jetzt nur noch seiner Mutter, und sie schickt er aus, die alterfahrene Unterhändlerin und Mutter so vieler Geheimnisse. Sie durchschaut wie kein anderer die Tiefen und Untiefen der fürstlichen Herzen und wird besser als jeder Gesandte die Lage des Königs und die Gefahr der Krone auseinandersetzen.
Ein letztes Mal sehen wir Katharina ihre Kutsche besteigen, alt, schwerfällig, mit sorgenumwölkter Stirn unter der schwarzen Woll-

haube. Sie ist jetzt sechsundsechzig Jahre alt. Schon in ihrer Jugend fand man sie zu fahl und zu dick, heute hat sie die Beleibtheit der alten Matronen, und ihre vorstehenden Augen blicken glanzlos und unbewegt wie die Augen der Wiederkäuer. Ihre Freunde nennen sie eine „übermenschliche" Erscheinung, ihre Feinde behaupten, daß sie noch zwischen Engel einen Zankapfel werfen würde, um sie dann wieder zu versöhnen. Fünf Könige hat sie regieren gesehen und als Königinmutter drei regiert. Sie ist die Sibylle des Thrones und hat genug in den Sternen gelesen und Weissagungen angehört, um jetzt selbst prophezeien zu können. Sie wird Heinrich von Navarra den Begriff von seiner Pflicht und Bestimmung zu geben wissen.
Die Begegnung findet im Schloß Saint-Brice statt. Sie ist berühmt geworden, ein genauer Bericht, ja sogar der Wortlaut des Zwiegesprächs ist uns überliefert. Wir lauschen Katharinas Überredungskünsten, als sie nach vielen Küssen und Umarmungen die brennende Frage anschneidet. Heinrich von Navarra und die Königinmutter haben sich auf erhöhten Sitzen niedergelassen. Da Heinrich Zeugen bei dieser Unterredung wünscht, haben der Vicomte de Turenne und Herr de la Trémouille hinter ihm Aufstellung genommen. Katharina hält ihre Edelleute außer Hörweite, denn sie „vertraut sich ihrem Sohne an".
„Also, mein Sohn", spricht die Mutter, „werden wir es zu etwas Gutem bringen?"
„Meine Mutter, ich kann nichts Besseres wünschen, aber es hängt nicht von mir ab."
„Lassen wir diese Umschweife", sagt Katharina, „und nennt mir Eure Forderungen!"
„Madame, ich fordere nichts und bin nur gekommen, um Eure Befehle entgegenzunehmen."
„Ach was", antwortet die Mutter, „macht mir nur einen Vorschlag!"
Aber heute bleibt Heinrich verschlossener als eine versiegelte Kassette.
Katharina wagt einen Vorstoß: „Fordert was Ihr wollt, der König wird es Euch bewilligen."
Aber sofort dreht Heinrich den Spieß um: „Madame, ich habe nichts zu fordern, wenn Ihr etwas von mir wollt, werde ich mich mit meinen Freunden beraten."

Die Freunde stehen hinter ihm, und in ihrer Gegenwart wird es selbst der geschmeidigen Dialektik Katharinas schwer, den Glaubenswechsel zu fordern.

„Der König", fährt sie fort, „liebt Euch und hält Euch in Ehren und wünscht Euch wie einen Bruder an seiner Seite."

„Madame, ich sage ihm meinen gehorsamsten Dank und versichere Euch, daß ich niemals die ihm schuldige Pflicht versäumen werde."

„Aber habt Ihr mir denn nicht mehr zu sagen? Wollt Ihr hartnäckig darauf beharren, die Ursache des Elends und Untergangs dieses Königreichs zu sein?"

„Dieses Reich, Madame, kann nie so zugrundegehen, daß nicht ein kleines Fleckchen für mich übrig bliebe."

„Verweigert Ihr also dem König den Gehorsam und fürchtet Ihr nicht, daß er sich gegen Euch erzürnen und erheben könnte?"

„Madame, um Euch die Wahrheit zu sagen: es sind schon achtzehn Monate, daß ich dem König nicht mehr gehorche."

„Mein Sohn, wie könnt Ihr das sagen!"

„Madame, ich darf es sagen, denn der König, der mir wie ein Vater sein sollte, bekämpft mich wie ein Wolf, und Ihr habt mich wie eine Löwin bekämpft."

„Wie das? Bin ich Euch nicht immer eine gute Mutter gewesen?"

„Ja, Madame, als ich noch klein war, aber seither mußte ich erkennen, daß sich Euer Wesen sehr gewandelt hat."

„Glaubt mir, mein Sohn, daß der König und ich nur Euer Bestes wollen."

„Madame, ich sehe täglich das Gegenteil."

„Mein Sohn, lassen wir das — wollt Ihr denn, daß alle Mühe, die ich mir seit nun fast sechs Jahren gebe, umsonst gewesen sei, und habt Ihr diese ganze lange Zeit nur Euer Spiel mit mir getrieben?"

„Madame, nicht meine Schuld ist es, im Gegenteil, es ist die Eure. Ich hindere Euch nicht daran, ruhig in Eurem Bett zu schlafen, aber Ihr gönnt mir seit achtzehn Monaten keine ruhige Nacht."

Der Königinmutter kommen die Tränen. „Mein Gott", seufzt sie, „werde ich denn immer so geplagt sein müssen, ich, die ich nichts als Ruhe wünsche!"

Aber darauf antwortet die Gegenseite mit bitterem Spott: „Madame,

diese Plage ist für Euch Lust und Nahrung. Ihr könntet gar nicht in Ruhe leben."
„Ich habe Euch so gut und umgänglich gesehen, und heute blickt der Zorn aus Euren Augen und spricht aus Euren Worten."
„Madame, ich leugne nicht, daß die vielen Widerwärtigkeiten und die böswillige Behandlung mein früheres Wesen verändert und ausgelöscht haben."
Jetzt wechselt Katharina brüsk das Thema: „Nun, wenn Ihr es also selbst nicht tun wollt" — das Wort Glaubenswechsel wurde nicht ausgesprochen —, „versuchen wir wenigstens für eine Zeit zu einem Waffenstillstand zu kommen, damit Ihr mit Euren Ministern und Anhängern über einen guten Frieden beraten könnt!"
Nichts ist klar ausgesprochen worden, man hat sich auch so verstanden. Aber es ist bei Worten geblieben. Ein wirklicher Friede ist ausgeschlossen. Heinrich III. ist in den Schlingen der Liga wie in der Umklammerung einer Schlange gefangen und, um sich freizumachen, muß und wird er zugrundegehen. Katharina bestand auf einer zweiten Unterredung mit dem Schwiegersohn, so schnell gab sie sich nicht geschlagen. Man konnte Heinrich von Navarra eine Pension von hunderttausend Talern anbieten. Vom Louvre aus drängt Heinrich III. die Mutter, zum Ziele zu kommen und den Starrkopf unter vier Augen zu sprechen. Dann kann man es offen sagen, daß man den wölfischen Krieg mit lammfrommem Herzen geführt hat. Der König war bereit, seinen Schwager feierlich und der Liga zum Trotz als seinen Nachfolger anzuerkennen. Nur muß Heinrich von Navarra im Louvre als Sohn, Bruder und Verbündeter und bei der Messe sich blicken lassen. Da man an alles denkt, ist auch schon vorgesehen, daß er von Zeit zu Zeit seine Gemahlin im Schloß Usson aufsuchen soll, um, wie Heinrich III. sich ausdrückt, „Kinder aus ihr herausholen zu können".
Um seine Schwiegermutter zur letzten von ihr gewünschten Zusammenkunft zu treffen, müßte Heinrich eine sumpfige Moorlandschaft durchqueren. Das tiefeingewurzelte Mißtrauen der Hugenotten vermutete eine Falle; die Unterhandlung war gescheitert und hatte auf beiden Seiten eine gereizte Stimmung hinterlassen. Ein Fanatiker könnte im Schilf versteckt mit einem Büchsenschuß die Liga von dem

hartnäckigen hugenottischen Thronanwärter befreien. Auch hatte Heinrich seinen Worten nichts mehr hinzuzufügen. Es war lange her, daß er sich kniend von Katharina die Hugenottenlocke als Unterpfand des Friedens abschneiden ließ. Wenn der König unter dem Zwang der Liga gegen ihn Krieg führt, wird er sein Recht mit den Waffen verteidigen; auch er handelt unter dem Zwang der Notwendigkeit. Katharina fühlte sich gleichfalls nicht sicher. Eine hugenottische Abteilung könnte sie entführen und die verhaßte Jezabel in einem Schloß gefangensetzen. Aber sie kannte Heinrich von Navarra schlecht: Kraft und Klugheit beherrschten seine Seele und hatten ihn die Nutzlosigkeit der Gewaltanwendung gelehrt. Katharina konnte ruhigen Herzens ihre Kutsche besteigen, die wollene Haube tief in die verdüsterte Stirne ziehen und über ihre mütterlichen Bemühungen nachdenken. Sie hatte sich keine erspart und glaubte noch immer, daß die Masse des Volkes schon nachfolgen werde, wenn sich nur erst die Fürsten am Ende ihrer tragischen Zwiste versöhnt umarmen; sie gab sich noch nicht besiegt.

Wie Heinrich IV. in der Tiefe seiner undurchsichtigen Seele über Katharina von Medici dachte, hat er erst sehr viel später in seiner bündigen Art zum Ausdruck gebracht: als er in Saint-Denis das prunkvolle Grabmal betrachtete, unter dem sie endlich Ruhe gefunden hatte, wandte er sich mit einem Lächeln an seine Umgebung und sagte: „Hier ist sie gut aufgehoben."

XXVI

DIE SCHLACHT BEI COUTRAS

Es war also wieder Krieg. Der geschickte Béarner, um Hilfsmittel nicht verlegen, hatte höchstwahrscheinlich seine Hand auch bei den Gesandtschaften im Spiel, die aus Deutschland und Dänemark kamen, um beim König von Frankreich Beschwerde über die verzweifelte Lage zu führen, in die der Fanatismus der Liga die französischen Hugenotten versetzte. Ihre Sache war die Sache aller Protestanten Europas, und so kam es, daß die deutschen Reiter sich wieder in Marsch setzten, um dem König von Navarra zu Hilfe zu eilen. Während hier diese unerquicklichen Töne an Heinrichs III. Ohr drangen, läutete dort die Liga Sturm, und nicht genug damit: auch im Volk begann es zu grollen. Führte der König keinen Krieg gegen die Hugenotten, so war er ein Verräter an seinem Glauben, führte er aber Krieg, so mußte er eine Armee bezahlen, und das bedeutete Steuerhebungen, Sonderabgaben, Einforderung von Subsidien bei den Klöstern, Beschlagnahme von Kirchenschätzen und Verkauf von Reliquienkästen, goldenen Altarschreinen, juwelenbesetzten Abendmahlskelchen und Monstranzen ans Ausland. Die Mönche zeterten über diesen gotteslästerlichen Handel und die Profanation der Reliquien: die Hugenotten hätten nicht schlimmer gehaust. Auf den Mauern von Paris bildete man aus den Buchstaben „Henri de Valois" das Anagramm „Vilain Hérode", und jetzt war die Gesamtlage so leicht zu durchschauen, daß ein unterrichteter Schreiber an eine Straßenecke mit Kreide folgende Bekanntmachung schreiben konnte:

„Kurze Zusammenfassung der wirklichen Absichten der Lothringer und der Frau Liga:

Wir werden zu den Waffen greifen und erklären, daß wir es nur auf die Hugenotten abgesehen haben; in Wahrheit aber geht es gegen den König, dem wir seine Karten jetzt, wo er keinen Erben aus seinem Geschlecht hat, so gründlich durcheinanderbringen, daß er verloren ist, wenn er sich nicht an den König von Navarra hält. Tut er das aber, so ist er erst recht verloren, denn wir werden dann überall predigen, daß er selbst Hugenott ist und die Ketzer begünstigt hat. Wir werden ihn durch den Papst exkommunizieren lassen und ihn so verächtlich machen, daß es jeder Beschreibung spottet. Dann können wir uns seiner leicht entledigen" — schon blitzt das Messer Jacques Cléments auf — „oder ihn ins Kloster sperren. Er ist sowieso schon ein halber Jesuit, Kapuziner, Feuillantiner oder Hieronymit, alles Orden, die er erfunden oder gefördert hat."

So lagen die Dinge. Gegen Heinrich III. erhoben sich in Paris gleichzeitig die Revolte und die Verachtung, ein nichtendenwollendes Hohngelächter. Jetzt wird die stummgebliebene Menge laut, und wir vernehmen die Stimme des Volkes in den Geschichten, die die Gasse kolportiert. Man erzählt, daß die Schwester der Guisen an ihrem

Gürtel eine goldene Schere trägt und jedermann mit dem Bemerken vorzeigt, daß sie mit eigener Hand Heinrich von Valois die Tonsur scheren werde, wenn man ihn ins Kloster sperrt. Der Kardinal von Guise macht ihr aber diesen Ruhm streitig: er selbst wird den Kopf Heinrichs von Valois zwischen die Knie nehmen und als Kirchenfürst das Mönchlein scheren. Es wäre nicht das erste Mal, daß man einen König ins Kloster sperrt, der sein Volk nur ausplündert und sich weder auf Krieg noch auf Frieden versteht — mit dem letzten Merowinger ist so sein Hausmeier verfahren. Heinrich von Guise wird dem Beispiel seines Vorfahren, Pippin von Heristal, folgen. Er sagt es zwar nicht selbst, läßt es aber die anderen sagen. Des Königs Verlust ist des Guisen Gewinn. Die Steuererhebungen des Königs zu Kriegszwecken reizen das Volk zum Aufruhr, aber wenn der Einmarsch der Deutschen in Frankreich droht, ist es Heinrich von Guise, der große Kriegsheld und Abgott, der ihnen den Weg verlegen wird. Kann er sich nicht mit Recht als „ersten Diener des Königs" bezeichnen? Als solchen erklärt er sich nach wie vor. Er braucht nur einen Finger zu rühren, und der Volksaufruhr fegt den Tyrannen und Herodes wie eine Strohpuppe hinweg. Es heißt, der König sei krank, und sofort erklärt man ihn für tot und feiert das Ereignis mit Tänzen und Jubelgeschrei. Solange der Tyrann am Leben bleibt, raunt man sich täglich beim Morgenklatsch zu, gibt es nichts als Unglücksfälle, Kometen, Überschwemmungen, Seuchen, Steuern und Niederlagen. Die Schöffen staunen über die große Anzahl von Fässern, die man jetzt plötzlich auf der Seine nach Paris schafft. Man antwortet, die Weinernte sei reichlich gewesen und das Pariser Volk wolle sich in seinem Elend wenigstens diese Erquickung gönnen; aber den König beunruhigen die vielen Fässer, und er fragt, ob das Volk sie nicht für Barrikaden verwenden werde: er ist scharfsichtig, aber machtlos. Er hat seinem „ersten Diener" Heinrich von Guise befohlen, Paris fernzubleiben, aber ebenso könnte man der Sonne verbieten, die Mauern der Stadt zu bescheinen.

Gezwungenermaßen führt der König den Krieg. Er hat den Oberbefehl seinem Günstling, dem jungen Herzog von Joyeuse, anvertraut. Auf diesen wenigstens, seinen Schwager, den er mit Gütern und Ehren überhäuft hat, wird er sich verlassen können. Heinrich von

Navarra ergießt seinen beißenden Spott über diese Heerführer, den kleinen Joyeuse und seine Kapitäne: „Diese pomadisierten, moschusduftenden Zierpuppen sind sehr viel mehr damit beschäftigt, sich mit Klistieren von ihren schlechten Launen zu purgieren, als bereit und in der Lage, uns zu besiegen." „Diese wohlriechenden, zierlichen Kriegshelden werden sich an uns und unsere Leute, die mit Pulvergestank parfümiert sind, gar nicht erst herantrauen, der kräftige, ungewohnte Geruch wird sie bald auf das andere Loire-Ufer zurücktreiben." Der König hatte gelaubt, daß der Sieg seines „Kindes" und Mignons als der seinige gelten würde, aber auch eine Niederlage wäre die seine. Schon desertieren die Soldaten von Joyeuse, denn es fehlt an Verpflegung und Waffen. Die Anhänger der Liga verstehen sich auf Geschrei, auf Werbungen, Spottschriften, beleidigende Maueranschläge, aber Sold zahlen und sich schlagen ist eine andere Sache.

Mit Sturmhaube und eiserner Rüstung stürzt Heinrich sich in den Kampf. Im hugenottischen Lager hat man viel an ihm zu mäkeln gehabt, man fand ihn lau, leichtfertig, sein Liebesleben erregte Anstoß. Aber diesmal verklärt er sich in den Augen der „Reinen" zur hehren Erscheinung: er ziehe seine Religion der Gewißheit der Krone vor, und gegen alles Erwarten erweise er sich als makkabäischer Held. Jeder folgt ihm mit Feuer, ob satt oder nüchtern, bezahlt oder unbezahlt. Seine gesunde Heiterkeit steckt sogar die „schwarzen Vögel" an. Er nimmt einen Happen zu sich, wie es sich grade trifft, er schläft, wenn es darauf ankommt, in voller Rüstung zwei Stunden auf einem Heuwagen, legt selbst Hand an mit Spaten und Hacke und watet, auf die Schultern seiner Kavaliere gestützt, im Kugelregen durch den Sumpf. Oft weckt er mitten in der Nacht seine Hauptleute: „Habt ihr auch Pulver und Lunte bereit? Können wir nicht überrumpelt werden? Wäre es nicht besser, beim Würfelspiel wachzubleiben?" „Meine Seele", schreibt er an Corisande, „hier ist der Teufel los." Er setzt alles auf die Sache, wenig auf sein Leben, denn der nächste Tag schon kann ihm den Tod bringen. An der Sache duldet er keinen Zweifel, melancholische Grübeleien sind ihm verhaßt. „Wer nicht mit sich selbst zufrieden ist, wird schwerlich andere zufriedenstellen."

Am 18. Oktober 1587 stehen die beiden Heere sich gegenüber. Aus

Heinrichs Lager werden homerische Schmähungen den Moschushelden entgegengeschleudert. Vor ihren Zelten singen die Hugenotten ihre Lieder und Psalmen: „Dies ist der Tag, den der Herr macht, lasset uns freuen und fröhlich darinnen sein!"
Hundert Jahre später wird Wilhelm III. von Oranien im Feldlager zu den französischen Hugenotten sprechen und sie daran erinnern, daß ihre Vorväter diesen Tag des Glücks mit Psalmengesang begannen.
Es war der Tag von Coutras. Der Sieg war rasch und entscheidend, und darin glich er dem Sieger. Joyeuse und sein Bruder, Saint-Sauveur, fielen auf dem Schlachtfeld. Heinrich von Navarra wollte am Abend des Kampftags die Leichen sehen, die man nebeneinander auf einen Tisch in der Herberge zum Weißen Roß gebettet hatte. Dabei mag ihm die Erinnerung an die grauenhafte Behandlung gekommen sein, die am Tage von Jarnac seinem Onkel Condé widerfahren war. Aber mit ihm haben sich die Zeiten gewandelt: seine Kraft gehört dem Sieg, den Toten seine Ehrfurcht. Er kümmert sich um die dem König so teuren Leichen und schickt sie ihm, nachdem er die katholischen Totengebete in der Kirche von Coutras über sie hat sprechen lassen. Am Abend schreibt er dem Marschall Matignon: „Ich bin tief betrübt, daß ich an diesem Tage keinen Unterschied zwischen guten und wahren Franzosen und den Anhängern und Parteigängern der Liga machen konnte. Aber die in meine Hände Geratenen werden bezeugen können, daß ich und die Meinen ritterlich mit ihnen verfahren sind. Mein Vetter, glauben Sie mir, daß mich das vergossene Blut sehr betrübt und daß es nicht an mir liegt, wenn dem Blutvergießen nicht Einhalt geboten wird. Jedermann weiß, daß ich daran unschuldig bin."
Dieses Verhalten entspricht seiner Politik, aber auch seiner Natur. Ein Teil seines Glücks liegt darin, daß sich bei ihm System und Charakter von Beginn an decken. Es widerstrebt ihm, den König von Frankreich herabzuwürdigen, es hieße die Krone beschimpfen, die er eines Tages selbst tragen soll. Sein Gegner ist die Liga, nicht der König, den er im Gegenteil heimlich halten und stützen möchte. Weit davon entfernt, seinen Sieg bei Coutras auszunutzen, läßt er die Dinge eher in der Schwebe. Er gibt Befehl, die bei Coutras er-

beuteten Fahnen zu sammeln, denn er will sie selbst Corisande nach Pau bringen. Seine Freunde haben ihm diesen Rückzug nach dem Sieg verübelt, und auch die Historiker wissen nicht recht, wie sie ihn deuten sollen. Wir wagen die Vermutung: nach dem Tode des Herzogs von Joyeuse wäre es an Heinrich III. gewesen, ins Feld zu ziehen. Wollte Heinrich von Navarra der Person des Königs nicht mit der Waffe entgegentreten? Und fanden vielleicht zwischen den beiden Fürsten heimliche Unterhandlungen statt mit der wechselseitigen Aufforderung, einander zu schonen, um eines Tages gemeinsame Sache gegen die Liga zu machen, die sie beide haßte und die beiden verhaßt war? Die Liga war auf den Sturz zweier Könige eingeschworen und wollte Heinrich III. als den König von heute und Heinrich von Navarra als den König von morgen aus Frankreichs Lebensbuch streichen. Vielleicht gedachten die beiden Könige sich für eine künftige Versöhnung aufzusparen.

XXVII

„MAN WIRD ES NICHT WAGEN"

Nach ihren fast idyllischen Ursprüngen war die hugenottische Bewegung zum reißenden Strom angeschwollen und trat jetzt in die Epoche ihrer fürchterlichsten Verheerungen. Im beschleunigten Rhythmus der Katastrophen überstürzten sich nunmehr die Ereignisse bis zum Tag, an dem Heinrich III. vom Messer Jacques Cléments getroffen wird.

Der arme Joyeuse ist als Besiegter bei Coutras gefallen. Heinrich III. bemüht sich, die deutschen Reiter in Schach zu halten und ihnen den Übergang über die Loire zu verlegen. Unter Verwünschungen und Plünderungen treten sie den Rückzug an und fluchen, daß sie ohne Nahrung, Kleidung und Sold geblieben sind. Der König hat ihnen den Weg versperrt, aber der Herzog von Guise hat sie verfolgt, aufgerieben und die halb Verhungerten auseinandergesprengt und über die Grenze gejagt. Die Ehre des Erfolgs fällt ihm zu. Der König hat hundert Feinde geschlagen, der Guise zehntausend. Das Losungswort ist überall ausgegeben: der eine soll erhöht, der andere erniedrigt werden. Jetzt betreten die Prediger die Szene und erheben ihre fanatischen Stimmen: Der Valois steht im Einvernehmen mit dem Béarner. Er hat zwar im Unionsedikt zugesichert, daß alle hugenottischen Güter zum Verkauf eingezogen werden, aber er betreibt ihn nur lässig und schont die Güter des Prinzen Condé und sogar die Heinrichs von Navarra, mit der Begründung, daß es sich um Prinzen seiner Familie handle. Als Haupt der Liga hat er geschworen, Heinrich von Navarra, dem rückfälligen Ketzer und Exkommunizierten, das Recht auf die Thronfolge abzusprechen. Erinnert man ihn aber an seinen Eid, so stellt er sich taub, streichelt mit melancholischer Miene seine Hündchen oder zieht sich nach Vincennes zurück. Seine Frömmigkeit ist nur Heuchelei. Vor dreißig Jahren schon hat das Konzil von Trient ein Statut über Kirche und Königtum ausgearbeitet, aber Heinrich III. erkennt die tridentinischen Beschlüsse nicht an und weigert sich, in Frankreich die Heilige Inquisition wieder einzurichten. Er behauptet, daß sie dem Wesen der Franzosen und dem französischen Königsgedanken widerspricht. Rom gegenüber beruft er sich auf die Suprematie des Königtums. Er sagt niemals geradezu nein, aber er weicht aus. Jetzt erhebt sich gegen ihn ein machtvoller Geheimbund. Der Rat der Liga hat Paris in sechzehn Bezirke aufgeteilt und in jedem einen Vorsteher an die Spitze gestellt; zusammen bilden sie den Rat der Sechzehn. Unter ihrer Führung organisiert sich eine große Geheimverbindung, eine Art demokratischer Institution, welche die große Masse mit ihrer Leichtgläubigkeit und Begehrlichkeit an sich zieht und ihren religiösen Eifer zu gegebener Stunde zu blinder Wut aufpeitschen wird. Jeder der Sechzehn verfügt in seinem Bezirk über Zehnerschaften und Hundertschaften, die gleichfalls einem Leiter unterstellt sind, und keiner dieser Führer kennt die Namen der anderen. So gliedert sich die große Geheimverbindung in viele kleine Geheimbünde. Das oberste Haupt ist Heinrich von Guise, aber diese neue Hydra hat jetzt tausend kleine Häupter und Krallen, die niemand kennt und die durch einen Wink des Oberhaupts in Bewegung gesetzt werden. Der Färber, der Schlosser, der kleinste Handwerker spielt eine politische Rolle, vor allem aber die kleinen Kaufleute, die mit dem Volk am meisten in Berührung kom-

men. Und damit auch Spaß bei der Sache ist, nennt sich der Fischhändler „Stockfischhauptmann" und der Metzger „Beefsteakoberst". Im hinteren Ladenraum sind Waffen und Flugschriften gestapelt, die man unter die Kundschaft verteilt, und wer gekommen ist, einen Hering zu kaufen, geht mit der festen Überzeugung nach Hause, daß der König sich dem Teufel verschrieben hat und dem Volk schwere Katastrophen bevorstehen. „Wir werden dem König treu sein, solange der König dem Glauben treu ist", sagen die Flugschriften. Man kann also von ihm abfallen, wenn man der Meinung ist, daß er nicht mehr alles für den Glauben tut. Er weigert sich, aus seiner Umgebung die von der Liga bezeichneten Personen zu entfernen, man wird ihn schon zwingen. Er verkriecht sich in die Hinterräume seines Palastes und läßt sich überallhin von fünfundvierzig bewaffneten Gascogner Edelleuten begleiten, ein Beweis, daß er Böses im Schilde führt. Diesen Gascognern ist auch seine Schweizer Garde unterstellt. Er ist imstande, auf das Volk schießen zu lassen. Wenn in Paris Mangel und Seuchen herrschen, so ist das Gottes Strafe für den König, und wenn Gott den König straft, leidet das Volk.
Über dieses Thema verbreiten sich die „streitbaren Kleriker" mit großer Sachkenntnis, und dies um so mehr als die Geheimkasse gut bezahlt. Das Geld setzt sie zudem in die Lage, das Volk durch Spenden anzuziehen, wie man Bienen mit Honig in den Korb lockt. Wenn jetzt der Guise nach Paris kommt, werden sich die tausend kleinen Häupter erheben und in ihm ihren wahren Beschützer, den Führer, den auserwählten König und künftigen Träger der Krone begrüßen; schon feiert man ihn als Retter, weil er die Deutschen über die Grenzen gejagt hat. Zweihunderttausend Arme werden ihn einmütig auf den Schild heben, und dem König wird man zuschreien, was er sich selbst so oft gesagt hat: „Ins Kloster mit dir!"
So gab denn der König, der im Louvre von seinen Schweizern bewacht wird, dem Herzog von Guise ausdrücklichen Befehl, nicht nach Paris zu kommen.
Aber wie vorauszusehen, veranlaßte gerade diese Weisung sein Erscheinen. Seine Stunde hatte geschlagen. Er ist verleumdet worden, er will sich rechtfertigen und mit der Königinmutter besprechen, die allein imstande ist, den König über Irrtum und Unrecht aufzuklären.

Sie bleibt bis ans Ende die Mittlerin. Sollte der König sich weigern, Heinrich von Guise zu empfangen, so schafft er damit zwischen ihnen einen Gegensatz, der weder der Ehre noch dem Vorteil des Monarchen dient. Der Guise ist in Paris mit nur acht Edelleuten eingeritten. Könnte er besser seine Arglosigkeit beweisen? Die Königinmutter möge Heinrich von Guise nur in das Kabinett Heinrichs von Valois geleiten. Der König müsse ein Ohr für die Klagen aller seiner Untertanen haben, also auch für die seines ersten Dieners. Katharina führte Heinrich von Guise in das Gemach, in dem der König sich eingeschlossen hielt. Heinrich III. erbleichte und sagte mit gepreßter Stimme: „Mein Vetter, warum, warum seid Ihr gekommen?" „Majestät, hier stehe ich, um die Verleumdungen zu widerlegen, mit denen man mich Eurer Majestät verhaßt gemacht hat." „Mein Vetter, hatte ich Euch nicht angewiesen, noch etwas zu warten und nicht in diesem Augenblick der Gärung zu erscheinen?" Die beiden Gegner blieben noch in Deckung. Man konnte den Herzog nicht verhaften, das Volk würde sich erheben, und in einer Stunde wäre der Louvre gestürmt. Auch war Katharina zur Stelle, um die Leidenschaften zu beschwichtigen; sie wird immer noch hoffen, daß der Haß in Versöhnung endet. Es sieht aus, als sei der Guise hier im Gemach des Königs inmitten der fünfundvierzig Edelleute seinem Herrn in die Hände geliefert. Blitzte schon damals im Gehirn des Königs der Mordgedanke auf? Die Zeitgenossen behaupten es, aber die Lage war in diesem Augenblick für Heinrich III. gefährlicher als für den Guisen. Wenn der Herzog in Paris ermordet wurde, stand die Straße auf und steinigte Heinrich von Valois.

Denn schon erhob sich Paris. Ohne daß der Guise nur einen Finger rührte, war die Arbeit begonnen. Es hieß, dem König genüge der Schutz seiner Schweizer Garde nicht mehr und er ziehe zwei weitere Schweizer Regimenter nach der Hauptstadt. Sogleich fühlten sich die Pariser von einem Gewaltstreich, einem Massaker bedroht. Die Befehle müssen abgefangen, der böse Herodes in seinem Palast abgeschnitten, im Louvre umzingelt und wenn möglich ergriffen werden. Jetzt rollten die Fässer, die auf der Seine in die Stadt gekommen waren, aus den Schuppen und Scheunen und sperrten die Straßen, Hakenbüchsen schoben sich dazwischen. Der Herzog von Guise war allerdings nur mit acht Edelleuten in Paris eingeritten, aber seine Hauptleute, Kreaturen und Vertrauten strömten durch alle Tore, verteilten sich über die Stadt und quartierten sich bei Freunden und Verwandten ein. Auf der Straße klagten die Studenten den König öffentlich des Verrats an. Die Schweizer werden das Volk niedermetzeln, man muß ihnen zuvorkommen und, da die Regimenter noch nicht eingetroffen sind, sich an die Wachen des Louvre halten. Von ihren Stockfischhauptleuten und Beefsteakobersten geführt, stürzte sich die wilde Meute mit Hämmern und Äxten auf die Wachtposten. Die braven Schweizer hoben die Arme und zeigten mit dem Rufe „Wir sind gute Katholiken" ihre Rosenkränze her. Ihr Hauptmann, Saint-Paul, befahl ihnen, die Waffen zu strecken und als Friedenszeichen ihre Hüte in die Hand zu nehmen. So rettete man, was noch zu retten war. Aber der Louvre war jetzt der Menge preisgegeben, und dem König blieb nur noch ein Ausweg: die Flucht durch eine kleine Geheimpforte, um die Seine zu erreichen. „Retten Sie sich, mein Sohn", sagte seine Mutter, „man weiß nicht, wie weit die Volkswut gehen kann." Wie später Ludwig XVI. hat auch Heinrich III. vor dem Verlassen des Louvre, den er nicht wieder betreten sollte, den ihm verbliebenen Schweizern die schriftliche Order gegeben, nicht auf das Volk zu schießen. Man könnte meinen, daß die Geschichte das gleiche Drama wiederholt, nur daß Heinrich III. sich rettet oder doch für gerettet hält. Am selben Abend erreichte er Rambouillet und tags darauf Chartres. Paris, das so lange von der königlichen Gegenwart erfüllt und ausgefüllt schien, hatte mit dem gleichen Schlage gesiegt und die Krone verloren.

Der Herzog von Guise blieb und übernahm an Stelle des Königs sofort das Kommando. Jetzt war er König von Paris. Er hatte den Volksaufstand nicht gewollt, sich ihm ferngehalten und war in seinem Palais geblieben. Nur die Angst des Volkes, das sich von den Schweizer Regimentern bedroht fühlte, hatte den Aufruhr ausgelöst. Der „König von Paris" bewies seine Unschuld dadurch am besten, daß er jetzt durch alle Bezirke die Runde machte und überall Ruhe befahl: damit diente er seinem König. Die Pariser fügten sich ihrem Abgott, die mit Sand gefüllten Fässer wurden wieder in die Schuppen gerollt und dafür andere, mit Wein und Bier gefüllte, hervorgeholt. Die

Stockfischhauptleute öffneten ihre Läden dem allgemeinen Freudenfest, man aß, trank, ließ die Gläser klingen und tanzte. In der ganzen Stadt wurden Flugblätter verteilt, in denen der Herzog von Guise erklärte, daß nur seine Feinde in der Umgebung des Königs Schuld an dem Aufstand hätten. Ein Schweizer habe zuerst auf die Menge geschossen, und „Gott selbst hat das Volk aufgerufen und einmütig zu den Waffen greifen lassen". Er, der Guise, habe nur die Schweizer geschützt und an neunhundert das Leben gerettet an diesem „von Gottes Schutz glanzvoll überstrahlten Tage". Bis zwei Uhr nachts schritt er bittend, beschwörend und drohend durch alle Gassen und beruhigte das Volk „wie durch ein Wunder". Bei diesem Anlaß zeigte er sich als des Königs bester Diener und wird es auch immer bleiben. Er hat heute an Stelle des Königs die Regierungsgewalt übernommen und seine Leute im Arsenal, in der Bastille und in den Befestigungen eingesetzt, die Beamten des Königs sind geflohen, aber was blieb ihm anderes übrig? Er verwaltete diese Ämter nur, um sie zu gegebener Stunde in die Hände seines obersten Herrn zurückzulegen, wenn dieser sich endlich freigemacht und die verhängnisvollen Einflüsse abgeschüttelt haben wird, die ihn an der Erfüllung seiner Pflicht, der Lossagung von Heinrich von Navarra hindern.

Man schickte sogar dem König eine Abordnung nach Chartres, die Entschuldigungen vorbringt. Die Königinmutter wird als Dolmetscher dienen: wenn sie vermittelt, ist es für Einsicht und Verzeihung nicht zu spät. An allem war nur ein Mißverständnis schuld. Das Volk glaubte sich von einem Massaker bedroht, weil der König Schweizer Regimenter herbeirief. Der König rief die Truppen, weil er seinerseits sich bedroht fühlte. Alle Welt bebte vor einer eingebildeten Gefahr, es war nur ein böser Traum. Die Stadt Paris fühlt sich entthront, seit der König und der Hof ihre Mauern verlassen haben. Sie fleht den König inständig um seine Rückkehr an und stellt nur vier Bitten, die bescheiden auf ein kleines Stück Papier geschrieben sind, das man knieend überreicht: Ausrottung der Ketzerei, Vereinigung aller königlichen Truppen und Gefolgsleute mit den Herren der Liga, feierlicher Eid, Heinrich von Navarra niemals anzuerkennen. Ferner soll der König seine beiden Günstlinge vom Hof entfernen und ihnen alle Ämter und Gouvernements nehmen. Und schließlich soll er alle Richter, Schöffen und Pfarrer in ihren Ämtern belassen, die das Volk am Tag der Barrikaden eingesetzt hat. Der König empfing die Abordnung, sprach mit großer Gefaßtheit und setzte alle durch die Würde seiner gebieterischen Haltung in Staunen.

Seine Entschlüsse sind gefaßt: er wird nicht nach Paris zurückkehren, sondern die Generalstände nach Blois einberufen. Außer Paris sind noch die Provinzen da, der König will auch ihre Stimme hören. Abgesehen von der Frage der Thronfolge sind alle Reformen zu erörtern, von denen schon so lange die Rede ist. Es gibt nicht nur das Volk von Paris, es gibt die Gesamtheit der Franzosen. Das ganze Land wird Abgeordnete wählen, die ihre Beschwerden und Wünsche vorbringen sollen. Inzwischen wird der König seinen getreuen Städten in der Touraine die Freude seiner Anwesenheit schenken. Es war Sommer, und Heinrich III. wünschte, auf den Loireschlössern inmitten einer Bevölkerung, die mit Liebe und Anhänglichkeit die jungen Valois hatte heranwachsen sehen, einen sicheren Ruheplatz zu finden.

Im Oktober 1588 befinden wir uns also im Schloß von Blois. Langsam strömen die Abgeordneten aller Provinzen zusammen. Alle Landesdialekte sind hier zu hören, die Stimme von Paris scheint abgedämpft. Im Ständesaal werden die Tribünen errichtet. Zum letzten Mal unter der Regierung der Valois rüstet man zu einer großen Schaustellung der Monarchie, aber die königliche Familie ist nur sehr spärlich vertreten: der Herzog von Alençon ist tot, Heinrich von Navarra und sein Vetter Condé sind ausgeschlossen, Margarete ist gefangen in Usson. Heinrich III. ist mit seiner Mutter allein, der für seine Nachkommen bestimmte Platz bleibt leer. Die Eröffnung fand in großer Pracht statt: 134 Abgeordnete des Klerus in Chorrock und Mantilla, 184 Edelleute in Samtbarett und Umhang, 191 Abgeordnete des Dritten Standes: die dem hohen Richterstand Angehörigen in langer Robe und viereckigem Doktorhut, der niedere Richterstand mit der kleinen Mütze und die übrigen in der Kaufmannstracht. Beim Erscheinen des Königs erhob sich die Versammlung entblößten Hauptes. Der König begab sich auf seinen Thronsessel. Zu seiner rechten Seite, nur etwas tiefer, ließ sich Katharina nieder, alt, niedergeschlagen und schwerfällig geworden. Links von ihm saß die junge

blonde Königin. In seiner Eigenschaft als Obersthofmeister hatte Heinrich von Guise seinen Platz zu Füßen des Throns mit dem Rücken gegen den König und dem Blick in die Versammlung. Es sah aus, als stellten sich auf diese Weise die Beiden der Nation zu Vergleich und Wahl vor. Des Königs feines Gesicht spitzt sich zu einem schmalen Dreieck zu, er sieht schwächlich aus und steht allein. Den Guisen hat eine edle Rasse mit allen ihren Verfeinerungen bedacht und gleichzeitig seiner männlichen Erscheinung, seinen energischen Gesichtszügen Lebenskraft und Entschlossenheit verliehen. Er stützt sich auf seine Familie, das Andenken der vergangenen Generation ist noch in allen Herzen lebendig. Sein ältester Sohn, Joinville, zählt bereits siebzehn Jahre. Wünscht Frankreich einen neuen Herrn, so bietet sich ihm hier eine an Vergangenheit wie an Zukunft reiche Dynastie. Die Stimme des Volkes ruft Heinrich von Guise als „Säule Frankreichs und der Kirche" aus.
Der König hielt eine schöne und würdige Ansprache. Da aller Augen sich auf ihn richteten, schien er sich zum Bewußtsein seines Gottesgnadentums zu erheben und entfaltete königliche Majestät. Er versprach, sein Leben bis zum sicheren Tode für die Vertilgung der Ketzerei einzusetzen, und wußte kein ruhmvolleres Grabmal als unter den Trümmern der Häresie. „Jedoch", fügte er hinzu, „es gibt Franzosen, die ihre Sonderbünde unter ihren Sonderfürsten bilden, die den König schulmeistern und ihn seinen Untertanen entfremden." Hier fällt unser Auge auf den Guisen, der mit undurchdringlicher Miene in die Versammlung blickt. „Auf Grund meines geheiligten Unionsediktes", fuhr der König fort, „darf keine Verbindung geduldet werden, die nicht meiner Autorität untersteht. Sie verstößt gegen göttliches und königliches Recht. Ligen, Verbindungen, Verständnisse, Bündnisse, Aufgebot an Menschen und Geld inner- und außerhalb des Reiches sind königliche Machtbefugnisse und, wenn sie ohne Erlaubnis des Monarchen zustandekommen, in jeder geordneten Monarchie Majestätsverbrechen. Ich erkläre diejenigen unter meinen Untertanen, die ohne meine Einwilligung in dergleichen verwickelt sind, des Majestätsverbrechens überführt und schuldig."
Der Ton war königlich und traf die Herzen. Die Abgeordneten riefen: „Es lebe der König!", alle Arme streckten sich ihm huldigend

entgegen, und die Beifallsrufe fanden ihr Echo auf den Straßen: „Lang lebe der König!" Auf dem Balkon seines Schlosses zeigte sich Heinrich III. mit seiner erlauchten Mutter dem Volk und rühmte ihre Verdienste um die Nation. Es war die Herausforderung auf Tod und Leben an Heinrich von Guise. Der öffentlichen Ansprache folgen private Unterredungen, hier war der Guise im Vorteil. Er war mit den enthusiastischen Zurufen der Menge von Herzen einverstanden, dem König gebührt diese Höflichkeit der Untertanen. Aber jetzt kommt der Ernst in Gestalt der brennenden Frage: wie werden die Generalstände sich zu Heinrich von Navarra und seinen Ansprüchen auf die Thronfolge stellen? Der König hatte soeben versichert, er sei bereit sein Leben für die Austilgung der Ketzerei einzusetzen. Die Stände handeln also in seinem Sinn, wenn sie Heinrich von Navarra als Häretiker, rückfälligem Ketzer und Exkommuniziertem das Recht auf die Krone absprechen. Dieser Punkt muß als erster Erledigung finden, dann erst können die Reformen folgen. Eine Resolution soll abgefaßt und zum Grundgesetz des Staates erhoben werden.

Auch der König führte seine privaten Besprechungen. Noch war es zum Erlaß eines solchen Gesetzes zu früh. Die Rechte des Ersten Prinzen von Geblüt sind heilig und gottgewollt, den Ständen steht es nicht zu, sie zu ändern. Der König von Navarra muß erneut zum Übertritt aufgefordert werden, man darf dieser Lösung zuliebe nichts unversucht lassen. Der König bemüht sich schon lange darum und wird diese Bemühungen fortsetzen, aber man muß dem König von Navarra Zeit zur Unterweisung lassen. Kraft Rechts der Geburt ist die Königswürde nur einem auserwählten Geschlecht vorbehalten, wäre es anders, so könnten alle großen Geschlechter des Reichs sie anstreben, und Frankreich zerfiele wieder in Stämme und würde zur Beute ewiger Kriege.

Was aber ist der Sinn der Stände, fragen die Abgeordneten, wenn es ihnen nicht zusteht, Beschlüsse zu fassen? Sie seien versammelt, um den Willen des Volkes zum Ausdruck zu bringen. Keineswegs, entgegnete der König: sie haben die Beschwerden und Wünsche des Volkes vorzubringen, und des Königs Sache ist es, mit seinem Conseil zu beraten, welche er gemäß seiner königlichen Machtvollkommenheit annimmt oder ablehnt.

In den Pausen zwischen den öffentlichen Sitzungen erhitzt sich der Streit in den privaten Debatten der Gruppen und Grüppchen. Nach dem glanzvollen Eröffnungstag beginnt der König auf Widerstände zu stoßen und hinter Heinrich von Guise die Machenschaften ausländischer Mächte zu spüren. Ein unerhörtes Ereignis treibt die Dinge vorwärts: mitten im Frieden bricht der Herzog von Savoyen in das Marquisat Lur Saluces ein. Die französische Garnison ergibt sich so rasch, daß man Verrat annehmen muß. Der Herzog von Savoyen erklärt, daß er im Interesse der Kirche nicht anders handeln konnte: die Hugenotten hätten unter der Führung von Lesdiguières beabsichtigt, sich des Marquisats zu bemächtigen, das hugenottische Gift dringe in Savoyen ein und bedrohe Italien; weder der Papst noch der König von Spanien könnten dies dulden. Und die zweite unglaubliche Tatsache: der Herzog von Savoyen hat seine im Marquisat belassenen Streitkräfte dem Herzog von Nemours, einem Halbbruder mütterlicherseits des Herzogs von Guise, unterstellt. Also wieder ein Guise. Er bezieht spanische Unterstützungsgelder, ist dem Ausland untertänig und verrät und schmälert Frankreich. Morgen kann es eine Provinz sein, die er preisgibt. In heftigem Ton verlangte der König Aufklärung von Heinrich von Guise. Am 22. Dezember sah man die beiden Gegner zusammen in den Parkalleen auf und ab gehen. Von ihrer Unterhaltung war nichts zu verstehen, aber die Gesten des Königs verrieten seine zornige Erregung. Nach diesem Gespräch teilte der Guise seinen Freunden mit, er werde, vom König beargwöhnt und gekränkt, seine sämtlichen Ämter niederlegen, die Generalstände verlassen und sich nach Paris zu seiner Frau begeben, die ihrer Niederkunft entgegensieht. Niederlegung der Ämter bedeutet Bruch mit dem König. Und wenn der Guise nach Paris geht, wird er dort den König spielen. Alle Machtmittel der Liga und alle Hilfe, die er aus dem Ausland bekommen kann, stehen ihm zur Verfügung. Das Schicksal der beiden Rivalen ist so unlösbar ineinander verstrickt, daß keiner sich freimachen kann, ohne den anderen zu verderben. Nach der Auseinandersetzung im Garten schleuderte der König seinen Hut auf den Tisch mit der Gebärde eines Mannes, der alle Zweifel und Bedenken hinter sich wirft. Der Guise fand Zettelchen in den Taschen seiner Kleider: er möge sich in acht nehmen, man werde ihn ermorden. Aber der Herzog baute auf seine Stärke und schlug die Warnungen in den Wind: „Man wird es nicht wagen." Der König seinerseits erhielt Warnungen, man werde ihn entführen und ins Kloster sperren. Er sagte nicht: „Man wird es nicht wagen", er wagte.

Was uns überrascht, ist die Entschlußkraft und der Mut, mit denen dieser Mann, den wir nur mit Hündchen spielend und Rosenkranz betend zu sehen gewohnt sind, das Wagnis unternimmt. In seiner Gegenwart, in seinem Gemach wird der Mord stattfinden, ohne Hinterhalt und Geheimnis. Kein Meuchelmörder wird gedungen, der dem Guisen heimlich im Wald auflauert. Zwei Tage nach der Auseinandersetzung im Park versammelte der König in seinem Kabinett die wenigen Getreuen und setzte ihnen seine eigene Gefahr und die des Reiches auseinander: „Einer muß fallen, er oder ich, und es muß heute geschehen." Er selbst hat alle Anordnungen getroffen und wird dabei anwesend sein. Über seine fünfundvierzig Gascogner Edelleute, die ihm seit zwei Jahren nicht von der Seite gehen und unbedingt ergeben sind, kann er verfügen. Einer von ihnen sagte: „Bei Gott, Majestät, ich bring ihn Euch um!" „Wer von euch hat einen Dolch?" fragte der König. Es meldeten sich acht. Der Mord wurde wie eine Theaterszene geprobt und arrangiert, die Falle wohlvorbereitet und maskiert, damit das Wild auch hineinfiele. François Miron teilt uns seelenruhig mit, der König habe am Vorabend des Mords gebeichtet und für die frühen Morgenstunden des nächsten Tages einen Bittgang zur Muttergottes von Cléry angesagt, um Gott noch einmal um Nachkommenschaft anzuflehen. Den Conseil berief er zu früher Stunde ein und verständigte alle, die diesem angehörten, darunter auch Heinrich von Guise.

Nur eine Vorsichtsmaßregel wurde getroffen: die Königinmutter darf nichts davon merken; sie ist krank, man darf sie bei der Ausführung des Anschlags nicht aufschrecken, denn ihr Zimmer liegt unter dem Kabinett des Königs, sie würde nur hindernd eingreifen. Jeder bekommt seine Rolle angewiesen: einer wird an den Treppenaufgang postiert, den der Herzog zur Ratssitzung emporsteigen muß, die acht mit den Dolchen warten im alten Kabinett des Königs, der König selbst in seinem Alkoven hinter einem Wandteppich. Vor dem auf sieben Uhr einberufenen Conseil wird der König den Guisen zu einer Besprechung unter vier Augen zu sich rufen lassen, und dann soll es geschehen. Nachdem diese Anordnungen getroffen sind, begibt sich der König mit der Königin zur Ruhe und befiehlt, ihn um vier Uhr morgens zu wecken.

Mehrmals mußte man klopfen, bis der König erwachte: „Sire, es ist vier Uhr." Es war noch tiefe Nacht, wir schreiben den 23. Dezember. Bei Kerzenlicht zog sich der König an, sorgfältig jedes Geräusch vermeidend, um die Königinnen nicht zu wecken. In seinem Kabinett ging er mit seinen Leuten noch einmal die ganze Szene durch. Gegen seine Gewohnheit vermochte er nicht einen Augenblick stillezuhalten und begab sich immer wieder ans Fenster um zu sehen, ob sein Feind, der ihm gegenüber einquartiert war, den Hof überquerte und in die Falle ging. Die Wagen für die königliche Pilgerfahrt wurden herausgeholt, die Stunde rückte vor, man wurde unruhig. Sollte der Guise gewarnt sein, sollte er seinerseits gegen den König vorgehen und mit der Volksmenge das Palais stürmen wollen? Aber nun erschienen in aller Ruhe die Mitglieder des Conseils, unter ihnen der Kardinal und Bruder Heinrichs von Guise und der Erzbischof von Lyon, auch er ein mächtiges Mitglied der Liga. Sie stiegen die Steintreppe zum Versammlungsraum empor, man hörte sie plaudern und Stühle rücken, und jetzt endlich verließ der Guise seine Gemächer: der König konnte ihn von seinem Fenster aus ohne den Vorhang zu heben über den Hof schreiten sehen. Betrachten auch wir ihn, beten wir für seine Seele, noch eine Viertelstunde, und er ist tot. Er geht sicheren und gelassenen Schrittes, eine männlich vornehme, ja adelige Erscheinung, nicht wie ein Mann, der täglich vor Mordanschlägen gewarnt wird. „Man wird es nicht wagen", hatte er gesagt, und wahr ist, daß man das Wagnis mit dem eigenen Leben bezahlen muß ... Wieder ein Stühlerücken, der Herzog hat den Versammlungsraum betreten, man erhebt sich zu seiner Begrüßung. „Haldane", flüstert der König, „reibt Euch die Wangen, Ihr seid ganz bleich." Haldane begibt sich in das Gemach, wo der versammelte Conseil den König erwartet und das vom Kabinett nur durch einen Verbindungsgang getrennt ist. „Herr Herzog", sagt er zu Heinrich von Guise, „der König wünscht Sie vor der Sitzung in seinem Kabinett zu sprechen."

Nichts scheint natürlicher, der Verrat gelingt vollkommen. Der Herzog steht auf. Er hat zu dieser frühen Morgenstunde noch nicht gefrühstückt, auf seinen Wunsch brachte man ihm gedörrte Pflaumen, die er eben in seine Dose füllt. Er beklagt sich über die Kälte und läßt von den Lakaien ein Feuer anzünden.

Auf den Ruf des Königs erhob sich der Guise und warf mit den Worten: „Meine Herren, bedienen Sie sich!" ein paar Pflaumen auf den Tisch. Haldane trat ehrerbietig zur Seite, ließ den Herzog vorgehen und verriegelte hinter ihm hastig die Tür.

Bei diesem ungewöhnlichen Geräusch drehte der Herzog sich ohne Hast oder Erschrecken um und strich sich den Bart. Er trat in das Kabinett: acht Musketiere, acht gezückte Dolche stürzten sich aus der anstoßenden Kammer, in der sich der König befand, und durchbohrten ihn. Er war so stark, daß er im Todeskampf seine Angreifer bis an den Alkoven mitschleifte. Dort brach er zusammen. Der König trat hinter dem Wandteppich hervor und betrachtete seinen Feind. Man durchwühlte seine Taschen nach Papieren und fand dabei — so wurde wenigstens behauptet — ein zusammengefaltetes Billett, auf das der Herzog die Notiz gekritzelt hatte: „Zur Unterhaltung des Bürgerkriegs in Frankreich sind siebenhunderttausend Taler im Monat erforderlich." Das anklägerische Papier ist nicht recht glaubwürdig, glaubwürdiger ist das Wort, das Heinrich III. beim Anblick der Leiche gesprochen haben soll: „Im Tode erscheint er noch größer als im Leben."

Im Versammlungsraum hat man Tumult und einen Schrei gehört. Der Kardinal von Guise fährt auf, er hat alles begriffen: „Mein Bruder wird umgebracht!" rief er aus. Alles springt auf, und wieder erscheint Haldane, gefolgt von den Musketieren; diesmal ist er wirklich leichenblaß: „Befehl des Königs, meine Herren!" Der Kardinal von Guise und der Erzbischof von Lyon werden verhaftet und in ein nahegelegenes düsteres Gewölbe abgeführt, das heute noch in Blois unverändert zu sehen ist, so wie es sich an diesem Tage vor den Gefangenen auftat. Die Exekution ist vollständig gelungen ohne den geringsten Widerstand. Der König, berichtet François Miron, wollte sich mit dem einen Opfer begnügen, dann aber gedachte er wieder des Traumes, in dem ihn reißende Tiere anfielen. Hatte nicht der

Bruder des Guisen gesagt, er werde das Haupt Heinrichs von Valois zwischen die Knie nehmen und ihm die Tonsur scheren? Der eine ist getötet, der andere muß ihm nach, sonst ist alles umsonst gewesen. Man fand den Kardinal zusammen mit dem Erzbischof von Lyon in seiner dunklen Gruft im Gebete. Wieder spielten die Dolche, während der König der Messe beiwohnte. Der Erzbischof von Lyon wurde verschont. Und da der König befürchtete, daß die Leichen der beiden Ermordeten Gegenstand eines Kults werden könnten, gab er Befehl, sie im Schlosse selbst zu verbrennen: das Volk könnte die Grabstätten seiner Abgötter zu Andachtsstätten machen. Erst wenn ihre Asche in alle Winde zerstreut ist, glaubt sich der König von ihnen befreit.

Die Berichte der Zeit erzählen, daß die todkranke Katharina bei ihrem Erwachen die Mordtaten heftig beklagte und nichts Gutes aus ihnen kommen sah. Sie ahnte das Unheil voraus, dem ihr Sohn unter dem Druck des allgemeinen Abscheus entgegenging. Der Kardinal von Bourbon sagte ihr ins Gesicht: „Das ist Ihre Schuld, das sind Ihre Methoden, Sie werden uns noch alle zur Schlachtbank führen." Es war ehrlich, wenn sie ihre Unschuld beteuerte. Gottes Fluch und Verwünschung komme über sie, wenn sie je in Gedanken oder Worten dazu geraten. Seufzend und klagend schleppte sie sich durch ihre Gemächer: „Sie glauben jetzt Alleinherrscher zu sein, mein Sohn", sagte sie, „möge Gott verhüten, daß Sie nur in einem Schattenreich herrschen!" Der Mord geschah am 24. Dezember. „Ich kann nicht mehr", sagte sie am 27., „ich werde mich zu Bett legen müssen." Zehn Tage später starb sie. Nach der Aussage ihres Arztes François Miron machte man mit ihr, die als allmächtige Juno des Hofes verehrt und angebetet worden war, „nicht mehr Umstände wie mit einer toten Ziege".

Was dachte Heinrich von Navarra in seinem Guyenne von dem furchtbaren Spiel, das hier ausgetragen wurde? Sein Name, sein Erbe war der Ausgangspunkt dieser grausigen Ereignisse. Rosny, der ihm damals nicht von der Seite wich, versichert uns, daß ihm die Tränen kamen. Heinrich hielt den Toten einen kurzen, aber würdigen Nachruf und beweinte die beiden Guisen wie Verwandte, so sagte er, aber er habe immer ihren tollkühnen Unternehmungen auf den

Grund gesehen. Der Tod eines großen Faktionshauptes kann den Kriegsmann nicht sehr tief treffen. Er schreibt darüber an Corisande mit einem Gemisch von Ironie, ein wenig Überraschung und dem spöttischen Gleichmut, der zu einem vorherzusehenden Geschehnis weder tadelnd noch lobend Stellung nimmt, und berichtet ihr eine grausige Anekdote, die man ihm zugetragen hatte: am Tage nach dem Mord habe die kranke Königinmutter Fürbitte für den Sohn Heinrichs von Guise und den kleinen Nemours eingelegt: „Mein Sohn", soll sie gesagt haben, „gewähren Sie mir die eine Bitte und schenken Sie mir den kleinen Nemours und den Prinzen Joinville, sie sind jung und können Ihnen treue Dienste leisten." „Gern, Madame", habe der König erwidert, „ich gebe Ihnen ihre Leiber und behalte für mich die Köpfe." Das ist wilde Aufschneiderei: die jungen Prinzen waren am Leben und werden tatsächlich später Dienst beim König tun. Wahr ist nur, daß man sie gefangen gesetzt hat, ebenso wie den Onkel Heinrichs von Navarra, den Kardinal Bourbon, der der Liga angehört, und den Erzbischof von Lyon. Der König hatte eine Stafette nach Lyon geschickt, um sich Mayennes zu versichern, der jedoch bei der Nachricht vom Tode der Königinmutter die Flucht ergriffen hatte. Corisandes Liebhaber kann seinen Spott auch bei dieser Nachricht nicht lassen: „Ich warte nur auf die glückliche Stunde, in der man uns berichtet, daß man die Königin von Navarra hat erwürgen lassen. Diese Nachricht und der Tod ihrer Mutter würde mich zu Simeons Lobgesang veranlassen."

Eine Träne im Auge, ein Lachen auf den Lippen, das sieht ihm ähnlich. Noch ist er weit davon entfernt, Vater des Volkes zu sein. Überall bebt die Erde, die Feinde fallen, aber auch er kann morgen unter den Gefallenen sein. Damals erfuhr er auch den Tod seines Vetters Condé. Eines Abends überfiel den Prinzen aus heiterem Himmel beim Kartenspiel ein Unwohlsein, zwei Stunden später hatte er ausgehaucht. „Die Schurken haben ihn vergiftet!" war Heinrichs erster Gedanke. Noch eine Träne, die schnell trocknet. „Ich beweine ihn nicht um das, was er mir war, sondern um das, was er mir hätte sein sollen." Der Prinz von Condé war der Anführer der unbeugsamsten Hugenotten, ein unbequemer Verbündeter und oft auch ein Widersacher, er war Heinrich nicht das gewesen, was er hätte sein sollen. So beklagt er ihn nur kurz und nicht ohne Bitterkeit. Aber das Vorzeichen ist unheimlich: wenn man die Guisen ermordet und Condé vergiftet hat, welche Aussicht hat er selbst, seinen Nachstellern zu entkommen? Montaigne schrieb um diese Zeit einige Sätze, die sehr gut von Heinrich von Navarra stammen könnten: „Tausendmal bin ich mit dem Gedanken schlafen gegangen, daß man mich in dieser Nacht verraten oder ermorden könnte. Aber wir verhärten gegen alles, was Gewohnheit wird." „Was die Bürgerkriege schlimmer als gewöhnliche Kriege macht, ist der Umstand, daß man im eigenen Hause im Schußfeld steht." Aber er fügt hinzu: „Ich ducke und verberge mich in diesem Gewitter, das mich mit seiner Wut blenden und zugrunderichten will." „Wir sind nicht von ungefähr in diese Endzeit geraten: das Fortbestehen der Staaten ist etwas, das vermutlich unser Fassungsvermögen übersteigt." „Niemals verzweifeln" ist der Grundgedanke. Nicht alles, was wankt, muß stürzen: ein Gebilde von so großen Ausmaßen hängt an mehr als einem Nagel.

In solchen Gedanken könnten Heinrich von Navarra und Michel de Montaigne übereingestimmt haben. Es ist kaum denkbar, daß die Beiden nicht aneinander Interesse genommen und ihre skeptischen Meinungen ausgetauscht hätten. Jetzt war die Zeit der Erdbeben, trotzdem gingen die Dinge weiter, und wir sehen den nächsten Erdstoß voraus. Aber Heinrich von Navarra ist ein kräftiger „Nagel" und sich seiner Kraft bewußt. Der König hat getötet, zugleich mit dem Dolchstoß verlor er jedoch seine heilige Unantastbarkeit: er ist vogelfrei geworden, der Papst hat ihn, wie behauptet wird, als Mörder exkommuniziert. Diese Nachricht scheint verwunderlich, denn noch hat er seine Hauskapelle und seine Hausgeistlichen, aber sie wird allgemein verbreitet und gibt den Verwünschungen Nachdruck. Auch Heinrich von Navarra ist schon lange exkommuniziert. Beide Fürsten stehen im Schußfeld, beide sind geächtet, das bringt sie einander näher. Jetzt wendet sich Heinrich von Navarra in einem Manifest an die Nation, in dem Duplessis-Mornays starke, mächtige Stimme das Gewittertoben der Zeit übertönt. Alles Vergangene soll vergessen sein, jetzt kommt es darauf an, der Flut der Racheakte Einhalt zu gebieten; was wiederhergestellt werden muß, ist „Friede,

Friede unter den Franzosen", trotz der Erdbeben, ja wegen der Erdbeben. „Das heilige Wort Friede hat niemand bei den kläglichen Generalständen in Blois auszusprechen gewagt. Glauben Sie, meine Herren, diese großartige und verhängnisvolle Dummheit ist eines der bedeutendsten Vorzeichen, die Gott uns vom Niedergang des Königreiches gegeben hat." „Ich beschwöre euch alle durch dieses Schreiben, sowohl die Katholiken und Diener des Königs als auch alle, die es nicht sind, ich rufe euch auf als Franzosen, ich fordere euch auf, Mitleid mit diesem Staat und mit euch selbst zu haben, denn wenn ihr diesen Baum an seiner Wurzel trefft, wird er euch in seinem Sturz begraben." „Wir sind", fährt er fort, „in einem Haus, das einzustürzen droht, auf einem Schiff, das untergeht." Und schon verkündet er, daß er dieses Haus wiederherstellen, dies Schiff retten wird. Noch weiß er nicht wie: „Heute sind wir das Gespött des Auslandes, eines Tages werden wir seine Beute sein." Eine Träne für die Guisen, seine Verwandten: „Gott weiß, mit welchem Mißfallen ich sie auf ihren Abwegen sah, mein Herz sagte mir, daß sie nicht mit Ehre daraus hervorgehen würden. Jeder andere als ich würde ihr Unglück mit Freude begrüßen." Und wenn ihn der König ruft, steht er zum König, „dem Gott das Herz bewegt hat. März 1589".

XXVIII

DIE GEÄCHTETEN UND DAS MÖNCHLEIN

In Nérac zerdrückt man eine Träne, bewahrt aber ruhiges Blut, während in Paris die Nachricht von dem Attentat von Blois einen Ausbruch der Wut hervorruft. Katharina hatte richtig prophezeit: „Mein Sohn, Ihr werdet dem allgemeinen Abscheu anheimfallen." Von den Kanzeln aus sprachen die Priester die Gemeinden von ihrem Treueid los, eine fast überflüssige Maßnahme angesichts der Exkommunikation. Paris erkannte nur noch die Autorität des Sechzehnerrates an. Ohne König stellte die Stadt sich auf eigene Füße und organisierte sich. Sie wollte ihr Eigenleben führen und betraute

Mayenne mit dem Amt eines Generalstatthalters des Reiches mit dem Auftrag, Truppen auszuheben und den Vernichtungskampf gegen die Geächteten zu führen. Leidenschaftliche Liebe und ebenso leidenschaftliche Rache weihte man dem Andenken des toten Guise. Ein Fanatismus hatte die Menschen gepackt, wie ihn sonst nur der Islam kennt. In der Bartholomäuskirche forderte der Pfarrer Lincestre die Gläubigen auf sich zu erheben und zu schwören, sie seien bereit, ihr Hab und Gut bis zum letzten Heller zu opfern, um das vergossene Blut der beiden Guisen zu rächen und Heinrich von Navarra den Weg zum Thron zu verwehren. Den Präsidenten Harlay, der der Kanzel gegenüber im Kirchenstuhl der Kirchenbeamten seinen Platz hatte, rief er namentlich auf: Erheben Sie Ihre Hand, Herr Präsident, höher, noch höher, damit das Volk sie sieht. Den Parlementsmitgliedern ist nicht zu trauen, sie wären imstande, Gegengründe vorzubringen und zu behaupten, daß, wie immer auch die Person des Königs, ja sein Verbrechen geartet sei, man deshalb doch nicht die monarchische Ordnung umstoßen, den König absetzen und das Erbfolgerecht abändern könne. Es sind böswillige Leute. Paris nimmt sich das Recht, seine Pfarrherrn selbst zu ernennen, denn auch unter ihnen finden sich laue Geister, die keine eindeutige Sprache führen: so sagen die Pfarrer von Saint-Germain-l'Auxerrois und St. Médéric, man dürfe das Volk nicht aufreizen, sondern solle es auffordern, für das Königreich zu beten. Der Bischof von Paris, Herr von Gondi, hat gegen die Neuwahl der Pfarrer protestiert und sich damit verdächtig gemacht, denn ist es etwa nicht recht und billig, daß das Volk seine Hirten selbst wählt, und diese nur verkünden, was ihre Wähler zu hören wünschen? Die Bilder des Tyrannen werden in Fetzen gerissen und mit Füßen getreten. Jeder Trödler tanzt vor seiner Bude: er ist frei, er hat keinen König mehr über sich. Chorknaben in roten Röcken springen mit brennenden Kerzen durch die Straßen, werfen sie plötzlich zu Boden und mit dem Ruf: der König ist exkommuniziert! treten sie die glimmenden Dochte aus. Man schändet das Grabmal, das Heinrich III. seinen beiden „Kindern", den Joyeuse, errichtet hat, und zerrt die Leichen ans Licht, obwohl sie die Wunden von Coutras tragen. Es herrscht allgemeiner Taumel. Die Volkswut wirft sich auf alles, was dem König teuer ist: eine Bande stürmt nach Vincennes, plündert die Beträume, stürzt die Kruzifixe um und verstreut die Reliquien, die der König hat niederlegen lassen. Hier in Vincennes habe der König in der Zurückgezogenheit seines sogenannten Mönchdaseins dem Dämonenkult gehuldigt: die Goldkandelaber sind mit Satyrn und weinlaubbekränzten Faunen verziert; diesem diabolischen Bildwerk galt das Gebet des Verruchten, seine Andachtsübungen waren Saturnalien gewesen. Im Wildpark hält er Hirsche und Böcke, die eine Inkarnation des Satans sind, sie müssen getötet werden, ihr Blut soll zum Himmel dampfen. Der Volksgeist entzündet sich zur Fackel, und die Sechzehn, die Mönche und Prediger, die man an jeder Wegkreuzung eifern hört, lassen die Flamme kreisen, die aus sich selbst neue Nahrung zieht. Es gibt nichts, was das Volk nicht zu glauben oder zu tun imstande wäre. Wenn der Tyrann sich Paris nähern sollte, wird man auch ihn töten und sein Blut dampfen sehen. Es wird sich schon ein mutiger Mann finden, der für den Guisen Gleiches mit Gleichem vergilt. Die Gattin des Herzogs ist unter dem Schutz der Stadt in Paris verblieben und hat hier einen Sohn zur Welt gebracht. Der Vorsteher der Pariser Schöffen hält das Kind über die Taufe, in der es den Namen Paris-Lothringen empfängt. Das Doppelkreuz der Lothringer taucht an Hauseingängen und in Läden auf, die Schwester der Guisen, die Herzogin von Montpensier, hat das Neugeborene vom Balkon des Palais Guise der jubelnden Menge gezeigt, wie man vom Louvre die Dauphins zu zeigen pflegt.

Nicht mehr zehn Städte in ganz Frankreich halten zum König. Der Geächtete blieb noch einige Wochen in Blois und ließ dort seine Mutter beisetzen, bis sie später in die Königsgruft von St. Denis überführt wurde. In seiner violetten Trauerkleidung irrt er stumm durch die Gärten. Jetzt war der Augenblick gekommen, Umschau zu halten, zu sehen, auf wen und auf was man sich stützen kann, während die Aufruhrbewegung mit jedem Tage wächst und der Monarch Gefahr läuft, wie ein Hirsch zu Tode gehetzt zu werden. Die Abgeordneten der Stände haben sich davongemacht. Die von Paris sind Anhänger der Guisen und kehren in die Hauptstadt zurück, denn die Zeit ist da, um aus den Händen Mayennes Ämter und Posten entgegenzunehmen. Auch die Deputierten der Provinzen müssen in diesem Schwebezustand des Aussetzens der königlichen Macht zu Hause nach dem Rechten sehn; alles ist jetzt möglich, die Bretagne kann sich morgen vom Reich ablösen und ebenso Burgund und die Provence. Heinrich III. ist durch sein Verbrechen von der königlichen Gewalt ausgeschlossen, Heinrich von Navarra durch das Gesetz, Heinrich von Guise, dessen Hand alles hätte zusammenraffen können, durch den Tod. Nur von wenigen Getreuen umgeben, irrt der König von Schloß zu Schloß, sein schweigsamer Schatten streift durch Chaumont, Amboise und Chenonceaux. Die Touraine, in der die Valois ihre Kinderjahre verbrachten, bleibt dem Letzten dieses Hauses geneigt. Die Alten schütteln die Köpfe: wer hätte gedacht, daß ein Enkel Franz' I. gezwungen sein würde, ein Asyl vor der Wut und Rachsucht seiner Untertanen zu suchen? Seine treue Provinz jedenfalls wird es ihm nicht verweigern. Noch ruft man an den Ufern der Loire: Es lebe der König! Es heißt, daß er exkommuniziert sei, aber was weiß man Genaues? Die Exkommunikation ist nicht *urbi et orbi* verkündet worden. Er hat seine Kapelle und seine Almosenierie. Man findet ihn gedrückt, sehr ruhig und von festerem Willen, als man annehmen sollte. Manchmal spricht er von der Ermordung des Guisen. Er habe das Gericht persönlich in die Hand nehmen müssen, denn in den ganzen Generalständen hätten sich nicht zehn Stimmen zu seiner Verdammung gefunden, obwohl der Herzog den Bürgerkrieg schürte. Ohne diesen Agitator hätte schon lange Ruhe im Reiche herrschen können. Heinrich III. weiß im übrigen nur zu gut, daß auch er zugrundegehen muß, und zu seiner Ehre sei gesagt, daß er nur noch daran denkt, Heinrich von Navarra den Weg zu bereiten. Unmerklich rückt er die Loire entlang demjenigen näher, dem Heinrich von Guise durch ein „Grundgesetz des Reiches" das Recht auf die Krone hat aberkennen lassen. Wenn die beiden Fürsten zu einanderfinden und sich einigen, ist die Partie noch nicht rettungslos verloren. Mag die Liga ihre Verdammungen ausstoßen — sie hat doch ihren Anführer, ihre Seele verloren. Der beleibte, kahlköpfige, kurzatmige Mayenne kann Heinrich von Guise nicht ersetzen; er ist ein guter Heerführer, der seine Soldaten in Zucht hält, aber er hat nicht den betörenden Zauber seines Bruders und weckt keine Anbetung in den Herzen. Am anderen Ufer rückt Heinrich von Navarra heran, geheime Boten eilen vom einen Lager zum anderen. Der Augenblick für den von Heinrich III. als Thronfolger Bezeichneten ist gekommen, der bedrohten Krone zu Hilfe zu eilen. Seinetwegen tobt der Streit, seinetwegen wird gemordet. Er muß kommen und sich den wenigen Getreuen, die der König noch um sich versammelt, anschließen, seine Kraft, sein Kriegsglück, dessen er sich rühmt, in den Dienst der königlichen Sache stellen: „Gott segnet die gerechte Sache, der er ohne Schwanken den Erfolg verleiht." Allerdings hat er jetzt, wo der König und die Großen der Liga sich entgegentreten, keine vollwertigen Gegner, nur ein paar zaghafte Feldhauptleute und ängstliche Gouverneure. Kaum erscheint er in eigener Person, so öffnen sich ihm die Tore der kleinen Städte, und die Schlüssel werden auf samtenen Kissen dargeboten. Hält er sich jenseits der Loire, so bleibt er auf die Rolle des Hugenottenführers beschränkt, vereinigt er sich mit dem König, so bekennt er sich zur Sache der Monarchie, die seine eigene ist, und hat alle Royalisten für sich. Schon stehen ihm eine Reihe von Katholiken zur Seite, die er durch sein Entgegenkommen, seinen unverwüstlichen gesunden Menschenverstand und seine Erfolge gewonnen hat und die er dem königlichen Lager zuführt; von nun an ist nicht mehr von Katholiken und Hugenotten, sondern nur von den „Königlichen" die Rede. Der hugenottische Eifer fehlt ihm, er hegt keinen Haß gegen die katholische Religion und wiederholt immer wieder, daß die wahren Franzosen zu einer Einigung gelangen müssen, wie er sie in seiner eigenen Umgebung schon verwirklicht hat. Wenn er kommt, vermehrt und verstärkt er die königliche Partei, er hat nichts dabei zu gewinnen, wenn er den König seinem Verderben überläßt. Heinrich III. hält sich im Schloß von Plessis-le-Tour auf, wo Mayenne ihn zu greifen hofft. Die Zeit drängt, die Gefahr ist drohend, und der König hat Heinrich von Navarra um eine Zusammenkunft gebeten.

Aber im Lager des Königs von Navarra, das ein Hugenottenlager bleibt, sind die Meinungen geteilt. Dem Rufe des Königs Folge leisten, hieße von der geraden Linie der Partei abweichen und vielleicht sogar in eine Falle gehen. Der König ließ sagen, daß er jetzt „seinen vielliebten Bruder umarmen und ihre gerechten Sachen vereinigen möchte". Aber in den Augen der Reinen gibt es nur eine gerechte

Sache, die hugenottische. Was für ein Ansinnen wird man dem König von Navarra stellen, sobald er die Loire überschritten hat? Sicher wird man verlangen, daß er ein zweites Mal seinen Glauben abschwört, was anderes kann der Valois mit den Worten „die Sachen vereinigen und den viellieben Bruder umarmen" meinen? In seiner gegenwärtigen Stellung ist der König von Navarra stark, leidlich glücklich und frei. Warum soll er sich mit einem schwachen, vom allgemeinen Abscheu verfolgten König belasten? Selbst wenn der König es aufrichtig meint, ist das Abenteuer mehr als gefährlich. Wie leicht kann der König von Navarra beim Übersetzen über die Loire in der Barke ermordet werden! Die Anhänger der Guisen finden sich überall, offen und geheim, sie können sich im Dickicht, hinter den Uferweiden verstecken. Wenn Heinrich von Navarra in seinem Boot oder unterwegs von einer Kugel getroffen fällt, ist das für die Liga mehr wert als eine gewonnene Schlacht. Mit dem König wird Mayenne, der in der Nähe steht, dann kurzen Prozeß machen.

Heinrich von Navarra ließ die Leute reden, hörte sie an und gab dann entschlossen zur Antwort, er vertraue seinem „lieben Bruder". Ihre Sache sei von Natur aus die gleiche. Er setze jeden Tag sein Leben aufs Spiel, er werde es auch einer Barke anvertrauen. „Gott", sagt er, „wird es schützen und für Frankreich, dem der Zerfall droht, bewahren." Nach so viel Spottreden, ja Possenreißereien wird sein Ton ernst, fast geheimnisvoll. Wenn er jetzt noch am Leben ist, muß er für ein besonderes Ziel aufgespart sein. Alle Unternehmungen gelingen, aber man muß auch zu wagen wissen. „Auf", sagt er, „es muß sein, der Entschluß ist gefaßt!" Morgen schon wird er mit dem Kettenpanzer unter dem grauen Wams, aber waffenlos und mit geringer Bedeckung die Loire überschreiten.

Er wurde nicht gemordet: ruhig trugen die Wasser der Loire sein Boot an diesem Aprilmorgen hinüber, die Ruderer hielten sich den Inseln und Schilfgruppen fern. Im Schloß von Plessis-le-Tour war der Volksandrang so groß, daß Heinrich von Navarra sich kaum Eingang durch das Schloßtor verschaffen konnte, überall erblickte man nur erhobene Arme und hörte freudige Zurufe. Heinrich III. erschien auf den Treppenstufen und bemühte sich, dem „lieben Bruder" entgegenzueilen, aber das Gedränge war so gewaltig, daß die beiden

Fürsten eine Viertelstunde lang mit ausgebreiteten Armen auf einander zustrebten ohne zusammenzukommen. Seit jenem Tag vor zwölf Jahren, als der gefangene Falke aus den Händen der Valois entwich, hatten sich die Beiden nicht wiedergesehen. Heinrich von Navarra hat seitdem einen langen, gefahrvollen Weg zurückgelegt, sein Gesicht ist tief gebräunt, Haar und Bart beginnen schon zu ergrauen. Heinrich III. blieb zart und schmächtig, sein Blick ist müde und traurig; das zum Dreieck zugespitzte Gesicht versteckt sich im Bart, die violette Trauerkleidung läßt seine Hautfarbe gelb erscheinen. Im Gedränge kommt er so langsam die Treppenstufen herunter, daß Heinrich von Navarra, der auch von allen Seiten umringt wird, vom Pferde springt, um sich den Weg zu ihm zu bahnen. Die Kinder, die von den Bäumen dem Schauspiel begeistert folgen, schreien sich heiser: Es leben die Könige! Endlich sind die beiden Fürsten zueinandergelangt und haben sich dreimal liebevoll umarmt und geküßt, während die Tränen sie übermannen. Palma Cayet, der seinem ehemaligen Schüler überallhin folgt, berichtet, „erbsengroß" seien die Tränen Heinrichs von Navarra gewesen.

Man darf die Berichterstatter nicht zu wörtlich nehmen; sie schreiben um der Wirkung willen und legen gern die eigene Redeweise ihren Helden unter. Heinrich von Navarra soll an diesem Abend beim Schlafengehen geäußert haben: „Heute kann ich ruhig sterben, gleichviel welchen Todes, denn meine Augen haben das Angesicht meines Königs gesehen." Das Loblied Simeons ist nicht gerade der Stil Heinrichs IV., dafür aber schrieb er am gleichen Abend an Duplessis-Mornay: „Das Eis ist gebrochen, nicht ohne zahllose Warnungen, daß mein Kommen den Tod bedeute. Beim Übersetzen über den Fluß befahl ich mich Gott, und seine Güte hat mich nicht allein am Leben erhalten, sondern auch das Gesicht des Königs mit einer außerordentlichen Freude verklärt und das Volk mit einem Jubel ohnegleichen erfüllt. Man rief: Es leben die Könige!, und das hat mich tief gerührt. Schicken Sie mir mein Gepäck und lassen Sie alle unsere Truppen nachrücken. Der Herzog von Mayenne hatte Châtellerault belagert; bei der Meldung von meiner Ankunft hat er die Belagerung sang- und klanglos abgebrochen. Morgen werden Sie Weiteres hören. Leben Sie wohl! 21. April 1589, Plessis-le-Tour."

Der Würfel ist gefallen: Heinrich von Navarra hat sich mit seinem ganzen Anhang dem König rückhaltlos zur Verfügung gestellt, er hat Vertrauen und gibt den Ton an. Gewiß liegt die Zukunft noch im Dunkel, und vorläufig kann man nur abwarten, was jeder Tag bringt, aber zu etwas führt er immer. In Guyenne hat man über den König allerhand Märchen erzählt — wenn er wirklich je sonderbar, geistesverwirrt, im Dämmerzustand war, so ist er jetzt erwacht und redet durchaus vernünftig: im Netz der Intrigen habe er ganz die Richtung verloren, alle Tage schien ihm der Boden unter den Füßen zu schwinden. Mit Heinrich von Navarra weiß er wenigstens wohin er geht, und sei es auch nur für den nächsten Schritt. Dieser Verbündete ist zuverlässig, gibt seine Anordnungen treffsicher und klar und beweist seine Treue. „Meine Seele", schreibt Heinrich von Navarra ein wenig später an Corisande, „ich schreibe Ihnen aus Blois, wo man mich vor fünf Monaten als Ketzer und der Krone unwürdig erklärte, deren Hauptstütze ich in dieser Stunde bin. Sie sehen hier Gottes Werk an denen, die sich ihm anvertraut haben. Nichts schien mächtiger als ein Beschluß der Stände, und trotzdem habe ich beim Allmächtigen Berufung eingelegt, er hat den Prozeß revidiert, die Beschlüsse der Menschen kassiert und mich wieder in meine Rechte eingesetzt. Wer auf Gott vertraut und ihm dient, den läßt er niemals zu Schanden werden."
Dieser biblische Ton überrascht uns. Er verrät eine heftige Gemütsbewegung, ja eine Sinnesänderung. Corisande mag die kaustische und oft leichtfertige Stimme ihres Liebhabers nicht wiedererkannt haben. Das Bübchen schlägt einen stolzen Ton an, die in Guyenne verbliebene Corisande ist damit recht unzufrieden und hat den berühmten Brief mit gereizten Zwischenbemerkungen vollgekritzelt. Was wird aus ihr bei diesem Abenteuer? Im Lager der Könige ist kein Platz für sie, und für die sittenstrengen Hugenotten bleibt sie die „Soldatendirne", so wenigstens nennt sie d'Aubigné. „Wer auf Gott vertraut, den läßt er nicht zu Schanden werden." „Das ist also der Grund Ihres Gottvertrauens", schreibt sie dazwischen. „Ich schwöre Ihnen Treue bis in den Tod." „Untreue", spottet Corisande bitter. „Ich bereite alles vor, um Sie und meine Schwester bald nachkommen zu lassen." Dieses problematische „bald" beantwortet die Geliebte:

„Erst wenn Sie mir das versprochene Haus bei Paris gegeben haben, werde ich dorthin kommen, mich darin einrichten und mich bei Ihnen gebührend bedanken."

Mag Heinrich auch plötzlich zur Stütze des Throns geworden sein und vor sich ein bedeutendes, sich geheimnisvoll ankündigendes Schicksal sehen, in Corisandes Augen bleibt er ein ausgebrochener Sklave, der seine eigenen Wege geht und nicht zurückkehren wird, sie mag schelten und ihre Krallen zeigen so viel sie will. Heinrich von Navarra ist nicht der Mann, der hinter sich blickt — noch einige Millionen Küsse, und die Liebe ist erloschen, um für eine andere neu aufzublühen. In seiner neuen Rolle fühlt er die gleiche Genugtuung wie Coligny vor neun Jahren, als er vom Geächteten zum Ratgeber Karls IX. aufstieg und vom König „mein Vater" genannt wurde. Heinrich III. sagt zwar nicht „mein Vater", aber „mein Bruder". Die beiden Fürsten sind fast gleichen Alters und haben die gleichen unsicheren Chancen für Leben oder Untergang. In ihrer Umgebung leben Hugenotten und Katholiken einträchtig zusammen. „Obwohl wir Tag und Nacht nicht aus dem Sattel kommen", schreibt Heinrich von Navarra, „erscheint uns dieser Krieg doch sehr angenehm, da er unserem Geiste Befriedigung schenkt." Er brennt darauf, den König nach Paris zurückzuführen. „Wenn der König sich beeilt, was er hoffentlich tun wird, werden wir bald die Türme von Notre-Dame erblicken." Man darf sich nicht in der Touraine verschanzen und mit Vivatrufen der braven Untertanen vorliebnehmen; man muß auf Paris marschieren und dort die Liga kräftig aufs Haupt schlagen und ins Herz treffen, Mayenne absetzen und dann das Volk mit Milde und Gnade zurückgewinnen. Bald wird man auch dort Vivatrufe hören. Heinrich von Navarra ist jetzt des Königs militärischer Mentor und schreibt ihm, wenn sie getrennt sind, alle Tage, wie seinerzeit Coligny an Karl IX. Man darf diese Verfinsterungen ausgesetzte Seele nicht aus der Hand lassen. Unter Wahrung aller untertänigen, dem obersten Herrn gebührenden Respektformeln befestigt Heinrich seinen Einfluß. Der König hat viel zu viel Feldhauptleute und kleine über die Provinzen verstreute Truppenteile. Scharmützel führen zu nichts. Es genügt durchaus, wenn er an wichtigen Punkten einen Befehlshaber beläßt, um zu halten, was man in Händen hat. Alle auf diese Weise freigewordenen Streitkräfte soll der König dann um seine Person zusammenziehen. Heinrich weiß, was er sagt, er spricht aus Erfahrung: „Wenn wir hörten, daß der König seine Armee aufteilte, lobten wir Gott und sagten: wir sind außer Gefahr. Aber wenn wir erfuhren: der König zieht seine Streitkräfte zu einer einzigen Armee zusammen, hielten wir uns für verloren." Auf den Einwand, die Liga halte die wichtigsten Städte, lautet die Antwort: „Das sind Vipern, die sich gegenseitig verschlingen werden." „Überlegen Sie reiflich, handeln Sie schnell!" Das ist beinahe schon die Sprache eines Gebieters, und Heinrich möchte durch seine Gegenwart ihr Gewicht noch verstärken. „Ich würde viel darum geben, bei Eurer Majestät zu sein."

Er trommelt selbst seine Anhänger alle zusammen. Mit religiösen Einwänden darf man ihm jetzt nicht kommen. Mayenne ruft die Spanier aus Flandern ins Land, denn aus der niederen Volksschicht, die sich zur Liga bekennt, wird er nie eine schlagkräftige Armee bilden können. Er muß sich einem Heer von echten, unter sich einigen Franzosen gegenüber sehen. „Lieber Frosch", schreibt Heinrich von Navarra an den Baron Pujols, „wenn Du mich liebst und willst, daß ich an Deine Liebe glaube, gib den anderen ein Beispiel; ich bitte Dich, lieber Frosch, stoße zu mir mit allem, was Du mitführen kannst! Was wir bisher vollbracht haben, ist nichts gegen das, was wir jetzt vollbringen werden." Die Vorzeichen sind günstig. In Tours hat ein wilder Kampf getobt und „mit dem glücklichsten Erfolg geendet, den uns dieser Krieg bisher beschert hat". Châtillon, der Sohn Colignys und Hugenott durch und durch, hat sich dabei im Dienste des Königs ausgezeichnet. „Gebe Gott, daß wir in dieser Woche ebenso Großes vollbringen wie in der vergangenen." Wer Heinrich von Navarra dient, dient dem König, das müssen jetzt alle begreifen lernen, aber umgekehrt gilt es noch mehr. Die Herren Longueville und de la Noue haben bei Paris ein paar glückliche und leichte Siege errungen. Die Liga ist ein Drache, den man mit einem guten Schwert schon aufs Haupt schlagen wird. Mag er Feuer speien und mit seinem giftigen Atem die Luft verpesten, mag man in Paris Heinrich von Navarra „den mit französischem Blut getränkten Schwamm" nennen, das alles sind leere Worte. Die Volksgunst ist wankelmütig, die Volkswut nicht minder. Eben hat sich Etampes, Stadt und Festung, „wie durch ein Wunder" ergeben, und die beiden Könige rücken an die Hauptstadt heran. Es ist Ende Juli, und sie befinden sich in Saint-Cloud; der König ist im prächtigen Hause Gondis einquartiert. Dem Bischof geht das Treiben der wilden „gewählten" Pfarrer zu weit, er hat keine Autorität mehr, das kirchliche Leben hat aufgehört. Heinrich III. ist im bischöflichen Palais zu Saint-Cloud untergebracht, Heinrich von Navarra schlägt sein Lager in Meudon auf. Beide Könige blicken von den Höhen auf Paris hinab, das eng zusammengedrängt liegt im grauen Nebel des über der Stadt lagernden Dunstes und Rauches. Nur geringe Truppen sind in der Stadt, sie gleicht einem Bienenstock, der im Rausch das Gefühl seines Lebensgesetzes verloren hat. Heinrich von Navarra ist voller Zuversicht. Er hat so viele Städte teils mit List teils mit Gewalt genommen, so viele Tore gesprengt, so oft erlebt, daß sich die Tore von selbst, man weiß nicht warum, öffneten, daß er auch hier an einen glücklichen Ausgang glaubt. Zuerst Gewalt und kräftiges Zuschlagen und dann sofort, kaum daß man eingezogen ist, Gnade — und Lebensmittel für das Volk. Der König unterhält noch geheime Beziehungen zur Stadt, zu den Parlementsmitgliedern, den „Politikern", die ihn wissen lassen, daß Paris leidet und schwer belastet wird durch die zahllosen armen Dorfleute, die mit ihrem Vieh, für das kein Futter vorhanden ist, in die Stadt geflüchtet sind. Man wird bekanntgeben, daß der König seiner guten Stadt nichts Böses will, keine Gewalt anwenden und nach dem Einzug Gnade walten läßt; nur die Ausländer wird man verjagen, die sich am Elend des Volkes mästen. Mayennes Spanier lassen es sich wohl sein, schlagen sich den Bauch voll und treiben ihren rohen Unfug. An den Fasttagen zwingen sie die Pfarrer Kälber, Schweine, Hammel und Hasen in Hechte, Karpfen, Barben und Heringe umzutaufen. Die Kirchen der Vorstädte werden von den Spaniern als Ställe benutzt. Führen die Pariser bei Mayenne Klage, so gibt ihnen der Führer der Liga zur Antwort, daß dies Kriegsbrauch sei. Die spanischen Soldaten seien alles brave Leute und gute Katholiken, sie sind zur Niederzwingung des Tyrannen herbeigeeilt, man muß die Stadttore gut bewachen, denn der Teufel ist schlau, und wenn der König noch nicht von seinen Kanonen Gebrauch gemacht hat, so beweist

das, daß er auf Verrat rechnet. Man halte ein Auge auf die Verräter, die Verdächtigen! Auf Befehl der Sechzehn wurden zweihundert Parlementsmitglieder und andere Superkluge festgenommen und in der Bastille eingekerkert, Paris hat seine Geiseln.
Wir schreiben Sonntag, den 31. Juli. Die beiden Fürsten zählten die Tage und Stunden. Paris wartete vergeblich auf die Kanonade. Heinrich III. hoffte durch seine Beziehungen in der Stadt die Übergabe am Dienstag oder Mittwoch zu erreichen. Ein Stadttor sollte nur schwach bewacht sein, die beiden Könige würden dort mit aller Kriegsmacht überraschend erscheinen: Kanonen und Feldschlangen sollten die Leute einschüchtern, dann aber würden sofort Getreidewagen und Viehherden für das hungrige Volk nachrücken. Beide Fürsten rechneten jetzt mit Sicherheit auf den Dienstag.
Am Morgen des 1. August befand sich Heinrich von Navarra in seinem Lager in Meudon, erteilte Befehle, wies den Posten ihre Plätze an und war voll freudiger Tatkraft. Morgen würde der große Tag sein. Rosny war zur Stelle, sehen wir also die Ereignisse mit seinen Augen! Ein Bote sprengt mit seinem Pferd dicht an den König von Navarra heran. Diese Respektlosigkeit verblüfft, Heinrich zuckt wie unter einem Schlag zusammen und läßt sich mit verzerrten Zügen die Meldung wiederholen. „Der König ist verwundet", ist alles, was der Mann hervorstößt, dann galoppiert er nach Saint-Cloud. Im Hofraum des Hauses Gondi drängen sich die Menschen: in einer Ecke liegt ein braunes Häufchen, das jetzt weggeschleppt wird, die Leiche eines blutjungen Mönches in seiner Kutte, desselben, der den Stoß geführt hat.
Der König ist nur verwundet und wird im Augenblick verbunden, so daß Heinrich von Navarra nicht sogleich vorgelassen wird. Aus den unzusammenhängenden Berichten erfährt er, daß das Mönchlein sich am Vorabend bei Herrn de la Guesle, dem Generalprokurator des Pariser Parlements, melden ließ und erklärte, Überbringer eines Beglaubigungsschreibens des Präsidenten von Brienne zu sein, der mit anderen Parlementsmitgliedern in der Bastille eingekerkert ist. Der Brief war echt, und die Unterschrift wurde als eigenhändig erkannt. Der Gefangene kündigte eine geheime Botschaft an, die er nicht schriftlich niederlegen könne, „die dem König aber die Mittel

und Wege weisen würde, in Paris einzudringen". Darauf hatte man gewartet, und die Aussagen des Mönches enthielten keine Widersprüche. Er schien jung und recht einfältig, leierte seine Botschaft herunter wie eine auswendig gelernte Lektion und bestand lediglich darauf, den König selbst zu sehen, denn nur ihm dürfe er den Namen des Stadttores verraten, das schwach bewacht sein würde. Der Präsident de la Guesle hatte ihn die ganze Nacht über verhört. Konnte er nicht ihm oder einem vom König eigens bezeichneten Beamten den Namen des Tores und des wachhabenden Offiziers nennen? Aber der starrköpfige Mönch verschanzte sich hinter hartnäckiges Schweigen und verlangte schließlich zu essen. Mit Abscheu stellte man fest, daß er sein Fleisch mit dem gleichen Messer schnitt, das er später dem König in den Leib stieß. De la Guesle fragte ihn, ob es nicht in Paris aufgehetzte Geister gäbe, die dem König nach dem Leben trachteten. Das Mönchlein antwortete darauf mit stumpfer Miene und ohne sich beim Essen stören zu lassen: Es gibt überall Gute und Böse. Dann schlief er wie ein Klotz bis in den Morgen. Um sieben Uhr überbrachte de la Guesle dem König den Brief Briennes. Noch einmal prüfte man Schrift und Unterschrift. Der Brief enthielt weiter nichts, als daß der König dem Mönch wie dem Schreiber selbst Vertrauen schenken dürfe. Ein Zweifel schien ausgeschlossen: Brienne hatte den Mönch gesehen, ihn gesprochen, ihm eine geheime Botschaft anvertraut, und auch die strenge Wahrung des Geheimnisses hatte nichts Unwahrscheinliches. Man vertraut keinem Schriftstück an, an welchem Ort, an welchem Tor eine Überrumpelung gelingen könne. Nach einigem Nachdenken meinte der König: „Was wird man mir in Paris alles nachsagen, wenn ich mich weigere, einen Mönch zu empfangen?" Der Mönch mit seiner blöden Miene trat also ein, um seine Lektion aufzusagen. Der König, der auf seinem Nachtstuhl saß, befahl darauf seinen Wachen und Edelleuten zurückzutreten. Er brannte darauf, die geheime Botschaft zu vernehmen. Dienstag, das war das Datum, das ihm bereits in den Ohren klang, er beugte sich vor, und mit unglaublicher Schnelligkeit zog der Mönch das Messer aus dem Ärmel und stieß es dem König in den Unterleib. Der König richtete sich sofort auf, zog selbst das Messer aus der Wunde, und mit dem Ruf: „Der verfluchte Mönch hat mich getötet",

traf er ihn in die Stirn. Die Wachen stürzten sich auf den Mörder, töteten ihn mit ihren Dolchen und warfen den Leichnam aus dem Fenster. Alles geschah in einem Nu, wie man ein giftiges Insekt tötet. Jetzt bereute man diese Voreiligkeit, denn der Mönch hätte aussagen können, in wessen Auftrag er handelte und was man noch weiter plante. De la Guesle war verzweifelt. Aber der König war nur verletzt, blieb ruhig und gefaßt und sprach ohne Schwierigkeit. Er hatte sofort verlangt, wie gewöhnlich die Messe zu hören. Jetzt war er beruhigt und wünschte seinen Bruder zu sehen.
Heinrich von Navarra warf sich am Lager des Verwundeten auf die Knie, küßte seine Hände und benetzte sie mit Tränen. Er, wie alle anderen Umstehenden wußten bereits, daß der König sterben müsse. Der Chirurg Portail hatte die Wunde untersucht und festgestellt, daß der Darm verletzt sei; er flüsterte den Befund zunächst nur seinen Assistenten Vibré und Lefèvre auf lateinisch zu, dann aber gab er durch Achselzucken den ihn fragend Umdrängenden zu verstehen, daß der König verloren sei. Der Einzige im Raum, der es noch nicht wußte, war der Sterbende selbst. Noch sprach er mit fester, ruhiger Stimme, erzählte, wie er den Dominikaner vorließ, an seine geheime Botschaft glaubte und, vorgeneigt auf seinem Stuhl, den Stoß empfing. In vierzehn Tagen, hat man ihm gesagt, könne er wieder zu Pferde steigen. Sein Almosenier Boulogne trat ein, um die Messe zu zelebrieren, man brachte einen Tisch und Kerzen. Nach vollbrachtem Meßopfer beugte sich der Priester über den König und eröffnete ihm, daß auch für ihn die Stunde des Opfertodes gekommen sei.
Heinrich III. starb mit Haltung, Mut und Gelassenheit. Er entschuldigte sich für die Tränen, die seine Getreuen um ihn weinen. Auf den Knien neben seinem Lager schluchzte der sechzehnjährige Graf d'Auvergne, der Bastard Karls IX., fassungslos über den Verlust seines Onkels, der ihm ein zweiter Vater und Beschützer gewesen war. In dem pietätvollen Bericht, den er von dieser Sterbestunde gibt, läßt er Heinrich III. lange und rührende Ansprachen halten. Zuverlässiger jedoch scheint uns d'Aubigné, der mit Heinrich von Navarra der Sterbeszene beiwohnte und keiner Parteilichkeit verdächtig ist. Heinrich III., den der Lebensatem langsam verläßt, hat keine Ansprachen gehalten. Von Stöhnen unterbrochen beklagte er sein ver-

lorenes Leben. Er drückte Heinrich von Navarra die Hand, bezeichnete ihn als seinen Nachfolger, wiederholte jedoch die Mahnung, die er ihm schon vor drei Jahren gegeben: „Mein Bruder, werden Sie Katholik!" Dann warnte er ihn: „Mein Bruder, Sie sehen, wie unsere Feinde mir mitgespielt haben. Hüten Sie sich, daß Ihnen nicht ein Gleiches geschehe!" Zu den Umstehenden sagte er mit erhobener Stimme: „Ich bitte euch als euer Freund und befehle euch als euer König, diesen meinen Bruder als König anzuerkennen." Er bedachte auch die Gefahr, die sein Tod für die königliche Sache bedeutete. „Mein Bruder, zeigen Sie sich in allen Quartieren! Ihre Gegenwart ist notwendig. Die Nachricht von meiner Verwundung wird den Feinden Mut geben. Sagen Sie Trémouille, er soll auf der Hut sein!" Er ordnete Sancy an die Schweizer und Aumont an die Deutschen ab mit dem nachdrücklichen, von ihm als König noch zu Lebzeiten gegebenen Befehl, nicht zu weichen und nach seinem Tode „seinem Bruder" treu zu bleiben.
Heinrich von Navarra alarmierte also die Quartiere. Bei seiner Rückkehr sah er am Eingangstor und auf den Treppenstufen die schottischen Garden in Tränen. Er hatte seine Vorsichtsmaßregeln getroffen und nahm fünfundzwanzig seiner Edelleute und acht der zuverlässigsten Dienstleute mit sich. Alle trugen den Kettenpanzer unter dem Wams. Die Stunde konnte Gefahr bringen. Der König lag in den letzten Zügen; als man vor seinen Augen eine brennende Kerze bewegte, zuckten noch einmal seine Lider, und man glaubte von seinen Lippen den Hauch des *In manus tuas Domine* zu vernehmen. Der Priester beugte sich über ihn, ermahnte ihn ein Zeichen zu geben, daß er seinen Feinden verzeihe, und stand ihm beim Empfang der Sterbesakramente bei. Die Umstehenden zogen sich zurück. Um zwei Uhr morgens tat Heinrich III. den letzten Seufzer. Heinrich von Navarra war König von Frankreich. Wir nennen ihn von nun an Heinrich IV.
Als Heinrich IV. das Sterbezimmer betrat, trug er bereits das violette Trauergewand, und man flüsterte sich zu, daß es der gleiche Anzug sei, den der verstorbene König noch am Vortage getragen und den man in aller Eile verkürzt habe. Aber diese violette Trauerfarbe macht ihn zum König, hebt ihn heraus und schafft den ungeheuren

Abstand. Jedoch düsteres Schweigen empfängt ihn. Niemand ruft: „Der König ist tot! Es lebe der König!" Die Edelleute sehen sich schweigend an, es fehlt auch nicht an finsteren Mienen. D'Aubigné berichtet, daß die katholischen Herren untereinander zu murren begannen, ihre Hüte tief ins Gesicht drückten oder zu Boden warfen. Als Feldherrn und Kriegsverbündeten konnte man den König von Navarra hinnehmen, aber diesen Hugenotten als König von Frankreich — niemals! „Lieber tausendmal sterben." Man bedrängte Heinrich IV. mit Fragen. Er spürte und wog die Widerstände, aber er wog auch seine Möglichkeiten und sagte sich wie so oft: „Gott führt mich." Er war persönlich zur Stelle, das allein bedeutete schon Gewinn: man hätte ihm die Krone nicht nach Guyenne nachgetragen. Der verstorbene König hatte ihn in seiner Gegenwart als Bruder und Nachfolger anerkannt, er besaß das Oberkommando über die Truppen, er empfing die Investitur.

Die Widerspenstigen fragten ihn, ob er entschlossen sei, zum katholischen Glauben überzutreten nach Wunsch und Willen des hier auf seinem Totenbett Liegenden, der in Wahrheit um seinetwillen zugrundegegangen sei. Der Marquis d'O sprach nachdrücklich, ja herausfordernd: weder er noch die anderen würden einen hugenottischen König anerkennen.

Mit dem ihm eigenen Sinn für das unmittelbar Gebotene trat Heinrich IV. sogleich als König auf. Wer ihm wie einem einfachen Heerführer zusetzt und ihn bedrängt, täuscht sich. Er ist König durch Geburtsrecht und duldet nicht, daß man ihn „im ersten Augenblick der Machtergreifung an der Gurgel packt". Wer ihm nicht folgen will, soll nach Hause gehen oder seine Dienste den Mördern des verblichenen Königs anbieten. Vielleicht sehe man darin die beste Art, dem Andenken des toten Monarchen zu dienen. Wieder finden wir bei Montaigne einen Ausspruch, der Heinrichs Denkungsart in diesem Augenblick zu spiegeln scheint: „Wenn die Tat nicht vom Glanz der Willensfreiheit beseelt ist, bleibt sie ohne Adel und Verdienst."

Jetzt aber gilt es, die Forderung der Stunde zu erfüllen und zunächst dem verstorbenen König ein ehrenvolles Begräbnis zu bereiten. Da Saint-Denis in den Händen der Liga ist, überführt der neue König in eigener Person den Leichnam nach Compiègne und läßt ihn in der

Abtei Saint-Corneille beisetzen, ordnet alle Zeremonien an und wohnt ihnen bei. Er macht der Königinwitwe seinen Besuch und versichert sie seines freundschaftlichen Beistands. Dann widmet er sich sogleich und ganz den Geschäften des Kriegs. Von einem unverzüglichen Glaubenswechsel will er nichts hören; es ist nicht die Stunde seinen Rock zu wechseln, wiederholt er immer wieder mit Nachdruck. Nicht aus Starrköpfigkeit hält er so beharrlich an seiner alten Religion fest. De Thou, dem er sein Herz ausschüttete, überliefert uns die Unterhaltung. Heinrich IV. lehnt es nicht ab zur Religion zurückzukehren, in der er geboren ist, aber sie ist ihm fremd geblieben, er kennt sie nicht. Er führt seinen Krieg nicht aus religiösen Gründen, sondern zur Errettung „seiner Völker" — ein Wort, das ihm sofort geläufig ist — von der Fremdherrschaft und dem Zugriff des Königs von Spanien, der mit seinen Truppen in Frankreich Fuß faßt. Ein unverzüglicher Glaubenswechsel würde auf seine Person beschränkt bleiben, er aber hofft immer noch auf die große Erleuchtung, die eines Tages die getrennten Kirchen vereinigen soll. Das wunderbare Wirken des Todes bewegt ihn: „Vier Prinzen standen zwischen mir und dem Thron, drei davon trugen die Krone und hätten Kinder haben sollen. Wenn ich die Gefahren bedenke, in denen Gott mich täglich schützt, sollte mich Gott nicht dazu bestimmt haben, eines Tages die Aussöhnung der Kirche herbeizuführen und ihr den Frieden wiederzugeben?" Bei diesen Worten, berichtet de Thou, kamen ihm Tränen und er war von so lebendiger und überzeugender Beredsamkeit, daß ihm jedes Wort aus dem Herzen zu kommen schien.

Heinrich IV. verschmähte es Zwang auszuüben. „Ich gebe allen freiwillig Urlaub, die der Verlust, den Frankreich erlitten hat, oder die Furcht von uns treibt. Die Katholiken, die Frankreich und die Ehre lieben, werden mir verbleiben."

„Ihr seid der König der Tapfern", antwortete Guitry, umfaßte in seiner liebenswürdig anmutigen Art des Königs Knie, küßte es und sagte: „Nur die Hasenfüße werden Euch im Stich lassen." Von den Gärten her näherten sich Lärm und Zurufe: Es lebe der König! Die Schweizer traten an, um den Treueid abzulegen. Oberste und Hauptleute wurden durch den Marschall von Biron vorgestellt und überreichten schriftliche Treueerklärungen, während die Soldaten ihre Zurufe wiederholten. Dann folgten die deutschen Truppen und die schottische Garde; auf die Ausländer machte der Regierungswechsel wenig Eindruck. Während des ganzen dritten August empfing der König die Edelleute, die sich ihm zur Verfügung stellten. Viele der katholischen Herren blieben aus, der Wechsel sei für sie zu unvermittelt gekommen, erklärten sie, und sie seien mit ihrem Gewissen noch nicht im reinen. Der König habe sich Bedenkzeit erbeten oder sie vielmehr gefordert, um seine religiösen Entschließungen zu treffen, auch sie bräuchten Zeit. Es war nicht Auflehnung, sondern ein Aufschub. Man rechnete damit, daß der König seinen Übertritt binnen sechs Monaten vollziehen würde, und so lange wollten die Herren sich auf ihre Besitzungen zurückziehen, ohne Partei zu ergreifen, dann würden sie zurückkehren. Der König hatte im voraus Urlaub bewilligt und ließ sie mit guter Miene ziehen. Die „wahren Franzosen" würden ihm verbleiben, das waren seine Worte. Der junge Graf d'Auvergne erzählt, daß Heinrich IV., mehr ans Soldatenhandwerk als an die Königswürde gewohnt, Mühe hatte, sich in dieser neuen Rolle zu behaupten und sich alle diejenigen vom Leibe zu halten, die wie vormals im Lager mit Fragen und Ratschlägen bei ihm ein- und ausgehen wollten. Als einer seiner alten Vertrauten sich ohne Anmeldung zu ihm begab, wies ihn Heinrich IV. mit den Worten zurecht: „Es ist ein Unterschied zwischen dem König von Frankreich und dem König von Navarra."

XXIX

HEILIGER KRIEG

Wenn ein Kranker nach langen Fieberdelirien ins Leben zurückkehrt, möchte er diese Zeit am liebsten aus dem Gedächtnis löschen. Nur zögernd und ungern erinnert er sich ihrer; aber um den Anbruch des Tages zu sehen, muß man die Nacht zu Ende erleben. Die Entzündung eines Nervs, einer Zelle, genügt, um Gewalttätigkeit, Tobsucht, fürchterlichen Argwohn, wilde Phantome der Einbildungskraft hervorzurufen, ja der Kranke geht so weit, an sich selbst und an seine Pfleger Hand anzulegen, wenn er nicht gewaltsam daran gehindert wird.

So ergeht es Frankreich und vor allem Paris an dem Tag, der Heinrich IV. zum König macht, und das Delirium dauert fast fünf Jahre. Wir verfolgen es nicht durch alle seine Phasen: der Leser würde ermatten angesichts so vieler grotesker Erfindungen des Hasses, der Leichtgläubigkeit, die alles für möglich hält, der Besessenheit, die Paris dahin bringt, sich dem Erzfeind zu Füßen zu werfen, der mit kalter Berechnung die französischen Bürgerkriege beobachtet und schürt, um der langen Rivalität Frankreichs und Spaniens durch die Herrschaft eines Sohnes Karls V. über diese erschöpfte Nation ein Ende zu bereiten.

Man vergesse nicht, daß Philipp II. auch einen Teil Italiens beherrscht, mit dem ganzen Gewicht der Blutsverwandtschaft und politischen Allianzen auf dem Kaiserreich lastet und noch in Flandern regiert; er ist Herr über Mittel- und Südamerika, seine Macht kreist Frankreich ein wie ein Ozean und umbrandet die französischen Grenzen. Wenn auch Frankreich in diesen Machtbereich einbezogen ist und sich allmählich aufsaugen läßt, wird der König von Spanien gestärkt und bereichert, England dagegen geschwächt. Die Königin des Meeres beunruhigt die spanische Handelsschiffahrt zwischen dem Mutterland, Amerika und Indien. Werfen wir einen Blick zurück! In der gleichen Woche, in der vor nunmehr einem Jahr der Volksaufruhr, der Barrikadentag und die Flucht Heinrichs III. stattfanden, näherte sich stolz die unbezwingliche Armada im Nebel des Ärmelkanals der großen Insel, die wie ein Schiff auf den Fluten zu ruhen scheint.

Wenn kein anderer König dem Gedächtnis der Franzosen teurer ist als Heinrich IV., so ist das nur ein gerechter Ausgleich, denn kein anderer König ist so gehaßt worden wie er während der fünf Jahre, in denen seine Untertanen sich ihm verweigerten. Und auch, daß er der Vater des Volkes wurde, ist nur recht und billig, denn seinetwegen sank sein Volk auf die unterste Stufe des Elends herab. Er hat Grund, immer wieder und wieder zu sagen, „daß er nur durch ein Wunder den Dolchen entkommt", und da ein solcher Brand nicht so schnell und gründlich verlöscht, zählt man unter seiner Herrschaft nicht weniger als siebzehn gegen ihn gerichtete Attentate bis zur Tat Ravaillacs.

Am Tage nach der Ermordung Heinrichs III. kann er von seinem Fenster in Saint-Cloud aus die Freudenfeuer sehen, die man zur Feier des Tyrannenmordes entzündet. Und er erinnert sich an sein Wort: „Paris wird sich am Dienstag ergeben." Heute hätte der Tag der Gnade, der Tag des Einzugs der Könige sein sollen, gefolgt von fetten Viehherden, die den Parisern wieder etwas Mark in die Knochen gegeben hätten. Heute ist Dienstag, aber der erträumte Tag entschwindet in unabsehbare Ferne — Heinrich IV. wird sich Paris nicht ergeben. Ausgeburten des Wahnwitzes, der Raserei, der Freude und der Wut werden berichtet. Als man der Herzogin von Montpensier, der Schwester des Herzogs von Guise, die Nachricht vom Tode Heinrichs III. brachte, hatte sie nur ein Bedauern: daß das Ungeheuer vor seinem Ableben nicht erfuhr, daß sie es war, die ihm den Dominikaner geschickt hatte. Das Messer war der kleinen goldenen Schere noch vorzuziehen. Sie fiel dem Überbringer der Botschaft um den Hals und rief: „Willkommen, mein Freund, aber ist es auch wahr, ist es wirklich wahr, daß dieser Teufel, dieses Ungeheuer tot ist? Gott, wie bin ich glücklich! Es tut mir nur leid, daß er keine Ahnung hatte, daß ich es war, die ihm diesen Streich gespielt hat!" Sie band eine grüne Schärpe um den Kopf, stieg mit ihrer Mutter zu Pferde und hielt dem Volk vor der Franziskanerkirche eine Ansprache: „Eine Freudenbotschaft, meine Freunde, der Tyrann ist tot!" Ein leidenschaftlicher Ausbruch der Liebe für die gerächten Guisen bemächtigte sich des Volkes. Man nannte die Mutter der Guisen „Königinmutter", obwohl es keinen König mehr gab. Alles wand sich die grüne Schärpe um die Stirne. Im allgemeinen Freudentaumel umarmte man sich und tanzte. Wer an diesem Tag in Paris ein trauriges oder unzufriedenes Gesicht zeigte, galt als einer von den verhaßten „Politikern", die Feuer und Wasser vermählen wollen, einer von den Janusköpfen, den Verdächtigen und Verrätern, man merke auf sie und zeige sie an!

Kaum hatte sich der erste Freudentaumel gelegt, lief das Volk in die Kirchen, dankte Gott und machte den Dominikaner mit seinem Messer zum Heiligen. Von nun an hieß der Mörder Heinrichs III. Jacques Clément der Märtyrer. Gott hatte ihn auserwählt, und seiner heroischen Tat war eine Vision vorausgegangen. Man erzählte, daß er in jener denkwürdigen Nacht in Saint-Cloud, das Haupt auf die Bibel gebettet, den Schlaf eines Engels geschlafen habe. Die Bibel sei auf der Seite der Judithlegende aufgeschlagen gewesen. Er war jung, unschuldig und machte einen einfältigen Eindruck, und wählt Gott nicht seine Helden unter den Einfältigen? Seine Dominikanerbrüder hatten ihn wohl vorbereitet und ihm versichert, daß er im Augenblick der Tat unsichtbar würde, so daß ihm nichts Böses zustoßen könne. Im Kloster stießen sie oftmals absichtlich auf der Treppe mit ihm zusammen unter dem Vorgeben, ihn nicht gesehen zu haben, grad als sei er zuzeiten ein Geist. Mit jeder Stunde wuchs die Legende und nahm neue Züge an, an jeder Wegkreuzung erfuhr sie eine neue Ausschmückung, in den Kirchen erhielt sie den Heiligenschein. Das Gedächtnis des Jacques Clément muß heilig gehalten werden. Seine Gewänder zerriß man in kleine Stücke und verteilte sie als Reliquien, die man bei sich trug oder gar, zu Asche verbrannt, fromm verzehrte um sie sich einzuverleiben.

Es ist nur folgerichtig, daß auch der Tod des anderen Ungeheuers, des Häretikers, rückfälligen Ketzers und Exkommunizierten gefordert wurde. Dem Dominikanerprior sagte man jetzt den Ausspruch nach: „Wir haben getan, was wir konnten, wenn auch nicht alles, was wir wollten." Die Tat muß ihre Krönung finden, auch der Béarner muß getötet werden. Solange er lebt, ist Heinrich von Valois nicht wirklich tot, denn dieses Ungeheuer hatte zwei Köpfe, den eigenen und den Heinrichs von Navarra.

Das war das Thema der Prediger. Scheuen wir nicht die Wahrheit: schon lange wissen wir, daß die Quelle, an der das Volk trank und die es für heilig hielt, vergiftet war. In Saint-Germain-l'Auxerrois warf der Pfarrer Boucher seiner Gemeinde ihre Lauheit vor: alle müssen vernichtet werden, der Béarner, seine Hugenotten und auch seine Katholiken. Die Zuhörer kehrten schlotternd nach Hause zurück, und noch während der Predigt schlichen sich einige verstohlen hinaus, aus Angst, der Pfarrer könne von der Kanzel stürzen und einige „Politiker" am Kragen packen. Den Béarner zu ermorden, sei das Gott wohlgefälligste Opfer. Einige Leute behaupten zwar, daß er schließlich doch noch Katholik werden würde; der verstorbene Tyrann habe ihm selbst diesen Gaunerstreich vorgeschlagen. Aber auch das würde nichts besser machen, denn er ist rückfällig, exkommuniziert, und der Papst wird nicht so leicht den bösen Wolf in den Schafstall lassen. Selbst wenn die Exkommunikation aufgehoben würde, könnte er doch nicht mehr erwarten als ein Leben der Reue und Buße. Lange kann es übrigens nicht mehr mit ihm dauern: er hat begriffen, daß er sich aus eigenen Kräften nicht mehr halten kann und ist schon in Dieppe, um die Königin von England um Hilfe anzuflehen. Er wirft Mayenne seine Spanier vor, aber er selbst hat Schweizer, Deutsche und jetzt auch Engländer in Diensten. Der Herzog von Mayenne wird ihn zu einer Schlacht zwingen, ihn besiegen, festnehmen und in einem eisernen Käfig nach Paris führen. Schon heute kann man Fenster mieten, um sich an seinen Grimassen hinter den Gitterstäben zu weiden, immer vorausgesetzt, daß nicht eine bessere Nachricht dem zuvorkommt und man seinen Tod meldet. L'Estoile trägt diese Predigt, der er beigewohnt hat, in seine Aufzeichnungen ein. In der Sainte Chapelle predigt ein Italiener und verschwört seine Seele dem Teufel, wenn der Béarner über die Liga obsiegen sollte. Ein anderer versichert: „Wenn dieser verruchte Ketzer in Paris einzieht, wird er uns unsere Religion, unsere heilige Messe und unsere schönen Zeremonien nehmen, die Kirchen in Ställe für seine Pferde verwandeln und aus den Meßgewändern und Chorröcken Hosen und Röcke für seine Lakaien machen lassen, das ist so gewiß wie der Leib des Herrn, den ich verzehre." Das ist keineswegs so unglaublich, denn in England hat ein Regierungswechsel dazu geführt, daß man die Katholiken gejagt und verfolgt hat wie die Ratten. Alle Gläubigen pilgern in großen Prozessionen nach Saint-Jacques de la Boucherie und bitten ihren guten Heiligen, den Béarner Teufel mit seinem Stab aufs Haupt zu schlagen. Es ist eine Blütezeit der Angeberei. Lakaien und Kammerzofen bespitzeln ihre Herren und stürzen in die Kirchen, um zu berichten, was sie bei Tisch oder hinter den Türen erlauscht haben. Eine Dame hat sich ihr Kleid schwarz färben lassen, sicher will sie Trauer um den Tyrannen tragen. Andere wieder fasten in ihren Häusern mit trübsinnigen Mienen,

weil sie den Tyrannen beweinen, oder beten und kasteien sich für den Béarner. Boucher predigt gegen sie, daß man sie unter ihrem Bußsack ersticken müsse, der Pfarrer Rose hält einen Aderlaß wie in der Bartholomäusnacht für notwendig, Commolet eifert, der Tod der „Politiker" sei gleichbedeutend mit dem Leben der Katholiken, alle Verdächtigen müsse man ergreifen, an den Fluß schleifen und ertränken, mit Zetteln am Halse, auf denen der Schwur der Pariser steht, sich niemals dem Teufelssohn zu ergeben. Brisson, der Präsident des Pariser Parlements, und zwei andere Mitglieder dieses Gerichtshofes, Tardif und Larché, werden auf Befehl der Sechzehn in ihren Häusern festgenommen und gehenkt. Der Prozeß dauerte kaum eine Viertelstunde. Es wurde ihnen Verrat vorgeworfen. Erweisen wir diesen Männern die Ehre, die ihnen gebührt: sie waren große Bürger, liebten das Volk und kannten es. Brisson bewies bei seiner Ergreifung Größe und Fassung und lehnte es ab, aus Paris zu entfliehen. Er glaubte seine Richter überzeugen zu können und fürchtete den Tod nicht. Doch die unerwartete Schmach des Urteils überwältigte ihn, und es wird erzählt, daß der Schweiß der Todesangst sein Hemd netzte, als er äußerlich ruhig und gefaßt die Galgenleiter bestieg. Der Wahnsinn brachte immer neue Ausgeburten des Wahnsinns hervor. Man glaubte an Zeichen vom Himmel; der Pfarrer von Saint-Benoît hatte auf seinem Chorhemd ein rotes Kreuz wahrgenommen, das sich auf dem weißen Leinen abzeichnete, und gleichzeitig spürte er eine Flamme in seinem Herzen. Kaum tauchte dieses Gerücht auf, als ein Priester bei der Messe in Saint-Barthélemy gleich mehrere flammende Kreuze auf dem Altartisch erblickte. Tags darauf wiederholte sich diese Erscheinung in allen Kirchen, und das Volk eilte herbei um den Altartisch zu küssen, auf dem sich das Wunder vollzog. Der vorsichtige L'Estoile wollte sich mit eigenen Augen überzeugen, bevor er das Wunder in sein Tagebuch eintrug. Er berichtet, daß er das Altartuch küßte, ohne etwas anderes darauf zu entdecken als auf seinem Taschentuch. Aber da er fürchtete verdächtig zu werden, „hütete ich mich wohl es zu sagen und ging still nach Hause".
Wie verhielt sich inzwischen Heinrich IV.? Er ließ die Volkswut kochen und überschäumen. Er befaßt sich mit militärischen Dingen. Auch Mayenne weiß das und hebt Rekruten aus, um den Béarner in

der Normandie zu schlagen. Noch ist die Zeit nicht reif, selbst die Krone an sich zu reißen, und so läßt er einen Schein-König ausrufen, den Onkel des Béarners, der Kardinal und ein echter Bourbone ist. Dieser König kann allerdings weder regieren noch seine Untertanen empfangen oder mit ihnen Verbindung aufnehmen, denn er lebt als Gefangener seines Neffen in Fontenay-le-Comte, und kein Merowinger hat je seinem Hausmeier das Feld so vollständig überlassen. Der König-Kardinal ist siebzig Jahre alt und ein durchaus vernünftiger Mann. Er befindet sich in ehrenvoller Haft unter Aufsicht von Edelleuten und zeigt keinerlei Lust zum Entweichen. Wenn er zur Liga gehöre, erklärt er verschiedentlich, so war er das seiner Kirche schuldig, aber er sei nicht blind für das, was vorgehe, nehme die Krone nur an, damit sie der Familie erhalten bleibe und würde sie selbst seinem Neffen übertragen, wenn „der König von Navarra" zum katholischen Glauben überträte. Die Pariser gingen so weit, einige Münzen mit dem Bild des greisen Gespenstes zu prägen. Mayenne blähte sich in seiner pseudoköniglichen Herrlichkeit auf und prahlte, er werde den Béarner in einem einzigen Feldzug erledigen. An den König von Spanien schrieb er dazumal: „Ich rate dem Herrn von Béarn, von seinen Strauchdiebmanieren zu lassen."
Der Strauchdieb hatte nur wenig Anhang; hinter Mayenne dagegen standen, wie es hieß, dreißigtausend Mann aus Italien, Deutschland, Flandern und Spanien. Wenn es dem Strauchdieb gelänge, Mayenne zu schlagen, wäre das freilich ein Wunder, aber Heinrich besitzt tatsächlich den unbeugsamen Glauben, der Wunder herbeizwingt. Dann allerdings würden ihm die großen und kleinen Herren, die ihn in Saint-Cloud verlassen haben, wieder zuströmen. Sie sind keine Anhänger der Liga, aber sie maßen sich an, dem König Bedingungen zu stellen. Wenn der König Mayenne schlägt, wird er die Bedingungen stellen. Heinrich IV. befindet sich in Dieppe, weil er den Beistand der Engländer erhofft und erwartet, die seiner Sache lebhaftes Interesse entgegenbringen. Seit seiner frühen Jugend sehen sie ihn auf dem Plan und nehmen teil an seinem Schicksal, und mit jeder Niederlage der Liga weicht auch der spanische Polyp zurück. Die Armada war zwar vernichtet, aber noch im dröhnenden Hohngelächter der Tavernen klingt der Schrecken der Engländer nach, als sie die schweren,

hochbordigen Schiffe, schwimmenden Burgen gleich, heranrücken sahen. Ihre Segel trugen das Jakobskreuz wie ein Kreuzfahrerzeichen. Die flachen englischen Boote glitten wie Dämonen zwischen den schwerfälligen Riesenschildkröten hindurch, setzten alles in Brand, dann verschluckte sie wieder der Nebel, und die spanischen Kugeln trafen ins Wasser. Ein Sturm tat das Übrige, die gigantischen Schiffsrümpfe wurden hin- und hergetrieben, stießen zusammen, und an den Küsten Englands hinterließ die unbezwingliche Armada nur riesenhafte Wracks.

Man darf den „viellieben Bruder Heinrich" seine Schlacht nicht verlieren lassen. Wenn einmal der Spanier seinen Fuß nach Calais, Le Havre und Dieppe setzt, wird den Citykaufleuten vor ihren Bierkrügen das Lachen vergehen. Die Religion in Ehren, aber der britische Handel darf auch nicht vergessen werden. Der „liebe Bruder Heinrich" soll die Partie nicht verlieren, nachdem Elisabeth auf ihrer Insel so hartnäckig und zielbewußt die ihre zu spielen verstanden hatte und ihrem Reich in einer Person König und Königin geblieben war, nicht ohne Grausamkeit, nicht ohne mit schwerem Fuß Komplotte niederzutreten, unter denen sie stets die unterirdischen Machenschaften Philipps II. wahrzunehmen glaubte, die auch Frankreich in Brand gesetzt hatten. Zwanzig Jahre lang hielt sie ihre Base Maria Stuart in Gefangenschaft und unterschrieb schließlich ihr Todesurteil; aber zu gleicher Zeit ließ sie den Sohn ihres Opfers im anglikanischen Glauben erziehen, denn nach ihrem geheimen Plan sollte das Kind ihr Nachfolger werden. Der Mutter bestimmte sie das Schafott von Fotheringhay, dem Sohn die beiden Kronen. Ihre Politik war kalt und schlau. England und Schottland vereinigt zu einem ungeteilten englischen, nach Möglichkeit auch ungeteilt anglikanischen Reich, das war das Ziel und der Grund, weshalb alle Heiratsprojekte im Zölibat der großen Königin mündeten, das am Ende auch den Zusammenschluß der beiden Königreiche herbeiführte.

Die Unterstützung Heinrichs IV. gehörte also zum politischen System. Engländer waren zwar nicht zu verleihen, wie man in London sagte, dafür schickte man schottische Regimenter, deren Ausschiffung Heinrich IV. an der normannischen Küste überwachte. Es waren wilde, merkwürdige Gestalten im eisernen Harnisch, sie erinnerten an Abbildungen der Krieger früherer Jahrhunderte, wie man sie von alten Stichen kennt. Ihre Musik klang schön und fremdartig. Man konnte mit ihnen zufrieden sein, nur waren es leider nicht viele! Heinrich IV. brachte alles in allem nicht mehr als siebentausend Mann auf für seine Schlacht gegen den dicken Herzog, während Mayennes Heer, dem tausend wilde Gerüchte vorauseilten, dreißigtausend Mann stark gegen ihn anrückte: Spanier, Wallonen, Neapolitaner, Griechen und selbst Ägypter waren darunter.

„Mein Herz", schrieb Heinrich aus den Verschanzungen von Arques an Corisande, „es geht mir gut, und meine Sache steht besser als viele Leute für möglich halten. Ich habe Eu genommen. Die Feinde, die in der Übermacht sind, glaubten mich dort erwischen zu können, aber ich habe mich nach vollbrachter Tat Dieppe genähert und erwarte sie in einem Lager, das ich befestige. Morgen werde ich dem Feind gegenüberstehen und hoffe mit Gottes Hilfe, daß er bei einem Angriff einen schlechten Handel machen wird. Der Wind und dringende Geschäfte hindern mich am Weiterschreiben. Ich küsse Dich vieltausendmal. 9. September, in den Gräben von Arques."

Wir beschränken unseren Bericht über die Schlacht von Arques auf diesen Zettel. Die Kämpfe dauerten zwölf Tage; der dicke Herzog wurde geschlagen und entschuldigte sich beim König von Spanien wegen der erlittenen Niederlage. Die schottischen Regimenter in ihren altväterischen Rüstungen hatten sich prächtig geschlagen. „Es geht gut voran", schrieb Heinrich zwei Monate später, „ich lasse mich von Gott führen, denn ich weiß nicht, wie alles enden wird; alle meine bisherigen Erfolge sind wahre Wunder."

„Dreißigmal bin ich dem Tod nur um Haaresbreite entronnen", schrieb er ein andermal. Da er Städte einnimmt, kommt Leben in die Herren, die sich schmollend nach Hause begeben hatten, sie fangen an zu ihm zu stoßen. „Meine Truppen haben sich um mehr als sechshundert Edelleute vermehrt, die zweitausend Mann Fußvolk mitführen." Lisieux hat sich ergeben, Heinrich hat seine Kanonen „nur zum Spaß" schießen lassen. „Ich lebe auf meine hugenottische Weise recht gut", sagt er, „und decke den Bedarf von zehntausend Fremden und meinen eigenen Haushalt aus dem, was ich mir tagtäglich beschaffe." Er eilt von einer Geschützstellung zur anderen, legt selbst

Hand an beim Ausheben der Gräben, macht seine Abrechnungen, kalkuliert, daß sich aus Lisieux sechzigtausend Taler herausholen lassen und formiert seine Truppen in Reih und Glied wie Bleisoldaten. Der Krieg ist sein Element geworden. Eitle Zukunfts- und Weltherrschaftsträume mögen etwas sein für den König von Spanien; der König von Frankreich denkt nur an die Aufgaben des jeweiligen Tages, an dessen Ende vielleicht der Tod steht. Die Befehlszettel an seine Kapitäne haben den knappen Ton eines militärischen Signals: „Zu Pferde, Fervacques, ich will unverzüglich sehen, wie die Federn der normannischen Gänse beschaffen sind!"
Seine Stärke ist die pfeilgerade, pfeilschnelle Aktion, während seinen Feinden die einheitliche Führung fehlt. Jeder will sein Übergewicht fühlen lassen und bietet seinen Beistand zögernd und feilschend an. „Es sind Vipern, die sich gegenseitig verschlingen werden." Der Legat, der spanische Gesandte, der Herzog von Mayenne haben sich in Paris versammelt, schreibt der König von Navarra: „Die Ohren müßten mir unausgesetzt klingen, denn sicher ist viel von mir die Rede. Ich hoffe, daß Sie bald Neues von meinen Waffentaten hören werden."
Der spanische Gesandte in Paris erhebt jetzt sein Haupt, denn von seinem Herrn kommt der Sold der Liga und ihre Soldaten. Der päpstliche Legat dagegen möchte im Namen der bedrohten Christenheit die oberste Leitung an sich reißen, ohne selbst etwas beizusteuern. Mayenne als Generalstatthalter des Reiches erklärt sich im Besitz der höchsten Regierungsgewalt. Die von der Stadt Paris gewählten Sechzehn bilden eine Republik und behaupten, nur dem Volk Rechenschaft schuldig zu sein. Mayenne hatte sich über die schändliche Behandlung Brissons empört und befohlen, daß man die Richter hänge; die Einmischung der Ausländer bringt sein französisches Blut in Wallung, und er beschwert sich, daß die spanischen Truppen einen Troß von Weibern und Kindern mitführen, die Unordnung ins Lager tragen, schreien, schimpfen, Milch verlangen und den Vormarsch der Soldaten aufhalten. Man weiß in Paris nicht mehr, ob man Franzose, Römer oder Spanier sei, erklärt Mayenne.
Am 14. März 1590, in einer denkwürdigen Ansprache an seine Armee, findet Heinrich IV. vor der Schlacht von Ivry die zündenden

Worte: „Ihr seid Franzosen, ich bin euer König, dort steht der Feind!" Dann zeigt er auf seinen Helm: „Kinder, haltet die Reihen geschlossen und wenn ihr die Fahne nicht mehr seht, ist hier euer Feldzeichen, folgt diesem Helmbusch, er wird euch immer den Weg zu Ehre und Sieg weisen." Am Abend dieses Tages schreibt er: „Curton, ich habe soeben meine Feinde in der Ebene von Ivry geschlagen. Ich schreibe es Dir sogleich, denn ich weiß, daß diese Nachricht niemandem größere Freude machen kann als Dir. 14. März, 9 Uhr abends."

Der Sieg wirkt ansteckend; von nun an dient man dem König gern und gut. Canisy, dem die Lippe zerhauen wurde, sagt, er beklage sich nicht, denn ihm bleibe noch genug, um beim Einzug in Paris „Es lebe der König!" zu rufen. „Ich stehe vor Paris und Gott wird mir helfen", schreibt Heinrich am 8. Mai. „Ich habe treue Diener, und die Feinde erregen eher mein Mitleid als meine Furcht." Trotzdem kann er einen Seufzer der Ermattung nicht unterdrücken: „Gott schuldet mir den Frieden, damit ich wenigstens einige Jahre der Ruhe genießen kann; ich bin recht alt geworden." Und vor Paris, dessen Rauch er aufsteigen sieht wie in jenen Tagen von Saint-Cloud an der Seite Heinrichs III., befällt ihn die Vorahnung des blanken Stahls, aber er sucht sich sogleich wieder zu beruhigen: „Es ist kaum zu glauben, wieviel Leute man hetzt, mich zu ermorden, aber Gott wird mich beschützen."

Die Belagerung der Stadt Paris durch den König von Frankreich ist ein grauenvolles Blatt französischer Geschichte. Noch heute erweckt die Chronik dieser schrecklichen Tage in uns Schmerz, Mitleid, ja Protest. Warum wird der König nicht gleich katholisch, wenn er doch schon entschlossen ist und duldet, daß man darüber spricht und es ankündigt? Warum erspart er seinem Volk nicht Hungersnot, Seuchen, die grauenhaften Entartungen äußersten Elends? Es wird berichtet, daß eine Mutter den Leichnam eines ihrer Kinder kochte und den anderen Kindern zu essen gab. Der spanische Gesandte, ein großer Wohltäter des Volkes, ließ an den Straßenecken Suppenkessel aufstellen, in denen Rattenköpfe und -schwänze schwammen. Er hat Einfälle und erinnert sich von einer Belagerung in der Türkei, daß man dort die Knochen der Toten zu Mehl zerstampfte. Die

Pariser könnten auf dem Kinderfriedhof die Skelette ausgraben, zur Mühle bringen und Brot daraus backen. Heinrich IV. bleibt von diesen Leiden nicht ungerührt und er bemüht sich, sie etwas zu lindern, indem er allen Greisen und kleinen Kindern erlaubt, die ausgehungerte Stadt zu verlassen. Er kann die bejammernswerten Gespenster an den Gräben herumirren und Gras ausrupfen sehen. Für den spanischen Gesandten, den päpstlichen Legaten und die Prinzessinnen Guise läßt er Tag für Tag einen Karren mit Lebensmitteln in die Stadt fahren und zeigt sich als großmütiger Gegner. Aber diese ritterliche Geste wird nicht verhindern, daß er bei seinem schließlichen Einzug in Paris seine großen Gegner zwar in wohlgenährtem Zustand, die andern aber als Leichen vorfinden wird.

Heinrich wird später sein Verhalten zu rechtfertigen suchen, und man erzählt, daß die schreckliche Erinnerung an die Belagerung von Paris ihm Tränen in die Augen trieb. Wenn er nicht früher nachgab, obwohl er den Gerüchten über seinen Religionswechsel freien Lauf ließ, so deshalb, weil er zuerst siegen wollte. Wenn Mayenne und sein bunt zusammengewürfeltes Heer vernichtet sind, wird seine Konversion den Stempel der Freiwilligkeit tragen; jetzt kann sie nur Hohn herausfordern, und der Hohn würde den Abscheu noch steigern. Der glücklichste, ruhmreichste spanische Heerführer seit Alba, der Herzog von Parma, kommt Paris zu Hilfe. Heinrich IV. möchte diesem Spanier eine Schlacht liefern und ihn als Besiegten wieder heimschicken. Zum erstenmal findet er Gelegenheit, einem echten Heerführer des Königs von Spanien und regulären spanischen Truppen gegenüberzutreten. Fällt ihm der Sieg zu, so ist die Lage geklärt, und Paris wird sich ergeben. Er hat nicht die Absicht, die Stadt mit Gewalt zu nehmen und die Straßen von Paris mit dem Blut der halbtoten Franzosen zu tränken. Nur kein Blutvergießen: diesen Rat gab er seinerzeit schon Heinrich III., jetzt hält er sich selbst daran.

Langsam nähert sich der Herzog von Parma von Flandern her, dem spanischen Einfallstor nach Frankreich. Der große spanische Feldherr reist im Wagen in kurzen Etappen, krank und schweigsam, aber sein Ruhm läßt ihn unbezwinglich erscheinen. „Morgen", schreibt Heinrich, „stößt der Herzog von Parma zum dicken Herzog; wir werden sehen, ob er noch Blut in den Adern hat."

Der Verlauf ist bekannt. Der Spanier schwieg, hielt aber die Augen offen. Kaum eingetroffen, enttäuschte und beunruhigte ihn die Situation; auf eine Niederlage konnte er es nicht ankommen lassen. Er hatte geglaubt, daß der „Prinz von Béarn" nur zehntausend Mann hinter sich hätte; jetzt schätzte er die Streitkräfte von der Anhöhe, von der aus er sie prüfte, auf zwanzigtausend. Vielleicht ließ er es zur Schlacht kommen, aber er war keineswegs fest entschlossen und wollte den Zeitpunkt selbst wählen.
Er lieferte keine Schlacht, sondern nach kleinen Scharmützeln beschränkte er sich darauf, die Zufuhr auf der Seine freizumachen und die Lebensmittelversorgung von Paris sicherzustellen. Dann kehrte er auf Befehl seines Herrn in die Niederlande zurück. Der König von Spanien ließ wissen: für die Franzosen sei jetzt die Stunde gekommen einen König zu wählen, denn Karl X., der Schattenkönig, ist in seinem Gefängnis zu Fontenay-le-Comte gestorben. Philipp II. schlägt den Franzosen seine Tochter vor. Nach allen von ihm gebrachten Opfern gebühre ihm diese Ehre. Das salische Gesetz sei in Frankreich nur als zufälliger Notbehelf entstanden. Die Tochter des Königs von Spanien war mütterlicherseits eine Enkelin Heinrichs II. und stammte in gerader Linie von den Valois ab. Der König von Spanien hatte aus seinen drei Ehen halbfranzösische Töchter für Frankreich und halbdeutsche Töchter für Deutschland zur Verfügung. Nachdem er diesen Vorschlag hinterlassen, die Zufuhr der Lebensmittel für Paris sichergestellt hatte, überließ der Herzog von Parma, ohne eine Schlacht geschlagen zu haben, Frankreich gleichmütig seinem Schicksal. Heinrich IV. war enttäuscht, hob im Oktober 1590 die Belagerung der Stadt auf, wandte sich nach dem Fehlschlagen des großen Unternehmens, Paris einzunehmen, wieder dem Kleinkrieg zu und eroberte, wie es Zeit und Gelegenheit mit sich brachten, andere Städte.
Die Jahreszeiten vergingen und auch die Jahre. Man fragt sich, ob diese kämpfenden und mordenden Krieger noch ein Auge hatten für die französische Erde, um die der Kampf ging, während die anderen auf den Zeitpunkt lauerten, zu dem sich die Franzosen gegenseitig aufgezehrt hätten. Ist diesen Kriegern noch ein Gefühl geblieben für den Aufbruch des Frühlings, das flammende Glühen des Sommers,

den herbstlichen Frieden und den langen winterlichen Schlaf, aus dem die Wiedergeburt hervorgeht? Vielleicht empfinden sie manchmal die Schönheit und Milde dieser Erde, die sie verwüsten, aber nicht vernichten können. Viel ist bisher die Rede gewesen von Menschen und Menschenwerk, beugen wir uns jetzt nieder zur Erde, die trotz allem unzerstörbar bleibt! Die Ströme der Ile de France fließen wohlumhegt von ihren Ufern ruhig dahin, bereit, die Getreideschiffe zu tragen, wenn es noch Ernten gäbe. Die Pappeln, Erlen und Weiden schwanken und erzittern immer noch auf den brachliegenden Feldern; in den Tiefen der Wälder leben Hirsche und Rehe frei und gehen in der Morgendämmerung zur Tränke an die dunklen Gewässer. Schwalben und Lerchen bauen ihre Nester und ziehen ihre Jungen groß; die Störche leben ohne Furcht und halten aufrecht Ausschau von ihren Kirchtürmen. Die Wolken ziehen, ballen sich und lösen sich in Regen, der nutzlos das unbestellte Land netzt, Kinder werden geboren und plappern. Und der Krieg geht weiter. Für die Menschen eine endlose Nacht und Finsternis.

XXX

FRANZÖSISCHE LILIE ODER SPANISCHES KREUZ

Drei Jahre hindurch folgten einander Schlachten, Belagerungen, kleine Erfolge und manchmal ein großer Sieg. So nahm der verwünschte Béarner Chartres, obwohl die Herren von Paris geschworen hatten, daß Chartres sich nie ergeben und die Muttergottes von Chartres nie einen Ketzer in den Mauern ihrer Stadt dulden würde. Dieser Schlag versetzte Paris in Trauer und Wut auf Sieger und Besiegte. Der dicke Mayenne wurde immer unruhiger und kurzatmiger und kündigte Siege an, die nie erfochten wurden. Heinrich kennt kaum mehr anderes als ein nomadenhaftes Lagerleben, findet aber auch seine Entschädigungen: beim Einzug in Chartres verhielt sich die Bevölkerung ruhig und fügsam, und der Bischof hieß ihn als König willkommen. Seine versöhnliche Haltung wurde anerkannt.

Plünderungen und Gewalttätigkeiten waren streng verboten, dafür erhob er Steuern und besoldete seine anwachsende Truppenmacht. Und zugleich begann nun ein neuer Liebesfrühling: Corisande war weit weg, sie hatte sich zudem zu einer kleinen Intrige verleiten lassen und geglaubt, sich in einen geschwisterlichen Zwist zwischen Heinrich und seiner Schwester mischen zu dürfen. „Madame", schrieb ihr das Bübchen, „ich hätte dergleichen nicht von Ihnen erwartet und sage nur das Eine: wer immer zwischen mir und meiner Schwester Unfrieden stiften will, dem verzeihe ich nie. Und mit dieser Wahrheit küsse ich Ihnen die Hand. 25. März 1592."
Die Verabschiedung war kurz und endgültig, denn Heinrichs Gefühle gehörten schon einer anderen. Im Schloß von Cœuvres hatte er die Bekanntschaft eines bezaubernden jungen Mädchens gemacht. Behandeln wir die Vorgeschichte dieser Liebe kurz, denn auch der König hat sich nicht lange mit ihr aufgehalten! Das junge Mädchen hieß Gabrielle d'Estrées, war erst zwanzig Jahre alt, einschmeichelnd und von sanfter Gemütsart; der Vater war Parteigänger des Königs. Der König begehrte sie und verheiratete sie unverzüglich mit einem Gatten, der sogleich den Platz räumte; auch hier war ein rascher Sieg errungen. Im Grunde blieb alles beim alten, nur Name und Frau haben gewechselt. Es war die gleiche Liebesglut, der gleiche für alle Ewigkeit in Banden geschlagene Sklave, die gleichen hunderttausend Küsse, die gleichen Eifersuchtsanfälle und Zweifel, denn alle Augenblicke zwang ihn seine Aufgabe als Feldherr sie zu verlassen. Aussöhnungen und Liebeslitaneien folgten: „Meine Wonne, mein Leben, meine Seele, mein schöner Engel!" Unaufhörlich befanden sich Boten mit Liebesbriefen des vierzigjährigen Liebhabers an seine „Göttin" unterwegs. So oft er kann, eilt er selbst zu ihr, und dann heißt es: „Der Schmerz, Sie zu verlassen, greift mir so ans Herz, daß ich die ganze Nacht zu sterben vermeinte und mich noch jetzt sehr übel befinde." Er liebt, wie er sagt, mit kindlichem, jungem Herzen, als wäre es das erste Mal. Die Liebe verzehre ihn wie ein Fieber, sie lasse ihn abmagern und verwirre ihm die Sinne. Es ist ihm, als habe er nie zuvor geliebt, der Stachel der Leidenschaft trifft ihn wie zum erstenmal, und nur die Gegenwart der Geliebten vermag sein brennendes Feuer zu kühlen. „Ich schwöre Dir, geliebtes Wesen, daß Du schon Sams-

tag kämest, wenn Du wüßtest, wie es in mir aussieht." Und als sie kommt: „Ich spüre schon eine Linderung meiner Leiden beim Herannahen meines Glücks, das mir teurer ist als mein Leben. Wenn Du Dich nur einen Tag verspätest, sterbe ich. Deine Abwesenheit wird mir immer unerträglicher." Ihre Ankunft bringt ihm endlich den Frieden: „Möge die Aufrichtigkeit der schönen Worte, die Du mit so viel Zärtlichkeit und Güte Dienstag nacht an Deinem Bett sprachst, mir mein altes und festeingewurzeltes Mißtrauen nehmen." Zuweilen fürchtet er nämlich, daß sie ihn nicht genug liebe. Nach ihrer Abreise schreibt er: „Ich trage nur schwarze Kleider und fühle mich auch als Witwer, denn habe ich nicht alles verloren, was mir Glück und Zufriedenheit schenkt?" Liebt er sie nicht zu sehr, und ist es nicht unvorsichtig, sich so preiszugeben? „Man sagt, daß allzu heiß geliebte Frauen diejenigen zu verachten pflegen, die sich ihnen rückhaltlos ausliefern." Vielleicht fällt er ihr lästig mit seiner Ungeduld, seiner Eifersucht, seinen doch so schüchternen Klagen. „Ich schwöre Dir, Geliebte, daß ich mich niemals wieder beklagen werde. Nichts mehr kann meine Liebe in Unruhe versetzen, es sei denn ein Nebenbuhler." Trotzdem also eine Warnung, denn der Herzog von Bellegarde ist der jungen Geliebten während der Dauer der Abwesenheit des Königs zu viel zur Seite! Die Trennung ist grausam und gefährlich, und der arme Liebhaber kommt zu keinem festen Wohnsitz. Dieser Liebende eilt von Belagerungen zu Schlachten und Geschützstellungen. Er läßt sich nur auf einen Sprung sehen und riecht nach Knoblauch und Schießpulver. Mit seinem vom Küraß abgewetzten Wams, den graugelockten Haaren, dem scharlachroten Umhang und den lebensvollen, aber stark gealterten und allzu scharf ausgeprägten Zügen sieht er einem Zigeunerprinzen nicht unähnlich. Die Augen liegen tief in den Höhlen, die lange, gebogene Nase springt vor wie ein mächtiger Schnabel, er könnte auf eine zwanzigjährige Geliebte wohl abschreckend wirken. Aber in der Liebe gleicht er dem Feuersalamander der Valois; bis zum letzten Atemzug schlüpft er von Glut zu Glut, treulos und treu zu gleicher Zeit und noch am letzten Tag seiner siebenundfünfzig Jahre wird er „liebestoll" sein.

Nach seinen Reden und Briefen zu urteilen, sollte man ihn für einen Besessenen halten, den der Gott, der ihn quält, verzehrt. Daß dem nicht so ist, darin liegt Heinrichs Besonderheit. Die kindliche Naivität seiner Liebe schließt nicht aus, daß er als kaltblütiger Spieler die Chancen seiner politischen Existenz aufs genaueste berechnet und abwägt. Er will die Liga und alle ihre Parasiten sich selbst zu Tode laufen lassen, wie eine Sturzsee, die keinen Tiefgang mehr hat, im Sande verspritzt. Er hat ihr gegenüber den Vorteil, allein an der Spitze zu stehen und zu einem klaren und allen, die ihm folgen, verständlichen Ziel zu führen. Im Umgang mit Menschen hilft ihm sein bestrickender Zauber; Befehle kleidet er in ein Wort oder ein Zeichen, das blitzhaft zu zünden vermag. Auch zu danken versteht er durch ein Wort oder ein Zeichen. Mit Vorliebe spricht er jetzt von „meinem Adel". Täglich strömen ihm neue Edelleute zu, die er liebenswürdig, mit kaum merklichem ironischem Lächeln empfängt, als wollte er sagen: „Da seid ihr also!" Eine ganze Reihe von Mitgliedern der Parlements macht für ihn Propaganda auf Grund des Rechts. Auch Bischöfe melden sich und treffen bei ihm ein. Monsignore Gondi, der Bischof von Paris, hat die Hauptstadt verlassen, denn der Legat, der Bischof von Piacenza, ein reizbarer, Spanien völlig verschriebener Italiener niedriger Herkunft, kommandiert den Pariser Klerus, aber Gondi lehnt es ab, sich seinen Befehlen unterzuordnen und Prozessionen voranzuschreiten, bei denen Krieger die Mönchskutte tragen und Mönche die Partisanen der Krieger. Der Bischof ist Franzose und hält sich, was die Thronfolge angeht, an die Grundgesetze des Königtums, an das Recht der Geburt. Er hofft auf den versprochenen und angekündigten Übertritt, der nur auf seine Stunde wartet, und diese Stunde ist jetzt gekommen. Der Erzbischof von Bourges ist der gleichen Ansicht, man muß endlich zum Schluß kommen; der König ist kein Mohammedaner und kennt die Grundlagen des christlichen Glaubens. Der Erzbischof hat mit ihm gesprochen und ihn wider Erwarten gut unterrichtet gefunden. Nur will der König den Übertritt nicht vollziehen, wenn nicht zu gleicher Zeit Frieden gemacht wird: er schlägt einen Waffenstillstand vor, währenddessen man eine Konferenz einberufen soll. Die Liga möge ihre Abgeordneten schicken, sechs an der Zahl, der König wird desgleichen tun. Bei den Gesprächen und Diskussionen werden die Abgeordneten der Liga sich ein Bild machen von des Königs Gedanken und Absichten, aber auch von seinen eindrucksvollen Machtmitteln, die sich aus katholischen wie hugenottischen Elementen zusammensetzen, denn um ihn scharen sich beide Parteien. Die Bischöfe von Séez, Nantes und Digne suchen die Aussöhnung mit der neuen Herrschaft. Der König hält sich in Mantes auf, die Konferenz soll in Suresnes stattfinden. Mit Hilfe des Waffenstillstandes wird die ungehinderte Verbindung der Abgeordneten mit Paris einerseits und dem König andererseits sichergestellt.

Die Konferenz von Suresnes ließ sich schlecht an. Der Erzbischof von Lyon und Primas von Gallien sprach für die Liga. Er war ein führender Ligist, hielt eine endlose Rede, die auf die entlegensten Geschichtsepochen zurückgriff, und zitierte das Vorbild der Propheten, die sich Jeroboam, Achab, Joram und Jezabel widersetzten. Der Übertritt des Königs sei eine Falle, der König von Navarra habe nur sein Löwenfell gegen einen Fuchspelz vertauscht. Er gleiche dem Krokodil, von dem Hesekiel spricht, das sich im Nilbett wälzt und sagt: dieser Strom ist mein. Dagegen überschlage man, wieviel tausend Engel dem König von Spanien, dem Bewahrer und Beschützer des echten Glaubens, entgegeneilen, wenn er sich dem Himmelstore nahe. Alle trüben Hirngespinste greisenhaften Schwachsinns ergossen sich in wortreichen Reden. Der Erzbischof entschuldigt sich schließlich selbst, er sei wohl etwas weitschweifig gewesen, andertags aber begann er das gleiche Lied aus Besorgnis, nicht von allen ganz verstanden zu sein. Nach ihm ergriff der Erzbischof von Bourges das Wort zur Entgegnung, ebenfalls in einer langen Rede. Eins nach dem andern nahm er die Beispiele aus der Heiligen Schrift auf, ging dann aber sogleich auf die Gegenwart über und entwarf ein schönes Porträt des Königs als eines echten Nachfahren Ludwigs des Heiligen, in der Blüte seiner Jahre, während der „schon recht alte" König von Spanien Frankreich eine ausländische Prinzessin mit anfechtbaren Rechtsansprüchen aufdrängen und die Franzosen „ihrem Unglück überlassen wird". Der König will den Frieden, sein unmittelbar bevorstehender Übertritt sei das Unterpfand dieses Friedens; zwinge man ihn aber zum Krieg, so werde er Krieg führen, einen Krieg von unabsehbarer Dauer, denn er habe den Beweis seines Kriegsglücks erbracht. Alle guten Franzosen hielten jetzt zu ihm, viele Städte seien in seiner Hand, und nirgends habe er die katholischen Handlungen auch nur behindert, an denen er bald selbst, wenn Friede und Recht wiederhergestellt seien, unter den brausenden Klängen des Tedeums teilnehmen werde.

Der Erzbischof von Bourges machte Eindruck, die Fühlung ist aufgenommen und darf nicht wieder abreißen, jeder Tag wird einen Schritt weiterführen. Mayenne sieht sich in Paris in einer mißlichen Lage. Die spanische Einmischung nimmt überhand, die Sechzehn fügen sich keiner Autorität. Mayenne glaubte, ihm sei ein Meisterstreich gelungen durch die Einberufung der Generalstände nach der Hauptstadt: die Abgeordneten waren auch erschienen, Mayenne hatte sie im Louvre empfangen, aber das Fehlen der königlichen Lilien am Thronbaldachin und sonst im Saale fiel ihnen unliebsam auf. Die Lilien hatten im Herzen der Franzosen als Wahrzeichen des Königtums ihren königlichen Platz. Man hatte die Abgeordneten zur Königswahl einberufen, und vielleicht hoffte Mayenne, die Wahl werde auf ihn fallen. Die Besprechungen mit dem Herzog von Feria und Don Diego de Ibarra verliefen keineswegs angenehm. Der König, den die Abgeordneten wählen sollten, war schon vor drei Jahren vom König von Spanien gewählt und bestimmt worden in der Person seiner eigenen Tochter. Philipp II. verlangt nicht, daß sie als alleinige Königin über Frankreich herrsche, da den Franzosen die Herrschaft einer Frau widerstrebt. Der Vater wird ihr den Gatten bestimmen, der gleich ihr den Königstitel führen und die königlichen Machtbefugnisse ausüben soll, gemeinsam werden die Gatten Könige sein. Der ausersehene Gemahl ist ein Österreicher, der Erzherzog Albert, ein Enkel Karls V. und Bruder des Kaisers. Die Wahl eines Königs aus französischem Hause würde nur Rivalitäten entfesseln. Mayenne, der Herzog von Feria und Don Diego de Ibarra haben die Aufgabe, diese Lösung mit allen Mitteln durchzusetzen. Sie wissen, wie man auf die Abgeordneten einwirken kann, die schließlich glauben werden, nach eigenem Ermessen gehandelt zu haben. Mayenne wird Recht und Gerechtigkeit geltend machen und auf die schweren Kalamitäten hinweisen, die im Fall einer Weigerung zum völligen Untergang des Reiches führen würden. Der König von Spanien hat seine Macht, sein Leben, seine Soldaten und Schätze für den Triumph der

katholischen Religion in Frankreich eingesetzt und nimmt als Gegenleistung das Recht in Anspruch, einer Nation, die ihm so teuer zu stehen gekommen ist, aus seiner eigenen Familie einen König oder auch zwei Könige zu bestimmen.
Hier jedoch empörte sich Mayenne. Als die Spanier im Palais Guise, vom Legaten unterstützt, den Anspruch ihres Herrschers darlegten, stießen sie auf Widerstand. Mayenne erklärte, daß er den Generalständen nie und nimmer einen solchen Vorschlag unterbreiten könne; niemals würden die Stände mit einem österreichischen Prinzen als Gatten und Mitkönig der Infantin einverstanden sein. Der König von Spanien habe seine Kräfte und Schätze für die Unterstützung der katholischen Religion in Frankreich eingesetzt, aber was hatten die Franzosen selbst nicht alles getan! Ein fremdes Joch hätten sie damit nicht verdient. Und er, Mayenne, schuldete man ihm etwa nichts? In diesem Kampf waren sein Vater und seine beiden Brüder ermordet worden, und schon vier Jahre lang trägt er die Bürde der Regierungsgeschäfte. Wenn er Schlachten verloren hat, was er nicht leugnet, so möge man bedenken, welche Truppen er zur Verfügung hatte: undisziplinierte, anspruchsvolle, bunt zusammengewürfelte Horden, aber keine Armee. Mayenne geht nicht so weit, für sich selbst die Krone zu fordern, aber er fände es nur gerecht, wenn sie einem jungen Haupt seiner Familie zufiele. Der Sohn Heinrichs von Guise war jetzt zwanzig Jahre alt, ihn schlägt jetzt Mayenne als Gatten für die Infantin vor. In diesem Kompromiß wäre der Ehre der Franzosen, dem Anspruch der Guisen und der vom König von Spanien geforderten Gerechtigkeit Genüge getan.
Die Zeit drängte; der Übertritt des Königs stand unmittelbar bevor und würde die Sachlage völlig ändern, ja hatte sie schon geändert. In einem feierlichen Schreiben an den französischen Episkopat kündigte der „Prinz von Navarra" seinen Wunsch nach religiöser Unterweisung an und entbot Prälaten, Theologen und Ordensgeistliche zu sich nach Saint-Denis. Auch ihn drängte die Zeit. Wenn die Generalstände erst einmal den jungen Herzog von Guise im Namen der Nation zum König proklamiert hätten, stand der Béarner vor einer vollzogenen Tatsache; die Infantin käme unverzüglich angereist, begleitet von ihrem Vater, der sich trotz seines Alters und seiner

Kränklichkeit zu dieser Reise entschlossen hat; die Hochzeit würde beschleunigt stattfinden, unmittelbar gefolgt von der feierlichen Salbung der Königin in Reims, denn der Titel „Die Könige" ist vorgesehen wie in Spanien für Ferdinand und Isabella. Dann wäre das göttliche Recht auf ihrer Seite. Sollte der Béarner Krieg führen, würde der König von Spanien die Rechte seiner Tochter verteidigen und Willen und Beschluß der Generalstände ins Treffen führen. Er gibt schon jetzt bekannt, daß nicht nur seine regulären Truppen, sondern auch die des Kaisers und selbst die des Papstes — vorausgesetzt, daß er solche hat — zum Einsatz bereitstehen. Ganz Frankreich wäre sogleich überflutet, der große Mechanismus läßt sich durch einen Wink in Bewegung setzen.

Am 13. Juli erfuhren die Abgeordneten durch Mayenne die Vorschläge des spanischen Königs; sie fanden keineswegs begeisterte Aufnahme, stießen vielmehr auf kühles Schweigen und Widerstand. Die der Infantin zugedachte Souveränität widersprach der französischen Wesensart. Was wird diese Spanierin für Ansprüche und Ausländereien mitbringen, sie, die nicht einmal französisch spricht! Sie gilt als sanft und gutartig, um so mehr wird sie nur ein fügsames Werkzeug ihres Vaters sein, der in Frankreich die Inquisition wieder einführen will, vor der sich die Franzosen entsetzen. Wenn die Lilien schon unter Mayenne verschwunden sind, werden wohl mit der Infantin die spanischen Kreuze an ihre Stelle treten. Unter den Abgeordneten der Provinzen finden sich Leute von ruhigem Verstand, die nicht vom Massenwahn und den Leidenschaften der Hauptstadt umnebelt sind; an ihnen beobachtete man oft ein vielsagendes Lächeln. Sie blicken auf die tote Stadt, deren strahlende Lebenskraft zur Fabel geworden ist. Es gibt keine Universität, kein Parlament mehr, keine Frachtschiffe auf der Seine, keinen Handel. Überall kampieren Spanier, inmitten einer trübseligen Stadt, in der alles Leben stockt, auch das religiöse; der Bischof hält sich schon seit langem beim König auf. Das alles ist kein vielversprechender Auftakt zur Herrschaft der Infantin, die Pariser murren und beginnen das Regiment hart zu finden. Der König von Spanien sagt zwar, daß er sein Leben, seine Macht und seine Schätze „zur Rettung der Franzosen" verausgabt habe, aber seit fünf Jahren gehen seinetwegen die Franzosen in

Hunger und Elend zugrunde. In der Normandie plündern und brandschatzen spanische Banden, denen man den Sold schuldig blieb, und sind der Schrecken der Dörfer. Als Aussicht in die Zukunft bleibt nichts als der Einbruch fremder Truppen ins Land, denn der Béarner ist stark, er wird Widerstand leisten und Krieg führen. Die Abgeordneten fühlen sich durch das Angebot nicht verlockt; auf dem Heimweg ziehen sie aus den Taschen kleine Druckfahnen, die man ihnen zugesteckt hat. Es sind die ersten, noch von schlechter Druckerschwärze feuchten Bogen der „Satire Ménippée". Hier entdecken sie in burlesker Tierfabelverkleidung die Komödie, die man der Ständeversammlung vorspielt und an der man sie selbst als Mitspieler teilnehmen läßt. Mit gallischem Witz werden die Ansprachen, die sie vernehmen, in die lächerlichsten Eseleien verkehrt, der feierliche Stimmenklang wird zum Gebell listiger Füchse, der erlauchte König von Spanien zum „greisen Affen", der in vierzehn Tagen Frankreich wie eine Nuß zerknackt haben wird. Kein Haß, kein Messer blitzt auf, hier wird nur gelacht und lächerlich gemacht, den Blinden werden die Augen geöffnet, der hohle, aufgeblasene Wortschwall mit den feinen Stichen der Ironie zum Platzen gebracht und den Parisern gegeben, was sie so lange entbehrt haben und so sehr lieben: das gallische Salz, den beißenden Spott, die komische Satire, die Banalität des gesunden Menschenverstandes, eine Farce, die aber mit Wahrheiten farciert ist, und der ein ernsthafter Appell an die Vernunft und ans Herz nicht fehlt. „Wir wollen nicht mehr die Gladiatoren der Agenten und Gesandten des spanischen Königs sein und zu ihrer Belustigung auf Tod und Leben gegeneinander kämpfen." Dieses Wort und tausend andere verfehlen nicht ihre Wirkung. Ist es etwa ein hinreichendes Verdienst der Ausländer, daß sie die Pariser während der Belagerung mit Suppen aus verschimmeltem Hafer, aus Katzen und Ratten am Leben erhalten und ihnen beigebracht haben, die Häute und Eingeweide ihrer Hunde eßbar zu machen und aus den Knochen der alten Toten ein sogenanntes Mehl zu mahlen? Was sind das für Wohltaten? Die kleinen Druckbogen überschwemmen die Stadt, und niemand weiß, wo sie herstammen. Mayenne ahnt nicht, daß bei Gillot in einem Hinterzimmer, nur zwei Schritte vom Louvre entfernt, vier wackere Männer sich einen Spaß daraus machen, den Deputierten die Augen zu öffnen, und miteinander Tric-Trac spielen, während die Broschüren im Keller gedruckt werden. Wer diesen Bienenschwarm aufhalten will, müßte schon überschlau sein. Die Pamphlete summen in jedes Ohr und dürften auch in Saint-Denis trotz des Ernstes der Stunde des Königs Ohr erheitern. Er, der selbst so spottlustig ist, findet hier Spott genug, und die Vermutung ist nicht von der Hand zu weisen, daß einige schlagende Bemerkungen von seinem Scharfsinn und boshaften Witz stammen; wenn die Autoren bekannt werden, wird sich zeigen, daß sie seiner Person recht nahe stehen.

Die Abgeordneten zuckten die Achseln und ergötzten sich. „Man sieht nicht klar" in den Vorschlägen Mayennes. Man sagte sich, der König werde übertreten, und zog die Sache hin. Abwarten und Zusehen werde jetzt die Parole, und unterdessen sangen die Kinder auf den Straßen halblaut ein Liedchen „Mayenne und die Lothringer":

> *Retournez en vos pays*
> *Trop aux nôtres êtes haïs*
> *Et contez de Charlemagne*
> *Aux lisières d' Allemagne*
> *Prouvez-y par vos romans*
> *Que venez des Carlomans*
> *Les bonnes gens après boire*
> *Quelque chose en pourront croire.*
>
> *Kehrt in Euer Land zurück,*
> *Denn bei uns habt ihr kein Glück,*
> *Und erzählt von Karl dem Großen*
> *Jetzt den Deutschen statt Franzosen.*
> *Dort beweiset im Roman,*
> *Daß ihr stammt von Karlemann.*
> *Die braven Leut vor ihrem Krug*
> *Glauben vielleicht den Lug und Trug.*

XXXI

SAINT-DENIS

Während dieser beunruhigten Zwischenzeit strömten dem Lager des Königs Tag für Tag neue Parteigänger zu. Eine große Anzahl neuer Bischöfe schickten Ergebenheitserklärungen, die allerdings einen Vorbehalt machten: sie hielten den König an sein Wort gebunden und verlangten den Übertritt. Unter seiner Herrschaft werde die französische Kirche die Kirche Frankreichs bleiben, dem Papst in allen geistlichen Dingen untertan, aber nicht in den zeitlichen. Das entsprach dem gallikanischen Geist der Bischöfe. Der König hatte Unterweisung durch die Bischöfe verlangt, die Bischöfe werden jetzt seinem Wunsch entsprechen. Der Erzbischof von Bourges und Großalmosenier von Frankreich, die Bischöfe von Nantes, Mans, Angers, Nîmes, der Abbé du Perron, ein gelehrter Theologe, die Pfarrer von Saint-Sulpice, Saint-Gervais, Saint-Eustache und eine Reihe von anderen Geistlichen treten in Saint-Denis zusammen. Der König wird das Wort ergreifen und über einige Fragen disputieren, über die man sich schon vorher geeinigt hat. Am Ende wird er sich ergeben. Er weiß es und ist dazu entschlossen.

Aber noch war er unter seinen Hugenotten und Geistlichen, die jeden Sonntag vor ihm die Predigt hielten, treuen Freunden, die ihn beschworen, die protestantische Sache nicht im Stich zu lassen. Sie wandten sich an ihn in freundschaftlicher Liebe und mit Nachdruck. Einer von ihnen, La Faye, erbat eine Audienz. „Sire", hatte er vorzubringen, „wir sind tief betrübt zu sehen, daß man Sie mit Gewalt dem Schoße unserer Kirche entreißen will. Ich bitte Sie, dulden Sie nicht, daß unserer Sache ein solches Ärgernis zustoße." „Wenn ich Ihrem Rate folgen wollte", antwortete der König, „gäbe es in kurzer Frist in Frankreich weder König noch Königtum mehr. Ich will allen meinen Untertanen den Frieden geben und Ruhe finden für meine Seele. Besprechen Sie unter sich, was Sie für Ihre Sicherheit benötigen!" Mit gutem Recht verlangte er nach dem Frieden der Seele, lastete doch das ganze Elend seines Volkes auf ihm; für die Sicherheit der Hugenotten würde er Vorsorge treffen und sie zu beschützen

wissen. Er hatte die Aussöhnung der beiden Kirchen ersehnt. Da sie nicht gelang, wollte er als Mittler zwischen sie treten.
Vom 22. bis zum 24. Juli, während in Paris die Frage der Infantin zur Lösung drängte, widmete sich der König ganz den Theologen. Er machte seine Vorbehalte und diskutierte heftig die Texte des Alten und Neuen Testaments, wobei er sich als keineswegs unwissend erwies. Du Perron berichtet später, daß er die Bischöfe durch seine Beschlagenheit in Erstaunen setzte. Der Sohn der Jeanne d'Albret und Schüler des Théodore de Bèze verleugnete sich nicht. Der Heiligenkult, wie er ihn beobachte, komme ihm wie Abgötterei vor, ließ er sich vernehmen. Der Abbé du Perron bat ihn, sein Augenmerk nicht so sehr auf die praktische Ausübung als auf Wesen und Sinn zu richten, auf den Gedanken der Verbundenheit zwischen der kämpfenden und triumphierenden Kirche, auf die gerechtfertigte Erhöhung der Edelsten. Was die Ohrenbeichte anging, so machte der König schon länger Schwierigkeiten. Ein Fürst, dem die Staatsgeheimnisse anvertraut sind, warf er ein, könne sein Gewissen und seine Absichten nur vor Gott bloßlegen. Darauf antwortete der Erzbischof von Bourges, daß er keineswegs die Beichte dieser Pläne und Geheimnisse von ihm erwarte, sondern nur die Beichte seiner Sünden. In der Staatsleitung bleibe er der alleinige Herr. Am heftigsten widerstand er in der Frage des Fegfeuers: er habe in der Schrift keinen Beleg dafür finden können. Mit der ihm eigenen Spitzfindigkeit erklärte er schließlich, daß er es nicht als Glaubensartikel, sondern als Glaubensmeinung der Kirche annehme, deren Sohn er sein würde, nicht zuletzt auch um den Geistlichen einen Gefallen zu tun, denn er wisse wohl, setzte er mit seinem spöttischen Lächeln hinzu, daß der Glaube das Brot der Priester sei.
Die Bekehrer sahen sich in Verlegenheit: die Bereitschaft zum Übertritt war vorhanden, aber der Glaube war weder rein noch stark. „Paris ist eine Messe wert": wohl möglich, daß er es ausgesprochen hat, und nur natürlich, daß man es ihm nachsagt. Seiner Überzeugung nach war er dazu berufen die Monarchie zu retten, und die Tage waren knapp bemessen. In vielen Punkten leistete er noch Widerstand. „Sie haben mich nicht überzeugt und zufriedengestellt, so wie ich es gewünscht und mir von Ihrer Unterweisung versprochen hatte."

Trotzdem konnte er jetzt nicht mehr zurück. Er stand auf einem gefährlichen Grat. Wies er, was er so lebhaft doch wünschte, zurück, würde das nur die hugenottischen Geistlichen erfreuen, aber in vierzehn Tagen fände sich der König von Spanien mit seiner Tochter in Frankreich. „Es ist so weit", sagte er endlich, „ich lege meine Seele in Ihre Hände und bitte Sie, sie gut zu hüten, denn dort, wohin Sie mich eintreten lassen, werde ich bleiben bis an meinen Tod." Bei diesen Worten kamen ihm die Tränen.

Dieser Bericht wurde noch zu seinen Lebzeiten abgefaßt und veröffentlicht, er mußte von ihm Kenntnis haben und darin wiederfinden, was auch wir hier zu spüren meinen: den Kampf eines Gewissens, das seine drängende Pflicht im ungewissen Licht seines Glaubens wahrnimmt.

Noch stritt er über die Form der Verleugnung und wies jede demütigende Erklärung zornig von sich. Er lehnte es ab „seltsame Eide" zu leisten. Katholisch zu werden sei er bereit, nicht aber Ligist, den Eid, die Ketzerei zu vertilgen, leiste er nicht. Alle Bürgerkriege seien solchen Schwüren entsprungen. Er werde die Ketzerei nicht brandmarken und seine eigene Vergangenheit und die Freunde, die er verlasse, mit Schimpf beladen. Er sei weder Türke noch Heide gewesen, und von Buße könne keine Rede sein. Wenn ein Türke sich bekehrt, könne man sich in seiner Verherrlichung nicht genug tun, und ihm wolle man den Aschensack auf den Kopf stülpen! Mit blitzenden Augen und erregtem Ausdruck wies er die Zumutung zurück. „Ich habe meinerseits genug getan", schloß er, „die Bischöfe sollen sich jetzt mit dem zufriedengeben, was ich zu unterzeichnen bereit bin."

Der Abbé Chauveau von Saint-Sulpice nahm seine Partei und riet in weiser Mäßigung davon ab, dem Gewissen des Königs unerträglichen Zwang anzutun, ihn Schwüre leisten zu lassen, die seine Vorgänger auch nicht hätten halten können, und ihn in Glaubens- und Kultusfragen untergeordneter Art zum Köhlerglauben zu zwingen. Was diese anging, fügte sich der König nicht. „Das sind Kindereien", sagte er, „und wenn ich Sie zwingen wollte, den Dingen auf den Grund zu gehen, würden Sie sehen, daß Sie selbst nicht daran glauben." Der Abbé von Saint-Sulpice drang durch, die Abschwörungsformel wurde geändert. Wir verstehen, warum die Bischöfe Eile hatten. Sie waren den nachdrücklichen Befehlen des Legaten zum Trotz nach Saint-Denis gekommen. Der Legat hatte jedem Mitglied des Klerus, das mit dem Häretiker die Verbindung aufnahm, mit der Exkommunikation gedroht. Bei Papst Klemens VIII. lag es als letzter Instanz, dem königlichen Katechumenen die Pforten der Kirche zu öffnen oder zu verschließen, die flammenden Drohungen des Legaten zu bekräftigen oder sie wirkungslos verlöschen zu lassen. Es war unbedingt nötig, den Übertritt mit allen seinen unabsehbaren Folgen unanfechtbar zu machen.

Auch der König sah es ein. In der Basilika von Saint-Denis, über der Gruft der Könige, würde er öffentlich und feierlich den alten Glauben abschwören. Im Wirrwarr zahlloser Berichte und Legenden bleibt dieser Mann so einzigartig, so beweglich und unnachahmlich, daß wir immer den echten Ton seiner Stimme heraushören, als hätten wir sie im Ohr. Daß ihm am Morgen die Tränen kamen, glauben wir gern, aber am Abend konnte er den spöttischen Ausdruck nicht unterdrücken: „Sonntag werde ich den gefährlichen Sprung tun", so schreibt er an Gabrielle.

Es ist Juli, mitten im Hochsommer. Ganz Paris strömt nach Saint-Denis. Nach den Prälaten und den Parlamentsmitgliedern kommen nun die Damen in ihren Karossen, wie wiederauferstandene Gespenster des ehemaligen Hofes, das einfache Volk geht zu Fuß oder fährt in Karren gepfercht, die Kinder auf dem Schoß. Alle Welt möchte bei der Abschwörung des Königs dabei sein und ist überaus gespannt auf den echten König und sein jetziges Aussehen. Sicher hat er sich sehr verändert, seit er als Prinz von Béarn am Hof König Karls lebte und vor achtzehn Jahren aus Paris entwich. Fünf Jahre lang hat man ihn von den Kanzeln herab als Verfluchten, als Bock und Hund dargestellt, in dessen Hülle sich der Teufel verbirgt. In Notre-Dame war er als Satan abgebildet neben der als Hexe dargestellten Königin von England. Aber man weiß durch Leute, die ihn gesehen haben, daß er leutselig sei und für jedermann ein gutes Wort habe, das das Herz warm macht. Ganz grau soll sein Haar sein, und um die Augen liegen lachende Fältchen. Es heißt, er sei dem Volk wohlgesinnt, wie er es auch bei der Belagerung von Paris bewiesen hat, als er den Greisen und Kindern gestattete, dem Schrekken der Hungersnot zu entfliehen. Auch von seiner Geliebten Gabrielle hat man gehört; um so besser, das ist so Sitte bei den Königen. Gott allein weiß, wieviele Geliebte der König von Spanien gehabt hat. Gabrielle ist jung und wird das Volk mit Festen belustigen, Seidenstoffe einkaufen und die geschickten Finger der Stickerinnen beschäftigen. Der arme König hat genug ausgestanden, soll er sich in Frieden an seiner Gabrielle erfreuen. Morgen wird man in Saint-Denis zwei Erzbischöfe, sechs Bischöfe, einen Haufen Priester und alle Mönche der Basilika bei der Aufnahme des echten Königs in die Kirche sehen. Dann soll dem Volk niemand mehr erzählen, der König sei nicht katholisch. Das Volk will bei der Zeremonie dabei sein und das Fest nicht versäumen und unterwegs Zweige pflücken, um sie dem König auf den Weg zu streuen.

Am Sonntag, den 25. Juli war der große Tag. Das Volk glaubte sich bis in die Zeiten der Taufe Chlodwigs zurückversetzt. Schon am frühen Morgen hingen Teppiche aus den Fenstern, der Boden war mit Laubwerk belegt, und Kinder mit Körbchen um den Hals streuten Rosenblätter wie am Fronleichnamstag. Jeder trug die königliche weiße Schärpe und freute sich der Stunde. Schon daß man nach fünf dumpfen Jahren des Eingepferchtseins Paris verlassen konnte, befreite das Gefühl; man umarmte sich in den Straßen von Saint-Denis, und in der Heiterkeit der frühen Morgenstunde schallten die Rufe: Es lebe der König! Auch der König konnte sich der Ergriffenheit nicht mehr erwehren und umarmte La Faye, den er hatte kommen lassen, lange und herzlich. Um seines königlichen Seelenfriedens willen wollte er die Trennung von den Seinen in Liebe, ja Zärtlichkeit und unter Tränen vollziehen und bat, die Geistlichen möchten ihm stets zugetan bleiben und für ihn beten. Er selbst werde sie unentwegt lieben und niemals zugeben, daß ihnen oder ihrer Religion ein Unrecht geschehe. Dann wurde er mit den Prunkgewändern bekleidet: einem mit Goldstickerei bedeckten Anzug aus weißer Seide, einem schwarzen Samtmantel und ebensolchem Hut mit schwarzem Federbusch, auf dem der weiße Amethyst von Coutras erglänzte. Zu Fuß begab er sich zur Basilika, der Grabstätte seiner Vorfahren, umgeben von Prinzen seines Hauses — ihre Zahl war gering — und Großwürdenträgern des Reiches. Zahlreich war das Gefolge der Parlementsmitglieder,

vor denen die Schweizer Garde, die französische und die schottische Leibwache einherschritten. Zwölf Bläser hielten die blitzenden Trompeten an den Mund, aber die Instrumente gaben noch keinen Ton von sich. Das Festgeläut der Glocken und das Jubelgeschrei der Menge sollte durch nichts gestört und unterbrochen werden: Der König! der König! Es lebe der König! Nun war die Infantin in weite Ferne gerückt, der König von Spanien ein in Wolken schwebendes Trugbild.
In Saint-Denis folgte zunächst ein strenges Zeremoniell. Die Kirche erwies dem Konvertiten durch die Wiederaufnahme eine Gnade, um die der König öffentlich und aus freiem Willen zu bitten hatte. An der Schwelle der Basilika saß der Erzbischof von Bourges auf einem mit weißem Damast ausgeschlagenen Thronsessel, der die Wappen Frankreichs und Navarras trug, neben ihm der junge Kardinal von Bourbon, ein Vetter des Königs, sowie die Bischöfe mit Mitra und Bischofsstab; aufgereiht auf den Treppenstufen der Vorhalle schienen die Mönche der Abtei Saint-Denis, die Hüter der königlichen Gebeine, von dem Lebenden Besitz zu ergreifen. Auf der obersten Treppenstufe stand ganz allein der Abt und bot das Kreuz, das Evangelium und das Weihwasser dar. Nachdem der König das heilige Buch geküßt hatte, zog der Mönch sich zurück, und nun entwickelte sich zwischen dem Erzbischof von Bourges und dem König das rituelle Zwiegespräch:
„Wer seid Ihr?"
„Ich bin der König."
„Was verlangt Ihr?"
„Ich verlange in den Schoß der römischen, apostolischen und katholischen Kirche aufgenommen zu werden."
„Verlangt Ihr es aus ganzem Herzen?"
„Ja, ich wünsche und verlange es."
Danach kniete der König zu Füßen des auf seinem Sitz verharrenden Erzbischofs nieder und sprach das Glaubensbekenntnis als Sohn der Römischen Kirche, ein Bekenntnis, das er zuerst zurückgewiesen und dann doch angenommen hatte und das sich nur auf den Glauben bezog. Als Besiegelung seines Schwurs überreichte er eine eigenhändige Niederschrift desselben dem Erzbischof, der ihm seinen Ring zum Kusse reichte. Darauf empfing der König, immer noch kniend, Absolution und Segen. Es gab keinerlei Überraschungen, jedes Wort,

jede Geste war vorher verabredet. Eine feierliche Gesandtschaft wird in Rom Bericht erstatten. Dann erhob sich der König und schritt auf einem Purpurteppich in den Kirchenchor, wo die feierliche Messe zelebriert wurde. Unter dem Dröhnen der Orgel und den Vivatrufen der Menge stimmte der Erzbischof das Tedeum an.

In der Basilika befindet sich ein Mann mit fanatischen Augen, der den König aufmerksam betrachtet und schon im Geist die Stelle auf seinem Wams sucht, in die er in den nächsten Augenblicken das Messer stoßen will. Er heißt Pierre Barrière und ist ein armer Teufel, der zu Fuß von Lyon gekommen war, das Messer hatte er sorgfältig gewetzt. Er hat seine geheime Absicht verschiedenen Personen anvertraut, in einem Monat, nach seiner Verhaftung in Melun, gesteht er seinen Richtern, daß er an jenem Morgen sein Werk zu vollbringen und das Paradies zu erringen hoffte. Aber der König habe so fromm und gesammelt ausgesehen, daß ihn etwas von der Tat abgehalten habe. In den königlichen Städten erklingt das Tedeum. Die Zahl der Anhänger vervielfältigt sich rasch. Vitry hat sich dem König ergeben und rechtfertigt sich vor Mayenne: einem hugenottischen König habe er sich versagt, einem katholischen König füge er sich wie so viele andere. Die Dublonen des spanischen Königs wiegen nicht so schwer und gehen an die Hetzer, Prediger und Klöster. Kein Mensch weiß, wer in Paris das Regiment führt, Mayenne, der Spanier oder der päpstliche Legat. Der König ist stark und nunmehr katholisch, die Kirchenfürsten stehen zu ihm. Mag der päpstliche Legat auch überall sein *Fuego* schreien und seine Blitze schleudern, der Papst hat keinen einzigen der Bischöfe exkommuniziert, die den Glaubenswechsel des Königs entgegennahmen. Rom sieht in großer Verlegenheit: es ist an dem Spiel beteiligt, das der König von Spanien verliert und das man unter dem Deckmantel des Glaubens gespielt hat. Der Papst kann nicht von einem Tag zum anderen sein Wort rückgängig machen, wie eine Wetterfahne sich drehen und von heute auf morgen die Gültigkeit eines so opportunistisch erscheinenden Übertritts bestätigen. Er läßt den Legaten wettern, der Zeit, Heinrich von Navarra und den Franzosen bleibt es überlassen zu zeigen, wie aufrichtig sie es meinen und was die Zurufe von Saint-Denis „Es lebe der König!" in Wahrheit wert sind.

XXXII

DAS HEILIGE SALBÖL

Die Liga teilt in diesem Augenblick das Schicksal der unbezwinglichen Armada. Sie hat sich selbst zu Tode gelaufen und bricht einen Schritt vor dem Ziel zusammen. Die Kanonen der hochbordigen spanischen Schiffe hatten über die flinken und spukhaft ungreifbaren englischen Boote hinweg geschossen. Immer noch dröhnt von den Pariser Kanzeln der Geschützdonner der Beschimpfungen gegen den Béarner und Hohngelächter über seine neueste Finte, den Glaubenswechsel, aber Donner und Blitz treffen nicht mehr ins Herz des Volkes. Fast alles, was in Paris Bedeutung hat, ist ins Lager des Königs übergegangen. Das städtische Leben stockt, die Nahrungsmittel sind teuer und rar, die Handwerker arbeitslos, und alles spricht von den Städten, die sich dem König ergeben haben und seine Verzeihung und Gnade und die Möglichkeit freien Handelsverkehrs dafür gewannen. Wer zum König zurückkehrt, wird ohne Fragen nach der Vergangenheit aufgenommen wie ein Kind ins Findelhaus. Die ausländischen Garnisonen haben Paris nichts Gutes gebracht, die öffentlichen Plätze gleichen Zigeunerlagern, in denen die spanischen Soldaten mit ihren zeternden Frauen hausen, die sich die kümmerliche Nahrung für ihre zerlumpte Kinderschar streitig machen. Nein, die spanischen Dublonen wiegen nicht schwer und ebensowenig die von Mayenne. Der Legat hatte den zum König übergegangenen Städten verboten, dem Béarner Steuern zu zahlen, und verfügt, daß die Geistlichkeit vor dem Ketzer weichen und keinen Gottesdienst abhalten solle. Kaum aber hat der König machtvoll und gnädig seinen Einzug gehalten, werden die Steuern bezahlt, auch die Geistlichkeit bleibt und stellt sich hinter die Bischöfe. Man muß dem Kaiser geben, was des Kaisers ist, und Kaiser ist in diesem Fall der Sieger, der sich jetzt umgeben von allen hohen weltlichen und geistlichen Würdenträgern zeigt. Der Pfarrer von Saint-Eustache und noch einige andere sind zum König übergegangen. Die Sechzehn versuchen sich mit allen Mitteln zu halten und kündigen den Anmarsch der spanischen Armee an, die bereits an den Grenzen zusammengezogen würde und von

Flandern her in zwei Tagen die zum König übergegangenen nordfranzösischen Städte erreiche. Aber die Armee bleibt aus, und auch der König von Spanien spricht nicht mehr von einer bevorstehenden Ankunft mit der Infantin. Ein ungewisser Schwebezustand ist eingetreten. Die letzten Kanzelfanatiker unter den „gewählten" Pfarrern schleudern die letzten Blitze. Einer von ihnen redet einen Hund, der sich in die Kirche verlaufen hat, folgendermaßen an: „Komm her, mein Freund, du warst am Sonntag in der Messe, komm zu mir, damit ich dir die Krone reiche." Der Konvertit von Saint-Denis sei ein Wolf, der sich im Schafspelz in die Hürde eingeschlichen habe; sein Glaubenswechsel sei nur Komödie, aber er werde schon sehen, wie ihm die Pariser das Fell über die Ohren ziehen. „Ja, meine Freunde, eher noch, als ihr meint! Schon einmal hat uns ein reiner Tor befreit, und Gott wird uns auch von Diesem durch die Hand eines braven Mannes befreien, wenn wir uns dessen würdig erweisen."
Es sind die Rasereien der von ihren Gläubigern verlassenen Derwische. Wenn ein Hund im Kirchenschiff herumstreicht, so deshalb, weil die Kirche fast leer ist. Das Volk ist es müde, einen König immer wieder als Lumpenhund und stinkenden Bock beschimpft zu hören, der sich den Stadttoren mit dem Versprechen des Lebens, der Gnade und des Friedens naht und von allem umglänzt ist, was es von altersher zu ehren gewohnt war. Der König hat die große Arche der Monarchie bestiegen, die seit tausend Jahren die Nation, ihre Könige und Nationalheiligen trägt. Um ein Haar wäre die Arche untergegangen; aber nun steht sie, wiederhergestellt, bereit zu neuer Fahrt. Das Meer ist stürmisch, und wehe den kleinen Booten, die sich dem Hafen fernhalten und schutzlos dem Sturm preisgegeben sind!
Das Spiel der Fanatiker ist verloren, und die Raserei der Verzweiflung treibt sie zum Ruf nach dem Mörder, der nicht ungehört verhallt. Der Ruf dringt in ein verstörtes Hirn und verwirrt es schließlich ganz, bis sich wieder ein armer Narr mit seinem scharfgewetzten Messer auf den Weg macht. Pierre Barrière hatte das seine überall herumgezeigt und ließ sich mühelos greifen, nachdem schon ein Mönch in Lyon ihn zur Anzeige gebracht hatte. Obwohl er in Saint-Denis seinen Anschlag nicht ausgeführt hatte, behauptete er doch,

eine innere Stimme befehle ihm, den König zu töten. Er wollte eine schwere Sündenschuld, die er auf sich geladen, mit dieser Tat sühnen, und wir können nur die Grausamkeit der damaligen Rechtsprechung beklagen, die einen armen Unglücklichen zu gräßlichen Martern verurteilte, der in unserer menschlicheren Zeit nicht dem Henker, sondern dem Arzt übergeben worden wäre.

Die Sache der Liga steht jetzt so schlecht, daß der junge Herzog von Guise die Schmeichler, die ihn mit *Sire* anreden wollen, mit seinem Dolch bedroht. Seine Großmutter, die Herzogin von Nemours, und selbst seine Mutter sagen ihm, daß er ein Narr wäre, wenn er sich von den kümmerlichen Überresten der Generalstände wählen und zur Salbung nach Reims führen ließe. Noch hat ihn der König von Spanien nicht in aller Form als Schwiegersohn und Mitkönig der Infantin anerkannt, er war nur für den deutschen Prinzen zu einer wirksamen Unterstützung bereit. Die letzten Abgeordneten äußern selbst, daß zu einer Königswahl die Zeiten zu unruhig und sie selbst nicht zahlreich genug seien. Eilig besteigen sie die Kutschen und kehren in die Provinzen heim. Der Louvre, wo die Tagungen stattfinden, liegt verlassen, und der Kardinal Pellevé, der Vorsitzende, präsidiert zum Gespött der Pariser in einem leeren Saal.

Heinrich IV. könnte jetzt in Paris einziehn, aber er zögert noch. Er will kein Blut vergießen und wird die Stunde abwarten, in der das Fieber gewichen und jeder Widerstand erloschen ist. So hat er es sich zugeschworen, und so entspricht es seinem Regierungssystem. Vielleicht sieht er noch einmal die Blutspuren der Bartholomäusnacht auf dem Pariser Pflaster und findet, daß das für lange Zeit genug und übergenug Blut war. Das Volk könnte sich auf die Gefängnisse und die dort eingekerkerten Verdächtigen stürzen. Bourges, Orléans und Lyon haben sich kampflos ergeben — Orléans erscheint als vielversprechendes Vorzeichen. Der König hat jetzt einen ganzen Kranz von Städten an der Loire und der Seine in Händen, er läßt die Felder wieder bestellen und Korn säen. Im Juli wird wieder geerntet werden, die Frachtschiffer setzen bereits ihre Transportkähne instand. „Ventre Saint-Gris! Das Volk muß essen!" Noch immer hält Heinrich sein fliegendes Feldlager und ist für jeden zu sprechen, der von sich behaupten möchte, er habe den König gesehen. Sein Wams ist abgetragen, aber er setzt sich lachend über diese Begleiterscheinungen des Soldatenlebens hinweg. Bei der Tafel läßt er seinen Intendanten kommen und fragt ihn: „Wieviel Hemden habe ich noch?" „Sire, es sind nur noch zwei da." „Und Taschentücher?" „Sire, noch acht." „Ich habe den König gesehen", sagt eine Dame, „aber eine Majestät habe ich nicht erblickt." Eine neunzigjährige Alte ergreift mit beiden Händen seinen Kopf und küßt ihn unter einem Schwall von Segenswünschen. „Ich habe mir das Lachen verbissen", schreibt Heinrich an Gabrielle, „und morgen mußt Du mir den Mund wieder reinküssen."

In der Liebe ist er so feurig, als hätte er weiter nichts im Kopf. „Du kommst an erster Stelle in allem, was mich bewegt", schrieb er noch am Abend des Schwurs von Saint-Denis, und Millionen Küsse fliegen zu den schönen Händen des Engels, zum Mund der teuren Geliebten. „Komm, komm, geliebtestes Wesen, und beglücke mit Deiner Gegenwart Deinen Geliebten, der, wenn er frei wäre, sich Dir zu Füßen werfen würde, um nie wieder von dort zu weichen."

Er besitzt nur acht Taschentücher, das reicht für einen Soldaten, aber für Gabrielle läßt er ein Tafelgeschirr anfertigen und löst ein Diamant-Herz ein, das er verpfändet hat: „Wenn Engel Ringe tragen, wäre das ein Ring für Dich." Er schwört der Eifersucht für jetzt und alle Zukunft ab und weiß, daß er eine Geliebte damit nicht plagen darf, die sich selbst „Prinzessin Beständigkeit" nennt. Millionen Küsse, Ringe, ein Tafelgeschirr und grüner Seidentaft, das sind die Dinge, die das Herz des geliebtesten Wesens begehrt.

Ein diamantenes Herz an einem Ring sprüht schönes Feuer, aber in diesem Fall kann es nicht als Symbol gelten. Der König selbst hat kein diamantenes Herz. Gestern noch Corisande, heute Gabrielle, und morgen? Aus Korrespondenzen der damaligen Zeit darf man schließen, daß zwischen den beiden Liebenden eine ernste Frage auftauchte: wird der König Gabrielle heiraten, wenn Margarete beim Papst um die Annullierung ihrer Ehe nachsucht? Nichts natürlicher, als daß Heinrich auf diesen Gedanken kommt. Das Ende seiner Prüfungen rückt sichtbar näher. Es ist mehr als wahrscheinlich, daß in den Vorverhandlungen über den Glaubenswechsel die Bischöfe auch die Beziehungen zur Geliebten zur Sprache brachten. Hier lag eine schwere

Sünde, ein öffentliches Ärgernis vor. Der König wird versucht haben sich zu verteidigen, und da er aufrichtig liebt, hat er mit seinem Feuer und seiner raschen Entschlußkraft zweifellos eine Lösung angeboten. Zwar ist er verheiratet, doch betrachtet er sich als „Witwer". Die ehemalige Königin von Navarra weilt noch immer in Usson und ergötzt ihren rundlichen Leib mit üppiger Kost, ständigem Musizieren und einem Liebesleben, das allmählich zur Fabel wird. Alle Welt weiß es, und der König, der keineswegs rachsüchtig ist, gönnt Margarete ihr Vergnügen und alle guten Gaben des Olymps. Da aber auch er für sie der „weiland König von Navarra" ist, soll sie dem Papst doch sagen lassen, daß bei jener Bluthochzeit ihr Einverständnis erzwungen worden sei. Wenn sie die harte Behandlung geltend macht, die ihr damals zuteil wurde, spricht sie nur die Wahrheit. Der Papst wird die Ehe als ungültig erklären, und der freigewordene König wird ihr bester, dankbarster Freund sein, ihre Schulden bezahlen und ihr eine Rente aussetzen. „Liebe Freundin", umschmeichelt er sie, „Sie werden keinen Undankbaren verpflichten und meinen Dank an meinen Taten ermessen."

Wozu diese Unterhandlungen, wenn nicht um dem König die Ehe mit Gabrielle zu ermöglichen, die er jetzt nicht nur zu seinem Engel, seiner Seele, seinem Leben, seiner Herzenskönigin, sondern zur wirklichen Königin machen will? Wenn er einmal im Louvre residiert — und dahin muß es bald kommen — wird es nicht so leicht sein, die Geliebte zu heiraten; jetzt in der Ungebundenheit des Lagerlebens geht es leichter. Mit einem so tapferen Soldaten wird man nachsichtig sein, ein Auge zudrücken und auf Nachkommenschaft und einen Dauphin hoffen. Gewiß widerspricht die Heirat mit einer Untertanin jedem Brauch; aber auch die Lage des Königs ist beispiellos, und so hofft Heinrich, bereits geschieden und ein für allemal unwiderruflich verheiratet, seinen Einzug im Louvre halten zu können, in dem sich dann unverzüglich die Wiegen füllen sollen. Es ist, als wolle er von vornherein jeder ausländischen Prinzessin den Weg versperren, die man dem regierenden König unfehlbar in Vorschlag bringen würde. Vielleicht die märchenhafte Infantin? Auch daran hat man gedacht, aber der geschickteste aller Politiker scheut vor einer politischen Heirat zurück. Bis jetzt hat er wenig für sich verlangt, er will nur seine liebenswürdige, heitere, sanfte Gabrielle. Der König ist bereits vierzig Jahre alt, er hat sein Leben außerhalb des höfischen Zwangs und der Etikette gelebt und will von diesen Dingen nichts wissen. Man spricht ihm von einer Italienerin, um den Papst auszusöhnen. Aber eine Italienerin kann immer nur eine Medici sein, und er sieht sie schon im voraus so wie er Katharina gesehen: den Louvre mit einer Schar italienischer Astrologen, Seiltänzer, Parfumeure, Bankiers und vielleicht auch Giftmischer anfüllend. Den Wunsch und die Absicht, Gabrielle zu heiraten, verfolgt der König bis zum Tode seines „teuren Engels". Aber solange Gabrielle lebt, läßt Margarete sich nicht scheiden. Erst dann wird die letzte der Valois ihren Platz räumen und mit gutem Anstand einer fremden Prinzessin weichen, aber nicht vor dieser „häßlichen und abscheulichen Frau, von der man so viel Aufhebens macht". Nie würde sie ihre Rechte für eine so unpassende Verbindung preisgeben. So nützen dem König seine Annäherungsversuche wenig; er bleibt gebunden, und im Louvre wird man zwar eine Geliebte und auch Kinderwiegen zu sehen bekommen, aber keine Königin und keinen Dauphin. Es war ein nicht ungefährlicher, betrüblicher Ausblick, aber beide Seiten hielten an ihrem Starrsinn fest. Erst als Gabrielle eines plötzlichen Todes starb, konnte Rosny im Louvre ins Kabinett seines Königs treten und verkünden: „Sire, wir haben Sie soeben verheiratet." Dann endlich tritt Margarete zurück, und Heinrich IV. kann die passende Verbindung mit Maria von Medici und den Concinis eingehen.

Der Nation, die sich ihm zu eigen gegeben, schuldete der König noch eine Bestätigung: die feierliche Salbung und Krönung. Erst hatte er wie Chlodwig den katholischen Glauben angenommen, jetzt sollte der Nachfahre des Heiligen Ludwig mit dem unauslöschbaren Signum gezeichnet werden. Jetzt ist er noch der Konvertit und erst wenn er von den Händen des Bischofs siebenmal mit dem wundertätigen Öl gesalbt ist, wird er unwiderruflich „der König" sein. Es ist zwar ein kühnes Wagnis, sich salben zu lassen, während Klemens VIII. noch die Aufrichtigkeit seiner Bekehrung in Frage zieht, aber die Großwürdenträger der Kirche drängen ihn dazu und übernehmen dem Papst gegenüber die Verantwortung: es sei ihr Amt und ihre Pflicht, den König zu salben, und dieser Pflicht wollen sie genügen. In Rom bleibt die Sachlage nach wie vor ungeklärt. Der König hat in feierlicher Gesandtschaft den Herzog von Nevers zu Klemens VIII. geschickt, um die Nachricht seiner Rückkehr in den Schoß der Kirche und seine Huldigung als Erster Sohn der Kirche zu überbringen, aber zu gleicher Zeit hat Mayenne beim Papst durch einen Gesandten den Glaubenswechsel als strategisches Manöver und gottlose List verdächtigt. Der König von Spanien übt seinen Druck auf die Kardinäle aus, die italienischen und spanischen Kardinäle belagern das päpstliche Gewissen. Seit fünf Jahren hat man die Stimme Frankreichs nur im Wirbel der Zwietracht vernommen. Kann und wird der Papst ohne weiteres und ganz auf sich selbst gestellt seine Grundsätze verlassen, sich in Gegensatz zu den Jesuiten und Bettelorden stellen, Heinrich IV. als König und die Bekehrung als rechtens anerkennen, dem Kardinalskollegium Widerstand leisten und mit dem König von Spanien brechen? Das hieße Krieg für den Kirchenstaat heraufbeschwören, der von spanischem Gebiet rings umklammert ist. Der König von Spanien braucht nur unzufrieden den Finger zu rühren, und schon ist die Getreidezufuhr des Kirchenstaates abgeschnitten, die Spenden, Gaben und Subsidien versiegen. Und schließlich lastet auch die Gewissensfrage schwer auf dem Papste. Er läßt den Herzog von Nevers wissen, er würde weder die Gesandtschaft, noch den Gesandten des Königs empfangen. Steht es aber nicht jedem frommen Katholiken frei, nach Rom zu kommen und die Füße des Heiligen Vaters zu küssen? Nevers ließ sich nicht abschrecken, kam nach Rom und fand als geschickter Gesandter auf Umwegen Zutritt. Obwohl der Papst sich geweigert hatte, den Franzosen zu empfangen und anzuhören, sah Nevers den Papst allen Kardinälen und Pönentiaren zum Trotz. Er traf Klemens allerdings in äußerster Ratlosigkeit an. Was sollte der Papst von dieser Bekehrung „Navarros" halten, welchen Beweis gab es für ihre Aufrichtigkeit? Der König hatte schon viermal die Religion gewechselt, dies war das fünfte Mal. Man wird ihn nach seinen Werken richten; der Papst hat ihm nichts zu sagen, und dies um so weniger, als er Nevers nicht als Gesandten, sondern als „Franzosen von Distinktion" empfing. Daß der Papst Heinrich nichts zu sagen hatte, war keine Anerkennung, aber auch keine schroffe Ablehnung. Die Gesandten verstanden diese stumme

Sprache zu deuten. Nevers war es gelungen, viermal vom Papst empfangen zu werden, der ihn zunächst überhaupt nicht sehen wollte. Er hatte Klemens eine heikle Frage vorgelegt: wenn der Papst den Übertritt nicht anerkenne, verweigere er dann dem König den Besuch der Messe, den Empfang der Sakramente? Schließe der Papst einen Christen von den Heilsmitteln der Kirche aus? Man wisse nicht, ob die Bekehrung aufrichtigen Herzens erfolgt sei, aber wisse man denn das Gegenteil? Nevers ließ alle Register spielen, zeigte für seine Person Unterwürfigkeit, sprach mit der Demut und dem Freimut eines Sohnes oder mit dem Stolz des Franzosen, der schimpfliche Zumutungen zurückweist. Die Pönitentiare forderten die in Begleitung von Nevers angekommenen Geistlichen, die den König anerkannt hatten, vor den apostolischen Gerichtshof, aber Nevers verbot ihnen, dort zu erscheinen. Die politischen Angelegenheiten der Franzosen gingen die Pönitentiare nichts an. Der Papst hatte Nevers einen Aufenthalt von zehn Tagen in Rom gestattet, Nevers blieb zehn Monate. Immer wieder bringt er die Frage vor, was der König denn tun müsse, um seine Aufrichtigkeit zu beweisen. Der Papst, verlegen und in die Enge getrieben, antwortete gereizt, daß „Navarro" dies sehr wohl selbst wisse.

Der König wußte allerdings, was er zu tun hatte: er mußte sich feierlich zum König salben und krönen lassen. Der Papst kann nicht anders als sich zurückhalten, das ist sein Recht und auch seine Pflicht. Die Geste der Höflichkeit ist gemacht, und der große Umschwung kann sich nicht an einem Tage vollziehen. Der nächste und entscheidende Schritt des Königs ist der Empfang der Investitur durch die Kirche Frankreichs mit allem feierlichen Pomp und Zeremoniell, mit dem die französischen Könige ihre Krone aus den Händen der Bischöfe empfangen. In Reims, das die Liga noch hält, kann die Salbung nicht stattfinden, und so wird Chartres gewählt, das sich in den Händen des Königs befindet. Wieder übernimmt der Erzbischof von Bourges die Leitung der feierlichen Handlung. Da die für die Salbung bestimmte Krone eingeschmolzen worden war, um die Soldaten der Liga zu besolden, nahm man aus dem Kirchenschatz von Chartres eine andere; das heilige Salböl jedoch war durch eine von Heinrich III. getroffene Vorsichtsmaßregel aus Reims entfernt und den Mönchen der Abtei Marmoutiers bei Tours zur Aufbewahrung anvertraut worden, die Touraine hielt zum König. Ein Mönch brachte das heilige Salbgefäß auf einem weißen Zelter unter einem Baldachin aus weißem, mit Goldblumen durchwirktem Atlas, und auf seinem Ritt durch die Dörfer schloß sich ihm das Volk in Prozession an. Die Prinzen von Conti, der Herzog von Montpensier, der Graf von Soissons, sechs Bischöfe und die Mitglieder des Parlements, Marschälle, Gouverneure, Kammerherren zogen ihm entgegen. In der Vorhalle der Kathedrale empfing der Erzbischof von Bourges aus der Hand des Mönches die sagenhafte Phiole, die ein Engel zur Salbung Chlodwigs gebracht hatte. Auf Befehl des Königs waren auch die Notare anwesend, um die feierliche Versicherung des Erzbischofs entgegenzunehmen, daß sofort nach vollzogener Salbung das heilige Gefäß an die Abtei Marmoutiers zurückerstattet würde.

Begeben auch wir uns zur Salbung in die Kathedrale! Wir schulden Heinrich IV. diese Anteilnahme, und er wiederum schuldet uns dies Schauspiel. Und auch Heinrich III. soll nicht vergessen bleiben, der hier so oft an der Seite seiner sanften Königin die Jungfrau um einen Dauphin angefleht hatte. Jetzt halten die Pairs von Frankreich und die Bischöfe ihren Einzug, die Fürsten in Tuniken aus Silberstoff und violettroten Mänteln. Die Pracht ihrer Kostüme wirkt wie ein altes Bild, und so ist sie auch gemeint; die Fürsten repräsentieren die Großen vergangener Zeit: die Herzöge von Burgund, der Normandie, Aquitaniens, die Grafen von Toulouse, Flandern und der Champagne. Das alte Frankreich soll bei dieser feierlichen Handlung vertreten sein, die großen Vasallen entsteigen ihrer Gruft und erheben aus der Tiefe der Vergangenheit ihre Stimmen. So will es der Ritus. Die Damen nehmen ihren Platz auf den zu beiden Seiten des Chors errichteten Tribünen. Dann folgen die Ritter vom Heiligen Geist, auf deren Mänteln die Taube ihre Schwingen breitet, die hohen Richter in roten Roben, die Marschälle und die Mitglieder des großen Conseils und des Finanzrats. Die Galerien im Kirchenschiff stehen denjenigen zur Verfügung, „die mit Erlaubnis der zu ihrer Bewachung Bestellten dort Platz finden konnten". Die Bischöfe von Nantes und Maillezais holen den König ein, schmetternde Trompeten verkünden seine Ankunft. Unter den Klägen des *Domine in virtute tua, laetabitur Rex* durchschreitet der königliche Zug das Mittelschiff.

Die Salbung ist eine geistliche Verwandlung, die einen fehlbaren Menschen, der viel gesündigt hat, vor den Augen der Nation in das Bild Gottes auf Erden verwandelt. Neugierig betrachten wir den König auf seinem Gang zum Chor. In seinem an Hals und Schultern aufgeschlitzten Hemd und dem weiten Überwurf, der „wie ein Nachtgewand" aussieht, gleicht er einem Verwundeten. Die Bischöfe im vollen Ornat mit dem Bischofsstab in der Hand scheinen ihn zu stützen. Der Gegensatz zwischen dem, was er ist und dem, was aus ihm wird, kann nicht deutlich genug hervorgehoben werden. Auf dem Altar liegen die Krönungsgewänder bereit. Der Erzbischof von Bourges ist vor dem Bischof von Chartres zurückgetreten, der in seiner Kathedrale amtiert. Zuerst nimmt der König aus den Händen des Bischofs den Degen entgegen und küßt ihn. Er liegt auf dem Boden ausgestreckt und empfängt durch die Schlitze im Hemd und Wams die sieben Salbungen auf Brust, Schultern und Armgelenke. Die Meßgewänder der Bischöfe bilden um ihn eine goldene Wand, hinter der er, den Augen der Zuschauer entzogen, die am Altar geweihten Gewänder anlegt. Dann teilen sich die goldstarrenden Meßgewänder, und der verwandelte und verklärte König wird sichtbar. Mit jedem Augenblick, mit jeder Geste, steigert sich seine Erhöhung. Jetzt wird ihm das Szepter in die rechte Hand gegeben, das elfenbeinerne Symbol der Gerechtigkeit in seine Linke, und schließlich hält der Bischof hoch über sein Haupt die Krone. Die Pairs des Königreichs scheinen sie mit ihrem erhobenen rechten Arm zu stützen, während der Bischof sie segnet und dem König aufs Haupt setzt. Dann erst berühren die Pairs, „soweit ihnen dies möglich ist", die Krone wirklich und folgen dem König, der zur Thronbesteigung schreitet. Er steht auf der obersten Stufe des Chors, die Krone auf dem Haupte, das Szepter in der Hand, den königlichen Mantel hinter sich ausgebreitet, und nur schwer erkennen wir in dieser Gestalt den spottlustigen Kriegskapitän mit dem vertragenen Wams. Bischöfe, Pairs und Würdenträger huldigen ihm, und der Bischof von Chartres beugt vor ihm das Knie und spricht dreimal, wie es der Ritus vorschreibt: „Es lebe der König, ewiglich."

Nicht eine Folge von Königen regiert Frankreich, sondern „der König". So will es die strenge monarchische Idee. Wir, die wir zur Zerstreutheit neigen und von den Vivatrufen halb betäubt sind, die wie ein Sturmwind das Kirchenschiff erfüllen, denken an den listenreichen Odysseus, der nach Ithaka heimkehrt. Zuerst erkennt ihn nur sein Hund, dann der Schweinehirt, schließlich die Amme, aber nach dem Kuß der Gattin richtet er sich zu seiner vollen Höhe auf und greift, verklärt und verwandelt, zu seinem Bogen und verjagt die Nebenbuhler.

XXXIII

DIE GLOCKEN VON NOTRE-DAME

Der Papst wartet in Rom die Wirkungen der Konversion des „Navarro" ab. Sie bleiben nicht lange aus: die französischen Bischöfe bekennen sich zum französischen König, sie haben die Salbung vollzogen. Eine schwierige Situation, denn andrerseits verlangt der König von Spanien für die „Verteidigung der Christenheit" Truppen und Unterstützungsgelder, die der Papst gern verweigern möchte. Er läßt daher seinen Legaten in Paris toben und wettern. Das Pariser Parlement wiederum, das in Tours tagt, untersagt den Franzosen den Verkehr mit dem päpstlichen Gesandten, weil er sein Beglaubigungsschreiben dem legitimen Herrscher noch nicht präsentiert habe. Der Legat spielt die klägliche Rolle eines kreischenden Affen, niemand hört auf den kleinen Gaetano und Bischof von Piacenza, der Bannstrahl Roms, mit dem er den am Glaubenswechsel und der Salbung des Königs beteiligten Bischöfen drohte, blieb aus. Monsignore Gondi geht als Anwalt der Rechte und Freiheiten der Kirche Frankreichs nach Rom. Klemens VIII. weiß Bescheid, aber er denkt auch an den Sacco di Roma durch die kaiserlichen Truppen Karls V., und im Gespräch mit Gondi entschlüpft ihm das Wort, er wünsche nicht Vasall und Hauskaplan des Königs von Spanien zu werden, wie man ihm zumute. Unter dem Vorwand seiner Armut schickt er weder Truppen noch Geld und wartet, bis der Streit sich ausgetobt hat. Die Salbung in Chartres war die mystische Erhöhung des Königs, jetzt bleibt noch die politische zu vollziehen: der Einzug in Paris. Vom Herzen Frankreichs hat Heinrich Besitz ergriffen, jetzt gilt es das Haupt zu gewinnen. Die Zeit ist reif, und die Ausführung wird leicht. In Paris hält man zwar die Tore geschlossen, aber die Ohren offen. Den Letzten beißen die Hunde, denkt mancher Widerspenstige und sucht die Aussöhnung mit dem König. Der Herzog von Mayenne hat die Stadt verlassen und ist den viertausend Deutschen entgegengeeilt, die in letzter Stunde zur Rettung heranrücken. Paris steht jetzt nur noch im Schutz der zusammengewürfelten Truppen des Herzogs von Feria, die in allen Sprachen schimpfen und fluchen. Der Handel liegt völlig darnieder, das Brot ist rar, und der Gesandte verlangt, daß die Verpflegung der Truppen allem vorgehe. Paris, ohne König, ohne Parlament, ohne geordnetes kirchliches Leben, stagniert unter der spanischen Bedrückung. Man hat der Stadt, um den Schein zu wahren, immerhin noch einen französischen Gouverneur gelassen, den Herzog von Brissac. Auch er hält die Ohren offen und vernimmt das Murren im Innern und die Gerüchte von draußen. Wenn er die Stadt dem König ausliefert, wartet seiner eine große Belohnung, Gouvernements, Pensionen und der Marschalltitel. Übergibt er sie nicht, so wird der König trotzdem Einzug halten, die Bürger werden die Tore öffnen. Brissac unterhandelt im geheimen mit dem König und bemäntelt das viele Hin und Her der Boten zwischen Saint-Denis und Paris mit der Behauptung, daß er mit seinem Schwager Saint-Luc einen Prozeß führe, der einen umfangreichen Briefwechsel erfordere.

Der Herzog von Feria wird unruhig; in der Stadt schwirren Gerüchte, von den Gesichtern kann man es ablesen, daß der König einziehen werde und daß der Tag schon feststehe. Feria mußte die Wachen in den Vorstädten verstärken, die Tore vermauern lassen. Es herrscht eine Stimmung wie in einem Hühnerstall, den der Fuchs umschleicht. Die Stadttore sind in der Hand Brissacs, aber er scheint verdächtig, er kennt die Absichten Heinrichs IV. Der König steht bereit, mit seiner Kriegsmacht einzuziehen, aber kein Schuß soll fallen. Mit List und Täuschung, über die man später lachen wird, soll es geschehen. Nur kein Blutvergießen, aus menschlichen ebenso wie aus politischen Rücksichten! Die Franzosen sollen ihm selbst die Tore öffnen. Der Plan steht fest: während der Herzog von Brissac zur Beruhigung Ferias ein Tor zumauern läßt, zieht der König durch ein anderes ein. Die Dinge sind so weit gediehen, daß man sich mit dieser kindlichen List begnügen kann. Feria begibt sich persönlich zu Brissac, um auf die Anordnungen zu dringen, die nur der Gouverneur treffen kann. Der Gesandte möge sich beruhigen, er dürfe nicht den Anschein erwecken, daß er dem Gouverneur Befehle erteile, das könnte bei den Parisern böses Blut machen. Feria möge sich in sein Palais begeben und ruhig schlafen, er, Brissac, werde die Wachen verdoppeln für den Fall unvorhergesehener Unruhe. Während der Nacht wird der Gouverneur die Tore mit Steinen zumauern lassen, die nur durch Erdwälle geschützt sind; für diese Arbeit genügt eine Handvoll Leute. Brissac selbst wird nicht schlafen gehen und persönlich die Arbeiten überwachen, in Gesellschaft des Prévôt des Marchands und einer kleinen Anzahl von Bewaffneten, unter denen aber möglichst wenig Spanier sein sollen, denn die geringste Streitigkeit zwischen ihnen und den französischen Wachen könnte einen Tumult hervorrufen. Der Gouverneur sprach beredt, und es gelang ihm, den Herzog von Feria zu beschwichtigen; er kehrte in sein Palais zurück, wo Brissac ihn so gut bewachen ließ, daß er es nicht wieder verlassen konnte. Paris schläft.

Um die Tore, die nur durch Erdwälle geschützt sind, zu vermauern, muß man erst die Aufschüttung entfernen, und dann kommt der Augenblick, wo sie offen stehen. Am 22. März um vier Uhr morgens soll der König am Tor Saint-Honoré erscheinen. Brissac ist auf der Lauer und erwartet verabredungsgemäß ein Raketensignal, das sich um zwei Stunden verspätet. Endlich steigt die Rakete in den Frühlingshimmel auf. Ein Edelmann, Brissacs Schwager Saint-Luc, meldet, der König befinde sich in nächster Nähe und betrete durch das ihm bezeichnete Tor den Tuilerien gegenüber die Stadt. Ein Bürger mit seinen sechs Söhnen bewacht dieses Tor, und Brissac seinerseits eilt hin, um den König zu empfangen. Eine halbe Stunde später erscheint der König, das Tor steht weit offen, die Zugbrücke ist heruntergelassen, und Heinrich IV. hält seinen Einzug, als käme er von einem Jagdausflug nach Hause. Die nachdrängenden Edelleute haben es so eilig, daß sie nach dem Überschreiten der Zugbrücke nicht erst abwarten, bis der Schlagbaum hochgeht, sondern in voller Rüstung darunter durchschlüpfen. Brissac beugt das Knie vor dem König und reicht ihm eine schöne weißgestickte Schärpe, worauf der König die seine abnimmt, sie Brissac umhängt, ihn umarmt und mit dem versprochenen Titel „Herr Marschall" begrüßt. Der Lohn muß unverzüglich und reichlich bezahlt werden. Alles ist vereinbart und rollt wie die Szenen einer Oper ab. Der neue Marschall übergibt dem König die Schlüssel der Stadt auf einem der Samtkissen, die in dieser Geschichte oft in Erscheinung getreten sind, und der König nimmt sie „mit Wohlgefallen" entgegen, was wir gern glauben. Paris beginnt zu erwachen und mit ihm der Herzog von Feria und seine Garden. Der kritische Augenblick ist gekommen. Heinrich IV. wollte die Stadt als Friedenskönig mit weißem Helmbusch und weißer Schärpe betreten, jetzt verlangt er Küraß und Sturmhaube. Mit jedem Schritt weiter in die Stadt muß man mit einem Dolchstich, einem Büchsenschuß rechnen, die Gelegenheit ist den „Mördern" günstig. Wenn man Heinrich ergreift oder verletzt, ist es um ihn geschehen. „Ich gehöre nicht zu den Vögeln, die ohne Freiheit im Käfig leben können." Unter den ersten Morgengeräuschen beginnt die Stadt diesen neuen Tag wie jeden anderen mit friedlichem Glockengeläut der Kirchen und Klöster und dem gewohnten Haushaltslärm. Da fliegt ein Wort von Tür zu Tür, von Fenster zu Fenster: der König ist in Paris! Bald werden die weißen Schärpen zu sehen sein. Auf die erste Reaktion der Furcht, das eilige Schließen der Läden und Heimlaufen der Hausfrauen folgt eine rasche Beruhigung. Herolde verkünden von ihren Pferden herab den Frieden. Der König ist mit seiner Macht kampflos eingerückt und denkt nicht an Kampf. Niemand wird verhaftet oder belästigt werden; die Pariser mögen ruhig in ihren Häusern bleiben. Schon haben die Königlichen das große und das kleine Châtelet und das Arsenal besetzt. Und wo ist der König? Er ist überall und hat die ganze Stadt vom Tuilerientor bis zum Tor Saint-Denis durchquert. Mit der Pike in der Hand hilft er beim Abtragen eines Erdwalls vor einem Stadttor und sieht dem Einzug seiner Regimenter zu. Paris gleicht einem Gefängnis, dessen Tore sich endlich öffnen. Beim Anblick des französischen Adels und seiner Soldaten,

beim Klang der französischen Trompeten klatschen die Pariser Beifall. Nicht im Kampf will der König in Paris einziehen, ein Fest soll es sein! Er hat alles bedacht, und jetzt läuten die Glocken von Notre-Dame, die Babillette und die Muette, Jacqueline und Marie mit der Großglocke gemeinsam mit aller Macht wie zur österlichen Auferstehung. Monsignore Gondi hat seine Anordnungen erteilt, nun stimmen auch die anderen Kirchen in das feierliche Geläut ein. Das Rathaus hat sich ergeben, und die Königlichen halten auch die Universität besetzt. Noch immer wird der Herzog von Feria in seinem Palais bewacht, aber jetzt von französischen Truppen. Heinrich hat ihm bereits durch Saint-Luc, der sich dieses Auftrags gern entledigt, eine Botschaft geschickt: der König ist mit seinem Heer in Paris und bietet dem Herrn Herzog von Feria und der ganzen ausländischen Garnison sicheres Geleit bis zur flandrischen Grenze unter der Bedingung, daß sie bis drei Uhr nachmittags die Stadt räumen. Der König in eigener Person wird ihnen am Tor Saint-Denis gute Reise wünschen und bittet den Herzog, auch den Legaten mitzunehmen. Der Herzog von Feria ist kein Kriegsheld. Zwar stand ihm eine Garnison von Wallonen, Neapolitanern und Spaniern zur Verfügung, aber seine eigentliche Stärke war die Stimmung der Hauptstadt gewesen, die nun sich im Winde dieses Morgens wie ein Wetterhahn gedreht hat. Der Herzog von Feria gibt zur Antwort, daß er mit seinen Truppen abziehen werde. Er läßt bereits in aller Eile aufpacken und wird sein ganzes Gefolge, auch den Legaten, mitführen.
Bei Heinrich IV. finden sich natürliche Neigung und politischer Verstand in vollkommener Übereinstimmung. Intuitiv und spontan trifft er das Richtige. Deshalb will er auch den Einzug sogleich in seinem wahren Charakter erscheinen lassen und noch staubbedeckt vom mystischen Herzen der Stadt, dem Mutterhaus der französischen Könige, Notre-Dame, Besitz ergreifen. Ein Edelmann hat das Domkapitel in aller Hast verständigt, der König nahe mit seinem ganzen Zug der Kathedrale. Schon stehe er vor dem Tor. Alle erreichbaren Domherren sollen herbeigeholt und schleunigst die Bilder entfernt werden, auf denen der König als Teufel dargestellt ist. Er will die Messe hören und wünscht, daß diese Messe ein Dankgottesdienst sei und mit dem Tedeum ausklinge.

Was für ein Gefolge! Das ganze Volk ist herbeigeströmt, das gleiche Volk, das fünf Jahre lang an unzähligen Prozessionen teilnahm, um die Stadt vor dem Zugriff des Béarners loszubitten. Wie oft hat man die Reliquien und Prozessionsfahnen, den Schrein der Heiligen Genoveva und das Haupt des Heiligen Ludwig vorangetragen! An diesem Morgen schreitet der französische Adel dem König voran, hundert Edelleute in voller Rüstung, die ihre Piken zum Zeichen des Sieges und des Friedens zu Boden senken.

Es ist nicht der Bischof von Paris, Monsignore Gondi, der dem König auf dem Vorplatz von Notre-Dame entgegentritt. Gondi hat den militärischen Einmarsch nicht mitgemacht. Ein simpler Archidiakon empfängt den König mit dem Kreuz in der Hand und hält eine Ansprache, so kühn, daß wir annehmen müssen, die Formulierung ist vorher verabredet worden. Geistlichkeit und Volk würden das Dankgebet singen, der König aber möge seinerseits bedenken, daß er für sein Volk zu sorgen, es zu schützen und seine Lasten zu mildern habe. Nur als guter König werde er ein gutes Volk haben. Der König entgegnete, daß er bis zum letzten Blutstropfen sein Leben dem Schutz und Beistand seines Volkes weihen werde. Er bestätigte seinen katholischen Glauben, versicherte seinen festen Willen, in diesem Glauben zu leben und zu sterben, und rief Gott und die Heilige Jungfrau zu Zeugen an.

Darauf betrat er die Kathedrale. Erinnerte er sich noch seines Hochzeitstags, an dem er an der Seite Margaretes von Valois den Chor hinanschritt? Sehr wahrscheinlich nicht, denn er lebte ganz im Gefühl des Augenblicks, und nur wir in unseren historischen Träumereien lassen den Blick rückwärts schweifen. Damals stand nur ein einziger, für Margarete bestimmter, Betstuhl vor dem Altar, und auch heute steht dort nur einer, aber er ist für den König bestimmt. Margarete befindet sich in Usson, und nicht mit Unrecht fragt man sich, wie sich die Zukunft der Herrschaft dieses verheirateten und kinderlosen Königs gestalten mag. Er kniet nieder, und die Messe beginnt. Noch gibt es keine gewaltige Orgel in Notre-Dame, aber das Volk, das die Kathedrale, die Tribünen und die Galerien der Apsis überflutet, singt mit voller Stimme in donnerndem Freudenausbruch die Responsorien. In der Nähe des Königs bemerkt man ein etwa zehnjähriges, weißgekleidetes Kind, das von den Offizieren, die alle Augenblicke dem König die Nachrichten aus der Stadt zuflüstern, beiseitegeschoben werden muß. Das Kind kehrt immer wieder auf seinen Platz zurück und blickt den König an. „Es ist ein Engel", sagt eine Frau, „stört es nicht, es schützt unseren König." Das Wort macht die Runde: ein weißgekleideter Engel sei in der Kathedrale. Der König langt nach dem Kinde und berührt es am Arm, einen Augenblick später ist es im Gedränge verschwunden, ohne daß man wüßte wohin — zweifellos war es ein Engel. Armes Volk, es hatte genug von Teufeln und Dämonen, nach so viel Leiden mochte ihm wohl ein Engel erscheinen.

Ob es der König beabsichtigte oder nicht, dieser Tag wurde zur Legende. Man wird ihn eines Tages im Bilde festhalten und an den Wänden der Hütten einen Ausschnitt aus den vielen Stunden dieses an Wundern so reichen Tages betrachten können. Die Kinder werden ihn mit Staunen, die Alten mit Tränen in den Augen ansehen. Das Volk will Kinder und sieht in den Kindern Engel. Bald zeigen sich überall Gruppen von Kindern und folgen den berittenen Herolden, die den Befehl des Königs: „Ordnung und Frieden" verkünden. Sie verteilen unter die Menge einen mit Heinrich unterzeichneten Flugzettel, den der König in Saint-Denis drucken ließ und der als Datum sein fünftes Regierungsjahr trägt: „Der König will, daß alle im Verlauf der Wirren geschehenen Ereignisse vergessen seien, es wird den Staatsanwälten, ihren Substituten und allen anderen Magistratsbeamten untersagt, gegen wen immer Klageverfahren einzuleiten. Der König verspricht seinem Volk bei seinem königlichen Wort, im römischen, katholischen und apostolischen Glauben zu leben und zu sterben."

Nun gilt es noch, die Prinzessinnen Guise, die großen Anhängerinnen der Liga, zu beruhigen. Der König hat einen Edelmann an sie abgesandt: sie bräuchten keine Furcht zu haben, es werde ihnen keinerlei Schaden oder Ungemach zustoßen, wenn sie nur ruhig zu Hause blieben. Ihr „Vetter" schickt ihnen sogar eine Abteilung Bogenschützen zur Bewachung, nicht als ob sie diese nötig hätten, nur zu ihrer Beruhigung. Noch am gleichen Abend will er ihnen seinen Besuch machen. Was die Unzufriedenen und hartnäckig Widerspenstigen angeht, stellt ihnen der König anheim, um drei Uhr mit den Spaniern die Stadt zu verlassen.

Nach der Messe in Notre-Dame ist die Stunde für den Einzug in den Louvre gekommen. Wäre der König romantisch veranlagt gewesen, so hätte er jetzt im großen Treppenhaus die vier Könige betrachtet, deren Herrschaft er miterlebte: Heinrich II. mit seinen drei Söhnen, und nicht zu vergessen Katharina, die gewiß nicht verfehlen würde, ihn mütterlich willkommen zu heißen und lachend zuzugeben, daß dies „der fetteste Bissen von allen" sei. Selbst in den ausführlichsten Memoiren findet sich keine Andeutung, daß Heinrich IV. je von seiner tragischen Vergangenheit gesprochen hätte; er hatte einen Strich darunter gezogen. In diesem Augenblick lebt er ganz der Gegenwart und Zukunft. Nach der Tafel gibt man sich der Entspannung hin, wechselt einen freundschaftlichen Händedruck mit den Gefährten und läßt sich auch einen lustigen Fluch entschlüpfen. „Mein Herr Kanzler", redet er einen Gast an, „träume ich oder wache ich?" Und zu einem anderen, der seine Glückwünsche vorbringt: „Ventre Saint-Gris! Ich bin so erstaunt mich hier zu sehen, daß ich weder verstehe, was Sie mir sagen, noch weiß, was ich Ihnen antworten soll." Indes weiß er sehr genau, wem er Lob und Dankesworte schuldet und wem nicht. Einen Kammerpräsidenten und alten Ligisten, der ihm huldigt, fragt er: „In welcher Eigenschaft erscheinen Sie bei mir?" „In der Eigenschaft Ihres ergebensten und gehorsamsten Untertanen und Dieners." „Ich halte niemanden für meinen Untertan, der auch dem Spanier untertan ist", antwortet der König, dreht ihm den Rücken und läßt den Präsidenten begossen stehen. Zu einem anderen sagt er: „Herr Präsident, ich freue mich Sie zu sehen. Sonst waren Sie regelmäßig krank, wenn ich Ihre Dienste benötigte. Ich glaube, es wäre deshalb besser, wenn Sie sich in Ihre Ratsversammlung zurückzögen."

Den Damen Guise macht der König den angekündigten Besuch. Die der Liga leidenschaftlich ergebene Herzogin von Montpensier hatte an jenem Morgen verlangt, es möge jemand ihrem Leben durch einen Dolchstoß ein Ende bereiten, aber niemand hatte sich dazu bereit gefunden, die Kammerfrauen brachten ihr nur Riechsalz. So entschloß sie sich, am Leben zu bleiben, und nahm sogar den Besuch des

Königs an. Der König erschien mit seiner liebenswürdigsten Miene, kaum daß ein Schatten boshafter Heiterkeit um seine Augenwinkel spielte, ganz wie ein Vetter, der von einer Reise heimkehrt und sich beeilt, seine Verwandten zu begrüßen. Er schlägt sogleich den scherzhaften Ton an und lacht jetzt geradeheraus. Die beiden Prinzessinnen seien wohl sehr überrascht, ihn in Paris zu sehen? „Was sagen Sie dazu, liebe Cousinen? Sie sind recht böse auf Brissac?" Und als die Damen einen schwachen Versuch zum Widerspruch machen: „Aber natürlich, natürlich, ich weiß es nur zu gut, aber wenn Sie eines Tages nichts Besseres vorhaben, werden Sie mit mir Frieden schließen." „Sire", antwortet die Herzogin von Montpensier, „da es Ihnen so gefällt, ist der Friede bereits geschlossen. Ich bedaure nur, daß nicht mein Bruder, der Herzog von Mayenne, Ihnen die Zugbrücke herabgelassen hat, um Sie in Ihrer Stadt Paris willkommen zu heißen." „Ventre Saint-Gris", ruft der König aus, der den dicken Langschläfer kennt und weiß, daß er zu seinen viertausend Deutschen unterwegs ist, „wer weiß, wie lange er mich hätte warten lassen, ich wäre nicht so früh am Morgen hierhergelangt."

Die Damen sind beruhigt, der König hat gewonnen: Es lebe der König! Jetzt kann ein neues Spiel beginnen, in dem der Herzog von Guise Katharina, die Schwester des Königs und gute Hugenottin, an Stelle der Infantin heiraten soll. Nach dieser Flut von Lüge und Betrug, Kriegs- und Hungersnöten und Massakern muß man sich wohl oder übel mit den Tatsachen abfinden. Für die Großen des Reiches waren die Religionskriege nichts anderes als Unternehmungen des Ehrgeizes, ein Machtkampf der Fürsten unter schwachen Herrschern gewesen. Wenn der Wind umschlägt, dreht man sich mit dem Wind. Jeder wird zu seinem Tag und seiner Stunde einen Sonderfrieden mit gutem Profit machen; Heinrich IV., der den Preis bestimmt, meint in seiner spöttischen Weise: „Man hat mir mein Königreich nicht übergeben, man hat es mir verkauft."

Nur einer verharrt in Widersetzlichkeit, ein armer Kranker, der auf seinem Lager dem Tod entgegensieht. Es ist der Präsident der Generalstände und Wahlpropagandist für den König von Spanien, der Kardinal Pellevé. Als er den niederschmetternden Einbruch des Wolfs in die Schafhürde vernahm, ergriff ihn das Delirium, er tobte in seinem Bett und schrie: „Haltet ihn, haltet ihn!" Die Spanier können den Todkranken nicht mitnehmen, der König läßt ihn bleiben und weitertoben. Die Apotheker mögen sich seiner annehmen, er sterbe in Frieden, wenn er es kann. Der König läßt ihm seine guten Wünsche überbringen, aber der arme Kranke beruhigt sich nicht und stirbt am dritten Tag.

Und die Spanier? Sie sind bereits abgezogen, und der Legat mit ihnen. Der König hatte den Abmarsch für drei Uhr befohlen und wollte diesen Abschluß des großen Tages nicht versäumen. In den Befestigungswerken am Tor Saint-Denis befand sich ein kleines Logis für die wachhabenden Offiziere. Dorthin begab er sich und stellte sich ans Fenster. Ventre Saint-Gris, er gedachte dem Herzog von Feria den Abschiedsgruß zuzuwinken und seine saure Miene dabei zu betrachten. Der Spanier hatte das Stadttor durchschritten und drehte sich zu einem gemessenen Gruß mit der ihm angeborenen Würde um. Die von der Anwesenheit des Königs verständigten Hauptleute erwiderten den Gruß, dann folgte der Zug der Soldaten mit gesenkter Pike und gelöschten Lunten, dahinter das Gepäck, die Frauen und das Kindergewimmel. Eine alte Spanierin rief zum König hinauf: „Da steht er, ich sehe ihn, und bitte Gott, guter König, daß er Dir alles Glück schenken möge. Du hast uns nichts Böses getan, und dafür werde ich Dich in meinem Land und überall segnen und preisen."

Der Ausmarsch dauerte zwei Stunden, ohne daß der König des Anblicks müde geworden wäre. Viele Geschäfte warteten auf ihn, aber dieses hier ging allen vor. Auf das Salutieren hatte er kurz und militärisch gedankt, und als endlich die letzten Spanier, Wallonen und Neapolitaner das Tor passiert haben, rief er mit sarkastischem Spott: „Leben Sie wohl, meine Herren und gute Reise, aber kommen Sie mir nicht wieder!" Zu seiner Umgebung gewandt sagte er: „Ich hoffe, meiner Lebtag keinen Spanier mehr wiederzusehen." Er wird sie dennoch wiedersehen — bei Fontaine-Française.

Die zeitgenössischen Stiche haben das Bild des Königs am Fenster festgehalten, den Auszug des bunten Kriegsvolks, das sich von Staubwolken umhüllt entfernt, den Legaten in seiner wohlverschlossenen Kutsche, die winkende Hand und den ironischen Abschiedsgruß.

Stammen wirklich alle Aussprüche, die die Geschichtsschreiber uns in solcher Fülle überliefern, von Heinrich IV.? Frage und Zweifel sind erlaubt, denn die Legende Heinrichs IV. ist kein Evangelium. Aber diese Aussprüche haben einen so übereinstimmenden Klang, ihre Kraft und Fülle springt uns unmittelbar an in den wortreichen Texten, den umständlichen Satzkonstruktionen und den vielen labyrinthischen Windungen und Wendungen, in denen der Faden den zeitgenössischen Memoirenschreibern so oft verloren geht. Wenn uns bei der oft unerträglichen Breite gelegentlich Gereiztheit oder Ermattung übermannt, läßt uns ein Wort des Königs, sein knapper, ungezwungener Ton, sein spöttisches und lustiges Lachen plötzlich auffahren und verscheucht Langeweile und Müdigkeit, und wir möchten mit der alten Spanierin rufen: Guter König, das bist Du, ich höre Dich!

Ansteckend wie ehedem Abscheu und Furcht breiten sich jetzt Gehorsam und Treue aus. Keiner will als letzter kommen, um das Knie vor dem König zu beugen und seine Hand zu küssen — mindestens nicht in Paris. Die Pfarrer seien die Schlimmsten gewesen, äußerte sich der König, aber man spreche nicht davon, sie zu strafen: die Predigten war auch nichts anderes als „das Brot der Priester". „Wir konnten nicht anders predigen", versichern sie. „Laßt sie in Ruhe zur Besinnung kommen", befahl der König, „noch grollen sie." Wer unversöhnlich blieb, dem bot er immer noch den Auszug nach Spanien an. Seine Nachsicht verdient Lob, aber seine Geschicklichkeit nicht minder. Er war erfahren genug, um mit sicherem Gefühl zu ermessen, was ein Herz und ein Gewissen wert sind, wie man das eine gewinnt und das andere erkauft. Und er kannte nur zu genau die Wirkungen der Furcht, die darin der Nacht gleicht, daß sie Phantome gebiert, die zum Wahnsinn führen.

Am 22. März war der König in Paris eingezogen, am 28. März finden sich alle Beamten und Räte des Parlements, die Mitglieder der Münzkammer und des Steuerhofes zur Ablegung des Treueids im Louvre ein. Tags darauf erscheint der Rektor der Universität mit sämtlichen Theologen, und am 30. wird eine feierliche Prozession gehalten, die man dem Volk als Gegenstück zu den Prozessionen der Liga vor Augen führen will. Diesmal werden die heiligen Nationalreliquien aus Notre-Dame für denselben Mann getragen, den man mit allen Teufelsnamen bedacht hatte, und der König wird ihnen Ehre erweisen an der Spitze aller Körperschaften der Nation und unter Teilnahme einer zahllosen Volksmenge. Schon in dieser ersten Woche knüpft der König an alle monarchischen, von den Jahrhunderten geheiligten Überlieferungen an und legt seine Hand sechshundert armen Skrofulösen auf; sogleich geht das Gerücht, daß mehrere geheilt worden seien.

„Herr von Pluviers", schreibt Heinrich in diesen Tagen, „bitte kommen Sie hierher zu mir, Sie werden mich auf meinem Triumphwagen finden!" Dieser Triumphwagen ist vorläufig nur eine recht schlichte Karosse mit grünen Taftvorhängen, in der er sich den Parisern zu zeigen liebt. Oft sieht man an seiner Seite Gabrielle, die ihm soeben einen Sohn geschenkt hat. Der König legt zwar den Hugenotten nahe, ihre Kinder nicht mehr Malachias, Rehabeam oder Melchisidek zu taufen, sondern François, Louis oder Michelle, aber den eigenen Sohn nennt er Cäsar, und den zweitgeborenen wird er Alexander nennen. Warum nur konnte er Gabrielle nicht heiraten! Dann wäre Cäsar der kleine Dauphin und sein Vater heute ein glücklicher Mann und seiner Zukunft gewiß. Noch denkt er manchmal an einen Bruch mit den alten Sitten und möchte auch heute am liebsten die Untertanin zur Gattin nehmen. Nebenbei läßt er fallen, daß er, wenn sich die Dame von Usson scheiden ließe, eine gute, heitere, gebärfähige Frau ehelichen möchte, deren Charakter und Wesensart er schon erprobt habe. Sully schließt vor diesem Bild Gabrielles hartnäckig die Augen, und die Dame von Usson bleibt bei ihrem Wort: Zum Zweck einer ehrenvollen Eheverbindung Heinrichs mit einer ausländischen Prinzessin ließe sie sich scheiden, aber nicht für „die Nebenbuhlerin, die sie nicht an ihrem Platz sehen will".
Sie hat recht, der kleine, einem doppelten Ehebruch entsprossene Cäsar darf niemals König werden.

Am Ende seines ersten Pariser Jahres, um 7 Uhr abends, befindet sich der König im Palais Schomberg bei seiner Gabrielle. Sie spielt die Königin und empfängt beim Ankleiden, ihr Zimmer ist mit Menschen überfüllt. Der König ist in Gesellschaft seiner Vettern Nemours und Soissons und vierzig bis fünfzig anderer Adeliger. Die Närrin Mathu-

rine treibt ihre tollen Späße, die Papageien kreischen, und der König, von der Jagd heimgekehrt und heiter vertraulicher Laune, umhalst diesen und legt jenem seinen Arm um die Schulter. Die Tür öffnet sich und läßt ein paar Adlige aus der Provinz ein, die angemeldet sind und dem König huldigen wollen. Eine Gruppe geht auf Heinrich zu, der sich niederbeugt, um die Begrüßung entgegenzunehmen, aber plötzlich fährt er auf, wirft sich zurück, und Blut strömt aus seinem Mund. Da alles herangekommen war, um die Herren aus der Provinz zu besehen, war ein Gedränge um den König entstanden. „Meine Närrin Mathurine hat mich verletzt", sagte der König. Aber es war nicht Mathurine, so weit trieb sie ihre Narrenfreiheit nicht. Wieder war es ein armer Einfältiger von kaum neunzehn Jahren, der sich mit den Edelleuten Eingang verschafft hatte. Er stand da, vom Donner gerührt, das Messer zu seinen Füßen. Er hatte auf die Brust gezielt, aber der König hatte sich so schnell gebückt, daß das Messer nur die Lippe traf und zwei Zähne zerbrach. „Man führe ihn ab und schone seiner", befahl der König. Es war doch nur der verspätete Stoß eines Messers, das noch in den dunklen Zeiten gewetzt wurde, die man nicht schnell genug vergessen kann. Aber da es nun einmal einen Gerichtshof gibt, muß der arme Unglückliche verhört, auf die Folter gespannt, hingerichtet, sein Haus dem Erdboden gleichgemacht und Vater, Mutter und Geschwister als Sündenböcke aus dem Lande gejagt werden. Seine Geschichte läßt sich leicht erraten: ein mit gräßlichen Lastern befleckter Mensch, der gehört und geglaubt hat, daß er mit dieser Tat seine arme Seele von ewiger Verdammnis loskaufen könne. Fünf Jahre lang hatte es von den Kanzeln geschallt: „Man muß das Königreich von diesem Gottlosen befreien!" In den Kapellen von Notre-Dame hatte der Attentäter Bilder des Königs in Teufelsgestalt ausgestellt gesehen. Die Tortur war nach seiner Aussage ein Kinderspiel, verglichen mit der Gewissensfolter, die ihn zwang nach dem Messer zu greifen, das er auf dem Tisch seines Vaters aufblitzen sah. Eine innere Stimme befahl ihm, das Geheiß der Kanzeln zu erfüllen. Es mißlang ihm, aber der Himmel werde ihm die gute Absicht anrechnen, und nach den Leiden der Hinrichtung stehe ihm das Paradies offen.
Den König bekümmern diese Dinge wenig, er hätte gern den Un-

glücklichen laufen lassen. „Herr Duplessis", schreibt er, „Sie werden aus dem Brief, den ich Ihnen durch Loménie schreiben lasse, von dieser Frucht der Jesuiten und der Liga hören." Er weiß, wo er die wahren Schuldigen zu suchen hat: die Liga ist zerstört, aber manche ihrer Anhänger leben weiter. Die Jesuiten, die sich in Frankreich niedergelassen haben, werden eines Tages gute Franzosen sein, aber noch sind sie es nicht. Der Orden stammt aus Spanien, von dorther sind seine Mitglieder zu politischen Zwecken nach Frankreich gekommen, in ihren Schriften findet sich die Lehrmeinung, daß ein Königsmord ein verdienstliches Werk sein könne. Sie schreiben ihre Bücher in Spanien, aber in lateinischer Sprache, so daß sie in allen Jesuitenniederlassungen zirkulieren können. Wir denken an die Antwort Jacques Cléments auf die Frage, die ihm La Guesle im Verhör stellte, ob es nicht unter den Dominikanern verhetzte Geister gebe und ob man nicht in Paris den Königsmord predige: „Es gibt überall Gute und Böse." Ein böser Geist, eine doppeldeutige Anspielung, eine einzige Buchseite, eine vor langer Zeit gehörte Predigt genügen. Der Gedanke faßt Wurzel und überwuchert bald ein krankes Hirn. Jean Châtel ist zum König ins Zimmer getreten wie ein Nachtwandler, der unbekümmert um den Absturz auf dem Dachfirst dahinschreitet. Welche Aussicht konnte er haben, den König inmitten seiner fünfzig Edelleute zu töten oder sich nach vollbrachter Tat in Sicherheit zu bringen?

Die drei denkwürdigen Attentate auf den König wie das letzte, das zur Katastrophe führte — um von den übrigen zu schweigen, denn man zählt insgesamt achtzehn Attentatsversuche auf Heinrich IV. —, ähneln sich in den äußeren Umständen wie im Typ des Mörders: es sind arme Geistesschwache, die den Qualen der Folter trotzen und auf die Frage nach Mitverschworenen, die sie gewiß weder zu nennen noch zu beschreiben wüßten, stumm bleiben. Ihr Mitverschworener ist das Messer, das noch aus den Zeiten der Liga in der Luft spiegelt. Shakespeare mochte daran denken, als er den Dolch vor Macbeths Augen aufblitzen ließ. Dieses blitzende Messer verfolgt die genarrten Augen der Täter im Wachen wie im Traum, in ihren Gewissensqualen und Reuezuständen, in ihrer Hoffnung auf Sühne. Um sich von dieser Wahnidee zu befreien, müssen sie zum Messer greifen und zur Ausführung schreiten. Die Liga ist besiegt, aber wenn die „Vernünftigen" sich gegen klingenden oder ehrenvollen Lohn kaufen lassen, so hinterläßt sie ihren Bodensatz in jenen armen Halbnarren. Alles hat sie sich dienstbar gemacht, den Ehrgeiz der Großen, die blinde Ergebenheit, die Unwissenheit der kleinen Leute, eifersüchtiges Machtverlangen, habgierige Berechnung, schwärmerische Hoffnung, die Gaben, Tugenden und den Heldenmut der Starken, die Entartungen des schwachen und kranken Geistes.

Heinrich IV. ist wieder einmal davongekommen. Die Lippe wird mit einem Pflaster verklebt, und zwei Zähne sind ihm zerbrochen. Sein Waffengefährte d'Aubigné prägte bei diesem Anlaß ein Wort, auf das er so stolz ist, daß er es zweimal in seinen Memoiren wiederholt. Der Glaubenswechsel des Königs hat in diesem Unversöhnlichen einen tiefen Groll hinterlassen: „Sire", warnt er, „Sie haben Gott mit den Lippen verleugnet und er hat Ihnen die Lippe durchbohrt, aber wenn Sie ihn mit dem Herzen verleugnen, wird er Ihnen das Herz durchbohren." D'Aubigné bleibt der unbequeme, oft unerträgliche Mentor, und erst als das Messer das Herz durchbohrt hat, wird er weich und beweint seinen Herrn mit heißen Tränen.

Von diesem unverträglichen Gefährten sagt Heinrich IV. das gleiche wie von den Pfarrern: „Noch grollt er, aber man muß ihn zur Besinnung kommen lassen." Inzwischen gilt es, das einstürzende Haus in eifriger Arbeit wieder aufzubauen. Rosny wenigstens versteht ihn und hat ihm selbst zum Übertritt geraten. Er möchte, daß sich die Feinde von gestern heute mit dem König zur Beratung der Geschäfte um den gleichen Tisch setzen. In der großen Galerie des Louvre geht der König mit Rosny auf und ab und hält im Gespräch in alter Weise zutraulich die Hand des zukünftigen Großmeisters der Artillerie, der Finanzen und aller sonstigen Staatsgeschäfte, des zukünftigen Herzogs von Sully. Rosny ist ein Mann mit weitem Horizont, der sich der harten Lehre und ihren offen zu Tage liegenden Wirkungen nicht entzieht. Die Franzosen brauchen Arbeit, um die Geister von der religiösen und politischen Zwietracht abzulenken, in der sie sich über Fragen erhitzen, die für sie zu hoch sind. Das ist keine einfache Aufgabe. Der in seine verwahrlosten Schlösser heimkehrende, beschäftigungslose Adel muß das Schwert an den Nagel hängen und widmet sich um so eifriger der Wiederherstellung seines Vermögens; die Schloßherrn verlangen den Bauern rückständige Steuern ab und bedrücken das Volk mit der Einforderung des Zehnten und der Leistung von Frondiensten, bis es schließlich zu Aufständen kommt. Auf diese Weise entstand im Limousin der Aufstand der Croquants. „An ihrer Stelle würde ich auch aufsässig", sagte Heinrich IV. Der Adel muß für das Aufbauwerk interessiert und an ihm beteiligt werden. Er hatte sich tapfer, großmütig und mit weitem Blick für Heinrich IV. eingesetzt, und der König schuldet ihm viel; aber wie soll man ihn belohnen, ohne ihn von der königlichen Vormundschaft zu befreien, die er immer wieder abzuschütteln versucht? Hier steht der König vor einer unlösbaren Frage und mag sich wohl nach seiner Gewohnheit in fruchtlosem Grübeln den Kopf kratzen und die Brille auf seinen Knien tanzen lassen. Die Verschwörung Birons bleibt ihm nicht erspart, und noch Richelieu wird das gleiche Problem zu schaffen machen.

Nach der Messe

I

DIE RECHNUNG WIRD PRÄSENTIERT

Wenn wir unser Heim durch eine Feuersbrunst verloren haben und gerade noch die Mauern und Balken übrig geblieben sind, empfinden wir zuerst eine große Erleichterung. Die Leute, die bei dem Unglück halfen, stehen um uns herum. Wir sind noch am Leben, wir haben ein paar Kostbarkeiten gerettet, wir denken an die Neugestaltung der Existenz, die vielleicht besser werden wird als die alte, denken an schöneren Wiederaufbau und nehmen uns vor, alle Vorsichtsmaßregeln und Sicherungen zum Schutz gegen ein neues Unglück zu treffen, wobei wir in Gedanken schon jedermann seine Aufgabe zuweisen.

Aber die Wiederaufbauarbeit ist schwierig, von Tag zu Tag begreift man das Ausmaß der Katastrophe mehr. Diejenigen, die uns bei der Rettung beistanden, verlangen Entschädigung und Finderlohn. Wenn wir die Brandstifter kennen, können wir Nachsicht walten lassen, aber Milde und Nachsicht werden sinnlos, wenn wir befürchten müssen, daß sie den Frevel wiederholen. Es ist nicht einfach, ihre Interessen mit dem Wiederaufbau zu verknüpfen.

So blickt Heinrich IV. nach seinem legendären Einzug in Paris auf die allgemeine Lage. Wohl hat ihm das Begeisterungsgeschrei der Bevölkerung von Paris die Ohren betäubt, das Herz warm gemacht, aber sein heller und spöttischer Verstand läßt ihn sagen: „Völker lassen sich wie Tiere an der Nase herumführen; ich höre wohl das Freudengeschrei, aber man würde meinem Todfeind unter gleichen Umständen genau so zujubeln." Sie bejubeln denjenigen, der ihnen nach dem schrecklichen Elend der Kampfzeit Brot gibt und ihnen nichts Böses antut.

Heinrich IV. wird es nie an solchen Sarkasmen fehlen lassen, aber auch nicht am Lachen, das sie begleitet. Es wäre nicht so schwierig, das Tier am Gängelband zu führen, wenn man der einzige wäre, der ihm unter vorsichtigem Streicheln den Ring durch die Nase zieht, und wenn es sich nur um die Stadt Paris handelte. Aber da sind noch die Provinzen, wo die Herren der Liga das Heft in der Hand haben, den Platz behaupten und sich Herzogtümer oder kleine Königreiche erwarten. Ihnen macht es wenig aus, wenn Frankreich eines Tages in einzelne Stämme zerfällt, deren Führer einander bekriegen, bis der König von Spanien um den Preis der Dienstbarkeit Ruhe und Ordnung herstellt. In Paris herrscht schon am Tage nach dem großartigen Einzug eine bedrückte Stimmung. Jetzt rühren sich die Mißvergnügten, die schmollend zu Hause blieben, die dreimal Weisen, die den Kopf schütteln. Was ist das für ein König, der keine Familie, keine Kinder hat, der nicht verheiratet und nicht Witwer ist? Wenn er stirbt — und sein Leben ist kaum gesichert — ist der Stammeserbe ein minderjähriges Hugenottenkind, der kleine Prinz von Condé. Man ist nicht einmal sicher, ob der von hugenottischen Hofmeistern in La Rochelle erzogene Prinz tatsächlich der Sohn des letzten Prinzen von Condé ist! Seine Mutter sitzt, des Giftmords an ihrem Gatten angeklagt, im Gefängnis, und dem König selbst ist einmal in einem Augenblick des Ärgers über die Familie die Bemerkung entschlüpft, daß er den Vater des Kindes wohl zu nennen wisse. Ein sonderbarer Dauphin, der wie Joas als Waise im Tempel heranwächst. Seine fanatischen Glaubensbrüder impfen ihm die Vorstellung ein, daß er später einmal für die Sache der Hugenotten die Wiedergutmachung des kläglichen Abfalls seines Onkels zu leisten habe. Er ist der königliche Zögling des hugenottischen Mekka. Die Synode von La Rochelle fordert für den Unterhalt des kostbaren Stammhalters 90 000 Livres im Jahr. Der König, der schon seine eigenen Pläne hat, bemerkt dazu mit gewohntem Spott, daß 90 000 ein bißchen viel seien, um das Kind mit Brei zu füttern.

Man könnte fragen, warum er den Knaben nicht im Louvre aufnimmt und unter seine Vormundschaft stellt. Er kann es nicht, wenigstens vorläufig nicht. Es wäre eine Herausforderung an die Hugenotten, ihn im katholischen Glauben zu erziehen, und es ist eine Herausforderung an die Katholiken, den Thronerben im hugenottischen

Glauben heranwachsen zu lassen. Der König selbst ist bei den Parteien verdächtig. Seine religiöse Stellung bleibt ungewiß, solange der Papst in Rom, voll Mißtrauen, die Aufrichtigkeit des Glaubenswechsels nicht anerkennt und dem König die feierliche Absolution erteilt, deren er zur wirklichen Aufnahme in die Gemeinschaft der Kirche bedarf. Die Spötter meinen, daß der König mehr Religion hat als irgendein anderer Mensch, da er zwei Religionen habe. Und der Papst läßt ihn warten, um ihn, wie er sagt, an seinen Werken zu erkennen — man befürchtet ein doppeltes Spiel. So besteht die Gefahr, daß die Frage der Thronfolge, die schon das letzte Regime vergiftet hat, auch das neue vergiften werde, wenn man den kleinen Prinzen von Condé als Thronerben behandelt. Der König befindet sich auf einem schmalen Grat. Es bedarf seiner ganzen seiltänzerischen Geschicklichkeit, um sich im Gleichgewicht zu halten. Infolgedessen ist es am besten, einstweilen die Existenz dieses Kindes zu vergessen. Am Tage des feierlichen Einzugs in Paris ist der König ganz allein, und er bleibt es. In dieser Stunde des Triumphes weigerte sich seine Schwester Katharina, an der Seite des abtrünnigen Bruders zu erscheinen. Sie blieb die treue Hugenottin und spielt am Hofe die Rolle der Jeanne d'Albret. In ihrem Gemach, in dem die Wandteppiche mit den höhnischen Darstellungen der äffischen und füchsischen Kleriker hängen, halten protestantische Prediger den Gottesdienst. Die Schwester stellt sich gegen den Glaubenswechsel des Königs, und ihre Haltung trägt nicht zur Befriedung bei. Seine ganze Familie bildet also für Heinrich IV. Gabrielle, die Geliebte, und der Sohn, den sie ihm eben geboren hat: „mein kleiner Cäsar", sagt der König. Am Tag des großen Tedeums hat man die Geliebte in ihrer Sänfte dem König wie eine rechtmäßige Gemahlin vorangetragen. Ihr reiches, schwarzseidenes, goldgesticktes Gewand, ihre Juwelen und Perlen erregten Anstoß; ihr Taschentuch allein, so flüsterte man sich zu, habe neunzehnhundert Taler gekostet.

Man ist also in der Frage der Thronfolge, die schon die vorausgegangenen blutigen Kämpfe beherrschte, um keinen Schritt weitergekommen. Frankreich hat einen König, der fünfundvierzig Jahre alt ist und weder sich scheiden lassen noch heiraten noch den einzigen Prinzen von Geblüt als Nachfolger bezeichnen kann. In dieser wun-

derlichen, unmöglichen und einzigartigen Lage befand sich im Jahre 1595 der erste König der Dynastie Bourbon.
Der König hatte versprochen Gnade walten zu lassen, aber sie kann nur denen zuteil werden, welche die Waffen niederlegen und zu ihm zurückkehren. Mit den Unbeugsamen gibt es noch Kämpfe oder Verhandlungen. Und unablässig droht Gefahr durch Dolch und Gift. Ein Edelmann hatte den König gewarnt: bevor das Jahr zu Ende gehe, würde ein junger Mörder ihn im Gesicht verletzen. Wir finden in den Memoiren der Zeit, daß alle Geschehnisse nach ihrem Eintreten vorausgesagt wurden. Auch diese Prophezeiung war in Erfüllung gegangen: mitten im Louvre hatte Jean Châtel sein Attentat versucht. Der König war nur an der Lippe verletzt worden. Der Mörder blieb auch unter der Folter standhaft, so daß man nie etwas über die Urheber des Attentates erfuhr. Wie stets machte man die Jesuiten zum Sündenbock. Der Versuch konnte morgen mit Erfolg wiederholt werden. Am Dreikönigstag 1595 fand in Paris eine große Prozession statt unter Teilnahme der Mitglieder des Parlements und der anderen Korporationen. Die Straßen, die der Zug passierte, waren geräumt worden und „strenger Befehl ergangen an alle, die ihre Fenster vermieten wollten, sich ihre Leute gut anzusehen, für die sie mit dem eigenen Leben haftbar gemacht würden". Der König war von zahlreichen Edelleuten begleitet und ging im Zug eingeschlossen von Gardetruppen und Bogenschützen wie in einem Verteidigungskarree. Im Krieg nahm er sich weniger in acht. Er war ganz in Schwarz gekleidet, zeigte einen düsteren Ausdruck und trug an der Lippe noch das Pflaster über der Wunde, die vom Dolchstoß des Jean Châtel herrührte; das gab seinem Lächeln etwas Gezwungenes. Madame des Balagny erlaubte sich am Abend die Bemerkung: „Nach Ihrer Miene zu schließen, sind Ew. Majestät nicht recht zufrieden."
Der König antwortete ihr heftig: „Ventre Saint-Gris, wie sollte ich guter Laune sein, wenn ich die Undankbarkeit des Volkes sehe, für das ich Tag für Tag das Menschenmögliche tat und tue, für dessen Wohl ich tausendmal mein Leben opfern würde; aber jeden Tag sehe ich neue Attentate gegen mich gerichtet, und man spricht mir von nichts anderem."
Ein Attentat hatte tatsächlich stattgefunden, andere liegen in der

Luft; man raunt sie sich zu und schreckt damit unablässig den König. Ein verdächtiger Küfer wurde ergriffen, der einen Dolch bei sich trug. Er schwor, nichts Böses im Schilde zu führen, aber er glaubte, wie man erzählte, das Tragen des Dolches übe die Zauberwirkung, daß ein anderer in des Königs Herz dringe. Eine Frau, die um Aufnahme in den Küchendienst des Hofes nachsucht, wird von einer anderen belauscht, die behauptet, es handle sich um den Plan eines Giftmords am König. Zahllose Gerüchte dieser und ähnlicher Art gehen um, und wenn die Geschichten nicht wahr sind, so könnten sie doch wahr sein.

Ein schlimmerer und peinlicherer Tatbestand: in dem Prozeß gegen Jean Châtel stellt sich heraus, daß der junge Mörder bei den Jesuiten erzogen war. Die Jesuiten sind die schwarzen Schafe, und dennoch möchte der König gerade sie in Frankreich heimisch machen und sich ihrer bedienen. Die Sorbonne eifert gegen sie: sie legen Beschlag auf die Jugend, lenken sie vom Studium der Theologie ab, verführen sie durch ihre Methoden, die sie als modern bezeichnen. Sie verachten das Latein, erteilen ihren Unterricht in französischer Sprache und geben den Schülern profane Bücher zu lesen. Sie maßen sich an, ihre Schüler zu unterrichten und gleichzeitig zu unterhalten, dehnen ihren Einfluß auf die Familien aus, die jungen Studenten werden bei dieser Erziehung zur Verstellung erzogen. Man könnte diese Vorwürfe als Ausfluß einer Rivalität der Erziehungsmethoden zwischen der alten Universität und der Gesellschaft Jesu auffassen, aber es liegen Bücher in lateinischer Sprache vor, in denen führende Jesuiten ihre geheimen Grundideen dargestellt haben. Diese Bücher sollen für die höhere Einweihung zuverlässiger Schüler dienen. Man forsche nur gründlich nach, sagen die Denunzianten, dann wird man schon sehen, wes Geistes Kinder sie sind.

Im Jesuitenkolleg zu Paris wird also Haussuchung gehalten, und bei einem der Patres findet man eine lateinische Schrift, welche die Person des Königs beleidigt und bedroht und die darlegt, daß das Volk nur einem wahrhaft frommen und katholischen Fürsten Gehorsam schulde. Man verhaftet den Autor und macht ihm den Prozeß. Er ist geständig, verteidigt sich aber mit Berufung darauf, daß er diese Dinge früher geschrieben, daß sie in der Zeit der Wirren von den

Kanzeln aus gepredigt, ja allgemein verbreitet worden seien; er habe Anspruch auf den Generalpardon, den der König für alles in der Vergangenheit Geschehene gewährte; weit Schlimmere und Schuldigere habe man ungeschoren gelassen. Das Argument ist richtig, aber die Richter halten dem Pater vor, daß er die abscheulichen Schriften nicht vernichtet habe, er drücke den Fanatikern den Dolch in die Hand. Der Jesuit Guignard wurde zum Tod durch den Strang verurteilt, und kein Heiliger hat seine Marter mit größerer Ergebung und Standhaftigkeit ertragen. Er nahm den Tod wie das Sakrament entgegen, nachdem er alle bösen Gedanken abgeschworen hatte, die er früher gegen den König gehegt. Sie waren in ihm so völlig ausgetilgt, daß er sich selbst an die Schriften nicht mehr erinnerte, in denen er sie aufgezeichnet hatte. Als allein Schuldiger deckte er seine Brüder und erklärte die Treue gegen den König seit der Abschwörung von Saint-Denis als unbedingte Pflicht. Alle Anwesenden bat er, mit ihm für den König zu beten, sprach selbst mit lauter Stimme das Gebet vor und forderte die Menge in dem Augenblick, als man ihm den Strick um den Hals legte, auf, ein letztes Mal mit ihm in den Ruf „Es lebe der König" einzustimmen.

Wenn er seine Brüder nach dem Grundsatz *oportet unum mori pro populo* hatte retten wollen, so war dieses Bemühen vergeblich. Der Vorwand war zu günstig: es hatte sich erwiesen, daß Jean Châtel Schüler der Jesuiten in Clermont gewesen war, man hielt das inkriminierte Buch in Händen, also konnte man jetzt mit allen Jesuiten kurzen Prozeß machen. Dahinter stand nicht nur die Sorbonne, auch die Gemeindepfarrer wollten es. Wenn die Jesuiten in ihren Schulen die Jugend in Beschlag nehmen, so tun sie es auch in ihren Kirchen mit dem Gewissen der Gläubigen. Sie weisen auf ihre schöneren Gottesdienste, ihre neue Kirchenmusik hin, welche die Pfarrer als lauter Firlefanz bezeichnen. Sie lassen sich von den Familien Geld geben für ihre neuen Gründungen und bringen damit die Mittel der Gemeinden zum Versiegen. Das Thema ist unerschöpflich und wirkt sich auf den verschiedensten Ebenen aus, hohen und niederen. Antoine Arnauld, der Vater aller Arnaulds von Port-Royal, verteidigte vor dem Parlement die Grundsätze der Universität und legte ihre Beschwerden dar. Über der leidenschaftlichen Beredsamkeit, der advokatorischen Geschicklichkeit, mit der er diese Beschwerden zur Sache ganz Frankreichs machte, vergaß man die Affaire Jean Châtel. Hier gehen uns die Anklagereden des Antoine Arnauld nur etwas an als Vorklang der Stimmen von Port-Royal. Der Streit war alten Ursprungs, er grollte schon in den dialektischen Kaskaden des Vaters, man focht alles und jedes an, selbst den Namen Gesellschaft Jesu. Halten sie sich vielleicht für Gefährten Jesu, wollen sie behaupten, an die Stelle der Apostel des Herrn zu treten? Sie fangen die Kinder und Gewissen ein, aber auch die Erbschaften. Antoine Arnauld kann ohne Ermüdung sechs Stunden hintereinander reden, seine Dialektik ist ebenso unendlich wie wortreich, er deckt alle Schlupfwinkel auf, wo diese Wölfe im Schafpelz Weisungen von ihren Führern empfangen. Ihr Herr, der König von Spanien, ist zu krank, um Eroberungsfeldzüge zu führen, aber durch die Jesuiten macht er kampflos auf hinterlistige Weise seine Eroberungen und bedient sich dabei der Starken wie der Schwachen, der Schlauen wie der Einfältigen. Ist der Fall des Jean Châtel nicht ein schlagender Beweis? Während des Prozesses hatte der Angeklagte von einer in seiner Jugend begangenen gräßlichen Sünde gesprochen, für die ihn die ewige Verdammnis erwartete. Deshalb war er auf den Gedanken der Tat verfallen. Auf dem Küchentisch zu Hause hatte er ein Messer blitzen sehen, und in einer schlaflosen Nacht war ihm die Erleuchtung gekommen, daß er durch die Ermordung des Usurpators einen Platz im Himmel gewinnen könne. Besessen von dieser Vorstellung hatte er das Messer ergriffen und immer wieder nach der Klinge in seiner Tasche gefühlt, die ihn magisch führte. Je unschuldiger er selbst scheint, um so schuldiger sind die Jesuiten.

Antoine Arnauld schmückte seine lange Rede so aus, behandelte das Thema von allen Seiten so ausführlich, daß die Richter einschliefen und nur von Zeit zu Zeit bei einem besonders lauten Fanfarenton aufschreckten. Als sie wieder wach wurden und zu sich kamen, waren sie überzeugt. Die Vertreibung der Jesuiten wurde beschlossen und ausgeführt. Was Paris zu sehen bekam, waren siebenunddreißig Jesuiten, die sich demütig und gehorsam verhielten und in ihren Beuteln nur ein paar Kleidungsstücke und Bücher mit sich führten. Aber an den Türen ihrer beiden Kollegien sah man Kinder in Tränen und bestürzte Angehörige. Die Patres zogen auf ihren armseligen Kleppern ab, und man wollte wissen, daß sie den Weg nach Flandern nahmen. „Sie gehen zu den Feinden des Königs, zu den Spaniern", kläffte es an der Sorbonne. „Ventre Saint-Gris", meinte der König, „wohin sollen sie sonst gehen? Vielleicht zur Königin von England? Sie brauchen nur den Fuß auf englischen Boden zu setzen, und man macht sie einen Kopf kürzer. Wenn sie nach Rom gingen, würdet ihr ihnen wieder vorwerfen, daß sie dem Papst zusetzen wollen, mir die Absolution zu verweigern. Ich wünschte, sie wären im Land geblieben; ich hätte sie schon noch zu treuen Untertanen gemacht, und wenn ihr mir Angst vor ihren Attentaten einjagen wollt, so hätte ich sie erst recht lieber drinnen als draußen." Der König kratzt sich den Kopf, ein Zeichen dafür, daß er nachdenkt, so wie er sich manchmal mit der Brille auf die Knie schlägt. Er ist noch nicht ganz Herr der Lage, besonders nicht in der religiösen Frage. Eben hat er die Universität für sich gewonnen, die sein besonders erbitterter Gegner gewesen war. Er kann sich ihr nicht energisch widersetzen, noch die Beschlüsse des Parlements aufheben. Er ist zum katholischen Glauben übergetreten, aber der Übertritt ist umstritten und bleibt es, solange der Papst nicht die Absolution erteilt und ihn als Katholik und König anerkannt hat. Rom läßt sich Zeit, die Vertreibung der Jesuiten wird die Sache nicht beschleunigen. Der König wird den großen Institutionen des Reiches, Parlement und Universität, eng verbunden bleiben, er wird abwarten, tätig sein, nach allen Seiten verhandeln. Die Ansprüche der Universität sind befriedigt. Jetzt muß man sich mit den unbescheidenen Klagen der alten hugenottischen Glaubensbrüder auseinandersetzen. Der Glaubenswechsel hat ihnen einen schweren Schlag versetzt, sie wollen in ihrer Enttäuschung und Verbitterung darin um jeden Preis eine gegen sie selbst gerichtete Drohung sehen.

Der König hat Duplessis-Mornay einen Beweis seines freundschaftlichen Vertrauens geben wollen und ihn zum Gouverneur von Saumur gemacht. Dort sichert und verschanzt Duplessis sich wie ein Mann, der sich gegen einen Angriff oder eine Entführung schützen will. Er ordnet öffentliche Gebete an, in denen Gott angefleht wird, dem abtrünnigen König zu verzeihen und den Renegaten davon zurückzuhalten, sich in Tat und Worten an seinen Glaubensbrüdern zu versündigen, die ihm vierzig Jahre lang treu gedient. Es ist, als wenn Moses nach den vierzig Tagen in der Wüste die Israeliten hungrigen Schakalen überantwortet hätte, anstatt sie ins gelobte Land zu führen.

Die Hugenotten machen sich klar, daß sie führerlos sind, seitdem der König sein Mäntelchen nach dem Wind gedreht hat. Aber sie brauchen einen Führer, der sie und ihre verstreuten Gemeinden im gleichen Glauben, unter dem gleichen Gesetz zusammenhält und fähig ist, sie zu verteidigen. In Frankreich und unter den Untertanen des Königs können sie ihn nicht finden, denn hier bliebe nur die Wahl zwischen einem gehorsamen Diener des Königs, der unweigerlich sie wieder verfolgen, oder einem eifrigen Glaubensbruder, der wie früher Coligny als Rebell und Träger des Aufruhrs gelten würde. Bisher war Heinrich von Navarra ihr König gewesen, dadurch daß er sie verriet, zwang er sie, sich einen Führer unter den deutschen Fürsten zu suchen. Sie dachten an den Pfalzgrafen von Zweibrücken, der schon des öfteren Truppen für die hugenottische Sache aufgebracht hatte. Der junge Prinz von Condé bleibt inzwischen ihre Hoffnung für die Zukunft, und Gott weiß, mit welcher Sorgfalt das Kind von seinen Erziehern gehegt und gepflegt wird. Aber noch ist es nicht König, und noch lange nicht hat es das Alter, eine große Partei zu führen. Mag der König darüber denken wie er will, seine Fahnenflucht allein ist schuld daran, wenn die Hugenotten sich in der traurigen Zwangslage befinden, im Ausland einen Beschützer suchen zu müssen.

Der König bedenkt alles genau. Er ist unter den Hugenotten herangewachsen, er läßt sich nicht so leicht schrecken und kennt das hugenottische Gezänk zur Genüge. Die große Aufgabe, die er vor sich sieht, heißt nicht Rom, nicht Jesuiten, nicht Hugenotten, sondern Frankreich und die Franzosen. Zu allererst gilt es alle aufrührerischen Provinzen dem Reiche wieder einzugliedern, sie zum Gehorsam zu zwingen und ihren Beherrschern klar zu machen, daß sie zum eigenen Nutzen und Ruhm nichts Besseres tun können als wieder treue Diener ihres Königs zu werden.

Ein paar Beispiele: in Rouen hält der Marquis de Villars starrköpfig zur Liga, das heißt also zu Spanien. Noch am Vorabend des Einzugs in Paris leistet er Widerstand wie viele andere; er sieht, wie sein

Spiel verloren geht und wie der König gewinnt — das scheint ihm unglaublich, aber es ist Tatsache. Villars will nicht der erste sein, der nachgibt — aber es ist sicher nicht vorteilhaft für ihn, der letzte zu werden, und Tag für Tag hört er, daß eine Stadt nach der anderen sich dem König ergibt. Die Belagerungen werden zur Farce. Man braucht nur am Tor anzuklopfen, und schon ertönt das „Herein". Die unteren Volksschichten wollen den Frieden; sie brauchen ihn, um essen, trinken und Handel treiben zu können und ihre Kinder großzuziehen. Der Zustand der Rebellion dient den Interessen des Volkes schlecht, und in mehr als einer Provinz kommt Wunsch und Wille des gemeinen Volkes der Unterwerfung der Gouverneure zuvor. In Lyon hat die Bürgerschaft ihren Gouverneur, den Herzog von Nemours, eingesperrt, um ungestört die Stadt dem König zu übergeben. Villars ist ein stolzer, ruhmsüchtiger Ehrenmann, dessen Dienste höchst nützlich werden könnten. Außerdem wäre Rouen wegen seiner breiten Flußmündung für den König wichtig. Seit der Schlacht bei Arques hat der König eine besondere Vorliebe für die Normandie, die Normannen, die Nachbarschaft mit England. Deshalb will er mit dem Gouverneur von Rouen Fühlung nehmen und erfahren, was er fordert und was andrerseits Spanien ihm bietet. Wenn Villars seine Person, Rouen, die Seinemündung, Stadt, Schloß und Zitadelle dem König zur Verfügung stellt, wird er es nicht zu bereuen haben und kann als Entschädigung erwarten, was immer er will. Hier tritt zum erstenmal Maximilian von Béthune, Marquis von Rosny, der zukünftige Herzog von Sully, als Unterhändler auf den Plan: er ist der Vertrauensmann des Königs, der vieles gesehen und uns vieles überliefert hat; er ist der Freund, dem der König alles anvertraut und der selbst nie mehr aussagt, als er darf.

Er soll nach Rouen gehen, reden und verhandeln, den Gouverneur und das Volk bearbeiten, besonders die kleinen Leute, die Händler, die Bauern. Niemand eignet sich für diese Aufgabe besser als der Marquis von Rosny. Seit dem Tag, an dem ihn sein Vater im Alter von zwölf Jahren nach La Rochelle gebracht und dem Prinzen „geweiht" hat, steht er im Dienst Heinrichs von Navarra. Bei allen öffentlichen und geheimen Affären war er dabei, und er ist stolz auf seinen guten, ja erlauchten Stammbaum: die Familie stammt aus

Flandern, ist mit den Habsburgern verschwägert, und der Marquis rühmt sich, edlerer Herkunft zu sein als mancher ausländische Souverän. In seinem Blut steckt nicht der alte französische Giftstoff, die Religions- oder Familienstreitigkeiten, auch verfügt er weder über Lehen noch Land noch Apanage. Der Marquis hat nichts zu verlieren, aber alles zu gewinnen. Noch hat er keine große Stellung und erwartet alles von seinem Glück, das heißt vom Glück seines Herrn. Niemand wird geschickter, überzeugender, leidenschaftsloser zu sprechen und zu verhandeln wissen. Das Schlagwort „Frankreich den Franzosen und die Franzosen dem König" wird ihm leicht von den Lippen gehen. Auf das Trugbild einer Hugenottenrepublik geht er erst gar nicht ein, und wenn seine Glaubensbrüder ihm von der Absicht sprechen, sich ein Oberhaupt unter fremden Herrschern zu wählen, zuckt er nur die Achseln. Er ist dreiunddreißig Jahre alt, wiederverheirateter Witwer mit Kindern aus beiden Ehen. Im Dienste des Königs wird er diese Kinder verheiraten und versorgen, und je größer seine Dienstleistungen, um so mehr wird sein Vermögen wachsen. Für den König ist er unersetzlich: wenn ein Gewissen zu beruhigen ist, eine Haltung erklärt werden muß, wenn ein Zögernder überzeugt werden soll — immer wird der König Rosny aussenden. Er betritt die politische Bühne und verläßt sie nicht mehr bis zum Tode Heinrichs IV. Buchstäblich ist er der rechte Arm des Königs, sein Auge, wenn der Monarch selbst nicht hinschauen kann, sein Ohr hinter verschlossenen Türen, und manchmal auch sein Gewissen — denn der König hat seine schwachen Stunden.

Rosny kommt also im März 1594 nach Rouen, um über die Übergabe der Stadt und ihres Gouverneurs Villars zu verhandeln. Der erste Augenschein schon überzeugt ihn, daß die Stadt leidet und die Bürgerschaft bereit ist, zum König überzugehen. Anders steht es mit dem Gouverneur, der von spanischen Agenten umgeben ist, die ihn argwöhnisch überwachen und ihm den Treueid vorhalten, den er der Liga geschworen hat. Der Gouverneur selbst macht aus der Sache einen Gewissensfall und fragt sich, ob er widerrufen kann. Doch schon schwankt er, und Rosny ist um gute Gründe nicht verlegen: Die Liga ist so gut wie tot, der König selbst ist Katholik geworden, die Bischöfe haben ihn geweiht. Gewiß, es fehlt ihm noch die Absolution Roms, aber der Papst wartet nur ab, ob die Franzosen auch wirklich ihren französischen König wollen oder ob sie die spanische Herrschaft vorziehen. Diese Wahl und Entscheidung liegt nicht beim Papst. Rosny verficht die Sache des Königs geschickt: Villars würde durch die Rückkehr zu Heinrich nur der katholischen Sache dienen; man muß die Position des Königs stärken, die Zahl seiner Anhänger vermehren. Jeder einzelne muß mithelfen, die letzten Brandherde des Bürgerkrieges zu löschen; dann können die befriedeten und geeinigten Parteien Gutes miteinander wirken. Will Villars wirklich von Spaniens Gnaden und spärlichen Dukaten abhängen und sich unter den Schutz von ein paar spanischen Leibwachen stellen, die in der Stadt herumstolzieren? Ist das nicht ein schimpflicher Zustand? Der König von Spanien befindet sich keineswegs im offenen Krieg gegen den König von Frankreich. All das sind nur Intrigen, geheime Umtriebe, die der König von Spanien nicht lange mehr finanzieren kann, denn auch seine berühmten Schätze sind nicht unerschöpflich. Der Druck der klaren Argumente wird durch klingende Münze verstärkt. Villars soll erklären, was er verlangt, damit Rosny ihm die weiße Schärpe umlegen kann, die er schon bereithält. Der König ist gewillt, den Preis zu zahlen. Rosny hütet sich wohl, die weiße Schärpe schon vorzuzeigen, sie ist wie der Zaum, den man genau im richtigen Augenblick einem Rassepferd anlegen muß — eine falsche Bewegung, ein unvorsichtiges Geräusch, und das edle Tier wird sich mit schnaubenden Nüstern aufbäumen. Rosny kommt an den entscheidenden Punkt der Verhandlungen. Villars hatte Tumult in der Stadt gehört und geglaubt, daß Rosny Soldaten einmarschieren läßt, das bringt ihn in Erregung, in höchste Empörung: man will also Rouen überrumpeln, ihn selbst an den Galgen bringen, vielleicht als Gefangenen vor den König schleifen.

Um einen völligen Fehlschlag zu vermeiden, bedurfte es der ganzen Selbstbeherrschung, der unantastbaren Loyalität Rosnys, der schließlich dem argwöhnischen Villars anbot, sich als Geisel in seine Hand zu geben, um ihn endlich zu überzeugen und zu beruhigen. Schließlich brachte Villars ohne Umschweife seine Forderungen vor: die Liga habe ihm den Titel eines Admirals verliehen — er wünscht ihn zu behalten; er will Gouverneur von Rouen im Dienste des Königs bleiben, so wie er es bisher für die Liga war, völlig unabhängig gegenüber dem Herzog von Montpensier, dem Gouverneur der Normandie. Seine Befugnisse sollen über Rouen hinaus auf mehrere Amtsbezirke ausgedehnt werden. Als guter Katholik fordert er weiter, der König möge im Umkreis von sechs Meilen seines Machtbereiches die Ausübung hugenottischer Gottesdienste untersagen. Schließlich verlangt er die Bezahlung seiner Schulden in Höhe von 120 000 Talern, eine Pension von 60 000 Talern und fünf Abteien, davon eine für die Schwester seiner Geliebten. Die Rechnung ist zwar übertrieben hoch, und die Posten bunt zusammengewürfelt, aber andrerseits zeigt sich Villars auch bereit zu sofortigem Abschluß. Er behauptet, von den Unterhändlern der Liga gedrängt zu werden wie von denen Spaniens, die ihm ein Herzogtum und mehrere Schlösser in Spanien anbieten. Die Entscheidung muß sofort fallen, Villars will sich nicht zwischen zwei Stühle setzen.

Seine Forderungen sind nicht leicht zu erfüllen: die Admiralswürde hat der Baron von Biron inne, ein Mann, mit dem nicht gut Kirschen essen ist. Herr von Montpensier, der Gouverneur der Normandie, wird für die Anerkennung Villars' als selbständigen Herrn von Rouen eine hohe Abfindung verlangen; die Einkünfte der Abtei von Saint-Aurin, die Villars für sich fordert, gehören dem Hugenotten Rosny selbst. Als treuer Diener seines Herrn ist Rosny durchaus bereit, seinerseits Opfer zu bringen, aber er braucht einige Tage, um dem König zu berichten und mit den Beteiligten zu verhandeln. Villars ist nicht gewillt, sich an der Nase führen zu lassen. Warum will man seine Forderungen erfahren, wenn man nicht vertragsbereit ist? Auf den Einwand Rosnys, daß man ihm Zeit lassen müsse, wird er von dem Marquis grob angefahren: man könne sich weitere Mühe sparen, der Handel wäre sofort oder überhaupt nicht abzuschließen.

Man muß das Eisen schmieden, solang es heiß ist. Rosny nimmt Villars beim Wort, unterzeichnet und bietet sich an, als Geisel in Rouen zu bleiben, bis der Kurier, der zur Ratifizierung des lästigen Vertrages an den König geschickt wird, zurückgekehrt ist. Der König vollzieht die Ratifikation in großzügigster Weise und mit schmeichelhaften Bemerkungen. Er macht von der Person des Marquis Villars mehr Aufhebens, als wenn es sich um drei Provinzen handelte.

„Zeigen Sie diesen Brief dem neuen Diener, den Sir mir gewonnen haben", schreibt er, „übermitteln Sie ihm meine Empfehlungen und lassen Sie ihn wissen, daß ich Leute von seinem Wert zu schätzen weiß!" „Bei Gott", meint Villars, „dieser Fürst ist zu gnädig und zuvorkommend, sich meiner so gütig zu erinnern."

Rosny fährt auf einen Sprung nach Paris, kehrt sofort zurück und hält im Namen des Königs feierlichen Einzug in Rouen. In Saint-Ouen hat Villars die Vertreter der Bürgerschaft und die Schöffen zusammengerufen; das Volk hat auf dem Hauptplatz Aufstellung genommen; die Zeremonie ist in allen Einzelheiten vorbereitet, sie soll kurz und einfach sein. Villars hat in den letzten Tagen unter allerlei Vorwänden zuverlässige Truppen nach Rouen gezogen, die für Ruhe und Ordnung sorgen. Die Einwohnerschaft zeigt die heiterste Miene. Endlich wird man wieder Handel treiben, säen, das Feld bestellen, Milch haben für die Kinder. Die ständige Angst vor Raub, Mord und Erpressungen ist gewichen. Die im Land verstreuten spanischen Banden, schlecht geführt und schlecht genährt, hatten Furcht verbreitet und waren das Schreckgespenst der Frauen und Kinder gewesen. Zuerst ergreift Rosny zu einer kurzen und bündigen Ansprache das Wort; er ist seiner Sache sicher und erfüllt lediglich eine Formalität: der König, der jetzt ein guter Katholik sei, erwarte die Ergebenheitsbeweise eines seiner treuesten Untertanen. Villars antwortet, er sei schon im Herzen ein treuer Untertan Seiner Majestät und bereit, die weiße Schärpe aus den Händen Rosnys im Namen des Königs entgegenzunehmen. Rosny, der auf diesen Augenblick lange genug gewartet hat, zieht die Schärpe aus der Tasche und legt sie Villars unter dem Beifall der Menge um. Glockengeläut aller Kirchen und Kanonensalut begrüßen den Eintritt des neuen Dieners in den Dienst des Königs.

Der Vorgang bedeutet für Villars keine Niederlage oder Übergabe, keinen Gnadenakt, kaum eine Unterwerfung: aus freien Stücken wird ein Vergleich geschlossen zu gegenseitiger voller Genugtuung. Der König zeigt sich als freigebiger Herr, aber er macht sich nichts vor und spottet: „Man hat mir mein Königreich nicht übergeben, man hat es mir verkauft." Villars hat ein für allemal gewählt und wird seinem König ein treuer Soldat sein. Man merke sich den Ein-

Die Rechnung wird präsentiert

tritt solcher Familien in die Geschichte Frankreichs! Nach einem Jahrhundert wird man dem Namen Villars in der Schlacht von Denain begegnen, und unser Villars wird schon nach einem Jahr sein Leben bedingungslos opfern im Dienste des neuen Königs und Herrn. Er ist ihm mit dem Glaubenseifer des Neubekehrten ergeben. Ein Vergleich zieht den anderen nach sich, die Verhandlungen nehmen kein Ende. Villars wird seinem Wunsch entsprechend Admiral an Birons Stelle, Biron wird Herzog und Marschall von Frankreich. Villars bekommt die verlangten 120 000 Taler, um seine Schulden zahlen zu können, Biron erhält 400 000. Alles hat seinen Preis, und zum Schluß ist ein Handel in dieser Form immer noch billiger als Belagerungen und Kämpfe; vor allen Dingen schont man auf diese Weise das Leben der Franzosen, die sich in den Bürgerkriegen nur zum Nutzen des Auslandes verblutet haben. Und weil in einem gerechten Handel jeder auf seine Rechnung kommen muß, wird Rosny selbst nicht vergessen. Die Bürgerschaft von Rouen ist glücklich, endlich zu wissen, zu wem sie gehört, und unter einem energischen Gouverneur mit guten Soldaten auf der Seite des Königs zu stehen; sie wünscht sich dem Unterhändler erkenntlich zu zeigen und schickt eine feierliche Abordnung mit der Bitte, ein Silberservice im Werte von dreitausend Talern als Geschenk überreichen zu dürfen. Rosny lehnt ab und erklärt, Geschenke und Belohnungen nur von seinem königlichen Herrn anzunehmen. In der Sprache der Zeit nennt man das *refus de courtoisie*: eine Ablehnung *pro forma*. Man darf die Bürgerschaft nicht beleidigen. Rosny nimmt das Geschenk für den König entgegen und der König gibt es ihm zurück. Rosny denkt praktisch: es ist nur recht und billig, daß alles bezahlt wird, insbesondere denen, die nichts verlangen. Die Menschen sind keine Heiligen, aber in einem Staat muß Recht und Ordnung herrschen: niemand halte sich schadlos auf eigene Faust, man diene dem König, und der König wird jeden belohnen.
Auf dieser Basis einigt man sich. Wenn wir die Verständigung mit Villars ausführlicher erzählt haben, so deshalb, weil es der erste von vielen Fällen war, die sich trotz aller Verschiedenheit von Menschen, Charakteren und Umständen alle ähneln. Man spricht nicht mehr von Vergleichen, man spricht von Verträgen, als ob sie zwischen souveränen Mächten geschlossen würden. Es folgte der Vertrag mit dem

jungen Herzog von Guise, dem Sohn des in Blois Ermordeten. Kein Fürst hatte bessere Entschuldigungen und Gründe, auf der Seite der Liga zu stehen als er. Das Blut des Vaters schrie nach Rache, aber die Zeiten hatten sich geändert. Der junge Fürst befand sich in Reims. Sein Vater hatte die Hand auf die Krönungsstadt gelegt, ja auf das heilige Salböl selbst, und davon geträumt sich dort salben zu lassen. Er hatte die Krone Ludwigs des Heiligen einschmelzen lassen, um die Anhänger der Liga zu zahlen, aber jetzt, im Januar 1595, sieben Jahre nach dem Tod des Vaters, sah sich Heinrich von Guise in mißlicher Lage. Die Schöffen von Reims drangen in ihn, sich mit dem König zu verständigen; weigere er sich, so würden sie es ohne ihn tun. Seine Mutter, die Herzogin von Guise, und seine Großmutter, die Herzogin von Nemours, befanden sich in Paris und hatten sich dem König in aller Form unterworfen, während Mayenne, deren Sohn und Bruder, immer noch ein fanatischer Gegner des Königs blieb und als Statthalter Spaniens amtierte. Die Herzogin von Guise war eine liebenswürdige und sympathische Frau, von deren Geist und Anmut der König sich einnehmen ließ. Nach dem furchtbaren Schlag, den sie durch die Ermordung des Gatten erlitt, verlangte sie nur mehr nach Ruhe und Frieden. Es verging kein Tag, an dem sie nicht den König ihrer und ihrer Kinder Ergebenheit versicherte und den Sohn in Reims beschwor an den Hof zurückzukehren. Er möge nicht säumen, die Stunde der Entscheidung habe geschlagen und könne verpaßt werden.

Heinrich IV. gewinnt immer mehr an Boden, zieht seine Kreise weiter und erklärt dem König von Spanien den Krieg. Die Stunde ist gekommen, all die Abgesandten, Vertrauensleute, Bandenführer von Frankreichs Boden endgültig zu verjagen, Schluß zu machen mit dem spanischen Gold und allem Zubehör des verkappten Krieges. Damit ist auch die Stunde für die letzten Starrköpfe vom Adel gekommen, sich für den König von Frankreich oder für den König von Spanien zu erklären, sich eindeutig auf die eine oder andere Seite zu schlagen. Der junge Herzog von Guise muß sich entscheiden: zurück zum König, wohin ihn die Beschwörungen seiner Mutter rufen, oder an die Seite seines Oheims Mayenne, der in diesem Krieg als offizieller Führer des spanischen Heeres gegen Frankreichs König steht. Man ruft ihn nach Paris, er sieht die ganze Schwierigkeit seiner Lage ein, begreift, daß seine Ehre auf dem Spiele steht, und weiß, was er dem Andenken seines Vaters schuldet. Heinrich IV. ist bereit, ihn von dem Druck zu befreien, den seine auf spanischer Seite stehenden Anverwandten auf ihn ausüben, und verspricht ihm ein weit abgelegenes Gouvernement, die Provence. Die Provenzalen sind schwierige, arrogante, aufbrausende, stets unzufriedene Leute und jederzeit bereit, selbst untereinander sich zu spalten und abzusondern. Welch ruhmvolle Aufgabe für den jungen Guisen, diese Provinz dem Reich zurückzugewinnen, Marseille zu nehmen, das sich selbständig gemacht hat, und dort die Person des Königs zu vertreten!

Am 15. Januar 1595, zwei Tage vor der Kriegserklärung an Spanien, erscheint der junge Herzog von Guise in Paris. Er hat dem Druck der Mutter nachgegeben und unterwirft sich dem König. Es war höchste Zeit. Bürgerschaft und Schöffen von Reims waren im Begriff ihm zuvorzukommen, sich über seine Person hinweg dem König zur Verfügung zu stellen. War das Volk „ein Tier, das man an der Nase führt", so hatte es auch den tierhaften Instinkt für Gefahr und gängelte jetzt seinerseits die Fürsten. Man fand den jungen Guisen, der vor dem König die Kniee beugte, liebenswürdig, bescheiden, ein wenig melancholisch und völlig verschieden vom Vater. Bei seinem Einzug in die Stadt hatte er nicht wie sein Vater um das Volk von Paris geworben — Heinrich von Guise hatte seine Augen überall und erwiderte leutselig jeden Gruß. Im Gefolge des Sohnes waren die Herren, die ihm der König entgegenschickte, zahlreicher als seine eigene Suite. Der Tag der Barrikaden lag in weiter Ferne. Bei dem Essen, das der König ihm zu Ehren gab, blieb der junge Herzog sehr schweigsam; seine Mutter erklärte, daß Freude und Schüchternheit ihm die Sprache verschlügen. Der König wandte sich ihm lächelnd zu mit den Worten: „Mein Vetter, Sie sind gleich mir kein Mann der Worte — ich weiß, was Sie mir sagen wollen, und darauf gibt es nur eine Antwort: wir alle müssen unsere Jugendtorheiten machen, wir wollen sie vergessen und nicht mehr darauf zurückkommen. Ich weiß, was ich Ihnen schulde und möchte Ihnen wie ein Vater sein; es gibt niemanden an diesem Hofe, den ich lieber sehe als Sie." Des Königs Schwester Katharina gab in Ermangelung einer Königin das

Ballfest zu Ehren der Rückkehr des jungen Herzogs, aber der Guise machte an diesem Abend einen traurigen Eindruck: „Den Hut tief ins Gesicht gedrückt, im Wams aus schwerer weißer Seide, im schwarzen Mantel, in dem er sein Gesicht halb verbarg, lehnte er der Geliebten des Königs, Madame Gabrielle, jede Aufforderung zum Tanz ab."

„Außen bin ich grau", sagte manches Mal der König und zeigte auf sein graues Wams, „aber mein Herz ist lauteres Gold." Wo er verzeiht, verzeiht er aufrichtig, und solange man ihm die Treue hält, wird auch er sie halten, voll Vertrauen, voll Gnade, und freigebig mit Geschenken. Er zahlt mit Gold, aber auch mit dem Herzen und läßt buchstäblich das Vergangene vergangen sein. Des Königs eigene Vergangenheit ist reichlich bewegt. Er hat oft genug Partei, Religion und Liebe gewechselt, und er spricht die Wahrheit, wenn er erklärt: wer sich ihm unterwerfe, halte Einzug ins „Haus des Vergessens". Heinrich IV. ist durchdrungen vom Grundsatz seines Lebens, daß alle Ströme und Strömungen Frankreichs sich vereinigen müssen, um die Arche der Monarchie zu tragen. Seit er König von Frankreich ist, muß er sich selber neu einrichten, Brücken zu den Untertanen schlagen und die gegenseitigen Pflichten bestimmen. Er will die Beleidigungen nicht rächen, die man dem König von Navarra zugefügt hat. Oft sagt er: „Ich heiße Frankreich." Aber es hat keinen Sinn sich Frankreich zu nennen, wenn nicht alle Franzosen denselben Namen tragen wollen.

Zuweilen läßt es sich nicht vermeiden, Unzufriedene zu schaffen, um andere zufriedenzustellen, den einen zu nehmen, um anderen zu geben. Der König hat kein herrenloses Land zu verteilen. Um Villars zufriedenzustellen, hat er Biron die Admiralswürde nehmen müssen; um dem jungen Guisen die schöne Provence zu geben, die ihn weit von dem gefährlichen Lothringen entfernt, mußte er sie erst dem Herzog von Epernon nehmen, der übrigens nicht dort residierte und bei gelegentlichen kurzen Besuchen den Südländern durch sein königliches Gehabe mißfiel. „Wir sind keine Höflinge", erklärten die Provenzalen. Sie halten viel auf ihre Sitten, ihre Sprache, ihre alten Feste und Bräuche, ihre besondere Eigenart. Den Guisen nahmen sie gut auf, aber Epernon ist empört, macht Schwierigkeiten und wider-

Die Rechnung wird präsentiert

setzt sich. Man muß ihn durch andere hohe Ämter entschädigen und überwachen. Der König wünscht ihn nach Möglichkeit in seiner Nähe zu haben, sei es am Hof oder in der Armee. Mag er tanzen oder kämpfen, die Hauptsache ist, ihn nicht aus den Augen zu lassen. In dieser Tendenz kündigt sich schon die ganze Politik Ludwigs XIV. gegenüber dem Adel und die große Konzeption an, die man als Politik des Sonnenkönigs bezeichnet hat.

Der unbequemste unter all den großen Feudalherren ist der Herzog von Bouillon, den Heinrich IV. *le Brouillon* nennt. Sein Eintritt in die Geschichte ist wert festgehalten zu werden: er war ein unbedeutender Edelmann aus dem Hause Turenne, bis er die Erbin des souveränen Sedan heiratete. Sein Sohn wird der große Turenne sein, und wir ermessen schon jetzt, was alles zwischen diesem schwierigen Vasallen und dem General-Marschall Ludwigs XIV. liegt. Solange sich der Herzog von Bouillon beim König im Heer befindet, ist er ein tollkühner Soldat und großer Heerführer, ebenso wie Biron. Aber zu Hause hinter den Festungsmauern von Sedan fühlt er sich als Souverän, verhandelt auf gleichem Fuß und im eigenen Namen mit den deutschen Fürsten; dieser Vasall der französischen Krone lehnt die Bezeichnung „Untertan" ab. Er ist Hugenott und nennt sich selbst gern das Haupt der hugenottischen Partei. Rosny, der die Verständigung mit dem Guisen nach der mit Villars zustandegebracht hat, muß nun dem Herzog von Bouillon begreiflich machen, daß der König von einer hugenottischen Partei nichts mehr zu hören wünscht. Es geht jetzt ums Ganze, der Krieg mit Spanien ist da, und der König braucht alle seine Offiziere und sämtliche Truppen, die sie aufbringen können. Der Herzog von Bouillon hat dem Lande große Dienste erwiesen, er ist Marschall von Frankreich, in dieser Stunde ruft ihn der König zur Armee.

Rosny traf den Herzog in Sedan sehr beschäftigt an. Es war einer der Augenblicke, wo uns die Politik vorkommt wie ein Märchen von Perrault — von gleicher Naivität, von gleich durchsichtiger Symbolik. Der Herzog von Bouillon hat eben seine Frau verloren. Der trostlose Witwer kann sein Land nicht verlassen; er muß seine Privatangelegenheiten ordnen; und gerade weil der König sich im Kriegszustande befindet, muß er als französischer Vasall, der

jederzeit von den Spaniern angegriffen werden kann, seine sogenannten Befestigungen instandsetzen. Er hat das Fürstentum Sedan, das seiner Gemahlin gehörte, geerbt; das Testament, das ihn zum Erben einsetzt, wird von den Brüdern und Neffen der Verstorbenen angefochten. Bouillon muß also an Ort und Stelle bleiben und sein Erbe verteidigen und kann jetzt unmöglich sich zur Armee verfügen.
Der Bericht, den Rosny von seiner Mission gibt, ist aufschlußreich für die Haltung der Großen des Reiches. Der Marquis wird mit allzu viel Ehren in Sedan empfangen, sozusagen wie ein Gesandter Frankreichs am Hofe eines ausländischen Souveräns; das bedeutet besonders gute Verpflegung und Unterkunft — da heißt es, die Augen gut offen halten. Nach seiner Meinung sind die Befestigungen von Sedan nicht der Rede wert, der König erledigt sie mit einem Fußtritt. Viel mehr Aufmerksamkeit verdient die Geistesverfassung des Herrn von Sedan. Der Glaubenswechsel des Königs habe seinen Vasallen in eine eigentümliche Lage gebracht, erklärt Bouillon. Rosny möge nicht vergessen, daß Heinrich von Navarra dreißig Jahre das Haupt der Hugenotten gewesen ist. Bouillon erklärt sich als seinen ergebenen Diener und Bewunderer, aber — jetzt taucht der alte Argwohn wieder auf, der sich von La Rochelle bis Sedan überall wiederholt; es sind die alten Einwände und Argumente — der König ist mit Pauken und Trompeten zu Rom übergegangen, fast gegen Rom selbst, das ihn nicht anerkannt hat. „Es gibt in Frankreich keinen Hugenotten", erklärt Bouillon, „der nicht wohl wüßte, daß der König um dieser Anerkennung willen bereit sei, sich gegen seine alten Glaubensbrüder zu wenden und sie härter zu verfolgen als die Albigenser."
Zugegeben, im Augenblick denkt der König nicht daran, beteuert seine Anhänglichkeit an die alten Getreuen, hat bei einer Wiederbegegnung mit ihnen Tränen im Auge — aber es wird zwangsläufig so kommen. Alle Welt ist sich darüber im klaren, daß die großen katholischen Mächte — Rom, das Kaiserreich, Frankreich, Italien und die von ihnen abhängigen Staaten — nur den Friedensschluß abwarten, um sich zu einem Kreuzzug zusammenzuschließen und in ganz Europa die Andersgläubigen auszurotten. In dieser verzweifelten Lage schließen sich die Hugenotten zusammen und halten Versammlungen ab, wollen einen ständig tagenden Rat einsetzen und in

jeder Provinz über ihren eigenen hugenottischen Bezirk verfügen, der nur von diesem Rat abhängt. Da der König sie im Stich ließ, brauchen sie ein anderes Oberhaupt, entweder im Lande selbst, wenn es sich findet, besser noch im Ausland; einen Führer, der ihren Beschwerden Gehör verschafft, über Gefahren wacht, die Losungsworte gibt und wenn nötig zum Kampf ruft.

Rosny berichtet in seinen Memoiren, er habe diesen Ausführungen stumm, aber mit größter Aufmerksamkeit zugehört. Es wurde ihm sehr wohl klar, wer unter diesem erträumten Haupt der Hugenotten — Fürst oder Souverän — zu verstehen war, das mit den deutschen Fürsten für oder gegen den König Bündnisse schließen werde. Man verdoppelte die Höflichkeit, und nach der üppigen Abendtafel schüttete man sein Herz noch mehr aus. Bouillon betonte, daß er durch die Offenheit seiner Sprache das Vertrauen beweise, das er Rosny als königlichem Abgesandten entgegenbringe. Der König könne nichts Klügeres tun als seinerseits dem Vasallen vertrauen und ihn ruhig in seinem Fürstentum hinter seinen befestigten Mauern belassen. Wenn sich Bouillon heute am Hof oder in der Armee blicken ließe, würden die Hugenotten nur mißtrauisch werden und sich ernstlich einen Führer im Ausland suchen — das Schlimmste, was dem König passieren könnte. Rosny hört ihm mit angespannter Aufmerksamkeit zu. Er macht sich klar, daß die Auseinandersetzung auf einer noch völlig ungeklärten Voraussetzung beruht: ist der Herzog von Bouillon, der vor seiner Ehe nur Vicomte von Turenne war, auf Grund des Testaments seiner Gemahlin wirklich als Erbe und souveräner Fürst von Sedan zu betrachten und in der Lage, dem König einen bösen Streich zu spielen? Die Ehe mit der Erbin ist vom König selbst arrangiert worden, und so hat der König wohl Anrechte, in das mysteriöse Testament Einblick zu nehmen. In der festlichen Stimmung und in der Aufgeschlossenheit der Unterhaltung, die drei Stunden dauerte, nahm sich Rosny mit dem Recht des Freundes die Freiheit, um Einsicht in das interessante Dokument zu bitten. Aber sogleich zog Bouillon sich ins Schneckenhaus seiner Seele zurück. Das Testament, erklärte der Herzog, sei von der Verstorbenen selbst in ein Kästchen eingesiegelt worden, nachdem sie es ihn habe lesen lassen. Er habe auf ihren Wunsch geschworen es nur zu öffnen, wenn das Gericht

Einblick nehmen wolle. Rosny bekam das Kästchen zu sehen und weiter nichts, und fand, daß die Geschichte verdächtig an Kindermärchen erinnerte, aber er konnte schließlich den Zauberkasten nicht mit Gewalt öffnen. Nicht so erfolgreich wie vom Besuch bei Villars kehrt Rosny zum König zurück, beladen mit schönen Redensarten, aber mit leeren Händen. Es war ihm nicht gelungen, den hinterlistigen Zaunkönig von Sedan dazu zu bringen, seine neue Herrschaft zu verlassen oder auch nur seine Versprechungen zu halten und dem König, der persönlich die Belagerung von Laon leitete, Truppen zu Hilfe zu schicken. Der Herzog von Bouillon verfüge selbst nur über wenig Soldaten und habe sie in der Befürchtung eines Angriffs von seiten seiner Neffen an den wichtigsten Punkten seines kleinen Landes verteilt.

Es gelang nicht alles, aber man gewann Klarheit. Rosny traf den König bei der Belagerung von Laon. Heinrich IV., im Panzerhemd mit Pike und Sturmhaube, hörte den Bericht Rosnys aufmerksam an. Die Geschichten von einer zweiten Bartholomäusnacht, von den Albigensergreueln, das Geschwätz von der Souveränität — es sind immer dieselben Hirngespinste des Herrn von Bouillon. Dieser Marschall von Frankreich will nur intrigieren und Verwirrung anrichten, um sich nachher das Ansehen zu geben, alles wieder in Ordnung zu bringen; „doch in der gegenwärtigen Lage", setzt der König hinzu, „muß ich mir den Anschein geben, zufrieden zu sein. Es fällt mir nicht ein, Krieg gegen einen Marschall von Frankreich zu führen; sein Ländchen ist ruhig, seine Untertanen sind Hugenotten, und es würde nur Verwirrung stiften, wenn man den katholischen Erben zu Hilfe käme." Man kann nicht alles und alle zugleich haben. Wenn nur günstige Voraussetzungen den Baum wachsen lassen; die Zeit und der Zufall werden das übrige tun, wenn auch langsam. Aber noch zur Zeit von Cinq-Mars wird Sedan ein Verschwörernest sein. Es gibt Dinge, die in acht Tagen in Ordnung kommen, und andere, die ein Jahrhundert brauchen. Uns interessiert es, ihre Entwicklung zu beobachten. Als letzten Fürsten von Sedan sehen wir bereits den großen Turenne vor uns.

Laon ergibt sich, und mit der gleichen Begeisterung, die sie früher der Liga bezeugt hat, empfängt die Bürgerschaft jetzt den König. Das

Volk ist wetterwendisch und verlangt nur Lebensmöglichkeit und einen Herrn. Mit den Lebensmitteln, die man in die Stadt schafft, schmilzt der Haß dahin und lassen sich die Herzen gewinnen. Knapp vier Tage nach dem Fall von Laon ergibt sich Poitiers, und auch Lyon unterwirft sich gegen den Willen des Gouverneurs, des Herzogs von Nemours. Damit der Gouverneur die Einwohnerschaft ja nicht daran hindern kann, ihr „Heil dem König!" zu schreien, hat sie den Herzog in der Zitadelle eingesperrt. Der Widerstand gegen den König geht nicht vom Volk sondern vom Adel aus. Herr von Epernon macht in der Provence dem jungen Herzog von Guise die Regierungsgewalt streitig, das Volk ist für den neuen Gouverneur. Der Guise hält seine Versprechungen, er residiert im Lande, besucht die Städte, Dörfer und Flecken, erklärt überall laut und deutlich, daß er auf der Seite des Königs stehe und in seinem Namen regiere. Marseille hat Handel und Schiffsbau wieder aufgenommen, und gleich nach dem Friedensschluß mit Spanien sollen die Schiffe nach den italienischen und iberischen Küsten wieder auslaufen. Wenn nicht Epernon Unfrieden stiftete wo immer er kann, würde endlich Ruhe in der Provence herrschen.

Nur der Dickkopf Mayenne bleibt übrig, der große Mann der Liga, der alte Befehlshaber von Paris, der heute im Solde des Königs von Spanien Krieg gegen seinen König führt. Mayenne, sollte man meinen, hätte endgültig die Brücken hinter sich verbrannt. Jetzt führt er anstatt der Liga die Heeresmacht des spanischen Königs an und empfängt seine Befehle direkt aus Madrid. Kurz, er ist Spanier geworden und zählt darauf, nach glücklich beendetem Feldzug Burgund als souveräne Herrschaft zu bekommen. Als lothringischer Fürst will er die Tradition Karls des Kühnen fortsetzen und betrachtet das herzogliche Schloß von Dijon als seine künftige Residenz. Aber auch die burgundischen Städte sind kriegsmüde und fühlen sich angezogen vom strahlenden Glanz des Königs. In Beaune zeigte es sich deutlich. Als Mayenne dorthin Garnison legen wollte und die Stadt mit lärmenden, unersättlichen spanischen Soldaten überfüllt war, welche die schönen Weinberge zerstampften, machte die Bürgerschaft der Garnison das Leben unerträglich, verweigerte den Proviant und fand sich durchaus nicht geneigt, die ehrgeizigen Pläne Mayennes, dieses lothringischen Herzogs, zu unterstützen. Man wollte wieder friedlich im Weinberg arbeiten und ernten. So hungerte Beaune die kleine Garnison aus. Mayenne hat kein Glück mit dem König. Bei dem Zusammenstoß in Arques war er unterlegen, und jetzt will der König sich das Vergnügen machen, den dicken Herzog so zu schlagen, daß ihm der Atem ausgeht. Heinrich geht persönlich nach Burgund, ist wieder ganz Soldat, durchwatet Furten, beobachtet in Saint-Seine das Übersetzen der spanischen Truppen und gewinnt die Schlacht bei Fontaine-Française mit einem Verlust von nur sechs Mann. Es war ein kleines Gefecht, aber man hat viel Aufhebens davon gemacht, denn es war des Königs höchsteigener Sieg, der als reines Wunder erschien, so wenig Truppen standen ihm zur Verfügung. Der König von Spanien machte Mayenne die bittersten Vorwürfe. Der Herzog rechtfertigte sich in einem langen Briefe an Philipp II.: seine Soldaten seien schlecht bezahlt, schlecht equipiert, er habe ständig Schwierigkeiten mit den spanischen Offizieren, die ihn jetzt als unfähigen Feldherrn hinstellten. Mayenne, im Gefühl, daß er von seinen Freunden nichts mehr zu erwarten hat, wandte sich an seinen Feind. Seine Unterwerfung, die der Liga den Todesstoß versetzt, wird zum historischen Datum, das man sich merken muß. In Mousseux, bei der geliebten Gabrielle, nahm der König die Unterwerfung des Besiegten entgegen. Er wünschte keine feierliche Begegnung, nichts von einer falschen oder wahren Scham — man schlägt sich, man verträgt sich, das sind die Wechselfälle des Schicksals. Der König ging im Schloßpark spazieren, als ihm der dicke Mayenne, gefolgt von zwölf Edelleuten, entgegentrat; die wohlvorbereitete Begegnung sollte zufällig wirken — Heinrich streckte ihm die Hand hin. Mit Villars, mit dem jungen Guise, hatte man sich verglichen und verständigt; bei Mayenne handelt es sich um Übergabe und Unterwerfung nach einer Niederlage. Er machte drei tiefe Verbeugungen, beugte mühsam das Knie und senkte das Haupt, als wolle er die Füße des Königs küssen. Der König hob ihn sofort auf, umarmte ihn und sagte mit heiterster Miene: „Mein Vetter, sind Sie's oder ist's Ihr Geist?" Er flüsterte ihm ein paar vertrauliche Worte ins Ohr und brachte abends bei der Tafel die Gesundheit des Herzogs aus, der mit seinem Gefolge an einem Tisch dicht neben dem des Königs und Gabrielles saß. Die Ironie

der Situation lag darin, daß man das Mahl mit burgundischen Weinen würzte, den Gewächsen von Nuits und Beaune. An der Seite Heinrichs saß Gabrielle, und neben Mayenne deren Schwester, was Anlaß zu Scherzen über die beiden „verschwägerten" Fürsten gab. Nach der Tafel wollte der König dem Gast den Park zeigen. Er ging mit raschen Schritten durch die Alleen und bemerkte, daß der dicke Mayenne ihm nur mühsam und schnaufend zu folgen vermochte. Heinrich wandte sich mit den Worten zurück: „Herr Vetter, das ist aber auch die einzige Strafe, die Sie von mir zu erwarten haben."
Die Strafe war gering, die Belohnung groß. Rosny hat später in seinen Memoiren nicht nur die Geschichte von der Festtafel und dem Spaziergang aufgezeichnet, sondern berichtet auch, daß die im voraus getroffenen Abmachungen Mayenne an Pensionen, Pfründen und Gouverneurstellen 3 580 000 Livres einbrachten.
So kehrten sie alle, oder doch fast alle, heim in den Schoß der Monarchie, und wenn man von den hohen Herren spricht, sind zugleich die Provinzen gemeint, in denen sie sich als kleine Könige aufspielten. Der Herzog von Mercœur „rückerstattete" die Bretagne, was auch ihm hohe Einkünfte einbrachte, und verlobte seine sechsjährige Tochter mit Cäsar, dem vierjährigen Sohne des Königs, dem nachmaligen Herzog von Vendôme. Alle Mittel sind gut, welche die Eintracht herstellen. Es gibt keine Lorbeeren mehr für die Großen des Reiches beim König von Spanien zu holen, denn am 2. Mai 1598 wird zu Vervins der Friedensvertrag unterzeichnet und in Notre-Dame gefeiert. In Begleitung von achthundert Fürsten, Rittern, Grafen, Baronen und französischen Edelleuten — unter ihnen Mayenne — begab sich der König zur Kathedrale. Villeroy verlas am Hochaltar die Artikel des Friedensvertrages, und der König beschwor ihn, die Hand auf dem Evangelium. Dann umarmte er die spanischen Gesandten mit den Worten: „Ich wünsche meinem Bruder, dem König, daß er lange leben und die Früchte dieses Friedens genießen möge." Danach fand im bischöflichen Palais zu Ehren des Legaten und der Spanier eine große Tafel statt, bei der jedes Gericht unter Fanfarenklängen aufgetragen wurde. Der König trank zweimal auf das Wohl des Königs von Spanien, mit um so leichterem Herzen, als sein alter Todfeind im Sterben lag. Das Ballfest am Abend wurde im Louvre gegeben,

für das Volk veranstalteten Kaufmannschaft und Schöffen ein Feuerwerk, das in Flammengarben von Olivenzweigen Lanzen, Piken, Hellebarden, Trommeln und Kriegsgerät aller Art verschlang. Am Eingang zum Rathaus hatte man das Porträt des Königs ausgestellt. Es zeigte ihn angetan mit den königlichen Gewändern, in der Hand das Szepter, auf dem Thron sitzend, umschwebt von Genien des Sieges, des Friedens und der Gnade.
In der Woche darauf wird der Marschall Biron, der Herzog und Pair von Frankreich geworden ist, vom König mit dem ehrenvollen Auftrag bedacht, in Brüssel von den Österreichern die feierliche Verpflichtung auf den Frieden von Vervins entgegenzunehmen. Der einzige, der noch außerhalb des Friedens steht, ist der Herzog von Savoyen, den der König von der allgemeinen Versöhnung ausschließt, solange er nicht das von ihm vor einigen Jahren durch Handstreich genommene Marquisat von Saluces zurückerstattet. „Ich will mein Marquisat", sagte Heinrich, und der Herzog von Savoyen soll nach Paris kommen, damit die beiden Fürsten diese letzte Streitfrage bereinigen können.
So ordnete sich alles harmonisch und glücklich, und schließlich krönte der Papst zu gegebener Stunde den Siegeslauf: nach Spanien erkannte Rom endlich Heinrich IV. an, erteilte dem König die Weihe, dem Sünder die Absolution. Man sprach jetzt nicht mehr spöttisch von dem „Navarro", sondern respektvoll vom König von Frankreich. Der Älteste Sohn der Kirche sollte alle Rechte seiner Vorgänger erhalten, Verteilung der Bistümer und Pfründen. Es war an der Zeit, der Kirche in Frankreich ihre Führer und ihr kirchliches Leben zurückzugeben. Zugleich mit der in Rom feierlich ausgesprochenen Absolution wurde dem König auch seine Buße auferlegt. Sie war leicht: er sollte jeden Sonntag in seiner Kapelle der Messe beiwohnen, nach dem Gebot der Kirche zur Beichte und Kommunion gehen und die vorgeschriebenen Fasten halten. Schließlich wurde ihm zur Pflicht gemacht, den jungen Prinzen von Condé, der bei den Hugenotten in Saint-Jean d'Angély heranwuchs und eines Tages sein Erbe und Nachfolger werden könnte, an den Hof zu nehmen und im katholischen Glauben zu erziehen. Die religiöse Forderung des Papstes entsprach durchaus dem politischen Wunsch und Willen des Königs.

Er wollte nicht, daß sich seine eigene tragische Geschichte an diesem Kind wiederhole. Also schickte er den Marquis Pisani, um in seinem Namen die Herausgabe des Prinzen zu verlangen. Es ist nicht verwunderlich, wenn die Reformierten in Saint-Jean d'Angély auf ihren Zögling, den sie der hugenottischen Kirche angelobt haben, nur widerwillig verzichteten. Aber sie gehorchten und lieferten das Kind aus, nicht ohne ernsten Protest: selbst Nebukadnezar habe nicht Schlimmeres getan. Der römische Glaube bedeutete ihnen tatsächlich eine Entwürdigung, und sie nahmen die Botschaft des Königs entgegen wie der Oberpriester Joad die Botschaft Athalies. Der König empfing das Kind mit großer Zärtlichkeit wie einen Sohn, nahm es am nächsten Sonntag mit zur Messe und beauftragte einen Bischof mit seiner Unterweisung. Im gleichen Alter war es ihm selbst so ergangen, als seine Mutter ihn ins Gotteshaus führte und ihn Herrn von Bèze übergab. Die Krone besaß jetzt einen Erben, wenigstens einen präsumptiven. Das Parlament schickte eine Abordnung an den König mit der Bitte, nun, nach der Aussöhnung mit Rom, doch die Annullierung seiner Ehe zu betreiben und sich eine Gemahlin zu nehmen, nach der das Reich verlangt, denn es will einen Dauphin haben, der katholisch geboren und getauft, echter und legitimer Sohn Frankreichs ist. Der König gab eine unwirsche Antwort: man erteile ihm allzu viele Ratschläge, er kenne seinen Weg selbst und werde seine Angelegenheiten, eine nach der anderen, zu regeln wissen. Alles was er unternimmt, geschieht unter dem Gesichtspunkt der nationalen Einheit. Der nächste Plan steht bereit. Der König spürt seine wachsenden Kräfte, den Aufstieg seines Sterns, und was vor kurzem noch als Nachgiebigkeit oder Schwäche hätte gelten können, wird jetzt zu einer Manifestation seiner Macht. Knapp drei Monate nach dem Friedensschluß von Vervins hatte man seinen alten Feind in der Gruft des Escorial beigesetzt. Philipps II. Nachfolger ist erst zwanzig Jahre alt. Der Sohn wird nicht so viele Netze spinnen wie der Vater, er hat mehr als genug zu tun, um Spanien und seine Kolonien zusammenzuhalten. In diesem Betracht kann man beruhigt sein. Heinrichs große Aufgabe im Innern besteht darin, den französischen Protestanten Genugtuung und eine gesetzliche Stellung zu verschaffen und sie endgültig in die Nation und Monarchie einzugliedern. Sie sollen im Rahmen der Nation Stadt- und Bürgerrecht haben. Am 13. April 1598 hatte der König in Nantes das berühmte Edikt unterzeichnet, zur gleichen Zeit als er dort seinen Frieden mit Mercœur machte und die Bretonen besuchte. Der Kreis scheint sich zu schließen: Friede im Innern durch die Unterwerfung der Großen, Friede mit der Religion von Rom bis La Rochelle, Friede nach außen durch den Vertrag von Vervins. Er kann jetzt mit den englischen Königen sagen: *Je maintiendrai* — ich halte, was ich habe.

Die Universität hatte dem König wegen der den Protestanten gewährten Freiheiten Vorstellungen gemacht und sich beschwert: sollten jetzt die Schulen von jungen Häretikern beunruhigt werden? Der König hatte unmißverständlich erwidert: „Sie sehen mich hier in meinem Arbeitszimmer, aber ich werde zu Ihnen nicht wie meine Vorgänger sprechen, angetan mit Königsmantel und Degen, oder wie ein Fürst, der Gesandte empfängt, sondern im schlichten Wams, wie ein Vater, der mit seinen Kindern spricht. Ich bitte Sie dieses Edikt zu bestätigen, das ich den Reformierten gewährt habe. Ich habe es dem Frieden zuliebe erlassen, so wie ich Frieden nach außen geschlossen habe, will ich Frieden im Innern des Königreichs schließen. Ich habe den einen ihre Häuser zurückgegeben, den anderen ihre Religion, die sie verloren hatten. Deshalb habe ich das Edikt erlassen, und es ist mein Wille, daß es verwirklicht wird. Mein Wille ist Grund genug: ich bin der König, und jetzt spreche ich zu Euch als König, der Gehorsam verlangt."

Bei einer anderen Gelegenheit erklärte er den Vertretern der Kirche, die ihrerseits mit Vorstellungen kamen: „Ich habe das Feuer erstickt, wo es brannte. Jetzt herrscht Ruhe, und ich erfülle die Erfordernisse des Friedens. Ich weiß, daß Religion und Gerechtigkeit die Grundlagen unseres Königreiches sind, und wenn sie es einmal nicht mehr sein sollten, würde ich sie wiederherzustellen wissen, aber Schritt für Schritt, so wie ich alles zu tun pflege. Ihr habt mich an meine Pflicht gemahnt, ich mahne Euch an die Eure. Tun wir beide das Rechte. Ihr wie ich, jeder auf seinem Weg, und wenn sich unsere Wege vereinen, wird es bald vollbracht sein. Meine Vorgänger haben im Prunk und Glanz zu Euch gesprochen, aber es sind Worte geblieben, ich in meinem grauen Wams werde Euch Taten zeigen."

Die Rechnung wird präsentiert

Die Warnungen wegen des Ediktes von Nantes wollten nicht verstummen. Nach der Universität meldeten sich das Parlement und der Legat. Die Antworten des Königs waren kurz und bestimmt: Frankreich zerfällt nicht in zwei Nationen, eine hugenottische und eine katholische. Wenn Vernunft und Gerechtigkeit nicht genügen, wird der König seine persönliche Autorität in die Waagschale werfen: *sit pro ratione voluntas*.

Der Friede ist eigentlich überall hergestellt, aber nun heißt es danach leben, und das Leben ist schwierig. Denn die Grundlagen dieses Friedens waren die Menschen selbst in ihrer Ungleichheit, ihren von bitteren oder blutigen Erinnerungen genährten Leidenschaften, ihrer Machtgier und ihren feindlichen Gegensätzen. Der König selbst war von Natur nicht dazu geschaffen, die Muße des Friedens zu genießen. Ja, zwischen dem was er war, was sein kriegerisches Leben aus ihm gemacht hatte, und dem was er erstrebte und erreichte, klafft ein fast unüberbrückbarer Widerspruch. Er wird Ordnung in sein Königreich bringen, aber bei seinem heißen Blut Unordnung in sein Privatleben.

Das Gestirn seiner Lebensbahn kulminierte dennoch in diesem Jahr, und die Gegenwart wäre durch den Zusammenklang aller Friedensschlüsse vollkommen schön gewesen, hätte er gleich Josua mit erhobenen Händen die Sonne zum Stillstand bringen können.

Aber wenn auch alles nach Vollendung aussah — es war doch erst der Anfang. In dem tiefen Elend, in dem sich nach so viel Wirren das Volk befand, lag ein stummer Vorwurf, und er traf schmerzlich das Herz des Königs, der mit den Vorwürfen der Unzufriedenen so rasch fertig wurde. Der Brand war gelöscht, wenn aber die Erde nun nicht neu erblühte, die goldene Ernte nicht neu erstand, so war dem Glück keine Dauer beschert. Heinrich IV. hatte auch noch seine eigenste Angelegenheit zu ordnen, derentwegen er der Abordnung des Parlements unwirsch Antwort gegeben hatte: war er frei, seine Ehe zu lösen, sich wieder zu verheiraten, sollte er sich verheiraten und mit wem? Solange nicht das Kindergeschrei eines Dauphin im Louvre erklang, blieb seine historische Rolle nur eine Episode — Frankreich hatte einen König aber keine Monarchie.

II

DIE RECHTE HAND UND DIE LINKE HAND

Der Vertrag von Vervins und das Edikt von Nantes, zu gleicher Zeit zustandegekommen, bedeuten Ruhepunkt und Atempause im Leben Heinrichs IV. Der König war fünfundvierzig Jahre alt, es hieß jetzt das Schwert an den Nagel hängen, friedlich zu Hause bleiben und für die Großen des Landes, die aus unzufriedenen Rebellen zufriedene und saturierte Untertanen geworden waren, eine Hofhaltung errichten.

Es läßt sich nicht umgehen: die Großen des Reiches müssen in der Umgebung des Königs bleiben, das Volk muß es wissen und sie zusammen sehen. Wenn jeder sich wieder in seinem Gouvernement oder an seinem Provinzposten abkapselt, wird nur der alte Hader von neuem beginnen, die alte Versuchung auftauchen, selbst König zu spielen; das bringt Zwietracht unter die Großen, neue Bedrückung für das Volk und verleitet die Böswilligen zu neuen Intrigen.

Zu einem Hof gehören Lustbarkeiten und Feste, bei denen sich Adel und Würdenträger zu einem glanzvollen Sternbild vereinigen — so verlangt es die Krone, das Volk, die Künstler, die Handwerker. Auch muß man den ausländischen Gesandten in Paris ein Bild des Friedens und wiederkehrenden Wohlstands bieten. Seit dem Tag der Barrikaden bis zum Einzug Heinrichs IV. in Paris sind sechs Jahre vergangen, und Paris ist sich ohne den Hof wie entthront vorgekommen. Die prunksüchtige Verschwendung Heinrichs III. hatte Empörung hervorgerufen, aber eine Revolution von sechs langen Jahren hatte die Arbeit lahmgelegt und Elend gebracht. Man sättigt kein Volk, indem man Kessel an den Straßenecken aufstellt und Bohnensuppe verteilt; es lebt von Arbeit und Lohn, und nur wenn es reichlich davon hat, wächst seine Freude am Leben. Die Menschen, die Städte, die Straßen, die Geister, die Leiber gesund machen — darauf kommt alles an. Auf einem Pariser Friedhof hatte man eines Tages siebentausend Bettler gezählt, viele schon halbtot auf den Gräbern liegend. Die Hospitäler, diese Hundelöcher, waren überfüllt von Kranken, Seuchen breiteten sich aus. Die politische Situation war nach außen hin gesundet, aber die innere Lage blieb schwierig, auch die Lage des Königs selbst. Denn dem Hof, den er schaffen will, fehlt der natürlichste Mittelpunkt: eine Königin. Nur eine offizielle Geliebte ist vorhanden und deren Bastarde. Der König führt ein Familienleben, als sei es legitim, eine Anomalie, die man duldet; man hält dem König seine schweren Prüfungen zugute. Gabrielle hat Herz, sie ist treu und gefällt, sie gibt reichlich Almosen, und weder sie noch ihre Kinder fügen irgend einem Menschen Böses zu. Rosny findet sie nicht sehr gescheit; er äußert sich in diesem Sinne gelegentlich des Berichts von einer etwas gewagten Intrige, die unmöglich von ihr ausgegangen sein könne, „denn sie hat nicht genug Verstand dafür". Aber Gabrielle kommt aus einer habgierigen Familie, die aus ihrer Stellung möglichst viel herauszuschlagen versucht. Von ihr und ihren sechs mehr oder minder jungfräulichen Schwestern sagen die Spottverse der Chansonniers, sie verkörperten zusammen die sieben Todsünden. Außerdem gibt es noch eine Tante, Madame de Sourdis, und deren Liebhaber, Herrn von Cheverny. Dieser ganze Klüngel klebt zusammen und lebt auf Kosten des großen Loses, das Gabrielle als Geliebte des Königs gezogen hat. Sie war in das Leben des Königs getreten, als er noch alle Gefahren der Niederlage lief, sie war ihm im Unglück gefolgt, und so läßt sie der König ungeschmälert an seinem Glück teilnehmen. Kein Aufzug, kein Ballfest, an dem nicht Gabrielle an der Seite des Königs glänzte. In den Augen des Hofes lebt der König mit seiner Geliebten wie mit einer Gattin, ja viel besser als er je mit einer rechtmäßigen Königin leben wird. Beide hängen zärtlich an ihren Kindern. Liebevoll hört man den König sagen: „Mein kleiner Cäsar, mein kleiner Alexander". Man soll die Kinder in der Öffentlichkeit sehen, damit das Volk lernt sie zu lieben. Es fehlte nicht an Schmeichlern, die Gabrielle einzureden versuchen, der König werde sie heiraten, wenn sie nur wolle. So hätte man eine königliche Familie *de jure*, wie sie schon *de facto* existierte und samt ihren Kindern dem Hofe vertraut war. Welche Chance für den Anhang! Wenn die erstgeborenen Kinder auch niemals den Makel der Illegitimität verlieren, so wird eben der erste in der Ehe geborene Sohn Dauphin. Es ist ein Traum, und wenn der König auch weiß, daß es ein Traum ist, so schiebt er damit doch gern andere Entschlüsse von sich, und dies um so leichter, als er in seiner jetzigen Lage sich weder verheiraten noch scheiden lassen kann. Margarete von Valois lebt noch immer als Gefangene von Usson und führt ein sagenhaftes Leben, das man nur gerüchtweise kennt. Sie ist trotzdem Königin von Frankreich. Sie ist sogar bereit auf den Titel zu verzichten, aber nur zugunsten einer Ebenbürtigen, einer Prinzessin von Geblüt. Gabrielle, einer so „verächtlichen Person", wird sie nicht Platz machen. Rosny verhandelt mit ihr in dieser wichtigen Frage, übt aber keinen Druck auf Margarete aus, da er die skandalöse Erhebung der Geliebten hintertreiben möchte. Man spielt ein Spiel zu viert, das niemand zu Ende bringt und fast absichtlich in die Länge zieht, da jeder Beteiligte auf Zufälle, auf günstige oder ungünstige Umstände rechnet, durch die der Knoten, den kein Scharfsinn zu lösen vermag, sich von selbst entwirrt. Das führt zu unterirdischen Wühlereien und widerrechtlichen Anmaßungen. Die Liebe hofft auf die Zeit, um sich ihren Platz zu erobern, die Zeit geht dahin und hofft auf die Liebe.

Gabrielle hat dem König zwei Söhne geboren, jetzt bringt sie eine Tochter zur Welt. Sie ist freigebig im Gebären, die Mutterschaft erhöht ihr Ansehen, und als Mutter hofft sie Gemahlin zu werden. Am gleichen Tage hebt man in Saint-Germain drei Kinder über die Taufe. Rosny hat in seiner Eigenschaft als Oberintendant der Finanzen die Rechnung über die Kosten der Familienfeier zu prüfen: da sind die Beträge für die Glöckner, die Herolde, die Beleuchtung, die Musiker, sind die Geldstücke, die ins Volk geworfen werden sollen. Rosny rümpft die Nase; man hat Geld und Ehren für die Bastarde nicht gespart, und es gibt ihm einen Stich, als er liest, daß die beiden älteren Kinder auf der Rechnung als „Söhne von Frankreich" bezeichnet werden. Man hat zwar nicht gewagt, dem Erstgeborenen den geheiligten Titel eines Dauphin zu geben, aber der zweite wird mit dem bedeutungsschweren Wort *Monsieur* benannt, ein Titel, der nur dem jüngeren Bruder des Dauphin zusteht. Rosny läßt seinen Unterbeamten Fresnes kommen, der die Zahlungsanweisungen ausgestellt, und verlangt von ihm Rechenschaft über diese Anmaßung. Fresnes erklärt, aus schuldigem Respekt vor den Kindern des Königs sich so ausgedrückt zu haben, und besteht auf der Unterschrift Rosnys. Der aber fährt ihn an: „Ich denke nicht daran, merken Sie sich, daß es keine

Kinder von Frankreich gibt!" Wutentbrannt strich er die fürstlichen Honorare für Herolde und Glöckner, setzte sie auf den gewöhnlichen Tarif herab und ging mit der Rechnung zum König, um ihm Vorstellungen zu machen.

Heinrich IV. war an den Höfen Europas schon legendär geworden als der tapferste und todesmutigste Krieger. Aber in seinen Liebesbeziehungen zeigte er sich von einer Schwäche, die der Furcht entspringt, zu leiden oder leiden zu machen. Er hatte kein Familienleben erfahren, er war tausendmal betrogen worden, mißtraute allen und weiß um die Gefühlsseite des Lebens nur durch die Liebe. Eine Frau, die er liebt, behandelt er wie ein zerbrechliches Wesen und kehrt ihr gegenüber nie den Monarchen heraus. Er fürchtet sich vor nichts, aber er hat Angst vor Frauen, so töricht oder bösartig sie sein mögen; wenn sie nur schön sind und ein bißchen lieb mit ihm, betet er sie an und nennt sich ihren Gefangenen und Sklaven. Was die Angelegenheit mit den Kindern betrifft, so nimmt er vor allem einmal Gabrielle in Schutz: diese sanfte Frau hat bestimmt nicht den kühnen Gedanken gehabt, die Titel hinterrücks ihren Kindern zuzuschanzen. Das waren sicher Madame de Sourdis und ihr Liebhaber Cheverny, die mit diesem Schleicher Fresnes unter einer Decke stecken. In Anwesenheit mehrerer Herren des Gefolges zerreißt der König nachlässig die Rechnung und erklärt mit lauter Stimme: „Wie gehässig ist die Welt! Da legt man Herrn von Rosny eine Zahlungsanweisung vor, durch deren Billigung er mich, durch deren Zurückweisung er meine Geliebte beleidigen müßte." Alle Welt soll schuld daran sein, nur nicht die süße Gabrielle. Dann nahm er die Hand Rosnys: „Kommen Sie mit mir zu meiner Geliebten, Sie sollen sehen, daß ich nicht unterm Pantoffel stehe!" So gingen sie zu zweit zu Gabrielle. Der König kam keineswegs sofort auf das heikle Thema zu sprechen; er schloß mit besonderer Sorgfalt die Türe, schaute im Ankleide- und Waschraum nach, ob niemand lausche, und es sah aus, als ob er große Orakelsprüche von sich geben würde. Dann ergriff er gleichzeitig Gabrielles und Rosnys Hand und bat die beiden „in guter Freundschaft miteinander zu leben". Er kannte, wie er sagte, Gabrielles gutes Herz und schätzte es über alles. Er liebte Gabrielle, aber er liebte auch Rosny, sie waren ihm beide unentbehrlich. Dann kam die vage Ermahnung: Gabrielle möge die guten Ratschläge Rosnys annehmen, er, der König, wisse, daß sie von anderer Seite schlecht beraten werde.

Gabrielle fiel ohnmächtig auf ihr Bett und ließ sich erst allmählich wieder dazu herbei, unter Schluchzen ins Leben zurückzukehren. Der König opferte sie also seinem Diener — sie fühlte sich im Stich gelassen und war entschlossen, eine so grausame Kränkung nicht zu überleben. Der König habe seinen „Diener" nur mitgebracht, um ihn zum Zeugen ihrer Demütigung zu machen. Angesichts dieser theatralischen Verzweiflung verließ der König brüsk den Raum. Jetzt fand Gabrielle ihre Geistesgegenwart und Sanftmut wieder, stürzte dem König nach und holte ihn zurück. Ihr Gesicht war wie verwandelt, sie zeigte sich gefaßt und lächelte durch die Tränen: alles was sie gegen Rosny sagte, war nur Eifersucht und Kummer darüber, daß ein anderer ihr vorgezogen wurde. Sie küßt dem König die Hände, streckt Rosny ihre Hand entgegen, und der Minister berichtet, daß die Versöhnung in vollständiger Harmonie gelang und man in bester Freundschaft auseinanderging, ohne der strittigen Angelegenheit auf den Grund gegangen zu sein. Die Herolde und Glöckner waren die einzigen Leidtragenden der Auseinandersetzung, denn man bezahlte sie nur nach dem gewöhnlichen Tarif. Später werden wir sehen, daß der junge Alexander, als ihm der Vater die Würde eines Großadmirals verlieh, wieder als „Vendôme, Monsieur" bezeichnet wird. Wenn man ihm auch nicht den Titel Monsieur schlechthin gab, war doch das ominöse Wort Monsieur nicht vermieden. Aber am Hofe Heinrichs IV. fehlte ein Saint-Simon, um sich zweihundert Seiten lang über eine solche Anmaßung aufzuregen.

Die kleine Szene läßt uns aufhorchen: Gabrielle wird es weit bringen, der König wird noch mancherlei mit ihr erleben. Aus dem nächsten Jahr wird uns ein Vorfall berichtet, der den wachsamen Minister weit stärker beunruhigen mußte. Der König befand sich in Rennes gelegentlich einer Reise in die Bretagne und er ging mit Rosny plaudernd in einem schönen Park. Er hatte zwanglos und herzlich seine Hände ergriffen, das Fluidum freundschaftlicher Vertraulichkeit verband die beiden Gefährten. Der König hatte beschlossen, seinen Sohn Alexander mit Fräulein von Mercœur zu verheiraten. Die Verbindung sagte ihm zu, er verpflichtete sich eine Familie, die lange zu den Gegnern gehört hatte, und er verknüpfte die Bretagne aufs engste mit der Krone. Heinrich war von den Bretonen und den Festen, die man ihm gab, entzückt. Die Frauen, das Ringelstechen, die Tänze, die Ballspiele, alles gefiel ihm. Die Damen der Familie Mercœur legten keinen besonderen Wert darauf, eine ihrer Töchter einem Bastard, und sei es ein königlicher, zur Ehe zu geben, aber man fügte sich und man feierte miteinander wie gute Eltern, die ihre Kinder verheiraten. Die Bevölkerung, die sich so abweisend, so eifersüchtig auf ihre Unabhängigkeit gezeigte hatte, bereitete jetzt dem König den herzlichsten Empfang. In den Dörfern holte man die schönsten Trachten hervor, und die Jugend tanzte zu den Klängen des Dudelsacks auf dem Anger vor der Kirche. Endlich lächelte auch die spröde Bretagne, es war ein Tag, an dem man frei aufatmen konnte.

Der König gab mit vielen Worten seiner Freude über diesen Wandel der Dinge Ausdruck und berichtete ferner von einer langen Unterhaltung mit dem Herzog von Bouillon: er habe als Gebieter gesprochen und Gehorsam gefunden. Mit diesen erfreulichen Neuigkeiten schien der Monarch vertrauliche Eröffnungen einzuleiten. Rosny spürte, daß die Bemerkungen über Trachten, Feste und Dudelsack nur den Auftakt zu anderem bilden sollten. Wenn Heinrich von diesen kleinen Freuden spricht, ist es, als ob er von größeren träumte. Er ließ das Parktor schließen und nachsehen, ob sie auch ganz allein wären. Dann sagte er nach ein paar Augenblicken schweigenden Weiterschreitens mit versonnener Miene: „Nur etwas betrübt mich heute: daß ich kein Kind von der Königin habe." Er sinne nur darüber nach, seine Ehe annullieren zu lassen. Morgen kann er tot sein, und all seine Mühen, das Reich zu befrieden, wären vergeblich gewesen. Der kleine Prinz von Condé ist nicht in den Gefühlen des Volkes verwurzelt, er wird nicht die Kraft besitzen, das Erbe zu tragen, der unheilvolle Kreislauf der Wirren wird von neuem beginnen. Der König müßte heiraten und dem Land einen Dauphin geben. Klemens VIII. zeigt sich entgegenkommend, man muß es dankbar anerkennen. Nicht weniger als vier Vertrauensleute verhandeln augenblicklich in Rom wegen der Annullierung der Ehe mit Margarete von Valois, man kommt jeden Tag ein Stück vorwärts. Der Papst sieht ein, daß der König von Frankreich seine Dynastie begründen muß, ja, er wird im Notfall selbst auf Margarete einwirken, um ihr Einverständnis zu erreichen. Der König wird sich der Ex-Gemahlin gegenüber großmütig erweisen, ihre Schulden zahlen und ihr eine hohe Rente aussetzen. Was für einen Rat kann Rosny seinem König geben? Wüßte er eine passende Verbindung? Es ist ein glücklicher Morgen, um in diesem schönen Park im Duft von Kamelien und Rosen darüber nachzudenken. Die beiden Freunde gehen alle unverheirateten Prinzessinnen Europas miteinander durch. Eine Verbindung mit Spanien, mit einer Infantin? Eine spanische Habsburgerin käme unter der Bedingung in Frage, daß sie die Niederlande als Mitgift einbrächte. Bei dieser Bemerkung blitzt dem König die Spottlust aus den Augen: es ist nur ein Witz, die Bedingung ist unerfüllbar. Philipp II. hat die Niederlande schon seiner ältesten Tochter gegeben, und sie ist bereits mit dem Erzherzog Albert vermählt, dem Bruder des Kaisers. Die beiden Habsburger üben gemeinsam die Regierungsgewalt in Brüssel aus, mit gleichen Titeln und gleichen Rechten. Man sagt „Die Erzherzöge", so wie man früher zu den Zeiten von Ferdinand und Isabella *Los Reyes,* „Die Könige", gesagt hat. Nein, in Spanien war nichts zu holen. In England gab es noch eine Großnichte Heinrichs VIII., die Prinzessin Arabella. In der Verwirrung der Rechtsverhältnisse, welche die Willkürakte des Blaubarts Heinrich VIII. geschaffen hatten, könnte diese Prinzessin zur Präsumptiverbin der englischen Krone erklärt werden. Welche Perspektiven würde das eröffnen! Aber die alte Königin Elisabeth ist eine Sphinx und redet kein Sterbenswörtchen von der Thronfolge. Und die deutschen Prinzessinnen? Nein, von denen will der König nichts wissen. Heiratete er eine deutsche Prinzessin, so würde er immer glauben, ein Faß im Bett zu haben; sie erinnern ihn alle an diese deutsche Isabella von Bayern, die Frankreich mit dem Vertrag von Troyes so hereingelegt hat. Der König schielt immer wieder nach den Niederlanden, wo er so gern Fuß fassen möchte. Eine Schwester des Prinzen von Nassau kommt als Hugenottin nicht in Frage; Rom würde verstimmt sein und die Annullierung verweigern. Vielleicht die Nichte des Herzogs von Florenz, die Prinzessin von Toskana? Nein, sagt der König, diese schon gar nicht. Eine Maria von Medici würde ihn immer an Katharina erinnern, „die Frankreich und ganz besonders mir so viel Böses zugefügt hat".

Die Reise durch Europa ist zu Ende und hat kein Ergebnis gebracht. Es bleiben die Töchter der großen französischen Familien. Der König lehnt nicht grundsätzlich ab, eine seiner Untertaninnen zu heiraten. Es liegt nicht in der Tradition des Königshauses, aber Heinrich hat nie auf monarchische Manier gelebt. Er ist auch nicht mehr der jüngste und würde sich mit den Anforderungen der Etikette fremder Höfe schwer befreunden. Am liebten sähe er es, wenn seine Kinder reine Franzosen würden. Unter den in Frage kommenden Französinnen ist ihm die Schwester des Herzogs von Guise die liebste. Die Familie hat ihm Entgegenkommen bewiesen, und wenn es anginge, wäre ihm die Mutter noch lieber als die Tochter. Es ist ein Geschlecht, das sich durch gesellschaftlichen Glanz, Bildung und Mut auszeichnet; man hat Passionen, aber man weiß sich zu beherrschen. Im Kriege sind die Guisen tapfere Feinde, ist der Frieden aber einmal geschlossen, so wird er ritterlich gehalten. Die Tochter des Heinrich von Guise gilt als ehrgeizig und anspruchsvoll, und gleich wendet der König ein — das verrät seine Furcht vor Frauen —, er wünsche sich eine Frau für die Liebe und keine politische Intrigantin. Heinrich hatte kaum einen Augenblick von der Tochter seines alten Feindes gesprochen, als er den Gedanken schon wieder fallen ließ: die Prinzessin sei zu sehr eingeschworen auf ihr Haus und ihren Brüdern allzu viel zugetan — die würden einem nur wieder zu schaffen machen, wie seiner Zeit die Oheime der Maria Stuart. Nein, man darf sich mit den Guisen nicht wieder einlassen. Bei diesen Worten blickt der König Rosny an, aber er kann beruhigt sein, der Minister legt keinen Wert darauf, die Guisen wieder am Hof auftauchen zu sehen. Das gleiche gilt für die Töchter Mayennes, zumal die Schwarze dem König nicht gefällt, die andere zu jung ist. Auch die Guéménées sind nicht nach des Königs Geschmack. Zum Schluß sind alle innerhalb und außerhalb Frankreichs in Frage kommenden Gemahlinnen verworfen. Es fragt sich jetzt nur, wer bei diesem Versteckspiel als erster das eigentliche Thema anschneidet. Der König klopft auf den Busch und gibt eine Erklärung von sich: wenn er je sich entscheiden soll, muß die unauffindbare Prinzessin zunächst einmal sieben Be-

dingungen erfüllen. Schön muß sie sein an Körper und Geist, sonst würde er auf die schlimmsten Abwege geraten, ferner sanft, verständig und geistreich. Wünschenswert wäre, daß sie aus königlichem Hause stammt, aber das ist nicht unbedingt erforderlich. Die Hauptsache: man muß sicher sein, daß sie Kinder haben wird. Auf diese Aufzählung antwortete Rosny mit Scherzen: da gebe es kein anderes Mittel, als die schönsten Mädchen Frankreichs zusammenzurufen und sich über ihre Fruchtbarkeit von Matronen Bericht erstatten zu lassen. Und ernsthafter fügte er hinzu: was man entdecken müßte, wäre eine Maria von Burgund samt ihren Niederlanden und Burgund, doch leider ist so was nicht zu finden. „Aber es gibt ja eine Frau", meinte der König, „die alle meine sieben Bedingungen erfüllt", und als Rosny Erstaunen heuchelt, fährt Heinrich fort: „O, Sie Durchtriebener, Sie wissen sehr wohl, wen ich meine, und spielen nur den Ahnungslosen, um mich zu zwingen, selbst ihren Namen zu nennen. Finden Sie nicht die Hauptbedingungen in meiner Geliebten erfüllt? Ich will nicht sagen, daß ich daran gedacht habe sie zu heiraten, aber ich möchte wissen, wie Sie darüber denken, wenn mir in Ermangelung einer anderen Partie eines Tages der Gedanke kommen sollte?"
Das also sollte der Ausweg aus dem Labyrinth sein. Die Gestalt der unauffindbaren Märchenprinzessin verflüchtigt sich plötzlich vor einer gefährlichen Wirklichkeit, so daß Rosny sich seinerseits zu einer Erklärung gezwungen sah: eine solche Ehe verstieße gegen das Staatswohl. Um Frankreich die Gefahren einer unsicheren Thronfolge zu ersparen, würde man alle Wirren heraufbeschwören, die man vermeiden wollte. Der König mag die Kinder, die Gabrielle ihm schenkte, noch so sehr lieben, sie werden dennoch Bastarde bleiben. Auch bei nachträglicher Legitimierung kann der Älteste niemals Dauphin werden. Die Unterhaltung im Park dauerte drei Stunden, und es ist erstaunlich, daß Rosny dieses pikante Gespräch später seinen vier Sekretären zur Aufnahme in sein Memoirenwerk diktiert hat. Aber es wird uns immer peinlich berühren, daß in Rosnys berühmten Erinnerungen keine Schwäche, kein Versagen, kein Irrtum des Königs, kein vertrauliches Geheimnis verschwiegen bleibt und die Tugenden und Vollkommenheiten, die stets gerechten und klaren Anschauungen Rosnys herausgestrichen werden, so wie er sich die Dinge im Lauf

von fünfundzwanzig Jahren zurechtlegt, während er in der Muße der Zurückgezogenheit seine Memoiren diktiert.

Rosny fand an jenem Tag den König „sterblich verliebt", ja er versteigt sich zu dem Worte „vernarrt". Man kann den Monarchen vielleicht hindern seine Geliebte zu heiraten, aber zu Lebzeiten Gabrielles wird niemals eine andere mögliche oder unmögliche Heiratskombination Gestalt annehmen.

Es scheint also keinen Ausweg zu geben. Und doch gibt es einen, und sogar bald. Ein paar Monate später trug Gabrielle stolz und selbstgefällig eine neue Schwangerschaft zur Schau. Sie befand sich mit dem König in Fontainebleau und das königliche Familienglück schien inniger denn je, es herrschte die zärtlichste und rührendste Eintracht. Das Osterfest stand bevor, und nach einem alten Brauch, dem man im Liebesleben der Könige immer wieder begegnet, sollten sich Heinrich und Gabrielle für die Zeit der Ostern trennen. Der König selbst verlangte es von seiner Geliebten: er mußte wenigstens während zweier Wochen ein Beispiel geben und seinen kirchlichen Pflichten leben. Gabrielle brach in Tränen aus.

Man erzählt von ihr, daß sie eine selbst für Frauen ungewöhnliche Schwäche für Astrologie hatte, ihre Sterndeuter, die sie ständig in Scharen begleiteten, gut bezahlte und unaufhörlich von ihnen erfahren wollte, ob der König sie heiraten würde. Über diesen Punkt konnten die Astrologen in den Sternen keine deutliche Antwort finden. Gabrielle sah der Niederkunft entgegen und war von einer tiefen Traurigkeit befallen. Ob es nun eine in ihrem Zustande begründete oder eine gespielte Schwermut war, jedenfalls sah sie in der geforderten Trennung ein schlechtes Vorzeichen. Wenn sie jetzt Fontainebleau verließ, würde sie nie wieder zurückkehren. Man trug ihr düstere Geschichten zu: es waren sonderbare Todesfälle am Hof vorgekommen, um die sich Legenden gebildet hatten. Die Frau des Konnetabel von Montmorency hatte nach einem unheimlichen Besuch ihren Geist aufgegeben. Ein ganz in Schwarz gekleideter Mann von hünenhafter Gestalt hatte mit seltsamem Nachdruck verlangt, ihr eine Botschaft zu überbringen. Bei dieser Meldung war sie erblichen und wie unter einem magischen Zwang dem unheimlichen Boten entgegengegangen. Als sie wiederkam, glich sie einer Leiche und ließ sich mit den Worten „Ihr werdet mich nicht wiedersehen" in einen Sessel fallen. Drei Tage später war sie tot, und ihr Gesicht hatte sich unter den gesträubten Haaren so furchtbar verändert, daß man an ihrem Krankenlager nur mit Grauen verweilen konnte. Auch das Fräulein von Bourbon war nach merkwürdigen Vorzeichen verschieden. Wenn wir diese phantastischen Geschichten überhaupt erwähnen, so geschieht es nur um zu zeigen, wie kunstvoll Geschichte geschrieben wird: erst kündet das Vorspiel wie in der antiken Tragödie das Ereignis an — wir werden den gesträubten Haaren wieder begegnen — kurzum, wir wissen schon: Gabrielle wird sterben.

Kaum angekündigt, rollen die Ereignisse rasch ab. Die arme Gabrielle berief sich auf ihre Vorahnungen und flehte, man möge ihr die Trennung während der Fastenzeit ersparen. Der König bestand trotzdem darauf und erklärte zu ihrem Trost, daß er sie in Paris unter den Schutz des Bankiers Zamet stellen werde. Zamet war ein gefälliger und prunkliebender Mann, der sich mit besonderem Eifer um die Vergnügungen und Liebesangelegenheiten des Königs bemühte. Durch ihn könnten die Liebenden tagtäglich voneinander hören. Heinrich wollte Gabrielle bis Essonnes begleiten. Dort nahmen sie unter Seufzern und Zärtlichkeiten tränenreichen Abschied, wie Rosny es fünfundzwanzig Jahre später durch seine vier Sekretäre so schön und romanhaft aufzeichnen läßt. Der König ließ die Geliebte in Melun ein Schiff besteigen, um ihr das Gerüttel einer Wagenfahrt zu ersparen. So fuhr sie unter dem gestickten Zeltdach die Seine hinunter und ging am Arsenal an Land, wo Rosny zu ihrer Begrüßung erschienen war. Grade weil sie wußte, daß Rosny ihr Widersacher war, zeigte sie sich besonders liebenswürdig und einschmeichelnd. Im Augenblick waren alle Vorahnungen vergessen. Wenn der allmächtige Minister sich endlich mit ihr verbünden und begreifen wollte, daß die Heirat für das Glück des Königs unentbehrlich und so, wie die Dinge lagen, die einzig mögliche Lösung sei, würde auch er dabei den wohlverdienten Lohn finden. Rosny stellte sich taub und antwortete mit allgemeinen und nichtssagenden Redensarten von Respekt, Ergebenheit und Verehrung.

Rosnys Gattin mußte Gabrielle ihre Aufwartung machen. Zwischen zwei Frauen gab es leichtere Möglichkeiten der Verständigung,

Gabrielle wollte davon profitieren. Herr von Rosny tut unrecht, sagte sie zu seiner Gattin, sich gegen diese Heirat zu stellen; er setzt nur seine Stellung, seinen ganzen Einfluß aufs Spiel. Von Frau zu Frau teilte Gabrielle jetzt ihr großes Geheimnis mit — ihre Tränen, die gespenstischen Geschichten sind vergessen: morgen wird sie Königin sein. Der König ist entschlossen, er hat es ihr fest zugesagt, auch spricht man schon in der Öffentlichkeit davon. Tatsächlich finden wir in den Tagebüchern l'Estoiles um diese Zeit vermerkt, daß Paris mit der Heirat rechnete. Der Entschluß des Königs, verriet Gabrielle, sei unwiderruflich. Wenn Herr von Rosny jetzt den nutzlosen Kampf aufgebe, würde sie alle alten Beleidigungen und Widerstände vergessen. Frau von Rosny, ganz geblendet davon, Vertraute der Königin von morgen und Mitwisserin des großen Geheimnisses zu sein, stürzte zu ihrem Gatten, um ihm die aufregende Neuigkeit zu überbringen. Unter zärtlichen Umarmungen, fügte sie hinzu, habe Gabrielle ihr bei der Verabschiedung schon die Erlaubnis erteilt, in Zukunft dem Lever und Coucher der Königin Gabrielle beizuwohnen!

Rosny blieb kühl: er kannte sich aus im Spiel der Fürsten und im Spiel der Frauen, und was die letzteren anging, so waren es Kinderspiele in seinen Augen. Seine Gattin, meinte er, solle sich schämen, sich in ihrer Einfalt diese Geschichten aufbinden zu lassen. Die Mätresse hatte sie wie eine gewöhnliche Kammerzofe behandelt, das war so ihre Art und Taktik, sich mit Untergebenen in kompromittierende Vertraulichkeiten einzulassen. Seine Gattin möge unverzüglich die Koffer packen, Gabrielle der Fürsorge Zamets überlassen und sich nach Schloß Rosny bei Mantes verfügen, wo eine ihrem Range besser entsprechende Aufgabe ihrer harre: man erwarte den Prinzen und die Prinzessin von Oranien, die, beide Hugenotten, bei ihren Glaubensbrüdern das Abendmahl zu feiern gedenken.

In den frühen Morgenstunden des Tages vor Ostern befanden sich Rosny und seine Gattin im ehelichen Schlafzimmer, und er las ihr immer noch die Leviten: nein, diese Heirat wird nicht zustandekommen. Frau von Rosny möge aufhören sich weiter mit Gabrielle zu kompromittieren; sie hatte sich nur zu sehr mit einer Frau eingelassen, die ebenso ehrgeizig wie einfältig ist und bald mit düsteren Vorahnungen, bald mit siegessicheren Gewißheiten operiert. In die-

sem Augenblick machte ein heftiges Glockenläuten am Schloßtor der Strafpredigt ein Ende. Da im Schloß alles noch im Schlaf lag, ertönte die Glocke von neuem und eine Stimme rief: „Im Namen des Königs!" Rosny erzählt, wie er selbst ans Tor ging, da kein Dienstbote sich blicken ließ, und unterwegs einen Lakaien weckte. Wir wollen seine Erzählung nicht zu genau unter die Lupe nehmen, obwohl es uns seltsam berührt, daß er die Stimme des Boten auf eine so große Entfernung gehört haben will. Ein schweißbedeckter Kurier brachte die bestürzende Neuigkeit, daß Gabrielle, Herzogin von Beaufort, gestorben sei. Der König, fassungslos vor Schmerz, schrieb selbst aus Fontainebleau und befahl Rosny, unverzüglich bei ihm zu erscheinen. Während Rosny also das Abendmahl feierte, war Gabrielle in Agonie gelegen und gestorben, Boten waren hin- und hergeeilt — der Marquis ließ sich die Botschaft wiederholen, und kaum hatte er sich das Geschehene klar gemacht, empfand er das Gefühl der Freude und Erleichterung. Er kehrte ins eheliche Schlafzimmer zurück und sagte zu seiner Gattin in einem Ton, den wir uns lebhaft vorstellen können: „Du wirst weder dem Lever noch dem Coucher der Frau Herzogin beiwohnen, denn sie ist tot." Beim Ankleiden versuchte er die Folgen des Ereignisses abzuschätzen. Endlich also konnte man den König verheiraten, oder zunächst einmal scheiden. Margarete von Valois wird jetzt einwilligen — noch vor Ablauf eines Jahres gibt es eine Königin und bald darauf einen Dauphin.
Bleibt ein Geheimnis um Gabrielles Tod? Sicher war es wieder ein Tod zur rechten Zeit. Was wissen wir über ihre letzten Stunden? Sie nahm am Gründonnerstag abends bei Zamet ein üppiges Diner mit ausgesuchten Fischgerichten. Nach Tisch begab sie sich zur abendlichen Kirchenmusik, ließ sich später zu Zamet zurückbegleiten und erklärte, sie fühle sich nicht ganz wohl. Darauf schöpfte sie frische Luft in Zamets schönen Parkanlagen in Begleitung einiger Damen. Plötzlich schwankte sie, brach zusammen, beklagte sich über heftige Leibschmerzen und schrie, der Hals brenne ihr wie Feuer, man habe sie vergiftet. Hatte sie recht? Außer d'Aubigné scheint kein anderer Zeitgenosse es geglaubt zu haben, jedenfalls wagte niemand, den Verdacht zu äußern. Die Sterbende verlangte laut schreiend nach dem König, der schon in wilder Hast von Paris aufgebrochen war. Man

schickte ihm einen Vertrauensmann, La Varenne, entgegen, und bewog ihn zur Umkehr: Gabrielle sei bereits tot und so entstellt, daß ihre Umgebung den König anflehe, nicht zu kommen.
Es entspricht den höfischen Gepflogenheiten der Zeit, daß der König seine tote Geliebte nicht mehr sieht. Könige haben Toten nicht ins Antlitz zu schauen. Aber es ist verdächtig, daß man den König, der auf den Ruf der sterbenden Geliebten herbeieilt, auf dem halben Wege aufhält. Wollte man den Gedanken an Gift nicht aufkommen lassen? Man stellte dem König vor, daß die tote Geliebte abschreckend aussehe mit verdrehtem Kopf, Schaum vor dem verzerrten Mund und gesträubten Haaren. So will es die Legende, die auf uns gekommen ist. Wir können ihre Wahrheit nicht nachprüfen, aber es ist anzunehmen, daß es auch damals die Leichenfrauen verstanden, die Toten herzurichten. Wie dem auch sei, der Roman ist vollständig, man darf ihn nur nicht allzu genau nachprüfen: das Vorspiel, die Vorahnungen, der unheimliche Bote, die gesträubten Haare der Frau Konnetabel. Das Stück ist zu Ende, aber sofort inszenieren Politiker und Intriganten zwei neue Schauspiele.
Der König vergoß viele Tränen. Eine Woche später schrieb er an die Herzogin von Bar: „Vielliebe Schwester, Ihr Besuch hat mich sehr getröstet, und ich hatte Trost nötig, denn mein Schmerz ist so unvergleichlich wie es sein Anlaß war. Trauer und Klage werden mich bis ans Grab begleiten. Aber da Gott mich in diese Welt gestellt hat nicht um meinetwillen, sondern um des Königreichs willen, so ist all mein Sinnen und Trachten nur auf dessen Erhaltung gerichtet. Meine Liebe ist in der Wurzel getroffen und wird nie wieder keimen." Er spinnt das poetische Bild weiter: „Aber meine Freundschaft für Sie, geliebte Freundin, wird immer grünen und ich schicke Ihnen viele tausend Küsse. Gegeben zu Fontainebleau am 15. April." Gabrielle ist kaum unter der Erde, gewinnt der König die Fassung wieder. Noch unter Tränen denkt er an die Erhaltung des Königtums. Die Wurzel seiner Liebe ist abgestorben, aber es ist nötig sich zu verheiraten.
Man muß sich vorstellen, was diesem jungen, über Nacht geschaffenen Hofe alles fehlte von der Tradition einer Vergangenheit an bis zur Sicherung einer Zukunft, um zu begreifen, was alles an Berechnungen und Intrigen sich an diesen Tod knüpfte, der so gelegen kam.

Die Staatsmänner wollen dem König eine Gattin, die Intriganten eine Mätresse verschaffen, und beide erreichten ihr Ziel. So werden in diesen Wochen zwei Verhandlungen übers Kreuz geführt, und zweifellos weiß man bei den einen nichts von den anderen. In Rom ist man bemüht die Scheidung zu erreichen, und zu gleicher Zeit versucht man in Italien ein neues Eheprojekt zu verwirklichen. Trotz aller Abneigung des Königs gegen die Medici hätte eine Heirat mit der Nichte des Herzogs von Florenz ihre Vorteile. Man bleibt in der Welt Roms, man verstärkt den katholischen Charakter des französischen Hofes und erwirbt den Beifall des Kardinalskollegiums. Ohne deswegen schon alle Artikel des Tridentiner Konzils zu akzeptieren, könnte der König im Einvernehmen mit Rom freigewordene Bistümer vergeben, Abteien verteilen und in Rom französische Kardinäle residieren lassen. Die Verbindung mit Florenz wäre in erster Linie eine Verbindung mit Rom.

So taucht unmittelbar nach dem Tode Gabrielles im Vordergrund der Bühne die große und gewichtige Silhouette der Maria von Medici auf, die mit ihren schweren Schritten den Schauplatz der Geschichte betritt. Die Lösung wäre vernünftig, wenn nicht hinter den Kulissen zur selben Zeit ein anderes Spiel vor sich ginge. Die Clique der Intriganten hat dem König die Vorzüge einer jungen, reizvollen und geistreichen Französin aus großem Hause gerühmt. Sie würde dem König gefallen, er würde sie lieben und heiraten, und man wäre unter sich, unter Franzosen, ein Großer unter Großen; der König bliebe nach wie vor der gute Kamerad all derer, die verstimmt seinen selbstherrlichen Aufstieg mitansehn. Es handelt sich um das Fräulein von Entragues, die Tochter des Grafen von Entragues, eines der aufsässigsten Edelleute des Landes. Durch ihre Mutter ist sie eine Halbschwester des Grafen von Auvergne, des Bastards Karls IX. Auf diese Art ginge in die neue Dynastie das Blut der Valois über. Der Graf von Auvergne hatte am Hofe seines Onkels Heinrich III. gelebt, der ihn auf dem Totenbett seinem Nachfolger anempfahl. Ein zartes Band ist also schon vorhanden. Der Graf, ein hitziger junger Mann, fühlt den ganzen Stolz seiner königlichen Herkunft, bricht oft aus, wenn er auch wieder zurückkehrt, so daß der König ihn manchmal den „verlorenen Sohn" nennt. Eine Verbindung mit der jungen Henriette d'Entragues würde das Band zwischen der Krone, den großen Vasallen und dem unruhvollen Bastard enger knüpfen.

Bei der ersten Begegnung spielte Henriette ihre Rolle so gut wie nur ein großer Diplomat. Sie wird sich dem König nur im Einverständnis mit ihrer Familie und nach reiflicher Überlegung in die Hände geben. Alle Welt weiß, daß der König wie ein Märchenprinz auf Brautschau ist, und in einem solchen Augenblick wird ein junges Mädchen aus großem Hause, von den Eltern und dem Halbbruder Auvergne gut abgerichtet, sich nicht auf ein flüchtiges Abenteuer einlassen. Aber man weiß auch, daß der König nur heiraten will, um einen Dauphin zu haben. So wird im Einvernehmen mit dem Vater ein seltsamer Vertrag geschlossen: Henriette soll sich nur mit Erlaubnis ihrer Familie dem König hingeben. Wenn sie den Beweis ihrer Fruchtbarkeit erbracht und einen Sohn geboren hat, wird der König sie unverzüglich heiraten. Heinrich unterzeichnet das Heiratsversprechen und vertraut es dem Vater an. In den Sammlungen der Liebesbriefe des Königs findet sich der genaue Text des vom 1. Oktober 1599 datierten Dokumentes, das übrigens auch in den Memoiren Sullys nicht fehlt.

Jetzt ist also Henriette des Königs „Herzallerliebste", und für sie regnet es Tausende von Küssen auf die Briefblätter. Aber mit dem Liebesappetit steigert sich das Mißtrauen. Auch Henriette ist der Appetit gekommen, aber nach Geld, Titeln und Ehren, und hinter ihr steht die Familie mit ihren Forderungen. Am 6. Oktober schreibt der König der Herzallerliebsten: „Sie verlangen von mir, alle Hindernisse aus dem Weg zu räumen, die sich unserer Vereinigung entgegenstellen. Ich habe durch meine Vorschläge bewiesen, wie sehr ich Sie liebe, nun sollte Ihre Familie keine Schwierigkeiten machen." Die Familie wünscht Sicherheiten: ein Marquisat für Henriette und auf der Stelle hunderttausend Taler in bar. Man ist der Zukunft nicht sicher, sieht sich vor und versucht, so viel wie möglich herauszuschlagen. „Was ich in Ihrer Angelegenheit zugesagt habe, werde ich halten", schreibt Heinrich IV., „darüber hinaus nichts." Und weiter: Als König und Gascogner bin ich ungeduldig, und ein Liebhaber, der von ganzem Herzen liebt wie ich, will zärtlich behandelt sein und nicht grob." Er wittert hinter dieser Liebe die drohenden Forderungen der Familie und fühlt sich in ein fatales Abenteuer verstrickt. „Meine Herzallerliebste, Ihr Brief hat bei mir die gleiche Wirkung gehabt wie der meine bei Ihnen und liegt mir sehr im Magen." Anscheinend hat er gescholten und eine unverschämte Antwort erhalten. Man spürt die Verstimmung noch in seinem Brief vom 13. Oktober: „Wenn meine Liebe Gleiches mit Gleichem vergelten wollte, so würde meine Antwort so kalt ausfallen wie Ihre beiden letzten Briefe an mich." Henriette mit ihren achtzehn Lenzen ist eine gelehrige Schülerin, erlernt schnell die strategischen Regeln des Ehrgeizes und die Kunst, einen Verliebten klug zu beherrschen. Die Titel, das Marquisat, die klingenden Taler, die der König teils versprochen, teils schon gewährt hat, veranlassen den Grafen d'Entragues das Liebesidyll in seinem Schlosse Malesherbes zu begünstigen. Man hat nicht das Mäuschen in die Falle gebracht sondern den Kater, und das Mäuschen soll den Kater aushungern. Heinrich IV. spürt es sehr wohl, daß er ausgebeutet wird. Wenn der Vater unzufrieden ist, entzieht sich ihm Henriette, und der Vater selbst führt die Verhandlungen. „Die Summen zum Ankauf eines Landgutes für Sie sind flüssig gemacht, aber das Verhalten Ihres Vaters hat mir jede Lust genommen mit ihm weiter zu verhandeln. Mit gefalteten Händen flehe ich Sie an, geliebtes Herz, dafür zu sorgen, daß er mich in Ruhe läßt." Und einige Zeilen weiter wiederholt der König: „Auf beiden Knien beschwöre ich Sie dafür zu sorgen, daß er mich in Ruhe läßt", und fügt hinzu: „Lieben Sie mich wie ich es tue, der ich immer nur Sie lieben werde." Glaubt er das selbst? Er möchte wohl die unausstehliche Familie ausschalten, die Französin heiraten und um eine ausländische Ehe herumkommen, die zwischen zwei Höfen geschlossen wird. „Ach, daß unser Glück nur von uns beiden abhinge", heißt es in einem anderen Brief, aber er fühlt sich hintergangen, wenn er einige Tage darauf schreibt: „Auf die Nachricht, die mir Naus überbrachte, wird er Ihnen eine liebevollere Antwort übermitteln als ich sie eigentlich geben sollte." Der König hat seine Kette selbst geschmiedet und muß nun zusehen, wie die Nutznießer der Situation sich mühen, sie recht streng anzuziehen. Henriette d'Entragues, Marquise von Verneuil, ist schwanger, und da fast ein Jahr seit Gabrielles

Tod vergangen ist, sieht sie sich in naher Zukunft als Königin von Frankreich.

Und die Florentiner Heiratspläne? Die Verhandlungen waren unter der Hand begonnen und werden weitergeführt: es ist unmöglich sie brüsk abzubrechen, ohne fremde Fürstlichkeiten zu beleidigen und alle diejenigen zu verstimmen oder zu enttäuschen, die sich darum aus sachlichem oder persönlichem Interesse bemüht haben. Geheime Vertrauensleute, Kardinäle, der Papst selbst sind am Werk. Zugunsten einer fürstlichen Verbindung hat Margarete endlich ihre Einwilligung in die Scheidung gegeben. Die Dinge laufen wie von selbst, und alles geht um so leichter, als die Mittelsleute von dem verhängnisvollen Eheversprechen keine Ahnung haben, guten Glaubens und überzeugt sind, daß die Verbindung glücklich und leicht zustande gebracht werden kann. Rosny verfolgt die Verhandlungen genau und ist zufrieden. Binnen kurzem wird Frankreich eine Königin haben und hoffentlich neun Monate später einen Dauphin. Dann erst kann man aufleben und in die Zukunft blicken. Als Rosny dem König über den Fortschritt der Verhandlungen Bericht erstattete, fand er seinen Herrn schweigsam, ja sorgenvoll. Etwas schien nicht in Ordnung. Heinrich IV. mußte seinem Minister das peinliche Geheimnis anvertrauen: er zog aus einer Schublade das bedingte Heiratsversprechen, dessen Original sich bei Henriettes Vater in Malesherbes in einer Kassette befand. Rosny las es sorgfältig durch und zerriß das Papier mit einem kalten Blick auf den König. Die unverschämte Geste brachte Heinrich in Wut, er verließ den Raum. Als er nach einer Viertelstunde zurückkehrte, hielt er die noch nasse Abschrift des zerrissenen Schriftstücks in Händen. So läßt Rosny fünfundzwanzig Jahre später die Anekdote durch seine vier Evangelisten berichten — er hätte sie besser bei sich behalten. Sie erscheint uns um so wertloser, als man bedenken muß, daß es darauf ankam, nicht die vom König verlegen vorgezeigte Kopie sondern das Original zu vernichten, das in der Pandorabüchse zu Malesherbes beim Vater Henriettens verschlossen war. Es wäre verwegen, hier Glaube, Wünsche und Hoffnungen von dem, was man tatsächlich wußte, klar unterscheiden zu wollen. Die Menschen der Geschichte haben nicht an die kritischen Köpfe späterer Zeit gedacht, die eine logische Folge in den Hand-

lungen und Gefühlen entdecken wollen und widerspruchsvolle Briefe miteinander vergleichen. Ein Zufall brachte die Lösung: Henriette erwartete den Sohn wie ein Himmelsgeschenk — da verirrte sich bei einem Gewitter ein Kugelblitz in ihr Schlafzimmer zu Saint-Germain, und vor Schreck kam sie mit einem toten Kind nieder.
Also konnte sie innerhalb Jahresfrist dem König keinen Sohn schenken. War nun Heinrich IV. von seinem Versprechen entbunden? Zweifellos wünschte er frei zu sein: die Unstimmigkeiten des Vorspiels hatten ihm die Augen geöffnet, und so ließ er die Florentiner Verhandlungen jetzt zum Abschluß bringen. Die Familie Entragues machte noch Einwendungen: mit dem Blitz hatte man unmöglich rechnen können, der Versuch zählte nicht. Trotzdem sah ihn der König als entscheidend an, und schon zeichnet sich die große Silhouette der Maria von Medici deutlich am Horizont ab. Aus Florenz trafen günstige Nachrichten ein. Man war sich einig über die Mitgift, die das Herz des Oberintendanten der Finanzen erfreute, sowie über die Zusammensetzung des Ehrengefolges und der Dienerschaft der zukünftigen Königin. Man mußte zum Abschluß kommen, ein Aufschub würde Florenz wie Rom vor den Kopf stoßen. So konnte Rosny an einem Aprilmorgen ins Arbeitszimmer des Königs treten und erklären: „Sire, wir haben Sie soeben verheiratet." Wir sind über die genauen Daten unterrichtet: das Heiratsversprechen ist vom 1. Oktober 1599 datiert, der Ehekontrakt mit Maria von Medici am 25. April des Jahres darauf unterzeichnet, und vier Tage vorher schreibt der König an seine Geliebte: „Mein Fräulein — die Beweise der Liebe und Ergebenheit sowie die Wohltaten, die Sie von meiner Seite empfangen haben, hätten das oberflächlichste Herz der Welt bezwingen müssen, aber Sie haben einen schlechten Charakter. Ich werde Sie nicht weiter schelten, obwohl ich, wie Sie wissen, allen Grund dazu hätte. Bitte schicken Sie mir das bewußte Versprechen zurück und geben Sie mir keine Veranlassung, es auf anderem Wege einzufordern. Senden Sie mir auch den Ring wieder, den ich Ihnen letzthin überreichte. Dies ist der Anlaß meines Briefes, auf den ich noch heute Abend Antwort verlange. 21. April 1600."
Wir dürfen annehmen, daß Henriette für den Boten nur Hohn und Spott hatte, denn der König, der auf keinem anderen Wege seine

Forderungen wiederholen wollte, schrieb noch am selben Tage an den Vater: „Herr von Entragues, händigen Sie dem Überbringer dieses das Versprechen ein, das ich Ihnen seiner Zeit in Malesherbes übergab. Ich ersuche Sie, die Rückgabe nicht zu verabsäumen. Wenn Sie es vorziehen, mir das Dokument persönlich zu überbringen, werde ich Ihnen meine zwingenden Gründe erklären, Gründe, die nicht von der Staatsraison bestimmt sondern rein privater Natur sind. Sie werden einsehen, daß meine Forderung berechtigt ist, und daß ich einen eher zu gütigen Charakter habe. Indem ich der Erwartung auf Ihren Gehorsam Ausdruck gebe, versichere ich Sie meiner königlichen Geneigtheit. Fontainebleau, den 21. April 1600."
Die Antwort des Vaters ist uns nicht überliefert, aber wir wissen, daß das Eheversprechen noch vier Jahre lang in der Büchse der Pandora verblieb, um dann erst gegen eine Zahlung von dreißigtausend Talern zurückerstattet zu werden. Nach dem Blitzschlag und einer vorübergehenden Trennung wurde Henriette zwar nicht Königin, aber sie spielte die Rolle des in ein königliches Liebesabenteuer verirrten jungen Mädchens so gut, verstand es so trefflich, mit Tränenströmen, zärtlichen Vorwürfen und edlen Worten den König von seinem unbestreitbaren Unrecht zu überzeugen, daß sie für die verlorene Krone nur allzu leicht seine Liebe zurückgewann.
Endlich war es so weit, daß Heinrich IV. am 24. Mai mit seiner schönsten Feder an die Herzogin von Toskana schreiben konnte: „Madame, Ihre leuchtende Tugend und Vollkommenheit, die alle Welt bewundert, haben schon lange in mir den heißen Wunsch geweckt, Ihnen nach Gebühr zu huldigen und zu dienen; die Nachrichten, die Hallincourt mir überbringt, haben diesen leidenschaftlichen Wunsch noch gesteigert. Da ich außer Stande bin, Sie meiner unverbrüchlichen Ergebenheit persönlich zu versichern, habe ich in Erwartung dieser Möglichkeit meinen treuen Diener Frontenac ausersehen, es für mich und in meinem Namen zu tun. Erlauben Sie ihm bitte, Ihnen meinen Gruß und Handkuß zu übermitteln und Ihnen die Empfehlungen eines Fürsten zu überbringen, den der Himmel zu Ihrem Diener erkoren und auf die Welt geschickt hat, so wie ich mir schmeichle, daß der Himmel Ihre Tugenden nur mir zugedacht." Das ist nicht der Stil des Königs. Zweifellos hat sich Hein-

rich bemüht einen Brief zu schreiben oder abzuschreiben, welcher der Bedeutung einer Staatshochzeit entspricht, und wir sehen vor uns, wie der Pinsel eines Rubens Maria von Medici verherrlichen wird. Es ist der Briefstil der Götter, und wir haben es hier mit einer himmlischen Verklärung irdischer Politik zu tun, die sich hoch über die Wirklichkeit erhebt. Der König hat seinen Brief mit den verschlungenen Initialen H und M unterzeichnet, wie es auf Bildteppichen wiederkehrt. Das Vorspiel zur Vermählung wird durch kriegerische Heldentaten belebt und geschmückt, die der König in Savoyen unternimmt, um sich sein Marquisat von Saluces zu holen. „Ich will es wieder haben und ich werde es wieder haben", hatte Heinrich gesagt. Verhandlungen waren gescheitert, so hatte er diesen Feldzug begonnen. Jetzt ist er wieder Soldat, heiter, unternehmungslustig, unermüdlich, ganz in seinem Element, ganz er selbst, genau wie damals bei Arques. Das unstete, aber erfolgverheißende Leben im Lager, auf dem Land, in den Bergen, behagt seinem Herzen, seinem Körper und Geist. In den Verwirrungen seiner Liebesabenteuer, zwischen Weiberintrigen kann sein Verhalten mitunter enttäuschend, ja empörend wirken, in der Schlacht aber wird er eins mit seiner Legende und seinem Mythos. Hier macht man ihm nichts vor, hier weiß er genau, was er will, wie weit er gehen wird, und daß, wenn er auf das Marquisat von Saluces Verzicht leisten würde, es ein freiwilliger Verzicht um eines größeren Zieles willen wäre. Er bittet Maria von Medici, ihm von ihrer Hand gestickte Bänder für seinen Hut zu schicken. Die romantische Fiktion wird selbst im Krieg beibehalten, und Heinrich läßt nichts außer acht, was ihm die Zuneigung der auserwählten Gattin erwerben könnte. Er muß sie auch um Geduld bitten, denn er ist ganz und gar beschäftigt mit Sturmleitern, Belagerungen, Kampieren im Schnee, mit dem kühnen und listenreichen Handwerk des Krieges. Er berichtet ihr von seinen Erfolgen: „Ich kann Ihnen etwas sorgloser schreiben: der Herzog von Savoyen hat mir bis jetzt zu schaffen gemacht, aber ich setze ihm so zu, daß er aus dem letzten Loch pfeift, und wenn er meine Forderungen nicht binnen acht Tagen annimmt, wird mein nächster Brief aus Chambéry kommen. Der Herzog setzt seine letzte Hoffnung darauf, mir einen bösen Streich zu spielen, d. h. mich umzubringen, aber Gott der Herr wird mich schützen, um Ihretwillen und um meiner Untertanen willen." Gott zum Zeugen anrufen — das ist wieder der Stil des Kriegers. „Meine Sache ist gerecht", schreibt er am 23. August, „Gott hat sichtbar seine Hand über uns gehalten und wird es, wie ich hoffe, auch ferner tun. Ich halte mein Versprechen und schreibe Ihnen aus Chambéry." Der König findet den Schwung seiner Jugend wieder und huldigt der Mediceerin wie ein verliebter Ritter. „Wenn es zur Schlacht kommt, ziehe ich meinen Degen zu Ehren unsrer Liebe. Ich weiß, daß Sie diesen Beweis der Ergebenheit nicht von mir verlangen, aber in Fragen des Soldatenhandwerks nehme ich den Rat der Frauen nicht an." Er hat die Tarentaise und die Maurienne abgeriegelt und „damit beherrsche ich ganz Savoyen bis auf die befestigten Plätze Bourg, Montmélian und das Fort Sainte-Cathérine, die ich nach Lust und Laune zu gegebener Zeit belagern werde." Werden sich die Spanier einmischen wollen? In einem Monat verfügt der König über 20 000 Mann, Franzosen und Schweizer. „Damit werfe ich nieder, was mir in den Weg tritt!" Er weiß nicht, was ihn davon abhalten könnte, nach Italien zu ziehen, bis nach Toskana, seine Gattin zu entführen und so den Ritterroman zu vollenden. „Wenn es schicklich wäre auszusprechen, daß man in seine Frau verliebt ist", versichert er, „würde ich Ihnen sagen, daß ich es bis über beide Ohren bin." Die künftige Königin von Frankreich fängt nun auch ihrerseits an, freimütiger und in französischer Sprache zu schreiben. „Geduld — jeden Tag eine Zeile mehr französisch, und bald wird der ganze Brief französisch sein." Alles geht gut. Der König hat das Fort von Charbonnière genommen; in sechs Tagen wird er Herr des ganzen Gebiets der Tarentaise sein, und da man spürt, daß hier Ruhm und Vorteil zu holen ist, eilen Fürsten und Adel herbei, um ihre Dienste anzubieten. „Der Prinz von Conti, der Graf von Soissons, sogar der Graf von Auvergne sind eingetroffen. Ganz Frankreich eilt zu Hilfe. Nur an Feinden fehlt es." Der Marschall von Biron hat Bourg-en-Bresse genommen. Die Briefe strahlen von Glück und guter Laune. Der Herzog von Savoyen wird von Heinrich Herzog ohne Savoyen genannt, er erteile seinen Offizieren schon keine Befehle mehr. „So bin ich also sein Beschützer", schreibt der König, „mag er nur kommen, ich werde ihn königlich empfangen." Das frohe und freimütige Lachen des Märchenprinzen und Gatten soll in Florenz heitere Stimmung in die Hochzeitsfeierlichkeiten bringen. Die Vermählung war dort prunkvoll gefeiert worden. Monsieur de Bellegarde hatte bei der Hochzeit den König vertreten. „Schenken Sie mir Ihre ganze Liebe", schrieb Heinrich IV. der Gattin, „und Sie werden die glücklichste Frau unter der Sonne werden." Er hat Frau von Guercheville, die tugendhafteste Dame des Hofes, nach Florenz geschickt, um Maria mit den französischen Sitten vertraut zu machen und ihr beizubringen, wie sie sich gegenüber den Prinzessinnen, vielleicht auch gegenüber der Geliebten, zu verhalten habe. Er schickt ihr nach französischer Hofmode angezogene Puppen, damit die Königin nicht in dem auffallenden italienischen Dekolleté ankommt, sondern die gestärkte Halskrause trägt und den Rock in der richtigen Länge. Alle diese Vorbereitungen geben dem Wunsch Ausdruck, daß Maria von Medici eilends komme, daß sie auf ihrem Schiff herbeifliegen möge, so wie der König ihr entgegenfliegen würde, wenn ihn nicht der glänzende Vertrag, den er nach der Einnahme von Montmélian soeben mit dem Herzog ohne Savoyen abschließt, noch zurückhielte. Er kann es nicht abwarten, mit Maria ein schönes Kind zu zeugen — er spricht es in seiner Weise ohne Umschweife aus.

Im Dezember traf die Königin in Marseille ein. Ihre große stattliche Erscheinung am Heck des Schiffes, die liebenswürdige Anmut, mit der sie Gruß und Zuruf entgegenzunehmen wußte, entzückten alle Welt. In kleinen Tagesreisen kam sie bis Lyon und ließ über alle Städte ihr wohlwollendes Lächeln strahlen. Sie hatte Vergnügen an Festlichkeiten und üppiger Tafel, sprach leidlich gut französisch und konnte sich die Gesichter und Namen der Edelleute und Damen gut merken, die ihr unterwegs vorgestellt wurden. Die unvermeidliche und dornige Frage blieb offen: war sie bereit, französische Bedienung für ihre Person anzunehmen? Sie würde damit dem König einen großen Gefallen erweisen, aber sie dachte nicht daran und zeigte sich in diesem Punkt unzugänglich. Von ihrem italienischen Ehrengeleit wollte sie einige Personen bei sich behalten, die anderen nach Hause schicken. Aber nichts in der Welt könnte sie bestimmen, sich von ihrer Kammerfrau Leonora Galigai zu trennen. Es wäre barbarisch, wollte man versuchen ihr diese Getreue zu nehmen. Leonora besitzt ihr ganzes Vertrauen, hat eine schöne Stimme, ist klug und der Königin auch durch ihre astrologischen Kenntnisse nützlich. Ihr schüttet sie das Herz aus, bei ihr findet sie Trost. Nicht minder unentbehrlich ist ein junger Edelmann namens Concini, sie braucht ihn für ihre Buchführung und Geldangelegenheiten. Maria von Medici ist reich und liebt Skulpturen, Bilder, Kupferstiche, Medaillen, die sie aus Italien kommen lassen wird, um ihre Wohnung im Louvre auszuschmücken, den man ihr als kahl und verwahrlost geschildert hat. Wegen ein paar Zwergen und kleinen Negern wird man ihr keine Schwierigkeiten machen wollen. Der König ist von Gunst und Glück der Gegenwart ganz erfüllt, verliebt und nachgiebig. Die Nachteile der Heirat mit einer Ausländerin hat er vorausgesehen und also auch im voraus akzeptiert.

Zwei Monate nach der *per procurationem* vollzogenen Hochzeit fand endlich im Schloß von La Mothe das erste Zusammentreffen der Gatten statt. Der Roman geht weiter. Vor der Begegnung in der Öffentlichkeit hat der König wenigstens einen Blick auf seine hohe Gemahlin werfen wollen. Das ganze Zeremoniell war festgelegt, selbst die Improvisationen. Während die Königin mit ihren Damen bei der Tafel saß, war der König für einen Augenblick unauffällig zwischen den Edelleuten im Türrahmen erschienen. Es war ein übliches Inkognito und gehörte traditionsgemäß zum Roman der königlichen Eheschließungen. Maria von Medici hatte ihre Rolle gut gespielt: unter den neugierigen und belustigten Blicken war sie blaß geworden, wie es sich schickte, rührte nach diesem Augenblick keine Speisen mehr an, kurz, sie mimte die züchtige Jungfrau. Diese kleinen königlichen Komödienszenen amüsierten die Gesellschaft und werden getreulich in Briefen und Chroniken festgehalten. Nach beendeter Tafel begab sich die Königin in ihre Gemächer, wo sie durch Madame de Guercheville, ihre Ratgeberin, eine Botschaft erhielt: der König habe sein Bett nicht auf die Reise mitgenommen, gleich werde er erscheinen und hoffe, daß ihm seine Gemahlin gestatten wird, das ihre zu teilen. Sie braucht keinerlei Bedenken zu hegen, alle Forderungen der Religion sind in Florenz erfüllt worden. Der Form nach ist sie seit zwei Monaten des Königs Gattin, und man hat sie als Königin von Frankreich behandelt. Sie muß es nur noch in Wirklichkeit werden. In dem Bericht, den Vinta, der Gesandte von Toskana, am nächsten Morgen an seinen Hof abschickte, meldete er, der Leibarzt Guidi und die Hofdame vom Dienst, die Herzogin von Nemours, hätten ihm zugeflüstert: *che le chose erano passate finalmente benissimo.* Einen Monat später schrieb Heinrich, der sich noch immer unterwegs befand, an die Königin: „Geliebtes Herz, ich muß Sie wohl sehr hassen, wenn ich mich über Ihre Unpäßlichkeit so freue. Achten Sie auf Ihre Gesundheit, um Ihretwillen, um meinetwillen, um des Königreichs willen ... Montag werde ich meine Kinder" — es handelt sich um Gabrielles Kinder — „besuchen, zweifeln Sie nicht an meiner Liebe, da Sie mir in allem zu willen sind! Das ist das sicherste Mittel, mich zu beherrschen, und ich will von niemandem beherrscht sein als von Ihnen, der ich hunderttausend Küsse schicke. Den 27. Januar."

Was mag inzwischen aus Henriette d'Entragues geworden sein? Sie ist keineswegs vergessen, sie bleibt die Geliebte, „mein Zicklein". Die Hochzeitsfeierlichkeiten von Lyon sind kaum vorbei, und schon eilt der König auf einen Sprung nach Verneuil, um auch die Mätresse in die Lage zu versetzen, ihm einen Sohn zu schenken. Sie darf ihm nicht böse sein: die Heirat der Könige ist eine Sache für sich, ihre Liebesbeziehungen liegen auf einer anderen Ebene: die eine ist „meine Gemahlin", die andere „meine Liebste". „Es geht mir gut", schreibt Heinrich an Henriette, „ich bin nur liebeskrank, aber das ist ein so süßes Leiden, daß ich freiwillig nur den von Thyrsis besungenen Tod wählen würde." Der König beschreitet einen Weg, der zur Hölle führt, die ihm die Gattin und die Geliebte gemeinsam schaffen und die er sich selbst vorbereitet hat. Henriette nimmt unter dem nichtssagenden Titel einer Ehrendame Wohnung im Louvre. Der König hat selbst die Mätresse der Königin vorgestellt und dabei gesagt: „Diese Dame war meine Geliebte und möchte nun Ihre ergebenste Dienerin werden." Man weiß nicht recht, ob er dabei die Königin betrog oder sich selbst. Die Marquise von Verneuil denkt nicht daran, die Ergebene oder die Dienerin zu spielen, und wenn für Maria von Medici auch nur der leiseste Zweifel über die Situation bestand, so wird er bald behoben sein. Am 27. September 1601, genau neun Monate nach der Begegnung von Lyon, brachte Maria von Medici

einen Dauphin zur Welt, und Paris schoß Salut; sechs Wochen später wurde auch die Marquise von Verneuil von einem Sohn entbunden. Die privaten Briefe Heinrichs IV. aus dieser Zeit verraten über die „Lage" keinerlei Verwirrung und keinerlei Skrupel. Voll Stolz teilt er der Geliebten die guten Neuigkeiten über die Gattin mit. „Der Königin und meinem Sohn geht es Gott sei Dank gut. Das Kind gedeiht und hat in den fünf Tagen, die ich es nicht gesehen, tüchtig zugenommen... Lieben Sie mich und geben Sie gut acht auf das, was Sie unter dem Herzen tragen." Es herrschen türkische Sitten am Hof: nach der Königin schenkt auch Henriette dem König einen Sohn. Heinrich verteilt seine Kinder an die verschiedenen Gouvernanten: Madame de Mouglat soll die Sorge und erste Erziehung des Dauphin übernehmen und zu gegebener Zeit nicht mit der Rute sparen, soll auch ein Auge auf die anderen Kinder haben. Die Kinder sollen sich gegenseitig lieben, sich Brüderchen und Schwesterchen nennen und viel zusammen sein. Beide Mütter erhalten ihre Belohnungen; die Königin die schöne Domäne und das Schloß von Montceaux, das Heinrich früher Gabrielle geschenkt hatte und das er von seinen Kindern zurückkauft. An Henriette schreibt er: „Zamet wird Ihnen geben, was Sie verlangen." Ganz so viel war es nicht, denn die Geliebte schien durchaus nicht zufrieden, und die Liebe verflüchtigt sich rasch bei dem Gezänk: „Geliebtes Herz, Sie haben mir so fest versprochen vernünftig zu sein, daß Sie begreifen müssen, wie sehr der Ton Ihres letzten Briefes mich gekränkt hat... Ich habe immer befürchtet, daß Sie mich nicht genug lieben, und das erklärt mir auch Ihre Zornausbrüche. Ich habe es Ihnen oft ausgesprochen, nicht weil ich empfindlich bin, sondern weil ich den Verlust Ihrer Liebe weit mehr fürchte als den Verlust meines Lebens. Halten Sie also meine Zweifel meiner übergroßen Leidenschaft zugute und sehen Sie darin nicht den Wunsch Sie zu verlassen. Lieber will ich sterben."
Der Stil dieser Liebesbriefe bildet ein ganzes Wörterbuch poetischer und galanter Floskeln. Kaum je schreibt er einer Frau, ohne ihr in Vers und Prosa ewige Treue zu schwören, ohne Gott zum Zeugen anzurufen, daß sein Herz ihr allein gehöre. Es ist der Stil der Bücher, die der König liest, und man darf darin weder Doppelzüngigkeit noch Selbstbetrug erblicken: es sind lediglich Phrasen, wie man sie ebenso

veraltet und unzutreffend am Schluß der Briefe unserer Zeit liest, auch wenn es keine Liebesbriefe sind. In den Briefen Heinrichs IV. läßt sich sehr wohl unterscheiden, was darin amouröse Formel und echter Wirklichkeitsgehalt ist. Er will niemand täuschen, auch sich selbst nicht. Alles ist klar vor der Öffentlichkeit: Gattin und Geliebte haben ihm beide einen Sohn geschenkt; er ist glücklich darüber, und im nächsten Jahr werden sie ihm in gleich schöner Übereinstimmung eine Tochter schenken. Er ist zärtlich und aufmerksam zu beiden: ehrt die eine und liebt die andere trotz ihrer Zornausbrüche und ihrem unleugbaren Mangel an echter Liebe. Er wünscht nur, daß die beiden Frauen in Frieden miteinander auskommen. Aber das bleibt ein unerreichbares Traumbild. Denn unablässig hält Henriette ihm vor, daß sie, ein makelloses junges Mädchen aus großem Hause, sich nur dem König im Einverständnis mit den Ihren auf Grund eines Heiratsversprechens hingegeben habe; vor Gott ist diese gutgläubig geschlossene Verbindung legitim, und ebenso die Kinder, die sie dem König schenkt. Mit ihrem frechen Witz verhöhnt sie Maria von Medici, äfft ihren schweren Gang nach, spottet über ihr junonisches Aussehen und hängt ihr den Spitznamen „dickes Bankiersweib" an. Der Königin treibt die bloße Nennung von Henriettes Namen das Blut ins Gesicht. Sie schüttet ihr übervolles Herz den italienischen Vertrauten aus. Hinter den verschlossenen Türen der kleinen Kabinette des Louvre finden geheime und erregte Zusammenkünfte statt. Die beiden Frauen hassen sich, und sie sind sich nur in einem gleich: in der Art und Weise wie sie ihr Mißvergnügen an die große Glocke hängen. Wir würden uns mit diesen Dingen nicht befassen, hätten sie nicht ihre politischen oder tragischen Auswirkungen gehabt. Im Lager der Königin stehen die intriganten Italiener, im Lager der Geliebten die unzufriedenen Großen, denen sich alles anschließen wird, was enttäuscht, eifersüchtig und ehrgeizig nach Kronen strebt. Der König muß sich vor Mordbuben hüten, aber ebenso sehr vor Verschwörern.

III

DAS SCHAFOTT

So versteht man auch in ihren dunklen Hintergründen jene Intrige, welche die Geschichte als Verschwörung Birons bezeichnet hat. Biron war, wie man sich erinnert, Heinrichs Freund und Parteigänger gewesen. Gemeinsam hatten die beiden nach Heinrichs III. Tod gefährliche Kämpfe bestanden und damals als Feldherren auf gleicher Rangstufe gestanden. Heute aber trennt sie der Abstand zwischen regierendem König und Untertan. Einstmals hatten sie zusammen auf Stroh kampiert, im Feldlager am wackligen Tisch Karten gespielt und mit Scherz und Spott das Glück herausgefordert. Heute grollt Biron, gebärdet der König sich selbstherrlich, will seinen Untertanen, selbst den Großen, jede Verbindung mit ausländischen Souveränen verbieten, läßt Briefe überwachen, leiht böswilligen Berichten über seine alten Kameraden das Ohr, schöpft Verdacht und begnügt sich damit, von Zeit zu Zeit ein paar Tausend Taler herzugeben, die man auch noch aus den Händen Rosnys annehmen muß, der nur ungern den Beutel auftut. Den Feinden des Königs hat man mit Gnaden den Mund gestopft, mit Titeln, Pensionen, Gouvernements; der junge Guise spielt sich als König in der Provence auf, hält großartigen Einzug in Marseille, und der König kann nicht genug seine Treue und die der Seinen rühmen, die Mutter des Guisen sonnt sich in den Lobsprüchen, die der König allen Lothringern spendet. Was hat er, Biron, erhalten? Den Titel eines Marschalls von Frankreich — aber was ist das groß in Friedenszeiten, wenn es keine Städte zu erobern, keine Lorbeeren zu holen gibt, und Kisten und Kasten leer von Kriegsbeute bleiben. Soll er vielleicht als Bauer in der Provinz verdrecken wie ein Schwein in der Saulache? Er besitzt kein großes Erbgut, das er verwalten könnte. Biron kann keinen Schritt mehr tun, ohne daß er hinterbracht und verdächtigt würde. Er ist nach Burgund, nach Dijon, gegangen, und schon heißt es, er wolle in der kaum befriedeten Provinz Unruhe stiften und sie der Krone abspenstig machen. Wenn er Anhänger im Heere hat, behauptet man, er habe die Absicht, sich abzusondern und für sich selbst Offiziere und Truppen anzuwerben, auf Kosten des Königs, vielleicht sogar gegen den König. Von Zeit zu Zeit gibt man ihm eine Art ehrenvollen Almosens und schickt ihn als Gesandten nach London zur Königin Elisabeth, ein andermal in die Schweiz. Das soll doch nur dazu dienen, ihn zu entfernen und ihn in Frankreich in Vergessenheit zu bringen. Biron schimpft über diese kleinen Aufträge, mit denen man ebensogut Schwachköpfe betrauen könnte. Es steht ihm nicht an, mit den Schweizern über alte Soldrückstände der Truppen zu verhandeln, welche die Eidgenossenschaft seinerzeit dem König von Frankreich geschickt hat. Der große Biron, Biron, der Sohn seines Vaters, bedankt sich für Bankette mit diesen Tölpeln. Die Mission nach London hat man ihm übertragen, um ihm eine Lehre zu geben, die er wohl verstanden hat. Die Königin Elisabeth hat Essex, der ihr Günstling, vielleicht ihr Liebhaber war, zum Tod verurteilen lassen. Und als Biron sich eine Anspielung auf die tragische Angelegenheit erlaubte, hat die alte Königin sich bemüßigt gefühlt, ihm den strengen Richterspruch zu erklären, der einen Verschwörer und Rebellen getroffen habe. Essex hat in Irland konspiriert und wollte sich dort ein Königreich schaffen. Wer Ohren hat zu hören, der nehme sich in acht. Die alte Königin mag so tun, als ob ihr bei der Erinnerung an das Todesurteil das Herz bräche, ihre Kammerfrauen mögen erzählen, daß sie nachts Schreie ausstößt und Essex' Geist sieht — das ist nur Komödie. In Wirklichkeit verachtet die Königin weibliche Schwäche; dem Gesandten gegenüber wenigstens hat sie keine gezeigt, und Biron klangen, wie er später erzählte, ihre Worte wie eine Warnung. Er fühlt sich beleidigt: man stellt ihn also in den Augen des Auslandes als einen gefährlichen Mann hin; man hat ihn wohl nach London geschickt, um es sich dort anzuschauen, wie der Kopf von Essex am Tower hängt. Will sich der König, dem er nach seinem Vater so treu gedient hat, auf diese Weise seiner entledigen? In London fand man sein Auftreten höchst anmaßend. Sein zahlreiches, lärmendes und rauflustiges Gefolge stellte die höchsten Ansprüche, weigerte sich aber zu zahlen und benahm sich wie in einem eroberten Land. Die Kaufmannschaft der City war wenig angetan von dem Gesandten und der Gesandte unbefriedigt von der Aufnahme, die ihm zuteil wurde. Die englischen Minister führten keine ernstlichen Verhandlungen mit ihm und schienen nur auf seine Abreise zu warten. Bei der Rückkehr nach Paris schenkte der König ihm 30 000 Taler, die Rosny in seiner Eigenschaft als Schatzmeister sehr widerwillig flüssig machte. Glaubte man in Paris vielleicht, ihn mit diesem Bettel abzufinden? Mißtrauen und Argwohn auf beiden Seiten! Als vor dem letzten Kriege der Herzog von Savoyen nach Paris kam, empfing er Biron häufig im Palais Nevers, und es hieß, daß es sich dabei um Heiratsverhandlungen zwischen Biron und der Tochter des Herzogs gehandelt habe; der Marschall will früher oder später unter allen Umständen irgendwo zur Herrschaft gelangen. Der König pflegte mit dem spöttischen Lächeln, unter dem er sein tiefes Mißtrauen verbarg, zu sagen: „Man kann mich vielleicht verraten, aber niemals täuschen." Das will heißen, er ahnt den Verrat sicher voraus.

Heinrich IV. hat Verständnis für Sünde und Missetat, auch wenn sie sich gegen ihn selbst richten, und ist jederzeit bereit zu vergeben, wenn Beichte und vollkommene Reue vorausgegangen sind und wenn man es aufrichtig meint. Hat der Marschall in Gedanken gesündigt, war er beispielsweise versucht, den Herzog von Savoyen durch Verrat militärischer oder politischer Geheimnisse für seine ehrgeizigen Heiratspläne mit dessen Tochter zu gewinnen, so soll er seine Gedanken, seine Worte, und wenn es sich um Taten handelt, auch seine Taten gestehen — der König wird ihm verzeihen. Heinrich IV. kennt das Spiel der jeweiligen Kombinationen und Positionswechsel allzu gut, um sich darüber aufzuregen. Er weiß, was im Herzen Birons vorging oder noch vorgeht, er weiß, daß solche Wölfe des Schlachtfelds nicht von heute auf morgen zu Lämmern werden. Biron soll getrost zu seinem König kommen und die bösen Gedanken beichten, die der König an seiner Stelle vielleicht selber auch gedacht hätte.

Der Marschall will von Beichte und Pardon nichts wissen. Die königlichen Pardons sind ein altes Lied, für die neuen Diener mögen sie gut sein. Der Argwohn kränkt ihn. Was wirft man ihm eigentlich vor? Eben kommt er aus Flandern und Brüssel zurück, wo der spanische Adel ihm Ehren erwiesen, Bewunderung gezollt und ihn als ein Opfer der Undankbarkeit bedauert hat. Und noch ein Grund zur Beschwerde: Biron ist ein Freund des Grafen von Entragues. Ist dessen Tochter Henriette nicht weiterhin die Geliebte des Königs, und soll nun

Biron den gekränkten Vater im Stich lassen, nur weil der König sein Versprechen gebrochen hat? Will man ihn in die Wüste schicken? Darf er nicht seine Freunde behalten, in Burgund Almosen verteilen und zeigen, was für ein mitfühlendes Herz er für das Elend des Volkes hat, ohne daß man in ihm einen Rebellen sieht, der Unruhen begünstigt?
Am Feldzug in Savoyen hat Biron seinem Rang entsprechend als Marschall teilgenommen. Rosny hat zwar des öfteren verdächtige Verbindungen beobachtet, aber jedesmal, wenn Biron den Degen zog, geschah es mit Ehre und Erfolg. Er hatte den König gebeten, ihm persönlich die Belagerung von Bourg-en-Bresse anzuvertrauen, er hatte sie meisterhaft durchgeführt und den Platz in wenigen Tagen genommen. Aber er kam dann auch sofort zum König mit der Bitte, ihm zur Belohnung Bourg-en-Bresse als persönliches Eigentum zu überlassen; irgendwo wollte er den Herrn spielen. Der König lehnte die Bitte mit der Begründung ab, daß alle Eroberungen der Krone verbleiben sollten. Er ist ein guter Kamerad, aber er äußert doch oft: „Ich bin der König, und das ist mein königlicher Wille." Schluß mit den befestigten Plätzen für die Großen: es gibt nur noch ein einiges Volk, einen einzigen König und die Rangordnung der Untertanen. — Also soll das Schwert der Heerführer, ihr Blut, Mut und Leben nur noch für den König da sein, denkt Biron. Was ist das für eine neue Auffassung? Er legt die Hand auf den Degen und erklärt: „Und dennoch hat nur dieser Degen ihn auf den Thron gebracht."
Die Wut über das verweigerte Bourg-en-Bresse war groß. Biron sprach es später in seinem Prozeß aus, er habe „rot gesehen". In einer langen Unterhaltung beschwerte er sich bei Rosny. Die beiden Männer standen sich gegenüber: der eine kochend vor Wut, der andere ein kalter Beobachter, der zuschaut, wie die Galle überläuft, der die Tropfen zählt und ihr Gewicht schätzt. Rosny läßt den Marschall reden wie er Bouillon in Sedan reden ließ, aus dem Gespräch wird ein Monolog. Er hatte den Eindruck eines Halbverrückten. Die Beschwerden werden zu Geständnissen: Biron kommt auf seine Aufträge im Ausland zu sprechen, durch die ihn der König aus dem Reich hatte entfernen wollen, und erzählt, welche Ehrenbezeugungen man ihm erwiesen habe. In Brüssel habe ihm der Erzherzog Albert selbst seine Verwunderung ausgedrückt, daß ein so großer Feldherr

nur zu Gelegenheitsaufträgen verwendet werde. Der König von Spanien, sagten ihm die spanischen Herren, wisse seine verdienten Soldaten anders zu belohnen. Das Wort läßt Rosny aufhorchen, er hört Biron zu, wie man den Geständnissen eines Delirierenden am Krankenbett lauscht. Wenn der Marschall nicht wirklich verrückt ist, so hat er sich zumindest nicht mehr in der Gewalt und ermißt nicht die Tragweite dessen, was er spricht, die Galle färbt ihm buchstäblich das Gesicht. Hat Biron sich wirklich vom König von Spanien schon ködern lassen, der so freigebig zu belohnen weiß? Der Marschall redet weiter von der drückenden Steuerlast, unter der das beklagenswerte Volk verelende. Burgund stehe unmittelbar vor der Empörung, nur der König sei schuld daran und Rosny selbst, der immer mehr herauszupressen versucht. Man wird schon sehen, wohin das führt. Nährt Biron den Aufruhr in Burgund, und zu wessen Gunsten, wenn nicht für den König von Spanien? Will Biron Herzog von Burgund werden, Vasall des spanischen Königs, nachdem er die Tochter des regierenden Herzogs von Savoyen geheiratet hat? Ist das der Fiebertraum des Wahnsinnigen?

Rosny berichtet dem König von dem Gespräch, aber Heinrich scheint die Erregung seines Ministers nicht zu teilen. Er selbst hat zu viel erlebt, er kennt Biron gut und will nicht leugnen, daß er etwas „Diabolisches in seinem Wesen hat", aber das spielt sich alles nur in Birons Phantasie ab und entlädt sich nur in Schall und Rauch. Ruhe, Muße und Frieden — ein langer Frieden, wie ihn der König schaffen möchte — hat für ihn nichts Verlockendes. Er ist ein Sturmvogel, und der König erinnert sich der Worte, die er auf sich selbst angewandt hat: „Solche Vögel wie mich kann man nicht in den Käfig sperren. Man darf an Biron nicht verzweifeln, man muß ihn überwachen und zurückgewinnen."

Der Feldzug in Savoyen hatte seinen Abschluß mit der Hochzeit des Königs gefunden. Paris hat jetzt seinen Hof, die Schwangerschaft der Königin ist bekanntgegeben worden, Frankreich und der König erhoffen einen Dauphin — man könnte glücklich sein, aber man ist es nicht. Der König weilt mit Rosny in Poitiers. Diese Reisen sind nützlich, um dem Volk die Person des Königs lebendig vor Augen zu führen. Wer ihn sieht, erliegt seinem Zauber, wer ihn spricht, liebt ihn. Aber man hört von Gerüchten, von beunruhigenden Vorzeichen, der König wolle eine neue Salzsteuer ausschreiben. Sobald man den Beutel öffnen soll, verschließen sich die Herzen. Leute, die Haß und Empörung säen, sind unterwegs, und immer werden die gleichen Namen geflüstert: Biron, der Graf von Entragues, der Graf von Auvergne. Man hat sie selbst zwar nicht im Poitou angetroffen, aber man erkennt den Baum an seinen Früchten. Rosny hält heimliche Kundschafter, die ihm zutragen, was auf dem Land, auf den Märkten, bei den Krämern geredet wird. Spanische Doublonen tauchen an den Märkten auf, die kleinen Kaufleute wissen selbst nicht, von wem sie sie als Zahlung erhalten haben. Es geht wieder zu wie in den Zeiten der Liga: man kennt die Führer nicht, aber man hört das dumpfe Murren der kleinen Leute, die selbst nicht wissen, wer die Drahtzieher sind. Jedenfalls stimmt etwas nicht. Der König hat sich mit dem Herzog von Epernon ausgesprochen. Der Herzog gehört nicht zu den Zufriedenen und ist auch nicht leicht zu durchschauen, aber der König will ihm sein Vertrauen beweisen; das ist oft das beste Mittel, es zu erwerben. Die Aussprache war befriedigend: der Herzog erklärte, er sehe weder einen Vorteil noch ein Interesse darin, beiseite zu stehen, das Glück des Königs bedeute das Glück aller Untertanen, und erbot sich zum Beweis seiner Loyalität, sechs Monate in der Nähe des Königs zu bleiben — man merke sich dieses Vorspiel zu der Forderung Ludwigs XIV., der seinen Adel ständig um sich und unter seiner Aufsicht am Hof haben will. Sechs Monate dem König nicht von der Seite zu weichen ist ein hartes Opfer; aber niemand soll dem Herzog von Epernon nachsagen, daß er in seinen Gebieten die Leute aufwiegelt oder verdächtige Reisen unternimmt. Man muß die Angebereien auch nicht allzu ernst nehmen. Die Nation hat schwere Wirren durchgemacht, es ist nur natürlich, daß sie noch nachwirken; und je nach dem Ausmaß, in dem Steuern ausgeschrieben und erhoben, wiedereingeführt oder angekündigt werden, wird es immer Unzufriedenheit und Unruhe geben. Von der Steuerfrage hängt es ab, ob der Puls des Volkes fiebrig geht oder ruhig. In der Steuerfrage, meint der Herzog von Epernon, muß es zu einer stabilen Regelung kommen, die selbst in harten Zeiten Sicherheit und Gewöhnung zur Grundlage hat.

Ein guter Rat, fast ein Gemeinplatz. Um ihn zu befolgen braucht die Regierung einen dauerhaften inneren und äußeren Frieden. Kommt es zu Wirren im Innern, werden sofort die äußeren Feinde Frankreichs suchen, ihren Nutzen daraus zu ziehen, und das um so gewisser, als sie die Urheber sind. Am Hof in Poitiers herrschte eine freudlose Stimmung; obwohl eine glückliche Zeit angebrochen schien, wurden Feste nicht mehr gefeiert. Oft schloß sich der König mit Epernon ein, der sein Wort hielt, mit dem König Ball spielte, ihn auf die Jagd begleitete, den Falken und Sperber steigen ließ. Aber die Beziehung der beiden sah mehr nach gegenseitiger Überwachung als nach Liebe aus. Der Herzog von Bouillon erbot sich, die gleiche Loyalität zu beweisen wie Epernon und ebenfalls sechs Monate in der Umgebung des Königs zu verbringen. Heinrich nahm an, nur erbat Bouillon erst Urlaub, um zu Hause in Sedan einige Angelegenheiten vor Beginn der sechs Monate zu ordnen. Er reiste ab und kam nicht wieder. Die Anzeichen wurden deutlicher und ernster, und schließlich verdichtete sich der Verdacht zur Gewißheit: es stimmt etwas nicht. Das Feuer glomm, der Argwohn des Königs nahm zu mit der beunruhigenden Dauer des Schweigens Birons, der sich in Burgund aufhielt. Man war es nicht gewohnt, daß Biron so lange Zeit nichts von sich hören läßt. Bei der Rückkehr nach Fontainebleau mischte sich in die überschäumende Freude über die Geburt des Dauphin beim König und Rosny die Vorahnung eines Unheils.

Mitten in dieser unbehaglichen Stimmung verschaffte sich in Fontainebleau ein dunkles Individuum namens La Fin Zutritt über die Hintertreppen und ließ sich bei Rosny melden. Der Mann war Birons Diener und sogar sein Unterhändler zur Zeit des Pariser Aufenthalts des Herzogs von Savoyen gewesen. Er war was man eine „Kreatur" nennt. Jetzt habe er sich mit seinem Herrn verstritten, und wenn Herr von Rosny ihm Gehör schenke, habe er ihm unter vier Augen wichtige Dinge mitzuteilen; aber er könne sich nur streng unter vier Augen eröffnen, fern vom Schloß und von allen Lauschern. Rosny traf sich im Wald mit ihm. La Fin hat alles ausgesagt und aufgedeckt. Was bisher Gerücht und Zuträgerei gewesen war, fand sich bewiesen, und Rosny hielt den ungeheuerlichen Beweis in Händen: ein wenig umfangreiches Schriftstück, die Abschrift eines Vertrages, den Biron mit einem Minister des Königs von Spanien abgeschlossen und unterzeichnet hatte. Es handelte sich haargenau um das vorausgeahnte Spiel. Überall sollte agitiert werden, besonders in Burgund; diese Provinz sollte vom Reiche gelöst und zur souveränen Herrschaft des Marschalls von Biron gemacht werden, der die Tochter des Herzogs von Savoyen, eine Nichte des spanischen Königs, heiraten und sich auf die Rangstufe der regierenden Häuser erheben wird.

Der Marschall befindet sich mit dem Grafen von Auvergne in Dijon, wo alle Fäden der Intrige zusammenlaufen. Es empfiehlt sich nicht, Biron dort festzunehmen: er verfügt über Kanonen, über Parteigänger, er wird sich zur Wehr setzen, und das bedeutet den Bürgerkrieg, den der König mehr als alles verabscheut und der leicht weiter um sich greifen kann. Rosny bereitet im Einverständnis mit dem König einen Gegenzug vor: um den Marschall zu gewinnen und über Bourg-en-Bresse zu trösten, hat ihm der König soeben das Gouvernement über Burgund verliehen, wo er am allerbesten den Beweis seiner Treue erbringen kann. Rosny läßt dem Marschall mitteilen, daß er in seiner Eigenschaft als Oberfeldzeugmeister ihm Kanonen neuesten Modells zur Verfügung stellen wird; sie sollen ihm sofort unter der Bedingung zugehen, daß der Gouverneur von Burgund das alte Geschütz zurückschickt, damit es eingeschmolzen und das Pulver neu gepreßt werden kann. Aber Rosny verschweigt, daß man das neue Material unterwegs aufhalten und der Marschall es nie bekommen wird, während man sich andrerseits in den Besitz der alten Kanonen setzt. Gleichzeitig schreibt der König an Biron, daß er ihn dringend zu sprechen wünscht und in Fontainebleau erwartet. Der König spricht ohne Umschweife aus, daß beunruhigende Gerüchte in Umlauf seien und daß er darüber Biron zu hören wünsche, der sich zweifellos zu rechtfertigen wisse. Der Marschall ließ sich lange bitten und erklärte nicht kommen zu können: es sei etwas an diesen beunruhigenden Gerüchten, sie machten seine Anwesenheit in Burgund notwendig, wo unzufriedene Elemente mit Hilfe spanischer Truppenabteilungen einen Coup wagen könnten. Das Spiel war klar. Heinrich gab fast drohend zu verstehen, daß er, wenn der Gouverneur von Burgund seinem Rufe nicht zu folgen gesonnen sei, selbst kommen werde sich Antwort zu holen.

An einem Junimorgen des Jahres 1602 erging sich der Monarch in der großen Allee von Fontainebleau. Man riet hin und her: würde Biron sich einfinden? Der König glaubte nicht daran. Biron war zu deutlich gewarnt und würde sich hüten. Im gleichen Augenblick, als der König sagte: „Er wird nicht kommen", tauchte der Marschall mit dem Grafen von Auvergne und acht Edelleuten zu Pferde am Ende der Allee auf. Beim Anblick des Königs saß Biron ab, ging ihm entgegen, ließ seine Begleitung halten und begrüßte den König mit drei tiefen Verbeugungen.
Nun war er Gast des Königs, und der Tag nahm seinen gewohnten Verlauf mit Jagd, Spielen usw. Der Marschall bezog Wohnung in einem Flügel des Schlosses, und Heinrich schrieb an Rosny, der sich in Moret befand, folgendes Billett: „Lieber Freund, unser Mann ist eingetroffen und trägt weise Zurückhaltung zur Schau, kommen Sie schleunigst, damit wir die erforderlichen Maßnahmen treffen können. Ihr wohlgeneigter..."
Der König hatte einen genauen Plan ersonnen. Er wollte das Geständnis des Marschalls erwirken, ohne ihn wissen zu lassen, daß er die Beweise in Händen halte. Heinrich war es um ein spontanes, freiwilliges Geständnis zu tun, nicht um die Überführung eines Schuldigen, der sich ergibt, weil er sich durchschaut sieht. Nach der Beichte gedachte er Gnade walten zu lassen. Gelang es nicht, das Geständnis zu erreichen, so sollte Rosny einspringen, und dann würde man deutlicher werden. Es kam also darauf an, mit Umsicht und Überredungskunst vorzugehen, denn es galt eine Seele zurückzugewinnen. Auf Spaziergängen in der Allee von Fontainebleau konnte der König die schlimmen Pläne eines alten Freundes, der selbst seine Versuchungen bekannte, als wesenlos behandeln. Verlegte sich aber ein schuldiger Verräter aufs Leugnen, so war keine Gnade mehr am Platz und er mußte dem Gericht und der Gerechtigkeit übergeben werden. Man wird zunächst an der Fiktion festhalten: man weiß von nichts und hat nur Nachrichten von Unruhen in Burgund und anderswo, von aufständischen Bewegungen. Der König wird Biron fragen, ob er nicht gelegentlich in einem seiner Wutausbrüche, die der König so gut kennt, freiwillig oder unfreiwillig Anlaß zu solchen Dingen gegeben hat. Steht er nicht in Beziehungen zu den Unzufriedenen?

Hat er nicht vielleicht bei Verhandlungen, die er im Verlauf des letzten Feldzuges für den König führte, mit Ausländern, Spaniern, Mönchen, Savoyarden gefährliche Verbindungen angeknüpft? Jetzt wäre die Stunde der offenen und restlosen Aussprache gekommen. Es steht ein Schatten zwischen dem König und seinem alten Waffengefährten. Der König weiß, daß der Marschall Klagen auf dem Herzen hat. In einem Ausbruch von Jähzorn hat er mehr gesagt als er hat sagen wollen, auch das ist dem König bekannt, und die Feinde des Königs wollen Vorteile aus der Haltung des Unzufriedenen ziehen. Vielleicht hat Biron gegen seinen Willen sich zu Bösem hinreißen lassen? Es stimmt, daß der König in Friedenszeiten keine Verwendung für das Schwert des Marschalls hat, kann er aber ewig Krieg führen nur zu Nutz und Frommen der Kriegslustigen? „Man muß für den Frieden geboren sein", sagt der König, „ich selbst liebe das Kriegshandwerk, aber ich will den Frieden für mein Volk." Ist Biron nicht Marschall von Frankreich geworden, Gouverneur einer Grenzprovinz, wo der König von seinem Statthalter mehr Tapferkeit, Klugheit und Treue erwartet als irgendwo sonst? Der Marschall möge in sich gehen, sich der Freundschaft von einst erinnern, er kann dem König seine geheimsten Gedanken beichten, seine Versuchungen, sein Unrecht, wenn er eines begangen hat. Wo Rauch ist, ist auch Feuer, und es gibt zu viel Rauch um Birons Namen.

Der König glaubte mit Überzeugungskraft gesprochen zu haben, aber es war vergeblich. Der Marschall, nichts ahnend, daß er verraten sein könnte, erging sich nur in hochfahrenden Klagen und hatte keinerlei Geständnisse zu machen. Sein Zorn über die Ablehnung von Bourg-en-Bresse sei schon vor zweiundzwanzig Monaten Gegenstand einer Aussprache zwischen ihm und dem König gewesen; seither habe er lediglich seinen Dienst als Gouverneur von Burgund getan; der König lebe in Frieden mit Spanien und dem Herzog von Savoyen, und Biron brauche sich keine Vorwürfe zu machen, wenn er im Ausland Bewunderung findet, ja wenn er die Freundschaft einiger spanischer Granden genießt. Wenn das Ausland den Wert des Marschalls besser kennt als der König selbst, so beweist das nur, daß der Prophet nichts in seinem Vaterlande gilt und daß der König zweifellos nur Diener von serviler Gesinnung liebt. Will der König

von seinem alten Waffengefährten die eidliche Versicherung haben, daß er kein Verbrechen gegen den Staat auf dem Gewissen hat, so könnte er, Biron, mit Scipio sprechen: „Ich schwöre, daß ich den Staat gerettet habe."
Der König verlor immer noch nicht die Hoffnung und überließ die weiteren Bemühungen Rosny. Die beiden Gespräche, wie sie uns in dessen Memoiren überliefert sind, die wir immer heranziehen ohne ihnen alles aufs Wort zu glauben, verliefen eins wie das andere; nur wurde das zweite mit noch größerer Offenheit geführt. Wenn Biron nicht stockblind war, hätte er verstehen müssen, daß der König alles wußte und bemüht war, ihn und auch sich selbst vor einer grausigen Notwendigkeit zu bewahren. Rosny selbst sprach es dem Marschall gegenüber aus: „Wenn Sie nicht gestehen und der König gezwungen ist, Sie der Justiz zu übergeben, dann wird die Justiz die Untersuchung führen und die Entscheidung fällen."
Im Zusammenhang mit diesem Drama begegnet man oft einer erstaunten Frage, die einem natürlichen Gefühl entspringt: wenn der König ein Geständnis erzwingen wollte, so hatte er doch ein sicheres Mittel dazu in der Hand. Er brauchte dem Marschall nur den schriftlichen Beweis vorzuhalten, den er in Händen hatte; der Stolze würde zusammenbrechen, die Prahlerei mit den geleisteten Diensten bliebe ihm in der Kehle stecken, und das unvermeidliche Geständnis wäre erreicht. Warum spielte der König dieses Spiel einem Manne gegenüber, der ihm die außerordentlichsten Dienste erwiesen, den er selbst zu den höchsten Ehren erhoben hatte und der sich jetzt in ein Lügennetz verstrickte, das seine Schuld noch vergrößerte? Wir müssen uns fragen, warum das Spiel so und nicht anders gespielt wurde; bei einer so allgemein bekannten Episode ist das sogar unsere einzige Aufgabe. Sprach auf seiten des Königs eine Art perverser Bosheit mit, wollte er über den Gegner triumphieren, bevor er ihn vernichtete? Er hatte am Anfang fast für Biron Partei genommen: als er die ersten Nachrichten in Poitiers erhielt, hatte er den Marschall gedeckt, den Ausbruch des Sturmvogels entschuldigt. Er hatte dem Mann, der ihm als verdächtig angeschwärzt wurde, einen Beweis höchsten Vertrauens gegeben und ihn zum Gouverneur von Burgund gemacht. Sollen wir dieses Spiel aus der Enttäuschung des Betrogenen ver-

stehen, der jetzt kaltblütig den Mann aufs Schafott treibt, dem er so viel Vertrauen und Liebe schenkte?

Bleiben auch wir kaltblütig und verstehen wir das Motiv recht, das den König leitet: er kann einen geständigen Freund freisprechen, keinen überführten Schuldigen, wobei die Frage offen bleibt, wie Biron angesichts so deutlicher und drohender Hinweise bei seinem Leugnen verharren konnte, zumal der Weg zur Rettung sichtbar vor ihm lag.

Im Prozeß wird es herauskommen: Biron und La Fin hatten sich gegenseitig durch Eide gebunden, die der Marschall als „gräßliche" bezeichnet. Was bedeutet dieses Wort: gräßlich? Man muß es aus der Finsternis der Zeit deuten: es gibt Menschen, die das göttliche Walten nur schwach erkennen, dafür um so deutlicher das des Teufels als einer leibhaftigen Wesenheit, der man sich weihen kann und die ihrerseits nach Belieben Segen oder Fluch erteilt. Sich durch gräßliche Eide binden, bedeutete damals, wie alle Welt wußte, daß der Eidbrüchige unweigerlich die entsetzlichsten Strafen auf sich zieht, die der Teufel in dieser Welt verhängen kann; über den Eidestreuen aber breitet sich schützend der schwarze Fittich Satans, er ist gegen jede Macht gefeit. La Fin hatte beim Zeichen des Bösen Biron Treue geschworen, und dem Marschall, der wie so viele seiner Zeit von Wahrsagern und Geisterbeschwörern umgeben war, kam es nicht in den Sinn, daß seine Kreatur die furchtbare Vergeltung Satans herausfordern könnte. Das gab ihm die Sicherheit, die ihn leugnen ließ: alles lag bei dem Herrn der Finsternis, der den Verrat seiner Geheimnisse nicht duldet und seine Getreuen schützt.

Der Marschall leugnete bis zuletzt, denn er fühlte sich bis zum Schluß sicher unter dem unüberwindlichen Fittich des Fürsten der Hölle. Er leugnete mit Dünkel und Hartnäckigkeit, mit beißendem Spott und Großsprecherei. Der König mußte die Fiktion fallen lassen, die er gern aufrecht erhalten hätte. Es ging schließlich um ein strafwürdiges Verbrechen, Einverständnis mit dem Ausland, Verschwörung gegen den Bestand des Königreiches, und da Beweise vorlagen — und deren die Fülle —, blieb dem König nichts anderes übrig, als den Schuldigen dem Staatsgerichtshof auszuliefern wegen Verschwörung gegen den Staat.

Der Entschluß wurde am Abend des zweiten Tages gefaßt: Biron sollte am selben Abend zu Fontainebleau im Schloß selbst verhaftet werden, sobald sich der König nach dem Spiel zurückgezogen hätte. „Unter keinen Umständen Blutvergießen", verlangte der König. Rosny sollte Fontainebleau am frühen Morgen verlassen und in Paris die Gefangenen in Gewahrsam nehmen, denn auch die Grafen von Entragues und Auvergne sollten festgenommen werden. Rosny war Gouverneur der Bastille: „Wenn Vögel zu bewachen sind, weiß ich sie am liebsten in Ihren Händen", hatte der König geäußert. Man soupierte, spielte Karten bei der Königin wie allabendlich, dann zog sich der König mit den Worten zurück: „Leben Sie wohl, Baron Biron, erinnern Sie sich meiner Worte!" Als der Marschall sich in sein Appartement begeben wollte und das Vorzimmer passierte, trat Vitry, der Kommandant der Leibwache, auf ihn zu: „Der König hat mir befohlen, mich Ihrer Person zu versichern. Ich bitte um Ihren Degen." „Du machst Dir einen Scherz", erwiderte Biron, die Hand am Degen. „Nein", erklärte Vitry und griff nach der Hand Birons, der im Begriff war, blank zu ziehen, „Befehl des Königs!" „So wünsche ich den König zu sprechen", verlangte der Marschall. „Nein, der König hat sich zur Ruhe begeben."

Hier erhebt sich eine neue Frage: als der über seine Festnahme bestürzte Marschall am Rand des Abgrunds wünschte, den König zu sprechen, bestand da nicht noch eine Möglichkeit, das Geständnis entgegenzunehmen und Verzeihung zu gewähren? Uns scheint es nicht so: eine Verhaftung auf Befehl des Königs, im Palais des Königs, setzt automatisch die Maschinerie der Justiz in Bewegung. Auch muß man sich klar machen, daß diese Verhaftung ohne gewalttätigen Widerstand nur im königlichen Schloß erfolgen konnte. Biron war nirgends zu greifen außer in Fontainebleau oder in Dijon, wo er sich im Verteidigungszustand befand und wo er den Aufstand der Provinz schon vorbereitet hatte. Der König wird immer darauf hinweisen, daß er dem Marschall, als er ihn zu sich kommen ließ, keine Falle gestellt, sondern ihm ganz im Gegenteil Gelegenheit gegeben hat, alles zu gestehen und nach aufrichtiger Beichte Absolution zu erlangen. Und nach der Verhaftung ein Geständnis entgegennehmen und Biron die Freiheit zurückgeben? Unmöglich! Denn jetzt ihm verzeihen hieß, den Marschall freilassen und zugeben, daß der König geirrt habe. Damit würde er zum Gespött seiner Feinde. Wenn er dann das Beweismaterial hervorholte, war es zu spät. War das Verbrechen erwiesen und vom Schuldigen geleugnet, so entschied darüber nicht mehr der König, nicht mehr das Herz des Königs, sondern die Justiz. Der Ring ist geschlossen und kann sich nur noch für den Weg aufs Schafott öffnen.

Wir werden uns hier nicht über den Prozeß selbst verbreiten. Uns kümmern nur die Menschen und Charaktere, ihre Aufwallungen, ihre Leidenschaften, ihr Mut, ihre Kräfte, ihre Bosheit. Da ist der Marschall selbst: klein, schwarz, mit tiefliegenden Augen und dichter, struppiger Mähne. Er behielt seine hochfahrende Art bis zu dem Augenblick, in dem er vor den siebenhundert Mitgliedern des Parlements, die den Gerichtshof bildeten, zu erscheinen hatte und man ihm unter den Prozeßakten die zahllosen Briefe zeigte, die er von den Agenten Savoyens und Spaniens empfangen, die Belege über die Gelder, die er von ihnen erhalten, die Abschriften der Briefe, die er selbst geschrieben hatte. Endlich begriff er den ganzen Verrat La Fins. Und nun konnte er sich nicht genug tun in Verwünschungen des Verräters und sprach selbst von den „gräßlichen Eiden". Den ganzen Höllenspuk beschwor er herauf und nannte La Fin einen schwarzen Magier, der ihn verhext habe. Diese Ausgeburt der Hölle war, wenn er mit Biron sprach, stets „ganz in seinen Mantel eingehüllt gewesen" und hatte ihn vor jedem Gespräch aufs linke Auge geküßt, das Erkennungszeichen der Adepten. La Fin besaß sprechende Wachsbilder, auf denen nach den Beschwörungen Wunden wahrzunehmen waren. Mit den Wutausbrüchen, in die er in Gegenwart der Wachmannschaft verfiel, lieferte der Marschall sich selbst ans Messer. Man ließ ihn reden, so viel er wollte. Im Hin und Her von Geständnis und Leugnen, in der Zerfahrenheit seiner Worte und Argumente erschien er seinen Richtern wie geistesgestört.

Biron hatte nur eine Genugtuung: die Großen des Reiches, die man aufrief, um über einen der Ihren Gericht zu halten, erklärten sich für unzuständig; einige entschuldigten sich aus Gesundheitsgründen oder mit der weiten Entfernung ihrer Wohnsitze, andere machten ihre freundschaftliche Beziehung zum Marschall geltend oder ihre

Das Schafott

Feindschaft gegen ihn. In diesem Prozeß, in dem sein Werk und seine Person auf dem Spiel standen, konnte Heinrich IV. als ein Mann, der alles sah und den nichts überraschte, feststellen, wie die Großen ihn im Stiche ließen.

Der Schuldspruch wurde einstimmig gefällt: der Marschall sollte auf dem Grèveplatz enthauptet werden. Birons Verwandte unternahmen einen gemeinsamen Schritt beim König. Sie erreichten die Begnadigung nicht, nur den Verzicht auf eine Hinrichtung auf dem Grèveplatz angesichts einer Volksmenge, die schon gierig auf das Schauspiel wartete. Statt dessen wurde der Hof der Bastille gewählt und bestimmt, daß niemand Zutritt haben sollte außer den vom König namentlich bezeichneten Personen.

Die Zeiten waren grausam. Biron war frühmorgens verständigt worden, daß er um fünf Uhr sterben müsse, und so hatte er noch den ganzen Tag vor sich, um sein Schicksal zu bedenken, die Kapelle aufzusuchen, Geistliche zu empfangen. Als diese ihn zur Beichte drängten, fuhr er sie an: „Seit acht Tagen beichte ich jeden Tag, ihr werdet auch nicht mehr aus mir herausbringen." Anscheinend hat der Marschall bis zur letzten Minute Hoffnungen gehegt, Hilfe von irgendeiner Seite erwartet. Er ließ nicht davon ab, mit gutem Recht immer wieder auf die von ihm und seinem Vater dem König geleisteten Dienste zu pochen. „Mein Vater", erklärte er, „hat ihm die Krone aufs Haupt gesetzt, zum Dank läßt er mir das Haupt abschlagen." Er verlangte Rosny zu sprechen, aber der vorsichtige Minister wollte sich mit dem Verurteilten nicht kompromittieren. Rosny schickte ihm seinen Sekretär Arnaud und erzählt uns, nicht recht glaubwürdig, daß Biron ihm, Rosny, nur Lob und Dank gezollt habe. Dann verlangte Biron nach seinen beiden Schwestern und deren Gatten. Man teilte ihm mit, seine Familie habe sich aufs Land zurückgezogen, nachdem sie zu seinen Gunsten alles getan, was in ihren Kräften stand. „Traurig", sagte er, „alles läßt mich im Stich." Seinen Schwestern schickte er Ringe und legte ihnen ein kleines uneheliches Kind, das er hatte, und ein zweites, das zu erwarten war, ans Herz. Er machte einen ruhigen, wie erschöpften Eindruck, als der Henker ihn um fünf Uhr zum schweren Sühnegang holte. Es war befohlen worden, ihn nicht zu fesseln. Vor dem Schafott über-

kam ihn ein letzter Tobsuchtsanfall, wie es die Zeugen nannten. Als der Henker ihm die Augen verbinden wollte, schleuderte er ihn zu Boden, und die Zunächststehenden wichen zurück „aus Furcht", wie sie sagten, „daß er sich auf jemanden werfen und ihn erdrosseln werde". Als er sich einem gewaltigen wilden Tier gleich an der Leiter des Schafotts aufbäumte, blickte er nach den Worten Palma Cayets mit flammenden Blicken um sich und begriff endlich, daß es für ihn keinen Ausweg mehr gab und daß er sterben müsse. Dreimal riß er sich auf dem Schafott die Binde von den Augen. „Ich tue Ihnen nichts", sagte der Henker, „bevor Sie nicht Ihr *In manus tuas, Domine* gesprochen haben", und als der Marschall sich heftig umwandte, nahm der Henker den Augenblick wahr und schlug ihm das Haupt ab, das wegzufliegen schien und fünf Schritte weit zur Erde fiel. Es wird überliefert, daß die Anwesenden dem Zusammenbruch nahe waren, und wir glauben es gern.
Der König ließ Gnade walten, soweit es nur angängig schien. Birons Besitz, der eingezogen worden war, erstattete er der Familie zurück mit Ausnahme des Herzogtums Biron, das der König ihm selbst verliehen hatte und das nun an die Krone zurückfiel. Heinrich ließ bekanntgeben, daß kein Mitglied der Familie der Teilnahme am Verbrechen bezichtigt oder verdächtigt werden dürfe. Der König verhielt sich kühl und korrekt: die Freundschaft war von ihm abgefallen wie Birons Haupt vom Rumpf. Er scheute sich auch nicht, den Namen Birons auszusprechen, und mitunter pflegte er, um eine Wahrheit zu bekräftigen, zu sagen: „Das ist so wahr und sicher, wie es wahr und sicher ist, daß Biron ein Verräter war."
Trotzdem, es wurde mit verschiedenem Maß und Gewicht gewogen und gemessen. Man spricht von der „Verschwörung Birons", Birons Haupt ist gefallen. Aber neben ihm gab es andere, die von der Zerstückelung Frankreichs zu ihrem Nutzen geträumt hatten. Der Graf von Auvergne, Bastard Karls IX., war gleichzeitig mit Biron als Gast des Königs verhaftet und in die Bastille gebracht worden. Aber der König hatte ihn noch vor dem Beginn des Prozesses begnadigt und dafür als Grund oder doch als Vorwand angegeben: der junge Graf von Auvergne sei verführt worden, habe auch nicht wie Biron die feste Absicht gehabt, sich eine selbständige Herrschaft innerhalb

Frankreichs zu gründen, er sei in die Affäre nur mit hineingerissen worden. Auvergne ist immer schon ein Hätschelkind gewesen. Nach dem Tod des Vaters, den er kaum kannte, ist er bei seinem Onkel Heinrich III. großgeworden, der ihn bei seinem Tod mit besonderem Nachdruck dem Schutze seines Nachfolgers anempfahl. Heinrich IV. konnte nicht vergessen, was er demjenigen versprochen hatte, der durch das Messer Jacques Cléments ein Opfer seiner Sache geworden. Zwischen ihm und dem Grafen von Auvergne gab es ein Band, das ebenso stark wie das Band des Blutes war. Er bringt nicht einen jungen Menschen aufs Schafott, den er unter seine Obhut nahm. Heinrich stellte ihn zur Rede, und nach der Beichte des Grafen verhielt sich der König wie ein Vater. Der verlorene Sohn hatte ihn auf den Knien um Gnade angefleht und sich angeboten, dem König in Zukunft als ergebener Bastard wie Dunois zu dienen. Auvergne wird das königliche Wappen tragen, wenn auch mit dem Bastardzeichen, und die spanischen Verbindungen aufrecht erhalten, um dem König alles zu hinterbringen, was gesagt und gesponnen wird. So unerbittlich sich der König nach der letzten Wendung Biron gegenüber gezeigt hatte, so viel Nachsicht zeigte er für seine jungen Verwandten. Was waren seine Beweggründe? Versuchen wir uns in seine geheimsten Gedanken und persönlichsten Motive zu versetzen, so ist es verständlich, daß er Interesse daran hatte, Bastarde zu begünstigen, denn er besaß selbst deren zwei von Gabrielle und im Augenblick weitere zwei von Henriette. Er liebte seine Kinder und hatte sie immer um sich. Gerade weil im letzten halben Jahrhundert das dynastische Gefühl so stark entwertet worden war, galt es den Glauben an die Heiligkeit des Bluts neu zu stärken, gleichviel ob es sich um legitimes oder Bastardblut handelte. Ein Kopf war gefallen, das mochte genügen. Im Lauf des Prozeßverfahrens waren im Zusammenhang mit der Verschwörung viele Mitschuldige oder Mitläufer genannt worden, es war so schwierig zwischen Unzufriedenen, Willfährigen und Schuldigen genau zu unterscheiden, daß man bei dem Versuch, das Netz zusammenzuziehen und all diejenigen, die von nah oder fern um Biron herum Mißvergnügen oder Hoffnungen genährt hatten, zu fangen oder zu verurteilen, Frankreich selbst das Haupt hätte abschlagen müssen. Es würde den Abfall vieler großer und mächtiger

Familien von der Krone nach sich ziehen. So wird für eine Politik der Strenge ein Ausgleich durch Nachsicht und Milde geschaffen.

Die junge Dynastie ist an einem Wendepunkt ihrer Geschichte angelangt: ein halbes Jahrhundert war Frankreich kein Dauphin geboren worden, diese lange Zeit der Unfruchtbarkeit war die Grundursache aller Wirren. Neun Monate nach der Hochzeit hat Maria von Medici dem König einen unanfechtbaren Dauphin geschenkt. Biron sprach es seinen Richtern gegenüber aus: jawohl, er hatte Böses geplant, er hatte im König einen Heerführer gesehen, der auf Grund eines Tropfen Blutes, das vom Heiligen Ludwig her in seinen Adern rollte, Krone und Herrschaft über alle an sich riß. Solange der König keine Leibeserben besaß, waren alle Möglichkeiten offen, alle ehrgeizigen Pläne denkbar. Daß der König ihm Bourg-en-Bresse verweigerte, hat ihn in so grenzenlose Wut versetzt, daß er nur noch Blut gesehen habe. (Ein Richter fragte, ob er damit das Blut des Königs meinte.) Biron gestand, zwei Monate lang von den verruchtesten Gedanken verfolgt gewesen zu sein. Aber — verteidigte er sich — diese Gedanken hatten sich mit der Geburt des Dauphin verflüchtigt, und er habe begriffen, daß dieses Kind dem König und der Dynastie die Zukunft sichere.

Beim Anblick des Sohnes, der noch in den Windeln liegt unter der Fürsorge der Madame de Mouglat und des Leibarztes Héroard (von dem wir höchst anschauliche Erinnerungen über Prinzenerziehung besitzen), fühlte Heinrich IV. das Wachsen seiner Macht. Er konnte sich gnädig zeigen gegenüber Mitschuldigen und Mitläufern des Verbrechens, er konnte noch einmal versuchen alle Großen, getreue und ungetreue, um die von ihm begründete Dynastie zu scharen; das würde ihm durch weitere Hinrichtungen am wenigsten gelingen. Der aufrührerischste Vasall, der Herzog von Bouillon, war nach Deutschland geflüchtet und konnte von dort an der Spitze der Feinde zurückkehren. Versöhnlichkeit war überhaupt des Königs politische Tendenz. Bedauerlich genug, daß ein Haupt hatte fallen müssen. Wenn es sich darum handelt durch Exempel zu wirken, so ist *ein* Exempel wirksamer als viele.

Und noch ein letztes Argument: der Graf von Auvergne war der Halbbruder der Mätresse des Königs, ja man nannte ihn „Bruder", und sie selbst machte viel Aufhebens von der nahen Verwandtschaft. Henriette d'Entragues hatte sich für ihren Vater eingesetzt und tat es auch für den Bruder, leidenschaftlich, drohend, ja unverschämt. Heinrich IV. konnte nicht dulden, daß die Frau, die er wie eine zweite Gattin behandelt, sich gegen ihn stellt und sich auf die Seite der Rebellen schlägt. Der Graf von Auvergne erhielt in der Bastille sein Begnadigungsschreiben, mit anderen Worten: Generalpardon. Damit war er als treuer Untertan, Verwandter des Königs, Bruder der Geliebten, in die Gemeinschaft der Getreuen wieder aufgenommen.

Wenn wir der „Verschwörung Birons" und ihren Verzweigungen unter den Großen einen so breiten Raum widmen, so deshalb, weil hier die Haltung des Hochadels dem König gegenüber, und die Haltung des Königs gegenüber dem Hochadel am deutlichsten sichtbar wird. Hier finden sich die ersten Anfänge der Politik Richelieus wie skizzenhaft vorgezeichnet. Noch befinden wir uns in einem Zeitalter, in dem die Großen Kriegsdienste leisten, Städte erobern, aber nach beendetem Kampf das Joch des königlichen Herrn wieder abschütteln; lieber wollen sie ein in kleine Fürstentümer zersplittertes Frankreich, das sie unter sich aufteilen, auch wenn das aufs neue zu gegenseitigem Kampf und Unfrieden führt, als Untertanen des Königs sein und seinen Hofstaat bilden.

Es ist das Verdienst Heinrichs IV., daß er, in Dingen des Gefühlslebens unleugbar schwach, durch die Biegsamkeit seines Charakters die Monarchie zur Trägerin der Einheit der Nation machte. Er war schwach gegen Henriette, aber wenn auch seine persönliche Würde darunter litt, daß die Mätresse, deren Sohn er anerkannt hatte, mit seinem Wissen sich in schmutzige Intrigen verstrickte und zu Lügen oder Unverschämtheiten Zuflucht nehmen mußte, um sich aus schlimmen Situationen zu retten, so erwuchs aus der Frage, ob er sie behielt oder wegschickte, der Sicherheit des Staates kein Schaden. Das Sittenchaos Heinrichs IV. erscheint uns groß, ja außerordentlich. Verstehen wir es aus seiner Persönlichkeit oder aus seiner Zeit heraus, die man sich immer vor Augen zu halten hat! Man kann in der zurückliegenden Geschichte Frankreichs lange suchen, bis man einen König findet, der nicht neben seiner Gattin eine oder mehrere Mätressen hatte, und wenn wir uns in der Geschichte Spaniens umsehen, so zeigt sich, daß selbst der sittenstrenge Philipp II. eine Anzahl Bastarde hinterließ.

Aus der Verkettung politischer Strenge und gefühlsmäßiger Schwäche ergaben sich zwangsläufig Folgen politischer und persönlicher Art. Im Grund haßte der König Strenge und wünschte in seinem häuslichen Leben zumindest einen Scheinfrieden aufrecht zu erhalten, der durch Kompromisse und Nachgiebigkeit erkauft wurde, vielleicht aus Rücksicht auf die Kinder vor allem. Es ist nicht der Ehrgeiz dieses Buches, eine Geschichte der Regierung des Königs zu schreiben. Es soll vielmehr versucht werden, den Charakter Heinrichs IV. darzustellen in seinen Abhängigkeiten, seinen Schwankungen, seinem Hinüberwechseln von tiefeingewurzeltem Mißtrauen zu allzu leichter Hingebung. Der König hatte zu viel erlebt. Gegenüber Rosny, dem getreuen Diener und sparsamen Hauswalter, der ganz aufging im Dienste des Königs und der Verteidigung seiner Interessen, die für Rosny gleichbedeutend waren mit den Interessen des Königreiches, hat Heinrich sich einmal ausgesprochen. Er hatte Rosny immer reichlich nach Maßgabe der geleisteten Dienste belohnt. Aber eines Tages gestand er ihm: „Ich bin so furchtbar betrogen und übel behandelt worden, daß ich nie ganz Herr meines Mißtrauens bin. Ich werde immer Pensionen, Titel, Domänen für Sie haben, werde für Ihre Söhne und Töchter sorgen, mein Freund" — dabei ergriff er mit herzlicher Geste Rosnys Hand — „aber niemals werde ich Ihnen einen befestigten Platz oder auch nur eine Gouverneurstelle geben. Bei allem, was man mir über Sie zuträgt, vermöchte ich nie ganz den Gedanken auszuschalten, daß Sie gegen mich rüsten könnten!" Und er zitierte das Bibelwort Samuelis, das ihm altvertraut war: „Herr, gib mir Stärke gegen die, die um mich sind!"

Seine lange Vergangenheit als kleiner König von Navarra hatte ihn mißtrauisch gemacht und zu gleicher Zeit sein Bewußtsein der Schwierigkeit gesteigert, sich als alleiniger Herrscher des französischen Königreiches durchzusetzen. Er konnte sich wiederholen, was er am Tag nach dem Tode Heinrichs III. zu einem vertrauten Freunde gesagt hatte, der sich wie ehemals ohne Formalitäten Zutritt zu ihm verschaffen wollte: „Es ist ein großer Abstand zwischen dem König von Navarra und dem König von Frankreich." Damals war es eine scherzhafte Zurechtweisung gewesen, aber im Jahre 1602 lag zwischen dem König von Navarra und dem König von Frankreich das Haupt Birons.

IV

DIE GESANDTSCHAFT

Der April 1603 brachte ein ernstes Ereignis, das den inneren Schwierigkeiten der Regierung Heinrichs IV. eine große außenpolitische Gefahr hinzufügte. Im Alter von siebzig Jahren war die Königin Elisabeth von England gestorben. Sie hatte in ihrem Testament Jakob VI., König von Schottland, den Sohn der Maria Stuart und ihren nächsten Verwandten, zum Nachfolger bestimmt. Sie verband dadurch England mit Schottland, und es waren nunmehr England, Schottland und Irland unter einem Szepter vereinigt. Es war ihr letzter großartiger Schachzug, den sie sich all die lange Zeit aufgespart, in der sie die Höfe Europas mit ihren Heiratsprojekten in Atem gehalten und zugleich ein reichlich bewegtes Zölibat geführt hatte.

Ihr Tod kam für Heinrich IV. nicht überraschend, ließ ihn aber nicht ungerührt. Die große Königin, die er oft „sein zweites Ich" nannte, war für ihn Stütze und Bundesgenossin gewesen. Protestantin zwar, ja die „hugenottische Päpstin", hatte sie doch Verständnis für die Wandlungen des Königs von Frankreich, sogar für seinen Übertritt. Wir wissen, daß die Religion der Fürsten, selbst wenn sie den Anschein fanatischer Überzeugung erweckt, in diesen Zeiten nur die Bedeutung politischer Zweckmäßigkeit hat. Solange die große Königin lebte, hatte Heinrich IV. von der Seite Englands nichts zu befürchten. Mochte Elisabeth als despotisch und grausam verschrieen sein: sie war eine Königin gewesen, den Königinnen der Insektenvölker gleich, die ungetreue Arbeiter töten lassen, die sich gegen das Gemeinwohl des Staates stellen. Wenn sie mit Feuer und Schwert gegen katholische Unternehmungen vorgegangen war, so wendete sie sich damit gegen spanische Unternehmungen. Wenn sie sich zur Päpstin machte, so hatte sie es getan, um in ihrer Person allein die Einheit von Politik und Religion des Inselreichs zu verkörpern. Es sollte keinen Engländer geben, der nicht Anglikaner war, und wer nicht Engländer war, hatte auf ihrer Insel nichts zu suchen. Elisabeth und Heinrich IV. durften sich mit Fug und Recht Bruder und Schwester nennen: Heinrich IV. hatte die Liga erlebt, Elisabeth die unbezwingliche Armada, die undurchsichtigen Verschwörungen um Maria Stuart, die Unterstützung der Rebellen in Irland — sie fühlten sich schicksalhaft verbunden. Mit Unbehagen sah der König von Frankreich die Spanier an der flandrischen Grenze seines Landes, mit Unbehagen sah Elisabeth die Schiffe aufrüsten in Antwerpen, allzu nah den englischen Küsten.

Wie steht es um Elisabeths Nachfolger? Wie wird er die Politik weiterführen, die die Königin fünfzig lange Jahre in unbeirrbarer Kälte verfolgt hatte, hin und wieder zur Rechten und zur Linken ein Haupt opfernd, das sich zu vorwitzig oder übermütig erhob? War er ein zuverlässiger Charakter, wird er Einfluß gewinnen auf seine Untertanen? Man wußte nichts außer den Meinungsäußerungen einiger Reisender. Die alte Königin hatte nie etwas vom Ende ihrer Regierungszeit hören wollen, es war bei ihr eine Art Aberglaube: von ihrem Tode sprechen, hieß schon ihn heraufbeschwören. Sie hielt sich für das A und O Englands, und zu ihren Lebzeiten war sie es auch gewesen. Es war verboten den Namen eines Thronfolgers in ihrer Gegenwart auszusprechen, und sie hatte niemanden als solchen bezeichnet, wünschte ihn nicht zu kennen und noch weniger, ihn in ihre Geheimnisse und Pläne einzuweihen.

Neugierige Engländer, die den König von Schottland trotzdem hatten sehen wollen, waren nach Holyrood gefahren, und es gab dort auch ausländische Gesandte, die über ihn Bericht erstatteten. Durch sie hatte Heinrich IV. über den neuen Herrscher des ihm so wichtigen Bündnisstaates einige Informationen erhalten. Man fand ihn gutmütig, ein wenig kauzig; in seiner gefütterten Kleidung wirkte er dicker als er war, und mit seiner Brille glich er mehr einem Schulmeister als einem König von England. Er war ein Bücherwurm und betätigte sich auch selbst als Schriftsteller, war Schüler von Knox, verachtete die „Römlinge" aus tiefster Seele, kannte die Bibel auswendig, studierte Bücher über Zauberei und hatte selbst eine Abhandlung über die Dämonen verfaßt; er schrieb auch Verse. *Maître clerc, clerc aux armes* — „Oberschulmeister, gekrönter Federfuchser", meinte Heinrich IV. zu dieser merkwürdigen Erscheinung. Er nannte ihn „Kapitän der schönen Künste". Die Vorstellung eines mit Wissenschaft und Schriftstellerei vollgestopften Königs fand er lächerlich. Vielleicht gingen ihm flüchtige Erinnerungen an Maria Stuart durch den Sinn. Welch seltsamer Sohn seiner Mutter! Aber er wollte nun wissen, was aus der innigen Freundschaft, der Gemeinsamkeit der Ziele und Interessen, dem oft schweigenden Einverständnis werden würde, die zwischen dem König von Frankreich und Elisabeth bestanden — dieser Frau, deren überlegene Klugheit das Herz zum Verdorren gebracht hatte. Jakob war mit einer dänischen Prinzessin verheiratet. Auch das war ein neuer, vielleicht günstiger Faktor. Die Ehe galt als sehr unglücklich. Der König hatte seinen Einzug in London allein gehalten und die Gattin einstweilen in Schottland zurückgelassen. Er wollte sich zunächst allein zurechtfinden; träfe zu gleicher Zeit Königin Anna ein, würde sich London sofort in zwei Lager spalten. Die Königin Elisabeth hatte recht daran getan allein zu bleiben.

Die ersten Anzeichen des von König Jakob eingeschlagenen politischen Kurses waren nicht eben günstig. Er dachte nicht daran, den Richtlinien der großen Königin zu folgen und bezeigte ihrem Andenken gegenüber eine fast anstößige Abneigung. Früher hatte er sich bei Besuchern in Holyrood noch erkundigt, wie es *Old Eliza* ginge, aber jetzt durfte, wer sich bei Hofe beliebt machen wollte, nicht einmal den Namen der großen Königin aussprechen, die ein so großer König gewesen war. Wenn Elisabeth ihren Nachfolger nicht hatte sehen wollen, seinen Namen nicht nennen hören, so vergalt ihr jetzt Jakob Gleiches mit Gleichem. Mochte er lächerlich, ein wenig kauzig wirken in seinen dickgefütterten Kleidern, mit seinem schottischen Akzent, seiner bibelfesten Schulmeisterart — er war doch der König und Herr über Flotte, Heer und Gold. England glich einer großen Vorratskammer voll Kriegsmaterial und konnte seine Gunst ganz nach Belieben verteilen. Schon entsandten die fremden Höfe außerordentliche Gesandtschaften, die dem neuen

König Glückwünsche überbringen, seine Gesinnung erkunden, ihn gewinnen und in ihr Kielwasser ziehen sollten. Jakob konnte mit Frankreich gemeinsame Sache gegen Spanien machen, er konnte sich aber auch, wenn man es falsch anging, mit Spanien gegen Frankreich stellen. Im ersten Falle, den Heinrich IV. sich wünschte, würde man gemeinsam Holland und Flandern gegen die spanische Überflutung verteidigen; im zweiten Falle, den Madrid erhoffte, würden die anderen beiden Frankreich totdrücken, und Spanien hätte vom Golf von Biscaya durch die Nordsee freie Verbindung mit Flandern.

Niemand hatte größeres Interesse daran, den neuen König zu gewinnen und frühzeitig das Terrain zu sondieren als Heinrich IV. Er hatte zwar in dem Grafen von Beaumont einen Gesandten am englischen Hof, der gut angeschrieben war und brauchbare Berichte nach Paris schickte, aber Beaumont selbst war der Ansicht, daß er nicht genüge und etwas Besonderes geschehen müsse: ein außerordentlicher Bevollmächtigter sollte nach London gehen, eine Persönlichkeit von hohem Rang aus der nächsten Umgebung des Königs, jemand, der bisher nie in London gewesen war und nur kurz bleiben sollte; wenn möglich ein Hugenott, das würde in London besonderen Eindruck machen und den Gerüchten den Boden entziehen, daß die Hugenotten, die durch den Übertritt des Königs einen Souverän als Oberhaupt verloren, im Begriff stünden, sich als Franzosen unter den Schutz des Königs von England zu stellen.

Heinrichs Entschluß war sofort gefaßt. Rosny sollte gehen, den er selbst sein *alter ego* nannte. Niemand verstand es besser die Augen offen zu halten, niemand hatte ein feineres Ohr für alle Stimmen und vermochte besser ihren Klang und ihre Herkunft zu unterscheiden. Rosny betreute die höchsten Ämter Frankreichs im Krieg und Frieden, war seit frühester Jugend der Vertraute aller Gedanken des Königs und Zeuge seines ganzen Lebens und erschien als die gegebene Persönlichkeit, König Jakob alles Erforderliche vorzutragen oder anzudeuten.

Es soll eine prunkvolle Gesandtschaft werden. Rosny ist noch nicht Herzog von Sully; alles was er besitzt, ist Geschenk des Königs für geleistete Dienste. Der Glanz wird also vom König selbst ausgehen. Den außerordentlichen Gesandten begleiten zweihundert Edelleute, die Blüte des französischen Adels, und Rosny überbringt kostbare Verehrungen: Heinrich IV. macht König Jakob die schönsten Pferde, die man auftreiben kann, zum Geschenk und schickt ihm auch seinen besten und liebsten Stallmeister. Für die Königin sind Perlenketten und Diamantagraffen bestimmt, für die Hofdamen kleinere Schmuckstücke. Darüber hinaus hat Rosny freie Hand, den englischen und schottischen Großen, die sich für die Sache des Königs von Frankreich gewinnen lassen, nach Belieben Pensionen auszusetzen oder zu versprechen. Vor allem soll er König Jakob mit aller Ruhe, aber auch mit allem Nachdruck davon überzeugen, daß die französischen Hugenotten niemals einen anderen Schutzherren haben werden als den König von Frankreich.

Soweit der offizielle Auftrag der Gesandtschaft, den alle Welt kennen darf. Bei der Audienz sind zunächst die üblichen Glückwünsche zur Thronbesteigung des neuen Königs auszusprechen, doch sollen Rosny und die zweihundert Edelleute beim ersten Empfang zu Ehren der verstorbenen großen Königin in Hoftrauer erscheinen. Rosny wird die Beileidskundgebungen taktvoll mit dem Ausdruck der Freude über die Thronbesteigung verbinden. Nach der ersten offiziellen Audienz soll Rosny sich um weitere Privataudienzen bemühen, die Sympathien des neuen Königs zu erforschen suchen und je nachdem mit seinen eigenen Eröffnungen zurückhalten oder weitergehen. Rosny führt offizielle Instruktionen mit, die allen Mitgliedern des königlichen Conseil bekannt sind, Kanzler und Staatssekretär; aber er hat auch Geheiminstruktionen erhalten, die dehnbarer und weittragender sind und die nur der König und er selbst kennen. Man darf den Conseil nicht vor den Kopf stoßen, dem es mißfiele, wenn der König den schon allzu mächtigen Minister zu seinem „zweiten Ich" machte — eine Bezeichnung, auf die Rosny verzichten lernen muß. Man vereinbart einen Schlüssel für Briefe, die dem Conseil mitgeteilt werden können, und einen zweiten für Briefe, die ausschließlich für den König bestimmt sind. Und schließlich erhält Rosny eine Vollmacht, gegebenenfalls den Entwurf eines Bündnisvertrags mit König Jakob zu unterzeichnen; die Berechtigung zum Unterzeichnen eines endgültigen Vertrages bekam der Minister zu seinem ewigen Bedauern nicht. In den Gesprächen mit dem König von England soll er Vorschläge machen, abtasten, wie weit man gehen kann, aber immer so sprechen, als wären es seine eigenen Einfälle, die weder den König noch seinen mißtrauischen Conseil festlegen. Der Minister muß klug und findig vorgehen, seine Mission ist heikel, des Königs ganze Zukunft steht auf dem Spiel. Er wird sanft sein wie die Taube, klug wie die Schlange, kühn wie der Adler und scharfsichtig wie ein Luchs. Wenn seine Mission zu scheitern droht, darf sie nur ihn gefährden. Das erwartet man von jemandem, den man seinen Diener nennt. Heinrich entläßt den Gesandten mit herzlicher Umarmung.

Rosny bricht auf. Die zweihundert Edelleute schiffen sich auf einer französischen Fregatte nach Dover ein. Dort sollen sie ihren Chef erwarten, der aus Höflichkeit den Kanal in einem englischen Schiffe überquert, das König Jakob dem außerordentlichen Gesandten entgegenschickt. Auf der englischen Fregatte erweist ein Admiral im Namen seines Souveräns die ersten Ehren. Man wußte diese Höflichkeit zu würdigen. An einem schönen Morgen, es war der 15. Juni, begab sich Rosny an Bord des englischen Schiffes; der Admiral und der Gesandte wechselten die höflichsten Komplimente, wobei sich jeder bemühte den anderen an Liebenswürdigkeit zu übertreffen. Herr von Rosny, sagte der Admiral, möge das Kommando über die englische Bemannung übernehmen als ob es Franzosen wären. Rosny lehnt höflich ab. In diesem Augenblick sah man das französische Schiff auftauchen, das die zweihundert Edelleute in Dover an Land gesetzt hatte. Am Großmast ging die Flagge des Vizeadmirals hoch, der so den Gesandten seines Königs grüßte. Eine Salve von Kanonenschüssen begleitete das Hissen der Flagge. Rosny bemerkte darauf entsetzt, wie der Kommandant des englischen Schiffes in wilder Aufregung Befehle erteilte. Man war im Begriff auf den Ehrensalut mit einer Breitseite zu antworten. „Goddam", fluchte der englische Kapitän, „keine Flagge außer der meines Königs darf nach Seerecht auf dem Ozean gehißt werden." Die Situation war schwierig. Auf dem französischen Schiff setzte sich der Admiral Devicq in Verteidigungszustand, die Geschütze waren aufeinander gerichtet. Rosny versuchte die Situation aufzuklären: der französische Admiral habe lediglich dem französischen Brauch entsprechend grüßen wollen. Aber er hatte es mit einem Rasenden zu tun, er war allein auf dem fremden Schiff, der Morgen konnte mit einem Seegefecht enden, und damit wäre im ersten Beginn schon die ganze schöne Gesandtschaft in Frage gestellt. Es hieß also nachgeben, und Rosny befahl dem Admiral Devicq durch Signale, die Flagge einzuziehen. Der Zwischenfall war ernst, man vertuschte ihn, aber er blieb unvergessen.

Der englische Admiral ließ sich in seinem Phlegma nicht erschüttern und bewahrte seine gute Laune, aber der britische Kapitän war Herr an Bord. Man heuchelte also Heiterkeit über seinen Übereifer. Die Wut und die Flüche waren wohl der Flasche zuzuschreiben. Man speiste, man brachte das Wohl der beiden Könige aus, aber Rosny vergaß die Lehre nicht: Frankreich mußte eine neue Flotte haben und Freiheit auf dem Atlantischen Ozean und allen Meeren. Als vierzig Jahre später Richelieu sein politisches Testament verfaßte, erinnerte er sich noch an diesen Vorfall und schrieb: „Diese Kanonenschüsse hatten alle guten Franzosen ins Herz getroffen.... Damals mußte Euer königlicher Vater tun, als wäre nichts geschehen, aber mit dem gleichzeitigen Entschluß, ein ander Mal das Recht der Krone durch eine Seemacht zu stützen, die er sich im Laufe der Zeit schaffen wollte."

An Bord des Schiffes hatte Rosny einen unausstehlichen Kapitän und einen höflichen Admiral vorgefunden. Gab es in England zweierlei Systeme, eines der Unverschämtheit und eines der Höflichkeit? Das mochte er sich fragen, als er noch kochend vor Wut in Dover an Land ging. König Jakob schickte ihm keinen hohen Würdenträger, kein „zweites Ich" entgegen, sondern lediglich einen untergeordneten Mann, der sich um Quartier, Verpflegung, Beschaffung von Fuhrwerk und Vorspann bemühen sollte, kurz einen Furier. Der Bürgermeister von Dover hatte sich zur Begrüßung eingefunden, aber der Bürgermeister von Dover war nur Vertreter der Stadt Dover, nicht der Person des Königs. Dagegen zeigte das Volk soviel Begeisterung wie nach der Behauptung des Bürgermeisters noch nie bei ähnlichem Anlaß. „Ich ließ mir dadurch keinen Sand in die Augen streuen", erzählt Rosny, „nach der Probe, die ich eben erst von der Höflichkeit der Engländer erhalten."

Es war ein lärmender, doch höchst mittelmäßiger Empfang. Das „Auge des Luchses" spähte und erspähte alles genau. Der Gouverneur von Dover war hier Repräsentant des Königs. Aber dieser Herr schickte seinen Neffen mit Entschuldigungen. Er liege mit Gicht zu Bett, ließ er durch den Neffen sagen, der mit zierlichen Komplimenten den Gesandten bat, sich zum Gouverneur zu bemühen. Von neuem also eine heikle Situation: Rosny sollte also als erster dem podagrakranken Gouverneur seine Aufwartung machen? Eine Weigerung mußte als Zweifel an der Glaubwürdigkeit der Entschuldigung ausgelegt werden. Nur nicht gleich den Anfang verderben, aber alles gut im Gedächtnis behalten! Man mußte der Gicht Glauben schenken und den Gouverneur begrüßen. Rosny entschloß sich zu einem Besuch mit dem ganzen Gefolge. Es fing sogleich denkbar schlecht an: den zweihundert Edelleuten wurde am Schloßportal der Eintritt verweigert, bevor sie nicht das Eintrittsgeld erlegt hätten, das man von fremden Reisenden für die Besichtigung des Schlosses erhob; zudem sollten alle außer dem Gesandten selbst ihre Degen am Eingang abgeben. Rosny ging auf alles ein. Er war nicht gekommen, um sich mit Barbaren herumzuzanken. Der Gouverneur saß im hintersten Gemach seiner Wohnung, die Schlafmütze auf dem Kopf, wie gelähmt im Sessel und machte nicht einmal eine Anstrengung sich zu erheben. Er machte ein so böses und mißtrauisches Gesicht beim Anblick der Edelleute, die sich von den Fenstern aus die Türme und das Mauerwerk des Schlosses betrachteten, daß Rosny vorgab, den Herrn Gouverneur und sein Podagra nicht inkommodieren zu wollen, und sich unverzüglich mit seinem ganzen Gefolge wieder empfahl. Die Auspizien waren nicht günstig: auf See war man als Feind, in Dover als verdächtig behandelt worden. Pferde und Fuhrwerke, die der Furier hätte beischaffen sollen, blieben aus, jeder mußte sich selbst zu helfen suchen. In Rosnys Seele ballten sich Gewitterwolken. Da die englische Karosse nicht eintraf, bestieg er den Wagen des Grafen Beaumont.

Die Engländer zeigten sich äußerst ungesittet; es war am besten alles zu ignorieren. Die Mission galt nicht dem englischen Volk sondern König Jakob persönlich. Je unerfreulicher sich die Eindrücke gestalteten, um so deutlicher wurde es, daß allein die Person der großen Königin Elisabeth, ihr eigenster Wille zu ihren Lebzeiten, vor und nach des Königs Religionswechsel, Garant des Bündnisses, der Hilfeleistung mit Truppen und Geld gewesen war. Niemals hatte die englische Nation den Feinden Frankreichs offen den Krieg erklärt. Das gab zu denken. Die Hilfeleistung war immer begrenzten Umfangs, offiziösen, ja heimlichen Charakters geblieben. Man mußte mit geschlossenen Augen durch die feindselige Haltung, die im Herzen der Rasse tief verwurzelt schien, hindurch und geraden Wegs und schleunigst König Jakob zu erobern trachten.

In Canterbury war die Aufnahme besser. Der Adel rührte sich und strömte herbei, um die große Ambassade zu begrüßen. Es war der erste würdige Empfang, der Horizont schien sich aufzuhellen. Aber Rosny, der alles genau bedenkt, macht sich klar: Canterbury steckt voll von flämischen und wallonischen Flüchtlingen, die dem spanischen Joch um ihrer religiösen und persönlichen Freiheit willen entwichen sind. Man darf sich nichts vormachen, wenn sie dem Gesandten Schuhe und Hände küssen, wenn die Frauen Blumen bringen — das sind keine Engländer, das sind die flämischen Brüder. Die Domherren von Canterbury wissen sehr wohl, daß der König von Frankreich die Flamen in ihrem Kampf gegen das spanische Joch unterstützt. Deshalb öffnen sich in Canterbury die Herzen, und nach der prachtvollen Kirchenmusik in der Kathedrale, beim Kruge Bier auf dem gewürfelten Tischtuch, lösen sich die Zungen. Man redet Rosny auf seine flandrische Herkunft an, die auch der rosige Teint und der blondmelierte Bart verraten. Man erinnert sich an gemeinsame Bekannte, verwandtschaftliche Beziehungen und wird gesprächig. Vor wenigen Tagen passierte Canterbury ein Sekretär der Erzherzöge, die gemeinsam Flandern regieren. Er hatte den Auftrag das baldige Eintreffen des Grafen Arembergh zu melden, der von Brüssel geschickt wird, um König Jakob für die spanische Sache zu gewinnen. Außerdem ist der Konnetabel von Kastilien als außerordentlicher Gesandter des Königs von Spanien in gleicher Mission wie Rosny selbst unterwegs. Aufgabe des Spaniers ist es, darzulegen, daß ein Bündnis zwischen England und Spanien Frankreich als Nation lahmlegen und zur Beute seiner Parteiungen machen müßte. Die Kraft Madrids ist den ungeheuren spanischen Kolonien in Amerika und Indien nicht mehr gewachsen. Flotte, Heere und Gouverneure haben den Staatsschatz erschöpft. Es liegt im eigenen Vorteil Englands als Seemacht gemeinsame Sache mit Spanien zu machen. Das hat die Königin Elisabeth in ihrer Dickköpfigkeit nicht einsehen wollen, aber der neue König wird es sofort begreifen. Noch immer führen die Könige von England unter ihren leeren Titeln auch den eines Königs von Frankreich. Sie könnten Aquitanien und Guyenne zurückgewinnen; die aufsässige Bretagne sehnt sich nach dem Anschluß an Großbritannien. Das Haus Spanien hat seinen Ursprung in Burgund und wird sich der Herrschaft über diese Provinz versichern. Nicht genug damit: zugunsten eines spanischen Infanten könnte man das alte Haus Burgund wieder aufleben lassen und mit Flandern zu einem Königreich vereinigen, in dem die echten Nachkommen Karls des Kühnen, des legendären Fürsten, regieren. So könnte jeder in sein Erbgut heimkehren auf Kosten des Königs von Frankreich.

Mochten das auch nur Wunschträume sein, es ist gut zu wissen, was der König von Spanien träumt, und ihn unsanft aufzuwecken. Rosny war den Domherren von Canterbury für ihre vertraulichen Eröffnungen ehrlich dankbar. Überhaupt entwickelten die Dinge sich jetzt zum Besseren. Lord Sidney überbrachte endlich die persönlichen Willkommgrüße des Königs von England. Allerdings stellte sich heraus, daß der Lord eine Persönlichkeit von niedrigerem Range war wie diejenige, die vor vierzehn Tagen auf gleiche Weise den Gesandten der Erzherzöge begrüßte. Man hätte Rosny doch zumindest einen Grafen und ein Mitglied des Privy Council schicken müssen. Beaumont gab in geeigneter Form zu verstehen, worauf Rosny Anspruch erheben müsse, und beim nächsten Aufenthalt schickte König Jakob einen seiner Minister. Ein Minister ist keine dekorative Figur, er repräsentiert den König und dessen Gesinnung. Endlich eine Persönlichkeit von wirklichem Rang, ein Mann von Geist: Lord Southampton, der auf der politischen Bühne eine große Rolle spielt und zu Zeiten der Königin Elisabeth lange eingekerkert war. Er stand bei König Jakob in höchster Gunst, die Beiden verfaßten gemeinsam Gedichte und Sonette. Der Lord schien politischen Gesprächen auszuweichen, aber er stellte Rosny einen besonderen Genuß in Aussicht: er werde ihn selbst ins Globe Theatre führen zu dem bedeutenden Schauspieler William Shakespeare, der selbst auftritt in seinen berühmten Stücken, die ganz England begeistern.

In Gravesend bestieg die Gesandtschaft königliche Barken, die auf der Themse lagen. Der große Augenblick rückte näher, wo man — in aller Behutsamkeit selbstverständlich — alles aussprechen wird, was man auf dem Herzen hat; wo man — in gewinnendster Liebenswürdigkeit selbstverständlich — alles ausspucken wird, was man hinunterschlucken mußte. In Canterbury war man mit Verwandten zusammengetroffen, aber am nächsten Tage in Rochester hatten die Bürger die Unverschämtheit gehabt, die Kreidestriche wieder auszulöschen, die die Furiere des englischen Königs an den als Quartiere der Gesandtschaft bestimmten Häusern angebracht hatten. Bis jetzt war es nur der König gewesen, der Wohlwollen zeigte, bei der Bevölkerung glaubte der argwöhnische Rosny den „alten Haß" zu spüren.

Die Barken des Königs waren mit purpurroten, goldverzierten Stoffen ausgeschlagen, Rosny saß in der seinen wie unter einem Baldachin. Man fuhr die Themse aufwärts, näherte sich der City und sah den Tower zum Himmel aufragen, während der Willkommsalut dröhnte, mit dem der englische König die große Gesandtschaft begrüßen ließ. Dreitausend Kanonenschüsse wurden vom Tower abgefeuert, und zu gleicher Zeit ertönten die Ehrensalven von den vor Anker gegangenen Schiffen, sowie von Mole und Hafenplatz. Pulverschwaden, Geschützdonner, beflaggte Fenster überall — aber kein einziges Vivat der Menge! An der Mole warteten zahlreiche Karossen auf die Franzosen. Lord Sidney und Southampton machten die Honneurs und stellten die Würdenträger vor. König Jakob ließ sein Bedauern aussprechen, daß das zur Aufnahme des erlauchten Gastes bestimmte Palais noch nicht fertig hergerichtet sei; man hatte nicht mit einem so großen Gefolge gerechnet, und die schlechten Wege verzögerten das rechtzeitige Eintreffen der Boten. Der Ankunftsabend galt demnach als inoffiziell, und die Reisenden quartierten sich provisorisch ein. Rosny stieg bei Beaumont in der französischen Gesandtschaft ab.

Am ersten Tag gab es allerhand Schwierigkeiten, da sich die Bürgerschaft Londons genau wie die Rochesters darum zu drücken suchte, die Edelleute bei sich aufzunehmen. Vor drei Jahren sei Biron eingetroffen wie heute Rosny, hieß es; das große Gefolge des Marschalls habe sich damals so anspruchsvoll und lärmend aufgeführt, soviel Aufregung und Störung in den Familien angerichtet, daß die geruhsamen Einwohner Londons keine Lust hätten, sich in ihrer Lebensweise und ihren Gepflogenheiten durch so aufregende Herren stören zu lassen.

Der nächste Tag ließ sich schon besser an. Endlich war alles untergebracht, und das Palais Arundel erwies sich als ausnehmend schön und geräumig. Die amtierenden Lords, Sidney und Southampton, eilten nach Windsor, um König Jakob den ersten Bericht über die Ankunft zu erstatten. Rosny seinerseits nahm sich sein französisches Gefolge vor und ermahnte es in aller Strenge, lärmendes und freches Auftreten, leichtsinnige Streiche und übertriebenen Aufwand zu vermeiden. Der Fall Biron mochte zur Lehre dienen. Rosny wollte die Engländer von ihren Vorurteilen kurieren und ihnen zeigen, daß eine große französische Gesandtschaft unter seiner Führung Haltung zu bewahren wisse, auch wenn Grund zur Unzufriedenheit vorhanden sein sollte. Abends, als Rosny mit Beaumont beim Kartenspiel saß und die Herren sich eben über den mehr geräuschvollen als herzlichen Empfang aussprachen, ging plötzlich ein Heidenlärm auf der Straße los, und unter lautem Türenschlagen stürmten über hundert französische Edelleute in das Gesandtschaftspalais. Von draußen hörte man die Flüche und Drohungen einer immer mehr anwachsenden Menge. Die Franzosen hatten sich für die strengen Vorschriften ihres Gesandten und die an den Reisetagen aufgezwungene Enthaltsamkeit schadlos gehalten und die Vergnügungslokale der City aufgesucht. Dabei war es zu einer Rauferei gekommen. Ein Franzose hatte einen Engländer am Spieltisch niedergeschossen, und jetzt schrien draußen Tausende von Engländern nach Rache.

Der Zwischenfall schien ernst und dazu angetan, alle Vorurteile der Engländer zu rechtfertigen und zu bestärken. Wer war der Schuldige? Die Kameraden erklärten es als Ehrensache, ihn nicht zu verraten. Trotz seiner Wut bewahrte Rosny Kaltblütigkeit und befahl den Edelleuten, die in der Gesandtschaft Schutz gesucht hatten, sich längs der Wände aufzustellen. Er würde den Schuldigen zu finden wissen. Ohne noch Hamlet im Theater gesehen zu haben, veranstaltete er die Fackelszene. Reihum leuchtete er mit einer Kerze in der Hand jedes Gesicht an. In seinen Memoiren erzählt er, wie er plötzlich vor einem der jungen Leute anhielt, dessen Gesichtsausdruck Erregung verriet und dessen Hände zitterten. Wer Furcht zeigte und zitterte, mußte der Schuldige sein, und es stellte sich heraus, daß es der Neffe des Grafen von Beaumont selbst war, der geschossen hatte, Combaud, er, der mit gutem Beispiel allen übrigen hätte vorangehen sollen. Rosny hielt auf der Stelle Gericht. Combaud hatte getötet, er hatte die Ehre aller Franzosen befleckt; die Strafe mußte augenblicklich folgen und abschrecken. Combaud sollte vom Henker Londons und in Anwesenheit des englischen Justizministers enthauptet werden. Beaumont protestierte: „Aber Herr von Rosny, Sie werden doch nicht einen meiner Verwandten, einen jungen Mann mit 200 000 Talern Vermögen dadurch für den kostspieligen Dienst, Sie begleitet zu haben, belohnen, daß Sie ihm den Kopf abschlagen lassen!" Rosny lehnte es ab, auf so verächtliche Einwände zu hören und bat Beaumont sich zu entfernen, er werde sich mit den ältesten und verständigsten Edelleuten beraten und zweifele nicht daran, daß sie seinen Urteilsspruch bestätigten.

Es ist unwahrscheinlich, daß der zweite Moses im Ernst die Absicht hatte, die Todesstrafe über seinen tollen Knappen zu verhängen oder gar durch den Henker von London vollziehen zu lassen. Es kam, wie es nach der Berechnung eines so klugen Diplomaten kommen mußte: der Bürgermeister von London wurde von dem Urteilsspruch in Kenntnis gesetzt, welcher der erregten Volksmenge volle Genugtuung verschaffte, und bat nun seinerseits um Gnade für den Schuldigen. Rosny erklärte zwar, daß sein Urteilsspruch von niemandem gefordert und auch von niemandem verhindert werden könnte, aber er bestand nicht auf der Durchführung, wenn die englische Justiz selbst den Schuldigen in Gewahrsam zu nehmen und nach englischem Recht abzuurteilen wünschte. Der Knappe wurde also durch sechs Bewaffnete dem Justizminister vorgeführt und erhielt eine saftige Strafpredigt, während Beaumont diesem Beamten zugleich mit seinen Entschuldigungen ein paar Säcke klingender Taler aushändigen ließ. (Das hatte Rosny so vorausgesehen, wenn er auch selbst von diesen Maßnahmen nichts wissen wollte.) Auf diese Weise regelte sich alles aufs beste, und der Gesandte hatte sich als ein strenger Richter gezeigt.

Der Lordmayor von London und der Justizminister schickten aus Höflichkeit gegen die französischen Gäste den Schuldigen an Rosny zurück. Noch einmal ermahnte der Minister mit dem ganzen Gewicht seiner strengen Autorität alle zur Vernunft. Bald herrschte Ruhe in den Schenken, der Zwischenfall geriet in Vergessenheit, alles atmete auf, und man konnte ans Werk gehen.

Solange ein Gesandter nicht die erste Audienz bei dem Souverän, bei dem er beglaubigt ist, gehabt hat, bleibt er Beobachter, macht niemanden seine Aufwartung und empfängt nur offiziöse Besuche. Er sondiert das Terrain, hört sich um, stellt Überlegungen an und berücksichtigt alles, was er hört und sieht, für sein Auftreten. Rosny verfuhr nicht anders und stellte dabei trübe Erwägungen an. Der erste Haupteindruck blieb: die Engländer haßten Frankreich. Dieser Haß war so groß, so allgemein, daß Rosny ihn auf Rechnung der diesem Volke eingeborenen Instinkte setzte. Sodann machte es ihn unsicher und mißtrauisch, am Hof Parteien zu finden, die Sympathien und Programme wechselten ohne ersichtlichen Grund. „Die Engländer", meinte er, „scheinen vom Meer, das ihr Land umgibt, die Unbeständigkeit angenommen zu haben. Sie wechseln ihre Haltung je nach den Ereignissen und ihren Interessen und halten ebenso sicher und zäh an ihrer Unbeständigkeit fest wie andere an ihrer Beständigkeit." Am Hof gibt es keinen Zusammenhalt, drei, ja vier Parteien bekämpfen sich unausgesetzt. König Jakob hatte Schotten mit sich gebracht; sie hassen die Engländer, die ihren Haß erwidern. Vertraute des bisherigen Königs von Schottland, besaßen sie als *gentlemen of the bed* des Königs Ohr, hatten freien Zutritt zu den Privaträumen des Königs, waren seine Begleiter bei Jagden und Vergnügungen. Für Jakob blieben sie die Gefährten seiner Jugend, mit denen ihn Gewohnheit und heimischer Brauch verband; er liebte ihren vertrauten schottischen Dialekt und verstand sich mit ihnen. Diese Gentlemen taten ihr Bestes, jeden fremden Einfluß vom König fernzuhalten.

Eine andere Partei, berichteten die Gewährsleute, war auf Spanien eingeschworen. Das waren die echten alten Engländer, von denen die Domherren in Canterbury gesprochen hatten, die „Gespenster des Hundertjährigen Krieges", die verächtlich auf die Franzosen herabsahen, die von der Rückkehr nach Aquitanien träumten und denen Calais ein Dorn im Auge war. Für diese Partei lagen alle Möglichkeiten bei Spanien: wenn Spanien lebenskräftig blieb, konnte man mit Frankreich kurzen Prozeß machen und es zu Wasser und zu Lande einkreisen; ging es mit Spanien aber bergab, konnte man sich in gutem Einvernehmen mit ihm über die Teilung seiner märchenhaften überseeischen Reiche auseinandersetzen und zum Nutzen Großbritanniens die Absicht Philipps II. umkehren, die er bei seiner Heirat mit Mary Tudor verfolgte. Die Franzosen waren nur um ihre Landesgrenzen besorgt, aber die Engländer sahen in den Nebeln der Vergangenheit ihren Haß und in den Nebeln der Zukunft weite Eroberungszüge... Die Königin der Meere dürstet nach Königreichen jenseits der Meere.

Die dritte Partei sah die politischen Möglichkeiten wieder anders, gewissermaßen in einer Zwischenform: die Ansprüche auf Poitou, Guyenne und die Normandie waren Chimäre. Es kam darauf an, ein unabhängiges Königreich aus Flandern, den Niederlanden und Burgund zu schaffen. England dürfe sich auf keine Allianz festlegen. Ein geschwächtes Frankreich, ein begrenztes Spanien, ein englisches Reich, das zwischen den eifersüchtigen großen Mächten freies Spiel hatte, das gab die beste Aussicht auf ein politisches Gleichgewicht.

So klangen die Stimmen der offiziösen Besucher. Aber nun galt es endlich den König selbst zu sprechen, ihm zuzusetzen, ihn zu verführen. Schon meldete sich ein außerordentlicher Gesandter nach dem andern oder traf ein. König Jakob glich einer unentdeckten Insel, und die Forschungsreisenden beeilten sich einander zuvorzukommen, um zuerst die Fahne zu hissen.

Die vierte Partei war oder würde sein — das blieb offen — die Partei der Königin, sie stand in jedem Fall in Opposition zu der des Königs. Solang es ging zog der König die Ankunft seiner Gemahlin hinaus; er müsse, erklärte er, erst einmal selbst in seinem Königreich Fuß fassen, die Untertanen kennenlernen und Fühlung gewinnen. Eine Königin, Hofleben brächten Günstlingswirtschaft und Eifersüchteleien mit sich. Hatte man nicht gehört, die Königin von England habe gegen allen Brauch und bevor sie noch den englischen Boden betrat, selbstherrlich Hofmarschall und Hofdamen ernannt, kurz: schon im voraus sich ihre Kreaturen und ihre eigene Partei geschaffen?

Soweit die Nachrichten, die Rosny zu Ohren kamen, während er auf die Audienz wartete. Der König bewies für seine Person mehr Höflichkeit als Dringlichkeit. Man verlangte die Beglaubigungsschreiben des Herrn von Rosny zu prüfen. Eine Persönlichkeit seines Ranges, erklärte der Gesandte hochfahrend, habe es nicht nötig, Ministern seine Beglaubigungsschreiben vorzulegen. Ganz Europa kenne ihn, und er warte nur ungeduldig darauf, die eigenhändigen Briefe, die sein König ihm anvertraut habe, König Jakob zu übergeben; sie enthielten die Grüße und Wünsche des Königs von Frankreich an den Nachfolger der großen Königin. Der Gesandte erregte einiges Aufsehen durch seine stolze Sprache. Man kam überein, daß er seine Beglaubigungsschreiben abgeben sollte und daß diese ungelesen bleiben sollten.

Schließlich ein letzter Zwischenfall: Rosny wollte bei der feierlichen Audienz mit seinem ganzen Gefolge in Trauer erscheinen; das Andenken der großen Königin erforderte diese Ehrung, und es wäre gegen alle französische Tradition gewesen, das zu verabsäumen. Die entsprechende Kleidung lag bereit, die Degengriffe waren mit Trauerflor umhüllt. Die Engländer rieten dringend ab, ja manche befürchteten einen Skandal. König Jakob hatte nicht einen Tag lang Trauer um die verstorbene Königin getragen und nicht erlaubt, daß andere sie trugen. Der Todesfall lag nun drei Monate zurück; dieser schwarze, düstere Zug wirke wie eine Beleidigung des Königs, wie eine unangebrachte Lektion, er würde so ausgelegt, als traure man der Vergangenheit nach und mißtraue der Zukunft. Man stritt lebhaft hin und her. Rosny berief sich auf die Weisung seines Königs; die Audienz sei für den nächsten Tag anberaumt, und er könne weder neue Weisungen erhalten noch geben. Vergeblicher Widerstand: König Jakob würde eher eine Erkrankung vorschützen als den großen Trauerzug empfangen, die Audienz käme auf diese Weise nicht zustande.

Die Stunde drängte, man mußte nachgeben und gab nach. Die verbleibende Zeit verging in fieberhafter Arbeit, um die Kleider und Paradeuniformen herzurichten, die nicht für die Audienz bestimmt waren und auf der Reise und in den Quartieren gelitten hatten.

Die Gesandtschaft

Endlich brach der große Tag an. Der feierliche Empfang sollte in Greenwich stattfinden, zwanzig Meilen von London entfernt. Graf Derby holte den Gesandten und sein Gefolge ab. Rosny war von nicht weniger als hundertzwanzig Edelleuten begleitet, die er unter den Bestaussehenden und Gesetztesten ausgewählt hatte. Auf königlichen Booten fuhr die große Gesellschaft durch die friedliche englische Landschaft. Der Graf Northumberland empfing sie mit großem Gefolge am Ufer, eine stumme Volksmenge drängte sich zu dem Schauspiel. Rosnys Herz mag nach den vorausgegangenen Widerwärtigkeiten heftiger als sonst geschlagen haben.

Der erste Eindruck war erfreulich: im Gegensatz zu der üblichen Gepflogenheit, Gesandten nichts, nicht einmal ein Glas Wasser anzubieten, war für die Franzosen ein Imbiß in einem großen Saal des Schlosses vorbereitet. Es gab die schönsten Früchte und Blumen, man erfrischte sich und betrachtete durch die Fenster Hirsche und Rehe auf den Rasenflächen. König Jakob ließ sagen, daß er zum Empfang bereit sei. Unter Vortritt seiner ganzen Suite macht sich Rosny auf. Im Vorzimmer und den ersten Sälen herrscht großes Gedränge: König Jakob hatte zu diesem feierlichen Anlaß nicht nur alle Würdenträger versammelt, sondern auch die fremden Gesandten. Mag also der Empfang kalt, lau oder warm sich gestalten, er vollzieht sich unter den forschenden Blicken sämtlicher ordentlichen und außerordentlichen Gesandten, die sofort ihren Höfen Bericht erstatten werden. Der König von England hatte unter dem mehrere Stufen erhöhten Baldachin Platz genommen. Beim Anblick Rosnys erhob er sich sogleich, ging zwei Stufen hinab und wäre, so erzählt Rosny, ganz heruntergestiegen, wenn ihm nicht der Zeremonienmeister durch ein Zeichen bedeutet hätte, daß schon mehr als genug geschehen sei. Der König blieb also stehen und erklärte vernehmlich: „Wenn ich gegen das Zeremoniell diesem Gesandten Ehren erweise, schaffe ich dadurch noch keinen Präzedenzfall für andere. Er besitzt meine besondere Achtung und Liebe, weil ich um seine Verehrung für meine Person weiß, seine Festigkeit in unserm Glauben und seine Treue gegen seinen Herrn." Es ziemte sich nicht für Rosny, mit einer banalen Redensart zu antworten. Er sprach — mochte es Mißfallen erregen — das Beileid seines Königs zum Tod der großen Elisabeth aus und beobachtete, daß bei der Erwähnung der „verstorbenen Königin" das Gesicht des Königs sich verfinsterte. Immerhin waren die notwendigen, wenn auch unerwünschten Höflichkeiten mit zwei Worten abgetan.

König Jakob war nicht groß, aber auch nicht so dick, wie man erzählt hatte; nur seine Kleidung ließ ihn gedrungen erscheinen. Es ist richtig, daß er einem Schulmeister ähnlicher sieht als einem König und mit seiner Brille und hastigen Sprechweise wirkt, als erteile er Unterricht. Der Sohn der Maria Stuart spricht fließend französisch mit einem starken schottischen Akzent. Er gibt sofort zu verstehen, daß er sich mit Rosny zu unterhalten wünscht, den er auf die oberste Thronstufe zu sich hinaufzieht, so daß die gesamte Umgebung unten außer Hörweite bleibt. Dann gibt er ohne Umschweife sogleich einer Beschwerde Ausdruck, die er auf dem Herzen und auf der Zunge habe, und die sogleich ausgesprochen sein soll: man habe ihm hinterbracht, daß der König von Frankreich über alle Welt spottet, auch über seine Freunde und seine königlichen Vettern — mit einem Wort, er habe ihn „Kapitän der schönen Künste" und „Gekrönten Federfuchser" genannt. Auch Rosny und sein Bruder, der den König in Schottland aufgesucht hatte, sollen sich über seine gelehrten Neigungen lustig gemacht haben. Nicht daß er solchen Bagatellen Bedeutung beimesse. Vielleicht seien es auch nur böswillige Klatschereien von spanischer Seite. Von dort geschehe alles, um die Engländer gegen den Allerchristlichsten König einzunehmen und Rosny im vorhinein am englischen Hof zu diskreditieren; die Spanier steckten ihre Nasen in alles, hätten ihre Horcher im Vorzimmer des Königs, ihre Späher bis in sein Schlafzimmer und führten eine so böse Zunge!

König Jakob weiß, wie er Rosny gefallen kann, und er will ihm gefallen. Man muß den Spaniern Schlechtes nachsagen, die Bosheit betonen, mit denen sie Brandherde in allen Nachbarländern legen. Es ist verständlich, wenn Rosny berichtet, daß er das Gespräch mit Vergnügen in die Länge zog bei dem Gedanken, daß alle Anwesenden die Dauer der Audienz, den herzlichen Ton des Königs und die vertrauensvolle Atmosphäre genau verfolgten.

Eine weitere Aufmerksamkeit des Königs lag darin, daß er die gegenseitige Glaubensbrüderschaft unterstrich. „Wenn Sie, ein Hugenotte, an den Papst schreiben, reden Sie ihn wirklich mit Eure Heiligkeit an?" Rosny gestand, daß er sich als Minister des Königs von Frankreich dem französischen Brauch fügen müsse. „Das ist Sünde", meinte Jakob, „diese Anrede gebührt Gott allein." Es klang fast wie eine brüderliche Ermahnung. Schließlich wurde Rosny vom König eingeladen, in Westminster Abbey mit ihm den Gottesdienst zu besuchen; er könne sogar, wenn sich der König in London aufhalte, gelegentlich in der königlichen Privatkapelle die Schriftverlesung hören; er werde Freude daran haben, seine in Frankreich zurückgesetzte und stiefmütterlich behandelte Religion in einem anderen großen Lande vom ganzen Volk und vom König geehrt zu sehen. Der König sprang rasch, allzu rasch von einem Thema zum anderen, und verbreitete sich jetzt über die Jagd. Der Allerchristlichste König sei, wie Jakob wisse, ein leidenschaftlicher Jäger, er selbst teile diese Passion und freue sich, eine Ähnlichkeit zwischen sich und König Heinrich festzustellen. Er habe ihn nie gesehen, werde ihn niemals sehen und glaube dennoch, ständig sein Bild vor Augen zu haben. König Jakob findet eine gewisse Ähnlichkeit in ihrer beider Schicksal: wer hätte gedacht, daß der König von Navarra einmal König von Frankreich würde, und wer hätte gedacht, daß Jakob Stuart, König von Schottland, einmal König von England würde, ja König von Großbritannien — denn seit seiner Thronbesteigung sagt man Großbritannien, und das gefällt ihm. Indes Rosny möge ihn nicht falsch verstehen: ihm, dem König, genügt Großbritannien. Die alten Engländer vom Hundertjährigen Krieg sollen ihre Phantastereien von Aquitanien und der Bretagne allein spinnen. Ihm ist König Heinrich IV. ein Vorbild, der auch nur über Frankreich herrschen und keine Eroberungen machen will. Wenn Rosny jetzt einige Wochen in der großen Gesellschaft Londons verbringt, darf er sich durch das, was er zu hören bekommt, nicht irre machen lassen; die Engländer lieben es zu phantasieren. Im übrigen wird man sich wiedersehen, die Audienz hat lange gedauert, und ganz Europa, das da unten versammelt ist, findet sie ungewöhnlich. Noch nie hat man es erlebt, daß ein Gesandter bei der Antrittsaudienz sich mit dem König so ausführlich und so vertraulich unterhielt. Der König erhebt sich, verspricht Rosny eine Privataudienz unter vier Augen und zieht sich durch eine kleine Seitentür in seine Gemächer zurück. Rosny stieg die Thronstufen hinab, grüßte nach allen Seiten, schüttelte denen die Hände, deren Bekanntschaft er schon gemacht, und verließ mit seinen hundertzwanzig Edelleuten den Saal.

Was ist von der ganzen Situation zu halten? Rosny ist befriedigt, aber auch verlegen: der König hat außerordentlich freundlich gesprochen, ihm den denkbar besten Empfang bereitet; worauf es ihm aber ankommt, ist das Ergebnis eines positiven Entwurfs zu einem Bündnisvertrag. Nachdem sich der erste Ansturm seiner Eindrücke gelegt und er in der Stille nachgedacht hat, erscheint ihm die Lage schwierig. Er ist nun offiziell beglaubigt, die Minister besuchen ihn, und man horcht sich gegenseitig aus. Worauf will der französische Gesandte eigentlich hinaus? Die Engländer sollen sich zu einem Hilfeleistungsvertrag zugunsten der Holländer herbeilassen, die sich von ihrer Abhängigkeit gegenüber Spanien ganz befreien wollen. Was bedeutet „Hilfe"? Man muß schon deutlicher werden. Die Engländer sollen mit Geld, Schiffen und Truppen Beistand leisten zur vollständigen Befreiung Hollands. Es geht zu weit, daß die Spanier in Flandern Fuß gefaßt, und daß derselbe König, der in Madrid regiert, unter dem Namen eines deutschen Prinzen, des Großneffen Karls V., und einer spanischen Prinzessin, Tochter Philipps II., kurzum durch „die Erzherzöge" auch in Brüssel herrscht. Wenn Spanien am Ende ganz Holland erdrosselt, hat niemand mehr Ruhe bei sich zu Hause. Unter diesem oder jenem Namen oder durch Strohmänner wird der König von Spanien Frankreich einschnüren und England bedrohen. Entschließen sich die Engländer aber zu einer gemeinsamen Aktion, so werden die Nordstaaten Schweden und Dänemark sich anschließen. England hält die Schlüsselstellung, auf der die ganze europäische Politik beruht. Es soll einen direkten Bündnisvertrag eingehen, der zur Schaffung eines vollkommenen Gleichgewichts führen wird: auf der politischen Ebene durch eine klare Abgrenzung der einzelnen Staatsgebilde, auf der religiösen Ebene durch die Annäherung der protestantischen nördlichen Staaten an Frankreich, das damit den Beweis gleichen Bürgerrechts der beiden Konfessionen auf seinem Territorium erbringt.

Eine englische Weigerung wird für die gesamten Niederlande eine Überflutung durch Spanien zur Folge haben und für England selbst neue innere Zwistigkeiten, geheime Einverständnisse der Katholiken, Verschwörungen à la Babington und Umtriebe der Jesuiten gegen König Jakob. Kurz, Rosny kennt sehr wohl die letzten Absichten Englands, den wunden Punkt der Herrscherin der Meere. Bleibt Spanien infolge Englands Passivität Herr Europas und Besitzer der sagenhaften Königreiche in Amerika, setzt es sich endgültig auf den Westindischen Inseln fest, so wird es dort keinen fremden Handel dulden, und die Träume der Handelsherren der City sind eitel und nichtig.
Rosny sprach mit Kraft, mit Leidenschaft. Was er hier entwickelte, war der Kern seiner politischen Überzeugung. Die englischen Minister blieben kühl und schienen auch untereinander nicht einig. Die Gesandten Schwedens und Dänemarks, die er daraufhin sprach, zeigten auch nicht mehr Wärme. Ihre Fürsten saßen friedlich in ihren Ländern und wünschten sich nicht auf ungewisse Unternehmungen einzulassen. Von englischer Seite wurde auch geltend gemacht, daß König Jakob vor kaum drei Monaten nach London fast wie ein Ausländer gekommen sei, der sich erst alles aneignen muß. Und es galt als ein altbewährter Grundsatz, daß ein neuer Souverän vom Augenblick der Übernahme der Krone an ein volles Jahr und einen Tag nichts Neues unternimmt. Er soll erst seine Untertanen kennenlernen, die Absichten der einzelnen Parteien erforschen und Vertrauen einflößen. Also abwarten! Alles erging sich in Lobsprüchen auf den Allerchristlichsten König und bewunderte die Machtmittel, die ihm zur Verfügung standen. Man wollte wissen, daß Herr von Rosny, sein großer Minister, Oberfeldzeugmeister und Oberintendant der Finanzen, im Arsenal Kanonen, Munition und Waffen anhäufte, mit denen man die ganze Welt in die Luft sprengen könnte; daß die von ihm in den Verließen der Bastille gestapelten Säcke mit Goldtalern ausreichten, Armeen bis ans Ende der Zeiten zu unterhalten. Welch glorreiche Aussicht für den Allerchristlichsten König, aus eigener Macht die Stunde herbeizuführen und das ersehnte Gleichgewicht herzustellen, dessen verführerisches Bild Rosny so meisterhaft malte!
Für Rosny ergab sich aus den schwierigen Gesprächen, daß mit Ministern und Konferenzen nicht weiter zu kommen war. Macht sich

bereits die Wirkung spanischer Emissäre bemerkbar? Sie bleiben ungreifbar und anonym. Der außerordentliche spanische Gesandte selbst, Velasco, von dessen Ankunft schon in Canterbury geredet wurde, ist noch nicht eingetroffen. Ist das Berechnung? Er müßte längst hier sein, sein feindliches Visier gelüftet und seine Anerbieten unterbreitet haben, aber er meldet, er sei durch Krankheit in einem spanischen Hafen festgehalten. Wahrscheinlich will er erst in Erscheinung treten, wenn Rosny abreist und das Feld wieder frei ist. Was kann er für Anerbietungen machen? Rosny schlägt nach einem unzweifelhaft glücklichen Kriege eine gerechte Verteilung der Länder vor, die auch dem Verlangen der Völker Rechnung trägt; eine allgemeine Bereinigung, ein Gleichgewicht. Der Konnetabel von Kastilien — Rosny ahnt, wittert es — wird den Engländern gemeinsame Sache in Amerika antragen.

Je länger er überlegt, um so deutlicher hellt es sich ihm auf: der König von Spanien erschöpft Kräfte und Kassen in seinen zu ausgedehnten und belastenden Kolonien. Was einmal Spaniens Ruhm war, wurde zur erdrückenden Last. Nicht mehr Philipp II. regiert in Madrid, sondern ein junger schwächlicher König, in dem der Saft des habsburgischen Stammes vertrocknet, und der nicht mehr die Kraft in sich fühlt, noch lange allein die Herrschaft in den Kolonien zu halten. Raum dort für beide — das wird die große Verlockung und Verführung für Londons Kaufmannschaft und Seeleute bilden, für die Familien, von denen so zahlreiche junge Leute sich eine Zukunft gründen möchten. Statt sich ewig auf dem Meere herumzuschlagen, könnte die englische Flotte nach Amerika fahren, wo es Edelmetalle und märchenhafte Diamanten zu holen gibt. Seide ist auf der ganzen Welt abzusetzen, und die Söhne des Adels könnten, statt in London kleine Kaufleute zu bleiben, in den Kolonien eine führende Rolle spielen und regieren. König Jakob sprach die Wahrheit: England träumt nicht davon, in Europa Eroberungen zu machen, Provinzen in Frankreich zurückzugewinnen. Die Ozeane sind der unendliche Raum, in dem England und Spanien gemeinsam nach vorausgegangener Verständigung ihre Netze auswerfen werden; dann ist der König von Frankreich in seinem Reich abgeschlossen wie auf einer Insel, die er mangels einer Flotte nicht verlassen kann.

Es gilt sich zu informieren, Augen und Ohren überall zu haben, die großen und kleinen Gedanken und Hintergedanken zu erraten. Es gibt Leute, die sich fragen, von wem sie reichlichere Schmiergelder beziehen könnten, vom König von Frankreich oder vom König von Spanien. König Jakob hat noch nicht das letzte Wort gesprochen, im Grund hat er überhaupt wenig Positives gesagt, so lange die Unterhaltung auch dauerte. Er gewährte Rosny eine zweite Audienz, und zwar eine Privataudienz unter vier Augen. Alle realpolitischen Möglichkeiten wurden durchgesprochen und durchgedacht. König Jakob ist ein kluger Kopf, aber wenn es um praktisches Handeln geht, weicht er aus; er spricht vorzüglich über politische Fragen, aber wenn sein Gesprächspartner den Lärm der Waffen heraufbeschwört, macht er einen unruhigen und verschüchterten Eindruck. Als seine Mutter ihn unterm Herzen trug, wurde Rizzio vor ihren Augen ermordet, und der Schock, den sie damals erlitt, soll, wie man erzählt, die Ursache sein, warum ihr Sohn Abscheu und Angst vor Blut hat, ja nicht einmal den Anblick des erlegten Wildes nach der Jagd erträgt. Jakob I. entzog sich den direkten Angriffen Rosnys, wechselte das Thema und holte ihn über den wunden Punkt aus: ob er wirklich, wie es hieß, dem König von Frankreich zuliebe katholisch zu werden gesonnen sei? Es wäre ein schwerer Schlag für die französischen Protestanten, die sich dann zweifellos in England um Hilfe umsähen; König Jakob sei allerdings entschlossen sie zu verweigern. Frankreich brauche keine englischen Umtriebe bei sich zu befürchten, aber der König von Frankreich möge auch dafür sorgen, daß kein Franzose sich an den katholischen Intrigen gegen England beteiligt. König Jakob vertraut Rosny an, er wisse bestimmt, daß acht verkleidete Jesuiten an der englischen Küste gelandet seien, mit der Absicht ihn zu ermorden. König Heinrich soll bei sich zu Hause auf der Hut sein. Das Gespräch hatte sich weit von Rosnys Plänen fortbewegt, als der Kammerherr meldete, daß der König zur Tafel erwartet werde. Rosnys Enttäuschung wurde durch die besonders herzliche Liebenswürdigkeit des Königs gemildert, der ihn für den kommenden Sonntag zur Teilnahme am Gottesdienst und danach zur Tafel einlud. Es war eine besondere Auszeichnung für den französischen Gesandten, der von König Jakob als hugenottischer Glaubensbruder, ja

fast wie ein königlicher Verwandter behandelt wurde. Bei Tisch wurde ausschließlich von der Jagd gesprochen, und der König gab keine Gelegenheit zu einer intimeren Unterhaltung. Aber er zeigte sich über jedes vorstellbare Maß gnädig, brachte die Gesundheit des Königs von Frankreich aus, der Königin und der gesamten königlichen Familie und flüsterte Rosny vertraulich ins Ohr, sein erster Schluck gelte einer doppelten Verbindung, dem Abschluß zweier Heiraten zwischen dem Haus Frankreich und dem Haus England. War das nicht ein Bündnis, was wollte der Gesandte mehr?
Aber Rosny strebte einen Vertrag an, er wollte, daß rasch, wenn nicht sofort gehandelt würde. Die Eheschließungen lagen in weiter Ferne, und außerdem hatte man es erlebt, daß die politischen Heiraten die Kronen zu nichts verpflichteten. Es bot sich noch eine letzte Gelegenheit: König Jakob bewilligte eine private Abschiedsaudienz, die auf die hoffnungslosen Ministerbesprechungen folgen sollte. Mit den Ministern kam Rosny zu nichts, zu weniger als nichts. Die Atmosphäre verschlechterte sich nur bei dem schmutzigen Feilschen. Es schien fast sicher, daß England, vor die Wahl zwischen dem von Frankreich angebotenen Bündnis zu Lande und den von Spanien zu erwartenden Angeboten zur See gestellt, sich für die letzteren entscheiden würde. Jedenfalls war Rosny entschlossen, bei seiner letzten Audienz ganz aus sich herauszugehen und mit völlig offenen Karten zu spielen. Die Audienz versprach allen Erwartungen zu entsprechen. Der König ersuchte den Gesandten, wenig Gefolge mitzubringen, denn er wünsche auch seinerseits ruhig und gründlich sich auszusprechen und von Rosny zu hören, was auf den Konferenzen erörtert worden sei und ob die Minister seine Meinungen und Absichten richtig dargelegt hätten. Er führte Rosny in sein Privatgemach, verbot jedermann Zutritt, schloß selbst alle Türen sorgfältig ab, umarmte den Gesandten zweimal und forderte ihn auf, sich ohne Rückhalt zu äußern: „Der König von Frankreich", erklärte er, „soll nicht umsonst den wichtigsten Mann seines Reiches, sein *alter ego*, geschickt haben." Wie sind die Besprechungen mit den Ministern verlaufen? Dem König ist zu Ohren gekommen, daß man beiderseits unbefriedigt blieb; aber die Berichte, die ihm übermittelt wurden, stimmen nicht ganz überein. Rosny soll alles, was er auf dem Herzen

hat, aussprechen. Der Gesandte ließ sich lange bitten, und als er schließlich erklärte, den König mit alledem nicht ermüden zu wollen, erhob sich Jakob voll Neugier, ging ans Ende der Galerie um zu fragen, wieviel Uhr es sei, schloß wiederum die Türen und sagte: „Herr Gesandter, ich habe die heutige Jagd abgesagt, denn ich will alles von Ihnen hören. Ich bin überzeugt, daß das wichtiger für mich ist als die Jagd. Ich weiß, daß ich durch die Berichte meiner Minister nach nur dreimonatiger Regierungszeit nicht klar hindurchsehe, und es ist mir ein Bedürfnis auch Sie anzuhören."
Das Gespräch dauerte vier Stunden. Auf die Frage, was der König von seinen Ministern zu halten habe, erinnerte ihn Rosny daran, daß er doch ihr unumschränkter Herr sei. Dann nahm Rosny die Unterhaltung auf mit Komplimenten über des Königs lichtvolle Weisheit, sein gelehrtes politisches Wissen, von dem so zahlreiche Bücher im Arbeitskabinett Zeugnis ablegten. Für Augenblicke schwieg der Gesandte, um den König zu Fragen zu veranlassen. Auf diese Weise kam man zum springenden Punkt: der König von Frankreich will Holland von der spanischen Herrschaft befreit sehn, ja die ganzen Niederlande. Aber angenommen, daß dieses Ziel, das im Interesse beider Herrscher liegt, erreicht wird — wie denkt sich der Allerchristlichste König die Zukunft Europas? Was hält er von den spanischen Eroberungen in den anderen Erdteilen? Will er Spanien von Frankreichs Grenzen nur im französischen Interesse fernhalten?
Bei dieser Frage stutzt der Gesandte einen Augenblick: sollte König Jakob etwas von den großen Plänen wissen, die der König und Rosny im geheimen erörtert haben? Und sind es nicht mehr Rosnys eigene Gedankengänge als die Heinrichs IV.? Durch die Offenbarung dieser Pläne, die so zahlreiche Interessen und Kronen berühren, verrät man sich vielleicht dem Feind. Dennoch: der König von England steht ihm gegenüber, brennend vor Neugier, die sich zur Anteilnahme steigern könnte. Rosny nahm die Gelegenheit wahr und entschloß sich, mit größter Vorsicht zu sprechen, nicht ohne zuvor von dem immer erregteren König den feierlichsten Eid zu verlangen: beim Brot des heiligen Abendmahls ihrer gemeinsamen Religion sollte König Jakob versprechen, nichts von dem, was der Gesandte ihm eröffnet, vor seinen Ministern oder irgendeinem Dritten verlauten zu lassen.

Dann begann Rosny mit einem Enthusiasmus, der nicht ohne Berechnung war, die Darlegung dessen, was die Geschichte als „die große Konzeption Heinrichs IV." bezeichnet hat. Wenn wir von Berechnung sprechen, so meinen wir damit Rosnys Versuch, seinen königlichen Gesprächspartner dadurch zu gewinnen, daß er ihm zunächst von den protestantischen Interessen sprach. Als Hugenotte wollte er zum Hugenotten reden und erklärte, sich in seiner Religion so tief verwurzelt zu fühlen, daß sie ihm mehr bedeute als Vermögen, Familie, Vaterland, ja als sein König selbst. Es war ein starkes Wort, das uns empören könnte; aber Rosny sprach insofern keine Unwahrheit, als er sich trotz verführerischen Drängens von höchster Stelle stets geweigert hatte, zum katholischen Glauben überzutreten, und wir dürfen wohl annehmen, daß der Minister auch dann nicht nachgegeben hätte, wenn Heinrich IV. ihn zwischen der Religion einerseits, der königlichen Gunst und seiner Machtstellung andererseits wählen ließ. Rosny ist kein ausnehmend frommer Mann, aber er ist, was er ist, und vertritt die Auffassung, daß in allen Hauptpunkten christlicher Grundlehre Katholiken und Hugenotten übereinstimmen; was darüber hinausgeht, ist und bleibt Geheimnis. Er hat sich oft in diesem Sinne geäußert. Als Hugenott trägt er seinem König gegenüber die Verantwortung für alle französischen Hugenotten, schützt und überwacht sie und schafft so in Frankreich den Ausgleich der zwiefachen religiösen Bewegung. Wechselte er seine Religion, so könnte er diese Mission nicht mehr erfüllen und sein Leben verlöre seinen Sinn. Es war für Frankreich notwendig gewesen, daß der König zum katholischen Glauben übertrat; für den Minister liegen die Dinge anders. Im Gegenteil: der katholische König und der hugenottische Minister sind in ihrer Eintracht und Freundschaft, in ihrer ideellen Übereinstimmung, ein Beweis für die Möglichkeit der Vereinigung beider Konfessionen. In diesem Sinne konnte Rosny dem neuen König von England ohne Lüge erklären, seine Treue gegenüber der Religion gehe allem anderen vor.

Das religiöse Gleichgewicht, in Frankreich so mühsam hergestellt, könnte ganz Europa zum Segen werden, wenn der Allerchristlichste König und König Jakob gemeinsam das Haus Österreich niederringen. An diesem Punkt ging das Gespräch auf die natürlichste

Weise vom Religiösen zum Politischen über. König Jakob möge sich einmal genau den Aufstieg des bescheidenen Hauses Habsburg in den letzten hundert Jahren klar machen. Heute reiche es über Spanien, das ungeheure Deutschland, Italien und Flandern hinaus, es wolle sich Holland unterwerfen, rühme sich seiner Königreiche in Amerika und besitze in Ostindien Gebiete, deren Ausdehnung so groß ist wie Persien und die Türkei zusammen. Die Welt werde zum Märchen, in dem der König von Spanien der Riese und die europäischen Souveräne die Zwerge sind.

Von hier aus entwickelt dann Rosny seine Perspektiven: die Stuarts und die Bourbonen sollten ein enges und innigstes Bündnis eingehen, dem sich die Höfe der nördlichen Länder sofort anschließen würden. Mit solcher Hilfe würde Holland sich begeistert befreien, und alle deutschen protestantischen oder andersgläubigen Fürstentümer fielen ab. Böhmen, Ungarn, Mähren und Schlesien warteten nur auf ihre Befreier. Das Kaiserreich wird zum Phantom, und das kleine Haus Österreich muß sich mit der Souveränität in Österreich begnügen. Es ist irrig, an eine enge Beziehung zwischen Savoyen und Österreich zu glauben. Das fürstliche Haus Savoyen läuft wie so viele andere lediglich dem Glück und Erfolg nach und sucht beides da, wo Prestige und Macht zu finden sind. Man braucht den Habsburgern nur das Königreich Neapel zu nehmen, es dem Herzog von Savoyen zu geben, und alles ist in Ordnung. Es wäre falsch anzunehmen, das im Grunde katholische Frankreich könnte die ganze Aktion mißbilligen, die dem Protestantismus fast eine völlige Gleichberechtigung verschaffen würde. Betrachtet man die Lage rein vom politischen Standpunkt aus, so ist festzustellen, daß sich der Papst bedrückt fühlt durch all die kleinen Fürsten- und Herzogtümer, die sein Hoheitsgebiet einkreisen und im Grunde nur kleine Anhängsel der habsburgischen Krone sind. Klemens VIII. klagt oft darüber und fragt sich, ob nicht in Wahrheit der König von Spanien Träger der weißen Tiara sei und er selbst nur die Rolle eines Hauskaplans der Habsburger spiele. Der König von Frankreich bezweckt mit dieser großen Idee keinerlei Eroberungen; er will lediglich Ruhe, Ordnung und Sicherheit in Europa wiederherstellen, aber er vermag nichts ohne das Bündnis mit König Jakob, denn Frankreich besitzt keine Flotte, und der König von Großbritannien vermag nichts ohne ihn, denn England hat keine Armee.

Der allererste Schritt aber bei der Durchführung dieses Planes, und der für die Engländer erfreulichste, müßte darin bestehen, den Spaniern Ostindien wegzunehmen und sich selbst dort festzusetzen. In dem engen Bezirk Europas ist genug Krieg geführt worden, hat es genug Schlachten, Belagerungen, Siege, Niederlagen und faule Friedensschlüsse gegeben. Die Flotte Spaniens mag im Indischen Meere untergehen, Spaniens Macht wird mit ihr zugleich sinken. Welche Märkte werden sich erschließen, welche Aussichten für Handel und Reichtum! König Jakob möge alles wohl bedenken — die Durchführung dieses Planes ist so unumgänglich, daß der Allerchristlichste König sie mit anderen Mitteln, allein, ohne Mitwirkung Englands, unternehmen müßte; aber dann fielen auch ihm allein Gewinn und Ruhm zu. Welche Gelegenheit für König Jakob, sich unsterblich zu machen! Er nennt sich einen Bewunderer des Königs von Frankreich, weist auf die Gemeinsamkeit ihres Schicksals hin — er könnte mit ihm den Ruhm der Geschichte teilen.

Aber hier, wo Perspektiven über Perspektiven sich auftun wie in einer magischen Architektur, wird es Zeit innezuhalten. König Jakob scheint dem Gedankenflug nicht mehr zu folgen. Es gilt den Ton zu wechseln, den König zu beruhigen und auf den Boden der Tatsachen zurückzufinden. All das waren nur Ideen Rosnys, geheimste, in die ferne Zukunft führende Gedankengänge, die er König Jakob hat eröffnen wollen; der König von Großbritannien muß sie getreu seinem feierlichen Schwur für sich behalten. Was er heute praktisch tun, seinen Ministern gebieten kann, ist das Bündnis zwischen den beiden Höfen, der Hilfsvertrag zur Befreiung Hollands. Unter der Hand und ohne Kriegserklärung soll dieser stolzen, fleißigen kleinen Nation, die so viele Gemeinsamkeiten mit England hat, geholfen werden, sich von der Umklammerung Spaniens zu befreien; man wird Geld schicken, Soldaten ausheben, und für den ersten Augenblick handelt es sich sogar nur darum, die Einnahme Ostendes durch die Spanier zu verhindern.

So kommt Rosny nach seinem phantastischen Ritt durch die Nebel der geschichtlichen Zukunft wieder zum Ausgangspunkt zurück, zu dem bescheidenen Projekt, das König Jakob gefallen muß: der Befreiung der Hugenotten. Das Übrige war nur ein Gedankenflug, ein Ausblick. Ein großer König und sein Minister müssen gelegentlich, losgelöst vom Druck der Alltagssorgen, über den engen Horizont der Gegenwart hinaus gemeinsam Möglichkeiten der Zukunft ins Auge fassen. Ob man nun Hirsche jagt oder im Rat die widerspruchsvollen und oft selbstsüchtigen Ansichten der Minister anhört, ob man heute ein Schiff, morgen ein paar Pfund Sterling an Völker schickt, die einen Freiheitskampf ausfechten, an dem England und Frankreich ebenso interessiert sind wie sie selbst — was immer im Augenblick geschieht, sollte in den weiteren Rahmen einer Idee eingespannt sein, die in sich Möglichkeiten der Entwicklung trägt. Aber es empfiehlt sich nicht sie an die große Glocke zu hängen. Aus diesem Grund hatte Rosny um völlige Geheimhaltung gebeten. Das Schicksal der Völker liegt bei Gott und ist sein Geheimnis, aber er erleuchtet die Könige und verleiht ihnen die Kraft, dieses Schicksal zu erkennen und an seiner Verwirklichung zu arbeiten.

König Jakob hatte die langen Ausführungen, so erzählt Rosny, mit verträumtem, manchmal mit „entrücktem" Ausdruck angehört. Er umarmte den Gesandten und erklärte sich durchaus einverstanden, den Entwurf eines Bündnisvertrages zu unterzeichnen. Über die Form der gemeinsamen Aktion soll noch nichts festgelegt werden. Auch Jakob forderte Verschwiegenheit, denn zuerst müsse er seine Minister vorbereiten, ihre Voreingenommenheit beseitigen, ihre Gesinnung ändern. Zunächst werde er seinen Council einberufen, um ein Dokument aufzusetzen, das den holländischen Gesandten alle nur erdenklichen Zusicherungen gibt. Bisher hatte der König abgelehnt, sie auch nur zu empfangen; sie waren wie lästige Bittsteller behandelt worden, die bei den Ministern antichambrieren und keinen Zutritt zum König haben. Jetzt sollten sie in Audienz empfangen werden.

Die Mitglieder des *Privy Council* wurden eiligst zusammengeholt. Der König umarmte in ihrer Gegenwart Rosny, streckte ihm beide Hände entgegen und fragte: „Sind Sie nun mit mir zufrieden, Herr Botschafter?"

Nein, Rosny ist nicht zufrieden. Was er nach seinem langen Vortrag erreicht hat, ist wenig. Zudem besitzt er, wie man weiß, keine Vollmacht, die Unterschrift zu leisten. Die Gesandtschaft hat nur die Aufgabe, das Feld vorzubereiten und einen Vertragsentwurf mitzubringen. Rosny kann seinem König nur über ein langes vertrauliches Gespräch Bericht erstatten, das keinen Kontrahenten festlegt. Hätte der *Conseil de France* nicht aus Argwohn und Eifersucht auf die eigenen Rechte seine Vollmachten beschnitten, Rosny hätte einen regelrechten Vertrag nach Hause gebracht und so den Gang der Geschichte beschleunigt — so glaubt es wenigstens Rosny und verschmerzt es in den langen Jahren des Ruhestandes nie. Jetzt ist es am besten abzureisen, nachdem man alles gesagt, alles erfahren hat. König Jakob hat nun das Wort und muß seine Minister überzeugen. Es folgte noch eine letzte Abschiedsaudienz zu früher Morgenstunde, denn der König wollte den Tag ganz der Jagd widmen, um sich über den Kummer zu trösten, den ihm Rosnys Abreise bereite. In einem Monat, in sechs Wochen, wird man sich wiedersehen, wenn Rosny den wirklichen Bündnisvertrag überbringt, der vom König von Frankreich unterzeichnet und von Villeroy als dem Staatssekretär des Äußeren gegengezeichnet sein soll. Und noch eine letzte Mahnung: daß ja nicht der König von Frankreich wieder die Jesuiten in sein Land hereinläßt! Man behauptet, er trage sich mit dem Gedanken! Sein englischer Vetter würde das nicht als ein Zeichen freundschaftlicher Gesinnung auffassen.

Auf dem Schiff überdachte Rosny das Ergebnis der Mission. Welche Widerstände wird er im *Conseil* finden? Was ist im Grunde von König Jakobs Begeisterung zu halten? Rosny sieht in Gedanken die große spanische Gesandtschaft vor sich, die in London endlich erwartet wird, und macht sich klar, daß die Hauptaufgabe des Konnetabel von Kastilien darin besteht, den König von England den Wirkungen seiner Verführungskünste wieder zu entziehen.

Nein, es ist nicht alles erreicht. Aber mit den großen politischen Unternehmungen ist es wie mit der Erschaffung der Welt: die sechs Tage, in denen sie gemacht wurde, werden als Zeitalter gedeutet. Ein unabhängiges Holland, ein zusammengebrochenes Spanien, ein zerstückeltes Kaiserreich, ein auf Österreich beschränktes Österreich, die Engländer auf den Westindischen Inseln, der Herzog von Savoyen König in Italien und König von Neapel — Jakob mochte wohl bei diesem Plan Rosnys die Augen hinter der Brille aufsperren und sich ins Reich der Fabel versetzt fühlen. Aber im Lauf der Zeit, der Jahrhunderte, würde die Geschichte diesen Plan ausführen, der nicht ein Plan Rosnys oder Heinrichs IV. war, sondern das vorgezeichnete Schicksal der Völker selbst. Es heißt schon etwas, dieses Schicksal vorausgesehen zu haben.

Rosny ging in Calais an Land, froh, wieder französischen Boden zu betreten und seine Knappen zu ihren Vergnügungen heimschicken zu können. Eine Botschaft wartet auf ihn, der König sei voll Ungeduld seinen Gesandten wiederzusehen zur Jagd nach Villers-Cotteret gekommen; so könne ihn Rosny schneller erreichen und mündlich berichten, was sich schriftlicher Mitteilung entzog. Der Freund möge sofort mit Extrapost aufbrechen und keine Stunde verlieren. Rosny ließ sich nicht lange bitten, fuhr die Nacht durch und traf frühmorgens beim König ein, den er schon mit einigen Edelleuten bei einem Spaziergang im Park fand. „Gott sei Dank", rief der König, „endlich ist der Langersehnte eingetroffen." Als Rosny wie üblich sich aufs Knie niederließ, hob ihn Heinrich auf und umarmte ihn herzlich. An diesem Morgen wurde die Jagd abgesagt. Es gab zu viel zu berichten und zu hören vom König von England und allen Kabalen. Rosny legte der Begeisterung König Jakobs großes Gewicht bei, denn sie war sein Erfolg, und er liebte es gelobt zu werden. Der Staatssekretär des Äußeren, Villeroy, und des Königs Vetter, der Graf von Soissons, wurden gerufen. Der Graf gehörte ausgesprochenermaßen zu den Unzufriedenen und verabscheute alle Minister als Emporkömmlinge, mit denen der König seine Angelegenheiten besorgte, anstatt mit seinen Verwandten zu regieren. Um so mehr mußte man ihm Vertrauen zeigen und ihn um seine Meinung befragen. Der Vertragsentwurf wurde verlesen. „Was halten Sie von der ganzen Sache, mein Vetter?" fragte der König. Er bekam eine sarkastische Antwort: „Mir scheint, Sire, daß der Marquis von Rosny beim König von England einen großen Stein im Brett hat und es ausgezeichnet versteht, die Engländer zu behandeln — vorausgesetzt, daß sein Bericht und alles, was hier dargelegt wird, zutrifft. Aber eben deshalb mußte er weit vorteilhaftere Bedingungen und einen besser formulierten Vertrag für Sie erreichen als den vorliegenden, der nicht mehr als leere Versprechungen und schöne Phrasen enthält, deren Verwirklichung durch nichts gesichert ist." Villeroy äußert sein Mißvergnügen darüber, daß König Jakob sich durch den Hinweis auf die Jesuiten in innere Angelegenheiten Frankreichs einmischt. Die sarkastischen Bemerkungen des Prinzen von Geblüt schnitt der König mit den Worten ab: er wisse, daß Rosny und Soissons sich nicht leiden können, aber sie sollen in seiner Gegenwart sich vertragen: „Was Sie da sagen, ist gut und schön, und nichts ist so leicht, als die Leistungen anderer zu bekritteln." Dann erhielt Rosny eine große Lobrede: er habe ja gar keinen regelrechten Vertrag abschließen können, denn er besaß keine Vollmacht. Der König zitierte ein lateinisches Sprichwort: „Ich weiß nicht, ob ich die Worte richtig ausspreche", sagt er lachend, „aber oft habe ich sagen hören: *mitte sapientem, et nihil dicas.*" Während man noch lange auf und ab spazierte, ging das Gespräch weiter: über den Charakter König Jakobs, über die Engländer, ihre Meinung vom neuen Herrscher, ob Rosny im Theater gewesen und die berühmten Stücke von William Shakespeare gesehen habe. Stimmte das Gerücht, daß König Jakob diesen Autor und Schauspieler zum Kammerherrn ernannt habe? Alles in allem sind die Engländer seltsame Leute, und König Jakob ist wohl kaum der Mann, dem man auf den Grund kommt. Der Kapitän der schönen Künste und gekrönte Federfuchser liebt seine Bücher und seine Ruhe. Man muß damit rechnen, daß zwar Rosny den König in einen Begeisterungszustand versetzt hat, aber daß jetzt das gleiche dem Konnetabel von Kastilien gelingt. Die letzten Nachrichten von Beaumont lassen es bereits befürchten. Der Konnetabel von Kastilien überschwemmt den Hof mit Geschenken und wirbt in Schottland Rekruten an zur Verstärkung der spanischen Armee. Die Königin ist mit ihren Kindern in London eingetroffen, und zwar früher, als ihr Gemahl es gewünscht hat. Die Königswürde hat ihr den Kopf verdreht, und seit ihrer Ankunft spricht man am Londoner Hof nur noch von Toiletten, Festen und Lustbarkeiten. Das Gerücht bestätigt sich, daß Herr Shakespeare, der zum Kammerherrn ernannt wurde, ein in Schottland spielendes Stück schreibt, zu dem ihm der König früher in Holyrood die Anregung gab. Der ganze Hof drängt sich ins Theater, aber im Parkett traktieren sich die englischen und schottischen Adligen mit Beleidigungen; zum Beispiel hat der Graf von Northumberland dem Oberst Vere in Anwesenheit des gesamten Hofes ins Gesicht gespuckt. Und noch eine weitere Neuigkeit: die anglikanischen Protestanten und die schottischen Puritaner haben eine Konferenz abgehalten. Die Schotten weigern sich die kirchliche Oberhoheit des Königs von England anzuerkennen, sie halten an ihrer Lehre fest und wollen nur ihrer eigenen Kirche unterstellt sein, deren Haupt Gott allein ist. Und endlich berichtet Beaumont von einem in Irland angezettelten und soeben aufgedeckten Komplott: Katholiken dieser Insel wollten König Jakob ermorden lassen, ohne Zweifel mit Hilfe der Jesuiten.

Es ist schwer, sich auf die Bündnisaussichten zu verlassen. König Jakob herrscht noch zu kurze Zeit, die Last seiner Kronen beunruhigt und verwirrt ihn. Er scheint sich darin zu gefallen, Projekte zu machen, im übrigen aber mit Schlafrock und Hausschuhen angetan, die Brille auf der Nase, in seinem Arbeitszimmer Bücher zu wälzen. Königin Elisabeth war in Wahrheit ein König, ihr Nachfolger aber ist, wie es in den Gassenhauern schon heißt, „die Königin Jakobine". Er ist bestimmt nicht ein Mann großer Entschlüsse und noch weniger geeignet, sie den so widerspruchsvollen Parteien aufzuzwingen. Heinrich IV. hat sich rasch sein Bild vom englischen Vetter gemacht. Trotz allem soll ihm ein unterzeichneter Bündnisvertragsentwurf übermittelt werden, als ob man wirklich etwas davon hielte. Aber es genügt, wenn Beaumont ihn vorlegt. Man wird auch weiterhin sich sehr höflich zeigen. Geschenke und Pensionen an große Edelleute oder Minister ausrichten. Der Tod der Königin Elisabeth hat eine neue Lage geschaffen; das Neuland ist jetzt erforscht und eröffnet keine weiteren Ausblicke. Folgerungen ergeben sich nur für Frankreich selbst: es gilt wachsam zu sein und die Ordnung im Languedoc, der Provence, der Dauphiné und in Burgund aufrecht zu erhalten, kurz: überall, wohin die Spanier ein Auge geworfen haben und bemüht sind, unter Ausnutzung von Meutereien Fuß zu fassen. Die Einigkeit der französischen Nation ist in den Augen des Auslandes die beste Gewähr ihrer Sicherheit; sie wird den Freunden Vertrauen, den Feinden Furcht einflößen. Die „große Konzeption" bleibt der Zukunft vorbehalten. Ihr Gedankengang bleibt in den Geheimkammern der politischen Köpfe lebendig. Der jetzige Augenblick aber ist nicht geeignet, weiter darüber nachzudenken, den Plan auszudehnen oder einzuschränken. Die Zeit selbst wird ihre Korrekturen vornehmen. Die große Konzeption blieb Sullys „Luftschloß". Täglich fügte er ihm Türme und Türmchen hinzu, läßt in seiner Phantasie Armeen aufmarschieren, die einen letzten großen siegreichen Krieg führen, der für den König mit einem triumphalen Frieden endet. Heinrich IV. pflegte zu sagen: „Mein Freund, Sie träumen, ich habe genug Kriege geführt." Aber mitunter glich der Traum einer Vorahnung, die in Erfüllung gehen könnte. Das Mögliche erreicht nur, wer Unmögliches begehrt und über die Wirklichkeit hinauszielt. Es gibt auch für die Politik ein „Jenseits".

War es ihm auch nicht gelungen, König Jakob in eine Begeisterung von nachhaltiger Wirkung zu versetzen, so fand sich Rosny doch nicht weniger belohnt, und der König und sein Minister plauderten noch lange unter vier Augen über die Lehren der Reise. Ein Gesandter kann in vier Wochen wohl eine bestimmte Angelegenheit erledigen, aber nicht die Gesinnung von Königen oder gar das Herz von Völkern verwandeln. Für den ersten Tag war genug gesprochen worden, der König wurde zur Tafel gerufen. Nachher wollte er den Ausflug in den Wald nachholen, den er am Morgen versäumt hatte. Da Rosnys Wagen noch nicht eingetroffen waren, ließ ihn der König aus der Hofküche verpflegen, und der zukünftige Herzog von Sully setzte sich mit Appetit zu Tisch, um zwei Melonen und vier Rebhühner zu verspeisen.

V

DIE JESUITEN

Inzwischen wartete eine große Unannehmlichkeit auf Rosny. Er konnte sich bald als den geistigen Urheber, bald als den Vertrauensmann der großen politischen Konzeption, die der König den „Traum" nannte, betrachten, aber nach seiner Rückkehr fand er einen politischen Plan vor, der ganz real und aktuell war und den er

als Komplott empfand, denn der König kannte ihn und hatte ihn dem Marquis verheimlicht. Seit ihrer nach dem Attentat des Jean Châtel erfolgten Vertreibung strebten die französischen Jesuiten mit allen Mitteln die Rückkehr nach Frankreich an und erklärten das Exil für einen ungerechtfertigten Ausnahmezustand. War auch Jean Châtel früher ihr Schüler gewesen, so konnte man doch den Orden nicht dafür verantwortlich machen, wenn sich unter den Zöglingen seiner Schulen später einer als Entgleister, Narr oder Schwachsinniger entpuppte. Die Jesuiten glaubten zu wissen, daß ihre Verbannung nicht dem Wunsch und Willen des Königs entsprach und nur dem Parlement und der Sorbonne zuzuschreiben war, die sich durch ihr Wirken und ihre erzieherische Tätigkeit benachteiligt fühlten. Sie hatten in Frankreich eine große Anzahl von Freunden zurückgelassen und standen im Ruf hervorragender Pädagogen. Der Papst setzte sich für sie durch verschiedene Abgesandte ein, in Paris nahm sich der Nuntius ihrer Sache an. Wenn sie zurückkehrten, würden sie die Jugend Frankreichs zu größerer Disziplin und zugleich zu größerer Freiheit erziehen. Heinrich IV. möge sie nur empfangen, mit ihnen sprechen, und seine Vorurteile würden schwinden, wenn er welche hat. Im Grunde hat er sie kaum. Der König neigt von Natur zu allem Neuen und will es sich dienstbar machen. Man hat die Jesuiten mit zahllosen gehässigen oder lächerlichen Fabeln angeschwärzt.
Vor drei Jahren, zur Zeit des Feldzugs in Savoyen, war in Lyon ein Jesuit vom König empfangen worden; unter dem faltenreichen Kleid eines Nuntius oder Kardinals schlüpft ein Jesuit immer noch durch. Es war der Pater Mayo, ein Provenzale, der sich nach Italien geflüchtet hatte. Mayo war ein beredter Anwalt seiner Sache und hatte dem König gefallen. Trotzdem antwortete Heinrich damals ausweichend: „Ich werde euch zufriedenstellen", sagte er, „aber erst, wenn die Zeit gekommen ist." Monate vergingen. In Lyon hatte der König einen Jesuiten gesprochen, in Metz empfing er deren nicht weniger als vier, alles Franzosen, wissenschaftlich gebildete und gelehrte Leute, die viele Länder gesehen und deren Sitten studiert hatten. Sie sprachen dem König mit kluger Berechnung von den neuen Zeiten, den Zusammenhängen zwischen Religion und Sittlichkeit, zwischen Sittlichkeit und politischer Ordnung im Königreich. Aber

obwohl Heinrich sie gescheit und weitblickend fand, verhielt er sich zögernd. „Sire", erklärte Pater Mayo, „Sie haben gesagt: wenn die Zeit gekommen ist; die Frauen entbinden nach neun Monaten, und nun ist die Zeit für uns gekommen." „Aber Pater Mayo", erwiderte der König in seiner unvermeidlichen Spottlust, „wißt Ihr denn nicht, daß die Schwangerschaft der Könige länger dauert als die der Frauen?"
Er ist im Prinzip entschlossen, aber er zögert hinsichtlich des Zeitpunkts. Er möchte gern den Orden in Frankreich wiedersehen, der ihm alles zu verdanken haben wird und mit dem ihn eine geistige Richtung verbindet, die man „modern" nennt. Er zieht es vor, im Lande ein gefügiges Werkzeug zu haben als außerhalb der Grenzen einen Gegner, dessen Einfluß und geheime Ränke zu fürchten sind. Er braucht Zeit, weil er weiß, daß man erst Widerstände beseitigen und Ausgleiche schaffen muß. Die Sorbonne wird ein großes Geschrei erheben und behaupten, man entziehe ihr die Jugend, das Parlement wird unzufrieden sein, daß der König eine erst vor sechs Jahren ausgefertigte Verfügung rückgängig macht. Auch wird es sich in seiner Machtstellung beeinträchtigt fühlen, denn hier handelt es sich um einen Orden von Erziehern, der die Natur des Menschen studieren, neue Meinungen und Methoden vertreten, Bücher veröffentlichen, disputieren und diskutieren will. Die Graubärte schütteln die Köpfe, sie wünschen ihre Autorität zu wahren und haben Angst vor diesem neuen Einfluß, der sich wie ein Strom verbreitet. Die Arnaulds sind auf der Hut und nehmen schon im voraus eine Kampfstellung ein. Die Parteigänger der Jesuiten arbeiten unterdessen weiter. Tagtäglich muß sich der König das Für und Wider anhören. Die Patres hatten den König sprechen wollen und hatten ihn gesprochen; sie wollten ihm gefallen und hatten ihm gefallen, sie verstanden sein Interesse zu erwecken. Heinrich war das Geschwätz über den Niedergang der geistlichen Orden, die angeblichen „Mißbräuche" leid. Auf die Jesuiten traf das nicht zu. Sie verlangten weder Würden noch Pfründen, ja, die Ordensregel verbot deren Annahme. Sie trachteten auch nicht nach dem Purpur, man sah sie stets nur in ihrem schwarzen Rock. Aber sie glichen auch nicht Eremiten in der Wüste, waren vielmehr Männer, die mitten im menschlichen Leben stehen. Es gab

Geistliche und Mönche, welche die Kirchen zur Kaserne gemacht, selbst Küraß und Gewehr genommen und von den Kanzeln gewettert hatten. Die Jesuiten machten keinen Lärm, sie gingen trotz ihrer Vertreibung wie Schatten im Land und beim König aus und ein. Glaubt man, sie kehrten zurück, so sind sie verschwunden, weitverstreut in spanischen Diensten, Missionare in Indien oder Perú; glaubt man, sie seien verschwunden, so steht ihre Rückkehr unmittelbar bevor. Der Kanzler Sillery ist ihnen sehr geneigt, aber auch Villeroy, der Staatssekretär des Äußern, und Fouquet de la Varenne, der intime Vertraute des Königs. Sie alle sind tagtäglich zur Stelle und belagern die Festung. Die Festung ist die Gesinnung des Königs. Der König braucht nur zu wollen, und alles wird sich still und friedlich vollziehen; eines schönen Tages öffnet man ihnen die Tore, und die Patres nehmen den Unterricht bei der Lektion wieder auf, die der Dolchstoß unterbrach, der den König an der Lippe verletzte. Zahllose Familien sehen sich in der mißlichsten Lage: die Jesuiten unterhielten in der Provinz große Kollegien, in denen die jungen Leute dieselbe Erziehung genossen, die sie sonst nur in Paris fanden. Dieselben Lehrer zogen von Schule zu Schule und stellten so eine Einheit her von Sprache, Erziehung und Kultur. Die Patres verfügen über die ungewöhnliche Gabe, die Zuneigung derer zu gewinnen, denen ihre Arbeit gewidmet ist. Das ganze Haus Lothringen tritt für sie ein. Die Herzogin von Guise, die der König als die liebenswürdigste und verständigste Frau seines Hofes schätzt, ist ihnen von ganzem Herzen zugetan. Die Guisen hatten sich zur Zeit der Liga der Jesuiten bedient und in ihnen bewunderungswürdige Werkzeuge gefunden. Heinrich hatte seine schlimmsten und widerspenstigsten Feinde mit königlicher Großmut behandelt, ihnen Ämter, Pensionen und Domänen verliehen; es war der glücklichste Griff des Königs, Freundschaft und Dienstbereitschaft aller Franzosen zurückgewonnen zu haben. Fast ein Wunder hat er vollbracht und alle menschliche Voraussicht zu Schanden gemacht. Warum in aller Welt sollen die Jesuiten allein von seiner Gnade ausgeschlossen bleiben? Wurden etwa nach dem Attentat des Jacques Clément alle Dominikaner vertrieben? Und doch war der kleine Mönch, als er eines Abends auszog, Heinrich III. zu ermorden, nur erfüllt vom Geist seines Klosters. Der Prior des

Klosters war gehängt worden, aber ebenso der Jesuit, bei dem das lateinische Buch eines spanischen Autors gefunden wurde, das die Ermordung „häretischer oder tyrannischer" Könige rechtfertigte. Ein Exempel mußte statuiert werden und war statuiert worden: *oportet unum mori pro populo.* Das Opfer war gebracht, warum jetzt dem *populo*, dem Jesuitenorden, um dieses Todes willen nicht verzeihen? Die Argumente waren eindrucksvoll und wurden Tag für Tag wiederholt. Der König spielte nicht mehr mit dem Gedanken, er war jetzt entschlossen. Es entspricht seinem Lebensgrundsatz, alle diejenigen zurückzugewinnen, die in der oder jener Weise der Nation nützlich werden könnten. Eine längere Weigerung würde doch nur zur Folge haben, daß die Jesuiten in Rom und Spanien in die Parteien und Faktionen eindringen, die Frankreich Übles wollen. Ihr Eifer, ihre Fähigkeiten, ihre geheimnisvolle Kraft wird dem Auslande zugute kommen und ebenso ihre große Kenntnis des Menschen, seines Gewissens, seines Ehrgeizes und seiner Unzufriedenheit. In Frankreich haben sie zahllose Anhänger behalten, die heimlich mit ihnen in Verbindung stehen und deren Lebensführung und Gewissenshaltung sie nach wie vor beeinflussen. Sie haben die menschliche Seele in ihren vielfältigen Möglichkeiten erforscht. Sie beschränken sich nicht auf Theologie, sondern erweitern diese um die praktische Moral. Wenn sie nach Amerika, Japan, China und in die Türkei gehen, könnten sie Frankreich in diesen Ländern den Weg ebnen, die französische Sprache lehren, einen Geist einpflanzen, dessen man sich, „wenn die Zeit gekommen", bedienen kann. Dienen sie nicht dem König von Frankreich, so dienen sie dem König von Spanien. König Franz I. hatte durch sein Bündnis mit den Türken den ersten Schritt zur Vorrangstellung Frankreichs in den Ländern der Ungläubigen getan, und man hatte dabei die Erfahrung gemacht: was sich zum Vorteil der einen Nation auswirkt, geht auf Kosten einer anderen. Das Prinzip ist höchst einfach: was Spanien gewinnt, geht Frankreich verloren, und umgekehrt. Man wirft den Jesuiten vor, sie hätten ihrem Ordensgeneral blind zu gehorchen und der von ihnen selbst gewählte General sei kein Franzose. Die Jesuiten wenden dagegen ein, ihr Gehorsamsgelübde beziehe sich nur auf die Missionstätigkeit: wer den Befehl empfängt, schnürt sein winziges Bündel und reist innerhalb zwei Stunden ins fernste China, wäre es der bedeutendste und verehrteste Lehrer am schönsten Kollegium der Welt. Was den Ordensgeneral betrifft, kann man ihnen doch keinen Vorwurf daraus machen, daß sie keinen Franzosen gewählt haben, da man in Frankreich ja keine Jesuiten duldet und sie dort eines „Unglücks" wegen mit Schmutz bewirft. Jetzt wünschen sie sich nichts Besseres, als dem König, den der Papst anerkannt hat, zu dienen, und aufs Dienen verstehen sie sich.

Der König befand sich zweifellos in einer schwierigen und fatalen Lage. Daß die Jesuiten ihn für ihre Sache gewonnen hatten, ist sicher, auch daß zahlreiche Familien ihre Rückkehr wünschten. Aber was werden außer Sorbonne und Parlement die Hugenotten sagen, und wie kann man ihre Wiederzulassung England gegenüber begründen, das die stärksten Vorurteile gegen sie hat, sie haßt und fürchtet? König Jakob wird jeden Tag das Gespenst verkleideter Jesuiten vor sich sehen, die über den Kanal kommen, um ihn zu ermorden; überdies steht fest, daß sie zur Zeit der Königin Elisabeth an dunklen Verschwörungen nicht unbeteiligt waren. Man muß die Angelegenheit mit Rosny, der eben aus England zurückkommt, besprechen. Der Minister wird opponieren und ebenso viele Gründe gegen die Zulassung finden wie die Befürworter zu ihren Gunsten. Es ist die Aufgabe des Königs — der er gerecht wird — sich beraten zu lassen, zu prüfen und dann die Entscheidung zu treffen. Die Überlegungen haben lange gedauert, jetzt soll die Entscheidung fallen. Gerade weil die Jesuiten gefährlich sind — diesen Gesichtspunkt will er Rosny gegenüber geltend machen — ist es immer noch besser sie im Lande zu haben als draußen.

Wenn die Person Rosnys in diesen Darlegungen einen so breiten Raum einnimmt, so hat das seinen Grund darin, daß er der Spiegel ist, in dem wir Heinrich IV. erblicken, wie er nachdenkt, berät, zögert, sein Herz ausschüttet. Früher oder später vertraut ihm der König alles an. Rosny hält es in seinen Memoiren fest. Wenn er nicht absolut zuverlässig, wenn er voreingenommen ist und gelegentlich sich selbst herausstreicht, so ist stets doch unschwer zu erkennen, was vom König selbst kommt, was Rosnys Ausschmückungen sind.

Der König leitete die Sache mit einem Schachzug ein, so geschickt, daß selbst der schlaueste Jesuit es nicht hätte klüger angehen können. Rosny erschien eines Morgens nach seiner Gewohnheit unangemeldet im Vorsaal des königlichen Gemachs und traf dort seinen Herrn, der mit dem Herzog von Montpensier, dem Kardinal von Joyeuse und dem Herzog von Epernon auf und ab ging, die alle drei nicht gerade Rosnys Freunde waren. Sie schienen in ein lebhaftes Gespräch vertieft, das plötzlich abgebrochen wurde, und es entstand die Verlegenheitspause, die der Eintritt eines unerwünschten Dritten hervorruft. Es sah nach einer verdächtigen Zusammenkunft aus. „Was meinen Sie", fragte der König, „wovon wir grade sprachen? Erraten Sie's? Es war die Rede vom Gouvernement Poitou und ich äußerte die Absicht, es Ihnen zu verleihen. Hätten Sie das für möglich gehalten, da die Herren so gute Katholiken sind und Sie ein so guter Hugenott?"

Das Gouvernement im Poitou sollte Rosny erhalten! Der Vertrauensbeweis war außerordentlich. Man hatte damit gerechnet, daß dieses freigewordene Gouvernement einem Sohn des Königs, dem kleinen Herzog von Vendôme, zufallen würde, was praktisch bedeutete, daß es in den Händen des Königs verblieb. Das Poitou, in dem Duplessis-Mornay, der Papst der Hugenotten, regiert, gilt als das wichtigste und schwierigste Gebiet des Reichs. Es ist der Nährboden der hugenottischen Umtriebe. Hier spricht man immer wieder von den bevorstehenden Verfolgungen des Königs gegen seine früheren Glaubensbrüder, von dem Zwang sich angesichts dieser Gefahr einen ausländischen Schutzherrn suchen zu müssen, und nirgends hat der Glaubenswechsel des Königs so viel Bitterkeit und Mißtrauen erregt wie im Poitou. Heinrich IV. setzt seine Gedanken auseinander: Rosny, der treueste Hugenotte, der beste Franzose, der ergebenste Diener seines Königs, wird als Gouverneur des Poitou die Gemüter beschwichtigen, die Hirngespinste der Verfolgungsangst verscheuchen, die Absichten des Königs bekanntgeben und erläutern. „So habe ich mich diesen Herren gegenüber ausgesprochen." Dieser Vertrauensbeweis muß Rosny schmeicheln, er wird auch nicht betrübt sein bei der praktischen Überlegung, daß das Amt ihm zu allen bisherigen Einnahmen weitere achtzehntausend Livres einträgt. Alles kommt auf den Ausgleich an: auch die Hugenotten werden zufrieden sein, wenn nicht ein fünfjähriges Kind zum Gouverneur ernannt wird, das dann durch einen Generalstatthalter vertreten wird, der ebenso viel Furcht, bei Hof Mißfallen zu erregen, an den Tag legen würde wie angeborene Antipathie gegen die Hugenotten.

Der zweite Schachzug war dieser: wenn Rosny eine so große Genugtuung, einen so offensichtlichen Vertrauensbeweis erhalten hat, konnte der König jetzt mit ihm über die Jesuitenfrage sprechen, ihm die Annäherungsversuche mitteilen, Argumente der Fürsprecher wiederholen. Was der König zunächst als Angelegenheit auf weite Sicht bezeichnet hatte, rückte nun in unmittelbare Nähe. Die drei Schlaufüchse, die Herzöge von Montpensier und Epernon und der Kardinal von Joyeuse, zogen sich zurück, und der König vertraute seinem Minister jetzt alles an. Durch die Ernennung Rosnys zum Gouverneur gibt er den Hugenotten eine große Genugtuung und wünscht nun ein Gleiches für die Katholiken durch die Zurückberufung der Jesuiten zu leisten: „Man muß alles im Gleichgewicht halten." Rosny gab es einen Stoß und er konnte sein Mißvergnügen nicht verbergen. Sofort fielen ihm die Worte König Jakobs ein: „Wenn Ihr König die Jesuiten zurückriefe, würde ich das nicht als einen Freundschaftsbeweis gegen mich auffassen." Der ganze Erfolg, den er mit der prunkvollen Gesandtschaft in London erzielte, kann mit einem Schlage vernichtet sein. Der König ist zu einer Entscheidung gedrängt worden, jetzt drängt er selbst, denn sein Entschluß ist gefaßt. Er will einen Ministerrat einberufen, abstimmen lassen und wünscht, sich der Stimme Rosnys zu versichern. Stimmt der Conseil zu, so wird sich der König selbst ans Parlament wenden. Rosny hat rasch begriffen, daß alles schon entschieden und vorbereitet ist und spürt, daß der König sich festgelegt hat. Er selbst möchte am liebsten weder dafür noch dagegen stimmen, sieht sich in die Enge getrieben und findet die ganze Sache widerwärtig. Rosny verschanzt sich hinter seinem Hugenottentum, aber die übrigen Mitglieder des Conseil erklären, nicht auf die Meinung eines Mannes verzichten zu wollen, der in Frankreich so hohe Ämter bekleidet und als Vertrauter und Vollstrecker des königlichen Willens gilt. Es bleibt ihm keine Rückzugslinie offen, und wir können uns vorstellen, in welcher Verfassung er sich in den Conseil begab: erregt, mit saurer Miene, nervös den Bart zupfend und entschlossen, bei diesem abgekarteten Spiel sich möglichst stumm zu verhalten. Der Kanzler Villeroy bat ihn, als erster seine Meinung zu sagen, da er am besten über die Absichten des Königs unterrichtet sei. „Das sah ihm ähnlich", schreibt Rosny später, „mir diese Suppe einzubrocken." Für ihn sind die Jesuiten die „schwarzen Schafe". Stimmte er mit Nein, so distanzierte er sich vor aller Augen vom König und gab selbst zu, daß er nicht mehr des Königs *alter ego* ist — man wird behaupten, er sei es nie gewesen. Stimmte er mit Ja, so handelte er gegen sein eigenstes Gefühl, gegen seine persönliche Abneigung und mußte seinen hugenottischen Glaubensbrüdern als Verräter erscheinen. Denn für diese sind die Jesuiten der schwarze Schatten des Papstes. Es hatte seiner Zeit in einer ihrer Versammlungen der ganzen Autorität Balagnys bedurft, um eine feierliche Resolution zu verhindern, die den Papst als den Antichristen bezeichnen wollte.

Rosny erzählt selbst, er sei verteufelt schlechter Laune gewesen. Im Conseil erklärte er, erst sein „Orakel" befragen zu müssen, ehe er seine Meinung äußern könne. Dieses Orakel, meinte Sillery giftig, befinde sich wohl vier Meilen weit weg in Ablon, wo die Hugenotten ihre Angelegenheiten zu beraten pflegten. Rosny wies ihn hochmütig zurecht: sein Orakel residiere keineswegs in Ablon, sondern im Louvre, wo er gleich am nächsten Tage sich über den Willen des Königs unterrichten werde. Damit gab er sehr geschickt zu verstehen, daß seine Stimme lediglich diesem Willen Ausdruck geben werde.

Es ist der Mühe wert, das Gespräch wiederzugeben, besonders die Äußerungen des Königs, die immer deutlich erkennbar sind. Die Argumente Rosnys kennen wir; soweit er sie verschweigt, sind sie zwischen den Zeilen zu lesen. Daß die Jesuiten, einmal nach Frankreich zurückgekehrt, am Hof Fuß fassen werden, ist sicher, denn sie verschaffen sich überall Zutritt und werden am Hof von vielen schon wie der Messias selbst erwartet. Sie werden die Beichte hören, Rat erteilen, Einfluß gewinnen, predigen. Sie werden sich beim König einzuschleichen wissen, sie besitzen schon jetzt des Königs Ohr und werden ihm einflüstern, ein Hugenott wie Rosny könne nicht des Königs *alter ego* sein, weil das die Aufrichtigkeit von Heinrichs Glaubenswechsel in Frage stellte. Rosny wird diesen Punkt nicht erwähnen, aber der König wird ihn auch so verstehen, wenn er seinen

Minister zur offenen Aussprache auffordert. „Sagen Sie mir jetzt unter vier Augen, was Sie von der Rückkehr befürchten!"
Rosny wies auf vier Punkte hin, von denen der letzte nicht sehr geschickt war: Hat der König vergessen, daß die Jesuiten ihn ermorden wollen und daß sie es einmal schon versucht haben? Diesen alten Einwand schob der König mit einem Lachen bei Seite. Auf alle Bedenken Rosnys hat der König zwei Entgegnungen, die ihm stichhaltig erscheinen. Man kann um die Frage herumreden so viel man will und wird doch keinen neuen Gesichtspunkt finden. Man wirft den Jesuiten vor, daß sie, Spanien sehr ergeben, alle spanischen Unternehmungen begünstigen und diesem Land in der weiten Welt durch ihre Missionstätigkeit dienen. Aber der König von Frankreich will just als Beschützer der Jesuiten die Rolle des Königs von Spanien übernehmen und zum Inaugurator ihrer Unternehmungen werden. Zeiten und Menschen haben sich geändert. Zur Zeit Philipps II. hatte Spanien die Vormacht, zur Zeit Heinrichs IV. wird der König von Frankreich die Vormacht haben. Er fühlt andere Kräfte in sich als der schwächliche Sohn Philipps II. Die Liga hat den Beweis erbracht, daß in einem Königreich nicht nur die bewaffnete Macht zählt, sondern auch die Gesinnung. Aus Frankreich vertrieben und geächtet, werden die Jesuiten zwangsläufig auf Seiten der Feinde des Königs gegen den König arbeiten. Ruft sie der König selbst nach Frankreich zurück, so werden sie unter seinen Augen für ihn tätig sein. Und wenn ihn Rosny mit Dolch und Gift schrecken will, antwortet ihm Heinrich mit einer Maxime Julius Caesars: „Besser ist es, sich einmal rückhaltlos denjenigen in die Hand zu geben, denen man mißtraut, als ständig Vorsicht gegen sie zu üben."
Das ist ganz seine Art! Es gibt genug greifbare Schwierigkeiten und akute Gefahren, er ist nicht der Mann mit Gespenstern zu kämpfen. Rosny begreift und gibt sich rasch besiegt, wenn auch nicht ohne Bitterkeit: „Hängen die Sicherheit des Königs und das Glück seines Lebens davon ab, so wird er für die Rückkehr der Jesuiten mehr Eifer an den Tag legen als deren glühendste Freunde." Aber der König mit seinem Scharfblick sieht Rosny ins Herz wie durch Glas, er kennt seine verschwiegensten Gedanken und heimlichsten Widerstände. Deshalb gibt er ihm ein doppeltes Versprechen, das er auch

halten wird. Einmal: die Protestanten dürfen unbesorgt sein, die Rückkehr der „schwarzen Schafe" wird in nichts die durch das Edikt von Nantes ihnen zugesicherten Freiheiten beeinträchtigen. Und zum zweiten: kein Jesuit wird je imstande sein, den König von einem Minister zu trennen, der seine Zufriedenheit besitzt. Heinrich fügt hinzu: einem Minister, von dem er mit Darius sagen könnte: „Ich würde zwanzig Städte wie Babylon für einen Feldherrn wie Zopire geben." Das Wort ist mehr als schmeichelhaft. Der König verspricht sogar darauf hinzuarbeiten, daß die Jesuiten dem Minister die gleichen Gefühle entgegenbringen, die er selbst für ihn hege. Rosny gibt nach. Der König hatte die Sache mit seiner ganzen Eindringlichkeit, Überredungsgabe und Verführungskunst vertreten. „Er strahlte vor Freude", berichtet Rosny, „und schien über die Rückkehr der Jesuiten ebenso glücklich, als wenn eine Provinz in das königliche Patrimonium zurückgekehrt wäre."

Natürlich war Rosny nicht wirklich gewonnen, aber er hatte sich im Sinne seines Königs entschieden. Aus den kurzen Worten, die er am nächsten Tag im Conseil sprach, geht hervor, daß er sein „Orakel" befragt hatte: so wie man einen Akt der Unterwerfung vollzieht, erklärte Rosny ohne weitere Begründung, die gegenwärtige Lage erfordere die Wiederzulassung der Jesuiten.

Hinter den Kulissen war alles vorbereitet, die Jesuiten warten nur auf das Aufgehn des Vorhangs. Der König verlor nicht einen Tag, hielt sein Versprechen und bemühte sich, die so entgegengesetzten Gruppen, mit denen er in Zukunft leben sollte, untereinander zu versöhnen. Das war sein kunstvolles Spiel: Gegensätze versöhnen, zwei Köpfe, die sich nicht leiden konnten, in seinem Dienst unter einen Hut bringen, einen Hugenotten und einen Jesuiten. La Varenne, der große Vertrauensmann der Jesuiten, bat Rosny, einen gewissen Pater Cotton sogleich zu empfangen, der ihm die Hand zu küssen wünsche. Dieser Jesuitenpater sollte in ständiger Mission beim König in Paris Wohnung nehmen. Er behauptete, seine Gesinnung sei noch französischer als sein Name, und wünschte die aufrichtigsten Beweise seiner Loyalität zu geben. Rosny beschreibt in seiner sauer ironischen Weise die allzu vielen Ehrerbietungsbezeugungen seines Besuches, die Versicherungen seiner Ergebenheit und Dankbarkeit.

Pater Cotton ist ein sanfter, umgänglicher, äußerst beredter Mann von ungewöhnlich kultiviertem Aussehen, er spricht wie jemand, der sich schon der besonderen Gnade des Königs erfreut. Das ist bitter für Rosny: es gab also hinter den Kulissen schon lang ein Geheimnis, das man ihm jetzt plötzlich offenbart. Die Unterhaltung war kurz. Rosny ist ein vielbeschäftigter Mann und hält sich nicht auf bei Anekdoten und Komplimenten; zähneknirschend berichtet er, Cotton sei so höflich und aufrichtig gewesen wie die Situation es erforderte. Der Pater hatte alles bedacht: man müsse zusammen am Hof leben, sich tagtäglich sehen, die Diener des Königs seien es ihrem Herrn schuldig, sich untereinander gut zu vertragen. Rosny macht sich durch seine Unbestechlichkeit und Strenge Feinde. Der Pater Cotton macht sich überall Freunde. Man muß ihn nur sehen, wie er aus dem königlichen Gemach in den Vorsaal schlüpft, sobald Rosny eintritt. Bisher gab es ständig zwei von der Synode gewählte hugenottische Abgesandte in der Umgebung des Königs, die jederzeit ihre Befürchtungen, Beschwerden oder Klagen vortragen konnten, und durch die andrerseits der König erforderlichenfalls seine Weisungen und Mitteilungen weiterleitete. Nun gesellte sich zu ihnen Cotton als Beichtvater des Königs und ein zweiter Geistlicher als ständiger Vertreter des Jesuitenordens. Er wird Taten und Gedanken wägen, deren Geheimnis nach Rosnys Meinung bisher kein anderer teilte als Rosny selber. Die Abgesandten vertreten die protestantische Gesamtheit, der Pater Cotton vertritt den jesuitischen Geist und die Gesamtheit des Ordens.

Das Leben geht weiter und die Herrschaft des Königs. Man gewöhnt sich an die Verhältnisse, auch schleifen die Anforderungen des höfischen Lebens wenigstens scheinbar die Ecken ab. Unablässig gibt Pater Cotton in treuherziger oder geschickter Weise Rosny zu verstehen, daß es ihn an einem so vorzüglichen, begabten, geistvollen und wahrhaft frommen Manne wundernehme, daß der Minister noch nicht dem Beispiel seines Königs folgend katholisch geworden ist. Cotton sagt das in erster Linie aus Zuneigung und Bewunderung für Rosny, aber es sei auch der ständige Wunsch des Heiligen Vaters in Rom und des ganzen Kardinalskollegiums. Rosny erhält sogar mehr als ein Breve vom Papst, das den Dank für die Dienste ausspricht, die der Marquis dem Religionsfrieden geleistet hat, und von den Gebeten redet, die seiner Bekehrung gewidmet sind; im Himmel und auf Erden würde sie unendliches Wohlgefallen erregen. Diese Höflichkeiten haben etwas Gebieterisches an sich. Rosny lacht nur über diese Aufforderungen und gibt seine Überzeugung nicht auf. Wenn es der Friede erforderte, daß Heinrich IV. katholisch wurde, so ist es um des gleichen Friedens willen und aus den gleichen Gründen notwendig, daß Rosny Hugenott bleibt. Die innige Verbundenheit des Königs und des Ministers ergab das lebendige Bild der Versöhnung der beiden Formen französischen Geistes.

Auch innerhalb der Geistlichkeit erhoben sich Stimmen, die mit der Rückkehr der Jesuiten nicht einverstanden waren. Grollte schon die Sorbonne über die Wiederkehr der verhaßten Rivalen, so waren auch zahlreiche Pfarrer entschlossen, ihnen die Kanzeln nicht zur Verfügung zu stellen, denn es gab Sprengel, in denen das ganze Kirchenvolk weglief, um die Predigt der Jesuiten zu hören. Gewiß, sie hatten die Gabe, Seelen an sich zu ziehen, von Gewissenslasten zu befreien und ihnen neues Leben einzuflößen, aber die pfarrherrliche Zucht wurde zerstört. Das Parlement fragt, was aus dem Gesetz geworden sei, das die Jesuiten vertrieb, es muß dennoch nachgeben: es ist der Wille des Königs, der Ministerrat hat so beschlossen und selbst Herr von Rosny stimmte für sie. Indes man wird für die Jesuiten ein Sonderstatut erlassen. Alle Mitglieder des Ordens in Frankreich müssen französischer Nationalität sein, dürfen kein Kollegium innerhalb Frankreichs ohne Genehmigung des Königs gründen, der seinerseits erst die zivilen und kirchlichen Provinzbehörden befragt. In keiner Diözese dürfen sie predigen oder die Sakramente spenden ohne Einverständnis des Bischofs. Zwei Mitglieder des Ordens müssen sich ständig beim König aufhalten, sie haften für das gesetzliche Verhalten aller. Als Zeichen seiner besonderen Gnade befiehlt der König die Entfernung des Schandmals, das an der Stelle errichtet worden war, auf der sich das Haus des Jean Châtel befand. Damit ist das letzte Zeichen der Ungnade beseitigt. Der König geht noch weiter: er macht den Jesuiten eine seiner schönsten Besitzungen zum Geschenk, das Schloß La Flèche an der Sarthe, mit dem ihn glückliche Erinnerungen aus der Zeit verbinden, als ihn seine Mutter der

Katharina von Medici entführte. Die Patres werden dort eins ihrer schönsten Kollegien einrichten. Sie werden dafür vorsorgen, daß ihre Zöglinge in der frischen Luft spielen können, sie beklagen die ungesunde Lebensweise der jungen Studenten in Paris. In La Flèche verfügen sie über einen großen Park und Waldungen und können dort ihr vorbildliches „Neues Kollegium" gründen. Der König wird sie dabei mit eigenen Mitteln unterstützen. Die Unterrichtssprache wird französisch. „Die Franzosen sollen Franzosen sein", sagt der König, der selbst nur wenig Latein versteht.

Um die Freundschaft zu besiegeln, hier Vertrauen zu bestätigen, dort Dankbarkeit und Ergebenheit zu beweisen, erbitten die Jesuiten vom König das Versprechen einer besonderen Gnade und Gunst, das Heinrich ihnen auch gibt: wenn er einmal nicht mehr ist und seine Gebeine im Dunkel von Saint-Denis ruhen, sollen die Jesuiten für die Kapelle, die sie im Schloß von La Flèche errichten, ein besonderes Vermächtnis erhalten. Der König hat zwei Ohren: das eine leiht er den Katholiken, das andere den Hugenotten; aber sein Herz soll in einem Schrein aus Marmor und Gold der Obhut der Jesuiten anvertraut werden.

VI

HENRIETTE D'ENTRAGUES UND IHR BRUDER

Überall bemüht sich Heinrich IV., das Gleichgewicht herzustellen, und dadurch gelingt es ihm, sich die politischen und geistigen Kräfte zugleich dienstbar zu machen, sie zu stärken und den Gegnern zum eigenen Vorteil und Gebrauch die Waffen aus der Hand zu winden, die sie gegen den König geschmiedet haben. Immer wieder sprach er es aus, man müsse sich Feinde und Gegner zu Freunden machen; Rosny nannte das mit einem verächtlichen Unterton: zu Kreaturen.

Aber das Bild bliebe sehr unvollständig, wenn man nicht als Kehrseite der Logik, Willensstärke und geistigen Biegsamkeit auch die Schwächen und Widersprüche im Gefühlsleben des Königs aufzeigte.

Bei der Betrachtung seines häuslichen und privaten Lebens stellen wir staunend fest, welches Maß von Unordnung geduldet, ja geradezu geschaffen wird. So genau wir hier Einblick zu nehmen versuchen — die Verwirrungen der Liebes- und Herzensbeziehungen des Königs werden immer etwas undurchdringlich Geheimnisvolles behalten. Klagen darüber sind nicht am Platz, und oft ist gerade dieser unerklärliche Bezirk das Fesselndste einer Persönlichkeit, ein letztes Rätsel im Zauberreich der menschlichen Seele, das man auch mit leidenschaftlichstem Bemühen nicht in Einklang zu bringen vermag mit der offenbaren Natur.

Dieses chaotische Element ist die Liebe, und auf dem Schauplatz der Liebe sind nur Niederlagen zu verzeichnen. Derselbe Mann, der sonst so klar und unerschrocken sich zeigt, ist als Gatte und Liebhaber der Allerschwächste. Heinrich IV. hat Maria von Medici geheiratet, sie hat ihm Kinder geschenkt, welche die Zukunft der Dynastie sichern und deren Heiratsmöglichkeiten Aussicht auf politische Allianzen eröffnen. Schon wächst der zukünftige König Ludwig XIII. unter der Aufsicht seines Erziehers Héroard im Louvre heran und mit ihm sein jüngerer Bruder, der spätere Gaston d'Orléans. Neben diesen die kleine Henriette, die später den Sohn König Jakobs, Karl I. von England, heiraten wird. Elisabeth wird für Spanien, Christine für Savoyen übrigbleiben. Wir, die wir ihr Schicksal kennen, betrachten diese Kinder mit der Anteilnahme oder dem Mitgefühl, das dem der Parzen gleicht, wenn sie an ihrem Spinnrocken die Fäden entwirren, deren Knoten und Risse sie bemerken, ohne irgend etwas daran ändern zu können.

Heinrich IV. äußert sich oft, wie gern er in Frieden mit der Frau leben möchte, die er gut bürgerlich „meine Frau" nennt, und ebenso friedlich mit seiner Geliebten, der Marquise von Verneuil, und er wünscht auch, daß beide Frauen miteinander gut auskommen. Aber es ist ein Ding der Unmöglichkeit, und gegen das Unmögliche kämpft er mit all seinen Kräften vergeblich an. Bei der Gereiztheit der beiden Frauen gegeneinander wird die Lage naturgemäß immer schwieriger. Maria von Medici ist die Königin und verachtet die andere Frau, sie haßt sie und kocht vor Wut, wenn sie die Marquise erblickt oder auch nur ihren Namen nennen hört. Die Mätresse ist die verkörperte

Unverschämtheit, und diese Unverschämtheit wird durch Verachtung der Gattin noch gesteigert. Man muß sich des schriftlichen Heiratsversprechens erinnern, das ihr der König gab, als sie sich ihm sozusagen offiziell mit Zustimmung ihres Vaters und der gesamten Familie auslieferte. Sie steht nach wie vor auf dem Standpunkt, daß dieses Heiratsversprechen, das immer noch sorgfältig in der Kassette des Vaters aufbewahrt wird, mindestens so viel wert ist wie eine *per procurationem* in Florenz geschlossene Ehe. Gab es der König nicht guten Glaubens, so nahm sie es doch guten Glaubens entgegen. Von Rechts wegen ist sie die Königin, und sie ist es auch vor Gott. Die Kinder, die sie geboren hat und noch zur Welt bringt, sind die legitimen, der echte Dauphin ihr Sohn, und die Kinder der Medici, des dicken Bankierweibes, sind nur Bastarde. So denkt Henriette.

Sie hat für sich ihre Parteigänger, ihre Kreaturen, ihre Familie. Auch unter der Geistlichkeit findet sie Rückhalt, und selbst in den maßgebenden Kreisen Roms wirft man die Frage auf, ob die Ehe des Königs gültig sei. Was sich zwischen den beiden Frauen an Gezänk, Beleidigungen, heimlichen Drohungen abspielt, könnte man als Haremszwiste ansehen, wenn nicht mit Hilfe der beiderseitigen Parteigänger und Kreaturen Haß und Feindschaft genährt und gesteigert würden. Der König vernachlässigt keine der beiden Frauen, liebt alle Kinder gleichmäßig zärtlich, läßt sie gemeinsam erziehen und will, daß sie in geschwisterlicher Eintracht groß werden. Dazu gehören auch die Kinder der verstorbenen Gabrielle, Cäsar und Alexander; denn der große Treulose ist auch der Allertreueste. Bei der Heimkehr von der Jagd möchte er eine gutgelaunte Gattin vorfinden, mit der er zärtlich scherzen und schäkern kann, der er seine Jagdabenteuer erzählt und die erlegten Rebhühner bringt. Er möchte sich erholen, die Beine am Kaminfeuer ausstrecken, mit „seiner Frau" in die Küche gehen und den Duft des Wildbrets schnuppern — aber da ist diese große kalte Frau, die stumm die Lippen zusammenpreßt und sich getreulich den ganzen Tag alle Frechheiten berichten ließ, die die Mätresse mit ihrem scharfen Schnabel von sich gab. Denn die Wände im Louvre haben Ohren, italienische Ohren, die alles aufschnappen, was die Königin gegen den König und die Mätresse in Harnisch bringen könnte. Mit dem Gefolge der Königin war vor fünf Jahren Concini nach Paris gekommen, der Mann, den sie als unentbehrlich bezeichnete, und die ebenso unentbehrliche Kammerfrau Eleonora Galigai. Sie hat die beiden, die sich so einig sind in ihrer Ergebenheit für die Königin, miteinander verheiratet. Die Concinis ihrerseits haben ihre italienischen Kreaturen. Sie kennen jede Intimität des königlichen Privatlebens, verfügen über die Börse der Königin, lassen alles, was sie nur wünscht, aus Italien kommen und haben ihre Gemächer so eingerichtet, daß sie sich wie zu Hause in Florenz fühlen kann. Das italienische Gelichter, das dem jungen Heinrich am Hof der Katharina von Medici so verhaßt war, daß er es nie wieder hatte erblicken wollen, bevölkerte nun seinen eigenen Hof und zeigte sich mächtiger als zu Zeiten der alten Katharina. Sie war schlauer und deswegen auch vernünftiger gewesen. Ihre Italiener waren wenigstens wirklich ihre Kreaturen gewesen und nicht ihre Tyrannen. All die Bankiers, Parfumeure, Astrologen und Giftmischer hatte sie als teuflische Werkzeuge benutzt, sie war die Herrin der Horde geblieben — aber nun beherrschten die beiden Concinis die Königin, schürten ihren Zorn zum eigenen Nutzen, steckten ihre Finger und Nasen in alles und jedes, versorgten die Königin mit Geld, das sie von Lieferanten, Verwaltern oder Leuten nahmen, die sich um Stellen bewarben: so und so viel blieb bei den Concinis hängen, so und so viel bekam die Königin. In den Parterreräumen des Louvre hatte Maria von Medici tausenderlei Kostbarkeiten angehäuft; da war ihr Nest, da hörte sie italienische Musik, da konnte sie ihre Muttersprache sprechen: ein kleiner Florentiner Hof, der ein Schmuckkästchen hätte werden können, in Wirklichkeit aber ein Intrigennest blieb. Obschon sie das Geld nimmt, wo sie es findet, ist sie stets knapp, und wenn der König, von Rosny gescholten, ihr eine Summe verweigert, schließt sie sich mit den Concinis ein, tobt und erklärt, sie sei nicht nach Frankreich gekommen, um hier als Bettlerin zu leben. Ostentativ schickt sie ihren Schmuck, kostbare Vasen und Gemälde in die Leihämter wie eine arme Frau, damit ja jeder Pfandleiher und ganz Paris es erfährt, in welche Notlage der König sie bringt. Was nützen, fragt sie, die schönen Bauten, die der König mit so viel Anteilnahme und Liebe errichten läßt, daß er allmorgendlich die Arbeiter aufsucht, wenn die Königin sie nicht mit dem Edelsten ausschmückt, was Kunst und Geschmack hervorbringen?

Aber vielleicht findet der König zur Entschädigung für die unbequeme Gattin Trost und ein behagliches Heim bei der hübschen vierundzwanzigjährigen Mätresse und deren schönen Kindern? Denn er wünscht sich ein Heim, ein wirkliches Familienleben, das ihn den Trubel der Ehe und den lästigen Zwang des Amtes vergessen läßt. Aber bei Henriette d'Entragues sieht es noch schlimmer aus. Die Mätresse liegt ihm fortwährend in den Ohren, daß er sie um ihre Hoffnungen betrogen habe. Sie schimpft auf die Königin und die Concinis und macht sich über den Geliebten lustig, der die verhaßten Italiener bei sich duldet. Und wenn die Königin die Concinis hinter sich hat, die der König immerhin vernichten kann, wenn er es will, verfügt die Geliebte über die weit größere Macht ihrer unbequemen Sippe, die gefährlich wird, wenn sie es will. Ihr Vater, der Graf von Entragues, war in die Verschwörung Birons verstrickt gewesen, und nur die Gnade des Königs hatte ihm den Kopf gerettet. Aber er kann von neuem beginnen, und das gleiche gilt für den Grafen von Auvergne, den Halbbruder der Mätresse. Henriette hat ihre guten Stunden, und dann ist sie springlebendig, heiter, amüsant und eine erfahrene Liebeskünstlerin, aber in ihren bösen Stunden ist sie ein Dämon. Und hinter ihr steht die Familie Entragues, eine ganze Horde von Dämonen, die tobt und wütet und je nach Laune von der Mätresse beschwichtigt oder angefeuert wird.

Kurzum, eine unbequeme und noch dazu äußerst unzuverlässige Geliebte, deren Korrespondenz und vertrauter Umgang überwacht werden müssen. Nicht, daß sie ihre Angehörigen etwa liebte! Der Hof ist kein Boden für Liebe. Alles dreht sich um Ruhm, Geld, Schlösser, Domänen, Macht, wenn möglich eine Krone — das sind die unverhohlen eingestandenen Berechnungen, um derentwillen man lebt und sich lieben läßt. Dafür setzt man List und Grazie, Gewalt und Schönheit in Bewegung, die Wut der einen und die Schwäche und Leichtgläubigkeit der anderen. Henriette versteht sich großartig auf Tränen, klagt ihrem Beichtiger über die verlorene Jungfräulichkeit, über die Vergewaltigung, die man ihr angetan. Man hinterbringt dem König, die Mätresse wolle ihn bei der Heimkehr von der Jagd in einem Wald ermorden lassen. Sein ganzes Leben lang hört er von Mordplänen, welche die Feinde hegen oder die Frau, die er am glühendsten liebt. Und er liebt Henriette. Zwanzigmal nimmt er sich vor, mit ihr als Herr und Gebieter zu sprechen; niemals wird er es tun, und seine heftigsten Zornausbrüche enden immer wieder mit Kapitulationen. Der leidenschaftlichste Liebhaber der Welt, dessen Abenteuer wie Märchen klingen, wird am wenigsten geliebt. Oft erscheint er morgens bei Rosny im Arsenal, um sein Herz zu erleichtern, seine Schwäche zu beichten, Entschlüsse zu fassen. Eines Tages wurde es Rosny zu dumm: „Sire, Sie hätten endgültig Ruhe, wenn Sie vier oder fünf Menschen übers Meer schicken wollten, und zwei oder drei über alle Berge." Die Berge wären für die Concinis gut, das Meer für die Entragues. Die Familie könnte sich irgendeine Herrschaft in Kanada gründen, denn an den französischen Hof bindet sie nichts als die Leidenschaft des Königs. Von Frankreich getrennt, würden die Entragues sofort Anschluß an Spanien finden und von dort Pensionen beziehen. Nervös läßt der König nach seiner Gewohnheit die Brille von einem Knie aufs andere springen: die Entfernung der Concinis würde ihm die Königin für immer entfremden, sie in ständige Opposition gegen all seine Wünsche versetzen, und außerdem würde sie die Kinder gegen ihn aufhetzen. Die Entfernung der aufsässigen Entragues würde ihm die Geliebte abspenstig machen. Rosny zuckte entmutigt die Achseln und konnte nur feststellen, daß es in der Situation zwischen der Königin und der Geliebten keinen Ausweg gab. Die Tage folgen einander und mit ihnen die Zornausbrüche, die Versöhnungen; die Geldzuweisungen oder vorteilhaften Geschäfte für die Gattin oder die Mätresse, die wechselseitigen Angebereien und unterirdischen Intrigen werden nie aufhören.

Das Leben des Königs ist entsetzlich, und er gilt doch als ein so heiterer, munterer Mann. Vielleicht hat er sich schon an die Verhältnisse gewöhnt. Oft spricht er aus, daß die lange Friedenszeit, die er Frankreich verschafft hat, auf seinem Temperament laste. Bauten, Spiel und Jagd bieten ihm nicht genügend Zerstreuung. Und wenn er im Spiel verliert und Rosny beichtet, zankt ihn der Minister und macht eine strenge Rechnung auf über die Summen, die der

König vertan oder in nächtlichen Kartenpartien mit Fremden, die ihn ausplündern, verloren hat. Da ist ein Portugiese, ein gewisser Pimentel, für den der König eine Schwäche hat und der vermutlich ein Falschspieler ist. Ein König, der sich als Erneuerer Frankreichs bezeichnet, darf sich nicht so prellen und düpieren lassen; er darf nicht vergessen, daß einmal der Tag kommen wird, um die großen politischen Pläne zu verwirklichen, die Rosny so oft vor ihm ausbreitet. Dieser Krieg, ein glücklicher Krieg, der nur drei Jahre dauern wird, sollte der einzige und ständige Gedanke des Königs sein. Der Monarch sollte sich im Arsenal anschauen, was Rosny dort an Waffen, Kanonen, Munition stapelt, sollte sich in den Kellern der Bastille die angehäuften Taler ansehn, die nicht zur Zahlung von Spielschulden bestimmt sind, und er sollte Rosnys Anordnungen prüfen über eine menschenwürdigere Rekrutenaushebung, über die Aufrechterhaltung von Zucht und Disziplin einer gut ernährten Armee, deren Soldaten nicht mehr wie Galeerensträflinge behandelt werden.

Rosny darf sich seiner Leistung rühmen und sie mit Stolz vorweisen, aber er betont gleichzeitig, daß er nur als getreuer Diener die Pläne und Befehle des Königs ausgeführt habe. „Wie bin ich Ihnen dankbar", meinte der König, „aber können Sie nicht auch zu meiner Frau und meiner Geliebten gehen, die eine beruhigen, die andere auszanken und ihr Angst machen?" Die Spielschulden, die Ausgaben für Bauten rechtfertigt er: sein Leben ist allzusehr belastet durch Ärger und Arbeit, Rosny möge ihm die paar Zerstreuungen gönnen. Was bleibt ihm an Freuden, welche Schwierigkeiten legt man ihm überall in den Weg, wie einsam fühlt er sich! Rosny hat gut Strafpredigten halten. Dem Minister spricht man nicht alle Tage von Mordanschlägen; sein Vermögen wächst von Jahr zu Jahr, er hat eine gute Frau und Kinder, denen er eine glänzende Zukunft bereitet. Der König will ihm noch ein prächtiges Geschenk machen: der Marquis soll das Schloß Sully im Orléanais mit allem Zubehör bekommen und den Titel eines Herzogs und Pairs von Frankreich. Mag er Neider haben, mag man ihn allzu mächtig, im Stolz auf seine Rechtschaffenheit und sein Glück allzusehr von sich selbst eingenommen finden, mag man ihm vorwerfen, daß er sich pharisäerhaft über die anderen erhebt als treuer und dennoch toleranter Hugenotte, als vorbildlicher Familienvater, als Minister, der keine Intrigen spinnt — ihm gelingt eben alles, und der König hilft ihm zum Erfolg. Rosny soll seinen König nicht verurteilen; Heinrich IV. ist unter Gewitterstürmen zur Welt gekommen und folgt seinem Schicksal. Zu den großen politischen Gewittern gehören die häuslichen. Rosny kennt die Heftigkeit all seiner Krankheiten, sein schwarzes Blut, das so ungestüm kreist, daß ihm nach Aderlässen der Arm anschwillt und die Abschnürung sprengt. Wahrhaftig, man sollte ihm so viel Ärger ersparen. Es ist nur verständlich, wenn er ein wenig Vergnügen sucht. Gott allein darf ihn richten.

Die vertraulichen Gespräche und Herzensergießungen erleichtern den König für den Augenblick, ändern aber nichts an der Lage. Rosny versteht mit Kanonen umzugehen, aber weder mit der Königin noch mit der Mätresse, so sehr er sich auch bemüht. Die heimlichen Umtriebe gehen weiter, der Argwohn verstärkt sich, abgefangene Briefe enthalten starke Verdachtsmomente, so daß man zu den äußersten Mitteln greifen, eines Tages den Vater der Geliebten und ihren Bruder, den Grafen von Auvergne, verhaften muß. Der Bruder ist der Gefährlichste von allen; man muß ihn mit unendlicher Vorsicht wie den Tiger im Dschungel einfangen, denn töten will man ihn nicht. Es gilt, aus ihm herauszubekommen, was angezettelt wird. Er treibt sich in den Wäldern der Auvergne herum, verbringt nicht zwei Nächte am gleichen Ort und trifft mit seiner Geliebten wie ein Räuber im Dickicht zusammen. „Das wilde Leben dieses Sohnes Karls IX.", schrieb Sully, „schien auf Geistesstörung hinzudeuten." Das machte ihn nur um so gefährlicher, denn er stellte sich außerhalb der Gesetze und der Vernunft. In seinen Wäldern gebietet er über ein wildes Volk von Holzfällern, durch die er Schreckensnachrichten ausstreuen läßt, die sich dann von selbst weiterverbreiten. In den Dörfern wurde geredet, daß neue Steuern drohen, daß Gendarmen unterwegs sind, um die jungen Männer von der Ernte und den Arbeiten im Wald wegzuholen und sie mit Prügeln in den Krieg zu treiben. Diese Gerüchte tragen Aufruhr in die Provinzen. Abgefangene chiffrierte Briefe beweisen die Verirrungen eines zerstörten

Geistes: der König soll ermordet werden, Auvergne will sich als echter Sohn der Valois selbst zum König ausrufen lassen. Man hat im Lauf der Feldzüge zu viele Wechselfälle erlebt, um nicht alles zu fürchten und alles zu glauben. Jede Stadt, jeder Flecken, jedes Dorf gleicht einem abgeschlossenen Gefäß, in dem die Gerüchte umlaufen und in Gärung geraten. Es gibt keine genauen Nachrichten und keine Möglichkeit zur Nachprüfung. In den Walddörfern wirkt der echte, wenn auch nicht legitime Sohn Karls IX. wie ein Verfolgter, der gezwungen ist, wie ein Tier in der Wildnis zu leben. Wenn er sich nachts den Dörfern nähert, hört man sein Horn, mit dem er Leute herbeiruft, die ihm als Schutz und Begleitung mit Mistgabeln und Stöcken vorangehen. Manchmal erklärt er, daß er als Sohn Karls IX. selber regieren könne, dann wieder sagt er, er wolle nur die Regentschaft für den echten Dauphin, den Sohn seiner Schwester Henriette, führen. Auvergne ist der leibhaftige Geist des Aufruhrs und wie es scheint nicht zu greifen.

Ließe man ihn verhaften, so würde es zu Unruhen kommen. Man muß mit List vorgehen, eine Falle stellen. Der König läßt ihn rufen, um ihn zurückzugewinnen und ihn zur Vernunft zu bringen. Er will sich mit ihm aussprechen, und wie er ihm schon einmal verziehen hat, wird er ihm wieder verzeihen, denn er verabscheut Gewalttätigkeiten. Er will Gnade walten lassen und denkt stets daran, daß ihm Heinrich III. auf dem Totenbett den Neffen ans Herz gelegt hat. Lange Zeit hat Auvergne in Heinrichs IV. Umgebung gelebt, der König kennt sein Temperament, seine wilden Ausbrüche, die immer mit einer Heimkehr endeten. Er nannte ihn den verlorenen Sohn und hat mehr als einmal das gemästete Kalb geschlachtet bis zu dem Tag, an dem der verlorene Sohn ihn verließ, um wieder seine Mutter, seinen Stiefvater, die ganze Sippe der Entragues und ihr Verschwörernest aufzusuchen. Der Graf von Auvergne, meinte der König, wird sich wieder von den Intriganten trennen, seine verbrecherischen Hirngespinste und seinen Verfolgungswahn aufgeben. Sully soll ihn überreden, soll ihm schreiben. Wir nennen Rosny jetzt Sully, nachdem ihm der König zugleich mit dem neuen Besitz zu den bisherigen Titeln noch den eines Herzogs von Sully und Pairs von Frankreich verliehen hat. Sully ist des Königs Feder, wenn Heinrich IV. nicht gerade Liebesbriefe schreibt. Er soll schelten, drängen, Versprechungen machen, an die alten Sünden erinnern, aber auch an die Verzeihung, die früher gewährt wurde und die der Übeltäter wieder erwarten darf. Strenge wie gegen Biron wird der König nur walten lassen, wenn der verlorene Sohn den Gehorsam verweigert. Aber diesmal ist alles umsonst: der Waldschreck bläst sein Horn, sammelt die unzufriedenen Elemente um sich, Angsthasen und Leute, die im Trüben fischen wollen, und wieder tauchen die spanischen Dublonen auf Märkten und Jahrmärkten auf. Sully sieht sich die Sache voll Mißtrauen an. Mit den spanischen Dublonen könnte auch einmal ein Dolch aufblitzen, in die Hand eines Fanatikers fallen und das Herz des Königs treffen. Denn trotz seiner Schwächen, Liebschaften, Spielschulden und Sünden ist es doch Heinrich IV., der die letzten Hoffnungen eines absterbenden Spanien in Schach hält. Stirbt der König, so wird Frankreich wieder zum Schauplatz von Wirren, Unsicherheiten und Rebellionen, die immer von einer Minorität heraufbeschworen werden, und der junge Dauphin ist erst vier Jahre alt. Man muß sich unbedingt des Grafen von Auvergne bemächtigen. Ob er nun für seinen Wahnsinn begnadigt oder verurteilt wird, in jedem Falle muß er unter den Augen des Königs bleiben und fest am Zügel gehalten werden. Sully schreibt ihm den gleichen Brief, den er vor fünf Jahren an den Marschall Biron gerichtet hat. Es ist das gleiche Spiel, das gleiche Anerbieten: Gnade, wenn Auvergne seine Hirngespinste aufgibt, Strenge, wenn er fortfährt zu agitieren. Der König befiehlt ihm zu erscheinen; gehorcht er nicht, wird er als Hochverräter betrachtet.

Auvergne spielt das gleiche Spiel und kommt nicht. Er antwortet, rechtfertigt sich, beschwert sich; er spüre es, daß ihn der König ermorden lasse, wenn er sich zeige. Vor fünf Jahren sei auf diese Weise der Marschall Biron herbeigelockt worden, jedermann kenne den Ausgang. Der Graf von Auvergne denkt nicht daran, sein Leben dem Dolch oder dem Schafott freiwillig preiszugeben. Er hat es nicht nötig, sich zu rechtfertigen, er lebt unter Menschen, die ihn lieben, ihm dienen, seine gefährliche Lage kennen, seine königliche Herkunft achten. Er ist allein, sein Pferd ist seine einzige Waffe, aber dieses Pferd ist schneller als der Wind, man wird ihn nicht fangen. Was

kann ein Mensch Böses anrichten, der wie ein Geächteter im Reiche lebt, das sein Vater einmal als König beherrscht hat, der nicht Haus noch Herd besitzt, und den man eines Tages erfroren und tot in einer Höhle auffinden wird? Er ist nicht für das höfische Leben geschaffen, Hoftracht und Halskrause würden ihm schlecht anstehen! Man hatte alle Möglichkeiten erschöpft, es blieb nichts übrig, als ihn wie ein wildes Tier mit dem Lasso und ohne Waffenlärm zu fangen. Bei all seiner Wildheit stehen dem Grafen Titel und Würden zu durch seine hohe Geburt. Der König bedenkt die eigenen Bastarde mit hohen Würden, aber auch die Bastarde der früheren Könige. Auvergne ist Oberst im Chevaulégers-Regiment des Monsieur de Vendôme, des Bastards Heinrichs IV. In Dijon soll eine Regimentsbesichtigung stattfinden. Wird der Graf sich dazu einfinden? Nach anfänglichem Zögern entschloß er sich, für einen kurzen Augenblick auf seinem pfeilgeschwinden Pferde zu erscheinen, sich aber weder in einen geschlossenen Raum noch in ein Gedränge zu begeben. Er war es gewohnt, zehn Meilen ohne Halt zurückzulegen, und es sollte nicht heißen, ein Oberst der Chevaulégers fürchtet sich, bei seinem Regiment zu einem Anlaß zu erscheinen, der mit Hof und Politik nicht das geringste zu tun hat.
Halten wir nur einen Augenblick das Bild fest, wie Auvergne aus seinen Wäldern herauskommt, es ist der letzte Tag seiner Freiheit. Dieser wirre Geist in diesen wirren Zeiten erregt unser Mitleid. Wir denken an seinen Vater Karl IX. und an sein heftiges, zu Wutanfällen neigendes Temperament, der auch die Wälder so liebte und mit solcher Leidenschaft das Horn blies, daß man ihn dabei ohnmächtig zusammenbrechen sah. Auvergnes Geburt fällt in die Schreckenszeit nach der Bartholomäusnacht, der Fluch, der auf seinem Lebensbeginn lag, wurde sein Schicksal und ist nie von ihm gewichen. Voll Selbstvertrauen stieg er zu Pferd, um sich zur Regimentsbesichtigung zu begeben. Bei seiner Ankunft trat der Hauptmann Nérestan, der Auvergnes argwöhnisches Wesen kennt, mit nur vier unbewaffneten livrierten Lakaien auf ihn zu. Der Graf war entschlossen, keinen Augenblick abzusitzen, aber er hielt an, um den Gruß des Hauptmanns entgegenzunehmen. Im gleichen Augenblick geschah's: die vier Lakaien waren vier verkleidete kräftige Soldaten. Der eine faßte

das Pferd beim Zaumzeug, zwei andere ergriffen Auvergne an den Beinen, man warf ihn in einen bereitgehaltenen Wagen. Sein Hornruf erschallt nicht mehr in den Wäldern.

Nicht genug damit, es sind schlimme Zeiten: der Graf von Auvergne sitzt in der Bastille, der alte Graf d'Entragues wird in seinem Schloß verhaftet und sogar die Mätresse wird in ihrem Appartement von Offizieren der Schloßwache bewacht und durch Sully verhört. Man will endlich wissen, woran man ist. Der König ist stark genug, Komplotte zu ersticken, man gestehe endlich, was los ist in dem Verschwörernest, welche Intrigen angezettelt wurden, welche Anerbietungen Spanien gemacht hat. Der König hält Henriette nicht für schuldig, er verdächtigt sie nicht, aber sie war vielleicht eingeweiht und hatte im Interesse ihrer Angehörigen geschwiegen. Sie muß sich klarmachen, daß ihre Stellung als Geliebte des Königs sie mit besonderer Schuld belastet, wenn sie etwas verbirgt; die Liebe des Königs verspricht ihr selbst Nachsicht gegen ihre Familie, wenn sie bekennt.

Wieder ist es Sully, der dem hochfahrenden Zorn der Mätresse standhalten soll. Zuerst weigert sie sich unter dem Vorwand einer Unpäßlichkeit, ihn zu empfangen. Es half ihr nichts, sie mußte trotzdem das Verhör über sich ergehen lassen und sich zu einem Brief äußern, der aus Spanien eingetroffen war und Andeutungen über die Thronerhebung ihres Sohnes Heinrich von Bourbon enthielt. Es war nicht ausdrücklich zu lesen, daß der Vater ermordet werden sollte, aber das verstand sich von selbst. Henriette bekam ihre Ausbrüche: das sei alles dummes Zeug, aber wenn Vater und Bruder sie als legitime Gattin des Königs betrachteten, wäre das nur recht und billig. Der König kann sie töten lassen, ihr ist es gleich, man wird nur sagen, daß Heinrich IV. seine Gattin umbringen ließ wie Heinrich VIII. von England. Sie ist früher als das dicke Bankiersweib seine Frau geworden. Drei Forderungen hat sie an den König: Gnade für den Vater, der von einer achtenswerten Gesinnung verleitet wurde, einen Strick für den Bruder, falls er durch Geständnisse die Familie verrät, und Gerechtigkeit für sich selbst. Wird ihr keine Genugtuung zuteil, so ist sie bereit, sich irgendwo mit ihren Kindern niederzulassen. Aber sie ist nicht die Frau, die im Ausland um Brot betteln will und auf diese Weise der Königin einen Gefallen tut. Sie braucht 100 000 Francs im Jahr, die durch Grundbesitz in Frankreich sicherzustellen sind.

Die 100 000 Francs würde der König gern gewähren und die ganze Sache als verzeihliche Verrücktheit eines krankhaften Bastards oder einer enttäuschten Frau behandeln. Aber der Fall des Grafen von Auvergne liegt genau so wie seinerzeit der des Marschalls Biron: der Staatsverbrecher sitzt jetzt in der Bastille und untersteht den Gerichten. Unter Heinrich IV. gibt es noch keine Eiserne Maske, das Gericht spricht öffentlich Recht nach Gesetz und Brauch, öffnet die Briefe, sucht und findet die Schuldbeweise. Aus den Briefschaften geht hervor, daß man den Tod des Königs als selbstverständliche Voraussetzung für alles Weitere betrachtet, wenn auch die näheren Umstände dieses Todes nicht erörtert werden. Das Parlament ist versammelt, und nicht der König spricht Recht, sondern der Gerichtshof. Der Graf von Auvergne und der alte Graf d'Entragues wurden zum Tode verurteilt, während man die Mätresse mit Stillschweigen überging.

Aber es kommt nicht zu Schafott, Henker und Schwert — das letzte Wort liegt beim König, und der denkt nicht daran, den Sohn Karls IX. köpfen zu lassen. Schont er aber den einen, muß er auch den anderen, den Vater, schonen, und ganz gewiß die Geliebte. Die drei sind so miteinander verbunden, daß man sie entweder alle zusammen verurteilen muß oder begnadigen. Wenn uns in diesen Zeiten noch irgendetwas verwundern könnte, so müßte diese Liebe zu Henriette es sein, die so klar sieht und so unverständlich nachsichtig bleibt. Die Leidenschaften sind groß, die Kontraste so heftig, daß sich alles in einem Rhythmus abspielt, der sich dem Maßstab der Vernunft entzieht. Der König selbst staunt über nichts, so oft er betrogen, verraten, zum besten gehalten wird. Gewalt und List, Hinterhältigkeit, maßloser Ehrgeiz und Wutausbrüche, die bis zum Wahnsinn gehen, das alles erscheint ihm wie selbstverständlich bei Männern, Frauen, Mätressen. Heinrich IV. selbst war, abgesehen von einem ungewöhnlichen politischen Instinkt, keineswegs ein von Grund auf durch die Vernunft geleiteter Mensch. Man erinnere sich, daß der König noch vor knapp fünf Jahren Gabrielle heiraten wollte, eine Ehe, die durch das Vorhandensein von Bastarden die fürchterlichsten Komplikationen in seiner Dynastie heraufbeschworen hätte; daß Gabrielle selbst bis zum letzten Augenblick gewünscht und gehofft hatte Königin zu werden. Bei Henriette d'Entragues verdoppelte sich der Ehrgeiz nach dem Thron noch durch ihren vermeintlichen Rechtsanspruch. Man müsse sie verstehen und ihr verzeihen, erklärte der Liebhaber. Zudem wäre sie mit ihren Kindern, die er vergöttert, in der Verbannung höchst unbequem. Das Parlement selbst wird ihre Unschuld schriftlich bescheinigen, so daß sie sich von jedem Makel und Verdacht gereinigt findet. Das Dokument bedeutet mehr als eine Begnadigung: es bedeutet die Auslöschung alles Geschehenen, Henriette ist stets rein und weiß gewesen wie Hermelin. Und nun kann sie wieder ihr Haus verlassen, arrogant lachen, über das Komplott und die Wahnideen des Königs spotten und Sully abkanzeln, der sich zur Rolle des Inquisitors erniedrigt hat. Erklärt man aber die Mätresse für unschuldig, so kann man auch dem Vater nichts mehr anhaben, obschon beide schwierig zu bewachende Vögel sind. Nur der Halbbruder wird als Geisteskranker in der Bastille festgehalten. Seine Umtriebe und verdächtigen Verbindungen sind zu bekannt, als daß man ihn in die Freiheit seiner Wälder entlassen dürfte. Sully sorgt als Gouverneur der Bastille dafür, daß er ein angenehmes Leben führen kann, allerlei Zeitvertreib hat, mit seinen Wächtern Karten spielen und Musik hören darf. Das ist seine ganze Strafe. Ihre Wirkung war, nach den vorausgegangenen Wutanfällen, überraschend: seine Gattin hatte ihr eigenes Leben angeboten, um seine Begnadigung zu erwirken, aber der Graf, der im übrigen eine Mätresse hielt, ließ ihr sagen, sie möge sich damit begnügen, ihm Käse und Senf zu schicken, und sich nicht weiter bemühen. Auvergne ist noch jung und sieht ein langes Leben vor sich; einmal wird er die Bastille schon wieder verlassen. Und da es uns Spaß macht, das Ende der Figuren des Dramas zu betrachten, so verraten wir, daß er mit einundsiebzig Jahren ein ganz junges Mädchen heiraten wird, die ihm noch schöne Tage schenkt und in Versailles den Hofknicks macht, wenn König Ludwig XIV. den Hut vor der Schwiegertochter Karls IX. lüftet.

Für Henriette war das Komplott und seine Bestrafung eine erledigte Angelegenheit, über die sie sich nur noch lustig machte. Eines Tages erfuhr sie, daß der König mit der Königin und dem Dauphin beim

Überqueren eines Flusses mit einer Fähre fast ertrunken wären. Die junge Mätresse bringt bei dem Gedanken an diese königliche Ersäufung die ganze Gesellschaft zum Lachen. Wäre sie dabei gewesen, so hätte sie gerufen „Die Königin säuft" — und es fragt sich, ob Heinrich IV. nicht in das Lachen eingestimmt hätte.

In den Briefen an Corisande schrieb der König: „Ich bin Ihr Sklave." Sein Liebesleben war in der Tat ein Sklavenleben und seine Ehe nicht minder. Die Mätresse hatte an Intrigen gegen ihn teilgenommen, aber die Italiener, welche die Königin beherrschen, spinnen sie nicht auch Intrigen? Wenn Heinrich IV. im Komplott der Entragues den Dolch hatte aufblitzen sehen, so konnte er die gleiche Drohung in den Augen der Concinis erblicken. Der König lebt nicht ewig — von diesem Gedanken gehen die Italiener aus, die mit ebenso ruhiger wie unverschämter Beharrlichkeit ihr Spiel treiben, Gift in das Herz der Königin träufeln und ihren Groll schüren. Es bedarf nicht einmal eines regelrechten Komplotts; diese Hetzereien fachen einen Brand an, ohne daß irgendwer davon erfährt, das Feuer breitet sich ganz von selbst aus. Und dann gibt es auch die Zufallsmöglichkeiten des Krieges. Alle Welt weiß, daß Sully im Arsenal im tiefsten Frieden unaufhörlich Kanonen, Pulver und Waffen anhäuft, daß Lager in der Provinz vorhanden sind und daß der Herzog nur Ordnung und Sparsamkeit predigt, um schließlich seinen großen Krieg zu führen und sich auf diese Weise zum mächtigsten Mann Europas zu machen. Ob man in den Gemächern der Königin die logische Vernunft oder die Sterne befragt, in jedem Fall kommt man zur Überzeugung, daß dem Leben des Königs sehr viele Gefahren drohen. Für Maria von Medici aber und ihre Italiener wäre nichts herrlicher als eine Regentschaft. Je jünger der Dauphin, um so länger die Dauer und die Möglichkeiten dieser Regentschaft! Es ist selbstverständlich, daß sich Gedanken und Wünsche in dieser Richtung bewegen, und mitunter spricht man es auch aus, daß es so in den Sternen geschrieben steht. Im Falle des Todes Heinrichs IV. wird aber von den beiden Frauen die Mätresse die eigentliche Leidtragende sein. Das Attentat liegt in der Luft, und im Grunde war es nie anders. Blättern wir in den Annalen der Regierungszeit Heinrichs IV., so zeigt es sich, daß ein Attentatsplan mindestens alle sechs Monate auftaucht. Der Anschlag

Ravaillacs war nur derjenige, der schließlich gelang. Als der König den Pont des Arts passierte, wurde er von einem Mann angerempelt, der ein Messer schwang und mit allen Kräften an seinem Mantel zerrte. Wie ein Geist war er durch die Wachen geschlüpft. Augenblicklich verhaftet und gefesselt, lachte er aus vollem Halse dem König ins Gesicht und rief: „Ha, ich habe Ihnen Angst gemacht!" Der König war nicht eigentlich in Gefahr gewesen, denn der Mann hielt sein Messer in die Luft wie ein Spielzeug. Er lachte, der König lachte auch, und man brachte den Narren ins Spital.

Und dazu nun das Leben, das der König zu Hause führt, in seiner sogenannten Familie, in seinen beiden Familien! Er selbst sprach es aus, daß ihn nichts in Erstaunen setze, und so darf man weder verwundert sein noch Anstoß daran nehmen, wenn er Zerstreuungen sucht. Er spielt gern und liebt den hohen Einsatz, gleichviel ob er gewinnt oder verliert. Vor allem aber: er baut gern. Es macht ihm Vergnügen die Bauplätze aufzusuchen, und da sitzt er auf einem Steinhaufen, verzehrt aus der Hand die köstlichen Trauben aus Fontainebleau, lauscht dem Singen der Maurer, betrachtet die Pläne und freut sich, Neues und Schönes zu schaffen. Dann spinnt er seine Träume als Vater des Volks. Man muß den Handwerkern Arbeit geben. Jahr für Jahr gehen ungeheure Summen zum Ankauf von Seidenwaren ins Ausland. Man ist wie verrückt auf Seide, selbst die Bürgersfrauen wollen schon seidene Kleider tragen oder gar die wollenen Kleider mit Seide füttern. Da Seide sehr kostspielig ist, müßte man, um sich nicht zu ruinieren, ihre Verwendung verbieten, wie Sully vorschlägt, oder Seide im eigenen Lande produzieren. Könnte man nicht Maulbeerbäume pflanzen, Seidenraupen züchten, Fabriken errichten und alle Bettler und Müßiggänger an die Webstühle setzen? Man könnte sogar Seide ins Ausland verkaufen. Und dann würde man lernen, Gold und Silber hineinzuweben, denn das ist auch so eine Modenarrheit. Der König könnte eine eigene Manufaktur in seinen Tuileriengärten errichten. Frauen und selbst Kinder würden lernen, die Kokons abzuhaspeln. Wieviel Geld wäre in Frankreich zu sparen, welche Steuersenkungen könnte man vornehmen, wieviel Geld durch Ausfuhr verdienen! Aber Sully, der über die Spielverluste zankt, bleibt bei dem Traum von den Maulbeerbäumen kühl. Die Maulbeerbäume werden nur weite Bodenflächen, die jetzt für lebenswichtige einheimische Produkte bebaut sind, in Anspruch nehmen. Bei dem wechselnden französischen Klima riskiert man damit zuviel. Die Seidenraupen brauchen Wärme. Außerdem verliert man fünf Jahre, bis die Maulbeerbäume sich entwickeln; und schließlich befürchtet der philosophische Minister vom allzu leichten Seidenbau eine Verweichlichung der Bevölkerung in den Gegenden, in denen man ihn einführt. Der König benötigt kräftige Arbeiter, die in Mühe und Schweiß ihr Werk verrichten und eines Tages gute, kräftige Soldaten abgeben. Einfaches, nüchternes Leben und harte Landarbeit bekommt dem Franzosen, keine seidenen Kleider. Der König mag sich nur weiterhin mit Bauen vergnügen. Diese Bauten wird er als Erbe dem Reich hinterlassen. Er soll auch seine Schlösser ausschmükken, das gibt Handwerkern und Arbeitern Beschäftigung und erhöht sein Ansehen im Ausland. Die Maulbeerbäume aber bleiben besser bei den Italienern und Chinesen. Maulbeerbäume und Seidenraupen würden eines Tages zugrunde gehen und leere Felder, müßige Hände und leere Kassen zurücklassen. Das ist die Meinung des Herrn Ministers von den seidenen Träumen.

Überall trifft der König auf Widerstände. Sully ist ein alter Nörgler, aber bei ihm weiß der König wenigstens, daß er das Staatswohl im Auge hat. Trotzdem muß der Minister nachgeben, und der König bekommt an den steilen, sonnigen Hängen des Rhônetals seine Maulbeerbäume.

VII

HERR UND DIENER

Der Herzog von Sully ist ein hervorragender Diener, und er ist es mit um so größerer Hingabe, als sein eigenstes Interesse, sein Schicksal und Vermögen, ja der Platz, den ihm die Nachwelt zuweisen wird, von seinen Diensten abhängen. Er hat viel gearbeitet und viel nachgedacht, er hat sich seinem Land und seinem König verschrieben, aber er ist auch königlich belohnt worden. In den täglichen vertraulichen Gesprächen zwischen Herr und Diener beobachten wir den Glanz der Gunst, aber auch den Schatten der Ungnade. Sully nimmt den Mund etwas voll: er hat leicht predigen von Einfachheit und Nüchternheit, er kennt keine Versuchungen und ist ein Philosoph. Wenn er jetzt eine fürstliche Lebenshaltung führt, die der Einfachheit seines Wesens widerspricht, so genießt er sie nur als Zeichen der Macht und Größe. Als Oberintendant der Finanzen verfügt er über alle Einnahmequellen des Königreiches und bestimmt über alle Ausgaben; als Oberzeugmeister untersteht ihm das ganze Waffenwesen Frankreichs; als Oberster Straßenbaumeister baut er Straßen nach eigenem Ermessen, je nachdem es ihm im Interesse des Krieges oder Friedens zu liegen scheint; als Gouverneur der Bastille bedient er sich der Zitadelle nach Belieben; als Gouverneur des Poitou kann er bei den Hugenotten ebensogut Unruhe und Wirren stiften wie Beruhigung schaffen; und schließlich herrscht er auch noch im Orléanais als Herzog und Pair, denn Schloß Sully mit allem dazu gehörigen Besitz liegt in dieser Provinz. Man kann sich vorstellen, welch ungeheure Macht ihm all diese Ämter verleihen. Als der König seine neue Dynastie gründete, hatte er nicht gewollt, daß die alten fürstlichen Familien, ja selbst seine eigenen Verwandten auf Grund ihrer Geburt Ansprüche auf Macht erhoben. Er nahm den Prinzen von Geblüt ihr altes Privileg, über Provinzen zu herrschen, in denen sie gleichzeitig die politische und militärische Führung innehatten. Der Herzog von Sully in seiner ungeheuren Machtfülle ist diesen Depossedierten ein Dorn im Auge. Andrerseits stehen ihm keine Rechte zu, er besitzt nur Ämter und Würden, die der König jederzeit zurücknehmen kann, wenn er ihn entläßt.

Begreiflicherweise wird alles versucht, das Mißtrauen des Königs gegen Sully zu erregen, die Gegensätze zwischen König und Minister aufzubauschen, gelegentliche zornige Regungen zu schüren, denn man kennt den Monarchen als ungeduldig und reizbar und weiß, wie eifersüchtig er auf die eigene Autorität bedacht ist. Weder die Königin und ihre Concinis noch die Fürsten und hohen Beamten, die sich von dem knausrigen Obersten Zahlmeister überwacht und schikaniert fühlen, werden Sully im Notfalle stützen. Die Königin braucht 600 Taler für eine Kindstaufe ihres Gärtners, die Rechnung muß Sully vorgelegt werden, der auch darüber murrt. Um König und Minister auseinanderzubringen, schließen sich Leute mit Vergnügen zusammen, die sonst entzweit sind, der König wird ständig mittelbar oder unmittelbar aufgehetzt. Er möge sich in acht nehmen — bemerkt er denn nicht, daß Sully unter dem Vorwand, große Vorräte an Kriegsmaterial aufzuspeichern, sich im Arsenal selbst wie ein zweiter König verschanzt? Die Artillerie, die in die Provinz geschickt wird, geht von einem Zentrum der Hugenotten zum anderen, wer weiß, was unterwegs hängen bleibt? Auf einen Wink Sullys können die Pulvermagazine in die Luft fliegen. Fortwährend gehen Briefe von ihm nach England, die deutschen Fürsten singen sein Lob. Plant er nicht, sich zum Regenten zu machen für den Fall, daß der König stirbt? Vom Regenten zum Nachfolger ist nur ein Schritt. Er spielt den Sparsamen, ja den Geizhals, aber während die echten Fürsten ein Schattendasein führen und um Bezüge noch bei ihm bitten müssen, führt er selbst eine fürstliche Lebenshaltung. Wenn der König hier nicht Ordnung schafft, kann es geschehen, daß er eines Morgens wie Heinrich III. am Tag der Barrikaden erwacht und gewahr wird, daß der Groß-Meister auch der Herr des Königreiches ist. Auf die Gegenfrage, welches Ziel denn der Herzog von Sully mit diesen Umtrieben verfolge, heißt es, er wolle als Hugenott eine Föderation aller Hugenotten Europas zustande bringen und die deutschen Fürstentümer zu einem Bund zusammenschließen. Überhaupt ziele er auf Schwächung der katholischen Mächte zum Vorteil der eigenen Religion und lasse nichts außer acht, was alle diejenigen schwächen oder vernichten könnte, die den natürlichsten Anspruch auf Liebe und Förderung seitens des Königs erheben dürfen. Im Namen des Königs spielt er den Tyrannen im Großen wie im Kleinen. Jetzt maßt er sich an, Vorschriften über die Kleiderordnung bei Hofe zu erlassen, will Gold- und Silberborten verbieten und den Bürgern das Tragen von Seide untersagen. Der König, die Großen, die ganze Nation sind seine Sklaven.

Der König, der mit seinem Minister häufig ein Hühnchen zu rupfen hat, wird schwankend, die Zuträgereien kommen von allen Seiten. Auf den Tischen, unter den Kopfkissen, in den Taschen, ja, wie er spöttisch erzählt, selbst im Rockärmel findet er Schmähschriften gegen

Sully. Man beklagt den König, daß er nicht die Kraft findet, den allzu hoch gewachsenen Baum zu beschneiden, in dessen Schatten die königliche Macht verblaßt. Er wird eines Morgens wie ein Merowingerkönig erwachen, dem sein Hausmeier das Haupt schert. Man nimmt den König von seiner schwachen Seite, denn er hatte einen empfindlichen Sinn für die eigene Autorität. Auch die Geliebte hetzt gegen den Minister auf ihre Weise, verspritzt ihr Gift, läßt ihr boshaftes Lachen hören und erinnert immer wieder daran, daß sie geradezu als Gefangene behandelt werde und daß man den Schwachsinn des Grafen Auvergne zum Komplott aufgebauscht habe. Was tat er schon Böses mutterseelenallein in seinen Wäldern! Trotz Verzeihung und Absolution, die sie selbst empfing, trotz der Begnadigung ihres Vaters, die das Verbrechen aus der Welt schafften, bleibt sie von gehässigem Spott erfüllt und verschießt ihre spitzen Pfeile. Vielleicht war sie es, die dem König die Schmähschriften unter das Kopfkissen schob.

So hageln die Andeutungen und Verdächtigungen auf den König ein. Sully ergeht es genau so; damit das Spiel zum Erfolg führt, muß man den Argwohn auf beiden Seiten schüren. Auch Sully hat seine Kreaturen, die von seinem Sturz mitgerissen würden und die daher mit Aufmerksamkeit das Barometer der Gnade und Ungnade verfolgen. Bemerkt denn der Herzog nicht, daß der König ihn nicht mehr mit „mein Freund" anredet, nicht mehr vertraulich mit ihm als Groß-Meister spricht, sondern ihm gegenüber die gleiche offizielle Form „mein Vetter" anwendet, die er für alle Herzöge und Pairs gebraucht?

Sully versteckt sich hinter seiner beherrscht ruhigen Haltung, seiner hochfahrenden Art, die so tut, als wisse sie nichts, während er alles genau fühlt und wägt. Zwar gehen noch König und Minister, Meister und Groß-Meister, miteinander in den Alleen von Fontainebleau oder den Galerien des Louvre auf und ab, aber immer sind dritte Personen dabei, und man gewinnt den Eindruck, als ob der König das vertraute Alleinsein mit seinem *alter ego* vermeide. Die Atmosphäre der Kälte und des Mißtrauens nimmt im gleichen Maße zu, in dem Sully seinerseits sich zurückzieht, sich mit seinen Akten und Beamten absondert, Spiel, Jagd und musikalische Veranstaltungen

meidet wie jemand, der sich um das Summen der Fliegen nicht kümmert und ruhig weiterarbeitet. Sully hat dem König oft zum Vorwurf gemacht, daß er nicht seßhaft genug sei, sich bald in Chantilly, bald in Fontainebleau, Monceau oder Villers-Cotteret aufhält. Sully selbst halten, wie er sagt, die Staatsgeschäfte in Paris fest. Wenn die unerfreulichen häuslichen Verhältnisse den König reisefiebrig machen, muß der Herzog um so beharrlicher mit seinen Leuten für den ruhigen Fortgang der Amtsführung sorgen. Meister und Groß-Meister schmollen miteinander. Derselbe König, der so oft über Sullys Nörgeleien lachte, pflegt jetzt die Achseln zu zucken, als wollte er sagen: „Der alte Pedant!" Der ganze Hof liegt auf der Lauer. Die Beziehungen werden so gespannt, daß der Faden reißen kann und reißen muß; alle Anzeichen sprechen dafür. Eines Morgens kam der Herzog von Sully nach Fontainebleau, um mit dem König über Staatsgeschäfte zu sprechen. Auf beiden Seiten fiel die kühle Atmosphäre auf, die Beobachter waren auf dem Posten. Sullys Wagen war zur Abfahrt befohlen, er hatte sich schon in aller Form vom König verabschiedet. Er ging fort wie immer, mit erhobenem Haupt, aber mit verwundetem Herzen; es verletzte auch seinen Stolz, die gespannte Neugier der zahlreichen Zeugen zu spüren. In einer Allee des Parkes hatte er den König mit zwei Vertrauten verlassen und sich gehütet, den Kopf noch einmal zu wenden. Da hörte er im Weiterschreiten jemanden hinterherlaufen und rufen: „Herr Herzog, der König wünscht Sie zu sprechen!" Einen Augenblick schoß ihm der Gedanke durch den Kopf, ob man ihn nicht verhaften wolle, aber kaltblütig kehrte er zurück. Bei seinem Anblick schien der König verwirrt und unschlüssig, befahl den Herren seiner Begleitung, sich zu entfernen und ihn heute nicht zur Jagd zu erwarten; er habe mit dem Herzog von Sully allein zu sprechen.
Welch überraschende Wendung! Der König streckte Sully mit einer impulsiven Geste die Arme entgegen und küßte ihn auf beide Wangen. Der Diener blieb stolz und hochmütig und verschmähte es um Erklärungen zu bitten. Der König würde schon selbst alles zur Sprache bringen. Wird man auseinandergehen, so soll man sich wenigstens über die Gründe klar sein. Eine dreißigjährige Freundschaft, besiegelt durch innigste geistige Gemeinschaft, Seite an Seite über-

standene Prüfungen, weitreichende Zukunftspläne, all das kann nicht stumm begraben werden. Der König zog Pamphlete und Druckschriften aus der Tasche und verlangte, daß Sully die gehässigsten auf der Stelle und sogar laut lese. Sully fand sich bald mit Admiral Coligny, dem Führer der aufständischen Hugenotten, bald mit dem Herzog von Guise, dem Idol der rebellischen Katholiken, verglichen. Er las alles aufmerksam und erklärte, die Erwiderung sei sehr leicht. Er diene König Heinrich IV. nun seit dreißig Jahren und habe als armer kleiner Edelmann ausländischer Herkunft den Dienst angetreten. Der König werde sich gewiß noch des Tages erinnern, als der Vater Rosnys den Knaben dem Prinzen von Navarra zuführte, dem er die Knie küßte und den Diensteid leistete. Mit dem eigenen Aufstieg hat der König auch Sully höher und höher erhoben. Ihr beider Schicksal ist miteinander verknüpft. Welch unsinnige Annahme, der Minister wolle den Dienst beim König aufgeben, um sich in gefährliche Abenteuer einzulassen! In Frankreich Haupt einer Hugenottenpartei werden? Aber der König hat zehn Jahre lang, solange er König ist, Rosny selbst immer wieder sagen hören, daß es eine Hugenottenpartei in Frankreich nicht geben dürfe. Geht nicht sein Bemühen jeden Tag aufs neue dahin, den Parteigeist in ein Gefühl unbedingter Zugehörigkeit zur Person des Königs zu verwandeln? Sully hat nicht die Absicht sich weiter zu rechtfertigen, denn Voraussetzung der Rechtfertigung wäre eine Anklage. Der König drückte den Minister ans Herz, er hatte bereits den Entschluß gefaßt, die Ankläger ins Nichts ihrer Lügenhaftigkeit zurückzuschleudern, das alte Vertrauensverhältnis wiederherzustellen und mit seinem *alter ego* den Weg weiterzuschreiten, den sie durch so viel Sorgen und Mühen bisher gemeinsam gegangen sind.

Nach Sullys Bericht dauerte das Gespräch vier Stunden; man mag die Übertreibung einer beglückenden Erinnerung zugute halten. Der König wurde zur Tafel erwartet, aber niemand wagte ein so langes und bewegtes Gespräch zu stören. König und Minister konnten am Ende der Allee und an den Fenstern Gesichter wahrnehmen, die neugierig verfolgten, wie die beiden miteinander vertraulich sprachen, sich bei den Händen faßten und gemeinsam Papiere lasen. Der sonst so gemessene Minister gestikulierte lebhaft. Die Wärme der Unterhaltung war unverkennbar. Der Wind hatte sich gedreht, zur Beunruhigung der einen, zur Erleichterung der anderen. Hand in Hand verließen Sully und der König die Maulbeerbaumallee. Der König fragte spöttisch, wieviel die Uhr sei. „Sire, es ist ein Uhr." Darauf der König, wieder im Ton des Gebieters: „Ich weiß, woran ich bin. Es gibt Leute, denen die Zeit länger geworden ist als mir, zum Trost will ich ihnen sagen, daß ich Sully mehr liebe denn je und daß wir beide auf Leben und Tod verbunden bleiben." Und zu Sully gewendet: „Gehen Sie zu Tisch, lieber Freund, lieben Sie mich und dienen Sie mir, wie Sie es immer getan haben! Sie besitzen meine volle Zufriedenheit." Und am Tage darauf: „Sie können sich nicht vorstellen, mein Freund, wie gut ich heute nacht schlief, nachdem ich Ihnen gegenüber so mein Herz ausgeschüttet und erleichtert habe." Hatte der König ernstlich Sullys Treue angezweifelt, den Märchen über ihn Glauben geschenkt? Es ist kaum anzunehmen. Nur eine Gewitterwolke, ein Gefühl verletzter Autorität hatte sich über das Freundschaftsverhältnis gelegt. Sully hatte ein hochfahrendes Wesen, selbst gegenüber dem König. Er dünkte sich vollkommen, hatte stets recht, zeigte während der ganzen Dauer dieser Intrige stolzen Trotz und erfüllte seine hohen Aufgaben in der Haltung eines Mannes, der sich nicht zu Rechtfertigungen herabläßt. In Wirklichkeit fraß er seinen Ärger in sich hinein. Nach dem Tode des Königs verbrachte er seine Tage damit, über die verlorene Machtposition zu trauern, und beschwor immer wieder die Erinnerungen an diese Zeit und die großen politischen Schachzüge herauf, die er gemacht oder nicht gemacht hatte. Der Hochmut war sein großer Fehler, die Überzeugung, daß alle seine Gedanken vor Gott und den Menschen als richtig und vernünftig bestanden, daß er sein Glück verdiente, und daß wohl der König fehlbar, er selbst aber unfehlbar gewesen ist. Er hielt sein Christentum für vollkommen, seine Moral für vollkommen, glaubte ein unfehlbares Urteil über die Beweggründe der Menschen zu besitzen und schrieb sich die Fähigkeit zu, sich ihrer zu bedienen oder sie zu entlarven. So wird sein Memoirenwerk zur Apologie seiner Person, aber es liegt um so mehr Aufrichtigkeit und Offenherzigkeit in der Darstellung, als Sully in der eigenen Vortrefflichkeit die Voraussetzung seines großen Aufstiegs sieht. Gewiß, er war durchaus rechtschaffen, aber seine Rechtschaffenheit wurde auch vom König aufs höchste belohnt. Nie erschien ihm das zuviel oder auch nur genug. Es kam vor, daß der Oberintendant der Finanzen empört widersprach und sich den Haß eines Prinzen von Geblüt zuzog, als der Vetter des Königs, der Graf von Soissons, bescheiden um einen Nutzen für sich aus einer Wareneinfuhr bat. Handelte es sich um ihn selbst, so lagen die Dinge anders. So fragte etwa der König, wie es mit der beabsichtigten Verschönerung von Sullys Haus stehe. Er antwortete bescheiden, aber mit deutlicher Anspielung: „Sie kommt aus Geldmangel nicht recht von der Stelle." — „Unsinn", erwiderte der König, „zeigen Sie mir Ihre Pläne und sagen Sie, was Sie machen lassen würden, wenn Sie Geld zur Verfügung hätten!" Und der König sah sich die Pläne an, schlug hier eine Änderung, dort eine Terrasse oder Galerie vor, und ohne weiteres Aufhebens stellte sich ein Geschenk von zwanzigtausend Talern ein. Der König beschloß, ja befahl die vorteilhafte Heirat des Fräuleins von Sully mit dem Herzog von Rohan, seinem Vetter, ja seinem Erben für das Königreich von Navarra und die Besitzungen der Jeanne d'Albret für den Fall, daß er selbst keine Kinder hätte. Er rüstete selbst innerhalb drei Tagen die Hochzeit und schenkte dem Bräutigam zehntausend Taler und ebensoviel der Braut, die zudem durch diese Ehe Cousine des Herrschers wurde.

Die Aussprache von Fontainebleau hatte die Herzlichkeit der Freundschaft verdoppelt und zugleich den Widerwillen des Königs gegen das Cliquenwesen am Hof noch gesteigert. Sully schürt diesen Abscheu; gegenüber den eifersüchtigen Schwätzern ist nur Verachtung am Platz. Der König möchte sich jetzt bei Sully im Arsenal ein Schlaf- und Arbeitszimmer einrichten, um dort nach Belieben zu speisen, ohne die eigene Küche in Anspruch zu nehmen, und auch übernachten zu können. Er möchte unbeobachtet von hundert horchenden Höflingen, die die Minuten zählen, mit dem Minister allein an Vormittagen ruhig und ungestört plaudern. Es ist keine Bosheit, anzunehmen, daß Sully dem König diesen Wunsch suggeriert hat. Hier kann er sich entspannen und ausruhen, zu Hause ist das nicht möglich. Er eilt vergeblich von einem Schloß auf das andere, die Klagen und Zänkereien der Gattin, der Geliebten oder ihrer Kreaturen verfolgen ihn überall. Nimmt er sich aber eine weitere Mätresse, um den beiden Frauen zu entgehn, so verdoppeln sich Gezänk und Geschrei. Sein Bedürfnis nach Freiheit und Einsamkeit wird so groß, daß er sich manchmal absichtlich auf der Jagd verirrt, wie ein einsamer Hirsch in den Wäldern herumschweift, die Höflinge in Angst versetzt und sehr spät und kotbespritzt wieder auftaucht, mit strahlenden Augen, aus denen der alte Spott blitzt.

So nimmt es nicht wunder, daß der Herzog von Sully sich für den einzig Vernünftigen am ganzen Hofe hält. Er kennt keine Verirrungen des Herzens, keine Ebbe und Flut der Leidenschaft. Bei ihm entsprechen sich Leistung und Belohnung, er ist für diesen Gebieter geschaffen und sein Gebieter ist geschaffen für ihn. In dem Plan, den Sully „die große Konzeption" Heinrichs IV. genannt hat, läßt sich klar der schöpferische Anteil des Ministers und der des politischen Lehrmeisters erkennen. Sully ist es, der den König immer wieder an die große Idee erinnert, daß Ordnung und Gleichgewicht in Europa, ein einziger Bund der Nationen geschaffen werden sollen, in dem die Sicherheit jedes einzelnen Staates durch alle übrigen gewährleistet wird. Ist es auch im eigentlichen Sinne kein praktisch durchführbarer Plan, so dient er doch der ganzen Regierungszeit als ideeller Leitstern und gibt unaufhörlich Anlaß zu Vorstellungen des Ministers. Man sollte sich nicht in Liebeswirren verstricken lassen, die nur der Gesundheit schaden, wenn es die große Aufgabe eines Krieges gilt, der ein für allemal Europa seine endgültige Form und Aufteilung geben wird. Man sollte keine Spielschulden machen, wenn man ein so großartiges Spiel vorbereiten und das Arsenal mit Waffen und die Truhen mit Geld füllen will. Wenn wir immer wieder auf diese Dinge zurückkommen, so geschieht es, weil auch Sully immer wieder davon spricht. Er hat für diesen Krieg eine Dauer von drei Jahren vorgesehen und trifft seine Vorkehrungen wie für eine prachtvolle Ernte. Sully läßt den König schätzen, wieviel Barren an Geldeswert er in der Bastille gestapelt hat, und wenn der König auf gut Glück eine Ziffer nennt, läßt ihn der Minister von Million zu Million höher raten, bis zu dreißig Millionen. Und dabei sind alle alten Schulden aus der Zeit vor dem Regierungsantritt Heinrichs IV. bezahlt! Sully ist von den Freuden des Geizigen erfüllt. Wann immer er will, mag der König in den Kellergewölben das

glänzende Gold betrachten. In dem umfangreichen Briefwechsel zwischen König und Minister ist von der großen politischen Konzeption kaum die Rede, in den Briefen des Königs überhaupt nie. Die Gründung einer „christlichen Völkergemeinschaft" ist in erster Linie der messianische Traum des Hugenotten Sully; der König ist nicht allzu sehr erpicht auf Völkergemeinschaften. Es darf auch nicht übersehen werden, daß Sully erst nach dem Tode des Königs während eines zwar ruhmreichen, aber verbitterten Ruhestandes seinen Sekretären die Dokumente des Grünen Kabinetts als Unterlage für die Abfassung der Memoiren übergab. Beim Tode des Königs war er erst fünfzig Jahre alt. Dreißig Jahre lang, also bis zum achtzigsten, hatte er Zeit, über die Vergangenheit und über all das nachzudenken, was er mit dem König geschaffen hatte, was er mit ihm hätte schaffen können. Die „große politische Konzeption" soll ihren Wert bekommen durch die geistige Urheberschaft Sullys, ihre autoritäre Bedeutung durch den König, von dessen Entscheidung die Initiative abhing. Hervorgegangen aus vertraulichen Gesprächen, geformt durch realpolitische Gegebenheiten und Mutmaßungen, konnte und mußte dieser Plan beim alten Sully an Umfang, Gewicht und Präzision ständig zunehmen und seine Abrundung durch die später eingetretenen Ereignisse erfahren. Diese Konzeption war weder durchaus richtig noch durchaus falsch, und Sully war nicht der erste politische Kopf, der den Versuch gemacht hatte, sich die Aufrichtung eines neuen Europas auszudenken oder zu erträumen. Auch Karl V. und Philipp II. hatten ihre Träume geträumt. Bei diesen beiden war es die Idee einer Oberherrschaft, bei Sully war es die Idee eines europäischen Gleichgewichts. Die Konzeption war Gegenstand belehrender Vorträge, die der Minister täglich dem König hielt. Der um sieben Jahre jüngere Sully erscheint als der überzeugte und rechtschaffenste Mentor des Königs, der Mann ohne Sünde, von Gott besonders erleuchtet, um seinem hochbegabten, aber unablässigen Versuchungen ausgesetzten Schüler immer wieder am fernen Horizont die Marschroute für Gedanke und Tat ins Gedächtnis zu hämmern.
Die aufgestapelten Schätze zeigt der Großmeister nicht nur dem König, sondern mit Vorliebe auch den am Hof beglaubigten, sowie den vorübergehend anwesenden fremden Gesandten, die darüber

im Ausland berichten. Er verabsäumt nicht, darauf hinzuweisen, daß ebensoviel, ja noch mehr in der Provinz aufbewahrt wird. Die Ausländer empfinden es als einen auszeichnenden Vertrauensbeweis, diese Schätze an blinkendem Geschütz und Gold sehen zu dürfen. Man gibt dadurch zu verstehen, daß man keine Geheimnisse verbirgt und daß diese Waffen eines Tages vielleicht fremden Fürsten, die das Opfer eines Angriffs werden oder einen Feldzug mit edlen Zielen unternehmen, zu Hilfe kommen könnten. Als Gegner hat der König von Frankreich nichts zu befürchten, als Bundesgenosse ist er durch Reichtum und Macht der Erste. Und wenn er es im Interesse des Königreiches für nützlich halten sollte, kann er aus eigener Kraft Krieg führen. Tritt aber keine dieser Möglichkeiten ein, so ist durch allein diese stolze und großartige Waffenbereitschaft für ihn der Friede gesichert, sie verleiht ihm von vornherein das Prestige des Stärksten.

Das Thema kehrt in den vertraulichen Gesprächen im Arsenal zwischen König und Minister immer wieder. Es sind ihre glücklichsten Stunden, angefüllt mit Träumen und Wirklichkeit. Mehr als einmal sagt der König zu Sully: „Ihre große politische Konzeption, lieber Freund, ist ein Traum." Aber an seinem Horizont eröffnen sich doch wenigstens leuchtende Perspektiven, die die nahe Gegenwart blaß erscheinen lassen. Nachher aber muß der König zurück in den Louvre. Noch eben hatte er sich als mächtigsten Fürsten Europas gefühlt, imstande, den Völkern eines Tages das Gesetz der Gerechtigkeit aufzuzwingen. Bei sich zu Hause aber kommt ihm seine Schwäche und Ohnmacht zum Bewußtsein. Er sieht, daß er die Italiener nicht los wird, ohne sich die Königin für immer zu entfremden, die ihn niemals verstehen und die ohne Bedenken gemeinsame Sache mit seinen Gegnern machen wird. Der König ist wie hellsichtig. Er gibt seine Schwächen gutmütig zu, aber er behauptet von sich selbst, so klaren und durchdringenden Verstandes zu sein, daß er die Gedanken und Hintergedanken seiner Umgebung errät. Man kann ihn töten, erklärt er, wenn es der Zufall will, niemals aber ihn täuschen. Wenn er den großen Empfangssaal des Louvre betritt, weiß er intuitiv, was im entferntesten Winkel gesprochen, geflüstert, verschwiegen wird. Eine innere Stimme unterrichtet ihn über alle unruhestiftenden Geister, über jedes schwankende Gewissen. Selbst wenn er wollte, wäre es ihm nicht möglich sich dagegen zu verschließen. Er behandelt die Dinge nicht so klar und ausführlich wie Sully, erfaßt aber die Gesamtsituation blitzhaft im vorhinein. Seine Nervosität ist so groß, daß er sich Elfenbeinkugeln bestellt, die er unaufhörlich von einer Hand in die andere springen läßt, während man ihm Kleider und Schuhe anzieht, oder während er Sullys Ermahnungen anhört. Hat er die Kugeln nicht zur Hand, so läßt er die Brille auf den Knien tanzen. Auf diese Weise verschafft er sich wohl Erleichterung, löst aber nicht die Probleme, deren Schwierigkeit er selbst doch nur steigert. Er besitzt eine innere Stimme, die ihm geheime Gedanken verrät, aber er selbst ist besessen vom Liebesdämon, der ihn verfolgt und foltert. Die Aussöhnung mit der Geliebten hat Narben hinterlassen. Der König ist ihr ewiges Geschwätz müde, daß man ihr wohl verziehen habe, sie selbst aber den ungerechtfertigten Verdacht nicht vergessen könne. Heinrich IV. wendet seine Liebe anderen Frauen zu: der Gräfin Moret und nach ihr oder auch noch zur gleichen Zeit Jacqueline des Essarts. Es geht zu wie am Hof eines Türkenherrschers. Henriette d'Entragues sinkt zur Rolle einer dritten oder vierten Gattin herab, obwohl sie Mutter von Kindern ist, die der König anerkennt und bei sich behält. Man kann Henriette nicht entfernen, sie würde wo anders nur Unheil stiften und mit sieben Dämonen wiederkehren, die noch viel schlimmer wären als sie selbst. In seiner Jugend war Heinrich IV. ein Held gewesen. Ganz allein hatte er, der Sohn der Gefahren und Siege, seinen großartigen Kampf gekämpft. Man kann sagen, er habe sein Regierungssystem selbst erfunden, und es war aller Welt ersichtlich, daß das Königtum eine Wiederauferstehung erlebte und sich seit zehn Jahren in ständiger Aufwärtsentwicklung befand. Der König selbst aber befand sich im Abstieg. Er sprach es selbst aus, daß er keine zwei Jahre weit in die Zukunft sehe, daß er ermordet würde. Zuweilen kam es ihm vor, als bliebe ihm sein Leben nur durch Wunder erhalten, als hinge es nur noch an einem Faden, der bald reißen würde. Im Leben der Heroen gibt es solche Zeiten der Verfinsterung. Wenn sich die Dichtung oder die Legende eines wirklichen oder mythischen Wesens bemächtigen, so geschieht es immer für einen kurzen Zeitraum, ja, im klassischen Drama für einen einzigen Tag. Wer kann sich vorstellen, daß Herkules seine zwölf Arbeiten, Phaedra ihre Liebesleidenschaft, Achilles seinen Zorn überlebt? Der Tod beschließt in der antiken Tragödie den heldischen Tag. Die Wirklichkeit ist weniger poetisch und weniger gnädig. Sie läßt die Menschen leben wie sie sind und mit ihren Fehlern altern. Im Jahre 1605, wo wir jetzt stehen, ist Heinrich IV. erst 52 Jahre alt, und es ist notwendig, daß er noch lange am Leben bleibt. Niemand weiß es besser als er selbst, daß seinem Tode das Chaos unmittelbar folgen kann. Der Dauphin ist fünf Jahre alt. Es ist Heinrichs Aufgabe, dem Volk die Segnungen des Friedens zu schenken, er hat dafür sein Möglichstes getan, aber in seinem Herzen und in seinem Haus herrscht kein Friede. Er hatte ihn eher noch empfunden, als er Stadt auf Stadt belagerte; das entsprang seinem Temperament. Jetzt liegt ihm auch der große Krieg, der Auftakt zur Verwirklichung der großen Konzeption, in der Sully die Krönung seines Werkes sieht, wie eine große Ungewißheit auf der Seele. Als er für seine Krone kämpfte, war das Ziel klar, eindeutig und greifbar gegeben; es konnte erreicht oder verfehlt werden. Im Herzen glaubte er an den Erfolg. Beweglich zu bleiben, unausgesetzt auf der Hut zu sein, alles sofort in die Tat umzusetzen — hier fühlte er sich in seinem Element. Schon in frühester Jugend war es so gewesen. Immer hatte er es mit Menschen zu tun gehabt, deren Stärke und Schwäche er kannte, er hatte es verstanden, die einen zu besiegen, die andern für sich zu gewinnen und sich Freunde aus Feinden zu machen. Jetzt hieß es abwarten und dabei alt werden, die großen Ideen, soweit sie nicht im Bereich des Traumes blieben, langsam ausreifen lassen. Immer seltener hörte man des Königs herzliches Lachen, seinen springenden Witz. Wenn ihn wieder ein Wahnsinniger umbringen will, wird er das Dank-Tedeum verbieten, und wenn man es dennoch anstimmen sollte, schreibt L'Estoile, so geschähe es „ohne Wissen und Einverständnis des Königs". Nach dem mißglückten Attentatsversuch des Jacques des Iles erschienen acht Bischöfe bei ihm, um ihre Glückwünsche auszusprechen, der König hörte ihre Ansprache ohne große Freude an. Bei all diesen Wünschen empfindet er den Dolchstich nach seinem Herzen. Man hatte die Gefolgsleute der Bischöfe nicht mit in den Empfangssaal eintreten lassen, aber der König befahl, ihnen die Türe zu öffnen. „Ich will mich um meine Sicherheit nicht mehr sorgen und ich wünsche nicht, daß dem armen Narren das Geringste geschieht. Er ist nur das Kind dieser närrischen Zeit." Ein Übel, das der König und Sully oft miteinander beklagen, ist die Leichtgläubigkeit der Menge, ihre plötzlichen Ausbrüche der Wut, ihre Vorurteile, ihre unberechenbaren Launen. Von einer Frau, die in den Küchendienst des Louvre eintreten wollte, glaubte, ja wußte man, daß sie auf Geheiß einer inneren Stimme die Berufung in sich fühlte den König zu vergiften. Eine andere Frau erdrosselte das kleine Kind ihres Dienstherrn, leugnete die Tat nicht und behauptete mit allen Zeichen des Entsetzens, daß sie auf Befehl eines schwarzen Mannes auf weißem Pferde gehandelt habe, der sie überallhin verfolgte. Ein Mann von vornehmem Aussehen, der ob seines schönen Samtmantels bestaunt wurde, sprang plötzlich auf das Brückengeländer des Pont-Neuf und stürzte sich in die Seine. Sein Leichnam wurde nie gefunden, es war ein Unglücksprophet. Ein Komet, der mit feurigen Strichen eine Rute an den Himmel gezeichnet haben soll, bringt das Volk in Aufregung. Er bedeutet Gottes Zorn. Unter Androhung des Galgens wird auf den Straßen im Namen des Königs das Verbot verkündet, das Lied vom Colas zu singen, das die Hugenotten als kränkend empfinden. Das Absingen dieses Liedes hatte schon oft Händel, Streitereien, selbst Totschläge verursacht. Inmitten all dieser Narren, eingebildeten Gefahren, Krankheiten, abgedroschenen Phrasen vom alten Haß, die wie Unkraut in der Volksseele wuchern, erscheint Heinrich IV. selbst keineswegs als ein weiser und vernünftiger Mann. In diesem Sinne muß der Meister dem Groß-Meister den Vorrang lassen, und dennoch hat der König eine nur ihm eingeborene Kraft und Begnadung. Der Meister hat die Grundlage seines Regierungssystems geschaffen, der Groß-Meister hat auf dieser Grundlage weitergebaut. So sind sie einander Lehrer und Schüler.

Ein wenig Wärme und Trost findet der König nur bei Menschen, die ihn früher am meisten haßten, mit denen er sich nie ein gutes Einvernehmen hatte vorstellen können; das spricht er selbst immer wieder aus. Die einzige liebenswürdige und vernünftige Frau am Hofe, die einzige, die auch guten Rat zu erteilen weiß, ist die Gattin Heinrichs von Guise; auch die übrigen Lothringer verhalten sich loyal.

Und eben jetzt taucht in Paris ein in Vergessenheit geratenes Gespenst auf. Es sieht aus wie eine der Märchenwelt entstiegene Prinzessin, nur daß die Prinzessinnen in den Märchen nicht altern: eine behäbige Dame, aufgeputzt nach der Mode eines verflossenen Zeitalters. Sie ist so oft in Oden, Sonetten, Memoiren, Schwänken und Satiren verewigt worden, so daß sie mehr der Legende als der Wirklichkeit anzugehören scheint. Es ist Heinrichs IV. erste Gattin und in diesem großen Harem die einzige, die nicht mehr seine Gattin ist. Dabei ist Margarete von Valois nicht einmal so uralt; sie ist sechs Monate jünger als der König. Der Gang der Ereignisse, die Folge der Regierungen, haben sich im 16. Jahrhundert überstürzt, und dieses Jahrhundert hat so rasch den Lebensfaden ganzer Generationen durchschnitten, die Überlebenden so vollkommen gewandelt und verwandelt, daß man nach zwanzigjähriger Abwesenheit einen Menschen so schwer wiedererkennt wie heute jemanden, der nach hundert Jahren wiederauftauchen würde. Margarete hatte ihre Rückkehr nach Paris dringend gewünscht, und dem König war berichtet worden, sie sei jetzt vernünftig geworden, dabei aber heiter und liebenswürdig geblieben. Von ihrer Mutter, Katharina von Medici, her besaß sie noch einige Herzogtümer und Grafschaften. Warum sich dieses Erbe entgehen lassen? Sully berichtet von Margarete, die der König jetzt „meine Schwester" nennt, daß er sie von allen Frauen um Heinrich IV. am selbstlosesten und verständigsten fand. Sie bewohnt in Paris das Palais Sens und im Sommer ihren Landsitz in Issy. Ihr Ehrgeiz erschöpft sich darin, Theateraufführungen in ihrem Palais zu veranstalten, Gedichte vorlesen zu lassen und ihre Gärten in Issy zu verschönern. Der König bezahlt im Einvernehmen mit dem Groß-Meister Margaretes Schulden und stellt an die Exgattin nur zwei Forderungen: sie soll mit ihrem Musik- und Theaterspiel nicht die Nacht zum Tage machen und dadurch Störungen und Klatsch in ihrem Stadtviertel verursachen; und sie soll zweitens nicht zuviel Geld ausgeben. Sully wird ihr eine fürstliche Rente auszahlen, aber die festgesetzte Summe soll nicht überschritten werden; in diesem Punkt sind Meister und Groß-Meister völlig einig. Voll Neugier hatte man Margarete aus ihrem Exil heimkehren sehen. Sie selbst wundert sich über nichts nach den zwanzig Jahren ihres fröhlichen Gefängnisses zu Usson, eine wohlwollende, gute Frau, die in ihrem altmodischen Putz aus Bändern und Flitterkram an den Hof der Valois erinnert. Sie fehlt bei keinem Gottesdienst, keiner Prozession, gibt reichlich Almosen und läßt sich gutmütig von Sully schelten, wenn sie mit dem Geld nicht reicht. Ihre Haltung ist selbstsicherer als die der Königin, berichtet Sully. Sie zeigt sich stolz auf des Königs Ruhm, und wenn sie zur „Schwester" des früheren Gatten geworden ist, so ist sie auch die Tante des Dauphin und all seiner Geschwister, die Erbtante Margot. Der König bringt selbst den Dauphin zu seiner „Schwester", und „die gute Tante" führt das Kind auf den Jahrmarkt zu St. Germain, kauft ihm Holzpferdchen und seine erste Pistole. Der Krone trauert Margarete von Valois nicht nach und gegenüber Maria von Medici verhält sie sich völlig korrekt. Wenn sie selbst einmal Königin von Frankreich hatte sein wollen, so war das in einem früheren Leben gewesen. Die Tochter Heinrichs II. gehört einem anderen Zeitalter an. An einem Hof, wo jeder seine Geheimnisse verbirgt, fürchtet sie nicht, sich lächerlich zu machen mit ihrem altmodischen Aufputz, ihrem homerisch dröhnenden Lachen, ihrer gepfeffert freimütigen Sprache. Ihre unverwüstlich heitere Derbheit macht sie überall beliebt, und einer erzählt dem anderen ihre drastischen Aussprüche. Sie verlangt weiter nichts, als jeden bei sich zu empfangen, der ihr gefällt, die Dichtungen ihres alten Ronsard rezitieren zu lassen und für den König, „ihren Bruder", musikalische Aufführungen zu veranstalten. Ob sich die beiden noch ihrer stürmischen Jugendjahre erinnern? Es scheint nicht so: die Gegenwart ist allzu gegenwärtig, das Gestern liegt in weiter Ferne und das Morgen ist allzu nah und schreckhaft, zu sehr erfüllt von neuen Ideen, die man begierig aufnimmt. Man wittert Morgenluft. Wir überlassen für eine Weile den König seinen häuslichen Schwierigkeiten, seinen Träumen von der großen politischen Konzeption, den vertraulichen Gesprächen mit dem Groß-Meister, die sich in eine allzu ferne Zukunft verlieren. Wir wechseln den Schauplatz, verlassen den Hof, wie es der König selbst gern zu tun pflegt, und suchen weitere, friedlichere Bezirke auf. Das Porträt Heinrichs IV., Königs von Frankreich, wäre unvollständig, wenn nicht im Hintergrund die Umrisse des französischen Landes sichtbar würden.

NEULAND

VIII

Auf Raffaels Gemälde der Disputation über das Altarsakrament in den Stanzen des Vatikans erheben die Doktoren den Blick zur Taube. Zu Beginn des 17. Jahrhunderts könnte man sich das Gemälde eines zweiten Raffael vorstellen: die Disputation der Heiligen. Wenn die Rede ist vom „Großen Jahrhundert", sieht man die Sonne Ludwigs XIV. aufleuchten, aber dem Sonnenaufgang geht die Morgenröte voraus, und schon lange vor der Geburt des großen Königs leuchtet diese Morgenröte über den Seelen. In ihren Ursprüngen könnte man auch die langen Glaubenswirren des 16. Jahrhunderts als Disputation über das Altarsakrament bezeichnen. Diese Disputation artete in politische Spaltung und Bürgerkrieg aus, aber inmitten der Entartung gab es hin und wieder immer Seelen und Gewissen, die im Bemühen um die Reform nichts anderes sein wollten als wahre Diener Gottes, echte Jünger Christi; sie befragten das Evangelium, hörten auf die Seufzer der Mühseligen und Beladenen und weihten sich dem Dienst der an Leib und Geist Wunden und Kranken.

Heilige gab es zu allen Zeiten. Sie waren Vorbilder der Entsagung, des Glaubenseifers, aufopfernder Hingabe und vertrauten Umgangs mit Gott und haben sich von der Welt abgewandt. Das besondere Kennzeichen derer aber, die in dieser Epoche hervortreten, liegt darin, daß sie die ganze Christenheit nicht mehr zu klösterlicher Abgeschlossenheit, zum Streben nach Vollkommenheit oder innerer Schau aufrufen, sondern im Gegenteil zum Wirken in der Welt. Es war ihnen die Erkenntnis aufgegangen von dem Zusammenhang zwischen dem übergroßen Elend des Volkes und seiner übergroßen Unwissenheit, in der Aberglauben, Gewalt und Grausamkeit ihre Wurzel hatten. Die wahrhaft frommen Seelen haben die Religionskriege immer verabscheut. Wenn Heinrich IV. über die Glaubensfanatiker nachdachte, die so heftig gegen ihn geeifert hatten, pflegte er zu sagen: „Die niedere Geistlichkeit muß besser unterwiesen werden." Und auch hier war es wie mit Sully: die ursprüngliche

Erkenntnis kam vom König, die Verwirklichung überließ er den Aposteln.

Es fiele schwer, außer der zufälligen Gleichzeitigkeit ihres Lebens und ihres Wirkens eine ständige Verbindung zwischen Vinzenz von Paul, Franz von Sales, Johanna von Chantal, Saint-Cyran, dem Kardinal von Bérulle und Olier aufzuspüren; sie haben einander dennoch gekannt, sei es durch persönliche Begegnung, sei es durch die geheime Kenntnis, die Seelen über Raum und Zeit hinweg in der Gemeinsamkeit ihres Wirkens einigt, das auf getrennten Wegen dem gleichen Ziel zustrebt. Bei einer Bewegung, die dieselben Ziele und Ideen verfolgt, wird es immer schwer genau festzustellen, wo und durch wen der erste Anstoß erfolgte; in dem unendlichen Hin und Her von Taten und Wirkungen ist der Ausgangspunkt nicht zu finden. Der Friede, des Königs eigentlichstes Werk, hatte eine ruhigere Atmosphäre geschaffen, in der hellere und heitere Gedanken aufblühen können. Die Waffen des Bürgerkriegs ruhen, und wenn ein alter Brandherd sich wieder entzünden will, löscht ihn der König aus. Es ist wie eine Atempause nach langen Jahren der Gewalttätigkeit. Ruinen werden aufgebaut, Äcker neu bestellt, die Arbeiter finden sich wieder ein. Aber die auf geistigem Gebiet angerichteten Verwüstungen sind nicht weniger furchtbar als die materiellen. Man braucht kein Heiliger zu sein, um sich Gedanken darüber zu machen. Der König, wahrhaftig kein Heiliger, denkt unausgesetzt darüber nach, und der große Sünder vergißt bei seinem Wiederaufbauwerk nicht die Heiligen. Sie machen damals wenig Aufhebens von sich, manche von ihnen sind schon verstorben, als sie zum erstenmal in den geschichtlichen Aufzeichnungen der Zeit erwähnt werden. Uns interessiert vor allem der Beginn ihres Wirkens, ihr verborgenes Leben. Sucht man beispielsweise einen Berührungspunkt zwischen Vinzenz von Paul und Heinrich IV., so ist er rasch gefunden: Margarete von Valois war nach Paris mit ihren Damen, Edelleuten, Zwergen, Negern, Papageien und exotischen Vögeln zurückgekehrt, mit dem ganzen Staat, der nun einmal zu ihr gehörte. Sie braucht natürlich auch einen Hauskaplan, der der inzwischen zur Vernunft gekommenen Frau jeden Morgen die Messe liest. Jetzt wird es nicht mehr wie in früheren Zeiten ein Priester sein, der auch bereit ist,

Küraß und Büchse zu ergreifen oder galante Verse zu schmieden. Sie hat sich einen guten Priester ausgesucht von einfachem Wesen, obwohl er ein Gelehrter ist, einen Mann, der die Menschen und das menschliche Leben kennt. Er ist dreißig Jahre alt, hat eine große Nase, lebhafte tiefliegende Augen und einen gütigen Ausdruck. Es heißt, daß er in den besten Beziehungen zum Nuntius steht, der in Rom auf ihn aufmerksam machte, und daß er das Zeug zum Bischof in sich habe. Aber vorläufig geht er ganz andere Wege. Er läßt sich selten blicken. Hat er die Messe im Palais Sens gelesen, so begibt er sich in die Spitäler, und wenn er abends schmutzbedeckt heimkehrt, kann man vor seiner Zimmertür die kotbedeckten Stiefel sehen. Ein seltsamer Hauskaplan für die alte Lebenskünstlerin im Palais Sens! Aber Margarete liebt Gegensätze. Ihre künstlerische Natur fühlt sich hingezogen zu allem Menschlichen und zu schlichten Herzen. Sie hat ihren Kaplan dem König empfohlen. Er weiß sich auszudrücken, kennt das Volk gründlich und hat seine eigenen Gedanken über die Richtung, in die man die Gesinnung der Masse lenken sollte. Heinrich IV. ließ ihn zu sich kommen, die Höflinge, die im Vorzimmer warteten, stellten fest, daß die Unterredung anderthalb Stunden dauerte. Über den Inhalt des Gesprächs ist nichts bekannt. Vinzenz von Paul ist äußerst zurückhaltend, rühmt sich auch nicht der langen Audienz, sondern kehrt in seine Spitäler zurück, und auch der König hat über die Mitteilungen, die er empfing, nichts geäußert. Wenn der Hofmeister Héroard den Dauphin ins Palais zur guten Tante Margarete bringt, spielt Vinzenz mit dem jungen Prinzen und schenkt ihm schöne Bildchen. Wir, die wir den Ablauf der Geschichte kennen, denken daran, daß später Ludwig XIII. in seinen letzten Lebenstagen den heiligen Vinzenz von Paul an sein Sterbelager ruft. Denn der Heilige und der Hauskaplan sind ein und dieselbe Person. Auf seinem Bildnis finden wir die große Nase wieder, die strahlend gütigen Augen, den zugleich derben und tiefsinnigen Ausdruck. Natürlich nennt man ihn noch nicht den heiligen Vinzenz von Paul, sondern nur Herrn Vincent oder Herrn von Paul. An der kleinen Hofhaltung des Palais Sens wirkt er mit seiner bäurischen, leidenschaftlich gütigen Art wie ein Original. Seine Liebe gehört den Armen und Kranken, aber sein Beruf führt ihn in die

Sphäre der Großen dieser Welt. Wenn er ihnen vom Elend der Zeit und 50 Jahre vor Bossuet von der „großen Würde der Armen" spricht, bewegt er die Herzen seiner Zuhörer. Wenn er um Almosen bittet, leeren die Damen ihre Handtaschen. Damit gibt er sich nicht zufrieden: er verlangt, daß sie die Geigen und Lauten beiseite legen und selbst die Spitäler aufsuchen. Und wenn sie erklären, ihre feinen Kostüme paßten nicht zu den schmutzigen Betten, so fordert er von ihnen, daß sie ihre bauschigen Kleider und die parfümierten Handschuhe ablegen und sich zum Besuch der Spitäler einfache Tuch- oder Leinenkleider und kräftiges Schuhwerk anziehen sollen. Wenn die Betten stinkend und schmutzig sind, sollen sie sauberes Bettzeug hinbringen und selbst die Betten frisch beziehen. Auch gute Bissen sollen sie hintragen und die Krankensuppe kosten. Es genügt nicht, zur Messe zu gehen und bei keiner Prozession zu fehlen; die Damen sollen auf den Holzschemeln an den Betten der Kranken sitzen, mit ihnen gut und freundlich reden und ihnen Trost zusprechen. Und nicht genug damit: die Kranken haben Angehörige, eine Frau, Kinder, eine alte Mutter, um die man sich kümmern müßte. Wenn die Wohnung schlecht riecht und häßlich ist, wenn die Kinder im Schmutz verkommen — bei den Kaufleuten gibt es genug Besen, Eimer, Scheuertücher und große Schürzen. Sie sollen kaufen, was not tut, die Schürzen anziehen, sauber machen und den Leuten zeigen, wie man sie reinigt. Es seien ordinäre Leute, die nicht wissen, was eine Prinzessin, eine Herzogin, eine Marquise ist? Das brauchen sie auch nicht zu wissen. Die großen Damen legen ihren Rang ab. Vinzenz meint es gar nicht scherzhaft: die großen Damen sollten Dienerinnen werden, Dienerinnen der Armen. Das sei ermüdend und langweilig? Nicht ermüdender als die ganze Nacht durchzutanzen, nicht langweiliger als das unterdrückte Gähnen bei den fürstlichen Gesellschaften. Es koste zu viel, den Armen in ihrer Not helfen? Nicht mehr, sondern viel weniger als das Geld im Spiel zu verlieren. Vinzenz gleicht dem Windstoß, der das Laub auf der Straße aufstöbert und fortwirbelt — das Laub muß gehorchen, ob es will oder nicht. Er ist spöttisch; während er sich den Anschein gibt zu predigen, macht er sich ein wenig lustig, und auf diese Weise versteht er es zu überreden. Diese prächtige Lockenfrisur wird bei den Armen Staub fangen, und der Schmutz wird an der Pomade kleben bleiben? Es wäre gut, wenn die Damen sich ein großes weißes Taschentuch um den Kopf bänden, das die Haare vollständig bedeckt, dann wird der Staub den Locken nichts schaden. Und damit die Zipfel der Taschentücher nicht in die Teller hereinhängen, wäre es zweckmäßig, sie auf beiden Seiten festzustecken.

Ein einfaches Tuchkleid, gutes Schuhwerk mit flachen Absätzen, eine weiße Haube, sorgfältig gesteckt — gibt es denn schon Vincentinerinnen zu Heinrichs IV. Zeiten? Es ist noch weit bis dahin, aber wir finden hier die Ursprünge und ersten Ansätze. Vinzenz blieb nur zwei Jahre bei der Königin Margarete, aber es war lang genug, um Einblick in vieles zu nehmen und in Umrissen zu erkennen, was geschehen müßte. Ein Apostel, der auf der einen Seite nur die egoistische und ehrgeizige Besessenheit der großen Welt und auf der anderen nur das Elend der Unglücklichen beobachtet, müßte verzweifeln, wenn es ihm nicht möglich erschiene, zwischen diesen beiden Welten eine Brücke zu schlagen. Das ist die Aufgabe, die er sich bei den Höchsten und Niedrigsten gestellt hat. Aus den Gesprächen mit ihm erwächst bei Heinrich IV. der Ehrgeiz, sich den Namen eines Vaters des Volkes zu verdienen und dafür zu sorgen, daß der Bauer jeden Sonntag sein Huhn im Topf hat.

Vinzenz hält sich am Hof der ehedem tollsten Prinzessin der Welt auf. Später treffen wir ihn bei Frau von Gondi als Erzieher des zukünftigen Kardinals von Retz, darnach in einem Pariser Vorort als unscheinbaren Priester, Seelsorger für Galeerensträflinge und dadurch selbst Sträfling, freiwilligen Missionsprediger in der französischen Provinz, wo er nach seinem eigenen Bericht bei Beginn seiner Tätigkeit noch „wilde Völkerschaften" antraf. Es ist hier nicht der Ort, sein Leben zu erzählen. Wir wollen nur in diesen letzten Lebensjahren Heinrichs IV. sehen, was der König selbst noch erlebt und erfahren hat. Es ist im Beginn des Großen Jahrhunderts noch wenig die Rede von den Heiligen, aber sie sind da und wirken, und gerade die Zeit, in der sie sich selbst verborgen bleiben, ist die interessanteste ihres Lebens. Sie suchen einander und begegnen sich, wie es der Zufall des Schicksals mit sich bringt. Ihre Wege sind nicht die gleichen, aber in der Disputation über das Altarsakrament richten sie alle die Augen auf die Taube, und jedes Haupt trifft ein Strahl. Nicht nur die Gegner bemerken die Fehler der katholischen Kirche, sprechen und träumen von Reformen, denen ihre Arbeit gilt. Hier kann nur der Boden gezeigt werden, auf dem die Saat sprießt, aber daß sie sprießen kann, ist das Verdienst des Königs, der ihnen den Weg bereitet. Frankreichs Felder und Scholle konnten aufs neue gepflügt werden. Überall atmete man wieder auf, ging an die Arbeit, stellte das Zerstörte wieder her, baute die Dörfer wieder auf, errichtete Kirchen. So konnten die geistlichen Arbeiter durchs Land ziehen und fanden in den Kirchspielen die Gemeinden versammelt, die Familien wiedervereint. Man war schon halb tot gewesen, jetzt erklärten die Heiligen, daß Friede sei, daß man wieder leben, einander lieben und arbeiten solle. Der Brunnen von Bethesda ist nicht versiegt: der Elendste, Kränkste und Sündenbeladene kann sich in ihm baden und rein werden, kann auf die ewig junge Stimme hören, die die Jahrhunderte und alle Finsternisse des Elends überdauert: „Nimm dein Bett und wandle!"

Zur gleichen Zeit, als Vinzenz sich als schlichter Kaplan bei der Königin Margarete aufhielt, war ein junges Mädchen aus guter Familie, die manchen trefflichen Redner und Gelehrten hervorbrachte, bereits Äbtissin in einem Tal in der Nähe von Paris, zu Port-Royal, wo sie mit sieben Jahren eingetreten war. Sie hieß Angelika Arnauld und war die Tochter eines berühmten Advokaten, des Maître Antoine Arnauld, der Vater von zwanzig Kindern war. Der König kannte ihn gut und pflegte zu sagen: „Die Arnaulds reden zu viel." Antoine Arnauld hatte sich im Parlement als leidenschaftlicher Gegner der Jesuiten erklärt und, ohne eine Spur von Ermüdung zu zeigen, eine sechsstündige Rede gegen sie gehalten. Wenn später der Zwist zwischen den Gelehrten von Port-Royal und den Jesuiten ausbricht, so liegt der Ursprung und Keim weit zurück. Jetzt denkt niemand an Jansenisten, die es noch gar nicht gibt. Wir wollen uns lediglich mit der zwölfjährigen jungen Äbtissin beschäftigen, die sich in ihren stillen Gebeten und Gedanken entschlossen hatte, ihr Kloster zu reformieren und bei ihren Schwestern, die aus Gründen der Willkür oder Bequemlichkeit von ihren Familien ins Kloster geschickt wurden, die Befolgung der alten Ordensregel durchzusetzen: Armut und wahr-

haft religiösen Geist. Die Gefährtinnen erhoben Einwände, die sie selbst ebensogut hätte aussprechen können: Wir sind nicht durch eigenen Willen Nonnen geworden, wir haben schon freiwillig auf Ehe und Kinder verzichtet, wir haben unseren weltlichen Besitz unseren älteren Schwestern und Brüdern überlassen, damit sie in der Welt vorwärtskommen. Wir tun nichts Böses. Daß wir modische Kleider tragen, Karten spielen, musizieren, unsere Freunde einladen, unsere Verwandten empfangen und sie unser Eingemachtes kosten lassen — soll das schon Sünde sein? Nun soll gar nichts mehr uns gehören, nicht einmal die kleinen Andenken, die wir von zu Haus mitbrachten, die Strohkörbchen, Bücher, die vertragenen Kleider, auch nicht mehr das kleine Stückchen Gartenland, auf dem wir Blumen ziehen, die Nelken, die Blümchen, der kleine Vogel?
Wir sind nicht durch eigenen Willen Nonnen geworden, antwortet die junge Äbtissin, aber wir sind es nun einmal. Wir verkommen bei albernen Spielen, die durch trübsinniges Beten abgelöst werden; sicher ist, daß wir uns langweilen, daß wir die Welt vermissen und daß wir hier bei uns einen öden Abklatsch der Welt veranstalten. Könnten wir nicht etwas Besseres tun? Könnten wir uns nicht ein erfüllteres Leben schaffen, indem wir Gott lieben, für Gott tätig sind, für Gott leiden, nach den Regeln unseres Ordens leben, Kinder unterweisen, Arme pflegen? Die Welt hat uns nicht gewollt, klammern wir uns also nicht an die Welt und wählen wir den anderen Weg, den schmalen und schwierigen! Lassen wir die Romane, die Lauten, die Langeweile, und vereinigen wir uns mit den Engeln! Angelika Arnauld ist glaubenseifrig und willensstark. Später wird sie an der Spitze der großen Familie von Port-Royal erscheinen, von Alter und Kasteiung ganz aufgezehrt. Hier betrachten wir sie nur in der Zeit ihrer frühesten Jugend. Der König kennt sie sehr gut, er hat sie gesehen, als sie noch ganz klein war und den ersten Unterricht in der Abtei Montbuisson erhielt. Damals besuchte er dort Madame d'Estrées, die Schwester Gabrielles. Dann pflegte er Herrn Arnauld Nachricht von seiner Tochter zu überbringen. Mitunter jagte er in der Umgebung von Port-Royal, wo ihn die junge Äbtissin Angelika an der Spitze aller Schwestern feierlich empfing. Er hatte auch das Eingemachte gekostet. Allerdings war an diesem Tag auch der aufmerk-

same, gute Vater Arnauld aufgetaucht, der die Tochter bei der wirtschaftlichen Leitung des Klosters unterstützte, um seinerseits die Honneurs zu machen. Der König erklärte, daß er sich sonst auch nicht erlaubt haben würde, den Frieden der klugen Jungfrauen zu stören. Als er ein ander Mal in Abwesenheit des Vaters Arnauld nach Port-Royal kam, begnügte er sich damit, an der Mauer entlang zu reiten und der Schwester-Pförtnerin zuzurufen: „Einen Handkuß an die Frau Äbtissin!" Arnauld hatte den König auf die Reformabsichten der jungen Angelika aufmerksam gemacht, die ihn interessierten, so daß er sich über die Widerstände der Lauen und die Begeisterung der Eifrigen unterrichten ließ. „Also gibt es sogar unter den klugen Jungfrauen Zwistigkeiten", meinte der König. Aber er wunderte sich nicht, daß die älteren Nonnen sich weigerten, am Ende des 16. Jahrhunderts wie die Eremiten des 4. Jahrhunderts zu leben, und war auf den Ausgang der Sache gespannt. Man hatte ihm von dem berühmten Vorfall am Sprechgitter berichtet, der das ganze Kloster in Aufregung versetzte und alle Arnaulds, Vater, Mutter, neunzehn Geschwister, die Onkel und Vettern empörte. Die junge Äbtissin, die die strenge Ordensregel wieder einführen wollte, hatte sich hinter dem Gitter verschanzt und dem Vater den Eintritt ins Kloster verweigert, der wütend am Gitter rüttelte. Der Auftritt war so heftig gewesen, daß die junge Nonne in Ohnmacht fiel und der Vater mit dem Schwur abzog, nie wieder die Schwelle dieses Hauses zu betreten. Vater Arnauld liebte das Kloster der Tochter wie sein eigenes Heim, ging nach Belieben ein und aus, sah die Rechnungsbücher durch, traf die Anordnungen für den Gartenbau und brachte jüngere Töchter dorthin, damit sie unter der Obhut der Ältesten Nonnen werden sollten. Und nun wurde dieser Familienstaat zum mystischen Gottesstaat, von dem er sich ausgeschlossen sah. Angelika war der Erzengel, und sie blieb die Stärkere. Aber es dauerte nur kurze Zeit, bis der zärtliche Vater reumütig zurückkehrte, und er sowohl wie die Mütter, Brüder, Schwestern und Verwandten sich der jungen Äbtissin beugten.

Es darf daran erinnert werden, daß Port-Royal damals nicht das einzige Kloster war, an dessen Tor ein aufgebrachter Vater rüttelte. Wenn jener Tag für Port-Royal denkwürdig blieb, so liegt es daran, daß alle Arnaulds äußerst mitteilsam in Wort und Schrift waren und daß auch die geistlichen Töchter der Mutter Angelika in dem Kult, den sie ihrem Gedächtnis weihten, die Szene am Sprechgitter als entscheidenden Sieg ihrer Mutter feierten. Auch sie haben viel geschrieben. Der Tag des Sprechgitters ist berühmt geworden, weil Port-Royal berühmt wurde und weil Sainte-Beuve von diesem Anlaß ausgehend die Geschichte des Jansenismus in allen Abtönungen geschrieben hat. Reformen waren überall an der Tagesordnung, Mutter Angelika kam nicht von sich aus auf den Gedanken. Auf Schloß Hauranne in den fernen Pyrenäen lebte der Abbé von Saint-Cyran mit seinem Freunde Jansenius bei seiner Mutter, er hatte noch nie ein Wort von Port-Royal vernommen. Niemand wußte etwas von den beiden Freunden, die sich in das Studium des großen Augustinus vertieften und das Feld von ihrer Seite aus vorbereiteten. Wenn der Flame und der Mann aus den Pyrenäen von Kälte und Arbeit steif geworden sind, dann spielen sie, wie die Memoiren der Zeit berichten, im großen Saal des Schlosses Schlagball, tausend Bälle hintereinander, ohne ein einziges Mal zu fehlen: das Wort paßt nur allzugut zu ihnen. Bei seinem Tode ahnt der Flame Jansenius noch nicht, was Jansenismus ist. Und der Abbé von Saint-Cyran und ganz Port-Royal werden immer leugnen, daß es überhaupt einen Jansenismus gibt. Für sie wie für Vinzenz handelt es sich nur um die Idee einer gründlichen Reform, die die Seelen reinigen soll, die dann ihrerseits die Kirche läutern werden. Und wenden wir uns von den Pyrenäen zu einer anderen Landesgrenze, so finden wir Franz von Sales, der mit vollen Händen seine Saat der Liebe und Gnade ausstreut. Der Wege sind viele, und manche Reformer gehen gefahrvolle Pfade, aber Franz von Sales erscheint nichts einfacher, als Gott zu erkennen und zu lieben und ihn wiederzufinden in allen Werken der Schöpfung. Den Handwerkern gleich, die in die Pfeiler der Kathedralen Blüten, Disteln, Kornblumen, Buchfinken und Meisen meißelten, ist ihm die ganze Schöpfung bis zum Unkraut hinab Anlaß Gott zu erkennen und zu lieben. Die junge Äbtissin von Port-Royal findet die Erfüllung ihres Seins in strenger Klausur und macht durch die wunderbare Ausstrahlung ihres Wesens aus ihrem trüben kleinen Tal ein Engelsparadies; Franz von Sales dagegen geht in die Welt und unter die Menschen, verkehrt an den Höfen der Fürsten, schreibt Bücher, politisiert, und König Heinrich IV. schätzt ihn so hoch, daß er ihn dem Herzog von Savoyen abspenstig machen und in französischen Dienst nehmen möchte, denn er verehrt in ihm einen versöhnlichen Geist, der zu Eintracht und Liebe aufruft; aber auch der Herzog von Savoyen weiß seinen Wert zu schätzen und möchte auf den Apostel nicht verzichten. Wir sprachen bereits von den Berührungspunkten der Heiligen: auf den Reisen, die ihn durch Frankreich führten, lernte Franz von Sales Mutter Angelika kennen und wurde zu ihrem geistlichen Freund und Führer. Durch ihn fanden sich Madame de Chantal und die Äbtissin von Port-Royal, lernten sich lieben und traten in briefliche Verbindung. „Er hat mich ebenso sehr geliebt wie Madame de Chantal", berichtet Mutter Angelika. Jeanne de Chantal selbst sehen wir an der Seite ihres Lehrers als ganz junges Mädchen, das seine Berufung noch nicht ahnt. Ein lebhaftes, hochgebildetes und unbefriedigtes Wesen, hört die Tochter des Präsidenten Frémyot in Dijon von Franz von Sales sprechen, und mit ihm faßt sie den Plan, neben den geschlossenen, weltabgeschiedenen Klöstern andere offene Zufluchtsstätten zu errichten, die die Verbindung mit der Welt und den Angehörigen aufrecht erhalten und sich der Erziehung junger Mädchen widmen, um sie auf das Leben in der Welt vorzubereiten. Franz von Sales sieht den Fehler der damaligen Klöster darin, daß sie die jungen Mädchen dem Leben in der Welt entfremden. Jeanne de Chantal soll die jungen Mädchen ihrer Stadt um sich scharen und sie unterrichten unter Berücksichtigung der geistigen Entwicklung des letzten Jahrhunderts; das könnte nicht schaden, sondern im Gegenteil nur nützen. Jeanne de Chantal soll ihren Bienenschwarm gut leiten, die Bienen werden dann schon von selbst in kleinen Gruppen ausschwärmen. Unwissenheit ist keineswegs eine notwendige Voraussetzung fraulicher Güte. Von Annecy aus, wo sich der erste Schwarm bildet, sollen die Bienen in allen Gärten Frankreichs, in den bescheidensten und den üppigsten, ihre Beute suchen und weiterfliegen unter alle Himmel. Der Abbé von Saint-Cyran vertritt eine hochstrebende, schwer erreichbare, ja schroffe und furchteinflößende Geistigkeit, er hat einen strengen Gott. Franz von Sales dagegen lehrt eine Durchgeistigung, die der Atem eines neuen Frühlings erfüllt, unnachsichtig im Gewissen, aber voller Sanftmut. Zwischen diesen beiden Extremen bewegt sich eine Tonleiter geistiger Harmonie, die alle Abstufungen von Ganz- und Vierteltönen in der chromatischen Folge des Heiligmäßigen kennt. Die Modulierungen, Intervalle und der Wechsel der Tonarten sind die Entsprechungen des göttlichen Mysteriums.

Sully mag von einer christlichen Völkergemeinschaft träumen, ihre politischen Umrisse auf dem Papier entwerfen und seine Denkschriften darüber dem König in die Hände spielen; er mag jedem Mitglied dieses „Völkerbundes" seine Rolle und den Umfang seiner Macht zuteilen, ja sogar bestimmen, wieviel Soldaten und Kanonen jeder Staat im Falle der Gefahr für die gemeinsame Sache aufbringen soll; er mag Europa auf dem Papier organisieren, als ob es sich um eine Hierarchie der Engel und Herrschaften handelte, über denen als heilige Dreieinigkeit die drei großen Monarchien Frankreich, Spanien und England schweben. Die Heiligen arbeiten inzwischen an der Verwirklichung dieses Plans in der geistigen, der einzig möglichen Form: der Mensch soll sich endlich von seiner traurigen Erdgebundenheit befreien. Bei den Heiligen folgt auf den Gedanken unmittelbar die Tat.

Ihre Lehre bedarf der Apostel, der Leute, die bereit sind sich abzumühen, keinen Weg zu scheuen, arm zu bleiben, mit den Händen die Wunden des Volkes zu berühren, mit der Stirn aber die Himmelssphäre. Das arme Volk hat lange genug gelitten und geseufzt, Schlachten geschlagen, Qualen der Hitze und Kälte ertragen, sein Blut hingegeben in den Zeiten der Kriege, den Zehnten in den Zeiten des Friedens. Wer will sich wundern, daß niemand mehr weiß, was eigentlich Religion sei. „Man muß das Volk aufsuchen", predigt schon Vinzenz. Er schickt Missionare in die Dörfer. Glockengeläut verkündet, daß ein Schüler Vinzenz' für drei Tage kommt. Das bedeutet drei Tage eindringlichster Unterweisung. Da, wo die Kirche noch nicht wieder aufgebaut ist, versammelt man sich in einer Scheune. Männer und Frauen empfangen gemeinsam eine schlichte Unterweisung. Sie werden über die Begriffe von gut und recht belehrt, über ihre Pflichten als Gotteskinder, als Untertanen des Königs, als Eltern, Geschwister oder Kinder; sie lernen, was eine gute Tat, was eine Sünde ist, was man unter Vergebung und Besserung zu verstehen hat, wie man gehorchen und wie man befehlen soll. Mit sonntäglichem Glockengeläut wird die Mission durch eine Feier beendet, und der Missionar hinterläßt als Erinnerung an seinen Besuch ein Kruzifix, wie wir es noch heute auf dem Lande da und dort an den Kreuzwegen sehen. Der Missionar gleicht dem Heiland, der den Jüngern von Emmaus erschien und eine neue Flamme in den verdorrten Herzen entzündete. Vielleicht wird sie nur flackern, vielleicht ganz verlöschen, vielleicht aber auch neu entbrennen — nichts dauert ewig. Alle Jahre sät und erntet der Landmann, alle Jahre dörrt die Scholle unter den struppigen Stoppeln wieder aus; kein Haus ist für die Ewigkeit gebaut, auch nicht das Haus, das die Menschen ein Gotteshaus nennen, dem geistlichen Leben ist nur dann Ewigkeit beschieden, wenn es sich ewig erneuert. So geht es mit jeder Reform, und es ist müßig sich zu verwundern oder zu erregen bei der Wahrnehmung von Schimmel und Staub oder Zeichen des Absterbens. Keine Lehre bewahrt ihre ursprüngliche Reinheit, wenn sie nicht in jeder Generation, in jedem Jahr, in jeder Stunde und Minute, ja mit jedem Herzschlag von neuem Leben beseelt wird. Jede Lehre unterliegt dem ewigen Gesetz der Schöpfung, das die Welt in Bewegung erhält, der Erde befiehlt sich zu drehen und dem Acker Frucht zu tragen. Das müssen wir von den großen Lehren verlangen, daß sie nicht in Satzungen erstarren, sondern sich lebendig bewegen nach den Gesetzen, die sie selbst gaben.

In den Bezirken, von denen wir sprechen, entspricht und ergänzt sich alles. Vinzenz sendet seine Missionare aus. Aber diese Missionare müssen erst ausgebildet werden, und um die Zeit, die uns hier beschäftigt, unternimmt es Bérulle, den Priesterstand selbst zu reformieren und zu unterweisen. Der Garten bedarf des Gärtners. Aber zwischen Priester und Laien gibt es bis auf das Zölibat kaum mehr einen Unterschied. Es wäre zweckmäßig, die jungen Leute, die Priester werden wollen, in Gruppen zu vereinigen und von der Welt abzusondern. Sollen sie die Universität verlassen und ohne Übergang an den Altar treten? Die Vorbildung der Priester darf sich nicht auf Latein und Theologie beschränken, auf das Herunterleiern einer auswendig gelernten Predigt. Die künftigen Priester müßten zusammenleben in gleicher Tracht, in gleicher Zucht und Ordnung. Es schmerzt

Bérulle, auf den Straßen Geistliche im Laienrock anzutreffen. Nicht alles läßt sich von heut auf morgen verwirklichen, aber die Überlegungen werden angestellt, die Vorbereitungen getroffen. Bérulle sollte die Priesterseminare, sein gelobtes Land, nicht mehr erleben, nach ihm wird Olier sie schaffen. Die Heiligen selbst haben den Bau praktisch nicht mehr in Angriff genommen, aber die Idee ist ihr Werk.

Noch ein Hinweis auf Bourdoise! Er war ein Mann aus dem Volk, der mit Ochsen und Pflug auf dem Acker gearbeitet hatte, wie Vinzenz Hirte gewesen war. Als gutes frommes Kind zog er die Aufmerksamkeit seines Dorfgeistlichen auf sich, und der Pfarrer lehrte ihn alles, was man vor dem Eintritt in einen Orden wissen muß: „Ich war noch nicht vier Jahre alt", berichtet Bourdoise, „da sang ich schon im Kirchenchor mit und in frühester Jugend dachte ich schon daran, daß in den Kirchen Priester wirken sollten, die den schmalen Weg zum Himmel gehen und die Gemeinde auf diesem Weg zu führen wissen." Um 1609 ist Bourdoise ein kräftiger, bäurischer junger Mensch, und man sollte meinen, daß dieser Mann der Scholle mit den harten, gewöhnlichen Gesichtszügen, dem plumpen Gang, den kräftigen, behaarten Händen eher für Pflug und Stall geeignet wäre als für den Dienst der Kirche. Seine freimütige Derbheit erregt Heiterkeit, er scheut vor keinem Ding und keinem Wort zurück, den schamhaften Vinzenz nennt er spaßhaft ein „begossenes Huhn". Bourdoise meint: „Es ist gut und schön die Klöster zu reformieren, aber auch das kirchliche Leben der Gemeinden bedarf der Reform, und das Leben der Priester selbst soll wieder Würde annehmen. — Die Haltung der Pfarrer muß noch untadeliger sein als die der Mönche; die Mönche finden ihr Seelenheil in der Flucht aus der Welt, die Priester im Kampf mit der Welt."

Im niedrigen Klerus der damaligen Zeit gab es weder Gelehrte noch Heilige, wie hätten sie es auch sein sollen? Die Bischöfe sind im allgemeinen vornehme Herren, die gut wohnen, gut speisen, sich prächtig kleiden und ziemlich unnahbar bleiben. Die Äbte haben ihre Benefizien, ein schönes Haus mit Garten und brave Mönche, die die Erde bearbeiten und für die wohlbestellte Tafel sorgen. Und die Mönche leben in ihren Klöstern ohne materielle Sorgen vom reichen

Besitz der Orden. Sie tragen Kutte und Sandalen, einen Strick als Gürtel, sie schlafen auf hartem Lager in ihren Zellen, aber das erniedrigt sie nicht, sondern erhöht sie. Ihre freiwillige Dürftigkeit erweckt überall Achtung, ihr geistliches Gewand ist dem Volk seit Jahrhunderten vertraut; Fürsten und Kardinäle haben es getragen, und jeder einzelne Mönch verkörpert in sich Macht und Ansehen seines ganzen Ordens. Der Kapuziner ist arm, aber sein Orden vereinnahmt den Zehnten und spendet ihn wieder als Almosen, gleich den Wolken, die die Feuchtigkeit in sich ansammeln und als Regen wieder ausschütten. Wer gibt, ist Herr, und das Kloster ist Herr über große Ländereien. Der Mönch ist von irdischen Pflichten entbunden, er wandert in Sandalen über die Landstraßen und ist sicher, bei seinen Brüdern Herberge und eine Suppe zu finden. Wovon aber leben die Pfarrer und ihre kleinen Vikare? Von den freiwilligen Gaben ihrer Pfarrkinder. Aber wenn die Gemeindemitglieder Steuer und Zehnten bezahlt haben, fällt es schwer, auch noch für die Bedürfnisse des Pfarrers aufzukommen. Es gibt ein wenig Korn, ein Huhn, im Wald gesammeltes Reisig, nur gehen die Almosen der Gemeinde unsicher und oft auch widerwillig ein, und der Bedürftige wird bald zum unbequemen Bittsteller. Es kommt hinzu, daß der Gemeindepfarrer, besonders in der Provinz, nicht immer neidlos das üppige und anspruchsvolle Leben des Bischofs und Abtes betrachtet. So tut sich gewissermaßen eine Kluft zwischen niedrigem und hohem Klerus auf, und der Pfarrer hat keine Verbindung mit seinen Amtsbrüdern, die sich ebenso verlassen fühlen wie er selbst. Alle Priester, verlangt Bourdoise, sollten in einer Gemeinschaft leben, zumindest in den großen Kirchensprengeln; die Armut wäre weniger spürbar, ja sie würde geadelt, wenn man sie in gemeinsamem Glaubenseifer teilt, wenn Menschen, die der gleichen Aufgabe dienen, auch miteinander das harte Brot brechen.
Bourdoise mit seinem klaren Verstand geht weiter und behauptet, daß eine Lebensgemeinschaft unter Menschen, und seien es auch Priester, nicht möglich ist, wenn sie durch die Verschiedenheit von Geburt, Herkunft und Temperament innere und äußere Gegensätze mitbringen. Ein Kaufmannssohn wird einen Bauernsohn immer ungeschlacht finden. Abgesehen von ihrer Frömmigkeit, die auch noch

sehr verschiedene Formen annehmen kann, gibt es keine Gemeinsamkeit zwischen ihnen außer dem Studium der Theologie und des Latein an der Sorbonne. Bourdoise und Bérulle tragen sich mit dem Gedanken, Seminare zu gründen. Doch dazu braucht man viel Geld. Man müßte die reichen Familien dafür gewinnen, wenn möglich den König selbst und ganz besonders den Herzog von Sully, in dessen Händen die Verteilung der königlichen Unterstützungsgelder liegt. Der Gedanke findet auch Gegner. Die Seminare, heißt es, werden die Rivalität der verschiedenen Schulen schüren und die Geister beunruhigen; sie könnten zu Brutstätten von Doktrinen und Leidenschaften werden, die sich dann eines Tages ebenso auswirken wie vor noch nicht langer Zeit der Geist der Klosternoviziate in der Liga. Trotzdem fordert Bourdoise die gemeinsame Erziehung der Geistlichen. Mit Universitätszeugnissen allein wird man nicht Priester. Die Übung der Tugend und der Entsagung muß gelernt werden, auch das Predigen in französischer Sprache, das Ablegen des rauhen Provinztons und des Dialekts, das gute Noviziat macht den guten Kapuziner oder Jesuiten. Das setzt wiederum Jahre des Studiums voraus, der langsamen, Schritt für Schritt fortschreitenden Formung, der Gemeinsamkeit mit eifrigen Kameraden im gleichen strengen Pflichtenkreis, der Lebensgewohnheiten unter gleichem Dach. In solchem Gemeinschaftsleben werden die Lehrer zu väterlichen Freunden, die jungen Seminaristen zu Brüdern. Später im Beruf und auf ihren einsamen Dörfern werden sich die Pfarrer ihrer Mitschüler erinnern, dann sollen sie sich alljährlich einmal treffen und in der Zurückgezogenheit ihre Erfahrungen austauschen. Die gelehrtesten oder frömmsten unter ihnen könnten dann wieder zu Lehrern ihrer Amtsbrüder werden.

So wird gegen das Ende der Regierungszeit Heinrichs IV. das Netz der Menschenfischer gleichzeitig größer und engmaschiger. Es ergäbe ein unvollständiges Bild der Zeit, wenn man nur auf die Stimmen und Umtriebe der Fürsten hören und blicken wollte, nur die Chronik der Liebesabenteuer betrachtete, die Ideen der Staatsreform oder die große politische Konzeption. Auf den Straßen Frankreichs, von Dorf zu Dorf, klappern auch die genagelten Stiefel der Apostel. Die Anfänge der Bewegung lagen weit zurück; sie war nicht eigentlich neu, aber die friedliche Regierungszeit begünstigte ihre Entwicklung. Die protestantische Reform hatte eine heftige Spaltung hervorgerufen, die katholische vollzog sich immer mehr als eine Reform des inneren Menschen durch freiwilligen Zusammenschluß der Seelen. Das Konzil von Trient hatte ihr im Lauf von Tagungen, die sich auf vierzig lange Jahre verteilten, den allgemeinen moralischen und religiösen Rahmen geben. Wenn Frankreich noch nicht die Beschlüsse des Konzils angenommen hatte, so lag das an rein politischen Gründen und insbesondere daran, daß sie die Unbedingtheit der königlichen Macht antasteten. Das war ein Streitfall für sich, der immer wieder auftauchen sollte. Trotzdem wehte ein Wind religiöser Erneuerung, der den Aposteln Schwingen verlieh und die Spreu vom Weizen sonderte. Man lehrte, was Dogma sei, was nicht, und was ins Reich des Aberglaubens gehörte. Hier schloß sich das Gitter hinter betenden Nonnen, dort öffnete man die Tore zur sogenannten Welt und bemühte sich um die Armen. Die Mönche wurden wieder Mönche, die Priester wieder Seelsorger, und alle miteinander sollten Diener der Kirche, des Königs und vor allem eines gesunden, arbeitsamen, besser genährten und besser gekleideten Volkes sein, denn eins bedingt das andere. Der Aufruhr, lehrt der Weise, hat meist im Elend seinen Ursprung, und das Elend in der Unwissenheit. Es gab Arbeiter, die nach außen wirkten und andere, die im Stillen und schweigend ein kontemplatives Leben führten. Die Rekollekten beriefen sich auf Franz von Assisi, stellten für sich die strengste Observanz wieder her und waren vom Geist der Nächstenliebe erfüllt. Die Brüder vom heiligen Johannes von Gott bildeten sich in der Heilkunde aus, pflegten die Kranken und Elenden, betreuten sie an den Sterbebetten und sorgten für ihr Begräbnis. Es sollte keine unbestatteten Toten mehr geben, die man in baufälligen Hütten vergessen hatte. Aus dem Urquell des Christentums, durch die so oft besudelte Erde hindurch, sprudelte das neue Wasser hervor. Mit dem Predigen von Gottes Wort war es nicht getan, das Volk sollte Beistand finden im Leben und im Sterben. Wer des Sonntags sein Huhn im Topf haben will, muß dafür sorgen, daß Körnerfutter wächst, der Spaten soll dazu dienen die Erde umzugraben, aber nicht mehr als Waffe gegen den hugenottischen Nachbar gebraucht werden. Man muß mehr Korn bauen, damit es billiger wird, und je weniger Menschen krank und unzufrieden sind, um so mehr Kinder können in den Familien heranwachsen. Wenn der Landmann am Ende seines Tagewerks am abendlichen Tisch ein Lied singt, erfüllt Freude das Herz des Heiligen.

In der Abgeschlossenheit der Klausur und des Silentiums verrichteten die Nonnen, die freiwillig der Welt entsagt haben, ihre Gebete. Unter den großen Damen sind manche, die sich vom Schauplatz des Lebenskampfes zurückziehen, um nur noch Gott zu lieben. Die Welt hat ihr Elend und ihren Überdruß. Die Marquise von Belle-Isle hat den Schleier bei den Feuillantinerinnen in Toulouse genommen, die Herzogin von Longueville ist ihrem Beispiel gefolgt. Ein Erbauungsbuch hat sie erweckt; es stammt, wie Palma Cayet berichtet, von einer Spanierin, die in ihrer Heimat Mutter Teresa genannt wird. Die Herzogin von Longueville möchte den von Teresa reformierten Orden der Karmeliterinnen in Frankreich einführen. Das Buch hat ihr den Begriff einer brennenden Geistigkeit vermittelt, sie hat sich darüber mit gelehrten Persönlichkeiten besprochen. Niemand weiß etwas über diese Teresianerinnen, aber die Schriften der Mutter Teresa haben einen Priester namens César und einen Advokaten des Königs im Großen Conseil namens Gauthier und schließlich Bérulle selbst hingerissen. Nichts kommt der strengen Devotion dieser Karmeliterinnen gleich. Sie entfalten eine außerordentliche Widerstandskraft gegen die härtesten Bußübungen und Kasteiungen und scheinen nur von der Glut ihres Glaubens zu leben. In der Kirche Frankreichs könnten diese mystischen Gottesdienerinnen zur Herzkammer werden. Gauthier und Bérulle sind nach Madrid gegangen und haben von dort fünf Karmeliterinnen geholt, so wie man von weither eine seltene und neuartige Pflanze als Pfropfreis bringt. In Paris fand man die Karmeliterinnen, als sie ihrer Kutsche entstiegen und kaum ein Wort französisch sprachen, zuerst etwas fremdartig. Und sie selbst waren von der Reise, dem Lärm der Stadt, den neugierigen Blicken verwirrt. Sie wurden im Priorat von Notre-Dame-des-Champs untergebracht, so wie man einen neuen Bienenschwarm in den Bienenstock steckt. Sofort nahmen sie ihre gewohnte Lebensform wieder auf. Innerhalb eines Jahres richteten sie mit einem für solche Beterinnen unwahrscheinlichen praktischen Sinne den neuen Bienenstock ein, bauten

Kapellen, und wie die Bienen ihre Waben legten sie ihre Zellen an, zogen andere Arbeiterinnen hinzu, vor allem aus den Adelsfamilien, und wieder ein Jahr später schwärmten sie nach Pontoise aus. Ihre Ordensregel war schlicht, ihre Kleidung derb, ihr Schuhwerk aus Hanf gearbeitet. Sie durften am Tage nur zwei Stunden sprechen, je eine nach jeder Mahlzeit. Die übrige Zeit gehörte dem Dienst, denn sie lebten ohne jede Hilfe von außen, verrichteten alle Arbeiten, auch die niedrigsten, gruben ihren Garten um, kochten ihre Suppen, wuschen, flickten, bügelten, aber die längste Zeit war dem Gottesdienst und Gebet gewidmet. Ihr Psalmodieren klang für das Ohr denkbar dürftig; aber darin lag das Geheimnis ihrer Lebensführung: je mehr sie auf alles verzichten, was der Welt als Annehmlichkeit erscheint, um so glücklicher und befreiter fühlen sie sich und wirken sie auf alle, die mit ihnen in Berührung kommen. Und um so mehr drängen sich die jungen Damen der Welt, bei ihnen aufgenommen zu werden. Es gibt nicht nur die neuen Karmeliterinnen, aber sie sind es, die den Glaubenseifer wieder anfachen. Es gab und gibt immer noch die Benediktinerinnen und Klarissinnen. Ein neues Leben erwacht in den alten Klöstern, die Flamme springt über, und die des Lärms der Welt überdrüssigen Damen ziehen sich in diese Klöster zurück, mitunter für immer, mitunter nur für ein paar Tage der Sammlung. Es wäre falsch zu glauben, daß die Ordensbrüder und Schwestern von den menschlichen Geheimnissen nichts wissen, daß sie in ihrem Abscheu vor der Sünde sogar deren Ursprung und Existenz vergessen haben. So ist es keineswegs: sie verstehen sich sehr wohl auf die Sorgen der Familien, ihre Zwiste und Leidenschaften, die sie — um der Wahrheit willen sei's gesagt — mitunter teilen. Es geht bei ihnen zu wie auf einer Jakobsleiter, deren Sprossen sie tagtäglich empor- oder herabsteigen, um manchmal den Boden des Irdischen zu berühren, manchmal die Himmelssphäre. Abends, wenn sich die Stille über der Stadt ausbreitet, wachen sie wie die Sterne über der Nacht der Menschen und lobsingen dem Herrn. Aber in ihrem Psalmodieren drückt sich auch Schrecken und Elend der Welt aus und das alttestamentarische Flehen zum Allmächtigen. Ein spät Vorübergehender hört hinter den Mauern der Kapelle ihren eintönigen Gesang, durch Kirchenfenster dringt nur ein schmaler Licht-

schein: sie halten die Nokturnen oder die Tenebren, in der Morgendämmerung sind es die Matutinen, am Abend die Laudes. Jeder Tag wird ihnen zum Festtag eines Heiligen, zur Erinnerung seines Erdenwallens, zum Gedächtnis eines seiner Worte, und auf diese Weise sind sie mit allen anderen Klöstern und dem Herzen der Kirche vereint. Durch das Offizium werden die ins ewige Leben eingegangenen Toten im geistigen Gemeinwesen der Kirche lebendiger als die Lebenden.
Von Tag zu Tag dehnt sich die Reformbewegung über das ganze Königreich weiter aus. Der König selbst hatte die Forderung gestellt: man muß den niedrigen Klerus unterweisen, — und schon unterrichtet man ihn; man muß das Land im Inneren missionieren — und es geschieht. Nun heißt es die Mission auch nach außen tragen. Dabei leiten den König nicht rein religiöse Gesichtspunkte. Die Missionare im Ausland sollen den Ruhm Frankreichs nach fernen Ländern tragen: wie man über diese Länder kaum etwas ohne die Missionare wüßte, hätten die fernen Länder ohne sie nie etwas von Frankreich gehört. Die Missionare füllen den Platz aus, den die Spanier zu besetzen sich eilen, und werden von Nutzen für den Staat. Der König wünscht Missionare zu empfangen, der Pater Cotton kennt deren genug, zumindest diejenigen seines Ordens. Er protegiert sie beim König, der seinerseits wieder ihr Protektor wird. Die Jesuiten waren den Wegen gefolgt, die Franz Xavier vorausgegangen war, sie gelangten nach Japan und drangen ziemlich weit ins Innere Chinas vor. In China fanden sie eine zwar erstarrte, aber außerordentlich entwickelte Kultur von höchster geistiger Verfeinerung. Sie entdeckten Analogien zwischen der Lehre des Konfuzius und den christlichen Geboten; sie legten das Gewand der Bonzen an, nicht um sich auf diese Weise zu verkleiden, sondern um dadurch eine gewisse geistige Verwandtschaft zu bekräftigen.
Die Chinesen befleißigen sich einer Mäßigkeit, die an Askese grenzt, und es gibt unter ihnen Künstler von ungewöhnlicher Begabung. Manche ihrer Werke sind von der gleichen Schönheit und Reinheit wie die christlichen Bilder, ohne daß ihre Kunst je die Nacht der Katakomben gekannt hätte. Sie zeigen sich ebenso erfahren in der Darstellung der Erscheinungswelt wie der Ideenwelt. Alle Äußerungen des menschlichen Seelenlebens wie der körperlichen Qualen vermögen

sie auszudrücken: Reinheit, Weisheit, Geduld, Schrecken, Mut, Haß und alle Verzerrungen des Lebens. Sie verfügen über ein unbegrenztes Wissen in der Gefühls- und Sinnenwelt. Rings um diese Gelehrten, Priester und Künstler wimmelt die ungeheure Masse des Volkes, völlig unwissend lebend, nach alten Bräuchen und Formen, die der Vater dem Sohn vererbte. Ihre ganze Religion ist in dem ihnen heiligen Begriff der Familie beschlossen. Aber ihre Sitten sind achtbar: Keuschheit der Frau wird mit unbedingter Strenge gefordert. Der Ahnenkult beschwört die Anwesenheit der Toten auch bei den einfachsten Verrichtungen des Alltags und durchdringt das innerste Wesen des chinesischen Menschen bis zum Urgrund mit dem Bewußtsein, daß es neben der sichtbaren eine unsichtbare Welt gibt und daß die unsichtbare der sichtbaren unendlich überlegen ist. Sie wissen zu leiden, zu entbehren, zu verzichten und haben ihre caritativen Brüderschaften. Immer wieder gehen furchtbare Katastrophen gleich Orkanen über sie hin, Hungersnot und Pest. Welch reiches Arbeitsfeld! Ein paar Jesuitenpatres haben unter großen Schwierigkeiten ihre Sprache erlernt. Die Unterschiede der Sprache in den einzelnen Teilen des Reichs sind so groß, daß man sich untereinander nicht verständigen kann, und während wir nur fünfundzwanzig Buchstaben kennen, gibt es bei ihnen eine unendliche Menge von Zeichen, von denen jedes einzelne ein verschlungenes Gebilde mit vielerlei Bedeutungen darstellt! Nur Dichter und Gelehrte können lesen und schreiben, oder vielmehr malen. Das Volk kann nur mündlich unterrichtet werden. Man muß besonders sorgfältig vorgehen bei der Auswahl der Missionare für China; es bedarf gelehrter, gebildeter, geistig beweglicher Leute, die mit den Bonzen diskutieren und disputieren und auch mitten unter dem Volk auf dem flachen Land und im feuchten Klima der Reisfelder leben können. Die Missionare erregen bei den gelehrten Chinesen Aufsehen durch ihre physikalischen Kenntnisse, insbesondere haben die Fernrohre zur Beobachtung der Sterne die Himmelssöhne beeindruckt. Der König will ihnen daher Fernrohre und Astronomen schicken, und schon damals heißt der Zweck: Erschließung neuer Absatzgebiete.
Die spanischen Franziskaner haben überall vor Frankreich einen großen Vorsprung; sie unterhalten ihre Missionen in Indien, Japan,

Nord- und Südamerika, wirken als Pioniere der spanischen Weltherrschaft und behaupten, daß der Papst schon vor hundert Jahren den Portugiesen und Spaniern ein Vorrecht auf die noch neu zu entdeckenden Länder eingeräumt habe. Sie sind nach Peru, an die Pazifische Küste vorgedrungen, berichten von ihrer Tätigkeit und Propaganda und erzählen Wunderdinge, so daß sich die Devoten in Frankreich fragen, ob es sich um Mirakel oder um Erfindungen handle. Von allen fernen Ländern, in denen sich ihre Niederlassungen befinden, behaupten sie, daß sie schöner und fruchtbarer seien als die europäischen Länder und daß sich überall die Bevölkerung diensteifrig ihren Vorschriften beuge. Schon Franz I. hatte ungeduldig erklärt: „Die Welt steht jedem offen", jetzt wendet König Heinrich IV. sein Augenmerk auf Neu-Frankreich.

Mit Neu-Frankreich hatte er sich schon lange in Gedanken beschäftigt. Vor achtzig Jahren war Jacques Cartier von Saint-Malo mit seinen Schiffen in das Mündungsgebiet des großen Stroms gelangt, den er St. Lorenz taufte. Dort entdeckte und benannte er Inseln, Kaps und Flüsse „die schönsten, die man sich vorstellen kann, breit wie Seen und wärmer als die spanischen, Baumarten wie in Frankreich, Eichen, Pappeln, Birken, Eiben und Zypressen". Er fand freundliche Eingeborene vor, die gekochte Stücke Strandwolf auf Planken herbeitrugen, während die Frauen nach Cartiers Bericht „unsere Arme mit ihren Händen streichelten und dann die gefalteten Hände mit lebhaften Zeichen der Freude zum Himmel erhoben". Cartier legte ihnen als Geschenk Rosenkränze aus Glasperlen um den Hals und hoffte, „sie seien leicht zum heiligen Glauben zu bekehren".

Am 24. Juli 1534 hatte Jacques Cartier im Namen Christi und im Namen des Königs von Neu-Frankreich Besitz ergriffen und berichtete darüber: „Am 24. genannten Monats ließen wir ein Kreuz von dreißig Fuß Höhe auf der Spitze besagten Kaps in Gegenwart mehrerer Eingeborener zimmern und am Querholz befestigten wir ein Wappenschild mit den drei Lilien in erhabener Arbeit und darunter eine hölzerne Schrifttafel, auf der wir in großen Lettern die Worte einschnitten:

ES LEBE DER KÖNIG VON FRANKREICH!

Und dieses Kreuz errichteten wir an besagtem Platz vor ihnen, die uns beim Zimmern und Aufrichten aufmerksam zuschauten. Als das Kreuz gen Himmel ragte, warfen wir uns alle mit gefalteten Händen auf die Knie, verehrten es in ihrer Gegenwart und gaben ihnen durch Blicke und Hinweis auf den Himmel zu verstehen, daß dies Kreuz das Zeichen unserer Erlösung sei."
Seitdem war eine lange Zeit verstrichen, aber wenn man jetzt Frankreich wiederaufrichtete, wollte man den entlegenen Bauflügel nicht vergessen. Die Neffen und Großneffen Cartiers hatten die großen Seefahrten des Onkels fortgesetzt. Alljährlich fast waren ihre Schiffe von Saint-Malo ausgelaufen und an den Küsten von Neu-Frankreich aufgetaucht, sie waren den Sankt-Lorenz-Strom hinaufgefahren. Man hatte Kreuze auf den Inseln errichtet, Pelze gegen kleine Glaswaren eingetauscht und nach Frankreich „Wilde" mit heimgebracht. Diese Wilden hatten nichts Wildes an sich, waren weißhäutig, hochgewachsen, ungewöhnlich kräftig, und eine ganze Anzahl von ihnen war in Frankreich geblieben. Man hatte sie nach französischer Art gekleidet, die französische Sprache gelehrt, mit der Bodenkultur vertraut gemacht; einzelne hatten sich so gut in den nördlichen Landstrichen Frankreichs akklimatisiert, daß sie sich taufen ließen, im Lande blieben, heirateten und den Seefahrern von Saint-Malo bei ihren Reisen nach Neu-Frankreich als Führer und Dolmetscher dienten. Die Verbindung mit Neu-Frankreich war nie abgerissen. Gute Politiker haben mehr als einen Plan im Kopf; wenn die Friedensregierung Reformen im Inland begünstigt, so fördert sie nicht minder die Bestrebungen zur äußeren Entfaltung. Ursprünglich hatten die Neffen des Jacques Cartier in Neu-Frankreich nur die Errichtung von Handelshäusern geplant, aber die Leute von Saint-Malo erklärten selbst, daß dieses Land zu groß und zu schön sei, um nur der Ausbeutung durch eine einzige Familie zu dienen. Mit Unterstützung der bretonischen Stände trugen sie Neu-Frankreich dem König für seine „Propaganda" an. Inzwischen schiffte sich der Sieur Dupont in Honfleur ein und führte eine ungeheure Ausrüstung mit: Lebensmittel für zwei Jahre, Saatgut, Vieh, Arbeiter und Handwerker aller Art samt Frauen und Kindern. Man wollte den Großen Strom weiter hinauffahren, die Familien sollten sich dort nieder-

lassen und das Land untereinander aufteilen. Das Unternehmen hatte Erfolg und fand keinerlei Widerspruch. An den Ufern der Flüsse entdeckte man die von Jacques Cartier errichteten Kreuze wieder und die Spuren der Seefahrer von Saint-Malo, die französischen Namen auf den Kaps und Inseln aus der Zeit Franz' I., Charlesbourg und Mont-Royal, die kleine Siedlung Saint-Malo, die Bucht France-Prime, und einige französische Familien, die, zu Stammvätern geworden, die französische Tradition und die Sitten und Trachten alter Zeit bewahrt hatten: sie trugen noch die altmodischen, mit schwarzem Samt eingefaßten Kapuzen, Flügelhauben und führten die altvertrauten Namen. Ihre Kinder waren richtige kleine Bretonen oder Normannen, hatten aber den Akzent des Neulandes. Die Jesuiten besaßen Niederlassungen in Neu-Frankreich, sorgten für das religiöse Leben der Franzosen und unterwiesen die Eingeborenen. Der Sieur Dupont traf auf keinen feindlichen Widerstand. Palma Cayet, der 1605 starb und die Expedition von Champlain nicht mehr erlebte, hat uns einen Bericht hinterlassen über die Gespräche zwischen Dupont und den „Wilden". Er rauchte mit ihnen die Friedenspfeife, sah ihnen beim Zerlegen eines Bären zu, den er mit ihnen verzehrte und schnupfte ihren Tabak. Wenn man den Namen des Königs nannte, nahmen die Wilden die Pfeife aus dem Mund und erhoben die Hand zum Zeichen der Ehrfurcht. Sie wußten nicht, wie der König hieß, er war für sie „der König" schlechthin. Die Eingeborenen brachten Geschenke, ihre neugierigen Frauen führten ihre Kinder „schockweise" herbei. Man fand genau das gleiche gelobte Land wieder, das Jacques Cartier beschrieben hatte. In der Bucht Des Chaleurs duftete es nach Johannisbeeren, Himbeeren und Rosen. Die ansässigen Missionare wirkten abwechselnd als Ärzte, Lehrer und sogar als Landarbeiter. Sie hatten schon ein Wörterbuch der Huronensprache ausgearbeitet und für die Neuankömmlinge gewisse Phrasen zusammengestellt: „Geben Sie mir etwas zu essen", „wir wollen aufs Schiff gehen", und so weiter. Sie schaffen eine Verbindung zwischen Franzosen und Eingeborenen, wie sie sich aus der Gemeinsamkeit des christlichen Bekenntnisses ergibt. Wenn sie am gleichen Tag zwei Huronenkinder und zwei kleine Franzosen getauft haben, so wachsen diese Kinder, die man über das gleiche Taufbecken gehalten hat, mit gleichen Grundbegriffen heran. Dupont hat zwei Eingeborene mitgebracht, die den König sehr belustigten, als man sie taufte. Sie sahen schönen Normannen ähnlich und erregten Erstaunen durch ihre Kraft und Gelenkigkeit. Sie ruderten mit Leidenschaft auf den Flüssen und schwammen bis zu zwei Stunden ohne Unterbrechung. Wagen mochten sie nicht leiden, sie berichteten, daß in ihrer Heimat die Flüsse als Fahrstraßen dienen. Sie befahren sie mit Booten, die so leicht sind, daß sie sie auf der Schulter über Land und durch die Wälder von einem Fluß zum anderen tragen können. Der König läßt sie durch seinen Freund Lescarbot fragen, ob es in ihrem Lande Erzadern gibt. Das ist eine Angelegenheit, die für den König und Sully sehr wichtig ist. Er läßt sich gern die Karte vorlegen, die Jacques Cartier entworfen hat: man sieht darauf die Umrisse der Länder, aber manche unerforschte Bucht nur andeutungsweise, findet Fauna und Flora eingezeichnet, Papageien auf Bäumen sitzend, Huronengruppen, einen Walfischfang und schließlich den Zug von Jacques Cartier selbst, wie er mit seinen Männern und Frauen aus Saint-Malo an Land geht. Es sollen arbeitsame und kinderreiche Familien in das gelobte Land entsandt werden, Neu-Frankreich braucht viele Kinder. Nicht daß das Heimatland keiner Landarbeiter bedürfte, aber man muß seinen Platz belegen. Es sind schon Spanier dort, und die Engländer lassen sich in Virginia nieder, gründen Neu-England, das sie nach ihrer jungfräulichen Königin benennen. Die portugiesischen und spanischen Gesandten spionieren die Absichten des Königs aus, entsenden ihre Späher in die Hafenplätze, um auszukundschaften, was für Schiffe ausgerüstet, was für Mannschaften angeworben werden und nach welchen Bestimmungsorten die Reise geht; sie wollen wissen, was man mitnimmt, ob Lebensmittel für sechs Monate oder zwei Jahre, oder ob es ein Abschied für immer ist, denn man sieht, daß sich ganze Familien einschiffen. Die Nationen überwachen sich und versuchen einander zuvorzukommen. Man muß sich beeilen, damit Frankreich das gelobte Land nicht entgeht; die Engländer tauchen schon bei den Inseln der Großen Bucht auf. Im Jahre 1608, zwei Jahre vor dem Tod des Königs, bricht die große Expedition von Champlain auf, deren Geschichte schon der nächsten Regierungszeit angehört. Sie fährt den

Großen Strom aufwärts bis Neu-Schottland und gründet die Stadt Quebec. Folgen auch wir dem Lauf der Geschichte! Das siebzehnte Jahrhundert hat man das Große Jahrhundert genannt. Die Zeit, die uns beschäftigt, sind seine ersten Jahre und zugleich die letzten Regierungsjahre Heinrichs IV., sie gaben den entscheidenden Auftrieb. Das Zeitalter Ludwigs XIV. zieht wie ein mächtiger Strom, dessen Ufer blühende Städte zieren, durch die Geschichte. Der Strom hat seine weitzurückliegenden Ursprünge, seine Zuflüsse und Einmündungen. Nichts ist schwieriger als eine geordnete Darstellung des „Neulands", das sich den Neuerern zeigte: den Königen, Ministern, Pionieren und Aposteln. Reform und Straffung im Innern, Entfaltung nach außen, alles entspricht einander und wird von derselben Strömung getragen. Sully hat in seinen Memoiren Heinrich IV. nicht geschont, er wirft ihm vor, daß er zu wenig Zeit in seinem Arbeitszimmer verbringe, daß er seine Unruhe von Schloß zu Schloß trage, er hat umständlich die vielfältigen Zwiste und Liebesgeschichten behandelt. Der Vernunftmensch Sully mag Tag für Tag am grünen Tisch seine Pläne prüfen, immer wieder auf die Skizzen der großen Konzeption zurückkommen — sicherlich ist der König nicht immer mitgegangen, aber Heinrich IV. besitzt den untrüglichen Instinkt dafür, was nottut, um Frankreich seine Lebenskraft wiederzugeben. Es führt zu nichts, auf dem Papier Europa als christliche Völkergemeinschaft zu konstruieren; zuerst und vor allem anderen gilt es, Frankreich, Franzosen und Christen neu zu beleben. Deshalb fördert der König alle, die diesem Ziel dienen können, sucht und findet sie am Hof, in der Kirche und in den Klöstern, auf der Scholle und auf den Schiffen auf dem Meer, wo immer sie sind. Der Friede kehrt in seine Seele nicht ein, aber er sucht ihn für die Seele Frankreichs, und immer denkt er an das Wort, das er einmal gesprochen: „Wir sind alle in einem Haus, das einzustürzen droht, in einem Schiff, das untergeht, es gibt nur eine einzige Rettung: den Frieden, man mag grübeln und suchen soviel man will." Dieser Frieden, wie er ihn versteht, ist der Frieden, der Acker und Seele befruchtet.
Und ein anderes Wort des Königs: „,Ich spreche zu euch als Franzosen, ich beschwöre euch, habt Mitleid mit diesem Staat, mit euch selbst, tut endlich ab von euch diesen unsinnigen Hang zu Krieg und

Gewalt, die dies schöne Land zerstören und zerstückeln, die uns allesamt über und über mit Blut besudeln und so oft zum Gespött des Auslandes gemacht haben und uns zum bösen Ende zu seiner Beute machen werden!"

Zwanzig Jahre ist es her, daß Heinrich IV. diese Worte niederschrieb. Man ist ein Stück Wegs vorwärts gekommen, und das Prinzip ist das gleiche geblieben. Es macht mitunter das Dramatische im Leben eines Menschen aus und sein Schicksal, daß gerade er das geben soll, was er selbst nicht besitzt, und daß es ihm trotzdem gelingt. Der König, dessen eigenes Leben sich in Unordnung und Zwietracht bewegt, sorgt für Ordnung und Eintracht bei seinen Untertanen. Im bisherigen Verlauf und noch fernerhin zeigt sich das Leben Heinrichs IV. glanzvoll in der Geschichte, funkelnd von seinen Bonmots, erhellt von seinem Lachen, und zugleich als eins der tragischsten und traurigsten, das man sich nur vorstellen kann. Aber seine angeborene Lebenskraft, seine schöpferischen Fähigkeiten, seine Gabe, die auseinanderstrebenden Dinge zu erfassen, mit den Gegensätzen spielend leicht umzugehen — nicht in einem dilettantischen Sinne, sondern kraft seiner Natur —, haben ihn zur lebendigsten Persönlichkeit seines Jahrhunderts gemacht. Er kann, um seine eigenen Worte zu gebrauchen, den Teufel zwischen sich und seinen Mätressen umgehen sehn, die Liebe kann ihm Herz und Sinne zermartern — er darf doch von Franz von Sales sagen: „Ich liebe ihn, weil er alle Tugenden im höchsten Grad der Vollkommenheit und keine Laster besitzt. Er erfreut sich einer wunderbaren Ruhe des Gemüts." Wie sehr berührt uns dieses fast sehnsüchtige Wort aus dem Mund eines Mannes, der gewiß nicht alle Tugenden und noch weniger die Ruhe des Gemüts hat, und den die Heiligen anziehn, weil er selbst von Grund auf so menschlich ist! Lassen wir das Rankenwerk des Lebens Heinrichs IV., seine allzu bekanntgewordenen Liebesgeschichten beiseite, so stoßen wir auf die große Einfachheit und Natürlichkeit seines Wesens. Der Ton seiner vertraulichen brieflichen Mitteilungen ist genau so, wie wir ihn in Briefen von heute finden bei einem Soldaten, einem zärtlichen, erschrockenen oder ungeduldigen Liebhaber, einem besorgten und über alles unterrichteten Familienvater. „Mein Sohn Orléans hat Keuchhusten, meine Tochter Vendôme die Masern, aber der

Ausschlag kommt gut heraus ... Hat Mutter Gla (Frau von Mouglat) den Dauphin auch ordentlich durchgehauen?" Sie soll es tun, denn „auch ich bin tüchtig verhauen worden in meiner Jugend", schreibt der König. Bis zum vierzigsten Jahr hat er mitten im Trubel des Lebens gestanden. Er ist nicht mit Staatsprunk durch die Provinzen gezogen, sondern auf seinem Pferde über alle Straßen Frankreichs getrabt. Er weiß aus eigener Anschauung, was es heißt: ein brennendes Dorf, verzweifelte Bewohner, brachliegende Felder und wahnsinnige Seelen; nur die eigene Ermordung steht ihm noch bevor. Er weiß, wovon die Menschen leben und woran sie sterben, die Tugenden und die Gemütsruhe des Franz von Sales können ihn wohl in Erstaunen setzen.

Erscheinen die Berührungspunkte zwischen König Heinrich IV. und den Heiligen zu weit hergeholt? Mag es so sein, sie sind trotzdem vorhanden. Geben wir Heinrich IV. noch eine kleine Gnadenfrist, bald genug wird er wieder in seinen Hexenkessel zurückkehren! Die Heiligen tragen ihm ihre Morgenluft zu, ihre Weite, ihre Zukunftsgläubigkeit und ihre Hoffnungen. Der König ist oft stolz auf seine modernen Ideen, jene Geister aber stehen außerhalb ihrer Zeit und vereinigen in ihrer Person älteste Überlieferung und Ausblick auf eine ungewisse Zukunft. Man meint, es müßte schon immer die Faltenröcke und weißen Hauben der Vincentinerinnen gegeben haben, Priesterseminare und Seminaristen. Wir trauen unseren eigenen Augen nicht, wenn wir lesen, wie junge Damen von Welt, die sich von der Ehe ausgeschlossen fanden, in Klöstern zusammenlebten, Kavaliere empfingen, Geige spielten und Früchte einmachten. Wir stellen uns vor, daß eine Nonne friert und fastet, die Nächte durch stehend die Mette singt. Damals war das alles neu, oder besser gesagt ein Wiederbeginn. Man grub tief im Schacht der menschlichen Seele und entdeckte den sprudelnden Quell wieder, der nicht mehr versiegen sollte. Liest man heute die Schriften des Franz von Sales, die Briefe des Vinzenz von Paul und der Santa Teresa, so möchte man sagen, daß sie in der Behandlung der Seelen mehr Wirklichkeitssinn und mehr Glück hatten als die großen Politiker. Wenn es damals eine große schöpferische Idee gab, so haben diese Erneuerer ihre Grundzüge geschaffen, ohne ihr noch feste Umrisse zu geben, denn die Ziele gehen ins Unendliche. Was wir beim König wie bei den Heiligen suchen, ist die Übereinstimmung zwischen politischen, sittlichen und religiösen Ideen. Die Staatsformen entsprechen auf der politischen Ebene den Reformen, die auf der sittlichen und religiösen Ebene die Kirche anstrebte: hier die unbedingte Bereitschaft Christ, dort die unbedingte Bereitschaft Franzose zu sein. „Liebet einander", predigen die Heiligen. „Haßt einander nicht", mahnt der König. Und Gott weiß, wie unermüdlich er dieses Ziel verfolgt. „Der niedere Klerus muß unterwiesen werden", wiederholt Heinrich IV. immer wieder. Es ist genau das Programm von Bourdoise. „Tragen wir die Lehre Christi in die fernen Länder", sagen die Missionare. Und der König: „Verbreitet in den fernen Ländern den französischen Geist ohne Anwendung von Gewalt! Wir werden nachfolgen mit unseren Landleuten, unseren Kaufleuten und Familien." Nicht Sully, der König hat den Glauben an eine koloniale Zukunft. Leichte, schmale und fast unsichtbare Brücken führen vom König zu den Heiligen, sie verbinden die Ufer der profanen mit denen der religiösen Welt. Die Reform des Staates besteht für den König im Begriff der Ordnung und des Friedens; die Reform der Kirche besteht im Begriff der Ordnung und der Liebe. So ist alles im Stande des Werdens und Wachsens, dem Großen Jahrhundert ist der Anstoß gegeben. Auch das neue Leben wird wieder alt werden, gleich dem Meere Ebbe und Flut haben, gleich der Erde Jahreszeiten, Aufbruch im Frühling, Absterben im Winter und Bedrohungen durch Gewitter und Sturm. Erstarrung wäre Untergang. Nichts wird empfangen und geboren, ohne dem Gesetz von Leben und Tod zu unterliegen, und ist es nicht das Eigentümliche jeder Generation, jedes Daseins, des körperlichen wie des seelischen, die Kraft des Lebens zu spüren, die freilich ohne Unterlaß vom Tode bedroht und schließlich gebrochen wird?

LETZTE LIEBE

IX

Wir kehren an den Hof, den wir verlassen haben, zurück. Die Jahre vergehen, wir nähern uns dem Ende, in einem Jahr ist Heinrich IV. tot. Der Winter 1609 ist nach Sullys Bericht angefüllt mit Festen, Bällen, Maskeraden, Turnieren und Wasserspielen. Der Hof braucht Zerstreuungen, das lenkt die Menschen ab und hält sie unter den Augen des Königs. Die Leute, die sich hassen und Böses antun möchten, müssen im Interesse des Dienstes zusammenleben. In Gegenwart des Königs darf man den Haß nicht merken lassen, selbst Streitereien sind verboten. Man ißt, trinkt, tanzt zusammen, alles spielt sich in einer strengen Rangordnung und gegenseitigen Höflichkeit ab. Durch die Feste gibt es Arbeit fürs Volk, bei öffentlichen Belustigungen, wie den Spielen auf der Seine, auch Vergnügen fürs Volk. Sogar Sully hat die Notwendigkeit Belustigungen zu veranstalten eingesehen. Er hat im Arsenal einen Theatersaal bauen lassen mit einem stufenförmigen Parkett und einer großen Anzahl abgeschlossener kleiner Logen, die alle ihren eigenen Eingang haben. Hier können die Herren und Damen ungezwungener als im Louvre sich treffen, ein jeder mit einer jeden. Der Festordner wird zwei Augen zudrücken, obwohl er genau weiß, mit welchem Paar er es zu tun hat. Hier herrscht keine strenge Rangordnung wie im Louvre. Sogar Spielsäle sind hinter dem Theater eingerichtet worden. Sully ist durchaus damit einverstanden, daß sich der Hof gut unterhält, aber wie man im Orient sagt: unter seinem wachsamen Auge. Es versteht sich von selbst, daß der König, wenn er teilnimmt — und es geschieht oft — als Hausherr auftritt und Sully als sein Majordomus. Das ist eine allbekannte und übliche Fiktion, aber einerseits hat der König hier mehr Freiheit als im Louvre, andererseits kann ihn der Majordomus überwachen. Wenn der König zu hoch gespielt und zu viel verloren hat, beginnt wieder das Zanken. Nichts hat sich an den Charakteren geändert, seit wir den Louvre verlassen haben: sie bleiben sich gleich im ewigen Auf und Ab der Begebenheiten, ja sie prägen sich eher noch deutlicher aus. Stets wird der König geltend machen, daß er im Lauf seines Lebens Mühe und Plagen im Übermaß gehabt, daß er sein Werk, das Werk des Friedens vollbracht habe. Nun möge man ihm sein Vergnügen gönnen. Er ist nicht der Mensch, um den ganzen Tag in seinem Arbeitszimmer zu verbringen, mit der Feder in der Hand Denkschriften zu entziffern, die ebenso umständlich wie langweilig abgefaßt sind. Er hat nicht mehr die Kräfte von früher, er kann nicht mehr tagelang den Hirsch hetzen. Mit dem Morgengrauen steht er auf, denn er schläft schlecht, und bis auf die Stunden der Zerstreuung, in denen er nur ans Vergnügen denkt, bekommt er nichts zu hören als Meutereien, Verschwörungen oder Attentatsabsichten gegen seine Person. Im übrigen wünscht er nicht wie ein kleiner Junge geschulmeistert zu werden durch einen Diener, den er mit Wohltaten und Ehren überhäuft hat. Manchmal braust er trotz der großen Versöhnung auf und schlägt den Ton des Gebieters an. Aber es geht mit Sully wie mit den Geliebten: rasch verträgt man sich wieder nach dem Zank, der König streckt die Hand hin, und Sully spürt bald die Wiederkehr der guten Laune. Mitunter fördert der Mentor sogar die Liebhabereien des Königs; er will verhüten, daß sein Herr sich melancholischen Stimmungen hingibt, die ihn tatsächlich krank machen. Die Reaktionen des Königs sind so heftig und plötzlich, daß Krankheit ihn in einen totenähnlichen Zustand versetzt. Er sagt sich zur Tafel im Arsenal an und wünscht für diesen Tag gute Fische. Der Herzog von Sully kümmert sich selbst um die Küche, es gibt eine Fülle herrlicher Seefische. Nach der Tafel begibt man sich in die Galerie, wo die Spieltische bereitstehen. Am Tisch des Königs hat der Oberintendant der Finanzen in einem Samtsack viertausend Pistolen bereitgestellt, die der König verlieren mag. Er hält sogar noch einen zweiten Sack mit der gleichen Summe bereit, damit sie der König an die Herren seines Gefolges, die mit ihm spielen, verteilen kann. Es sieht sich fast an wie ein Spiel im Familienkreis, wo der achtsame Hausvater dafür sorgt, daß man sich unterhält, daß aber alles in vernünftigen Grenzen bleibt. An den Vormittagen, die solchen abendlichen Veranstaltungen im Arsenal folgen, kommt der Mentor wieder zu seinem Recht; der König hat die Nacht unter seinem Dach verbracht und ist so recht aufgelegt zu vertraulichen Gesprächen bei verschlossenen

Türen. Sully hat für seinen Herrn einen bequemen Sessel anfertigen lassen, in dem er nicht zu hoch und nicht zu tief sitzt und mit den Fingern nach seiner Gewohnheit auf die Armlehnen trommeln kann. Er hat noch ein weiteres Möbelstück angeschafft mit versteckten, mit rotem Samt ausgefütterten Schubladen, deren Geheimverschlüsse nur der Meister und Groß-Meister kennen. Da ist alles geordnet und verwahrt, was sich auf die großen Pläne bezieht: Feldzugsprojekte und Entwürfe, die sich auf Möglichkeiten oder Wirklichkeiten im Regierungs- und Finanzwesen beziehen. Der König nimmt an den erfinderischen Kombinationen regen Anteil, und die Überlegungen der beiden Männer gleichen einem Probeschachspiel gegen einen unsichtbaren Gegner, den man noch nicht kennt und dessen Züge und Ziele man erraten muß. Sully bedauert nur, daß der König so oft von dem großen politischen Thema abschweift, um immer wieder auf seine schwierigen Liebesgeschichten oder die gefährliche und doch nicht abzuschüttelnde Gegenwart der Concinis in den Räumen der Königin zurückzukommen. Durch seine Frau Leonora ist der Mann über alles und jedes, was in den Gemächern der Maria von Medici vorgeht, unterrichtet. Und durch Concini wiederum hört die Kammerfrau alles, was die Königin von den Staatsgeschäften zu erfahren wünscht. Die Marquise von Verneuil führt sich unverschämter denn je auf und heimst für sich und ihre Kinder ein, was sie ergattern kann. Jetzt verlangt sie bereits das Bistum Metz für ihren noch nicht fünf Jahre alten Sohn. Seiner neuen Mätresse Jacqueline des Essarts ist der König auch schon überdrüssig. Der Großmeister soll ein paar tausend Taler auftreiben und trachten, sie in ein Kloster einzukaufen. Wenn nur die Königin auf die Concinis verzichten und sie mit Geld und Gut vollgestopft nach Italien zurückschicken wollte, würde er selbst gern auf alle Liebschaften verzichten. Sie macht ihn mit ihrer verrückten Ausländerei ganz krank. Jetzt hat man ihm wieder eine Warnung zugesteckt: er solle im Louvre kein Gericht anrühren, ohne zuvor wie zum Spaß seinen Hunden ein Stückchen Fleisch oder ein in Sauce getunktes Stück Brot hingeworfen zu haben. Nur Dummköpfe fragen, was die Königin für ein Interesse daran hat, den König zu vergiften oder heimlich vergiften zu lassen. Jedes Kind begreift, daß nach Heinrichs Tod die Königin Regentin wäre und in Wirklichkeit die Concinis herrschten. Dann würde auch der Herzog von Sully, der unbequeme Hemmschuh, sofort verschwinden, und die Königin bräuchte keine Almosen mehr von ihm erbitten. Mögen das Hirngespinste sein, es gibt seit dem Mai 1609 auch äußerst reale beunruhigende Anzeichen, die von den fremden Höfen gemeldet werden. Am Hof von Madrid beschwert sich der französische Gesandte, ein Schwager Sullys, daß seine Geheimnisse ausgespürt werden, daß versteckte Gegenzüge seine Bemühungen durchkreuzen. Er beobachtet bei seinen Äußerungen über die Größe des Königs von Frankreich und die glückliche Entwicklung des Landes verborgene Hintergedanken seiner Gesprächspartner, die aus anderen Quellen besser informiert zu sein glauben. Man fragt ihn mit hinterlistiger Höflichkeit nach der Gesundheit des Königs und läßt durchblicken, daß man nicht viel für sein Leben gibt, man deutet an, daß mit der Zuverlässigkeit der Prinzen von Geblüt wohl nicht so ganz sicher zu rechnen sei. Alles das kommt inoffiziell und wie von ungefähr zur Sprache in der weinseligen Aufgeschlossenheit nach einem guten Diner, das der französische Gesandte den spanischen Granden gibt. Es fallen Namen, die der Gesandte in seinen Berichten schriftlich nicht zu nennen wagt, es wäre ihm zu peinlich. Fest steht, daß der Florentiner Gesandte am Madrider Hof über die Vorgänge in Frankreich besser informiert ist als der französische selbst. Wie ist das anders möglich als durch die Concinis? Und durch wen können die Concinis über den Gesundheitszustand des Königs und seine Pläne unterrichtet sein, wenn nicht durch die Königin selbst? Das ist der gewisse Name, den schriftlich zu nennen dem Gesandten peinlich wäre.

Die Königin hat ihre eigenen politischen Ansichten oder glaubt sie zu haben; in Wirklichkeit folgt sie ihren Kreaturen. In Florenz, Madrid und Rom unterhält sie einen Anhängerkreis und Agenten, die auf eine Annäherung an Spanien oder gar auf ein Bündnis hinarbeiten. All das geschieht im gleichen Zeitpunkt, in dem der König und Sully mehr denn je entschlossen sind, für die Unabhängigkeit der Niederlande und Hollands gegen Spanien einzutreten. Mag es peinlich sein, Namen zu nennen, es ist auch überflüssig. Der König hat es sofort erfaßt, daß seine eigene Gattin unter dem Einfluß der

Italiener seine politische Gegenspielerin geworden ist. Die Königin hat ihre eigenen Gründe und religiösen Skrupel, und wenn sie dem Hause Österreich zuneigt, so tut sie es als Katholikin, die die Allianz mit dem ketzerischen England und den Nordstaaten nicht wünscht. Die aus den Liebesbeziehungen erwachsenen Mißhelligkeiten verschärfen sich und springen auf das Gebiet der Politik über. Die Königin hat ein dürres Herz und einen beschränkten Kopf; sie versorgt die Feinde des Königs mit Nachrichten und Informationen. Diese Feinde verfügen allenthalben über Verteidigungsstellen, Waffen und Kreaturen jeder Art und jeden Ranges. Der König wird gut daran tun, erst seine Hunde das Essen kosten zu lassen.
Es sieht aus, als ob der König in diesen Schwierigkeiten selbst die Richtung verlöre und gegen seine eigensten Interessen handelte. Man zieht die Treue der Prinzen von Geblüt in Zweifel, aber er selbst entfremdet sich den Prinzen von Condé, den ersten unter ihnen. Noch schickt er an die Marquise von Verneuil hunderttausend Küsse, aber der Ton der Briefe hat sich verändert, es klingt nach Abschied: „Sie drohen, nach Verneuil zu fahren. Tun Sie, was Sie wollen, aber glauben Sie nicht, daß ich mit Steinen vorlieb nehme, nachdem ich Brot empfangen. (Von Kuchen ist nicht die Rede!) Bedenken Sie meine Jahre, meinen Rang, meine Gesinnung und meine Neigung zu Ihnen, und Sie werden tun, was Sie bisher nicht getan haben." Aber was die Mätresse nicht tut, ist: dem Stiftsvogt von Mans, der ihr den Hof macht, den Laufpaß zu geben. Es gibt noch mehr Anlaß zum Mißvergnügen: beim Besuch der Messe nimmt der König seine Kinder mit und läßt sich einfallen — da er sich um alles kümmert —, einen Blick in das Gebetbuch seines Sohnes Verneuil zu werfen. „Ich fand heute morgen Gebete in spanischer Sprache bei unserem Sohn, die er von Ihnen erhalten hat, wie er mir sagt. Ich wünsche, daß er nicht einmal von der Existenz Spaniens etwas erfährt. Ihnen selbst sind doch Ihre spanischen Beziehungen so schlecht bekommen, daß Sie wünschen sollten, dieses Land völlig aus Ihrem Gedächtnis zu streichen. Sie haben mich lange nicht so aufgebracht wie durch diese Sache; aber es wird Ihnen gleichgültig sein." Und im letzten Brief Heinrichs an Henriette heißt es: „Nicht Trägheit hindert mich, Ihnen zu schreiben, sondern die Überzeugung, die sich mir fünf

Jahre lang nachdrücklich eingeprägt hat, daß Sie mich nicht lieben. Ihr Handeln steht während dieser ganzen Zeit in so vollkommenem Widerspruch zu Ihren Worten und Briefen, und erst recht zu der Liebe, die Sie mir schuldig waren, daß Ihre Undankbarkeit schließlich mein leidenschaftliches Gefühl für Sie erstickt hat.... Wenn Sie auch nur noch einen Funken von Neigung für mich verspüren, sollten Sie Reue fühlen. In einem Punkte gleiche ich dem göttlichen Wesen: ich verlange die Bekehrung, nicht den Tod. Sprechen Sie sich darüber einmal auf gut französisch aus; es ist die Sprache, die ich liebe, und ich höre sie immer besonders gern. Wenn Sie von bösen Teufeln besessen sind, bleiben Sie wo Sie sind, wenn Sie aber gerade ein guter Geist beseelt, dann kommen Sie nach Marcoussis, das näher liegt und wo man Ihr Handeln besser wird beurteilen können." Aber die Geliebte ist von bösen Teufeln besessen, läßt sich lachend von ihrem Stiftsvogt hofieren, macht sich über den Eifersüchtigen lustig und zeigt seine Briefe herum. Wenn der König aber endlich entschlossen ist, mit ihr zu brechen, so ist der Anlaß dafür seine Begegnung mit Charlotte von Montmorency.

Dieses vierzehnjährige Mädchen mit dem Antlitz eines Engels ist die Tochter des Konnetabel, den der König „Herr Gevatter" nennt. Er sah sie zum erstenmal an einem Ballabend beim Tanz. Charlotte erscheint ihm wie ein Engel und der König, von seinem Dämon gepackt, fängt Feuer und spricht es selbst aus, daß es eine wahnsinnige Leidenschaft sei, deren Torheit er verzweifelt spüre. Der Sechsundfünfzigjährige wird das junge Mädchen nicht zu seiner Mätresse machen, dafür stammt sie aus zu großem Hause. Aber er möchte sie trotzdem täglich um sich haben, sie lächeln und tanzen sehen. Ist sie ernsthaft und versonnen, so erscheint sie ihm noch bezaubernder. Heinrich will seiner Leidenschaft Herr werden, denn daß es eine Leidenschaft ist, gibt er zu. So beschließt er, für Charlotte von Montmorency einen Gatten zu wählen, und bestimmt ihr den Prinzen von Condé, den Ersten Prinzen von Geblüt, den er bei sich wie einen Sohn erzogen hat. Auf diese Weise wird sie in seiner Nähe bleiben und „seine Tochter" werden.

Im allgemeinen pflegen Könige, die ein junges Mädchen zur Geliebten nehmen wollen, sie irgendeinem kleinen Edelmann zu ver-

mählen, von dem dann nie mehr die Rede ist. So hatte man Gabrielle an Herrn von Liancourt verheiratet. Wenn Heinrich IV. aber Charlotte von Montmorency zu seiner Mätresse machen wollte, würde er sie, wie er selbst sagt, nicht einem besonders hitzköpfigen und unbequemen Fürsten zur Gattin geben, der dem König schon seiner Regierungsmethoden wegen aufsässig ist. Schon als Tochter Montmorencys durfte Charlotte nicht die Geliebte des Königs werden, als Prinzessin von Condé aber stand sie im Rang noch viel höher. Die Heirat wurde mit allem üblichen Prunk gefeiert, und die junge Fürstin Condé ist nun nach der Königin die erste Dame am Hof, solange die eigenen Töchter Heinrichs noch Kinder sind. Die Heirat gibt dem König die Möglichkeit sie jeden Tag zu sehen, aber zugleich schürt die ständige Nähe die Leidenschaft. Seine Liebe verrät sich in jedem Blick, wenn sie nah ist, in seiner Niedergeschlagenheit, wenn sie fern ist; sie verrät sich in dem Bedürfnis unaufhörlich von ihr zu sprechen, ihre Schönheit und Vollkommenheit zu rühmen. Er hält es nirgends aus, entschwindet für Wochen, hetzt von einem Schloß zum anderen, brütet finstere Gedanken, er wird zur Beute seiner Besessenheit. Trotz des Verbotes der Ärzte überanstrengt er sich auf der Jagd und bringt immer wieder das Gespräch auf das Thema, von dem er völlig behext ist: die Grazie und Jugend der Prinzessin von Condé, die anmutige Leichtigkeit, mit der sie die Last ihres hohen Ranges trägt. Man flüstert sich zu: Der König ist närrisch geworden.
Auf der einen Seite lacht oder lächelt man, auf der anderen zischen die Schlangen. In den Gemächern der Königin wispern die „Böswilligen" der Gattin fortgesetzt zu, daß der König sie jetzt endlich verstoßen und nach Florenz heimschicken will. Schon oft hatte man das behauptet, jetzt fügte man hinzu: der König beabsichtige, die Ehe der Prinzessin Condé annullieren zu lassen, sie selbst zu heiraten und zur Königin zu machen. Es mochte sein geheimer Wunsch sein, die Königin loszuwerden, tatsächlich hat er nie ernstlich daran gedacht. Nie hätte der Papst seine Zustimmung dazu gegeben, nie die Ehe des Prinzen von Condé für ungültig erklärt. Was der König eigentlich wollte, wußte er zweifellos selbst nicht. Er machte einen verzweifelten und vergrämten Eindruck und verzehrte sich in der Hoffnungslosigkeit seines Begehrens.

Maria von Medici, voll Unruhe, sieht ihre Stellung gefährdet und bedroht. Nach neunjähriger Ehe, während derer sie dem König und dem Land einen Dauphin, einen zweiten Sohn und drei Töchter geschenkt hat, verlangt sie in Saint-Denis als Königin gekrönt zu werden. Die feierliche Salbung wird jeden Gedanken einer Verstoßung im Keim ersticken und ihr die Weihe verleihen. Sie vertritt geschickt ihre Sache, der König kann ihr gerechterweise diese Genugtuung nicht verweigern. Die Krönung hat automatisch zur Folge, daß im Falle des Ablebens des Königs die gekrönte Königin rechtens für den Dauphin Titel und Macht einer Regentin übernehmen wird. Ob Heinrich IV. je an die Annullierung zweier freiwillig geschlossener Ehen durch Rom gedacht hat, erscheint unglaubwürdig; aber es bleibt sein Geheimnis. Ob die Königin, als sie die feierliche Krönung forderte, eine Vorahnung von des Königs nahem Tod hatte, bleibt ihr Geheimnis. Jedenfalls wollte nun die Rede von Verschwörungen gegen das Leben des Königs nicht mehr aufhören. Eine Hellseherin, Pasithée, eine niederländische Nonne, erklärt, sie habe eine Offenbarung gehabt, daß der König das 58. Lebensjahr, dem er sich nähert, nicht überleben werde. So bekommt die Krönung der Königin gleichzeitig die Bedeutung einer Maßnahme der Vorsicht und Voraussicht.

Der König schien durch die Verheiratung der Charlotte von Montmorency mit dem Ersten Prinzen von Geblüt seiner Leidenschaft selbst Zügel angelegt zu haben, wie schwer es ihm auch gefallen sein mag. Es kostet ihn noch mehr Überwindung, seine Zustimmung zur Krönung der Königin zu geben. Mehr dürfen wir von ihm nicht verlangen und versagen auch nicht unser Mitleid dem Vergrämten und Verzweifelten, der den Menschen aus dem Wege geht und sich in seine Schlösser verkriecht. Wenn wir schließlich die Verkettung von Umständen aufzeigen, die zur Ermordung führten, ist es wichtig, die Daten der Geschehnisse sich stets vor Augen zu halten und sich klar zu machen, daß in diesen selben Wochen ein schlichtes und vorauszusehendes Ereignis zu einer politischen Krise, ja zur Wahrscheinlichkeit eines Krieges führte, in dem „der König getötet werden konnte". An der niederländischen Grenze war der Herzog von Jülich und Cleve gestorben.

X

JÜLICH UND CLEVE

Was bedeutete der Tod dieses alten deutschen Fürsten in der Zeit des Liebesdramas und der Vorbereitungen zur Krönung Marias von Medici? Vor mehr als fünzig Jahren hatte Franz I. seine Nichte Jeanne d'Albret mit dem Herzog von Cleve verheiratet und damit, wie er glaubte, eine politische Verbindung mit einem deutschen Fürsten und Grenznachbarn hergestellt, der auf diese Weise für den französischen Einfluß gewonnen werden sollte. Aber die Heirat hatte zu nichts geführt. Die Machtstellung Karls V. erwies sich als so stark, daß der Herzog ein Waffenbündnis mit dem Kaiser hatte eingehen müssen. Die Möglichkeit einer Annullierung der Ehe war von vornherein ins Auge gefaßt worden. Heinrichs IV. Mutter berichtet in ihren Memoiren, sie habe diesen Fürsten gegen ihren Willen geheiratet. Man hatte ihr eine Ohrfeige geben müssen, um sie an den Altar zu bringen. Jeanne hatte ihren Widerspruch gegen diese Ehe vor zwei Bischöfen erklärt, welche die ihr angetane Gewalt zu Protokoll nahmen. Es besteht kaum ein Zweifel, daß Ohrfeige und Protest absichtlich in diesen Ehehandel mit hineingenommen wurden, denn der auf ein zwölfjähriges Kind ausgeübte Zwang konnte jederzeit als Grund für die Ungültigkeit der Ehe geltend gemacht werden. Jeanne d'Albret hatte dann Anton von Bourbon geheiratet. Diese Heirat eröffnete Aussichten auf eine Vereinigung Navarras mit Frankreich. Auf solche Weise wurden die Prinzessinnen der Politik dienstbar gemacht. Der Herzog von Cleve hinterließ nur Töchter, die mit protestantischen deutschen Fürsten verheiratet waren; diese Fürsten traten als Erben ihres Schwiegervaters auf und wollten das Herzogtum unter sich teilen.

Der Kaiser stellte diesen Ansprüchen seine eigenen entgegen und behauptete, das Herzogtum Cleve sei im Mannesstamm erbliches Lehen, das niemals Töchtern zufallen könnte. Wenn männliche Erben fehlten, so falle es rechtmäßig an den Kaiser zurück, dem der verstorbene Herzog den Treueid geschworen habe.

Der Fall war für Heinrich IV. ernst, Sully gab er den Schlüssel für alle seine Wünsche in die Hand. Endlich konnte er „seinen Krieg" haben, der die Verwirklichung der „großen Konzeption" in Gang brächte. Es hieße den Fuchs in den Hühnerstall einlassen, wenn man dem Kaiser und den spanisch-deutschen Habsburgern gestattete, sich im Rheingebiet in engster Nachbarschaft zu den Niederlanden und Holland festzusetzen. Damit gefährdete man für immer die Unabhängigkeit der beiden Länder, verschaffte ihnen einen eroberungssüchtigen und gefährlichen Nachbarn und verewigte geradezu die Anmaßung des Hauses Österreich, sich überall durch Heirat, Tod oder Eroberungen zu bereichern. Erst würde es sich an der niederländischen Grenze befestigen, dann im Lauf der Zeit Provinz nach Provinz, Herzogtum nach Herzogtum an sich bringen und schließlich den Fuß auf französischen Boden setzen.

Unterstützte hingegen Heinrich IV. die Ansprüche der Töchter und verhalf er den vier protestantischen Fürsten zum Herzogtum, so verschaffte er damit den Vereinigten Provinzen eine Schar von Verbündeten, vermehrte ihr politisches Gewicht und konnte sich in den Augen Europas das Ansehen eines Beschützers und Bundesgenossen der protestantischen deutschen Fürsten geben, ihnen durch Prestige und Waffengewalt beistehen und die geforderte Freiheit der Kaiserwahl außerhalb des Hauses Habsburg verschaffen; denn das Haus Habsburg erhob den Anspruch, im Reich die rechtliche Erblichkeit der Kaiserwürde aufrechtzuerhalten.

Eben noch schien der König wie verloren in den Wirrnissen seiner Liebesleidenschaft, jetzt gab ihm die Nachricht vom Tode des Herzogs von Jülich-Cleve seine ganze politische Scharfsichtigkeit wieder. Er ging sofort ins Arsenal, schickte sein Gefolge fort und besprach sich im Park mit Sully unter vier Augen. Jubelnd begrüßte der Minister diese Stunde, auf die er lange gewartet hatte. Zuerst mußte der König einen langen Vortrag des gelahrten Groß-Meisters über „männliche" und „weibliche" Lehen anhören, um zu erfahren, daß nur die arglistigen Machenschaften der Habsburger Cleve zu einem „männlichen" Lehen gemacht hätten. Der Meister brauchte nur zu befehlen, und man werde dem Doppeladler mit einem Hieb einen seiner beiden Köpfe abschlagen. Er wird an der Grenze der Vereinigten Provinzen ein verbündetes und sicheres Gebiet schaffen. Ist damit der Kriegsfall gegeben, gut, so kommt es zum Krieg, und wenn dieser Krieg nicht lokal begrenzt bleibt, wenn der Kaiser Frankreich an der Ostgrenze angreift, Spanien ihm durch einen Vorstoß gegen Südfrankreich zu Hilfe kommt, so trifft nur das lang Erwartete und Vorbereitete ein, der große Krieg, welcher der großen Konzeption das Tor öffnet. Der König ist Katholik im kirchlichen Sinne; politisch braucht er es ebensowenig zu sein wie Franz I., als er das Bündnis mit den Türken einging. Hier gibt es keine Bedenken: die Pflicht des Monarchen ist die Verteidigung der Nation. Seit alters her lautet das einzige politische Gebot: jeden Weg zu verriegeln, der die deutschen oder die spanischen Habsburger nach Frankreich führen könnte. Jetzt handelt es sich um ein kleines, aber nicht unwichtiges Herzogtum; morgen kann es um Lothringen gehen, früher oder später um Savoyen. Vielleicht denken die deutschen Habsburger sogar daran, das spanische Haus mit dem ihren zu vereinigen. Durch die Verteidigung dieses kleinen Gebiets im Nordosten wird sich der König die Engländer verpflichten, denen nichts unerwünschter ist als ein Vorstoß der Habsburger in die Nähe der nördlichen Meere. Die Gelegenheit ist wunderbar, ja einzigartig. Je nach den Umständen kann es ein kleines Unternehmen bleiben, oder auch die Zukunftsmöglichkeiten des Königs erweitern. Sully hat auf der ganzen Linie alles vorbereitet: als Oberfeldzeugmeister steht er für die Ausrüstung an Waffen und Munition ein, als Oberintendant der Finanzen für die Geldmittel, als Oberstraßenbaumeister für den guten Zustand des Wegenetzes; es ist alles vorhanden für eine Kriegsdauer von drei Jahren. Als Hugenott verbürgt sich Sully dafür, daß alle Hugenotten sich begeistert erheben, um für die protestantischen deutschen Fürsten einzutreten. Der Großmeister wird alle Vorkehrungen treffen, daß die königlichen Truppen Lebensmittel an den Vormarschstraßen bereitgestellt finden. Es wäre endlich vorbei mit dem Unfug der Duelle und Intrigen am Hof, mit den üblen Komplotten von Leuten, die nicht wissen, was sie den lieben langen Tag mit ihrem Kräfteüberschuß anstellen sollen. An guten Feldherren, an Erfolgen wird es nicht fehlen. Von welcher Seite man die Sache betrachtet, sie läßt sich vorteilhaft an, und ein glücklicher Ausgang ist gewiß. Der König wird Herr im Herzogtum Cleve sein, bevor noch der Kaiser in der nebelhaften Weite seines Reiches Mittel und Wege zu einer schlagfertigen Aktion findet, die ein so klar durchdachtes und leicht durchführbares Unternehmen zum Scheitern bringen könnte. Das Herzogtum Cleve ist ein Einfallstor nach Frankreich; man braucht nur das Tor zu schließen und den Schlüssel umzudrehen. Der Kaisertitel klingt prächtig, aber was steckt schon dahinter? Um drei Regimenter in Marsch zu setzen, muß der Kaiser erst die Durchzugsbewilligung der Kurfürsten einholen, und diese sind keine allzu eifrigen Diener des Reiches. Auf Seiten des Königs von Frankreich werden alle nördlichen Staaten stehen, und es ist nun auch der Augenblick gekommen, Savoyen das mailändische Gebiet in Aussicht zu stellen und dem Papst das Königreich Neapel.

Auf diesem Spaziergang schweiften die Träume ins Unbegrenzte, der Ausblick war schön, eine reine Atmosphäre freundschaftlichen Eifers beseelte König und Minister. Aber vom Louvre aus sahen sich die Dinge anders an. Als der König am nächsten Morgen ins Arsenal kam, erschien er weniger überzeugt und eilig. Bei den Ministern und in seiner engeren Umgebung war Heinrich auf Widerstände gestoßen: es sei verfrüht Lebensmittel zu stapeln, sie würden verderben, bevor man sie brauche, die protestantischen Fürsten zeigten nicht so viel Eifer wie der König und Sully, sich einer so winzigen Erbschaft wegen gegen den Kaiser zu wenden. Es wurde auch geltend gemacht, daß gerichtliche Entscheidungen den Streitfall schlichten könnten, ohne daß man gleich die große Kriegsmaschinerie in Bewegung setzt, die nicht mehr nach Belieben anzuhalten ist, wenn die Dinge einmal in Gang gebracht sind. Das waren die Bedenken und Gegengründe Villeroys, des Staatssekretärs des Äußeren, und des ganzen höfischen Klüngels um Maria von Medici. Die Königin hatte bei der Vorstellung einer Allianz mit protestantischen Fürsten ein großes Geschrei erhoben.

In diesem Augenblick trat ein ernstes Ereignis ein, das scheinbar oder tatsächlich zum Wendepunkt werden sollte für so viele Pläne und einander widersprechende Leidenschaften. Der Knoten des Dramas schürzt sich und zieht die tragischen Elemente in sich zusammen: Liebe, Krieg und Tod.

Heinrich IV. saß gerade beim Spiel, als sich — es war am 29. November 1609 — zwei Offiziere melden ließen und ihm leise etwas ins Ohr flüsterten. Der König warf die Karten hin, sprang auf und verließ augenblicklich das Zimmer. Die Nachricht war richtig: der Prinz von Condé, empört über die Verletzung seiner Ehre durch den König, war frühmorgens mit zwei Offizieren, einem Kammerdiener, der Condés junge Gattin hinter sich hatte aufsitzen lassen, einer Ehrendame, dem Fräulein von Certeau, und der Kammerfrau Philippette abgeritten und geflohen. Condé hatte überall erklärt, er sei gezwungen, die Prinzessin vor den Zudringlichkeiten des Königs in Sicherheit zu bringen, und nahm nun den Weg nach Flandern, mit anderen Worten: zu den Spaniern. Er ließ seinen Landbesitz, seine Schlösser und Einkünfte im Stich. In Brüssel würden die Spanier den Überläufer mit offenen Armen empfangen und es an Ehren und Geld nicht fehlen lassen. Der jülich-clevische Erbfolgekrieg stand bevor, vielleicht würde man jetzt schon erleben, was im ganzen Ausmaß erst die nächste Generation erfuhr: ein Prinz von Condé, ein abtrünniger Erster Prinz von Geblüt, der im Besitz zahlreicher Staatsgeheimnisse und über den Stand der französischen Machtverhältnisse genau unterrichtet war, bot den Spaniern zugleich mit dem Gewicht seines Namens seine Dienste an und zog offensichtlich alle Parteigänger Spaniens am Hof und in der Nation mit sich, deren Seele die Königin Maria von Medici selbst war. In diesem November 1609 wuchs sich das familiäre Drama unmittelbar zu einem politischen aus.

Liebe und Politik verschmelzen in diesen Tagen beim König zu einer einzigen lohenden Flamme. Er ist außer sich, daß ein Prinz von Geblüt ihm die Beleidigung zufügt, Zuflucht und Unterstützung bei den Feinden zu suchen. Es ist ein unumstößliches Gesetz der Monarchie, daß die Kinder des Königshauses sowie die Prinzen von Geblüt niemals ohne Zustimmung des Königs den Fuß auf fremden Boden setzen dürfen. Sie sind ein Stück vom Boden des Vaterlandes, seiner gesetzgebenden Macht und bilden sein lebendes Bollwerk. Der König ist aber auch außer sich, weil sein „schöner Engel" Charlotte von Montmorency ihm auf so unverschämte Weise entführt worden ist. „Ich will sie wiederhaben und ich werde sie wiederhaben", erklärte er.

Was tun? Den Prinzen von Condé verhaften, bevor er die Grenze erreicht? Es wurde in Landrecies, Guise und Marle versucht, aber stets kam man zu spät. Der Flüchtling hatte zu viel Vorsprung. Bestürzt hatte man den Ersten Prinzen von Geblüt mit seinem kleinen Gefolge die Straßen in größter Eile passieren sehen: die junge Gattin hinter dem Kammerdiener zu Pferde und ihr folgend zwei erschrokkene, staubbedeckte Kammerfrauen, aus denen kein Wort herauszubringen war. Der Prinz von Condé hatte seinen Rang nicht verheimlicht, er behauptete, sich in Sicherheit bringen zu müssen. Das Wort „Sicherheit" erschreckte die kleinen Städte und Dörfer. Befand man sich schon wieder am Vorabend großer Wirren? Die altgewohnte Angst war noch nicht verschwunden. Der kleine Trupp hatte unterwegs hastig die Mahlzeiten eingenommen, und der Prinz hatte in seiner heftigen und beleidigenden Art jedermann angefahren. Als am 30. November der König die letzte Möglichkeit entschwinden sah, den Neffen auf französischem Boden festzunehmen, schickte er Praslin mit einem Billett nach Brüssel an den Erzherzog Albrecht, der dort im Namen Spaniens mit seiner Gattin Isabel Clara Eugenia regierte: „Lieber Vetter, Überbringer dieses, Sieur Praslin, mein Gardehauptmann, wird Ihnen meinen Auftrag mündlich ausrichten. Ich bitte Sie, ihm bei der Ausführung seiner Befehle behilflich zu sein und mir auf diese Weise den Beweis zu geben, daß Ihnen an meiner Freundschaft gelegen ist. Ich flehe zu Gott, mein Vetter, daß er Sie behüten und schützen möge." Der Auftrag Praslins scheiterte, denn „die Erzherzöge", wie man sie nannte, dachten nicht daran den Condé auszuliefern. Der Prinz schimpfte zwar auf den König, verhielt sich aber im übrigen ruhig. Für die Erzherzöge war es Ehrensache, einem Flüchtling das Asylrecht nicht zu verweigern. Auch empfanden sie die Situation für sich selbst nur erfreulich: die Anwesenheit eines Prinzen in Brüssel, der sich als verfolgt erklärte, alle Geheimnisse des Königs kannte, dessen Flucht ein Skandal für Frankreich und zweifellos ein Anlaß zu inneren Zwistigkeiten sein konnte, bedeutete eine Schwächung der französischen Krone. Die Erzherzöge versorgten und bewachten den Prinzen mit größter Aufmerksamkeit. Mochte der König von Frankreich seine Bezüge sperren, es fehlte ihm weder an guter Unterkunft, noch an üppiger Tafel, noch an Karossen. Heinrich IV. aber, auf diese Nachrichten hin, zeigt

sich besorgt, wie es „seinem Engel" ergeht. Hält ihr Gatte sie als Gefangene, behandelt er sie brutal? Der König gibt dem französischen Gesandten in Brüssel, Herrn von Berny, genaue Verhaltungsmaßregeln. Daß die Frau Prinzessin nur ja nichts entbehrt! Ein böser, jähzorniger Gatte hat sie entführt, Frau von Berny soll sie tagtäglich aufsuchen und ihr erklären, daß sie auf Befehl des Königs ihr in allem und jedem behilflich sein wird. Sie ist noch so jung, Frau von Berny soll ihr alles sagen, was sie tun muß, um sich bei den Erzherzögen in Gunst zu setzen und erforderlichenfalls deren Schutz gegen den eigenen Gatten zu gewinnen. Sie soll sie in die strengen Vorschriften des spanischen Hofzeremoniells, von dem sie keine Ahnung hat, einführen. Charlotte bleibt in Brüssel der ihrer Familie gewaltsam entführte schöne Engel, und der König appelliert an die Findigkeit seines Gesandten: „Tun Sie alles Erforderliche für das Wohl der Prinzessin und zu meiner eigenen Beruhigung, aber tun Sie es in einer Weise, daß weder der Prinz noch irgendeine der Damen der Begleitung (nicht einmal Philippette) etwas merken! Halten Sie sich versichert, daß ich diese Bemühungen mehr zu schätzen weiß als jeden anderen Dienst, den Sie mir erweisen könnten, und daß ich mich bei Gelegenheit erkenntlich zeigen werde!"
Es lohnt sich, auch das Postskriptum des Briefes genau zu beachten: „Schreiben Sie mir ausführlich über alle Einzelheiten, was man von der Prinzessin sagt und wie man sie findet!" Befand sich der König mit Charlotte im Einverständnis? Handelte es sich nur um Äußerlichkeiten, wenn er zu wissen wünschte, was Charlotte mit der Infantin spricht? Aus einem anderen Schreiben geht hervor, daß der König seinem „schönen Engel" durch Herrn von Berny Briefe übermitteln läßt. So jung die Frau Prinzessin ist, sie weiß sich an einem Hof zu betragen. Ist der Gesandte am Ende beauftragt, ihr außer der Hofetikette auch beizubringen, daß sie sich wie ein Opfer aufführt, wie eine gegen ihren Willen durch einen bösen und jähzornigen Gatten verschleppte Frau, daß sie zumindest andeutet, sie wünsche nach Frankreich zurückzukehren, wohin sie als treue Untertanin des Königs, Tochter des Konnetabel und Erste Prinzessin von Geblüt gehöre? Die Wendungen in den Briefen haben für den, der zu lesen versteht, doppelten und dreifachen Sinn. Der König hat sich auch

an den Konnetabel, seinen Gevatter, gewandt und ihm nahegelegt, seine Tochter zurückzurufen und zu erklären, daß eine Montmorency nichts mit einem revoltierenden Gatten zu tun haben könne. Aber er fand den Konnetabel, wie er sagt, „kühler noch als die Jahreszeit" — dabei war es Winter. Oder betrieb die Kammerfrau Philippette im geheimen das Spiel des Königs in der klassischen Rolle der Vertrauten? Heinrich IV. schreibt an Préaulx: „Geben Sie Chateaubert und Philippette die Versicherung, daß ich sie nicht im Stich lassen werde", und fügt hinzu: „Gute Nacht, ich verzehre mich so sehr bei all diesem Ärger, daß ich nur noch Haut und Knochen bin. Alles ist mir zuwider, ich fliehe die Menschen, und wenn ich aus Pflichtgefühl einmal in Gesellschaft gehe, so macht es mir kein Vergnügen, sondern langweilt mich tödlich." Trotzdem gelingt es dem König nach und nach den Konnetabel zu gewinnen. „Mein Feuer taut ihn auf", schreibt er. Mitte April, gerade einen Monat vor des Königs Tod, entschließt sich der Herzog von Montmorency seine Tochter zurückzuverlangen. Sogleich legt sich der König ins Mittel wie ein einflußreicher Freund, der keine anderen Beweggründe hat, als einem unglücklichen Vater zu helfen. Am 19. April schreibt er an die Erzherzogin nach Brüssel: „Vielliebe Schwester und Nichte: Die Herzogin von Angoulême und mein Vetter der Herzog von Montmorency wenden sich an Ihre Güte wegen der traurigen Lage und des großen Kummers, in dem sich ihre Nichte und Tochter, die Prinzessin von Condé, infolge der unwürdigen Behandlung befindet, die sie von ihrem Gatten erfährt und auch weiterhin zu gewärtigen hat. Wir hoffen allesamt, dank Ihrer gütigen Hilfsbereitschaft von dem Kummer, der sie betroffen, befreit zu werden. Die Genannten haben mich inständig gebeten, ihnen meine Unterstützung ihrer gerechten Bemühungen durch Bitten und Empfehlungen zuteil werden zu lassen. Ich entspreche diesem Wunsch in dem Mitgefühl, das ihr Unglück verdient, aus Mitleid mit ihrem Schmerz und um der Gerechtigkeit der Sache willen, für die sie Ihre Hilfe erflehen." Am gleichen Tag schreibt er an den Erzherzog und bringt das gleiche Argument vor: den schmerzgebeugten Vater. Durch Préaulx hat er Verbindung mit der rätselhaften jungen Frau. „Préaulx, hier ist ein Brief an meinen schönen Engel, lassen Sie ihn ihr zukommen, wenn Sie können...

Schicken Sie mir meinen anderen Brief zurück, den man ihr nicht eingehändigt hat." Sicher geschieht es im Einvernehmen mit der Gefangenen, wenn er zwei Wochen vor seinem Tode, am 29. April, an den Konnetabel schreibt: „Lieber Gevatter, ich habe Spandillo, den Überbringer dieses, beauftragt Sie aufzusuchen, um Nachrichten von Ihnen in Empfang zu nehmen und Ihnen diesen Brief der Frau Prinzessin zu überbringen. Ich fand den Brief in einem von mir geöffneten Päckchen. Préaulx ist vor einigen Tagen nach Brüssel zurückgekehrt und meldet mir, daß Ihre Tochter sehr auf die Angelegenheit hofft, über die ich mich gemeinsam mit Ihnen freue um der Befriedigung willen, die sie Ihnen bereitet." Und am Schluß des Briefes heißt es: „Denken Sie daran, die Pferde, die ich Ihnen versprochen, auf den Weg zu bringen, und glauben Sie der Versicherung meiner Zuneigung. Gute Grüße, lieber Gevatter. Den 29. April, zu Paris."
Die Anspielung scheint deutlich; die Prinzessin hoffe sehr auf die Angelegenheit, heißt zweifellos, daß sie sehr auf die Pferde hofft. Sie soll entführt werden, aber nicht vom König, sondern von einem Vater, der nur seine Pflicht erfüllt und die Erste Prinzessin von Geblüt ins Königreich zurückbringt. Es sieht alles so harmlos aus, daß man sich unwillkürlich fragt, ob nicht die tatsächliche Wirklichkeit auch harmlos war. Gewiß wollte der König die Prinzessin von Condé, die er heftig liebte, „wiederhaben"; und es ist leicht vorstellbar, daß die gewaltsame Entführung sein zärtliches Gefühl verletzte. Aber daß Heinrich beabsichtigte sie „wiederzuhaben", um sie zu seiner Mätresse zu machen, erscheint höchst ungewiß. Das hätte die Flucht des Prinzen gerechtfertigt. Viel später erleben wir bei Ludwig XIV. unter der gleichen Voraussetzung des Altersunterschiedes und der verwandtschaftlichen Beziehung, daß er die Anmut und Heiterkeit der Herzogin von Burgund nicht einen Tag entbehren zu können vermeinte. Aber wir können es uns nicht vorstellen, welches Donnergetöse den Olymp zu Versailles erschüttert hätte, wenn Marie Adelheid von Savoyen plötzlich zu Pferde hinter einem Lakeien sitzend ins Ausland entführt worden wäre. Solche Gewaltakte sind im 17. Jahrhundert nicht mehr denkbar. Im 16. Jahrhundert dagegen hat man so viel erlebt, daß nichts unmöglich erscheint, obwohl es allzu naiv wäre, wenn man allen Gerüchten der Zeit aufs Wort

Glauben schenken wollte. Lassen wir die wahren Absichten des Königs dahingestellt! Wir sind bei den letzten Lebenstagen Heinrichs IV. angelangt und stellen nur fest, daß sowohl am Hof wie im Vorgefühl seiner Seele alles sich so vollzieht, als hätten die Zeitgenossen mit der gleichen Sicherheit im voraus mit seinem Tod gerechnet wie wir heutzutage. Nicht ohne Bewegung vernehmen wir Einzelheiten wie die, daß er in diesen Tagen dem Pater Cotton 100 000 Francs zur Vollendung der Kapelle in La Flèche übergab, wo gemäß dem Versprechen, das er den Jesuiten gegeben, sein Herz ruhen soll.

Wir verfolgen während dieser beiden letzten Wochen das Leben des Königs wie auch die Ereignisse und Gerüchte. Heinrich IV. ist der Sohn der Venus und des Mars. So bereitet er in den gleichen Tagen, in denen er die Pferde schickt, die seinen „schönen Engel" entführen und wiederbringen sollen, den Abmarsch ins Feld vor, um den Krieg zu führen, der je nach den Umständen ein kleiner oder großer Krieg werden kann. Dieser Krieg ist während des ganzen Winters hindurch vorbereitet worden, man hat den Frühling abgewartet, die Jahreszeit der Waffen. Die Bündnisse sind besiegelt, der König selbst will sich an die Spitze des Heeres stellen. Er wird sich im Feldlager wiederfinden, die schnellen Tagesmärsche aufnehmen und den deutschen Fürsten die sechs Provinzen des Herzogtums Cleve übergeben, die der Kaiser schon besetzt hält. Trotz des vielen Ärgers hat er sich den ganzen Winter über mit den umfangreichen und eingehenden Aufzeichnungen befaßt, die Sully für ihn niederschrieb, und wenn Sully ihn zu diesem Kriege drängt, so handelt es sich nicht darum, die Prinzessin von Condé „wiederzuhaben". Meister und Groß-Meister haben Tag für Tag miteinander beraten. Der König wird über eine ausgezeichnete Armee verfügen. Die 6000 Schweizer, die angeworben wurden, setzen sich in Marsch, sie sind gut bewaffnet und ausgerüstet. Fünf Kompagnien kommen aus Piemont hinzu, in Frankreich werden Soldaten ausgehoben. Sully geizt jetzt nicht, die Anwerbungen gehen mühelos vonstatten, die Leute werden gut verpflegt und bezahlt sein. Man hat längs der Maas Lebensmitteldepots errichtet, die Treffpunkte für die Truppen festgelegt; man wird sich in der Champagne vereinigen. Mit Befriedigung hat Sully zugesehen, wie seine schönen Kanonen aus dem Arsenal rollten und sich nach der Maas zu in Bewegung setzten. Auch der Groß-Meister wird zur Armee stoßen und seinen Krieg nicht versäumen. Im Ausland sind die Gesandten des Königs bemüht, eine günstige Stimmung zu verbreiten. Sullys Bruder befindet sich in Rom und erklärt dort, der König beabsichtige für sich selbst keinen Nutzen aus diesem Kriege zu ziehn; das Schlagwort heißt, daß man lediglich den unterdrückten deutschen Fürsten zu ihrem Recht verhelfen will. Man muß auch den Appetit der anderen anregen, die italienischen Staaten, den Papst selbst und das Kardinalskollegium an der möglichen Ausbreitung des Krieges interessieren und sie davon überzeugen, daß sie alle ihren Vorteil dabei finden können. Alle Einzelheiten sind aufs sorgfältigste ausgearbeitet, es gilt, ebenso kühn wie vorsichtig zu handeln und die Gefahr zu vermeiden, etwaige Feinde als Freunde zu betrachten. Den deutschen Fürsten erklärt man, daß der König sein Ziel bis ans Ende verfolgen wird: ein freies Deutschland, freie Kurfürsten, freie Kaiserwahl. Auch den Holländern wird der Zauberspiegel der Freiheit vorgehalten. Ein jeder soll frei bei sich zu Hause sein, frei in Religion, Sitte und Brauch, und es soll Schluß gemacht werden mit der von den nördlichen Meeren bis zu den Küsten Amerikas und Indiens vernebelten Welt, in der niemand mehr weiß, wo die Grenze Spaniens liegt, wo das Kaiserreich beginnt oder endet. Das Thema ist unerschöpflich, es ist Sache eines jeden Gesandten, das Feld zu sondieren und zu prüfen, wie weit er im Vertrauen, im Mißtrauen und im Zutrauen gehen kann.

Soweit die äußere Lage! Im Inneren gilt es, für die Zeit der Abwesenheit des Königs die Regentschaft vorzubereiten. Der Wunsch der Königin, gekrönt zu werden, sieht sich jetzt nicht mehr als Verlangen einer eifersüchtigen, unruhevollen Frau an, die ihr Recht auf die Krone durch die Salbung bekräftigt wissen möchte. Es ist vielmehr durchaus verständlich, daß die künftige Regentin seitens der Kirche, des Königs und der Nation diese feierliche Bestätigung erhält. Und es ist ebenso natürlich, daß sie wünscht, die Zeremonie möge noch vor dem Beginn des Feldzuges stattfinden. Der feierliche Akt soll in Anwesenheit des Königs und der Großen des Reiches vor sich gehen. Der König, der nach den Worten Bassompierres „in seiner liebenswürdigen Nachgiebigkeit der beste Ehemann der Welt war", dachte nicht daran, seiner Gattin diese Genugtuung zu verweigern. In vierzehn Tagen kann alles vorbereitet sein: bis dahin können die Großwürdenträger versammelt, die Tribünen fürs Volk errichtet, die Basilika von Saint-Denis ausgeschmückt und die üppigen Krönungsgewänder angefertigt werden. Inzwischen soll auch nochmals versucht werden die Prinzessin von Condé zurückzuholen, damit sie bei den Feierlichkeiten ihren Pflichten als Erste Prinzessin von Geblüt nachkommen kann. In vierzehn Tagen ist alles so weit, die Königin kann am Samstag, den 13. Mai, in Saint-Denis gekrönt werden. Am darauffolgenden Dienstag soll unter dem Beifall der Menge der feierliche Einzug in Paris stattfinden; es wird der glanzvolle, der große Tag für Maria von Medici sein. Die Prinzessin Condé mag ruhig zurückkehren, nach der Krönung braucht die Königin keine Furcht mehr zu haben verstoßen zu werden.

Die zwei Dramen überschneiden sich: das Drama der Liebe und Eifersucht mit dem Drama des Krieges, und es ist schwierig sie zu entwirren. Wenn wir Sully Glauben schenken, so sah der König dieser Krönung mit düsteren Vorahnungen entgegen und sprach unaufhörlich davon, daß sein Tod bevorstehe. Aber es ist zu berücksichtigen, daß Sully siebzehn Jahre später in der Einsamkeit und Verbitterung des Ruhestandes immer und immer wieder das Drama rekonstruierte, das mit dem Leben des Königs seine eigene politische Laufbahn und all seine Träume begrub. Es ist im Grunde verständlich, wenn bei einem solchen Schicksalsschlag das Gedächtnis Phantasiegebilden Raum gibt. Liest man Sullys Ausführungen genau, so kommt man zum Schluß, daß nach seiner Auffassung die Königin um das Attentat wußte. Am Tage nach dem Triumph der Krönung erlebte sie mit dem Aufblitzen des Dolches einen zweiten Triumph: die Regentschaft. Man muß sich die Daten genau merken, denn es kommt in diesen letzten Tagen Heinrichs IV. auf jede Einzelheit an. Der König ist täglich im Arsenal zu sehen, er flieht die Atmosphäre des Louvre, wo nur noch von der unumgänglichen Regentschaft, von Festzügen, Kleidern, Stoffen, Rangordnungsstreitigkeiten bei der Krönungszeremonie gesprochen wird. In dem auf Sullys Geheiß angefertigten Sessel sitzend, schüttet er seine düsteren Gedanken

aus, klopft unaufhörlich nervös mit den Fingern auf sein Brillenetui, verfällt in brütendes Schweigen, „ganz in Träumereien versunken, springt plötzlich wieder auf, geht im Zimmer auf und ab und schlägt mit den Händen auf die Schenkel". So berichtet Sully. „Wie diese Krönung mir zuwider ist! Lieber Freund, ich weiß nicht, was es zu bedeuten hat, aber mein Herz sagt mir, daß ein Unglück bevorsteht. — Verflucht nochmal, ich werde diese Stadt nicht mehr verlassen und hier sterben. Ich fühle es, daß sie ihre letzte Hoffnung auf meinen Tod gesetzt haben und mich umbringen werden. — Diese verfluchte Krönung wird zum Anlaß meines Todes werden." Auf Sullys Vorschlag, eine Veranstaltung, die ihn mit so düsteren Vorahnungen erfüllte, abzusagen, erwiderte der König: „Jawohl — die Krönung absagen und nie wieder ein Wort davon hören! Ich sollte die Stadt verlassen und hätte nichts mehr zu befürchten. — Ich will Ihnen nicht verschweigen, daß man mir gesagt hat, ich würde bei dem ersten prunkvollen Aufzug, den ich veranstalte, ermordet werden und in einer Karosse sterben."
Sully dachte an nichts anderes mehr, als den König zu Pferd und unterwegs zu seinen Truppen zu wissen: „Wenn dieser Gedanke Eure Majestät so sehr erregt, würde ich an Ihrer Stelle morgen abreisen, die Krönung ohne Sie vollziehen oder vertagen lassen, für lange Zeit nicht nach Paris zurückkehren und keine Kutsche besteigen. Befehlen Sie, daß ich sofort nach Notre-Dame und Saint-Denis Weisung gebe, die Arbeiten einzustellen und die Arbeiter heimzuschicken?" „Ich wünschte nichts sehnlicher, aber was wird meine Frau dazu sagen? Sie ist von dem Gedanken an die Krönung wie besessen." — „Mag sie sagen, was sie will", erwiderte Sully, „aber ich kann nicht glauben, daß sie angesichts Ihrer Überzeugung, daß ihre Krönung Ursache eines so großen Übels sein könnte, halsstarrig daran festhielte."
Der König schien erleichtert. Sully sollte die Königin aufsuchen und sie zum Verzicht auf eine Folge von Festlichkeiten bestimmen, die jetzt den dringlichen Beginn des Feldzuges verzögerten, um so mehr aber anläßlich einer siegreichen Heimkehr am Platze sein würden. Anstatt sich um die Zurichtung festlicher Kleidung zu kümmern und Tanzereien im Kopfe zu haben, sollten die Würdenträger und

Generäle längst nach der Grenze unterwegs sein. Dem König selbst war am eiligsten Aufbruch gelegen. Sully unterzog sich seinem Auftrag herzlich gern, da ihm die Krönung nicht wichtig erschien, und verhandelte drei Tage mit der Königin. Aber nachdem sie es zustandegebracht hatte, ihre Wünsche beim König durchzusetzen, hätte nichts auf der Welt vermocht, sie zum Nachgeben zu bewegen. Der König, meinte sie, sei nicht der Mann, sich durch alberne Vorahnungen einschüchtern zu lassen. Gerade weil es die äußeren Umstände so dringend erforderten, müsse man die Krönung beschleunigen. Wenn der König sich ins Feld begibt, gilt nur die gekrönte Königin in aller Augen als legitime Regentin.

So spielten sich verschiedene Dramen gleichzeitig im König ab, nicht zuletzt die Verletzung seiner Liebe und seines Stolzes durch die Entführung der Prinzessin Condé und den ihn heftig erregenden Empfang, der dem flüchtigen Prinzen in Brüssel durch die Erzherzöge zuteil wurde; denn das Verhalten Condés bedeutete Ungehorsam, vielleicht Abfall oder gar Verrat. Hinzu kam das häusliche Drama: das Dringen der Königin auf die Krönung, die unverschämte Haltung der Concinis, die bekannte Parteinahme der Königin für Spanien, ihr Widerstand gegen den beginnenden Feldzug, schließlich seine eigenen trüben Gedanken und Vorahnungen und die umlaufenden Attentatsgerüchte. Zuerst hatte die Hellseherin Pasithée gewarnt, jetzt teilte eine ruhige und vernünftige Person Herrn von Schomberg, einem gemeinsamen Vertrauten des Königs und Sullys, mit, sie habe durch eine Kammerfrau der Marquise Verneuil Kenntnis von einer Verschwörung gegen das Leben des Königs erhalten. Mag man die Voraussage der Pasithée in Zweifel ziehen, das ruhige und vernünftige Fräulein von Gournay erscheint glaubwürdig: sie wurde nach dem Attentat über ihre Mitteilungen im Parlament verhört.

Ein anderes Element in diesem dramatischen Vorgang endlich: der Feldzug! Wollte ihn der König tatsächlich? Man kann bis zur letzten Stunde Kriegsvorbereitungen treffen, sogar Truppen in Marsch setzen, und trotzdem die Dinge vor dem ersten Kanonenschuß in Ordnung bringen und sich damit begnügen, mit einer Machtdemonstration den Gegner einzuschüchtern. Im Zusammenhang mit dem Feldzug zirkulierten wilde Gerüchte am Hof in der Umgebung

Marias von Medici: machte man sich eigentlich klar, daß Sully in diesem Kriege den Oberbefehl führt, daß sein Schwiegersohn, der Herzog von Rohan, die 6000 Schweizer an der Grenze übernimmt und kommandiert, daß Sully die Millionen anhäuft und über die Gelder verfügt, daß er die Lebensmittellieferungen mit den Händlern abgeschlossen hat — ihm wäre es zuzutrauen, daß er mit den protestantischen deutschen Fürsten gemeinsame Sache macht, sich eine eigene souveräne Herrschaft errichtet und sich am Ende mit der schon aufmarschierenden Artillerie und den ungeheuren Geldreserven gegen den König selbst wendet! Zwischen Arsenal und Louvre herrscht ein latenter Kriegszustand. Sully verschanzt sich und tut alles, um den König an sich zu ziehen und im Arsenal allein zu haben. Der König ohne Sully — das wäre der Triumph der italienischen Kamarilla, die der König haßt; Sully ohne den König — er wird es in acht Tagen sein — bliebe nichts anderes übrig, als sich auf seine schönen Besitzungen zurückzuziehen: er müßte alle Schiffe hinter sich verbrennen. Sully betreibt daher diesen Feldzug mit aller Kraft, er will ihn aus selbstsüchtigen Gründen, denn er sieht darin die Krönung seiner Gedanken und seiner Arbeit. Aber er will ihn auch um des Königs und des Reiches willen. Manchmal ist ihm, als ob ihn der König mißtrauisch anblickte, als ob Argwohn aus der Tiefe seiner Augen aufflackerte. Er glaubt Schwankungen im Kriegswillen seines Herrn wahrzunehmen, dem man im Louvre so heftig zusetzt. Aber Sully läßt sich nichts anmerken. Sollte der König unsicher werden, so wird er ihm den Rückzug abschneiden und ihn vor vollendete Tatsachen stellen. Er hat einen Brief an die Erzherzöge in Brüssel vorbereitet, der ihnen die Eröffnung des Feldzuges mitteilt: „Mein Vetter! Außerstande, meinen treuesten Verbündeten die Hilfe zu verweigern, um die sie mich gegen diejenigen angegangen, die ihnen die Erbfolge in Jülich, Cleve, Berg, Ravensberg und Ravenstein streitig machen wollen, marschiere ich mit meiner Armee. Da mein Weg mich zwingt, Ihr Land zu passieren, sehe ich mich veranlaßt, Sie hiervon in Kenntnis zu setzen und Sie um Mitteilung zu bitten, ob ich beim Einmarsch als Freund oder Feind angesehen werde. Indem ich auf diese Frage Ihre Antwort erwarte, flehe ich zu Gott, daß er Sie in seiner Güte und Gnade beschützen möge." Der Brief ist vom König unterzeichnet, aber er bedarf noch der Gegenzeichnung durch Villeroy als Staatssekretär des Äußeren, der sich dem Feldzugsplan widersetzt. Sully schreibt später in seinen Memoiren, daß er niemals Gewißheit darüber erhielt, ob der Brief expediert wurde. Welch erschreckendes Zeichen für das ungeheure Ausmaß gegenseitigen Argwohns!

XI

RAVAILLAC

Die Tage vergehen, die letzten Tage. Der Termin für die Krönung ist festgesetzt und rückt näher. Die Königin probiert mit ihren Friseuren die Krone auf, die Garderobenbewahrer haben den schweren blauen Mantel, der mit Hermelin gefüttert und mit Lilien bestickt ist, bereitgelegt, sowie Kleider aus Goldstoff für die Töchter des Königs, mit Edelsteinen besetzte Wämser für den Dauphin und seinen Bruder. Der König wird seinen Platz auf der Tribüne über dem Chor einnehmen und nur als stummer Teilnehmer, sozusagen als Gast, anwesend sein, äußerlich liebenswürdig, in Wirklichkeit vielleicht von Melancholie umdüstert, im Hintergrund bleiben. Alle Ehren gelten der königlichen Frau und Mutter. Der Dauphin und seine älteste Schwester werden wie zwei Engel vom Himmel die Krone über das gesalbte Haupt halten, denn ihr Gewicht ist so schwer, daß sie nicht auf dem Kopf getragen werden kann. Man ahmt die Krönung der Heiligen Jungfrau nach, nichts ist hehr und erhaben genug für diese Feier. Der Kardinal von Joyeuse wird das Szepter und das Symbol der Gerechtigkeit überreichen; die natürlichen Kinder des Königs, deren es eine stattliche Zahl gibt, sollen den Chor der Engel vervollständigen. Man muß auch an das große Festmahl denken, das nach der Zeremonie stattfindet. Auch da wird der König nur als Gast der Königin auftreten. Die Königin wird der Tafel präsidieren, den König zu ihrer Rechten, die gute Königin von Navarra zur Linken. Ganz wie im Paradies geht es zu, wo man sich nach der Zwietracht in des Lebens Jammertal in eitel Eintracht und Glück wiederfindet. Nach der Festtafel werden Geschenke ans Volk verteilt, Wein aus Springbrunnen gespendet, Kupfer- und Silbermünzen aus den Fenstern in die Menge geworfen. Dann sollen zwei Ruhetage folgen. Für den Sonntag ist der Einzug der Königin mit ihrem Gefolge in Paris vorgesehen, dafür sind wieder neue Gewänder vorbereitet. Bei allen Handwerkern herrscht fieberhafte Tätigkeit, man kommt in den Straßen kaum von der Stelle, da auf der ganzen Strecke, die Maria von Medicis Karosse passiert, überall Holztribünen errichtet werden, von der Porte Saint-Denis bis zur Kathedrale von Notre-Dame, wo als Schlußapotheose der Dankgottesdienst gefeiert werden soll. Wir verzichten auf die Teilnahme an den Krönungsfeierlichkeiten, denn die Wirklichkeit ist weniger schön als das Bild, und halten es mit Sully, der sich auch von den großen Festlichkeiten fernhält: er entschuldigte sich wegen einer alten Verletzung am Mund, die gerade im geeigneten Moment wieder aufbrach; auch Frau von Sully war unpäßlich. Sully war nicht der einzige, der nicht zu sehen war. Wie wir wissen, fehlte auch der Prinz von Condé. Auf die Nachricht von des Königs bevorstehendem Auszug ins Feld und Vormarsch auf Flandern hatte er sich mit seiner jungen Frau und kleinem Gefolge nach Savoyen begeben; er wollte es vermeiden, daß ihn der König etwa in Brüssel vorfinden könnte. Auch der zweite Prinz von Geblüt, der Graf von Soissons, stand ostentativ abseits und zog sich auf seine Besitzung zurück: er war empört darüber, daß der König seinen legitimierten Bastarden lilienbestickte Kleidung anlegen lassen wollte, und hatte sich geweigert, im Krönungszug einen Platz hinter den Bastarden einzunehmen. So großartig die Zeremonie nach außen sich ansah, im Hintergrund gewitterte es: dem Triumph der einen Gruppe stand eine andere gegenüber, die sich gekränkt zurückzog. Das Gepränge der Zeremonie zeigt uns Rubens, und man sieht auf dessen Gemälde den König, wie er zu Saint-Denis von einer Galerie über dem Chor die Krönung der Gattin und die junge Engelschar mit heiterem Wohlgefallen betrachtet. Aber dieses Bild beschäftigt uns weniger als die tatsächliche Gemütsverfassung Heinrichs IV. unmittelbar vor seinem Tod: wir wissen, wie ihm die Schwermut zu schaffen machte. Und wie sieht es mit der Laune Sullys aus? Er verbringt den Tag verdrießlich in seinem Arbeitszimmer im Schlafrock und steckt auf der Karte die Marschroute und die Treffpunkte der Truppen ab. Mit Genugtuung bedenkt er, daß der Prinz von Condé sich nicht mehr in Brüssel und im Hoheitsgebiet der Erzherzöge aufhält; nun kann niemand behaupten, der König laufe nur seinem „schönen Engel" nach. Der König ist entschlossen: „Sogleich nach den Festlichkeiten, am Mittwoch zu Pferde!" Die Diener des Groß-Meisters sind schon damit beschäftigt die Koffer zu packen. Sully, der dem König zwei Tage später folgen wird, beobachtet im Arsenal befriedigt die Vorbereitungen zum Aufbruch. Er erwartet vorzügliche Truppen aus La Rochelle und freut sich darauf, dem König voll Stolz die braven Hugenotten vorzuführen. Der Name La Rochelle läßt uns aufhorchen, denn wir wissen, daß auch Ravaillac aus La Rochelle eingetroffen ist, daß er sich in den Straßen von Paris herumtrieb, die Vorbereitungen zur Krönung begaffte und in seiner Tasche unter dem Mantel nach einem herzförmigen Stofflappen fühlte.

Der 14. Mai, ein Freitag, ist ein Tag der Ruhe für alle Teilnehmer am Fest. Am Tag vorher hatte die Krönung stattgefunden, dieser Freitag ist für die Königin der Tag vor dem triumphalen Einzug in ihre getreue Stadt Paris, für den König der Vorabend zum Aufbruch ins Feld. Der König schickte einen Boten zu Sully, der ihn zu einer Besprechung in den Louvre rief. Im Arsenal erfuhr La Varenne, der Bote, daß der Herzog von Sully, der so selten wie möglich den Louvre betritt, noch immer mit seiner Verletzung zu tun habe, spät aufgestanden sei und gerade ein Bad nehme. Trotzdem ließ der Groß-Meister sagen, daß er dem Wunsch des Königs folgen, sich ankleiden und in einer Stunde im Louvre erscheinen werde. La Varenne, der die Güte und Rücksicht des Königs dem Minister gegenüber kannte, begab sich in den Louvre zurück. Sicherlich wünschte der Monarch nicht, daß der leidende Groß-Meister sich Ungelegenheiten mache, es war vorauszusehen, daß er seinerseits sich nach dem Arsenal bemühen werde, um dort die Besprechungen abzuhalten. Sully ließ die Dinge gehen, aber andererseits hinderte ihn seine Verletzung nicht, alle Vorkehrungen für den Aufbruch ins Feld zu treffen. Eine halbe Stunde später tauchte La Varenne wieder im Arsenal auf: der Herzog von Sully möge sich schonen, der König würde ihn am nächsten Morgen um fünf Uhr aufsuchen; er möge seine Dienerschaft beurlauben, damit die Leute sich den Festschmuck von Paris anschauen können. Morgen braucht niemand anwesend zu sein, der König wünscht, ein ernstes Gespräch mit Sully zu führen und ihn in Schlafrock und Nachtmütze anzutreffen, sie werden zusammen überlegen, ob der Aufbruch nicht um zwei Tage vorverlegt werden und schon am Montag stattfinden kann.

Wer die zeitgenössischen Berichte über den Unglückstag vergleicht, wird gewisse Unstimmigkeiten feststellen. Das ist nicht weiter verwunderlich, denn man müßte schon in Heinrichs innerste Gedanken während seiner letzten Lebensstunden eingeweiht sein, um die genaue Wahrheit zu kennen. Hatte der König seine Absicht geändert und wollte er, wie einige Berichte besagen, noch am Freitagnachmittag Sully im Arsenal überraschend besuchen anstatt den nächsten Morgen abzuwarten, oder wollte er nur nach einer schlaflosen Nacht und einem untätig verbrachten Vormittag frische Luft schöpfen? Es fragt sich, ob der Bericht des Paters Mathieu zutreffend ist. Er erzählt, daß der König in niedergedrückter und unruhiger Stimmung sich befand und sich nach der Tafel aufs Bett warf, um ein wenig zu schlafen. Der Königin gegenüber habe er geäußert, daß er lieber nicht ins Arsenal gehen wolle, um sich nicht aufzuregen. Die Königin soll geantwortet haben — und diese Antwort wäre ein Entlastungszeugnis für sie: „Gehen Sie nicht hin, jetzt sind Sie guter Laune und dort werden Sie sich nur ängern!" Pater Mathieu berichtet weiter: „Der König trat ans Fenster, trommelte an die Fensterscheiben und fragte, wieviel Uhr es sei." Der Hauptmann der Schloßwache, Vitry, erwiderte: „Vier Uhr, Sire. Eure Majestät sind traurig und in Gedanken versunken und sollten frische Luft schöpfen." — „Sie haben recht, lassen Sie meinen Wagen anspannen, ich werde ins Arsenal zum Herzog von Sully fahren, der sich nicht wohl fühlt und heute ein Bad nimmt." Die Genauigkeit dieser Mitteilungen erscheint zweifelhaft, zumal Pater Mathieu fortfährt: Ravaillac habe sich in diesem Augenblick im Hof des Louvre befunden, auf einem der Prellsteine am Tor gesessen, wo die Lakaien auf ihre Herren zu warten pflegen, und bei der Nachricht, daß der König seinen Wagen befahl, gemurmelt: „Jetzt habe ich dich, du bist verloren." Es ist höchst unwahrscheinlich, daß sich Ravaillac im Hof des Louvre aufhielt und daß jemand sein Gemurmel verstanden hat. Der Bericht erinnert allzu sehr an die „beiseite" gesprochenen Worte, die in gewissen Theaterstücken vorkommen und die in den Dramen der Wirklichkeit nie jemand hört.

Die Tragödie dieses Attentats, die das Schicksal so folgerichtig aufgebaut hat, ist von der Phantasie der Zeitgenossen und ihrem trügerischen Gedächtnis mit tausend widerspruchsvollen Einzelheiten ausgeschmückt worden. Eine üppig wuchernde Mannigfaltigkeit von Umständen, Prophezeiungen, Vorahnungen des Königs häuft sich um ein Ereignis, das sein Geheimnis durch dreihundert Jahre bewahrt hat. Noch heute weiß man nicht mit Sicherheit, wer als Anstifter hinter Ravaillac stand. Daß Spanien einen unmittelbaren Vorteil von diesem Tod hatte, ist klar. Präzedenzfälle lagen vor: unmittelbar vor einem ähnlichen Aufbruch ins Feld war Coligny unter fast gleichen Umständen durch einen Büchsenschuß getötet worden; siebzehn Jahre später war Heinrich III. dem Messer des Jacques Clément zum Opfer gefallen, unmittelbar vor seinem Einzug in Paris, wo er mit Hilfe des Königs von Navarra die Spanier vertreiben wollte. Auch diesmal wurde der Dolch kurz vor einem militärischen Unternehmen gezückt, mit dessen erfolgreichem Ausgang der König von Frankreich rechnen konnte.

Als Coligny am 22. August 1572 fiel, lagen die Dinge völlig klar: die Königin Katharina von Medici bekannte selbst ihre Beteiligung an dem Attentat. Jetzt wies die politische Lage ähnliche Voraussetzungen auf. Wiederum stand der König von Frankreich im Begriff, im Bündnis mit Hugenotten einen Schlag gegen die habsburgische Machtstellung zu führen. Die Frage, die sich im Falle der Katharina von Medici stellt, erhebt sich auch hier, ohne daß eine Antwort zu finden wäre. Die Königin war am Tage zuvor gekrönt worden, die Aussicht auf die Regentschaft, und das heißt auf die Macht, war ihr damit zugefallen. Leidenschaftlich hatte sie sich dem geplanten Kriege widersetzt. Die Annahme, daß Maria von Medici mittelbar oder unmittelbar Kenntnis von dem geplanten Attentat hatte, schließt einen so furchtbaren Verdacht in sich, daß wir sie nicht näher untersuchen möchten. Aber man muß sich sagen, daß das Ende des Königs und seiner politischen und persönlichen Ideen in diesem Augenblick die Verwirklichung all jener Pläne herbeizuführen schien, die Marias Kreaturen ausgeheckt hatten. Für die Concinis mußte der Tod des Königs den sicheren Aufstieg an der Seite ihrer Herrin mit sich bringen und zugleich die Entfernung Sullys, ihres mächtigen Gegenspielers, nicht zuletzt auch klingenden Lohn von der Seite Spaniens.

Die Wahrheit werden wir nie erfahren. Sicher ist nur, daß die Ereignisse so genau abliefen, als ob der spanische Staatsrat im Jahre 1610 wie schon vorher 1588 und 1572 einen gegen Spanien geplanten Feldzug durch einen einzigen Dolchstoß verhindert hätte. Wenn aber wirklich hier „Namen, die auszusprechen allzu peinlich wäre", kompromittiert waren, wenn schlechte Gewissen einer Rechtfertigung bedurften, so konnte man mit den Worten erwidern, die Katharina von Medici im Falle Coligny gesprochen hatte: „Es ist besser, einen Menschen aus der Welt zu schaffen, als zehntausend in einem Krieg zugunsten der hugenottischen Fürsten gegen die katholischen Mächte umkommen zu lassen." Der Frage der Mitschuld der Königin und der Concinis auf den Grund zu gehen, wäre fruchtbar, sie müßte sich aus den Zusammenhängen ergeben, stünde nicht auf der anderen Seite die völlig rätselhafte Persönlichkeit Ravaillacs. Der Mörder macht nämlich weit eher den Eindruck eines auf eigene Faust handelnden Fanatikers als den eines Werkzeugs im Dienst eines Komplotts, das von hoher und langer Hand vorbereitet wird.

Der König bestieg seinen Wagen, in dem der Herzog von Epernon zu seiner Rechten Platz nahm. Zu Seiten der Wagenschläge ritten die Marschälle Lavardin und Roquelaure, der Herzog von Montbazon und der Marquis de la Force, voraus der Marquis von Mirebeau und Duplessis-Liancourt. Die Leibwache mit ihrem Hauptmann Vitry hatte der König ins Schloß zurückgeschickt, wo sie sich um die Beschleunigung der Festvorbereitungen kümmern und die zahlreichen Arbeiter beaufsichtigen sollte.

Es zeigt sich, daß der König beim Besteigen der Karosse keineswegs ängstlich gezögert hat, wie Sully behauptet; er ließ sogar die ledernen Fenstervorhänge zurückziehn. Die Absicht, Sully im Arsenal zu besuchen, scheint nicht bestanden zu haben: das Rendezvous war ja für den nächsten Morgen um fünf Uhr verabredet, und Sully erwartete ihn nicht. Von den zahllosen Gerüchten der Zeit sei nur eines erwähnt: als der Kutscher fragte, wohin die Fahrt gehe, soll der König geantwortet haben: „Fahren Sie mich nur von hier fort!" Darin verrät sich die Nervosität eines von Sorgen bedrückten Menschen, der sich selbst entfliehen will. Als der Wagen das Palais Longueville erreicht hatte, fragte man den König noch einmal, wohin er zu fahren wünsche: „Fahren Sie mich zur Croix du Trahoir", und dort angelangt, befahl er: „Zum Kinderfriedhof!" Demnach wäre „Friedhof" sein letztes Wort gewesen, und das zeigt uns wiederum, daß die Memoirenschreiber theatralische Worte gesucht und gefunden haben. Der König fuhr ohne bestimmtes Ziel in Paris umher, begleitet von einigen Herrn zu Pferde. Als der Wagen nur mehr im Schritt vorankam und infolge der Menge, die sich den Bau der Tribünen und das Auslegen der Teppiche betrachtete, häufig anhalten mußte, schickte der König die berittenen Herren weg, und es blieben nur ein paar Diener zurück, die vorausgingen, um die Menge zurückzudrängen und dem Wagen Platz zu schaffen.

Man weiß, daß die Rue de la Ferronerie sehr schmal war; kleine Kaufläden, die sich an die Mauer des Kinderfriedhofs lehnten, und Buden, die zum Verkauf von Backwerk und Süßigkeiten am Sonntag hergerichtet wurden, verengerten sie noch mehr. Ein mit Wein beladener Karren, der von rechts kam, und ein Heuwagen von der anderen Seite wollten aneinander vorbei, so daß die Karosse einen Augenblick vor dem Hause des Notars Poutrain anhalten mußte. Während dieses kurzen Aufenthalts waren die Diener in den Kinderfriedhof eingetreten, hatten ihn schnell durchquert und warteten nun am anderen Ausgang auf den königlichen Wagen. Nur zwei von ihnen waren zurückgeblieben. Einer ging die Straße weiter um die Neugierigen wegzudrängen, der andere benutzte das Hindernis um sein Strumpfband festzubinden.

Ravaillac war der Karosse vom Louvre an gefolgt, hatte, wie er selbst im Prozeß aussagte, den Mantel über die Schulter genommen und darunter das Messer versteckt. Mit vielen anderen Passanten, die vorbei wollten, hatte er sich zwischen eine Bude und die königliche Karosse gedrängt. Es gelang ihm ohne weiteres, mit einem Fuß auf eine Radspeiche zu springen und sich mit dem anderen auf einen

Eckstein zu stützen. Mit teuflischer Geschicklichkeit und Schnelle stieß er sofort zu und traf beim zweiten Mal ins Herz des Königs, der nach dem ersten Stoß noch gesagt haben soll: „Ich bin verwundet", und nach dem zweiten: „Es ist nicht schlimm"; dann sank der Fürst totenbleich zurück, während ihm das Blut aus dem Mund strömte. Wir vermerken diese sozusagen offizielle Darstellung, wenngleich es uns wenig glaubwürdig erscheint, daß der König zwischen den beiden Stößen es noch vermochte zu sprechen und sich seiner Umgebung verständlich zu machen. Wahrscheinlicher ist, daß er nur einen blitzhaften Schrecken, vielleicht noch einen Gedanken zwischen dem zweimaligen Aufblitzen des Messers empfand.
Der Mörder, am Wagenrand festgeklammert, blieb stehen. Er hätte im ersten Augenblick in der Menge untertauchen, es zumindest versuchen und das Messer wegwerfen können. Aber er stand wie ein Held aufrecht auf den Speichen und war von seinem Erfolg selbst überrascht. Später sagte er aus, daß er in das Herz des Königs „wie in ein Heubündel" gestoßen habe. In diesem Augenblick sieht es nach Wahrscheinlichkeit aus, daß Ravaillac die Tat aus eigenem Antrieb ausführte oder höchstens auf Grund von Einflüssen, deren Urheber er selbst nicht kannte.
Ravaillac wurde ergriffen und in das nahegelegene Palais Retz abgeführt, wo man ihn verhörte. Doch davon später!
Die Karosse fuhr mit heruntergelassenen Vorhängen in den Louvre zurück. Der König sei nur verwundet, hieß es offiziell bis sieben Uhr abends. Die Königin konnte den Tod des Monarchen nicht sofort bekanntgeben; das Volk mußte erst vorbereitet werden, sie selbst sich fassen, klagen und Tränen vergießen, zwischen Tränen und Klagen am gleichen Abend noch die Regentschaft übernehmen und dem Volk verkünden: „Der König ist tot, es lebe der König!"
Es waren durchaus berechtigte Maßnahmen, aber alles kann doppelt ausgelegt werden. Über die Hintergründe des Attentats war nichts bekannt geworden. Es konnte das Vorspiel zu ernsten Unruhen sein, vor allem aber durfte bei einer so großen Erschütterung im Volk auch nicht eine Stunde lang das Gefühl eines Vakuums zwischen dem Ende des Vaters und dem Regierungsantritt des Sohnes aufkommen. Dieser junge König ist erst zehn Jahre alt. Im gleichen Augenblick

also muß der Nation der Tod, die neue Herrschaft und die Regentschaft der Königin verkündet werden. Ob Maria von Medici loyal, unvorsichtig oder hinterlistig gewesen war: an ihrer äußeren Haltung nach dem Tode des Königs durfte sich zwangsläufig nichts ändern.

Kehren wir zu Sully zurück! Er erwartete den König im Arsenal für den nächsten Morgen um fünf Uhr. Er hatte eben ein Bad genommen, einen neuen Verband an den Mund anlegen lassen, befand sich in Schlafrock und Nachtmütze, sah Akten durch, prüfte Zahlen und dachte unausgesetzt daran, daß der König sich in drei Tagen an die Spitze der Armee stellen und er selbst ihm 48 Stunden später folgen würde. In dem großen Gebäude herrschte völlige Stille und Untätigkeit, alle Dienstboten bis auf zwei oder drei trieben sich auf den Straßen herum um den Festschmuck anzusehen. Als Sully sich aus seinem Arbeitszimmer in den Ankleideraum begab, hörte er Lärm, Schreie und die Stimme seines Sekretärs Castenet, der rief: „Alles ist verloren!" Halb angezogen stürzte er aus dem Ankleidezimmer; während draußen der Lärm anschwoll, erschien seine Frau und erzählte, man habe einen Kammerherrn des Königs mit einem blutbefleckten Messer in der Hand gesehen.

„Welchen Händen wird Frankreich ausgeliefert!" — das ist der einzige Satz Sullys, den wir aus seiner zwanzig Jahre später nach dem Gedächtnis oder der Phantasie niedergelegten Schilderung des Dramas hier anführen wollen. Gewiß hat er sich nicht so ausgedrückt, aber sicher war es sein erster Gedanke. Deutlicher als viele Worte verrät der Satz die blitzhafte Erkenntnis, daß es mit allem aus war, auch mit ihm selbst, denn Heinrichs IV. Tod bedeutet Sullys Ende.

Seine Gedanken werden wir aus seinen Handlungen zu erraten suchen. Sully kleidete sich an, verlangte ein Pferd und jagte zum Louvre, er war ja nicht ernstlich krank. Die Dienstboten kamen zurück, die Gerüchte hatten sich vervielfacht und widersprachen sich. Man hatte die Parole ausgegeben, der König sei nur verwundet. Sully durfte hoffen, seinen Herrn noch am Leben zu finden. Zwanzig Edelleute schlossen sich an, unterwegs wurde sein Gefolge, zu dem sich Freunde und Klienten durch die Menge herandrängten, größer und größer. Als er am Louvre eintraf, waren es nach seinem Bericht nicht weniger als 300 Edelleute geworden. In der Rue de la Pourpointerie

steckte ihm ein Berittener unbemerkt ein warnendes Billett zu, dessen Inhalt lautete: „Wo wollen Sie hin? Es ist alles aus, er ist tot. Wenn Sie den Louvre betreten, werden Sie sein Schicksal teilen." Bei der St.-Innozenz-Kirche flüsterte ihm Herr du Jeu zu: „Es gibt keinen Ausweg für unser Unglück, ich habe mich mit eigenen Augen überzeugt, denn dieses seltsame Ereignis wird seltsame Folgen haben."
An der nächsten Ecke empfing er abermals eine schriftliche Mitteilung, deren Inhalt der ersten entsprach, und schließlich begegnete er an einer Straßenkreuzung Vitry, der ihm mit dem Ausdruck tiefsten Schmerzes den Tod des Königs bestätigte und hinzufügte: „Aber wo wollen Sie denn mit all den Leuten hin? Man läßt Sie gar nicht bis zum Louvre vordringen, geschweige denn eintreten mit mehr als höchstens zwei oder drei Begleitern. Ich möchte Ihnen nicht raten, das zu tun, und mit gutem Grund, wie ich glaube. Sie sollten lieber umkehren, Sie haben genug anderes zu tun und zu bedenken außerhalb des Louvre."
Wenn wir die Zuschriften gelesen und diese letzte Warnung gehört haben, so wie sie Sully in seinen Memoiren mitteilt, wird es klar, daß Sully der Meinung war, oder doch seinen Lesern die Meinung beibringen will, der Hof und die Königin selbst seien mitschuldig am Tode des Königs. Man ist nicht versucht, Sully diesen bei ihm verständlichen Verdacht vorzuwerfen, wohl aber die Tatsache, daß er umkehrte und es nicht gewagt hat, sich in den Louvre zu begeben, um seinem König ein letztes Lebewohl zu sagen. Gewiß wäre es eine herausfordernde Geste gewesen, mit dreihundert aufgeregten Edelleuten im Louvre zu erscheinen; es hätte so ausgesehen, als ob er Rechenschaft über den Tod des Königs verlangen wollte. Andererseits wäre es gefährlich gewesen, sich allein oder in Begleitung von zwei oder drei Herren dorthin zu begeben: der König ist nicht wirklich tot, solange man nicht auch den Minister umgebracht hat; solange Sully lebt, lebt auch der König weiter. In dieser Geistesverfassung befand sich Sully, als er umkehrte, zunächst in der Richtung, aus der er gekommen war. Dann aber bog er ab, um sich nicht in seine Wohnung im Arsenal, sondern in seine Festung, die Bastille, zu begeben; wir erinnern uns, daß er dort Gouverneur war. Er traf zugleich mit einem Polizeioffizier und einigen Bogenschützen ein,

die im Namen der Königin die Tore besetzen sollten. Sie hatte inzwischen auch schon zum Temple Befehl geschickt, keine Munition auszugeben, und beim Schatzamt die Sperrung aller Zahlungen verfügt. Maria von Medici als Regentin im Louvre, hinter ihr die Concinis, deren Macht von Stunde zu Stunde wuchs, der Prinz von Condé, Erster Prinz von Geblüt, als Rebell im selbstgewählten Exil, der Graf von Soissons, Zweiter Prinz von Geblüt, in verärgerter Zurückgezogenheit auf seinem Landsitz, Sully hinter den Mauern der Bastille verschanzt: so sah die Lage abends um sieben Uhr aus.

XII

DER TRIUMPH DER MARIA MEDICI

Der Lärm und die wilden Gerüchte der Straße riefen, bevor noch sichere Nachrichten vorlagen, große Erregung im Parlement hervor. Seit zwei Wochen fanden die Sitzungen dieses Gerichtshofs nicht mehr im Palais statt, weil der große Sitzungssaal für das Fest des Einzugs der Königin in Paris benötigt und hergerichtet wurde, der am Sonntag stattfinden sollte. Die Kammern tagten im Augustinerkloster. Seit zwei Wochen waren dort in den Schlafsälen und Refektorien provisorische Räume abgeteilt worden, in denen die einzelnen Kammern kleinere Fälle behandelten, denn alle großen Angelegenheiten waren zurückgestellt worden; alles dachte nur an die Festlichkeiten des übernächsten Tages. Der Lärm der Straße alarmierte jäh die lahm sich hinschleppenden Sitzungen. Der Präsident Blancmesnil fuhr auf: es mußte etwas vorgefallen sein; es hieß der König sei verwundet, nicht tot. Der Präsident schickte sofort zum Louvre, die Kammern beschlossen in Permanenz zu tagen. Um 6 Uhr herrschte Gewißheit über den Tod des Königs. Die Königin, ihren Schmerz bezwingend, denkt jetzt nur daran, was der Staat von ihr oder dem Dauphin zu fordern hat, und verlangt daher nach Brauch und Sitte der unverzüglichen Sukzession die sofortige Proklamation ihres Sohnes zum König und ihrer eigenen Person zur Regentin. Zwar sind die Prinzen nicht anwesend, aber der Wille des Toten ist bekannt.

Die Königin ist seit zwei Tagen gekrönt, sie hält die Macht in Händen, der Thron darf ohne Gefahr nicht eine Stunde vakant bleiben. Noch weiß niemand, wie der Anschlag entstand; es kann die Tat eines einzelnen, kann aber auch das Werk einer Faktion sein, deren Pläne und Führer alsbald an den Tag kommen werden. Ein einziger Augenblick der Verwirrung oder des Zögerns kann die schlimmsten Gefahren heraufbeschwören. Maria von Medici beruft sich mit Recht auf den Willen des Königs: er hat sie als Regentin eingesetzt für den Fall, daß ihm ein Unglück zustieße. Das Unglück ist eingetreten, die Königin erfüllt mit ihrem Verlangen an das Parlement, den letzten Willen ihres Gatten anzuerkennen, nur ihre Pflicht. Wenn die Prinzen von Geblüt nicht zur Stelle sind, so ist das ihre eigene Pflichtvergessenheit: der eine hat die Haltung eines Rebellen eingenommen, der andere spielt den Unzufriedenen bei sich zu Hause. Man kann und wird auf sie keine Rücksicht nehmen. In der gegenwärtigen Erschütterung gibt es nichts Dringlicheres als an die verwaiste Krone zu denken; der Lebensatem der französischen Monarchie darf nicht eine Stunde lang aussetzen, das widerspräche ihrem natürlichsten Gesetz, das unverbrüchlich ist wie das der Erde, deren Drehung auch nicht ohne Gefahr kosmischer Katastrophen stocken kann.

Das Parlement tagt in einer Vollsitzung all seiner Kammern, zusammengedrängt im Schlafsaal des Augustinerklosters, während der ganzen Nacht. Auf der Straße herrscht nun Ruhe und Ordnung, Furcht liegt über der Stadt Paris, die Läden sind geschlossen, überall Menschenleere und Totenstille. Maria von Medici schickt Boten auf Boten an den Herzog von Sully, sie selbst schließt sich im Louvre ein, dessen Eingänge verriegelt und bewacht sind; den jungen König und sämtliche Kinder Heinrichs IV. hat man in einem besonders gesicherten Raum des Louvre zusammengepfercht, wo sie von Vitry beschützt werden, als stünde ihre Ermordung oder Entführung unmittelbar bevor. Die Königin verlangt, daß der Herzog von Sully sofort komme. Was soll es bedeuten, daß er sich in die Bastille zurückzieht? Eine weinende Witwe erwartet seinen Beistand und Rat, der junge König seine Huldigung: er ist König, aber noch ein Kind. Sully soll kommen, um Mutter und Kind ein wenig Kraft und Vertrauen einzuflößen, aber der Groß-Meister soll nur ein kleines Gefolge mitbringen: ein großer Zug würde nach Mißtrauen, ja Widersetzlichkeit aussehen. Wer steht hinter der Ermordung des Königs, diesem furchtbaren, noch ganz unvorstellbaren Ereignis, das weitere Folgen anzukündigen scheint? Wenn Sully nicht zum untertänigen Handkuß bei der Königin und dem König erscheint, fällt der Verdacht durch eigene Schuld auf ihn selbst. Er ist es, der über die gesamten Truppen verfügt, die in diesem Augenblick sich auf die Grenze zu bewegen, ihr Befehlshaber ist sein Schwiegersohn, der Herzog von Rohan. Die Umstände haben es gefügt, daß er alle Machtmittel des Königreiches in Händen hält. Die Regentin erwartet, daß er diese Machtmittel zugleich mit seinen Huldigungen derjenigen zu Füßen legt, die seit dieser Stunde die höchste Gewalt innehat.

Sully ließ sich nicht herbei, an diesem Abend in den Louvre zu gehen. Das steht fest, denn Sully berichtet es selbst in aller Ausführlichkeit und färbt seine Aufzeichnungen mit der ganzen Schwärze seines Argwohns. Die höchste Gewalt, die in dieser Stunde an die Regentin übergegangen war, war in der gleichen Stunde seinen Hände entglitten. Mit dieser Lage konnte er sich nicht sofort abfinden. Er spielte daher nach seinem eigenen Geständnis den Kranken und legte sich in der Bastille wohlbewacht zu Bett. „Über Nacht kommt Rat", dachte er. Morgen wird er seinen Entschluß fassen. Eine Nacht Bedenkzeit ist wohl nicht zu viel für jemand, der seinen König verlor und mit kalter Bitterkeit den Zusammenbruch seiner glänzenden Laufbahn erlebte.

Was ist von alledem zu halten? Hat sich in dieser Atmosphäre gegenseitigen Mißtrauens, das so weit geht, daß der junge König und seine Geschwister in einem sicheren Raume des Louvre bewacht werden, Sully seines Lebens nicht sicher gefühlt? Kam es ihm auf eine feindselige Demonstration seines Mißtrauens und seiner Macht an, oder wollte er sich lediglich ein paar Stunden gönnen, um sich innerlich mit der veränderten Lage abzufinden? Es ist doch nicht sehr wahrscheinlich, daß Sully bei seinem Erscheinen im Louvre ermordet werden sollte. Maria von Medici hätte damit nur den Beweis einer Mitschuld am Morde des Königs gegeben. Sully in der Bastille anzugreifen, war ohne bewaffnete Macht oder eine Faktion, die sich noch gar nicht gebildet hatte, unmöglich. Im Augenblick, als der Dolch ins Herz des Königs „wie in Watte" eindrang, sahen die Königin und ihre Kreaturen alle Macht wie eine ungeheure, überschäumende Woge in ihren Händen zusammenströmen. Ob jetzt oder später — der Sturz Sullys war, wenn sie ihn wollten, unvermeidlich. Ihn zu ermorden, wäre nicht nur nutzlos, sondern ein großer Fehler gewesen. Der König ist gefallen, der Herzog muß nach. Wie ein Gewölbe einstürzt, dem der Schlußstein fehlt, wird seine Macht Tag für Tag mehr abbröckeln. In dieser Nacht kam der Groß-Meister zur Einsicht, daß der Tod seines Königs das Ende seiner großen Laufbahn bedeutete.

Nach allen Richtungen mißt er sein Unglück aus: als Freund, als Staatsmann, als Franzose. Es ist zwecklos, sich in der Bastille als freiwilliger Gefangener seiner selbst zu verschanzen. Noch 24 Stunden, und er hat sich lächerlich, ja verächtlich gemacht; die Regentin und die Concinis werden sich im Zwischengeschoß des Louvre über seine Angst und seinen Argwohn lustig machen. Ist es nicht besser, die sterbliche Hülle seines Königs zu ehren, der weinenden Witwe, die ihn ruft, und dem zehnjährigen König seine Dienste zur Verfügung zu stellen? Wie oft haben nicht Heinrich IV. und der Groß-Meister in vertraulichen Stunden gemeinsam von der Zukunft dieses jungen Königs gesprochen und die Aussichten auf eine glorreiche Herrschaft erwogen! In dieser Nacht gehen ihm alle diese Gedanken durch den Sinn, und wenn ihm der erste Augenblick einen Stoß versetzte und die schlimmsten Befürchtungen erweckte, so bringt das Morgengrauen die Klarheit. So wenig der Thron eine Stunde vakant bleiben darf, so wenig darf Sully noch eine Stunde zögern, sich zu zeigen, seine Huldigung und Dienste anzubieten. Am frühen Morgen schon schickt die Königin wieder Boten in die Bastille. Vertraute und Intime des toten Königs und Sullys selbst, wie die Herren von Montbazon, Praslin, Schomberg und der in alle Geheimnisse eingeweihte La Varenne, bestürmen ihn mit Gründen, und diese Gründe sind stichhaltig. Was soll die Haltung des Herzogs von Sully bedeuten? Hat er Furcht für sich selbst oder will er Furcht einflößen? Er weiß selbst am besten, daß er keineswegs im Louvre nur Freunde besitzt. Schon versucht man der Regentin einzureden, Sully plane, sich mit den

Truppen, über die er verfügt, gegen sie zu wenden, sie nach Florenz abzuschieben und den jungen König unter seine eigene Vormundschaft zu stellen. Bei Maria von Medici finden die tollsten Gerüchte und Verdächtigungen nur allzu leicht ein williges Ohr; in der gegenwärtigen Lage zeigt sie sich zugleich furchtsam und siegesgewiß. Man muß der Erschütterung, der ein weibliches Gemüt ausgesetzt ist, Rechnung tragen. Genau genommen, weiß sie nicht, woran sie ist. Im ersten Augenblick denkt sie nur erregt an alle Widerstände, die sie von seiten des Herzogs von Sully erfahren hat, im nächsten schon erklärt sie unter Tränen, daß seine Anwesenheit nötig sei zur Bestätigung ihres Ansehens als Regentin. Kaum hat sie sich beruhigt, verbreitet sich in der Stadt das Gerücht, Sully habe alles frische Brot in den Bäckereien und sämtliche Backwaren in den Lebensmitteldepots beschlagnahmt und stehe im Begriff, Truppen zur Stützung seiner Macht nach Paris zu ziehen. Es bedarf nur einer Order an den Herzog von Rohan, seinen Schwiegersohn, und 6000 Mann mit Kanonen marschieren. Will der Herzog einen neuen Tag der Barrikaden veranstalten, in seiner Person den Herzog von Guise wiedererwecken? Er möge vorsichtig sein, aller Anschein spricht gegen ihn. Wenn er im ersten Schrecken über das Attentat etwa einem dunklen Verdacht Raum gab, ist die Regentin schon entschlossen ihm zu verzeihen und die eigenen unwillkürlichen Befürchtungen abzuschütteln. Wie Sturm und Gewitter toben an diesem Tage die Gedanken in den Köpfen, alles wird für möglich gehalten, alles kann auch verziehen werden. Denn das Leben muß weitergehen. Was immer Sully denken mag, er soll im Louvre erscheinen, wo er nur eine in Tränen aufgelöste Frau vorfinden wird, die auch ihrerseits Argwohn gehegt hat, ihn jetzt aber zu sich ruft. Weigert er sich, ist er nichts anderes als ein Rebell, der an einem einzigen Tage das Werk der Eintracht und des Friedens im Königreich zerstört, das sein Herr mit Genie und Geduld errichtet hat.

Sully gab nach. Er war schach und matt. Wenn man das Spiel seiner Gedanken, die Entwicklung seiner Pläne genau verfolgt, muß man seinen Argwohn begreifen, wenn man ihn auch nicht teilt. In der gleichen Stunde, als seine so lange Jahre bedachten Pläne sich in Wirklichkeit und Tat umsetzen sollten, mußte er sehen, wie dieses geheimnisvolle Attentat sie in Rauch aufgehen ließ. Wie konnte er anders, als gegen diejenigen Verdacht hegen, für die diese Wendung den höchsten Triumph bedeutete, während sie ihn selbst ins Nichts zurückstieß! Trotzdem ergab er sich. Es war das Gesetz der eisernen Notwendigkeit, und keine Überlegung, keine Bitterkeit wog die klar erkennbare Tatsache auf: wenn er kein Rebell ist, so ist er ein Untertan und hat zu gehorchen. So verläßt Sully die Bastille in Begleitung von nur fünf Dienstleuten und weist das Gefolge von 300 Edelleuten, die seiner am Tor als Eskorte und Schutz harren, zurück.

Die Boten hatten die Wahrheit gesprochen: die Königin empfing den Groß-Meister mit einem Überschwang von Freundlichkeit und Schmerz. Sully berichtet, nicht ohne Ironie, daß die Augenzeugen die Szene „äußerst rührend" finden mußten. Die Regentin ließ sofort den jungen König rufen, und wir möchten glauben, daß der Anblick des Kindes das argwöhnische Herz rasch entwaffnete. Sully schloß den jungen König in seine Arme und wollte ihn nicht mehr loslassen: die Regentin, das königliche Kind und der Minister in Schmerz und Tränen vereint! „Mein Kind", sagte die Königin, „dies ist Herr von Sully, den Du von ganzem Herzen lieb haben mußt, denn er war einer der treuesten Diener Deines königlichen Vaters, und ich bitte ihn, daß er in Zukunft bei Dir Vaterstelle vertritt."

Die Tränen, der Appell an seine Dienste, der Anblick des Kindes, dem er Vater sein sollte, brachten das Gebäude seines Argwohns zum Einsturz. Es war doch unausdenkbar: die Königin konnte ihre Hand nicht im Spiele haben, das Zusammentreffen geheimnisvoller Umstände hatte das Wahngebilde seines Argwohns erzeugt. Jetzt ließ Sully den natürlichen Regungen des Herzens freien Lauf, und die Dinge sahen plötzlich verändert aus. Wie hatte er nur auf dem Weg zum Louvre den verrückten Gedanken einer drohenden Ermordung fassen können! Die Königin unterbrach ihr Schluchzen nur, um dem Minister Worte der Anerkennung und des Lobes zu sagen, und gab damit das Beispiel für die Haltung und Meinung der Allgemeinheit. Die Großen, die Fürsten, die Mitglieder des Conseil, alle Anwesenden wie die später Hinzukommenden überboten sich in Beteuerungen der Freundschaft, Verehrung und Verbundenheit. Gerade weil sich der Groß-Meister zuerst mißtrauisch abseits gehalten hatte, wußte man ihm erst recht Dank für seine jetzige Haltung, man erwartete aber auch in diesem Augenblick von ihm den höchsten Beweis seiner Ergebenheit. In wenigen Minuten, um zehn Uhr, mußte der neue König mit seiner Mutter zum Parlement aufbrechen, um sein erstes *lit de justice*, die feierliche Parlementssitzung nach uraltem Brauch zu halten und die Übernahme der Königswürde sowie die Regentschaft der Königin zu erklären. Maria von Medici beschwor Sully, sich weder auf seine Krankheit noch auf seinen Schmerz zu berufen, sondern den vom verstorbenen König ihm zugewiesenen Platz eines Pairs von Frankreich einzunehmen. Die beiden natürlichen Stützen der Krone, die Prinzen von Geblüt, würden dem jungen König nicht zur Seite stehen, um so unentbehrlicher sei seine Gegenwart als schützender Schatten des Vaters. Er verkörpere die Verbindung der alten Regierung, die so gewaltsam geendet, mit der Thronbesteigung eines Fürsten, der viel zu jung war, um mehr vorstellen zu können als die Fortdauer des Lebensprinzips der Monarchie, das sich in der Erblichkeit der Krone ausdrückt und in dem geradezu sakramentalen Satz: „Der König ist tot, es lebe der König!" Vermochte die Königin ihrem Schmerz zu gebieten, so mußte auch Sully es tun.

Sully war bei der Zeremonie anwesend. Wie hätte er auch ablehnen können! Was auch seine verborgenen Gedanken und Gefühle sein mochten, die mit dem Tod Heinrichs IV. einsetzende Ebbe trug ihn mit sich fort. Widerstrebte er dieser Strömung, er wäre als Strandgut zurückgeblieben. Er war Zeuge der Tränen gewesen, hatte das Kind seines Herrn, das nun sein König war, ans Herz gedrückt. Man raunte einander die rührendsten Klagen des jungen Königs zu: er habe gefragt, ob „man" ihn wohl auch töten wolle; ihm wäre es recht, wenn sein Bruder an seiner Stelle König würde. Die Regentin gefiel sich darin zu erklären, daß niemand ihren Schmerz so sehr aufgerührt habe wie Sully. Dennoch glaubte Sully, ruhiger geworden, durch alle Versicherungen der Dankbarkeit hindurch die Spuren eines zweideutigen Siegeslächelns wahrzunehmen, den Ausdruck heimlichen Einverständnisses von Spielern, die ihren Vorteil buchen. Ihm kam es so vor, als höre er hinter den verschlossenen Türen der Korridore den stummen Triumph der italienischen Faktion, der Concinis. Es darf nicht vergessen werden, daß wir von einer Zeit sprechen, in der sich niemand Skrupel machte den anderen zu betrügen, denn in Wahrheit betrog man doch niemanden. Die Köpfe waren zu gewitzigt, um nicht in jedem Spiel zu lesen und das wahre Gesicht hinter der Maske zu erkennen. Jede Geste glich einer Karte, die man in ein langwieriges und heikles Spiel warf. Sully wägt und mißt alles. Ein Punkt seines langen Berichts überrascht, vielmehr ist es eine Lücke, die zu denken gibt: er spricht nicht davon, daß er an diesem Tage seinen Herrn auf dem Totenbett zu sehen verlangte. Derselbe Mann, der bei der Wiedergabe ihrer Gespräche so oft Gelegenheit nimmt, die flüchtigsten Veränderungen im Gesichtsausdruck Heinrichs IV. zu beschreiben, spricht nicht von diesem Antlitz in der Ruhe des Todes, nicht von dem kerzenumstellten Sterbelager, dessen Betrachtung dreißig Jahre inniger Lebensgemeinschaft hätte zurückrufen müssen. Hat Sully wirklich nicht ein letztes Mal die Hand geküßt, die hundertmal die seine ergriff im Lauf vertraulich lebhafter Zwiegespräche? Sicherlich hätte uns Sully das Porträt des toten Königs in seinem Trauerprunk gezeichnet, wenn Heinrich IV. eines natürlichen Todes gestorben oder auf dem Schlachtfeld gefallen wäre. Fürchtete er, daß ihm beim Eintritt in das kleine Gemach das Herz brechen müßte?... Dieser Tod war ihrer beider Niederlage, vielleicht wollte er sich diesen Anblick im Beisein der triumphierenden Königin, mochte sie nun Schuld treffen oder nicht, ersparen. Bassompierre hat uns den König beschrieben, wie er in einem kleinen Raum des Louvre ausgestreckt lag auf einem niedrigen Bett, den Purpurmantel über die Schulter geschlagen, das Kreuz auf den Lippen. Der dunkle Schatten der geschlossenen Fensterläden und der schwarzen Vorhänge verdüsterte den Raum. Dieselben Arbeiter, die eben noch mit der Ausschmückung des Louvre zur Feier des Einzugs der Königin beschäftigt waren, hatten eilig die Trauerstoffe drapiert; sie mußten nur ihre Leitern von einer Stelle zur anderen bringen und ihre Hammerschläge dämpfen. Hastig wurden die Festgewänder weggeschafft, alle Kammerfrauen waren mit Zuschneiden und Näherei beschäftigt. Die Trauerkleider mußten eiligst fertiggestellt werden und schwarze Bespannung für Wände, Fußböden und Bilder: alles wird schwarz. Die Königin hat keinen triumphalen Einzug mehr nötig, keinen bunten Putz. Noch eine Stunde, und sie wird unter ihrem schwarzen Schleier, eingehüllt in die Trauergewandung, auf dem Gipfel ihrer Macht angelangt sein. Maria ist es schon jetzt und hält sie fest in Händen. Von den gleichen Tribünen, die man an der Porte Saint-Denis errichtet hatte, wird das Volk nun nicht die Königin anstaunen und bejubeln, sondern die sterbliche Hülle des Königs und sein Trauergefolge vorbeiziehen sehen. Man nahm die Totenmaske des Königs ab. Die Maske ist erhalten: das ist Heinrich IV. und er ist es auch wieder nicht. Geschlossen liegen die Lider über den Augen, die so viele Geheimnisse durchschauten, so weit in die Zukunft blickten, so oft aufsprühten im Feuer des heroischen Mutes, der raschen Erregung und der Liebe. Aber noch der vom Tod versiegelte Mund wird nicht aufhören, die Geschichte Frankreichs zu erhellen mit seinem zündenden Witz, seiner natürlich sprudelnden Heiterkeit und seinem unzerstörbaren Optimismus, dem nichts unmöglich erscheint.

Wir müssen uns noch die aussichtslose Frage stellen: auf wen fällt der Tod Heinrichs IV., wenn die Königin und der Hof nicht beteiligt sind, wenn es keine Faktionen gibt, wenn alles so ruhig ist, als ob der König nur schliefe und am nächsten Morgen aufstehen und zur Jagd aufbrechen könnte?

Bevor wir eine Antwort auf diese Frage versuchen, lassen wir den Mörder selbst sprechen. Ein einzelner Mann, abgerissen und abgezehrt, führte den Stoß mit dem Messer; in seinen Taschen fand man weniger als einen Taler und ein von drei Stichen durchlöchertes Herz aus Stofflappen. Man hatte ihn der Volkswut entreißen und im nahgelegenen Palais Retz in einem Kämmerchen einsperren müssen. Wir lassen ihn, wo er ist, und betrachten uns das Schauspiel des Tages, den Einzug des jungen Königs und der Regentin im Kloster der Augustiner, wo die versammelten Kammern des Parlements sie erwarten. Die Szene ist wieder „äußerst rührend". Die hohe, aufrechte Gestalt der Königin wirkt wie die Verkörperung der Trauer und königlichen Mütterlichkeit. Sie hält keinen Einzug unter hölzernen Triumphbögen, die mit kurzlebigen Blumen geschmückt sind, sie hält ihren Einzug in die Geschichte, und ihre großartige Haltung drückt das Bewußtsein um die Bedeutung dieser Stunde aus. Während sie die Karosse verläßt und die Stufen hinaufsteigt, jubelt das Volk ihr zu. Der junge König wird mit begeisterten Zurufen begrüßt: zehn Jahre ist er alt! Man hat ihn bisher selten gesehen in Paris, und nur als kleines Kind, wenn die „gute Tante" Margarete ihn auf den Jahrmarkt von Saint-Germain führte. Der tote König wünschte seine sämtlichen Kinder vor schlechter Luft zu bewahren und ließ sie in seinen Schlössern zu Saint-Germain, Fontainebleau, Mousseux und Villers-Cotterets durch ihre Gouvernanten und Hofmeister aufziehen. Erst vor drei Tagen hielten der Dauphin und seine Schwester die schwere Krone über das Haupt der Mutter wie zwei Engel vom Himmel. Heute war dasselbe Kind König, der echte König. Er war groß für sein Alter und hatte ein sanftes Gesicht. Auf dem Weg vom Louvre zum Augustinerkloster hatte er sich brav auf seinem kleinen weißen Zelter gehalten. Er trug den violetten Rock, violett waren Samtbarett und Umhang, die Trauerfarbe der Könige. Wie plötzlich war die schwere Krone auf sein Haupt übergegangen! Er mußte das Herz des Volkes gewinnen: ein Kind, so schwach, dessen Vater eben erst ermordet worden war, ein König, so mächtig! Gestern hieß es: Der König ist tot — heute: Es lebe der König! Gestern war Paris von Angst und Schrecken erfüllt in dumpfem Schweigen zur Ruhe gegangen. Die Stadt erwachte, ohne daß die geringste Erschütterung auf diese Ängste erfolgt wäre, und ohne tiefere Bewegung wechselte die Bevölkerung vom Schrecken zur Begeisterung. Die Monarchie hat ihre eigenen Gesetze und Riten: wie das Ostergeläut unmittelbar auf die Klagegesänge folgt, so grüßten die Glocken des Augustinerklosters und aller übrigen Kirchen sogleich nach dem Sterbegeläut den Sohn des toten Königs. Noch einmal erhob sich das Schauspiel zu äußerst rührender Wirkung. Der König hatte zu Lebzeiten Frieden gebracht, er brachte ihn noch im Tode. Kein Waffenlärm war zu hören, nur die Hellebarden der getreuen Schweizer begleiteten den Marschschritt des Trauerzuges, nichts kündigte drohend eine Erhebung außerhalb von Paris an, keine Nachricht lag von dem rebellischen Prinzen Condé vor. Wenn er zurückkehrte, war die Übernahme der Macht schon vollzogen und stabilisiert. Wie in Watte war das Messer in das Herz Heinrichs IV. gedrungen, und ohne Lärm ging sein Tod in die Geschichte ein. Die alten Leute konnten sich noch an den Tod Heinrichs III., Karls IX. und Franz' II.

erinnern und an all die Ängste und Schrecken, die man darnach erlebt hatte. Der Tod Heinrichs IV., so beklagenswert er war, schien sein Lebenswerk zu krönen: Sicherheit und Frieden. Das Volk begann ihn nach seinem Tode inniger zu lieben, als es ihn je zu Lebzeiten liebte. Noch hatte man seine Bonmots nicht gesammelt, man hatte teuer bezahlt und viel gelitten, aber man kannte schon das Wort vom Huhn im Topf und ein paar andere Histörchen. So wie Heinrich die kleinen Leute geliebt hatte, so rief jetzt das gerührte Volk dem kleinen König seine Liebe und Treue zu.

König, Königin und Gefolge begaben sich in den allzu engen Saal, den man im Schlafraum der Augustiner hergerichtet hatte. Mit einem raschen Seitenblick konnte sich die Königin überzeugen, daß Sully an seinem Platz war. Der Groß-Meister hatte einen Abend, eine Nacht schmollend abseits bleiben können, jetzt nahm er den Dienst wieder auf und schaute sich aufmerksam um, ob in der Verwirrung des Augenblicks kein geistlicher oder weltlicher Würdenträger sich einen Platz anmaßte, auf den er keinen Anspruch hätte. Die Plätze sind das Symbol der Rangstufe, und die Rangstufe ist das Symbol der Ordnung. Noch hat Sully seinen Argwohn nicht ein für allemal begraben, er ist stets im Unterton seiner Aufzeichnungen durchzuspüren; aber selbst wenn sein Scharfsinn ihn als erdichtet hinstellt, hat man den Eindruck, daß Sully mit giftigem Stachel die Königin treffen will. Der Verdacht hat sich allzu tief in sein Herz eingefressen, Sully wird mit ihm nicht fertig, selbst gegen besseres Wissen. In den 25 Jahren seiner tatenlosen Einsamkeit wird er seinen wirklichen und angeblichen Sekretären — denn tausendmal nimmt er ihnen die Feder aus der Hand und führt sie selbst — alles diktieren, das ganze Netz der Zusammenhänge von neuem knüpfen, Masche um Masche von Anbeginn an wieder aufnehmen: die ehelichen Zwiste, die Politik der Königin, ihre völlige Abhängigkeit von ihren Günstlingen, die durch die Krönung vorbereitete sofortige Machtübernahme anläßlich des „Unglücksfalles", die unmittelbare Aufeinanderfolge von Krönung und Attentat, des Königs düstere Ahnungen, sein Vorgefühl der Katastrophe während der prunkvollen Salbung — alles wird des langen und breiten wieder und wieder mit so unerbittlicher Logik entwickelt, daß der Leser zum Schluß sich sagen muß: Es ist ausgeschlossen, daß der Zufall so präzis arbeitet, die Königin war Mitwisserin, sie selbst hat es gewollt, oder doch diejenigen wußten und wollten es, in deren Hände sie sich als fast willenloses Werkzeug gegeben hatte. Denkt man aber weiter nach, so muß man sich auch fragen: hat nicht der verbitterte Sully selbst diesen allzu klar verknüpften Zusammenhang des Dramas in seinen Erinnerungen nachträglich konstruiert? Und schließlich ist noch ein Gefühlsmoment zu berücksichtigen: als Sully seine Memoiren abfaßte, hatte er den Ablauf der Regentschaft und des Lebens der Maria von Medici schon erlebt. Was er dabei von ihrem Geist und Herz, ihrer Loyalität beobachtete, war nicht dazu angetan sein hartes Urteil zu mildern. Mehr als einmal mag er auf seinem fürstlichen Ruhesitz im Schlosse Sully über ihre politischen Entgleisungen und Unternehmungen schadenfroh gelacht haben, die sie von ihrem goldenen Käfig zu Blois bis zu einem elenden Tode im Exil zu Köln führten.

Wenn wir uns nun zum Schluß noch einmal fragen, wer eigentlich den Tod Heinrichs IV. verschuldet hat, so bleiben wir vielleicht bei der paradoxen Antwort, daß es niemand gewesen. Denn Ravaillac war ein Niemand, zumindest nach den Begriffen der damaligen Zeit. Als sich Sully in der ersten Bestürzung über das Attentat in die Bastille zurückzog, mußte er auf alles gefaßt sein, nicht so sehr für seine Person als für das Königreich, denn noch wußte er nichts Näheres. Aber wir, die wir die Zusammenhänge kennen, die Aussagen des Verbrechers gehört, seinen Prozeß verfolgt haben, können nicht ohne weiteres glauben, daß Ravaillac einen ausdrücklichen Auftrag hatte, als er zu Fuß La Rochelle verließ mit einem Messer und einem durchlöcherten Herzen in der Tasche. Aus dem Verhör zitieren wir eine Frage und eine Antwort: „Warum hat er getötet?" „Weil der König den Papst bekämpfen wollte", erklärte der Attentäter mit sturer Überzeugung. Die Antwort kennzeichnet die Aufregung über den geplanten Feldzug, die in der Volksseele herrschte, bevor er noch begann. Der Gedanke an einen Hilfszug für die protestantischen Fürsten gegen den katholischen Kaiser rief die Erinnerung an die Religionskriege wach und brachte alte Giftstoffe wieder zur Gärung. Man muß bedenken, daß La Rochelle die heilige Stadt der Hugenotten war, ihr Mekka, also diejenige Stadt Frankreichs, in der das katholische Leben glühender, geheimer pulste und für bedrohter galt als irgendwo sonst. Wenn ein Fieber ausbrach, so bestand hier die größte Ansteckungsgefahr. Zwar verwüstete der Brand der Bürgerkriege nicht mehr das schöne Land, aber die Religion war noch immer ein Zündstoff.

Auf die Nachricht, der König eile den protestantischen Fürsten zu Hilfe, wird bei den Hugenotten von La Rochelle Frohlocken und Jubel geherrscht haben. Endlich erkannten sie ihren alten Heinrich wieder, ihren König von Navarra. Der Glaubenswechsel Heinrichs IV. hatte ihnen einen Schlag versetzt, nun erhoben sie wieder stolz das Haupt. Krieg gegen den Kaiser hieß Krieg gegen Spanien, Krieg gegen Spanien hieß Krieg gegen den Papst. Hingegen mußte das kleine Häufchen Katholiken in La Rochelle erschreckt und empört den Kopf hängen lassen. Damals machte ein Buch, das der gelehrte König von England verfaßt hatte, großes Aufsehen. Er bewies darin aus der Bibel, daß der Papst der Antichrist sei. Das Buch beleidigte die Katholiken. Man muß sich die Verfassung der aufgescheuchten katholischen Minderheit in La Rochelle vorstellen, die Gerüchte und Befürchtungen, das Beten und Flehen in verschlossenen Kammern um ein „Wunder", das dem König im letzten Augenblick vor diesem ruchlosen Kriege Einhalt gebieten sollte. Unter solchen Umständen bedurfte es für einen exaltierten Kopf nicht erst einer ausdrücklichen Weisung, ganz von selbst trat die Erleuchtung ein: Wie wäre es, wenn ich dies Wunder vollzöge? Der Giftstoff hatte sich ausgebreitet, und Ravaillac hatte ihn eingeatmet, im Brot das er aß, im Wein den er trank war er vorhanden, er hatte völlig von ihm Besitz ergriffen.

Aber wer hat das Gift verbreitet? Müssen wir wieder auf die schwarzen Schafe, die Jesuiten zurückkommen? Wenn sie in diesem Buch einen breiten Raum einnehmen, so geschieht es um dieses Schlußaktes willen. Es dürfte jedoch ohne weitere Beweisführung schon klar sein, daß gerade die Jesuiten am allerwenigsten Anlaß hatten, den Tod des Königs zu wünschen. Nur gegen den Widerstand einer leidenschaftlichen Opposition hatte ihnen Heinrich IV. die Rückkehr nach Frankreich ermöglicht. Er zeigte Interesse für ihren Orden, hatte bald Zuneigung für sie gefaßt, sie erfreuten sich schließlich seines besonderen Schutzes. Unter seinem Patronat gründeten sie ihre erfolgreichsten Kollegien, er hatte ihnen La Flèche geschenkt und eben noch bestimmt, daß nach seinem Tod sein Herz in der Kapelle von La Flèche aufbewahrt werden sollte — ein symbolisches Geschenk: das Herz den Jesuiten! Selbst wenn man den Gesichtspunkt der Dankbarkeit als eines für diese schwarzen Schafe zu edlen Gefühls beiseite läßt, hatten die Jesuiten alles Interesse daran, daß der König am Leben blieb. Nicht daß nur eitel Liebe und Schmeichelei zwischen ihnen und dem König geherrscht hätte. Der Jesuitenpater Gontran hatte sogar von der Kanzel gegen die Sittenverderbnis gewettert und den König und seinen „Harem" ausdrücklich genannt und verurteilt. Die Schmähung war stark und wiederholte sich. Aber Heinrich IV. nahm sie nicht allzu übel und ordnete lediglich an, daß dieser wetternde Priester seine Predigten in Zukunft nur mehr am Hofe und vor ihm selbst halten sollte. Wenn der Pater auch in der Folge schalt, ließ er sichs gutmütig gefallen, so wie man den Regen fallen hört, der manchmal die Seele labt. Nach jedem Gottesdienst bekam Pater Gontran für seine Predigt zwanzig Taler.

Achten wir noch auf eine Einzelheit des Prozesses! Ravaillac sagte aus, daß er La Rochelle verließ, ohne die Osterkommunion gefeiert zu haben. Das hätte dem Untersuchungsrichter als Indiz dienen können. Zu jener Zeit kannte und überwachte in der katholischen Minorität von La Rochelle einer den anderen. Dieser exaltierte Katholik hatte am 14. Mai seine Ostern nicht gefeiert. Welche Folgerung ist daraus zu ziehen? Entweder hatte er seine Absicht irgendeinem Priester — Jesuiten gab es in La Rochelle bestimmt nicht — gebeichtet, der ihm die Absolution verweigerte, oder — und das ist wahrscheinlicher — er hatte seinen Plan niemandem anvertraut, aus Furcht, an der Ausführung verhindert und denunziert zu werden, so wie man vor 16 Jahren Pierre Barrière verraten hatte. Ravaillac legte seinen Weg mit der Sicherheit eines Schlafwandlers zurück: er wird seine Ostern nicht halten, aber er wird ein Wunder vollbringen. Nach dem Wunder wird er seine Rechnung mit dem Himmel machen und der Himmel mit ihm. In aller Öffentlichkeit wird er den Mord vollziehen, die Menschen werden ihn dafür martern, das war ihm aus vielen Beispielen gewiß, aber Gott im Paradies wird es ihm vergelten.

Das waren auch die Gedankengänge des Jean Châtel, Pierre Barrière und ihres Vorläufers Jacques Clément gewesen. Nein, Ravaillac, der arme Tropf, war kein Beauftragter, er war nur das Produkt einer vergifteten Vergangenheit und einer übererregten Gegenwart. Es ist unvorstellbar, daß man sich zur Ausführung dieses Verbrechens, das von den Anstiftern Schlangenklugheit und Grabesverschwiegenheit verlangt hätte, eines solchen Hysterikers bediente. Er hätte nach vollbrachter Tat, zur Vernunft gekommen, gesprochen und alles verraten. Niemand kann im voraus die Widerstandskraft eines Unglücklichen gegen die Qualen der Folter berechnen. Ravaillac hatte gemordet wie ein Wahnsinniger, sich mit der Gewandtheit eines Irren am Wagenrad festgehalten und vor aller Augen lachend mit dem Messer in der Luft herumgefuchtelt. Während des Prozesses nahm er alle Schuld auf sich allein und prahlte mit der Tat wie mit einem Ruhmestitel. Im Gefängnis der Conciergerie, in das man ihn aus dem Palais Retz überführte, lachte er unentwegt und zeigte seine großen schwarzen Zähne. Man gab sich die größte Mühe, ein Indiz, einen Namen aus ihm herauszubringen. Wenn wir sagen „Mühe", so ist das eine falsche Schönrednerei: man drohte ihm, vor seinen Augen Vater und Mutter zu foltern, wenn er nicht aussagen werde. Pater Cotton ging zu ihm und versuchte es mit Güte: „Mein Freund", sagte er — wie verletzte dieses „mein Freund" Sullys Ohren! — „Du hast die Tat nicht allein vollbracht." „Geben Sie acht", erwiderte ihm, auch jetzt noch lachend, Ravaillac, „daß ich nicht Sie bezichtige!" Dem Pater Cotton mag es kalt über den Rücken gelaufen sein. Sogar Henriette d'Entragues wurde verdächtigt und im Parlement verhört. Sicher hatte sie viel auf dem Gewissen dem König gegenüber, aber wenn wir ebenso wie die Richter sie vom Verdacht entlasten, so ist der Grund dafür der, daß sie keinerlei Interesse an diesem Tod hatte, der sie und ihre Kinder Maria von Medicis Rachsucht preisgab. Man kann ungerecht sein, aber man muß vernünftig bleiben. Henriette d'Entragues verlor in diesem Drama den letzten Rest dessen, was ihr von der Gunst des Königs verblieben war. Ravaillac aber erscheint als das typische Beispiel der zahllosen Halbirren, von denen es damals nur so wimmelte und von denen einer in die Fußtapfen der anderen trat. Seit zwanzig Jahren lag das Attentat in der Luft wie eine ansteckende Krankheit, die ihre stillen und wieder aufflackernden Perioden aufweist. Wie ein Damoklesschwert hing es über dem Haupt des Königs. Achtzehnmal hätte der Faden reißen können. Wäre der König diesmal nicht erlegen, so wäre es bei einer anderen Gelegenheit geschehen. Er selbst sprach aus, daß er es leid sei, sich in acht zu nehmen; er hatte Kummer und Sorgen genug und wollte nicht auch noch ständig auf der Hut sein vor einem Attentat. Schon im Beginn seiner Regierungszeit hatte er zu Frau von Balagny gesagt: „Man spricht mir nur von meiner Ermordung." Die ständige Überwachung ging ihm auf die Nerven. Bei einer Jagd in Fontainebleau war er zu Pferd durchgebrannt und stundenlang einsam herumgaloppiert, während sein Gefolge Todesangst um ihn ausstand. „Ich brauchte ein wenig Freiheit", gab er zur Antwort.

Am 14. Mai 1610 fühlte er sich verdüstert, müde und beunruhigt und schickte die Wachtposten fort. Es war der Ruhetag zwischen der Krönung der Königin und ihrem feierlichen Einzug. Der König brauchte ein wenig Freiheit. Er wußte genau, daß er in ständiger Gefahr schwebte, aber er wollte nicht unausgesetzt daran denken. In der Klarheit seines Verstandes hätte er Ravaillac wahrscheinlich selbst mit einem Fakir verglichen, der sich ohne Schmerzempfindung mit dem Säbel Schnitte im Gesicht beibringt oder auf dem Boden liegend das Pferd des Marabut über sich hinwegjagen läßt, ohne daß es ihm die Brust eindrückt. Die höhnisch herausfordernde Haltung Ravaillacs vor seinen Richtern, die völlige Gleichgültigkeit gegen das eigene Schicksal, die wilde Freude, die er zeigte bis zu seiner grauenhaften Folterung, deren Beschreibung das unseren Nerven ertragbare Maß überstiege, lassen an das jener Zeit so vertraute Phänomen der Teufelsbesessenheit denken. Man erinnert sich unwillkürlich der bewundernswerten und großmütigen Worte des Johann Hus angesichts der Frau, die ein Reisigbündel zu seinem Scheiterhaufen herbeitrug: *Sancta Simplicitas!*

Wir müssen auch die Königin und sogar den Hof von dem Verdacht freisprechen, den Sully hegt. Aber es ist nur ein Freispruch in materieller Hinsicht, der alle Vorbehalte hinsichtlich ihrer und ihrer Kreaturen moralische Verantwortung macht. Sie hatte durch ihre Gegenzüge und Intrigen wesentlich beigetragen zu jener Verwirrung der

Geister, die zur Ursache der Ermordung wurde. Sie hatte die Pläne des Königs an ihre Geheimagenten in Florenz und Madrid verraten. Sie hatte gegen den König gespielt und zwar mit Erfolg. Madrid besaß unleugbar unter den Katholiken Frankreichs und selbst unter den Devoten Zwischenträger, Eiferer und bezahlte Kreaturen. Erinnern wir uns, daß Coligny im August 1572 am Vorabend des Feldzugs gegen Spanien, den er betrieben hatte, als Opfer eines Büchsenschusses fiel. Sechzehn Jahre später wurde Heinrich am Vorabend des Einmarschs in Paris und der Vertreibung der Spanier aus der Stadt ermordet. Wiederum am Vorabend des Waffenganges gegen das andere Spanien, das sich das Kaiserreich nannte, war jetzt Heinrich IV. gefallen. Ein solches Zusammentreffen ist kein Spiel des Zufalls. Ravaillac war nicht auserwählt worden, er hatte sich selbst erwählt. Aber in dem Stromkreis, der aus den Gemächern der Maria Medici über Florenz, Madrid, La Rochelle in die Rue de la Ferronnerie lief, war die Italienerin eingeschlossen.

Daher konnte sie zu gleicher Zeit Tränen vergießen und triumphieren und guten Gewissens den physischen Schock über den Tod empfinden. Es ist nur natürlich und Frauenart, wenn sie unter Tränen erklärte: „Ich wußte es im voraus, daß dieser Krieg Unglück bringen würde." Das Unglück trat ein, aber für sie selbst war es vom ersten Tag an kein Unglück sondern die Erfüllung all ihrer Wünsche. Sie konnte trotzdem ihre Tränen vergießen und um so unbedenklicher, als sie nun die Krone trug und ihr die Macht nicht mehr entgleiten konnte. So schwankte eine listenreiche Frau zwischen dem Selbstbetrug ihres Herzens und der Wahrheit.

Jetzt lag ihr Weg frei: in großer Haltung verließ sie das Parlement. Die Reden hatten schön geklungen und wiederum herzbewegend. Der junge König hatte seine kurze Ansprache brav gehalten, die Mutter hatte an seiner Stelle auf die Huldigungen der Pairs geantwortet. Noch einmal begrüßte die Menge die erlauchte Witwe, und ein Augenzeuge überliefert, ein junger Bischof mit schwarzem Bärtchen habe sich auf dem Pont-Neuf gegenüber dem Augustinerkloster unauffällig gekleidet unter das Volk gemischt „um zu sehen, was vorgeht". Es war der Bischof von Luçon, der später Richelieu genannt werden wird. Wir werfen im Vorübergehen einen flüchtigen Blick

auf das bleiche Gesicht, die scharf beobachtenden Augen und den gespannten Ausdruck seines Gesichts. Er wird sich die Königin gründlich betrachtet haben.
Die Karossen kehren zum Louvre zurück, das Leben im Palais nimmt seinen gewohnten Gang wieder auf. Die Regentin bleibt unsichtbar, sie hat sich mit den Concinis in ihren Räumen eingeschlossen; es ist nur recht und billig, daß sie nach einem solchen Vormittag die schwarzen Schleier ablegt und sich ein wenig Ruhe bei so ergebenen Dienern gönnt. Wir betreten zum letzten Mal das Sterbezimmer, in dem die Wundärzte damit beschäftigt sind, „den Leichnam des Königs zu öffnen" und seinem Willen gemäß das Herz herauszunehmen, das sie „klein, fest und rund" fanden und das die Jesuiten nach La Flèche bringen werden. Es ist der letzte Augenblick. Man sagt, daß die Sterbenden in der Todesstunde in einer blitzschnellen Schau ihr ganzes Leben von frühester Kindheit an noch einmal vorbeiziehen sehen. Diese Behauptung, die nicht nachzuprüfen ist, mag ihren Ursprung darin haben, daß am Totenbett eines Menschen, dem wir die Augen zugedrückt haben, wir selbst uns in Gedanken das zusammengedrängte Bild seiner Erdenspuren vorstellen, und nach diesem kurzen und doch so umfassenden Rückblick betrachten wir verständnislos den starren erkalteten Leib, den man so zutreffend eine Hülle nennt. So wollen auch wir in diesen letzten Stunden, in denen Heinrich IV. noch auf der niedrigen Bettstatt ruht, die Bilder seines Lebens abrollen lassen, deren keines ganz begreiflich ist ohne einen Blick auf das vorausgegangene und das folgende.
Im Schatten des Sterbezimmers beim Knistern der Kerzen gedenken wir seiner Kinderjahre, wie er die Ziegenmilch bei der Bäuerin trank und barfuß im Wollröckchen mit den kleinen Buben des Béarn spielte. Wir erinnern uns, wie er in seiner Jugendzeit Gegenstand des Streits zwischen zwei unverträglichen und unversöhnlichen Müttern, Jeanne d'Albret und Katharina von Medici, war. Schon im zartesten Alter fand er sich mitten hineingestellt in die Welt von Haß und Mißtrauen zwischen Männern, Frauen, Staaten und Religionen, in das Glutbecken aller Leidenschaften. Er hat darin gelebt, sich gewandelt und verwandelt wie der Salamander des großen Oheims Franz. Hört man sein Lachen und seinen Spott, so meint man: dieses Feuer war

sein Lebenselement. Er schaute zu, wie die Menschen sich unter Anspannung all ihrer Kräfte angriffen und bekämpften, er fand sie wie Montaigne, sein alter Gascogner Freund, „wankelmütig und verschiedenartig", aber er gab es nie auf, sie mit einiger Mühe nach den Erfordernissen seines Staates zurechtzumodeln. So trieb er eine Art von politischem Humanismus, der bei ihm weniger einem theoretischen Bemühen als vielmehr praktischer Erfahrung entsprach. Wie oft erwog er nicht den Wert der Menschen und erkannte ihren Wankelmut, ihre Fähigkeit zum Guten oder Bösen, die nur von Interesse oder Ehrgeiz abhing, die Triebkräfte, denen Liebe oder Haß, Treue oder Verrat entsprang!

„Ich werde niemanden betrügen, aber ich werde mich auch nie betrügen lassen", sagte er häufig. Verstandeshelle war seine eigenste Gabe und machte sein Urteil zugleich skeptisch und nachsichtig; sie war auch das Geheimnis seiner so oft geübten Gnade. Wer auf alles gefaßt ist, kann durch nichts aus der Fassung gebracht werden, man zerschlägt kein krummes Werkzeug, das man noch gerade biegen und brauchbar machen kann. Vor zwanzig Jahren hatte er an Corisande geschrieben: „Mein Leben ist ein Wunder." Aber ihn nimmt es nicht wunder, wenn es plötzlich vorbei ist mit dem Wunder. Hätte Ravaillac nicht das Herz sondern nur den Mantel getroffen wie einer seiner „Mörder", so hätte er wieder gesagt: „Laßt ihn laufen, er ist nur ein Narr."

Die Chronik seiner vielen Liebschaften mutet wie eine Fabel an. Welch ein Reigen, von Corisande, der großen Dame, bis zu dem rätselhaften schönen Engel, dem fliehenden Trugbild seiner letzten Tage! Welch ein Wechsel von Feuer und Asche, ohne daß er dabei je aufgehört hätte, „seine Frau" auf seine Weise zu lieben. Er sagte die Wahrheit, daß er niemanden betrog. Seine Liebesbeziehungen liegen offen zutage: sie haben eher den Charakter einer verzehrenden Notwendigkeit als einer olympischen Schaustellung königlicher Willkür. „Ich glaube nichts Böses zu tun, wenn ich Sie liebe", schreibt er an Henriette d'Entragues, als sie religiöse Bedenken vorbringt, um ihm zu schaffen zu machen. Jede einzelne Mätresse liebt er „mehr als alles auf der Welt", er kann tatsächlich kaum eine Frau weinen sehen, ohne daß es ihm Qual verursachte. Jedes Mal hat er mit ganzer Glut geliebt, sinnlich, gefühlvoll und wehrlos. Im gleichen Augenblick, in dem Henriette d'Entragues wegen gemeinsamer Verrätereien mit Vater und Bruder verhört wurde, schrieb ihr der König: „Die ganze Welt bedeutet mir nichts neben Ihnen." Die Millionen Küsse flattern zu der Gattin wie zu der Geliebten; alle waren „mein geliebtes Herz" oder „meine Seele", gleichzeitig oder nacheinander. An Corisande schrieb er: „Ich bin Ihr Gefangener, Ihr Sklave." Damals ließ er sich „Bübchen" nennen, das „Bübchen" fühlt sich durch die Liebe der großen Dame erhöht. Aber auch die anderen Ketten hat er geküßt, die ihn verwundeten und die ihm so viel „Melancholien" verursachten. Glut und Ehrfurcht erfüllen die Briefe Heinrichs von Navarra an seine große Corisande, mehr vertrauliche, oft auch enttäuschte Zärtlichkeit die Briefe an Gabrielle; in denen an Henriette überwiegt der Ton unruhvollen, fordernden Begehrens, und hier spiegeln sich auch die Unstimmigkeiten des gegenseitigen Mißtrauens, der Zwiste und Versöhnungen. Wie oft will er die Treulose verachten, die er doch immer wieder lieben und begehren muß; wie oft droht sie ihm mit der Abreise, manövriert sie mit der Flucht! Aber er sieht bereits ihre Rückkehr und scheint ihr wie im Rausch schon wieder zuzulächeln, wenn er ihr schreibt: „Morgen werde ich Sie sehen, ziehen Sie den weißen Mantel an!" Er hat lange im Urwald gelebt und sich mit allen Kräften bemüht, die Tiger, Füchse und Wölfe zu zähmen und zum friedlichen Miteinanderleben zu erziehen. Die Mätressen waren seine blauen Vögel.

Er selbst sprach sich von seinen Sünden nicht frei. Geduldig ließ er sich die Leviten lesen und schelten und sogar von der Kanzel herab durch Pater Gontran als Haremsfürsten anprangern. Es entsprach ja der Wahrheit. Der Sünder verteidigte sich nicht, aber vor dem Gericht seines eigenen Gewissens „glaubte er nichts Böses zu tun". Bei alledem müssen wir uns immer wieder das Maß der Zeit vor Augen halten. Das Maß der Zeit ist für die Sittengeschichte, was das Zeitmaß für die Musik ist, und auf der ganzen Welt gaben dazumal die königlichen Liebschaften das Zeitmaß an, die französischen, die deutschen, die spanischen. Die Bastarde wurden große Feldherren, errangen den Sieg von Lepanto oder herrschten in den Provinzen. Der Pater Gontran eiferte nicht allein dagegen. Aber Heinrich IV.

verlangte für sich und sein besonderes Schicksal eine besondere Toleranz. Er berief sich auf sein gefahrvolles, mühsames Leben, auf seine Herkulesarbeit. Als ihm der vernünftige Sully eines Tages die Sorgen und Schwierigkeiten vorhielt, die sein chaotisches Liebesleben heraufbeschwor, antwortet ihm Heinrich IV. schroff: „Gott allein hat über mich zu richten, Groß-Meister."

Genug von alledem. Die Totenglocken von Saint-Germain-l'Auxerrois und allen Kirchen von Paris läuten dumpf zum Gang in die Gruft. Die Einwohner von Paris sind an dem schönen Maitage zu Fuß oder Wagen unterwegs nach Saint-Denis, um dort die Ankunft des Trauerzugs zu erwarten. Wir mischen uns unter sie und vermeiden es, am Hof die Tränen derjenigen zu zählen, von denen es heißt, daß ihr Herz vor Freude über den Tod des Königs höher schlägt. Sie wissen nicht, was ihnen der morgige Tag bringen wird. Wenn am Begräbnistage Heinrichs IV. auf den Straßen, Wiesen oder in den Schenken hie und da eine heitere Stimmung im Volk herrscht, so ist das verständlich: es ist Mai und der Wein, den man aus den Proviantkörben hervorholt, schmeckt gut. Kindstaufen oder Hochzeiten, festliche Aufzüge oder Begräbnisse — das Volk findet sein Vergnügen an jedem Schauspiel, das ihm Leben oder Tod seiner Könige bieten. Auf den Feldern sieht man noch die Spuren der Mahlzeiten, die hier vor acht Tagen verzehrt wurden, als das Volk nach Saint-Denis zog, um die Krönung der Maria von Medici zu begaffen.

Die Basilika hat Trauerschmuck angelegt, die Mönche erwarten auf den Portalstufen den Einzug des toten Königs. Wir treten ein und wenden den Blick unwillkürlich zuerst der Tribüne rechts über dem Chor zu, von der am vergangenen Donnerstag der König sich herabbeugte und alle traurigen Prophezeiungen und alle „Melancholien" zu vergessen schien, um als galanter Gatte mit belustigter Nachsicht dem Triumph der Maria von Medici zuzuschauen. Die Kerzenbündel werden angezündet, auf der Orgel erklingt seit dem frühen Morgen Trauermusik, in der Krypta haben die Arbeiter die schweren Steine ausgehoben. Schon tauchen draußen die Dudelsäcke der schottischen Garden auf, die Hellebarden der Schweizer künden durch Aufklopfen auf die Fliesen der großen Vorhalle den Einzug des toten Königs in die Gruft an.

Während sich die liturgischen Riten vollziehen, schweifen unsere Gedanken ab, und wir blicken auf den zukünftigen Ablauf der Zeiten, ihre Wandlungen, Jahreszeiten und Stürme. Heute feiert das Volk die Beisetzung, aber hinter dem Schleier der Geschichte sehen wir schon ein anderes Volksfest. Als die betrunkene Menge 1793 nach Saint-Denis kam um die Königsgräber zu schänden, ergriff sie, wie berichtet wird, ein Schauer der Ehrfurcht beim Anblick des Antlitzes Heinrichs IV. in seinem geöffneten Sarg. Man fand ihn genau wie auf den Porträts, die man auf den Kupferstichen zu Hause gesehen hatte, nur der Bart war ein wenig länger. Er hatte einen ruhigen Ausdruck und schien zu sagen: Was wollt ihr von mir, habe ich euch nicht den Frieden von Haus und Hof wiedergegeben? — Ob „das Volk", dieser antike Chor, der immer wieder neu in der Geschichte auftaucht, durch die Erzählungen der Altvordern ein vages Erinnern an „unseren Heinrich" bewahrt hatte? Es heißt, daß der Leichnam Heinrichs IV. zwei Tage nach der Schändung der Gräber ausgestellt blieb und daß das Volk vorbeidefilierte, um dieses Antlitz zu betrachten. Dann wurde er auf einem wackligen Schubkarren weggeschafft und in die Seine geworfen wie die anderen „Tyrannen".
Diese Überlieferung stammt von einem Dichter, und was ein Dichter überliefert, ist vielleicht nur eine Legende. Unser Heinrich sah zweifellos voraus, daß sein Gedächtnis das Zeitalter der Stürme überdauern würde. Das geht aus den Worten hervor, die er zum Herzog von Guise, dem Sohn seines alten Feindes, sprach: „Ihr kennt mich alle noch nicht, aber ich werde eines Tages tot sein, und wenn ihr mich nicht mehr habt, dann werdet ihr begreifen, was ich wert war, und den Unterschied wahrnehmen, der zwischen anderen und mir bestand."

EPILOG

DER ÜBERLEBENDE

Heinrich IV. war dahingegangen, und vom Krieg, den er hatte eröffnen wollen, fiel nicht einmal der erste Schuß. Selbst Sully legte keinen Wert mehr auf ein Unternehmen, das nur einen Teil jener großen und geheimen Konzeption bildete, die sich durch den Tod des Königs ins Nichts verflüchtigte. Der Plan der Schwächung des Hauses Österreich sollte erst von Richelieu wieder aufgenommen werden. Die protestantischen Fürsten des Reiches mochten ihre Ansprüche auf Jülich und Cleve mit eigener Kraft durchfechten; Frankreich begnügte sich damit, eine ausreichende Truppenzahl an der Grenze zu halten, die ihnen im Bedarfsfalle zu Hilfe kommen konnte; im übrigen verfügten die Fürsten über tüchtige Führer und würden sich schon ihr Recht zu verschaffen wissen. Der Hof war allzusehr von Zwistigkeiten und Gegensätzen zerrissen, um über die gesammelte Energie zu verfügen, die ein Krieg erfordert. Die Regentin vollzog keinen offenen Bruch mit Sully; er konnte noch nützlich werden bei der Abwehr der Großen, die alle mit maßlosen Ansprüchen kamen wie Erhöhung ihrer Pensionen, Zahlung ihrer Schulden, Gouverneurstellen. Die Würdenträger verlangten eine Erhöhung ihrer Bezüge um je 24 000 Livres. Die Regentin konnte auf Sullys Widerstand gegen diese Forderungen zählen. Sollte der Groß-Meister im Lauf der Zeit allzu unbequem werden, so konnte man ihn nach und nach kaltstellen und ihn veranlassen, seine Ämter selbst niederzulegen, um sie Leuten zu geben, die man zufriedenstellen oder sich verpflichten müßte. So glitt Sully langsam von der höchsten Stelle, an der er eine so übermächtige Rolle gespielt hatte, auf den Platz des mißvergnügten Überlebenden herab, dem man zur Versöhnung rührende Briefchen schreibt, Versprechungen macht, die nicht gehalten werden, und schließlich durch Tränenergüsse zu imponieren sucht. Sully sah alles und bedachte alles, nicht zuletzt auch seine Vermögenslage. Er erklärte seinen Angehörigen, er werde seine Ämter verkaufen, die beträchtlichen Summen, die sie ihm eintrugen, zusammenraffen und in Italien oder Holland anlegen, er wolle den

Staub von den Füßen schütteln und den Louvre verlassen, in dem die Concinis herrschten. Frau und Kinder flehten ihn an, noch auszuhalten; die Regentin war äußerst gnädig, nahm seine Dienste ständig in Anspruch und schien überaus unglücklich bei dem Gedanken, im Stiche gelassen zu werden. Sie hatte Intrigen angezettelt, aber jetzt fürchtete sie sich vor der Ungewißheit, die den Staatsgeschäften infolge der inneren Zwiste drohte. Ließe man sie schutzlos allein mit den ehrgeizigen und unverschämten Fürsten, so würde sie die ganze Schwäche ihrer Lage als Regentin zu fühlen bekommen. Sully ließ sich überzeugen, blieb und harrte aus. Als aber fünf Monate nach dem Tode Heinrichs IV. der junge König Ludwig XIII. nach Reims zur Krönung zog, begleitete ihn Sully nicht. Er wollte bei dieser Feier nicht neben den Concinis auftreten und verbrachte die Zeit der Festtage auf seiner Herrschaft Montrond. Am Ende des gleichen Jahres war Concini erster Kammerherr, er bekleidete somit die erste Vertrauensstellung am Hof und führte den Titel eines Marschalls von Frankreich. Sechs Monate später zog Sully sich endgültig zurück, trat aus dem Conseil aus, in dem täglich die großen Staatsgeschäfte beraten wurden, übergab die Bastille, legte das Amt des Oberintendanten der Finanzen, diese Schlüsselstellung der Macht, nieder und behielt nur einige Verwaltungsposten. Bis ins hohe Alter blieb er Gouverneur des Poitou und von La Rochelle, Oberfeldzeugmeister, Oberstraßenbaumeister von Frankreich und Oberintendant des Festungswesens. Zum Abschied machte ihm der König als Belohnung seiner Dienste in gnädigster und freundschaftlichster Form ein Geschenk von 300 000 Livres. Sully zog sich auf seine Besitzungen zurück. Außer dem Schloß Sully an der Loire gehörte ihm Rosny, sein Familienbesitz an der Seine, die Herrschaft Montrond, das er in Anlehnung an die Bastille festungsähnlich gebaut hatte, und schließlich La Chapelle d'Angilliers. Zur Zeit der Ermordung Heinrichs IV. hatte er dort den Bau von zwei Türmen in Angriff genommen, die er zum Zeichen der Trauer unvollendet ließ. Schließlich besaß er noch Schloß Villebon, das zwanzig Meilen von Paris entfernt liegt. Neben Sully wurde Villebon sein Lieblingssitz, er verbrachte das Jahr je zur Hälfte auf einem dieser beiden Schlösser. Villebon hatte gerade die rechte Entfernung für ihn, um den Kontakt mit Paris nicht zu verlieren, aber auch sich von allem fernzuhalten, was er nicht zu sehen wünschte. Besuchen wir ihn in seinen alten Tagen zu Villebon als den großen Überlebenden Heinrichs IV.! Sein ganzes Leben, seine Person, sein Äußeres, die Arbeit, die ihn beschäftigt, alles ist eine lebendige Erinnerung an den toten König. So viel er an seinem Herrn auch auszusetzen hatte, jetzt macht die Trauer seinen ganzen Stolz aus, ja er erhebt sie förmlich zum Kult. Es ist das gleiche wie bei Agrippa d'Aubigné, der mehr als jeder andere den König kritisiert, sich von ihm im Zorn getrennt hatte und nun den Toten in erhabenen Strophen beklagte. Sully lebt in Villebon das Leben eines großen Herrn und Puritaners. In seiner Familie führt er das Regiment auf seine Weise, die schon als altmodisch gilt. Findet er einmal nicht unbedingten Gehorsam, so scheint ihm die Welt unterzugehn. Von der imponierenden Schar seiner Dienerschaft berichtet der Sohn seines Arztes, der mit dem Vater die in Villebon befindlichen Kranken von Sullys Leuten besuchte: er zählte achtzig und erklärt, daß man trotz des großen Ausfalls nicht bemerken konnte, „daß die Zahl der Gesunden nicht ausgereicht hätte, um pünktlich und tadellos das Hauswesen zu bedienen".

Sully steht früh auf, wie er es schon im Arsenal gehalten hat. Von sechs Uhr früh an ist er in seinem Arbeitszimmer, verrichtet seine Morgenandacht und liest Schriften, die sich meist auf das Glück und die Weisheit der Völker beziehen. Er hat die im Grünen Kabinett verwahrten Briefe des Königs, etwa 2000 an der Zahl, geordnet: ein Teil bezieht sich auf Verwaltungsfragen und ist durch einen der Minister gegengezeichnet; ein anderer Teil ist persönlicher oder vertraulicher Natur, und in diesen Briefen lautet die Überschrift nicht „lieber Vetter", sondern „lieber Freund". Aber nicht nur die Überschriften unterscheiden die beiden Gruppen voneinander: die administrativen Briefe sind diktiert und in dem umständlichen breiten Stil der Zeit abgefaßt, zwischen dessen umschreibenden Floskeln man den eigentlichen Gedanken oft wie in einem Labyrinth suchen muß. Die persönlichen Briefe dagegen haben ganz den Ton des Königs, den Klang seiner Stimme, seine Knappheit, seinen Schwung; an vielen Stellen dringen Ausgelassenheit durch, blitzhaft kluge Einfälle und eine freundschaftliche Wärme, mitunter aber auch leicht verschleiert das Echo des häuslichen Ärgers. Die intime und vertrauliche Note ist in den kleinen Mitteilungen enthalten: die Geburten der Kinder, ihre Krankheiten, alles mit deutlicher Unterscheidung: „meine Kinder Beaufort", „meine Kinder Verneuil", oder einfach „meine Kinder" und „der Dauphin", der immer einen besonderen Platz einnimmt. Sully wählt die Briefe aus, die an dem betreffenden Tage verarbeitet werden sollen. Er hat für sein Memoirenwerk den Umweg über die vier Sekretäre gewählt, auf diese Weise fällt für ihn selbst mehr Lob ab; aber er gibt persönlich die Anordnung für die ganze Gestaltung und ergänzt durch mündliche Erläuterungen die Lücken der Dokumente. So dient sein sozusagen posthumes Leben dazu, das wirklich gelebte Leben wieder aufzurollen. Vor der Tafel pflegt er im Park Luft zu schöpfen. Das wird zu einer Zeremonie, die sich zweifellos feierlicher abspielt als des Königs Spaziergänge in Fontainebleau, wo er gern, zwischen den Arbeitern auf einem Stein sitzend, Trauben verzehrte. Aber der König durfte sich Freiheiten gestatten, die sich der Überlebende nicht erlaubt. Im Hof wird eine große Glocke geläutet, um sämtliche Schloßbewohner auf die Beine zu bringen; die Dienerschaft bildet eiligst Spalier auf den Stufen des großen Treppenhauses und schließt hastig die letzten Knöpfe der Livree, wenn sie die Glocke bei der Arbeit überrascht hat. Die Hausordnung ahmt die Ordnung nach, die der tote König in seinem Königreich eingerichtet hat: Sullys Dienerschaft setzt sich aus Katholiken und Hugenotten zusammen, und es darf keinerlei Streit zwischen ihnen vorkommen; er achtet darauf, daß die Katholiken ihren religiösen Pflichten nachkommen. Erscheint der Hausherr oben an der Treppe, so hat jeder auf seinem Posten zu sein. Der Herr naht: die Knappen und Edelleute schreiten voraus, an ihrer Spitze zwei Schweizer mit Hellebarden. Ihm zur Seite gehen stets Verwandte und Freunde, mit denen er plaudert, hinter ihm folgen die Offiziere der Wache und seine Schweizer Garde. So erweist er sich selbst viel Ehre und macht sich das Leben nicht bequem. Aber in seinen Augen ehrt man im Herzog von Sully nur das *alter ego* des toten Königs.

Den Speisesaal schmücken Bilder, welche die großen Taten verherrlichen, die Heinrich IV. mit ihm vollbracht hat. Der Tisch hat die

Größe einer Refektoriumstafel. Oben und unten steht je ein Sessel für Sully selbst und seine Gemahlin; die Söhne und Töchter, sogar die Herzogin von Rohan, müssen sich mit Hockern und Klappstühlen begnügen. Mitunter werden einige Damen oder Herrn der Nachbarschaft eingeladen, in erster Linie ältere Herrschaften, mit denen man sich in die Vergangenheit zurückversetzen kann. Sind jüngere Gäste da, so wird ihnen im zweiten Speisesaal serviert, der sich an den ersten anschließt und der ebenfalls reich ausgestattet ist. Dort befindet sich auch eine Tafel für die Knappen und Künstler, denen die Bauten und Gärten anvertraut sind. Für die jungen Leute wird gut gesorgt, sie dürfen zwanglos plaudern, und Sully erklärt ihnen: „Ihr seid zu jung, um mit mir zu speisen, wir würden einander nur langweilen."

Nach der Tafel begibt man sich in den großen Salon, der neben dem Speisesaal liegt; es ist der Salon der großen Männer. Ein Reiterporträt Heinrichs IV., das über dem großen Kamin hängt, überragt die Bilder von Päpsten, Königen, Fürsten und anderen Persönlichkeiten, die in alter Zeit dem Herzog von Sully ihr Porträt verehrt haben.

Am Nachmittag geht die Arbeit mit den Sekretären weiter, der ein zweiter Spaziergang im Park unter gleichen Zeremonien wie am Vormittag folgt. Von Zeit zu Zeit absentiert sich Sully auch, besteigt mit seiner Gattin oder auch allein eine kleine Kutsche und fährt im Park spazieren. Er hat gedeckte Alleen mit fünf Baumreihen anlegen lassen, die den Eindruck von Kirchengewölben machen. An den äußeren Baumreihen sind Nischen in das dichte Blattwerk geschnitten und mit Gittern versehen; auf den dort aufgestellten Bänken pflegt Sully lange zu verweilen, ins Land zu schauen, den Lauf des Flusses zu betrachten und darüber nachzusinnen, was er nachher im grünen Kabinett diktieren oder schreiben wird: die Schatten der Vergangenheit steigen auf.

Manchmal, aber selten, begibt er sich an den Hof und erscheint dort stets nach der Mode seiner Zeit gekleidet, die man längst nicht mehr trägt. Als Hugenott strenger Observanz darf er keine Ordensauszeichnungen annehmen, stets aber trägt er um den Hals an einer Kette aus Gold und Diamanten eine große goldene Medaille, die das

Reliefbildnis Heinrichs IV. zeigt. Mehrmals am Tag betrachtet und küßt er sie. Und oft erklärt er in seiner trockenen und stolzen Art: „Ich bin der einzige Ritter dieses Ordens." Einer seiner Biographen erzählt, wie Ludwig XIII. ihn eines Tages an den Hof kommen ließ: „Ich habe Sie zu mir gebeten, Herr von Sully", sagte der junge König, „als den Vertrauensmann meines königlichen Vaters und als einen seiner hervorragendsten Minister, um Sie um Ihren Rat zu bitten und mich mit Ihnen über wichtige Staatsgeschäfte zu besprechen, die mir augenblicklich obliegen." Sully sah in der Umgebung des Königs lauter junge Höflinge, die einander zulachten und dem Konnetabel von Luynes dadurch schmeicheln wollten, daß sie Sullys Anzug, seine gemessene Haltung und seine Manieren veralberten. „Sire", erwiderte Sully, „in meinem Alter hält man an seinen Gewohnheiten fest. Wenn Ihr verstorbener königlicher Vater glorreichen Andenkens mir die Ehre erwies, mich zur Besprechung seiner großen und wichtigen Angelegenheiten zu sich zu berufen, pflegte er zuerst die Hofnarren fortzuschicken." Der junge König nahm ihm diese Freiheit nicht weiter übel — man darf die Grillen der alten Leute nicht beachten —, schickte alle Anwesenden fort und blieb mit Sully allein.

Mag die Anekdote erfunden sein, sie ist in jedem Fall bezeichnend für die stolze und bissige Haltung, die die Generation Ludwigs XIII. Sully zuschreibt. Der Überlebende besaß nicht die heitere Lebensart des großen Toten, er trauerte im Gegenteil dem Vergangenen nach, schaute rückwärts und mißbilligte die Gegenwart. Heinrich IV. war in der Vorstellungswelt des Volkes jung geblieben: es gab ihm den Beinamen *Vert-Galant*, während Sully, der beim Tode des „Ewigen Liebhabers" erst fünfzig Jahre alt war, nach seinen Porträts zu schließen, immer schon ein majestätischer Greis gewesen zu sein scheint. In seiner Trauer hatte er sich allzu plötzlich den Schatten der Vergangenheit zugewandt. Er war zu hoch auf dem Gipfel der Macht gewesen, ganz in seinen Aufgaben und Plänen aufgegangen und wurde allzu plötzlich entthront, um nun in heiterer Gelassenheit Zeuge der neuen Regierungsepoche zu werden. Er verschwand im dunklen Schatten des Vergessens, und je mehr man ihn vergaß, um so mehr ging er in seinen Erinnerungen auf. Wer von all denen, die mit Bewunderung oder Schrecken unter dem neuen Herrn den Aufstieg Richelieus im Kardinalspurpur verfolgten, dachte noch an den Herzog von Sully? Aber von seiner Terrasse zu Rosny, Sully, Villebon oder Montrond hat der Herzog die Regierungszeit Ludwigs XIII. mit ihren grandiosen Triumphen und Rückschlägen fast bis ans Ende verfolgt. Noch im Todesjahr Heinrichs IV. hatte die Königinmutter Concini zum Marschall von Frankreich gemacht, sieben Jahre später wird er kurzerhand im Louvre ermordet, und der junge Ludwig XIII. steht am Fenster und sagt: „Endlich bin ich der König." Concinis Frau wurde erdrosselt und der Leichnam unter dem Freudengeschrei der Menge verbrannt. Sully sah dem allem mit philosophischer Gelassenheit zu. Er hatte es immer gewußt: „Mit diesen Leuten wird es bös enden." Man wäre besser gefahren, hätte man seinerzeit den Rat des Groß-Meisters befolgt und sie über alle Berge geschickt. Es waren Glücksritter der Politik und der Hofgunst. Dabei war Leonora keine dumme Person; man hätte sie zur Vernunft bringen können, aber der Ehrgeiz des Mannes hatte ihr den Kopf verdreht. Und die Königin-Mutter, Maria von Medici! Ihre abenteuerlichen Schicksale interessierten Sully trotz seiner Verachtung. Sie hatte zum Sohn ebenso wenig wahre Zuneigung wie zum Gatten, nur verstand es der Kardinal Richelieu besser mit ihr fertig zu werden als Heinrich IV. und der Groß-Meister. Ihre angebliche Furcht, man könnte sie nach Florenz heimschicken, war unbegründet gewesen; wie es ihr beim Kardinal Richelieu erging, das war schlimmer als Florenz: nach ihren Kriegsabenteuern, nach einer begünstigten Flucht, kam es zum erzwungenen Exil und einem würdelosen Schattendasein in Köln — eine Königin in der Emigration. Rubens hat die prächtige Legende des Triumphs der Maria von Medici gemalt: von Tritonen wird die Göttliche zu den Ufern Frankreichs geführt — die Verzückung des Königs vor ihrem Bildnis — die majestätische Mutter, die am Tag der Krönung von ihren Engelskindern die Krone empfängt. Künstler und Volk brauchen Legenden, man darf sie ihnen nicht nehmen, aber der Weise bedenkt die schmutzige Wirklichkeit: die Königinmutter als Verbannte in Köln — das hätte sich Sully nicht träumen lassen! Mag er auch traurige Stimmungen haben, Grund zur Unzufriedenheit ist nicht vorhanden: die neue Herrschaft bestätigt und verfolgt

Der Überlebende

auf allen Ebenen nur die politischen Pläne der vorausgegangenen Regierung. Man nähert sich England, die feingliedrige und anmutige Henriette, Heinrichs IV. Tochter, hat den Sohn Jakobs I. geheiratet: auf eine solche Verbindung der beiden Kronen hatte Sully schon anläßlich der großen Ambassade angestoßen. In Sully hatte das Haus Österreich einen Gegner gefunden, im Kardinal findet es seinen erklärten Feind. Gleich Sully verteidigt der Kardinal die Krone gegen die Übergriffe der Großen, nur noch viel härter. Diese Härte hat Verschwörungen zur Folge: Montmorencys Kopf ist in Toulouse gefallen, auch Chalais ist enthauptet worden; ein zweiter Montmorency wurde wegen eines Duells hingerichtet, und schon kann der greise Sully prophezeien, daß das Leben von Cinq-Mars, dieses verwegenen Knaben, verwirkt ist. Zu seiner Zeit hatte es zwar heikle Probleme gegeben, Schwierigkeiten mit den Fürsten, ein unbequemes Volk, trotzdem hatte man besser gelebt. Das Jahrhundert führte harte und traurige Zeiten herauf. Die alten Leute erinnerten sich noch der schlichten Persönlichkeit Heinrichs IV., seiner ungezwungenen Leutseligkeit, seiner Bonmots, seiner unerschöpflichen Gnade, und für das Volk war die verflossene Regierungszeit noch umweht vom würzigen Duft des „Huhns im Topf".

Mit seinen 81 Jahren hatte Sully den Tod von vier Königen erlebt und sah noch am Horizont das Ende des fünften. In seiner letzten Zeit wiederholte sich das gleiche Problem, das so tödlich auf den Valois wie auf den ersten Jahren der Herrschaft Heinrichs IV. gelastet hatte: achtzehn Jahre nach der Hochzeit war die Ehe Ludwigs XIII. noch immer kinderlos. Das hatte zu den Umtrieben Gastons von Orléans geführt, des Bruders des Königs, und neue Bürgerkriege heraufbeschworen. Wiederum standen die Großen gegen die Krone, der Brand der Religionskriege war entzündet und wurde vom Ausland geschürt. Für den Augenblick hatte der Kardinal in seiner eisernen Hand, die des Königs Hand wie in einem Schraubstock hielt, die unbedingte Macht, aber das Morgen ist ungesichert. Was wird die Zukunft bringen, welchem Schicksal treibt das Reich ohne Kind, ohne Dauphin zu?

Sully erlebte noch die Morgenröte: nach achtzehn Jahren gebar die Königin Anna von Österreich im August 1638 einen Dauphin. Sully feierte das Wunder in Rosny, Wein und Bier flossen in Strömen. Der Horizont erhellte und erweiterte sich. Jetzt war Sully wirklich der alte Sully, und die Bildhauer und Maler konnten der Patriarchenerscheinung mit dem langen weißen Bart mit Recht eine Ähnlichkeit mit den Propheten der Bibel geben. Es ist nicht überliefert, ob der Groß-Meister eine letzte Fahrt an den Hof in seiner altmodischen Tracht unternahm, um in Saint-Germain das kleine Gottesgeschenk zu betrachten. Nehmen wir es an und stellen uns vor, daß „der Überlebende" den Sohn Ludwigs XIII. in die Arme nahm, wie er achtunddreißig Jahre zuvor den Vater gehalten hatte, um dann noch einmal die große goldene Medaille zu küssen, die er um den Hals trug, heimzukehren und mit befriedetem Herzen zu sprechen: „Herr, nun lässest du deinen Diener im Frieden fahren!"

FAKSIMILE DER HANDSCHRIFT HEINRICHS IV.

ZUM GESCHICHTSBILD HEINRICHS IV. VON FRANKREICH

Die historische Persönlichkeit Heinrichs IV. ist bis in das 20. Jahrhundert hinein unter wechselnden und oft einseitigen Gesichtspunkten betrachtet worden. Diese faszinierende Figur aus der Zeit der Glaubenskriege in Frankreich entzog sich in ihrer Komplexität und Widersprüchlichkeit einer leicht faßbaren Deutung und wurde in vielfältige Klischees gepreßt: Heinrich IV. erscheint als kühner Feldherr und Stratege, als skrupelloser und verschlagener Politiker, als toleranter und weitblickender Staatsmann, als gütiger und volksnaher Monarch, als temperamentvoller Liebhaber zahlreicher Mätressen, als zärtlicher Familienvater und Begründer der mächtigen Bourbonendynastie. Keines dieser Bilder wird der Gesamtpersönlichkeit Heinrichs gerecht.
Die zeitgenössische Historiographie ist geprägt von der konfessionellen Gespaltenheit des Landes. Zahlreiche apologetische und panegyrische Schriften nehmen leidenschaftlich für Heinrichs hugenottischen Glauben und auch für seinen spektakulären Glaubenswechsel Partei. Demgegenüber steht die umfangreiche polemische Pamphletliteratur der katholischen Liga, die Heinrich satirisch verzerrt und als bösartigen Opportunisten ohne echte Legitimität als König darstellt. Ein ausgewogeneres Bild zeichnen die großen Geschichtsschreiber der Zeit, Jacques de Thou, Pierre de l'Estoile, Davila, Brantôme und auch die hugenottischen Gesinnungsfreunde d'Aubigné und Condé. Selbst die Tochter Heinrichs von Guise, Louise de Lorraine, Prinzessin Conti, gesteht Heinrich durchaus liebenswürdige und ritterliche Züge zu. In all diesen Werken tritt Heinrich vor allem als Heerführer und Feldherr, als höfischer Edelmann und Schwiegersohn Katharinas von Medici und später als politisch geschulter Souverän in Erscheinung.
Die Hofhistoriographen Olhagaray und Palma Cayet überliefern zusätzlich das Bild des persönlich anspruchslosen und volksnahen Landesfürsten, der das Gespräch mit dem einfachen Bürger nicht scheut und dessen Bemühen um das Volkswohl mit dem Wunsch vom „Huhn im Topf" eines jeden Bürgers sprichwörtlich geworden ist. Hier liegt der Grundstein zur „Legende" Heinrichs IV., die bis in das 19. Jahrhundert das Geschichtsbild des Herrschers bestimmt hat.
Die zahlreichen Nachrufe auf Heinrich nach dem Attentat im Jahre 1610, als literarisches Genre der „oraison funèbre" beliebt und häufig gedruckt (z. B. die Werke von Amour, Arnoux, Bénévent), brachten einen weiteren Schritt zur Verherrlichung des Fürsten. Als rhetorische Glanzstücke konzipiert und von bestimmten Topoi beherrscht, trugen sie wesentlich zu einer Idealisierung und Stilisierung des Monarchen bei, die seine persönlichen Züge als Privatmensch schließlich ganz zurücktreten ließen. Im 17. Jahrhundert verwischt sich das Bild Heinrichs zunehmend, er ist Begriff vor allem als Großvater des Sonnenkönigs Ludwig XIV. und als erster Bourbone auf dem Königsthron. Die Gestalt Heinrichs blieb vom Glanz der französischen Krone der Barock- und Rokokozeit überschattet und kam erst in der Restauration zu neuer Geltung. Nach den Epochen der Französischen Revolution und des napoleonischen Kaiserreiches brachte die

Rückkehr zur angestammten Monarchie und ihrem legitimen Nachfahren, Ludwig XVIII., die Notwendigkeit mit sich, das angeschlagene Prestige der Bourbonen des Ancien Régime zu reparieren. Der Rückgriff auf das Bild Heinrichs IV. als väterlicher und volksnaher bourbonischer Souverän lag nahe; die Parallele zum Image des späteren „Bürgerkönigs" Louis Philippe drängt sich auf. Die Legende Heinrichs IV. wird daher in der Geschichtsschreibung der Restauration mit Nachdruck gepflegt; ein typisches Werk dieser Richtung ist die „Histoire d'Henri le Grand" der Madame de Genlis. Die kritische historische Forschung des 19. Jahrhunderts befaßte sich mit Heinrich unter neuen Gesichtspunkten. Ausgehend vom reichlich vorhandenen Quellenmaterial suchte man die historische Gestalt neu zu ergründen und ihre Charakterzüge und Leistungen neu zu bewerten. Leopold v. Ranke legte dabei ein besonderes Gewicht auf das Wirken Heinrichs als Staatsmann im Kräftespiel der europäischen Politik; die private Sphäre des Königs berührte er nicht. Ähnliche Ziele verfolgt das vierbändige französische Standardwerk von Poirson. Die französische Forschung des 19. Jahrhunderts brachte jedoch auch dem Privatleben des Fürsten ein besonderes Interesse entgegen, so z. B. die Arbeiten von Desclozeaux, Jarry, Lagrèze und Zeller. Auch solche Kenner der historischen Materie wie der Comte de La Ferrière befaßten sich mit diesem Aspekt. In neuerer Zeit wird dieser Ansatz zum Verständnis Heinrichs vor allem von R. Ritter und Ph. Erlanger gepflegt. Zu erwähnen ist auch die dichterische Verarbeitung des Phänomens Henri IV. durch Heinrich Mann.
Die historische Gestalt Heinrichs und seine Bedeutung als Politiker und Staatsmann ist durch die Standardbiographien von Vaissière (1928) und Andrieux (1955) erfaßt und vorgeführt. Der Versuch, durch eine psychologische Betrachtungsweise der Gesamtpersönlichkeit Heinrichs näherzukommen, liegt zahlreichen neueren Biographien zugrunde, darunter die Arbeiten von Estailleur-Chanteraine, Mahoney, Mariéjol, Pearson, Seward, des Duc de Castries, des Duc de Lévis-Mirepoix und des Lord Russell of Liverpool.
Fruchtbar ist der von zahlreichen Fachleuten beschrittene Weg, die Gestalt Heinrichs über ihm nahestehende bedeutende Persönlichkeiten mit zu beleuchten. Hervorstechend sind die Arbeiten von Cazeaux über Heinrichs Mutter Jeanne d'Albret, von Babelon, Erlanger, Jourda, Haldane, Mariéjol und Castelnau über Heinrichs erste Gattin Margarete von Valois, von Héritier, Castelnau, Champion, Remy und Williamson über Katharina von Medici, schließlich von Balland, Carré und Martin über Sully. Die biographischen Arbeiten der neueren und neuesten Forschung haben wesentlich dazu beigetragen, das Geschichtsbild Heinrichs IV. nach der Persönlichkeitsseite hin abzurunden und die oft einseitig auf politische Zusammenhänge gerichtete Betrachtung einer pragmatischen Geschichtsschreibung durch eine breitere Schau abzulösen.

QUELLEN- UND LITERATURVERZEICHNIS
von
Stefanie Seidel-Vollmann

ÜBERSICHT

I QUELLEN
  A Archivalische Quellen
  B Gedruckte Quellen
   – Briefsammlungen, Memoiren, Reden, zeitgenössische historiographische Werke
   – Diplomatische und urkundliche Quellen

II LITERATUR
  – Allgemeine Hilfsmittel, Nachschlagewerke, Lexika
  – Handbücher und Gesamtdarstellungen
  – Biographien zu Heinrich IV. und anderen zeitgenössischen Persönlichkeiten
  – Monographien und Aufsätze zu politischen, religiösen, sozial-, wirtschafts- und kulturgeschichtlichen Fragen der Zeit

I. QUELLEN

A Archivalische Quellen

Bibliothèque Nationale:
  Fonds Colbert: Ms. 401
  Fonds Brienne: Ms. 2 (Dokumente zur Eheschließung zwischen Heinrich II. und Katharina von Medici und Heinrich IV. und Maria von Medici)
  Fonds Béthune: Ms. 9214 Fol. 128
Anciennes Archives du Royaume:
  Section domaniale: Mémoriaux de la Chambre des Comptes. Ref. 1595 Fol. 168
Bibliothèque de l'Arsenal:
  Recueil Conrart: Propos tenus entre Madame, mère du Roi et le Roi de Navarre, 25. Dez. 1586
Archives de Chantilly:
  Briefe von: Henri de Navarre, de Thou, Coligny, le Cardinal de Lorraine, le Connetable de Montmorency
Archives de France:
  Fonds Simancas (zu den französisch-spanischen Beziehungen und den Religionskriegen)

Archives du Château de Liran:
Fonds Lévis Mirepoix
Fonds Lévis Liran
Kronarchiv Simancas:
Estado Navarra. Legajo n° 359–366 (1570–1596)
Estado España. Archivo general de Simancas. Catalogo IV
Archiv Pamplona:
1 Sección de Limites del Reyno. Legajo 1
2 Sección de guerra. Legajo 2

B Gedruckte Quellen

Briefsammlungen, Memoiren, Reden, zeitgenössische historiographische Werke

Alba, Duque de, Don Fernando Alvarez de Toledo: Epistolario del III. Duque de Alba, 3 Bde. Madrid 1952
Albret, Jeanne d': Mémoires et poésies de Jeanne d'Albret, ed. Alphonse de Ruble, Paris 1893
–: Lettres inédites avec Cathérine de Médicis, ed. Gustave Comte Baguenault de Puchesse, Paris 1910
Amour, Pierre de: Oraison funèbre sur le trépas d'Henri le Grand..., Paris 1610
Angoulême, Duc de, Charles de Valois: Mémoires très particuliers pour servir à l'Histoire d'Henri III et d'Henri IV, Paris 1667
Archives Curieuses de l'Histoire de France depuis Louis XI jusqu'à Louis XVIII, ed. Louis Cimber et François Danjou, 30 Bde. Paris 1834–41, bes. Bd. VII
Arnoux, Gaspard: Oraison funèbre sur la mort du Grand Henri..., Paris 1630
Aubigné, Agrippa d': Histoire universelle, ed. Alphonse de Ruble, 10 Bde., Paris 1886–1909
–: Mémoires de Théodore Agrippa d'Aubigné, ed. Ludovic Lalanne, Paris 1854
Aulturg, J. de: Larmes sur la mémoire d'Henri le Grand, Paris 1610
Barbot, Amos: Histoire de La Rochelle, ed. Denys d'Aussy, 3 Bde. Paris 1890
Bassompierre, François, Maréchal de: Journal de ma vie. Mémoires du maréchal de Bassompierre, ed. Audoin de La Cropte, Marquis de Chantérac, 4 Bde. Paris 1870–77
Bautier, Robert-Henri et Aline Vallée-Karcher: Les papiers de Sully aux Archives nationales, Paris 1959
(vollständiges Inventar der dort befindlichen einschlägigen Urkunden und Briefe)
Bellarmino, Roberto, Cardinal: Réponses aux principaux articles et chapitres de l'Apologie de Belloy pour la Succession d'Henri de Navarre à la couronne de France, s.l. 1588

Bénévent, Hiérosme de: Discours sur les faits historiques de Henri le Grand, Paris 1611
Bertaut, Jean: Discours funèbre sur la mort du feu roi, Paris 1610
Bèze, Théodore de: Histoire ecclésiastique des églises réformées du royaume de France (1521–1564), ed. Johann Wilhelm Baum und Cunitz, 3 Bde. Paris 1833–89
–: Correspondance, ed. Fernand Aubert et Henri Meylan, 6 Bde. Genf 1960 f.
Bibliothèque de l'Ecole de Chartres, Bd. I Paris 1849–50; Bd. III Paris 1861–62, dort bes. Edgard Boutaric: La Saint-Barthélemy, d'après les Archives du Vatican und C.-Charles Casati de Casatis: Lettres inédites d'Henri IV (1595–1609)
Biron, Maréchal Armand de Gontaut: Correspondance inédite, ed. Anatole de Barthélemy, Bordeaux 1874
Bodin, Jean: De la république, 1576; Lateinische Fassung De re publica 1586
Bordenave, Nicolas de: Histoire de Béarn et de Navarre (1517–1572), ed. Paul Raymond, Pau 1873
Bossuet, Jacques-Bénigne, Bischof von Meaux: Abrégé de l'Histoire de France, Bd. 3 Paris 1747
Bourbon, Antoine de: Lettres de Antoine de Bourbon et Jeanne d'Albret, ed. Achille-Lacroix Marquis de Rochambeau, Paris 1877
Brantôme, Seigneur de, Pierre de Bourdeille: Les Œuvres Complètes, ed. Ludovic Lalanne, 12 Bde. Paris 1864–82
dt. Ausgaben von einzelnen Teilen:
–: Margaretha von Valois, Königin von Frankreich und Navarra, Leipzig 1912
–: Das Leben der galanten Damen, München 1966
Calvin, Jean: Institution de la religion chrétienne, ed. Jean-Daniel Benoit, 4 Bde. Genf 1957–61
Castelnau, Michel de, Seigneur de Mauvissière: Les Mémoires (1559–1572), ed. Jean le Laboureur, 2 Bde. Paris 1659
Clemencet, Suzanne et Michel François (Hrsg.): Lettres reçues et envoyées par le Parlement de Paris (1376–1596), Paris 1961
Condé, Louis Ier de Bourbon, Prince de Condé: Mémoires, servant d'éclaircissement et de preuves à l'histoire de M. de Thou..., 6 Bde. London 1746
Davila, Enrico Caterino: Storia delle guerre civili di Francia, zuerst 1630 (französisch 3 Bde. Amsterdam 1757, deutsch 5 Bde. 1792–95)
Du Bellay, Martin et Guillaume: Mémoires (1513–1552), ed. V. L. Bourrilly et Fleury Vindry, 4 Bde. Paris 1908–19
Duplessis-Mornay, Philippe de: Mémoires et correspondence, ed. A. D. de la Fontenelle de Vandoré et P. R. Auguis, 12 Bde. Paris 1824–25
Estienne, Henri: Discours merveilleux de la vie, action et deportemens de la Reyne Cathérine de Médicis, Den Haag 1663
Favyn, André: Histoire de Navarre, 16 Bde. Paris 1612

Gonzague, Louis de (Prince de Mantoue, duc de Nivernois et de Rethelois): Recueil des Mémoires, négociations, discours d'Etat, remontrances et lettres, Paris 1665
Goulart, Simon: Mémoires de L'Estat de France sous le roi Charles IX, 3 Bde. Meidelbourg 1578
Henri III: Lettres de Henri III, ed. Michel François, 3 Bde. Paris 1959–72
Henri IV: Recueuil des lettres missives de Henri IV, ed. Jules Berger de Xivrey et Joseph Guadet, 9 Bde. Paris 1843–76 (wichtigste Quelle für Heinrichs IV. Regierung)
–: Lettres d'amour et de guerre du Roi Henry IV, ed. André Lamandé, Paris 1928
–: Lettres de Henri IV, concernant les relations du Saint-Siège et de la France 1595–1609, ed. Bernard Barbiche, Vatikanstadt 1968
–: Correspondance entre Henri IV et Béthune, ambassadeur de France à Rome. 1602–1604, ed. Etienne Marie Lajeunie, Genf 1952
–: Correspondance inédite de Henry IV avec Maurice-le-Savant, Landgrave de Hesse, ed. de Rommel, Paris 1840
–: Harangues et lettres inédites du Roi Henry IV, Lille 1879
–: Lettres oubliées remises en lumière. Henri IV et Marguerite de Valois, ed. Charles Urbain, 2 Bde. s.l. 1891–94
–: Henry IV peint par lui-même. Lettres guerrières, amoureuses et politiques (1576–1610), Paris 1946
La Fosse, Jehan de: Journal d'un curé ligueur de Paris, ed. Anatole de Barthélemy, Paris 1865
La Planche, Louis Régnier, Seigneur de: Histoire de l'Estat de France sous le règne de François II, ed. Jean-Alexandre Buchon s.l. 1876
Lecler, Joseph et M. F. Valkhoff (Hrsg.): Les premiers défenseurs de la liberté religieuse. Textes choisies. Paris 1970
Legrain, Baptiste: Décade contenant la vie et les gestes d'Henry le Grand..., Paris 1614
L'Estoile, Pierre de: Journal du règne de Henri IV..., 2 Bde. Paris 1732; Neuausgabe Paris 1948
–: Journal de Henri III... (1574–1589), 5 Bde. Paris 1744
–: Mémoires-Journaux, ed. Brunet, Champollion, et. al., 12 Bde. Paris 1875–96
Lorraine, Louise Marguerite de, Princesse de Conti (Tochter Heinrichs von Guise): Histoire des Amours de Henri IV: Archives Curieuses XIV
Louchitsky, Jean (Hrsg.): Documents inédits pour servir à l'histoire de la réforme et de la Ligue, s.l. 1875
Lucinge, René de (Hrsg.): Lettres sur la Cour d'Henri III en 1586, Genf 1966
Mallevoüe, F. de: Les actes de Sully passés au nom du roi de 1600 à 1610..., Paris 1911
Matthieu, Pierre: Histoire de la mort déplorable de Henry IV, Paris 1611
–: Histoire des derniers troubles de France, s.l. 1606
–: Histoire de France sous les règnes de François I, Henri II, François II, Charles IX, Henri III, Henry IV et Louis XIII, Paris 1631

Medici, Alessandro Ottaviano de (Kardinal von Florenz, Papst Leo XI.): Lettres du Cardinal de Florence sur Henry IV et sur la France (1596 à 1598). Documents inédits des Archives Vaticanes..., ed. Raymond Ritter, Paris 1955
Medici, Cathérine de: Lettres de Cathérine de Médicis, ed. Hector Comte de La Ferrière et Gustave Comte Baguenault de Puchesse, 10 Bde. Paris 1880–1910
Michaud, Joseph-François et Jean-Joseph Poujoulat: Nouvelle collection des Mémoires pour servir à l'histoire de France depuis le XIIIe siècle jusqu'à la fin du XVIIIe..., 32 Bde. Paris 1836–54
(dort die Memoirenwerke von u. a. Blaise de Montluc, Castelnau, Duc d'Angoulême, Tavannes, Turenne, Palma Cayet, L'Estoile, Sully, Bassompière, de Thou, Marguerite de Valois)
Montluc, Blaise de: Commentaire et lettres, ed. Alphonse de Ruble, 5 Bde. Paris 1864–72
–: Les Commentaires, ed. Paul Courtenault, Paris 1964
Moreau, Jean: Mémoires du Chanoine Jean Moreau sur les guerres de la Ligue en Bretagne, ed. Henri Waquet, Quimper 1960
Nevers, Charles de Gonzague, Duc de: Les Mémoires de Monsieur le Duc de Nevers, 2 Bde. Paris 1665
Nouaillac, Joseph: Henry IV raconté par lui-même, Paris 1913
Olhagaray, Pierre: Histoire de Foix, Béarn et Navarre. Henri IV roi de France et de Navarre, seigneur souverain de Béarn, comte de Foix... s.l. 1609
Palma Cayet, Pierre-Victor: Chronologie novenaire ou Histoire de la guerre sous Henri IV, depuis 1589 à 1598, 3 Bde. Paris 1608
–: Chronologie septenaire ou Histoire de la paix entre les rois de France et d'Espagne depuis 1598 à 1604, Paris 1605
–: Chronologie Novenaire et septenaire, ed. Jean-Alexandre Buchon, 2 Bde. Paris 1836
Péréfixe, Hardouin de: Histoire d'Henri le Grand..., s.l. 1661
Petitot, Claude-Bernard: Collection complète des mémoires relatifs à l'histoire de France, depuis le règne de Philippe Auguste jusqu'au commencement du XVIIe siècle, 52 Bde. Paris 1819–26
Salignac, Bertrand de, Seigneur de la Mothe-Fénelon: Correspondance diplomatique, ed. Purton-Cooper, 7 Bde. Paris–London 1838–40
Serres, Jean de: Recueil des choses mémorables advenues en France, dite Histoire des cinq rois s.l. 1603
Sully, Duc de, Maximilien de Béthune, Baron de Rosny: Mémoires des sages et royales œconomies d'état domestiques, politiques et militaires de Henri le Grand, 2 Bde. Amsterdam 1634 (später weitere Bde.)
–: Les œconomies royales, ed. David Buisseret et Bernard Barbiche, Bd. 1 (1572–1594) Paris 1970
Tavannes, Gaspard et Guillaume de Saulx-Tavannes: Mémoires (1530 à 1579) ed. Michaud et Poujoulat Bd. VIII
Thou, Jacques Auguste de: Histoire universelle (1544–1607), 16 Bde. Basel 1734

Thou, Jacques Auguste de: Mémoires (1553–1601) s.l. 1620 (lateinisch abgefaßt), erste französische Ausgabe Rotterdam 1711
Turenne, Vicomte de, Duc de Bouillon: Les Mémoires (1565–1586), ed. Gustave Comte Baguenault de Puchesse, Paris 1901
Valois, Marguerite de: Mémoires et lettres de Marguerite de Valois, ed. François Guessard, Paris 1842
–: Les Mémoires et autres écrits de Marguerite de Valois. La Reine Margot, ed. Yves Cazaux, Paris 1971
Villegomblain, François Racine de: Mémoires des troubles arrivés en France sous le règne de Charles IX, Henri III et Henry IV, Paris 1667

Diplomatische Quellen (Nuntiatur- und Gesandtschaftsberichte) und urkundliche Quellen

Alberi, Eugenio (Hrsg.): Relazioni degli ambasciatori Veneti al Senato, 15 Bde. Florenz 1839–63
(dort bes. die 2. Serie der Gesandtschaftsberichte aus Frankreich, hrsg. von Barozzi)
Bernard, Auguste (Hrsg.): Procès verbaux des Etats généraux de 1593, s.l. 1842
Birch, Thomas (Hrsg.): An Historical view of the Negotiations between the courts of England, France and Brussels (1592–1617), London 1749
Boislisle, Arthur de: Chambre des Comptes de Paris (Pièces justificatives pour servir à l'Histoire des Premiers Présidents, 1506–1711), Nogent-le-Rotrou 1874
Calendar of State Papers. Foreign Series of the Reign of Elizabeth, 8 Bde. (1561–1572), London 1862 f.
Decrue de Stoutz, Francis (Hrsg.): Relations diplomatiques d'Henri IV et les députés de Genève, Genf 1902
Dubois, (Hrsg.): Documents inédits de la Réforme et de la Ligue, s.l. 1875
Desjardins, Abel (Hrsg.): Négotiations diplomatiques de la France avec la Toscane, 6 Bde. Paris 1861–65
(diplomatische Korrespondenz mit dem päpstlichen Hof)
Lauzun, Philippe de (Hrsg.): Itinéraire de Marguerite de Valois en Gascogne d'après ses livres de comptes, 1578–1586, Paris 1902
Lestocquoy, Jean Msg. (Hrsg.): Correspondance des nonces en France Carpi et Ferrerio (1535–1540), Rom–Paris 1961
–: Correspondance des nonces en France Capodiferro, Dandino et Guidiccione (1541–1546), Rom–Paris 1963
–: Correspondance des nonces en France Dandino, della Torre et Trivulto (1546–1551), Rom–Paris 1966
–: Correspondance du nonce en France Prospero Santa Croce (1552–1554), Rom–Paris 1972
Mieck, Ilja (Hrsg.): Toleranzedikt und Bartholomäusnacht. Französische Politik und Europäische Diplomatie 1570–1572, Göttingen 1969 (Historische Texte II Neuzeit 8)

Scherinsky, Harald und Walter Wulf: Das Zeitalter der Reformation und der Glaubenskämpfe, Frankfurt–München [6]1970 (Geschichtliche Quellenhefte 5)
Tommaseo, N. (Hrsg.): Relations des ambassadeurs Venétiens, 2 Bde. Paris 1838

II. LITERATUR

Allgemeine Hilfsmittel, Nachschlagewerke, Lexika

Allgemeine deutsche Biographie, 56 Bde. Leipzig 1876 ff.
Biographie universelle ancienne et moderne, 46 Bde. Paris 1852 ff.
Catalogue des Livres Imprimés de la Bibliothèque Nationale (Auteurs) 220 Bde. Paris 1897 ff.
Bd. 70 (1919) enthält auf pp. 640–662 ein vollständiges Verzeichnis der in der Bibliothèque Nationale vorhandenen gedruckten Quellen mit Heinrich IV. (bzw. seiner Kanzlei) als Autor, vor allem Briefe und Reden (in französischer und z. T. lateinischer Sprache). Analog für Heinrich III. pp. 635–639
Catalogue Général des Livres Imprimés de la Bibliothèque Nationale, 27 Bde. Paris 1965–1974
Diccionario de Historia de España, ed. Germán Bleiberg, 3 Bde. Madrid 1969
Dictionary of National Biography, ed. Sidney Lee, 60 Bde. London 1899 ff.
Dictionnaire des biographies, ed. Pierre Grimal, 2 Bde. Paris 1958
Dictionnaire des personnages historiques français, Paris 1965
Die Religion in Geschichte und Gegenwart, Handwörterbuch für Theologie und Religionswissenschaft, 6 Bde. Tübingen 1962
Hauser, Henri: Les Sources d'Histoire de France au XVIe siècle, 4 Bde. Paris 1909–16 (vollständiges Verzeichnis der Quellen der Epoche)
Lanson, Gustave: Manuel bibliographique de la littérature française moderne (1500–1900), Bd. I Kap. 11 Histoire, mémoires, lettres, Paris 1909
Le Grand Larousse, 10 Bde. Paris 1964
Lexikon für Theologie und Kirche, hrsg. Michael Buchberger, 13 Bde. mit Registerbd. Freiburg 1967
Meyers Großes Personenlexikon, Mannheim–Zürich 1968
Niel, P. G. J.: Portraits des personnages français les plus illustres du XVIe siècle, Paris 1848–56
Raymond, Paul: Dictionnaire topographique des Basses Pyrénées, Paris 1863
The New Encyclopaedia Britannica, 19 Bde. London etc. [5]1974

Handbücher und Gesamtdarstellungen

Aumale, Henri Duc de: Histoire des princes de Condé pendant les XVIe et XVIIe siècles, 8 Bde. Paris 1863–96

Babelon, Jean: La civilisation de la Renaissance, Paris 1961
Bainville, Jacques: Histoire de France, Paris 1926
Barbiche, Bernard, et al.: La France des guerres de religion, 1550–1650, Paris 1971
Batiffol, Louis: Le siècle de la Renaissance, Paris 1918
Blake, John Bennett: The Reign of Elizabeth (1558–1603): The Oxford History of England, Oxford 1959
Bouille, René de: Histoire des ducs de Guise, 4 Bde. Paris 1849
Brugmans, Henri: L'Histoire de l'Europe, Bd. III L'Europe des Nations, Paris–Lüttich 1970
Burbach, Karl Heinz, et al.: Renaissance, Reformation, Glaubenskämpfe, Frankfurt–München ^{4}1967
Chambon, Joseph: Der Französische Protestantismus. Sein Weg bis zur Französischen Revolution (dt. Übs.) ^{4}1939
Chastel, André: Die Krise der Renaissance 1520–1600 (dt. Übs.) Genf 1968
Crouzet, Maurice (Hrsg.): Histoire Générale des civilisations, Bd. 4: Roland Mousnier: Les XVIe et XVIIe siècles. Le progrès de la civilisation européenne et le déclin de l'Orient (1492–1715), Paris ^{2}1965
Delumeau, Jean: La civilisation de la Renaissance, Paris 1967
–: Naissance et affirmation de la Réforme, Paris ^{2}1968
Dodu, Gaston: Les Valois. Histoire d'une maison royale, 1328–1589, Paris 1934
Drion du Chapois, François: Charles Quint et l'Europe, Brüssel–Paris 1962
Dunn, Richard S.: The age of religious wars, 1559–1689, New York 1970
Forneron, Henri: Les ducs de Guise et leur époque, 2 Bde. Paris 1893
Fouqueray, Philippe: Histoire de la Compagnie de Jésus en France (1528 à 1768), Bd. II und III La Contre-Reforme, Paris 1913–22
Gaxotte, Pierre: Histoire des Français, 2 Bde. Paris 1963
Gebelin, François: L'Epoque Henri IV et Louis XIII, Paris 1969 (Neuausgabe)
Hanotaux, Gabriel (Hrsg.): Histoire de la Nation Française, Bd. IV: Louis Madelin: Histoire politique de 1515–1804, Paris 1924
Hassinger, Erich: Das Werden des neuzeitlichen Europa 1300–1600, Braunschweig 1959
Hauser, Henri: La prépondérance espagnole (1559–1660), Paris ^{2}1948
–: Les Guerres de religion, Paris 1912
Hauser, Henri et Augustin Renaudet: Les débuts de l'âge moderne: La Renaissance et la Réforme, Paris ^{3}1946
La Ferrière, Hector Comte de: Le XVIe siècle et les Valois, Paris 1879
Lapeyre, Henri: Les monarchies européennes du XVIe siècle. Les relations internationales, Paris 1967
Lavisse, Ernest (Hrsg.): Histoire de France, Bd. V 2: Henri Lemonnier: La lutte contre la Maison d'Autriche, La France sous Henri II (1519 à 1559), Paris 1911
   Bd. VI 1: Jean H. Mariéjol: La Réforme et la Ligue. L'Edit de Nantes (1559–1598), Paris 1911

Lecler, Joseph: Histoire de la tolérance au siècle de la Réforme, 2 Bde. Paris 1955
Les Hommes d'Etat célébres, Bd. IV, Paris 1971
Levis-Mirepoix, Antoine Duc de: Les Guerres de Religion, Paris 1950
–: La France de la Renaissance, Paris 1947
Ligou, Daniel: Le protestantisme en France de 1598 à 1715, Paris 1968
Livet Georges: Les guerres de religion (1519–1598), Paris ³1970 (Reihe que sais-je)
Luz, Pierre de: Histoire des Papes, 2 Bde. Paris 1960
Mauro, Frédéric: Le XVIe siècle européen. Aspects économiques, Paris 1966
Mettra, Claude: Les Bourbons (= Bd. I Grandes dynasties d'Europe) Lausanne 1968
Pagès, Georges: La Monarchie d'Ancien Régime en France (De Henri IV à Louis XIV), Paris 1928
Pastor, Ludwig von: Geschichte der Päpste seit dem Ausgang des Mittelalters, Bde. 7–11, Freiburg 1920–27
Pirenne, Henri: Geschichte Europas. Von der Völkerwanderung bis zur Reformation (dt. Übs.), Frankfurt 1961
–: Histoire de la Belgique, Bde. III und IV, Brüssel 1923
Poirson, Auguste: Histoire du règne de Henri IV, 4 Bde. Paris 1862–67
Ranke, Leopold von: Französische Geeschichte vornehmlich im XVI. und XVII. Jahrhundert, 2 Bde. Stuttgart 1954
Rapp, Alfred: Das fanatische Jahrhundert. Die große Legende von den Glaubenskriegen, Stuttgart 1970
Ritter, Gerhard: Die Neugestaltung Deutschlands und Europas im 16. Jahrhundert. Die kirchlichen und staatlichen Wandlungen im Zeitalter der Reformation und Glaubenskämpfe, Frankfurt 1967
Rössler, Hellmuth: Europa im Zeitalter von Renaissance, Reformation und Gegenreformation (1450–1650), München 1956
Schieder, Theodor (Hrsg.): Handbuch der europäischen Geschichte, Bd. 3 Die Entstehung des neuzeitlichen Europa, Stuttgart 1971, dort bes.: André Bourde: Frankreich vom Ende des Hundertjährigen Krieges bis zum Beginn der Selbstherrschaft Ludwigs XIV. (1553–1661), 719–849
Sée, Henri, Armand Rébillon et René Préclin: Le XVIe siècle, Paris ³1950 (= Clio, Introduction aux études historiques, Bd. 6; Examenshandbuch mit Quellenübersicht)
Soulé, Claude: Les états généraux de France 1303–1789, Paris 1968
The Cambridge Modern History, Bd. III, Cambridge 1904, dort bes. A. J. Butler: The Wars of Religion in France und Stanley Leathes: Henry IV of France
The New Cambridge Modern History, Bd. II: The Reformation (1520–1559), Cambridge 1958
Bd. III: The Counter-Reformation and Price Revolution (1559–1610), Cambridge 1968
Thompson, James: The wars of religion in France, 1559–1576. The Huguenots, Catherine de Medici, Philip II, New York 1958

Touchard, Jean: Histoire des idées politiques, Bd. 1 Paris 1959
Vaissette, Dom Jean-Joseph: Histoire Générale de Languedoc, Toulouse 1872–92
Viénot, Jean: Histoire de la Réforme Française des origines à l'Edit de Nantes, Paris 1916
Zoff, Otto: Die Hugenotten. Geschichte eines Glaubenskampfes, Konstanz 1948

Biographien zu Heinrich IV. und anderen zeitgenössischen Persönlichkeiten

Albertis, Giulia Datta de: Maria Medici (1573–1642) (dt. Übs.) München [3]1949
Altamira, Rafaël: Philippe II. d'Espagne, Paris 1937
Andrieux, Maurice: Henri IV, Paris [5]1955
–: Henri IV dans ses années pacifiques, Paris 1954
Anquez, Leonce: Henri IV et l'Allemagne, Paris 1887
–: Le Chancelier de l'Hospital, Paris 1881
Babelon, Jean: La reine Margot, Paris 1965
–: Charles Quint (1500–1558), Paris 1947
Bailly, Auguste: Henri Le Balafré, duc de Guise, Paris 1953
Balland, Robert: Sully. Soldat, ministre et gentilhomme campagnard (1560–1641), Paris 1932
Basevi, Giorgio: Enrico IV., Mailand 1932
Bertin, Claude: Ravaillac – Charlotte Corday. Les assassins célèbres, Paris 1967
Bourbon, Sixte, Princesse de: Cathérine de Médicis, Monaco 1943
Brandi, Karl: Kaiser Karl V. Werden und Schicksal einer Persönlichkeit und eines Weltreiches, 2 Bde. 1937–41
Buisson, Albert: Michel de l'Hospital (1508–1573), Paris 1950
Carré, Henri: Sully. Sa vie et son œuvre (1559–1641), Paris 1932
–: Gabrielle d'Estrées, presque reine (1570–1599), Paris 1935
Castelnau, Jacques: Marguerite de Navarre, la reine Margot, Paris 1954
–: Cathérine de Médicis (1519–1589), Paris 1954
Castries, René de la Croix, Duc de: Henri IV. Roi de cœur, Roi de France, Paris 1970
Cazaux, Yves: Jeanne d'Albret, Paris 1973
Champion, Pierre: Cathérine de Médicis présente à Charles IX son royaume (1564–1566) Paris 1937
–: La jeunesse d'Henri III (1561–1574), 2 Bde. Paris s. d. (ca. 1940)
Champion Pierre et Michel François: Henri III roi de Pologne (1574 à 1575), 2 Bde. Paris 1944–51
Chastenet, Jacques: Elisabeth I., Paris 1953
Desclozeaux: Gabrielle d'Estrées, Paris 1889
Decrue de Stoutz, Francis: Anne duc de Montmorency, 2 Bde. Paris 1889
Delaborde, Jules de: Gaspard de Coligny, amiral de France, 3 Bde. Paris 1879–82

Delamare, Georges: Le Maréchal d'Ancre (Vittorio Concini), Paris 1961
Donnay, Maurice: La reine Margot, Paris 1946
Duhourceau, François: Henri IV libérateur et restaurateur de la France, Paris 1941
Dumaitre, Paule: La jeunesse d'Henri IV, Paris 1968
Dupuy-Mazuel, Henry: Mon maître Henri IV. Mémoires de Robert Cottereau de Rème, Paris 1949
Elbée Jean d': Le miracle d'Henri IV, Paris 1946
Engel, Claire-Eliane: L'Amiral de Coligny, Genf 1967
Erlanger, Philippe: La Reine Margot ou la Rébellion, Paris 1972
–: L'étrange mort de Henri IV ou les jeux de l'amour et de la guerre, Paris 1957
–: Henri III, Paris [7]1948
Estailleur-Chanteraine, Philippe d': Henry IV, roi de France et de Navarre, Paris 1954
Garnier, Armand: Agrippa d'Aubigné et le parti protestant, 3 Bde. Paris 1928
Genlis, Madame de: Histoire d'Henri le Grand, Paris 1816
Gneisendorf, Paul-Frédéric: Théodore de Bèze, Genf 1967
Gontaut Biron, Roger de: Le premier maréchal de Biron, Paris 1950
Guth, Paul: Henri IV. Images de Hervé Baille, Paris 1962
Habsburg, Otto von: Karl V. (dt. Übs.), Wien–München [2]1971
Haldane, Charlotte: Queen of hearts. Marguerite of Valois (1553–1615), London 1968
Henrard, Paul: Henri IV et la Princesse de Condé (1609–1610), Brüssel 1905
Héritier, Jean: Cathérine de Médicis, Paris 1943 (dt. Übs.), Stuttgart 1964
Jarry, Louis: Henriette d'Entragues et son vœu à Notre-Dame de Cléry, Orléans 1897
Jourda, Pierre: Marguerite d'Angoulême, Reine de Navarre (1492–1549). Une princesse de la Renaissance, Paris s.d. (ca. 1930)
Karrer, Otto: Franz von Sales. Lebensbild des Heiligen, München 1973
Kleinman, Ruth: Saint François de Sales and the protestants, Genf 1962
Kupisch, Karl: Coligny, Berlin [2]1951
Lacombe, Charles de: Henri IV et sa politique, Paris 1877
La Ferrière, Hector Comte de: Henri IV, le roi, l'amoureux, Paris 1890
La Force, Auguste Duc de: Le maréchal de La Force. Un serviteur de sept rois (1552–1652), Paris 1850
Lafue, Pierre: Henri III et son secret, Paris 1949
Lagrèze, Basile de: Henri IV, sa vie privée, Paris 1885
Lanus, Pierre de: La vie d'Henri IV, Paris 1928
Lapevre, Henri: Charles Quint, Paris [2]1973
Lequenne, Fernand: La vie d'Olivier de Serres, Paris 1970 (Neuausgabe)
Lévis-Mirepoix, Antoine Duc de: Henri IV, Roi de France et de Navarre, Paris 1971
Luzzatti, Ivo: Katharina Medici. 1519–1589 (dt. Übs.), München 1943

Mahoney, Irene: Royal cousin. The life of Henri IV of France, Garden City/New York 1970
Mann, Heinrich: Die Jugend des Königs Henri Quatre, Berlin 1952
–: Die Vollendung des Königs Henri Quatre, Berlin 1952
Marcks, Erich: Gaspard von Coligny. Sein Leben und das Frankreich seiner Zeit, 1892
Mariéjol, Jean-H.: Henri IV et Louis XIII (1598–1643), Paris 1911
–: Cathérine de Médicis (1519–1589), Paris ³1922
–: La vie de Marguerite de Valois, Reine de Navarre et de France (1553–1615), Paris 1928
Martin, Marie-Madeleine: Sully le Grand, Paris 1959
Merki, Charles: La Reine Margot, Paris 1905
–: La marquise de Verneuil et la mort d'Henri IV, Paris 1912
Meyrac, Albert: Le dernier amour d'Henri IV, Charlotte de Montmorency, Paris 1928
Nabonne, Bernhard: Jeanne d'Albret, Reine des huguenots, Paris 1945
Neale, John Ernest: The age of Catherine de Medici, London 1945
  Königin Elisabeth (dt. Übs.), Hamburg 1937
Pearson, Hesketh: Henry of Navarre. His life, London 1963
Pfandl, Ludwig: Philipp II., München ⁶1969
Ranke, Leopold von: Heinrich IV., König von Frankreich (Neuausgabe nach Rankes Französischer Geschichte, betreut von Herbert Reichard), Laupheim 1948
Raumer, Kurt von: König Heinrich IV. Friedensidee und Machtpolitik im Kampf um die Erneuerung Frankreichs, Iserlohn 1947
Reinhard, Marcel: La légende de Henri IV, Paris 1936
–: Henri IV ou La France sauvée, Paris ²1947
Remy, Jean-Charles: Cathérine de Médicis ou la mère de trois rois, Lausanne 1965
Rheinhardt, Emil Alfons: Der große Herbst Heinrichs IV., Leipzig–Wien 1935
Ritter Raymond: Cette Grande Corisande, Paris 1936
–: Charmante Gabrielle, Paris 1947
–: Les solitudes de Marguerite de Navarre (1527–1549), Paris 1953
–: Henri IV enfant de la guerre et de l'amour, Pau 1953
Roeder, Ralph: Catherine de Medici and the lost revolution, London 1937
Roelker, Nancy Lyman: Queen of Navarre, Jeanne d'Albret, Cambridge/ Massachussetts 1968
Romier, Lucien: Le royaume de Cathérine de Médicis, 2 Bde., Paris 1925
Rousselot, Jean: Agrippa d'Aubigné, Paris 1966
Ruble, Alphonse de: Antoine de Bourbon et Jeanne d'Albret, 4 Bde., Paris 1881–85
Russell, Edward Frederick Langley, Lord Russell of Liverpool: Henry of Navarre, Henry IV of France, London 1969
Sedgwick, Henry-Dwight: Henry of Navarre, s.l. 1930
Seward, Desmond: The first Bourbon. Henri IV, king of France and Navarre, London 1971

Slocombe, Georges: Henri IV (1553–1610), Paris 1933
Tritsch, Walther: Heinrich IV., König von Frankreeich und Navarra. Gegenspieler der deutschen Welt, Leipzig 1938
Vaissière, Pierre de: Henri IV, Paris 1928
Watson, Francis: Katharina von Medici und das Zeitalter der Bartholomäusnacht (dt. Übs.), Stuttgart 1936
Williamson, Hugh Ross: Catherine de Medici, London 1973
Zeller, Gaston: Henri IV et Marie de Médicis, Paris 1877
–: Henri et Biron, Paris 1888

Monographien und Aufsätze zu politischen, religiösen, sozial-, wirtschafts- und kulturgeschichtlichen Fragen der Zeit

Airo-Farulla, Joseph Antony: The political opposition of the Huguenots to Henry IV (1589–1598), Ann Arbor 1970
Amphoux, H.: Michel de l'Hospital et la liberté de conscience, Paris 1900
Anquez, Leonce: Histoire des Assemblées politiques des Reformés de France (1573–1622), Paris 1859
Baguenault de Puchesse, Comte Gustave: Négotiations de Cathérine de Médicis après la Journée des barricades, Paris 1903
Barbiche, Bernard: Essai de bibliographie concernant les relations du Saint-Siège et la France, Vatikanstadt 1968
–: Influence française de la cour pontificale sous le règne d'Henri III, Rom 1963
Batiffol, Louis: Le Louvre sous Henri IV et Louis XIII. La vie de la Cour de France au XVIIe siècle, Paris 1930
Baudrillart, Albert: L'Eglise catholique, la Renaissance et le Protestantisme, Paris 1905
Bezold, Friedrich von: Jean Bodins „Colloquium Heptaplomeres" und der Atheismus des 16. Jahrhunderts in: Historische Zeitschrift 105 (1910)
Bitton, Davis: The French nobility in crisis, 1560–1640, Stanford/California 1969
Bonard, Michel de: Sixte Quint, Henri IV et la Ligue: La Légation du cardinal Gaétain en France, Bordeaux 1932
Bremond d'Ars, Guy de: Les Conférences de Saint-Brice. Entrée d'Henri IV et Cathérine (1586–1587), Paris 1884
Brière, Yves de la: La conversion d'Henri IV (1593–1595), Paris 1905
Buisseret, David: Huguenots and Papists, London 1972
–: Sully and the growth of centralized government in France (1598–1610), London 1968
Burckhardt, Carl Jakob: Vier historische Betrachtungen, Zürich 1953 (dort: Sullys Plan einer Europaordnung)
Capefigue, Jean-Baptiste: La Ligue et Henri IV, Paris 1843
–: Gabrielle d'Estrées et la politique de Henri IV, Paris 1859
–: La Belle Corisande et les galanteries du Béarnais, Paris 1864
Chamberland, Albert: Recherches critiques sur les réformes financières en Champagne à l'époque de Henri IV et de Sully, s.l. 1902

Champion, Pierre: Charles IX, la France et le contrôle de l'Espagne, 2 Bde. Paris 1939
–: Paris au temps des guerres de Religion, Paris 1938
Charbonnier, F.: La poésie française et les guerres de religion (1560–1574). Etude historique et littéraire sur la poésie militante depuis la conjuration d'Amboise jusqu'à la mort de Charles IX, Paris 1920, (Reprint) Genf 1970
Charleville, E.: Paris au temps des guerres de religion, Etats généraux de 1576, Paris 1901
Chartrou-Charbonnel, Josephe: La Réforme et les guerres de religion, Paris 1936
Combes, F.: Henri IV historien, avec deux lettres inédites d'Elisabeth d'Angleterre sur sa conversation, Paris 1883
Coudy, Julien: Les guerres de religion, Paris 1962
–: dt. Übs. Die Hugenottenkriege in Augenzeugenberichten, Fribourg 1965
Courtenault, Paul: Blaise de Montluc historien, Paris 1907
Croze, Joseph de: Les Guises, les Valois et Philippe II, 2 Bde. Paris 1866
Dainville, François de: Le Dauphiné et ses confins vus par l'ingenieur d'Henri IV, Jean de Beins, Genf 1968
Dartigue-Peyron, Charles: La Vicomté de Béarn sous le règne d'Henri d'Albret (1517–1555). Jeanne d'Albret et le Bearn, Paris 1934
Defrance, Eugène: Cathérine de Médicis. Ses astrologues et ses magiciens-envoûteurs. Documents inédits sur la diplomatie et les sciences occultes du 16e siècle, Paris 1911
Devismes, Bernard: Unité religieuse, unité nationale. De l'évangélisme à la révocation de l'édit de Nantes (1535–1685), Paris 1946
Dubarat, Victor: Le protestantisme en Béarn et au Pays Basque, Pau 1895
Erlanger, Philippe: Le massacre de la Saint-Barthélemy, 24 août 1572, Paris 1958
–: dt. Übs. Bartholomäusnacht. Die Pariser Bluthochzeit am 24. August 1572, München 1966
–: La vie quotidienne sous Henri IV, Paris 1958
Fagniez, Gustave: L'Economie sociale de la France sous Henri IV, Paris 1897
–: Le Commerce Extérieur de la France sous Henri IV, Paris 1881
–: L'industrie en France sous Henri IV, Paris 1883
Febvre, Lucien: Au cœur religieux du XVIe siècle, Paris ²1968
–: Les origines de la Réforme française et le problème général des causes de la Réforme in: Revue historique 161 (1929)
Feist, Elisabeth: Weltbild und Staatsidee bei Jean Bodin, Halle 1930
Forissier, Marc: La Réforme en Béarn, 3 Bde., Tarbes 1951–63
–: Le protestantisme en Bigorre, Tarbes 1946
Gade, John A.: Under the golden lilies, Leiden 1955
Gebelin, François: Le Gouvernement du Maréchal de Matignon en Guyenne, Bordeaux 1912
Gigon, Stéphane-Claude: La troisième guerre de religion, Jarnac et Moncontour, Paris 1911

Grant, Arthur Jones: The Huguenots, London 1934
Reprint Hamden/Connecticut 1969
Hauser, Henri: La modernité du XVIe siècle, Paris ²1963
Haynie, Susanne: The image of Henry III in contemporary French pamphlets, Ann Arbor 1972
Hinrichs, Ernst: Fürstenlehre und politisches Handeln im Frankreich Heinrichs IV., Göttingen 1969
La Ferrière, Hector Comte de: La Saint-Barthélemy, la veille, le jour et le lendemain, Paris 1892
Lafue, Pierre: L'assassinat du Duc de Guise, Paris s.d. (ca. 1960)
Lee, Maurice, jr.: James I and Henri IV. An essay in English foreign policy (1603–1610), Urbana 1970
Lefèvre, Louis Raymond: Les Français pendant les guerres de religion, Bd. 1 Le tumulte d'Amboise, Paris 1949
Lefranc, Abel: La vie quotidienne au temps de la Renaissance, Paris 1948
L'Espinois, Henri-Charles de: La Ligue et les Papes, Paris, 1886
Lodge, Eleanor: Sully, Colbert and Turgot. A chapter in French economic history, London 1931
Reprint Port Washington/New York 1970
Mandrou, Robert: Introduction à la France moderne (1500–1640). Essay de psychologie historique, Paris 1961
Martin, Marie-Madeleine: Aspects de la Renaissance Française sous Henry IV, Paris 1943
–: Histoire de l'unité de la France, Paris 1957
Mastellone, Salvo: La reggenza di Maria de' Medici, Messina–Florenz 1962
Mesnard, Pierre: L'essor de la philosophie politique au XVIe siècle, Paris ²1969
Mongrédien, Georges: Leonora Galigaï. Un procès de sorcellerie sous Louis XIII, Paris 1968
Moreuil, André de: Resistance et collaboration sous Henri IV, Paris 1960
Mousnier, Roand: L'assassinat d'Henri IV, 16 mai 1610, Paris 1964, dt. Übs. Die Ermordung Heinrichs IV, Berlin 1970
–: La vénalité des offices sous Henri IV et Louis XIII, Rouen 1945
Noailles, Emmanuel-Henri Marquis de: Henri de Valois et la Pologne en 1572, Paris 1867
Noguères, Henri: Sa Saint-Barthélemy, 24 août 1572, Paris 1959
Pablo, Jean de: La troisième guerre de religion, Genf 1956
–: Gaspard de Coligny als Feldherr (dt. Übs.), Braunschweig 1972
Pagès, Georges: La Monarchie d'Ancien Régime en France (De Henri IV à Louis XIV), Paris 1928
–: L'édit de Nantes, Paris 1936
Pannier, Jacques: L'Eglise Réformée de Paris sous Henri IV, Paris 1911
Pfister, Christian: Les «Œconomies royales» de Sully et le grand dessein de Henri IV in: Revue historique, 54/56 (1894)
Rocquain, Felix: La France et Rome pendant les guerres de religion, Paris 1924
Romier, Louis: Les origines politiques des guerres de religion, Paris 1913

Royer, Louis-Charles: Les 51 maîtresses du Vert-Galant, Paris 1956
Samaran, Charles: Henri IV et Charlotte de Montmorency in: Annuaire bulletin de la société de l'Histoire de France, 1950/51 p. 53–117
Schalk, Ellery Stowell: Changing conceptions of nobility in France during the Wars of Religion, Ann Arbor 1970
Sée, Henri: Französische Wirtschaftsgeschichte (dt. Übs.), 2 Bde., Jena 1930–36
Shimizu Junko: Conflict of loyalties. Politics and religion in the career of Gaspard de Coligny, Admiral of France, 1519–1572, Genf 1970
Stephan, Raoul: Gestalten und Kräfte des französischen Protestantismus, München 1967
Stone, Donald, jr.: France in the sixteenth century. A medieval society transformed, Englewood Cliffs/New Jersey 1969
Sutherland, Nicola Mary: The massacre of St. Bartholomew and the European conflict, 1559–1572, London 1973
Tharaud, Jerôme: La Tragédie de Ravaillac, Paris 1913
Tucoo-Chala, Suzanne: L'implantation du premier protestantisme en Béarn, Pau 1971
Vaissière, Pierre de: De quelques assassins, Paris 1912
–: Messieurs de Joyeuse (1560–1615), Paris 1926
Vivent, Jacques: La tragédie de Blois. Le roi de France et le duc de Guise. 1585–1588, Paris 1946
Weil, Georges: Les théories sur le pouvoir royal pendant les guerres de religion, Paris 1892
Wolpert, Johann: Katharina von Medicis Einfluß auf die religiöse Bewegung des 16. Jahrhunderts, auf Grund ihrer Briefe (theol. Diss. masch. München 1922)

Die Angaben stellen eine Auswahl aus der Fülle des einschlägigen archivalischen Materials und Schrifttums dar. Von den zahlreichen Quellen wird vor allem das Material aufgeführt, aus dem die Verfasserin geschöpft hat. Zeitgenössische historiographische Werke sind ihres Quellenwertes wegen nicht der Literatur, sondern der Gruppe der gedruckten Quellen zugeordnet. Der Literaturteil bietet keine kritische Auswahlbibliographie, vielmehr ein praktisch überschaubares Verzeichnis, das dem interessierten Leser Hilfsmittel und Hinweise zur Allgemeininformation und weiteren Vertiefung zur Hand gibt. Von der umfangreichen älteren Literatur wurden nur Standardwerke aufgenommen, das neuere Schrifttum wurde breiter berücksichtigt. Der Forschungslage entsprechend ist der überwiegende Teil der Arbeiten in französischer und englischer Sprache; die Anzahl der deutschsprachigen, bzw. in das Deutsche übersetzten Titel ist vergleichsweise beschränkt.

Über den Rahmen dieser Spezialbibliographie hinausgehende Informationen finden sich in dem grundlegenden Werk von Gerhard Ritter: Die Neugestaltung Deutschlands und Europas im 16. Jahrhundert, Berlin 1967, mit seinen umfangreichen Literaturangaben.

REGISTER

Verwendete Abkürzungen: Bf. = Bischof; Ebf. = Erzbischof; Ehz. = Erzherzog; frz. = französisch(er); Gf. = Graf; Hz. = Herzog; Hz.in = Herzogin; Hz.tum = Herzogtum; K. = Kaiser; Kg. = König; Kg.in = Königin; Pz. = Prinz; span. = spanisch(er).

Ablon 392
Agen, Grafschaft 135, 170 f.
Alba, Fernando, Alvárez de Toledo, Hz. von 49, 51, 77, 90, 228
Albert, Ehz. von Österreich 235, 310, 334, 359 f., 370, 470, 472, 478 f., 482
Albigenser 294, 296
Albret s. Henri u. Jeanne
Alençon, Franz (Herkules) von Valois, Hz. von 14, 33, 36, 39, 86, 100, 104–107, 109, 114–117, 119–123, 124–128, 135 ff., 142, 155–158, 162–166, 169, 190
Amboise, Frieden von 42, 45
–, Schloß 203
–, Verschwörung von 25 f., 34, 38, 52, 69
Amerika 218, 359, 371 f., 377, 388, 475
Amyot, Erzieher Karls IX. von Frankreich 44
Ancre s. Concini
Andelot s. Coligny
Andelys 30
Angoulême 116
–, Hz.in von 472
Anjou, Alexander von, s. Heinrich III.
–, Hz.tum 46, 121
Anna von Bretagne 12
Anna von Dänemark, Gemahlin Jakobs I. von England 353, 355, 365, 382
Anna von Österreich, Gemahlin Ludwigs XIII. von Frankreich 519
Annecy 438
Antwerpen 352
Aquitanien 50, 65, 155, 360, 365, 369
–, Hz. von 255
Archiac 64
Arembergh, Karl, Gf. von 359

Armada 218, 223 f., 352
Armagnac, Herr von 97
Armorica 12, 155
Arnaud, Sekretär 345
Arnauld, Angelika 434–438
–, Antoine 280 f., 434 ff.
d'Arques, Günstling Heinrichs III. 151
Arques, Schlacht von 225, 284, 298, 324
Arsenal von Paris 402, 411, 457, 479
d'Aubiac, Stallmeister Margaretes von Valois 172
d'Aubigné, Agrippa 63 f., 132, 140 f., 148, 207, 213, 215, 271, 316, 514
Auch 131, 140
Audouins, Corisande von, Hz.in von Gramont 58, 159 ff., 170, 172 ff., 182, 184, 198, 207 f., 208 f., 225, 231, 250, 411
–, Gräfin, Mutter von Corisande 58, 159
d'Aumont, Jean, Marschall, Gouverneur der Champagne, später der Bretagne 214
Austria, Don Juan de, Sohn Kaiser Karls V. 126–127
d'Auvergne, Graf, Sohn Karls IX., später Hz. von Angoulême 213, 217, 318 f., 325, 336, 338 f., 343, 346 bis 349, 401, 404–410, 416, 509

Babington, Anthony 371
Bagnères 148
Balagny s. Montluc
–, Madame de 278, 505
Bar, Hz.in von, s. Katharina, Tochter von Jeanne d'Albret
Barbaste 133, 148
Bar-le-Duc 44
Barrière, Pierre 246, 248 f., 503 f.

Bartas, Guillaume de Saluste, Sieur du 54
Bassompierre, François de, Marschall 475, 497
Bastille 211, 343, 345, 371, 403, 409 f., 414, 421, 490 ff., 495, 501, 513
Bayonne 42, 48, 49, 51
Beaumanoir, Jean III de, Marquis von Lavardin 485
Beaumont, Gf. von, franz. Gesandter in London 354, 358, 360–363, 382 f.
Béarn 8–11, 13 f., 20, 24 f., 27–32, 36, 44 f., 49, 54, 57 f., 60, 81, 106, 111, 134, 147, 159, 169, 507
Beaune 297 ff.
Bellegarde, Roger de Saint-Lary de, Marschall von Frankreich 232, 326
Belle-Isle, Marquise von 445
Berg 479
Berny, Herr von, franz. Gesandter in Brüssel 471
Berquin, Pierre 16
Berry, Hz.tum 121
Bérulle, Pierre de, Kardinal 430, 440 f., 443
Betharam, Wallfahrtsort 20
Bèze, Théodore de 15, 20–25, 28, 32–35, 53 f., 67, 123, 241
Biron, Armand de Gontaut, Hz., von, Marschall von Frankreich 138 f., 154 f., 216, 332, 345
–, Charles de Gontaut, Hz. und Pair, Marschall von Frankreich 272, 287, 289, 292 f., 300, 325, 331–349, 351, 361 f., 401, 406, 409
–, Hz.tum 346
Blancmesnil, Präsident des Parlements 490
Blois 190, 196, 200, 290, 501
Blois, Schloß 51, 75–80, 84, 122, 190, 207
Blosset, Kapitän 88
Bossuet, Jacques Bénigne, Kardinal 432
Böhmen 377
Bordeaux 139

Bouillon, Hz. von, Henri de la Tour d'Auvergne, Vicomte Turenne 176, 293–296, 309, 334, 337, 348
–, Hz.in von, Charlotte von der Mark 293 ff.
Boulogne, Almosenier Heinrichs III. 213
Bourbon, Anton von, Vater Heinrichs IV. 7, 9–13, 15, 20–34, 55, 68, 74, 81, 136, 465
–, Heinrich von, Sohn der Henriette d'Entragues 408
–, Karl, Hz. von, Konnetabel von Frankreich 34
–, Karl, Kardinal von (Karl X.) 15, 21, 80, 82 f., 86, 197 f., 223, 229
–, Kardinal von, Vetter Heinrichs IV. 245
Bourbon, Familie (Dynastie) 57, 79, 278, 377
Bourbon, Hôtel 87
Bourbon, Ort 150
Bourdoise, Adrien 441–443, 456
Bourg-en-Bresse 325, 334, 338, 340, 348
Bourges 249
–, Ebf. von 240 f., 245, 254, 256
Bourisp, Wallfahrtsort 20
Brancas, André de, Admiral von Villars 131, 283–288
Brantôme, Pierre de Bourdeilles, Abbé von 16, 18, 86
Bretagne (Bretonen) 12, 49 f., 58, 203, 299, 302, 308 f., 360, 369
Brienne, Präsident des Parlements 211 f.
Brissac s. Cossé
Brisson, Präsident des Parlements 222, 226
Brüssel 300, 333, 359, 370, 469, 471 ff., 478 f., 481 f.
Burgund 65, 203, 255, 297 f., 312, 331, 334 f., 337 ff., 360, 365, 383

Cahors 134, 154 f.
Calais 12, 65, 97, 99, 100, 157, 224, 365, 381

Register 541

Calvin, Jean 15-17, 19 f., 23, 25, 33, 35, 41, 123, 147
Canillac, Marquis 171 f.
–, Marquise 172
Canisy 227
Canterbury 359 ff., 364, 372
Carcassonne 143 f.
Cartier, Jacques 449–452
Castelnau, Herr von 156 f.
Castenet, Sekretär Sullys 488
Casteras 139
Cayet, Palma 11, 24 f., 35, 206, 346, 445, 451
Cellini, Benvenuto 53
Certeau, Fräulein von 469
César, Priester 445
Chalais s. Talleyrand
Chambord, Schloß 51
Champagne 474
–, Gf. von 255
Champlain, Samuel de 451 f.
Chantal, Johanna von 430, 438
Charbonnière, Fort 325
Charenton 35
Charlesbourg 451
Chartres 149, 188 f., 230, 254, 258
–, Bf. von 256
Château Thierry 164
Châtel, Jean 270, 278–281, 385, 396, 504
Châtellerault 206
Châtellerault, Hz.in von, Geliebte Antons von Bourbon 31
Châtillon, Familie 75, 98
Châtillon, Gaspard III, Comte de Coligny 209
Chaumont, Schloß 51, 203
Chauveau, Abbé 242
Chenonceaux, Schloß 51, 203
Cheverny, Herr von 305, 307
China 388 f., 447
Christine von Bourbon, Hz.in von Savoyen 398
Cinq-Mars, Henri Coiffier de Ruze, Marquis de 296, 519
Claude von Valois, Hz.in von Lothringen 14, 28, 42, 44, 95

Clément, Jacques 180, 184, 220, 270, 347, 387, 484, 504
Clermont 51, 280
Cleve, Hz.tum, siehe Jülich und Cleve
Cœvres, Schloß 231
Coconas 105, 107, 119
Cognac 74
Coligny, François de, Sieur d'Andelot 50, 59
–, Gaspard II de, Herr von Châtillon, Admiral von Frankreich 21, 37–51, 49 f., 57 f., 61, 63, 65–78, 81, 84, 86–95, 98, 113, 116, 119, 124, 156, 208 f., 283, 418, 484 f., 506
–, Odet de, Kardinal von Châtillon 50, 58, 65
–, s. Châtillon
Collège de France 16
Collège de Navarra 35
Collin, Kammerdiener 10
Combaud, Neffe des Grafen Beaumont 363 f.
Commolet 222
Conciergerie, Paris 504
Concini, Concino, später Marschall d'Ancre 327, 400 ff., 411, 414, 459 f., 478, 485, 490, 493, 496, 507, 513, 518
Condé, Heinrich I. Pz. von 69 ff., 73, 86, 89, 94, 107, 116, 121, 131, 185, 190, 198 f., 276
Condé, Heinrich II. Pz. von, Hz. von Enghien 276 f., 283, 300 f., 309, 461–464, 469–472, 478, 481 f., 490, 499
–, Ludwig I. Pz. von 21, 26, 32, 34, 57 f., 60 ff., 64, 67–70, 183
–, Françoise d'Orléans, Gemahlin Ludwigs I. 83
Conti, François, Pz. von 86, 89, 94, 255, 325
Cossé, Charles II de, später Hz. und Marschall von Brissac 258 ff., 265
Cotton, Pater 394 f., 447, 474, 504
Coutras, Schlacht bei 179–184, 201, 244
Croquants, Aufstand der 272

Crussols, Herr von 47
Curton 227

Damville, Anhänger Colignys 87
Dänemark 370 f.
Dauphiné 134, 162, 383
David, hugenott. Prediger 33
Dayelle, Mademoiselle, Geliebte Heinrichs IV. 148
Derby, Graf 367
Devicq, Admiral 356 f.
Dieppe 100, 221, 223 ff.
Digne, Bf. von 234
Dijon 297, 331, 338, 343, 407, 438
Dolet, Etienne 16
Dunois und Longueville, Jean, Bastard von Orléans, Graf von 347
Duplessis-Mornay, Philippe de 132, 140, 148, 156 f., 159, 161, 199, 206, 270, 282, 390
Dupont, Sieur, Kolonisator 450–452

Eleonore von Aquitanien 50
Elisabeth von Bourbon, Gemahlin Philipps IV., von Spanien 398
Elisabeth von England 50, 59, 65, 68, 73, 79, 97–101, 106, 124, 135, 145, 155–158, 168, 221, 224, 243, 282, 310, 332, 351–353, 355, 358, 360, 366–368, 383, 389, 452
Elisabeth von Valois, Gemahlin Philipps II. von Spanien 14, 22, 42, 48 f.
Elisabeth von Österreich, Gemahlin Karls IX. von Frankreich 79, 100, 108
England (Engländer) s. a. Großbritannien 49, 50, 59, 67, 73, 82, 128, 147, 156, 158, 161, 168, 218, 221, 224, 284, 351, 353, 357, 359, 360, 364, 370, 374, 378 f., 415, 439, 452, 467, 502, 519
d'Entragues, Henriette, Marquise von Verneuil 318–323, 328–330, 333, 347, 349, 398 f., 401 f., 408–411, 416, 420, 424, 459, 461 f., 478, 504, 508 f.

d'Entragues, Graf von, Vater von Henriette 318–321, 323, 333 f., 336, 343, 349, 399, 401, 404, 408–410, 416, 509
Epernon s. La Valette
d'Escars, Feldhauptmann 63
Escorial 151, 301
Eskaldunias 10
Essarts, Jacqueline des 424, 459
Essex, Robert Devereux, 2. Gf. von 382
L'Estoile, Pierre de 107, 151, 164, 221 f., 315, 425
d'Estrées, Gabrielle, Hz.in von Beaufort 231 f., 243 f., 251 f., 268, 277, 292, 298 f., 305–308, 312–318, 320, 328 f., 347, 399, 409 f., 435, 463, 509
–, Madame, Schwester Gabrielles 435
Etampes 210
Eu 225

Farnese, Alexander, Hz. von Parma 228 f.
Fénelon, Bertrand de Salignac, Seigneur de la Mothe 61 ff., 100, 106
Ferdinand von Aragón 237, 310
Feria Hz. von 235, 258–261, 266
Fervaques, Anhänger Heinrichs IV. 122, 226
Feuillantinerinnen, Orden der 445
Figeac 154
Flandern 60, 75, 77, 87, 124 f., 127, 155, 157 f., 163, 209, 218, 223, 228, 255, 282, 285, 333, 354, 359, 365, 370, 377, 469, 481
Fleurance 140
Florenz 47, 127, 321 f., 326, 400, 460, 463, 494, 506, 518
Fontainebleau 117, 313, 316 f., 323, 338 f., 343, 412, 416 f., 420, 505, 515
Fontaine-Française, Schlacht bei 266, 298
Fontenay-le-Comte 229
Fotheringhay 147, 224
Fouquet de la Varenne 317, 387, 394, 482, 493

France-Prime 451
Franz I. von Frankreich 8, 13, 15 f.,
 19, 23, 45, 53, 96, 145, 203, 388,
 449, 451, 465, 467, 507
Franz II. von Frankreich 12, 14, 25 f.,
 33, 39, 264, 499
Franz von Assisi 444
Franz von Sales 430, 437 f., 454 f.
Franz von Valois, s. Alençon
Franz Xavier 447
Franziskaner 448
Fresnes, Unterbeamter von Sully 306 f.
Frontenac, Edelmann Heinrichs IV. 323

Gaetano, Legat, Bf. von Piacenza 233, 257
Gaillard, Hôtel 83
Galigai, Leonora, später verheiratet mit Concini 326, 400–402, 411, 414, 459 f., 478, 485, 490, 493, 496, 507, 513, 518
Garaison, Wallfahrtsort 20
Gascogne 80, 143, 145, 162
Gaucherie, de la, Lehrer Heinrichs IV. 24, 35
Gauthier, Advokat 445
Generalstände 122, 190, 193, 200, 203, 235, 237, 249, 265
Gillot, Drucker 238
Globe Theatre 360
Gondi, Henri de, Ebf. von Paris 201, 210, 233, 257, 261 f.
–, s. a. Retz
Gontran, Pater 503, 509
Gouchon, Jean 54
Gournay, Fräulein von 478
Gramont, Philibert, Comte de Guiche 58, 159
Greenwich 367
Gregor VIII., Papst 82, 99, 152, 155, 168 f.
Großbritannien s. a. England
Guercheville, Madame de 326 f.
Guesle, de la, Generalprokurator des Parlements 211–213, 270

Guidi, Leibarzt 328
Guignard, Jesuit 280
Guise, Franz von 12, 25, 27, 29, 33, 37–41, 58 f., 70, 72, 76 f., 88, 93, 168, 236
–, Heinrich I. von Lothringen, Prinz von Joinville 37 f., 73, 88, 91–95, 98, 112 ff., 118, 122, 128, 142, 146, 155, 160, 162 f., 165, 167, 181, 184 bis 189, 191–203, 219, 236, 290 f., 311, 418, 426, 494
–, Karl von, Kardinal von Lothringen 12, 25, 27 ff., 33 ff., 36, 44, 59, 62 ff., 76, 86
–, Karl von, Hz. von Mayenne 111, 146, 198, 201–206, 208–210, 221 ff., 225 f., 228, 230, 235–239, 246 f., 253, 258, 265, 290, 297 ff., 311
–, Karl von Lothringen, Pz. von Joinville 191, 198, 236, 249, 265, 290 ff., 297 f., 311, 331, 511
–, Ludwig von, Kardinal von Lothringen 181, 195 ff., 199–202, 236
–, Anna von Este, Gemahlin Franz' von G., später Hz.in von Nemours 37, 219, 249, 290
–, Cathérine de Clèves, Gemahlin Heinrichs I. von Lothringen 193, 202, 249, 263 ff., 290 f., 311, 331, 387, 426
Guisen, Familie (Haus) 21 f., 25 ff., 31, 44, 59, 62, 75, 77, 84, 88, 98, 105, 109, 137, 146 f., 159 f., 167, 170 f., 180, 199 f., 205, 219 311, 387, 470
Guitry 115, 216
Guyenne 7, 27, 33, 36, 49 f., 56 f., 60, 80, 117, 120, 122 f., 125, 129, 131, 134 f., 137 ff., 142, 145, 147, 159 ff., 169, 197, 207, 215, 360, 365

Habsburg, Familie (Haus) s. a. Österreich, Haus 285, 310, 360, 377, 466 f., 484
Haldane, Edelmann Heinrichs III. 195 f.

Hallincourt, Edelmann Heinrichs IV. 323
Ham 57
Harlay, Präsident des Parlements 201
Hauranne, Schloß 437
Heinrich II. von Frankreich 7 f., 11–14, 20, 22, 28, 33 f., 39, 66 f., 77, 79, 81, 136, 145, 229, 264, 428
Heinrich III. von Frankreich 14, 36, 39, 71, 73, 77, 86–89, 93 f., 101 bis 104, 106, 109–119, 121–128, 131, 135–144, 146, 149–158, 160–172, 174–215, 218–222, 227 f., 254 f., 264, 318, 331, 347, 350, 387, 405, 415, 484, 499, 506
Heinrich VIII. von England 28, 310, 408
Henri d'Albret, Heinrich II. von Navarra 8–11, 15, 18 f.
Henriette Marie von Bourbon, Gemahlin Karls I. von England 398, 519
Heptameron 16, 19
Herkules, von Valois s. Alençon
Héroard 348, 398, 431
Hieronymiten 151, 174
Holland s. a. Niederlande 354, 370, 377, 380, 460, 466, 512
Holyrood 352 f., 382
Honfleur 450
Hus, Johann 505

Ibarra, Don Diego de 235
Iles, Jacques des 425
Inquisition, Heilige 45, 126, 185
Irland 332, 351 f.
Isabel Clara Eugenia, Tochter Philipps II., Gemahlin Ehz. Albrechts 235, 310, 359 f., 370, 470, 472, 478 f., 482
Isabella von Bayern, Gemahlin Karls VI. von Frankreich 310
Isabella von Kastilien 237, 310
Issy 173, 427
Italien 193, 218, 223, 318, 325, 377, 380, 512
Ivry, Schlacht von 226 f.

Jakob I. von England 158, 224, 351–362, 364–384, 389, 391, 398, 502, 519
Jansen, Cornelius, Bf. von Ypern 437
Jansenisten (Jansenismus) 434, 437
Japan 388, 447 f.
Jarnac, Schlacht bei 68, 71, 77, 86, 183
Jeanne d'Albret, Mutter Heinrichs IV. 7–15, 20–29, 31–39, 43–48, 52–64, 67–70, 74, 79–86, 96, 119, 133 ff., 146 f., 155 f., 159, 166, 241, 396, 420, 465, 507
Jesuiten 145 f., 270, 278–283, 371, 373, 380, 382, 397, 434, 443, 447 f., 451, 474, 502 f., 507
Jodelet, Drucker 53 f.
Johannes von Gott 444
Joyeuse, Anne Hz. von, Günstling Heinrichs III. 181–184, 201
Jülich und Cleve 465–480, 512
Jülich-Cleve, Johann Wilhelm, Hz. von 464 ff.

Kapuziner 443
Karl der Kühne 297, 360
Karl V., K. 218, 235, 257, 370, 422, 465
Karl IX. von Frankreich 14, 26 ff., 32 f., 36 f., 39, 41–44, 47, 50–53, 56 f., 59 f., 62 f., 65–68, 71–79, 81, 84, 86–101, 103 f., 106 ff., 128, 157, 208, 213, 243, 264, 318, 346 f., 404 f., 407, 409 f., 499
Karl X., s. Bourbon
Karl I. von England 398, 519
Karmeliterinnen 445 f.
Katharina von Medici 7–8, 13–15, 22, 25–49, 51–56, 59–62, 65, 76 bis 81, 83–87, 89–95, 97–103, 105, 108 f., 112, 115–120, 122 f., 125, 127 f., 137–146, 150, 160, 163 f., 167, 171 f., 175–179, 186–190, 192, 194 f., 197 f., 200, 202, 252, 264, 310, 397, 400, 427, 484 f., 507

Register

Katharina, Tochter von Jeanne d'Albret, Hz.in von Lothringen und Bar 15, 22 f., 35 f., 122 f., 207, 231, 265, 277, 291, 317
Klemens VIII., Papst 240, 243, 246, 250-254, 257, 277, 309, 377
Köln 501, 518

La Chapelle d'Angilliers 513
La Charité 74, 116
La Faye 240, 244
Lafère 57
La Fin, Diener Birons 337, 342, 344
La Flèche 46, 56, 396 f., 474, 503, 507
La Force, Jacques-Nompar de Caumont, Marquis, später Hz. von, Marschall 485
La Môle 105, 107, 119
La Mothe, Schloß 327
Languedoc 80, 134, 383
La Noue, François de 209
Laon 296 f.
Larché, Mitglied des Parlements 222
La Réole 139 f., 144
La Rochefoucauld, Francois III. Graf von, Prince de Marsillac 97
La Rochelle 59 f., 63, 65 f., 70, 74, 105, 120, 276, 284, 294, 302, 482, 501 ff., 506, 513
La Valette, Jean-Louis de Nogaret, Herzog von Epernon 151 f., 164 f., 292, 297, 336 f., 390 f., 485
Lavardin s. Beaumanoir
La Varenne s. Fouquet
Lectoure 57
Lefèvre, Arzt 213
Le Havre 100, 224
Lélan, Herr von, Gouverneur von Valenciennes 126
-, Frau von 126
Leonardo da Vinci 19, 53
Lepanto, Seeschlacht von 99, 509
Léran, Herr von 97
Lescarbot, Vertrauter Heinrichs IV. 452
Lesdiguières, François de Bonne, Herzog von 193

Liga 113 f., 121, 124, 128, 142, 145 f., 151, 160, 162-171, 178-186, 189, 193, 195, 198, 203, 208 ff., 215, 221, 223, 226, 233, 247, 249, 254, 263 f., 267, 270 f., 276, 283, 285-287, 296 ff., 336, 387, 393, 443
l'Hôpital, Michel de 42, 78
Liancourt, Charles Duplessis, Marquis de 463, 485
Limousin 272
Lincestre, Pfarrer 201
Lisieux 225 f.
Loménie, Antoine de, Staatssekretär 270
London 63, 65, 157, 161, 224, 332, 353 f., 361-364, 367, 369, 371, 382, 391
Longueville, Henri, Hz. von 209
-, Hz.in von 445
Longueville, Palais 486
Lothringen s. Guise
Louise de Vaudemont, Gemahlin Heinrichs III. von Frankreich 109 f., 115, 128, 135, 149 f., 152 f., 191, 195, 216, 255
Louviers, Nicolas de, Herr von Maurevert 87 f.
Ludwig IX., der Heilige von Frankreich 31, 150, 234, 252, 262, 290, 348, 398, 410 f., 425, 428, 431, 455, 464, 480, 487, 490-496, 498 ff., 506, 513, 517-520
Ludwig XIV. von Frankreich 126 f., 293, 336, 410, 429, 453, 473, 519 f.
Ludwig XVI. von Frankreich 188
Lur Saluces, Marquisat 193
Luynes, Charles Albert, später Hz. von 517
Lyon 42, 109, 110, 248 f., 284, 326, 328, 385

Machiavelli, Niccolò 13
Mâcon 45, 46, 47, 55
Mähren 377
Maillezais, Bf. von 255
Maine, Hz.tum 121

Malesherbes 320 f., 323
Mans, Bf. von 30, 240
Margarete von Angoulême 8 ff., 15 bis 20, 28, 45, 53, 147
Margarete von Valois 11 f., 14, 34, 79–83, 85 ff., 94 f., 97, 102, 104 f., 111, 115, 118 ff., 123, 125 ff., 131, 134–140, 142–149, 154 f., 160, 163, 169–173, 175, 178, 190, 198, 250 ff., 262, 268, 306, 309, 310, 316, 321, 427 f., 430 f., 433 f., 480, 499
Maria von Burgund 312
Maria von Medici 173, 252, 310, 318, 322–330, 335, 343, 348, 374, 398–404, 409 ff., 414, 420, 423, 428, 459 ff., 463 ff., 468 f., 474–485, 487 bis 501, 504–508, 510, 513, 518
Maria Stuart 12, 14, 22, 25, 109, 147, 158, 224, 311, 351 ff., 368, 373
Maria Adelheid von Savoyen 473
Marmoutiers, Abtei 255
Marot, Clément 17
Marseille 297, 326, 331
Mary Tudor, Kg.in von England 365
Mathieu, Pater 483
Mathurine, Hofnärrin 268 f.
Matignon, Charles de, Marschall von Frankreich 171, 183
Maximilian II., K. 79, 100
Mayenne s. Guise
Mayo, Pater 385 f.
Mercoeur, Philippe-Emmanuel von Lothringen und Bar, Hz. von 299, 302
–, Françoise von, spätere Gemahlin Alexanders von Vendôme 308 f.
Méré, Poltrot de 38, 41, 72
Metz, Bistum 385, 459
Meudon 115, 210
Mezière, Raphael de la 30
Miossens, Herr von 97, 111
Mirebeau, Marquis von 485
Miron, François 194, 196 f.
Moncontour, Schlacht bei 68, 73, 77, 86
Montaigne, Michel Eyquem de 81, 129, 155, 160, 199, 215, 508

Montauban 74
Montbazon, Hercule, Hz. von 485, 493
Montbel, Jacqueline de, Gemahlin des Admirals Coligny 67, 87
Montceaux, Schloß 329
Montesquiou, Gardehauptmann 68 f.
Montfaucon 71, 73, 77, 81, 98
Montgomery, Gabriel de 22, 39
Montluc, Blaise de 36, 45, 56 f., 60, 64, 117, 122 f., 155
–, Jean de, Bischof von Valence 101
–, Jean de, Sieur de Balagny, Marschall von Frankreich 392
Montmélian 325 f.
Montmorency, Charlotte von, Gemahlin Heinrichs II. von Condé 462 ff., 469–474, 476, 478, 481 f.
–, Henri I., Hz. von, Konnetabel 462, 472 f., 519
–, Frau von 38, 40, 313, 317
Montpensier, Henri de Bourbon, Hz. von 255, 287, 390 f.
–, Katharina Maria, Hz.in von, Schwester Heinrichs von Guise 202, 219, 263 ff.
Montréal 144
Montrond 513, 518
Mont-Royal 451
Moret, Gräfin, Geliebte Heinrichs IV. 424
Mouglat, Madame de, Erzieherin Ludwigs XIII. 329, 348, 455
Mousseux 298

Nancy 42, 44, 109
Nantes 234, 255
–, Bf. von 240
Nantes, Edikt von 302 ff., 394
Navarra, Königreich 8 ff., 15 f., 21, 25, 31 f., 45, 111
Neapel, Königreich 377, 380, 468
Nemours, Charles-Emmanuel de Savoie, Hz. von 193, 198, 268, 284, 297
–, Hz.in von, Hofdame bei Maria von Medici 328

Register

Nemours, s. auch Guise
Nérac 19, 61, 122, 130, 132 f., 140, 147, 153, 160, 172, 200
Nérestan, Hauptmann 407
Neu-England 452
Neu-Frankreich 449, 450, 452
Neu-Schottland 453
Nevers, Henriette de Clèves, Hz.in von 83
–, Louis de Gonzague, Hz. von 253 ff.
Niederlande s. a. Holland 124, 229, 310, 312, 365, 371, 460, 466
Niort 116
Nordamerika s. a. Amerika 449
Normandie 238, 284, 365
–, Hz. der
Northumberland, Graf von 367, 383
Nostradamus 48
Notre-Dame in Paris 86 f., 261–264, 268 f., 299, 477, 481
Notre-Dame-des-Champs 445
Noyers, Schloß 58, 60

d'O, Marquis, Günstling Heinrichs III. 151, 215
Olier, Jean Jacques 430, 441
Orléans, Gaston von, Bruder Ludwigs XIII. 398, 480, 519
Orléans 37, 41, 76, 249
Österreich, Haus s. a. Habsburg, Haus (a. Österreicher) 300, 376 f., 380, 461, 466, 512, 519
Ostende 378
Ostindien 377 f.

Palissy, Bernard 54
Pardaillan 94 f.
Paré, Ambroise 89, 107
Parma s. Farnese
Pasithée, Hellseherin 478
Pau 9 f., 15 ff., 19, 24, 48, 54, 58, 60, 146, 159, 165, 184
Paul III., Papst 18
Pellevé, Kardinal 249, 265 f.

Périgord 62
Péronne 113
Perron, Abbé du 240 f.
Perú 387, 449
Philipp II. von Spanien 11, 49 f., 68, 75–77, 92, 98, 126 ff., 134, 145, 151, 155, 157, 170 f., 216, 218, 223 bis 226, 229, 234–238, 242, 244 ff., 248 f., 253, 257, 265, 276, 281, 286, 290, 298 f., 301, 310, 350, 365, 370, 372, 393, 422
Philipp III. von Spanien 301, 335, 338, 359 f., 370, 372 f., 377, 393
Philippette, Kammerfrau 469, 471 f.
Pibrac, Guy du Faur de 138, 141, 148, 160
Pikardie 46, 48, 113
Pimentel 403
Pippin von Heristal 181
Pisani, Marquis 301
Plessis-le-Tour, Schloß 204 ff.
Pluviers, Herr von 268
Poitiers 297, 335, 337, 341
Poitiers, Diane de 13, 145
Poitou 63 f., 336, 365, 390, 414, 513
Polen 88, 101 f., 106, 109
Poneylau, Wallfahrtsort 20
Pont du Gard 47
Portail, Chirurg 213
Port-Royal 280 f., 434–438
Portugiesen 449, 452
Poutrain, Notar 486
Praslin, Charles de Choiseul 470, 493
Préaulx 472 f.
Primaticcio, Francesco 53
Provence 47, 143, 203, 291, 297, 331, 383
Pujols, Baron, Vertrauter Heinrichs IV. 209

Quebec 453

Rabelais, François 16
Rambouillet, Schloß 188
Ravaillac, François 219, 412, 482–487, 501–506, 508

Ravensberg 479
Ravenstein 479
Rebours, Mademoiselle, Geliebte Heinrichs IV. 148
Reims 237, 249, 254, 290 f.
René von Tarascon 47
René, Parfumeur Katharinas von Medici 83
Retz, Palais 487, 498, 504
Retz, Albert de Gondi, Baron von, Marschall von Frankreich 93 f.
Retz, Jean François Paul de Gondi, Kardinal und Ebf. 433
-, s. a. Gondi
Richelieu, Armand Jean du Plessis, Hz. von, Kardinal 272, 349, 357, 506 f., 512, 518 f.
Ritter vom Heiligen Geist 151
Rizzio, David 373
Rochester 361
Roche-sur-Yon, Pz. de la 30
Rohan, Henry, Hz. von 420, 479, 492, 494
-, Hz.in von 516
Ronsard, Pierre de 19, 43 f., 147, 428
Roquelaure, Antoine, Baron, Marschall von Frankreich 485
Rose, Pfarrer 151, 222
Rosny, Familie 29
Rosny, Schloß 315, 513, 518, 520
Rosny s. Sully
Rouen 30, 283–289
Rubens, Peter Paul 324, 481, 518
Rudolf II., K. 235, 237, 310
Rue de la Ferronerie 486
Ruggieri, Cosme 14, 51, 106

Saint-Aurin, Abtei 287
Saint-Brice, Schloß 176
Saint-Cloud 210 f., 219 f., 223, 227
Saint-Corneille, Abtei 216
Saint-Cyran, Abbé von 430, 437 f.
Saint-Denis 22, 179, 202, 215, 236, 239 f., 240, 245 f., 248, 250, 258, 261, 263, 266, 280, 397, 464, 476 f., 481, 498, 510 f.

Saint-Jacques de la Boucherie 221
Saint-Jean d'Angély 300 f.
Saint-Luc, François d'Espinay, Marquis de 258 f., 261
Saint-Ouen 288
Saint-Paul, Hauptmann 188
Saint Privat, Schloß 47
Saint-Quentin 21, 66, 75
Saint-Sauveur, Günstling Heinrichs III., Bruder des Herzogs von Joyeuse 183, 201
Saint-Simon, Louis de Rouvroy, Hz. von 308
Sainte-Beuve, Charles 437
Sainte-Cathérine, Fort 325
Saluces, Marquisat 300, 324
Sancy, Nicolas Harlay de 214
Saumur 116
Sauve, Madame de, Geliebte Heinrichs IV. 131
Savoyen, Karl Emanuel I. von 193, 324, 333, 335, 337 f., 340
-, Marguerite de Valois, Schwester Heinrichs II. von Frankreich 22, 42
Schomberg, Kaspar von 478, 493
Schottland 158, 224, 351, 353, 364, 368, 382
Sedan, Fürstentum 293, 294, 296, 334, 337
Sens, Palais 427, 431
Shakespeare, William 270, 360, 382
Sidney, Lord 360 ff.
Sillery, Nicolas Brulart de, Kanzler 387, 392
Sixtus V., Papst 193, 199
Soissons, Charles de Bourbon, Comte de 255, 268, 325, 381 f., 481, 490
Sorbonne 16 f., 279 f., 385 f., 389, 443
Spagnoletto s. Méré, Poltrot de 38
Sourdis, Madame de 305, 307
Southampton, Lord 360 ff.
Spandillo 473
Stuart, Arabella 310
Stuart, Familie (Haus) 377
Sully, Maximilian I de Béthune, Baron von Rosny 63, 85, 284, 418

Sully, Maximilien II de Béthune, Baron von Rosny 57, 63 f., 85, 133 f., 140, 149 f., 161, 197, 211, 252, 268, 271, 284–289, 293–296, 299, 305–316, 319, 321 f., 331, 333–339, 341, 343, 345, 350, 354–364, 366–382, 384 f., 389–397, 400, 402–406, 408, 410 bis 429, 439, 443, 452 f., 456–460, 465–468, 474, 483, 485, 488–497, 500 f., 504 f., 510, 512–520
–, Frau von 314–316, 481, 488
–, Fräulein von, s. a. Rohan 420
Suresnes 234

Talleyrand, Henri von, Gf. von Chalais 519
Tardif, Mitglied des Parlements 222
Tavannes, Gaspard de Saulx de, Marschall von Frankreich 93 f.
Téligny, Schwiegersohn Colignys 95
Teresa von Jesu 445, 455
Thou, Jacques Auguste de 86, 155, 166, 216
Tignonville, Frau von 36
Toulouse 139, 445, 519
–, Gf. von 255
Touraine, Hz.tum 51, 121, 190, 203, 208, 255
Tournelle, Turnier von 22, 39
Tours 209, 255, 257
Tourtet, Alchimist 106
Trémouille, Claude de la 176, 214
Tridentinum s. a. Trient
Trient, Konzil von 17, 19, 185, 318, 444
Troyes, Vertrag von 310
Tuilerien 163, 259, 412
Turenne s. Bouillon

Unionsedikt 191
Urban VII., Papst 221

Usson, Schloß 172, 178, 190, 251, 262, 268, 306, 428

Valois, Familie (Haus) 7, 11, 14, 45 f., 51, 57 f., 79, 82, 99, 106, 110, 122, 128 f., 132, 135, 142, 149, 151, 160, 167, 203, 206, 229, 232, 252, 318, 405, 519
Vassy, Massaker von 37 f., 69
Velasco, span. Gesandter in London 372
Vendôme, Alexander Hz. von, Sohn der Gabrielle d'Estrées 268, 305, 308, 399
–, Cäsar 268, 277, 299, 305, 399, 407
–, Hz.tum 46, 57
Vere, Oberst 383
Vereinigte Provinzen s. a. Niederlande
Verneuil, Marquise s. Entragues
Vervins, Friedensschluß von 301, 302, 304
Vibré, Arzt 213
Vigny, François 153
Villebon 513 f., 518
Villeroy, Nicolas de Neufville, Sieur de 299, 381 f., 387, 392, 468, 480
Villars s. Brancas
Vincennes 105 f., 151, 153, 164, 185, 202
Vincentinerinnen 433, 455
Vinta, Gesandter von Toskana 328
Vinzenz von Paul 430–434, 437, 439 ff., 455
Vitry, Kommandant der Leibwache 246, 343, 483, 485, 489, 491

Walsingham, Sir·Francis 100
Westminster Abbey 369

Zamet, Bankier 314–316, 329
Zweibrücken, Pfalzgraf v. 283

INHALTSVERZEICHNIS

Vor der Messe

I.	Frankreich und Navarra	7
II.	Im protestantischen Lager	15
III.	Streit	24
IV.	Der Hof gewinnt	31
V.	Die große Reise	42
VI.	Mutter und Sohn	52
VII.	Auszug	60
VIII.	Niederlage	64
IX.	Böses Omen	70
XXI.	Der neue Kurs	73
XXII.	Ein Tod zur rechten Zeit	79
XXIII.	Die Bluthochzeit	86
XXIV.	Der gefangene Falke	97
XXV.	Spiel und Gegenspiel	107
XXVI.	Flug des Falken	115
XXVII.	Der Querkopf	120
XXVIII.	Der Gouverneur	129
XXIX.	Die Locke	143
XXX.	Arkadien	146
XXXI.	Schwächen und Widersprüche	149
XXXII.	Politik	153
XXXIII.	Große Liebe	159
X.	Der König ruft	163
XI.	Seitensprung	170
XII.	Zwiegespräch	173
XIII.	Die Schlacht bei Coutras	179
XIV.	„Man wird es nicht wagen"	184
XV.	Die Geächteten und das Mönchlein	200
XVI.	Heiliger Krieg	217
XVII.	Französische Lilie oder spanisches Kreuz	230
XVIII.	Saint-Denis	240
XIX.	Das heilige Salböl	247
XX.	Die Glocken von Notre-Dame	257

Inhaltsverzeichnis

Nach der Messe

I. Die Rechnung wird präsentiert	275
II. Die rechte Hand und die linke Hand	304
III. Das Schafott	331
IV. Die Gesandtschaft	351
V. Die Jesuiten	384
VI. Henriette d'Entragues und ihr Bruder	397
VII. Herr und Diener	413
VIII. Neuland	429
IX. Letzte Liebe	457
X. Jülich und Cleve	465
XI. Ravaillac	480
XII. Der Triumph der Maria Medici	490
Epilog: Der Überlebende	512
Zum Geschichtsbild Heinrichs IV. von Frankreich	521
Quellen- und Literaturverzeichnis	523
Register	539

Régine Pernoud

Der Abenteurer auf dem Thron

Richard Löwenherz, König von England

Aus dem Französischen von Christiane Landgrebe

304 Seiten, Leinen

Es ist die Zeit Barbarossas und Heinrichs des Löwen, die Zeit der Kreuzzüge und der höfischen Kultur, in welcher der Held dieses Buches, Richard Löwenherz, nach langjährigen Kämpfen König von England wird und das Land zu großer Blüte führt. In einer romanähnlichen, aber auf exaktem historischen Material beruhenden Darstellungen erzählt die bekannte französische Mediävistin Régine Pernoud nicht nur das abenteuerliche Leben des mächtigen Königs, sondern läßt das Hochmittelalter lebendig werden, in dem Rittertum und höfische Kultur zu großer Blüte gelangten. Es ist nicht nur eine Epoche höchster kultureller Entfaltung, sondern auch eine Zeit ständiger Fehden und Kriege, in der an Frieden kaum zu denken ist. Während die Fürsten die höfische Dichtung und Musik der Troubadoure fördern, führen sie zugleich unerbittliche Kriege gegen ihre Konkurrenten.

Der größte Rivale von Richard Löwenherz ist der französische König Philipp August, der nach dem gemeinsamen Kreuzzug im Heiligen Land die Abwesenheit Richards ausnutzt und die Normandie besetzt. Richard gelingt es, nach seiner Rückkehr das Land zurückzuerobern und das Königreich England noch einmal zu großer Macht zu führen. Sein ungewöhnlicher Mut, seine große kriegerische Begabung und sein schnelles entschlossenes Handeln haben ihm bereits als jungem Mann den Namen »Löwenherz« eingebracht. Sein Ruhm ist im Lauf der Jahrhunderte nicht verblaßt.

Eugen Diederichs Verlag